中国口腔医学年鉴

YEARBOOK OF CHINESE STOMATOLOGY

2006 年卷

主　编　周学东

副主编　俞光岩　张志愿　赵铱民
　　　　边　专　凌均棨　王松灵

四川出版集团·四川科学技术出版社

图书在版编目(CIP)数据

中国口腔医学年鉴.2006年卷/周学东主编. -成都:四川科学技术出版社,2007.8
ISBN 978-7-5364-6308-0

Ⅰ.中… Ⅱ.周… Ⅲ.口腔科学-中国-2006-年鉴
Ⅳ.R78-54

中国版本图书馆CIP数据核字(2007)第116546号

ISBN 978-7-5364-6308-0

9 787536 463080 >

中国口腔医学年鉴2006年卷

主　　编	周学东
责任编辑	任维丽
特约编辑	刘世平
责任出版	周红君
出版发行	四川出版集团·四川科学技术出版社
	成都市三洞桥路12号　邮政编码610031
成品尺寸	260mm×185mm
	印张25　字数577千
印　　刷	四川九州交通印务有限公司
版　　次	2007年8月成都第一版
印　　次	2007年8月成都第一次印刷
定　　价	70.00元

ISBN 978-7-5364-6308-0

■本书如有缺页、破损、装订错误,请寄回印刷厂调换。
■如需购本书,请与本社邮购组联系。
地址/成都市三洞桥路12号　电话/(028)87734081
邮政编码/610031

《中国口腔医学年鉴》第 11 届编辑委员会

编委助理(按姓氏笔画为序)

王　力　山东大学口腔医学院

王　嫚　中山大学光华口腔医学院

王建平　首都医科大学口腔医学院

邓嘉胤　天津医科大学口腔医学院

史　亮　解放军第306医院

许金会　西安交通大学口腔医学院

张　英　中国医科大学口腔医学院

张颖丽　吉林大学口腔医学院

李奉华　中南大学湘雅口腔医学院

杜民权　武汉大学口腔医学院

杨　春　昆明医学院口腔医学院

杨伟杰　香港大学牙医学院

杨巍巍　北京大学口腔医学院

苏剑生　同济大学口腔医学院

陈尚文　南昌大学口腔医学院

欧　尧　南方医科大学附属口腔医院

郑家伟　上海交通大学口腔医学院

胡　涛　四川大学华西口腔医学院

胡济安　浙江大学口腔医学院

贺建军　第四军医大学口腔医学院

序　　言

《中国口腔医学年鉴》是中国口腔医学的一部史记性、综合性、实用性、权威性和资料密集型的连续出版物。自1984年创刊至本卷已连续出版了15卷，全面系统、客观翔实地记载和反映了中国现代口腔医学近百年来在口腔各个领域内所取得的新进展和新经验，尤为突出地反映了口腔医学科学研究和人才培养方面的最新成就，具有鲜明的年度特点和浓郁的时代气息。《中国口腔医学年鉴》所构成的中国现代口腔医学发展历程的长篇画卷，为国内国外社会各界人士了解、研究和建设中国现代口腔医学提供了珍贵的资料。

《中国口腔医学年鉴》2006年卷选材时限为2006年1月至12月，设回顾、论坛、博士后出站报告摘要、优秀博士学位论文摘要、文选·述评、教育、人物、口腔医学组织机构、记事、文献法规、特载和索引等栏目。回顾栏目对2006年中国在口腔组织病理学、口腔预防医学、口腔修复学、口腔种植学、口腔颌面部创伤整形外科等学科领域的基础和临床研究方面的状况及其成果进行了回顾与展望。论坛栏目对我国口腔医学领域一些新颖的研究课题的研究现状和研究成果进行了全面综述和展望性评述。博士后出站报告摘要和优秀博士学位论文摘要栏目摘登了我国部分口腔医学院校推荐的2006年度博士后出站工作报告以及2006年度优秀博士学位论文，充分展示了我国口腔医学领域所培养的高级人才的学术研究水平。文选·述评栏目由知名的口腔医学专家精选出2006年度公开发表于中国口腔医学、生物医学、药学以及其他综合医学杂志、高校学报等核心期刊中，能代表中国口腔医学研究最新水平的论著，客观、公正地评述其研究价值和学术水平。教育栏目介绍了第10批博士和硕士学位授权单位及专业名单，2006年度中国口腔医学博士和硕士研究生招生及其培养简况，2006年度国家精品课程名单，经教育部备案或批准设置的高等学校本科和医学类专科专业名单。人物栏目逐步介绍了部分对中国口腔医学事业做出了一定贡献且有较高学术造诣的资深专家、学者，2006年度中国新增列的口腔医学博士研究生指导教师。口腔医学组织机构栏目介绍了中华口腔医学会、中华口腔医学会口腔医学专业委员会及其专业学组、中华口腔医学会口腔颌面外科专业委员会协作组、中华口腔医学会地方医学会等组织机构。记事栏目介绍了2006年度中国口腔医学领域发生的主要的重大事件，在中国召开的国际、国内口腔医学学术会议，荣获国家部委、省(自治区、直辖市)和中国人民解放军军级以上单位授予的口腔医学科技成果奖以及获得的科研基金资助项目；另外，介绍了部分2006年度公开出版发行的口腔医学专著和教材。文献法规栏目收录了中华人民共和国卫生部2005～2006年度颁布的有关医学，尤其是口腔医学领域的法律法规、政策信息、卫生技术标准以及其他重要文件。特载栏目较详细地介绍了中国现代口腔医学之父林则博士。

《中国口腔医学年鉴》2006年卷在编撰过程中得到了全国口腔医学院(系)以及众多口腔医学专家们的鼎力支持和热心帮助，在此表示衷心感谢。为进一步办好《中国口腔医学年鉴》，丰富和充实其内容，提高质量，欢迎广大读者提出宝贵的建议和意见。

《中国口腔医学年鉴》2006年卷编辑委员会

2007年6月

目　次

回　顾

口腔组织病理学回顾

北京大学口腔医学院　于世凤　高岩

口腔组织病理学是口腔医学中的重要基础学科，对口腔医学的发展起着非常重要的作用。随着医学科学的发展，在口腔病理工作者的不懈努力下，我国的口腔组织病理学得到了较大的发展。

但是，我国的口腔组织病理学学科目前发展很不均衡，主要集中在一些较大的口腔医学院校，而这些院校承担了大量的口腔组织病理的医疗、科研和教学工作。口腔组织病理的医疗、科研和教学工作各具特色，相互之间又相辅相成、相互促进，是一个密不可分的整体。下面就我国口腔组织病理学的现状和发展作一简要的回顾。

一、口腔组织病理学临床工作

临床口腔组织病理学工作的重点在于口腔外科病理学诊断。该项工作的发展状况与口腔颌面外科的发展程度密切相关。在过去数年中，我国口腔病理学的临床工作得到了较大发展，新技术和方法已应用到常规的病理诊断中。许多医院的口腔病理科可以常规开展免疫组化染色，这对于提高病理诊断的准确性有极大的帮助。病理诊断准确性的提高有利于口腔颌面外科和口腔黏膜科的临床工作。

另外，具有临床口腔病理工作的科室的工作量也在不断增大，具体反映在临床病理工作的病例数在逐年增加；同时，对一些疑难病例也开展了一定范围的会诊，对一些特殊病例在杂志上进行报道，促进了口腔病理工作者之间的交流以及知识的更新和提高。

二、口腔组织病理学科研工作

口腔组织病理学的科研工作在过去数年得到了较快速度的发展。2006 年 10 月在沈阳召开的第 7 届全国口腔病理学术会议，基本上较全面、客观地反映了我国口腔病理学科研的现状和水平。与 2002 年召开的第 6 届全国口腔病理学术会议相比，研究的设计、方法，所取得的成果均有较明显的进步。

(一)口腔组织病理学技术研究

口腔是一个特殊的器官，包含身体中的特异性矿化组织，例如牙和颌骨。这些组织也是口腔医学中的研究课题。要获得高质量的研究成果，就要有高质量的组织切片作为前提，然而这些矿化组织切片的制作难度极大。为此，国内的口腔组织病理工作者进行了口腔硬组织切片制作的研究。研究重点集中在怎样获得理想的脱钙版本，以利于下一步的切片等方面。也有采用不脱钙的方法，直接进行锯、磨片，再染色的尝试。这些尝试有利于口腔硬组织切片制作技术的提高，同时使相关的科研质量得以保障，很值得提倡。

(二)口腔组织胚胎学研究

口腔组织学和胚胎学是口腔组织病理学的重要内容之一。在这方面的研究主要有对人味蕾中神经纤维分布的免疫荧光观察，牙髓淋巴管网的酶组织化学观察，正常涎腺组织中的甲基化研究等。在过去数年内，我国口腔组织病理学界在颌面部发生、牙发生及其再生研究中取得了较重要的科研成果。在对成骨细胞分化和骨形成具有重要作用的

Osterix(Osx)的研究中发现,Osx 分布于牙蕾上皮细胞,帽状期成釉器包括内釉上皮细胞、外釉上皮细胞和星网状层细胞均表达 Osx,但在内釉上皮处釉结的 Osx 表达明显集中。钟状期的成釉细胞、成牙本质细胞及其邻近的牙乳头细胞高表达 Osx,Osx 在釉质牙本质界、牙本质小管和新形成的釉质有表达。说明 Osx 参与成釉细胞、成牙本质细胞的分化、成熟以及细胞间信号传导,参与调节釉质和牙本质基质的分泌及生物矿化过程。

牙发生的突出特点是上皮与间充质的相互作用。牙复杂的结构特点(涉及 3 种矿化组织和 1 种软组织)及其发生过程涉及的萌出以及与周围组织建立的附着和咬合关系,决定了牙是发生过程中非常特殊的器官。在现今社会里,非常多的人有不同程度的牙缺失,极大地影响了他们的身体健康和生活质量。现有的人工牙修复技术虽较成熟,但由于人工牙不具备生物活性,难以与天然牙相媲美。因此,研究与认识牙发生及其再生的过程与机制,特别是明确牙发生及其再生中的细胞间的相互诱导分化与调控机制,不仅可以对牙再生提供理论依据,而且能够对机体其他器官的发生与再生提供有益的参考。

国内的学者针对上述问题,在牙发生及其再生中上皮与间充质的相互作用研究领域开展了深入的研究,尤其是在牙发生过程中的间充质(干)细胞研究领域取得一系列成果。分离、培养、鉴定了颌面部多种器官发生的关键细胞——外胚间充质干细胞(EMSC),并证明 EMSC 是牙发生过程中重要的间充质干细胞。在牙胚发生不同时期的间充质细胞主导相应时期的牙发生及其再生,具有主导和调控牙形状的能力。证明利用上皮间充质的相互作用原理可以建立牙再生中成体干细胞牙向分化的诱导条件,为认识牙发生及其再生提供了重要的依据。

在对腭裂形成以及牙发生相关新基因 *mcpr*-1 的研究中证明,*mcpr*-1 基因通过调控间充质细胞的增殖与凋亡来影响颌面部组织器官形态的发生。研究者们还筛选出了与牙形态发生相关的基因并证明其与牙发生的关系,初步建立了可释放生长因子的智能控释技术与材料,可用于促进牙体牙周组织的再生。上述研究已发表了多篇有价值的 SCI 论文。

(三)口腔组织病理学研究

目前,我国口腔组织病理学的研究热点依然集中在口腔癌、癌前病变、牙源性肿瘤和涎腺肿瘤方面,而且研究水平有了较大的提高。一些研究已达到国际先进水平,发表了一批较高水平的论文,其中较多被 SCI 收录。譬如在牙源性角化囊性瘤相关的痣样基底细胞癌综合征和非综合征型牙源性角化囊性瘤的研究中,采用多种分子生物学方法,确定了中国人中与上述疾病有关的 *ptch* 基因的突变特点。发现部分综合征相关患者的 *ptch* 基因突变与国外报道的基因突变一致,同时还发现了国际上尚未报道的新的基因突变位点。在散发的、非综合征型牙源性角化囊性瘤中,发现了体细胞水平的 *ptch* 基因突变和基因的多态性。基因突变会造成编码蛋白的截断或延长,影响蛋白的功能,使之失去正常作用。这些成果,对于阐明中国人牙源性角化囊性瘤的发病机制有重要意义。

在对成釉细胞瘤的细胞增殖及其调节机制的系列研究中证明,该肿瘤存在异常的细胞增殖和细胞增殖调节,包括端粒酶活性增强、细胞周期素表达上调、细胞周期负向调节因子表达下调、细胞凋亡的改变等。在对其他的牙源性肿瘤的研究中发现,CK19 可作为牙源性上皮的阳性标记,而 CK10 可作为牙源性上皮的阴性标记。CK8 和 CK14 在钙化囊肿型牙源性肿瘤、牙本质形成型影细胞瘤和牙本质形成型影细胞癌中表达的差异,可能和它们各自不同的生物学特点有关。而基质金属蛋白酶(MMP)和 MMP 组织抑制剂(TIMP),尤其是 MMP-9 和 TIMP-1 对预测牙源性影细胞癌和牙源性影细胞瘤的生物学行为有一定的意义。

在颌骨巨细胞病变的研究中，利用破骨细胞分化、成熟过程中的标志物，初步确定颌骨巨细胞病变中的多核巨细胞具有与破骨细胞相同的表型，并且确定了病变中有相当一部分单核细胞属于具有向多核巨细胞分化能力的细胞。在对巨颌症家系的研究中，发现了中国人巨颌症相关基因 SH_3BP_2 基因突变的新位点。这些突变会使该基因编码蛋白发生空间构象的变化，影响蛋白质的功能，与巨颌症的发病密切相关。

在对肿瘤发生机制的研究中，有两种基因的变化特别引人注意。一是癌基因的扩增，常导致 DNA 的转录增强，启动异常的细胞增殖；一是抑癌基因的失活，也常导致异常的细胞增殖，与肿瘤的发生关系密切。后者是近年来肿瘤研究的热点。抑癌基因的失活可能由 DNA 的甲基化引起。DNA 的甲基化是真核生物基因表达调控的一种方式，可抑制基因的表达，属于表观遗传学的研究内容。

在对涎腺腺样囊性癌的研究中发现，一些抑癌基因如 *p16*、RASSF-1A（ras association domain family-1A）、DAPK（death associated protein kinase）、MGMT（O^6-methylguanine-DNA-methyltransferase）和上皮钙黏着蛋白的启动子 CpG 岛发生高甲基化，同时在这些肿瘤中检测到高表达的甲基化转移酶。这些指标与腺样囊性癌的组织学类型及其临床分期相关，表明抑癌基因的甲基化不仅可能与肿瘤的发生有关，也可能参与了癌的发展过程。

对于腺样囊性癌的研究，国内的口腔病理学界较为重视。有利用该肿瘤的细胞系进行基因治疗研究的尝试，表明外源性野生型 *p53* 基因导入使 *p53* 基因在涎腺腺样囊性癌细胞 SACC283 中表达增强，其端粒酶活性降低、人端粒酶反转录酶启动子转录抑制；转染细胞出现 G_1 期阻滞，软琼脂集落形成率下降，裸鼠成瘤能力降低。

还有研究表明，核因子 κB*p65* 基因表达于腺样囊性癌的细胞核中，并且与肿瘤的微血管密度密切相关。核因子 κB 和肿瘤微血管密度与腺样囊性癌的临床分期、肿瘤大小、外周神经浸润、血管浸润、肿瘤的复发及其转移具有相关关系。还有研究发现，腺样囊性癌的部分病例出现细胞核表达 β-连环蛋白。β-连环蛋白和 *pin*-1 基因的表达与肿瘤累及淋巴结相关。

在口腔癌的研究中，通过检测 Wnt 信号传导通路中的主要因子 β-连环蛋白发现，该蛋白的表达与癌的分化程度相关，分化低者该蛋白表达下降。同时还发现，该信号传导其他因子 *axin* 基因的突变和多态性，这些改变可能影响患者的病程和预后。在口腔癌浸润前沿的癌组织中，细胞增殖相关因子如 Ki67、PCNA 指数和 DNA 的含量明显较癌的其他区域高。

以上主要是对口腔肿瘤的一些基础或应用基础的研究。之所以取得这些进展，可能有以下几个原因：口腔病理学人才素质的提高、科技的进步、科研手段和条件的更新。但是，我国的组织病理学研究工作还有许多有待提高之处。首先，在创新意识上有待加强；其次，要提高科研中的技术操作水平，严格、规范的技术操作是获得好的可信的科研结果的前提。在病理学研究中，做好最基本的石蜡切片、H-E 染色以及牙、颌骨等颌面部硬组织的切片是最基本的要求。在这些方面还有很大的提升空间，特别是软硬组织的联合切片、染色的效果还不够理想，即这方面的技术尝试还较少。病理学研究中的细胞培养、组织学、组织化学、免疫组化，各种杂交、电泳等的操作应规范，图片应清晰并具有说服力。在图片放大倍数的标志上，仍有许多待提高改进之处。另一方面的不足是科研工作开展得不够均衡，研究的领域过于集中在口腔肿瘤及其相关病变，对口腔其他疾病的研究较少。这可能与我国的科研条件,包括人员、科研经费和设施还不够理想有关。

实际上,口腔病理的科学研究不仅限于基础方面,临床病理同样可以做出较高水平的科研成绩,国内也不乏这样的例子。临床病理研究的实用性很强,对于提高病理诊断水平,指导临床工作均有重要意义。为了做好临床病理科研工作,对所研究的病例需要收集完整的临床病理资料,包括病例、患者的面相、X线片、各种检验数据等。病理中的大体标本的照片、肉眼标本描述等都是必不可少的。有条件的可以建立新鲜大体标本库及其病理资料库,进行数字化管理。这是一个长期的资料积累的过程,经过长期的工作,肯定会有丰硕的回报。还有一个重要的方面就是病例的随访记录。相信具备了这些资料后,加上特有的丰富的病例资源,经过精心地设计,严格认真地实施,细致周密地分析和总结,一定会获得高质量的临床病理科研成果。要达到这样的目的,需要长期辛勤努力的工作,同时应该注意学科的交叉,加强国内口腔病理学界的合作,特别应注意与普通病理工作者、与临床医生包括放射科医生的交流。这些交流有助于我国临床病理科研工作的开展,也是避免医疗缺陷的有效途径。2006年的第7届全国口腔病理学术会议特邀北京大学医学部病理系高子芬教授为大会作了关于淋巴瘤的WHO分类和常见口腔淋巴瘤及其诊断要点的专题讲座,大家受益匪浅。病理读片会是本次大会一大热点和亮点。气氛隆重而热烈。由于各出片单位精心准备,使读片效果较好。但由于时间不多,尚未能进行充分讨论,有待下一次改进。

三、口腔组织病理学的教学工作

口腔组织病理学是口腔医学的重要基础学科和桥梁学科,是进行口腔临床实践工作的必备基础。目前随着我国经济建设的蓬勃发展,各地一些医学院校相继设置了口腔专业,这给口腔组织病理学的教学工作带来新的课题。口腔组织病理学是实践性很强的学科,理论知识的掌握需要实习课来保障。但目前国内有相当多的新建口腔专业的口腔组织病理学的实习课实施有相当的困难。主要是具有口腔组织病理学专业水平的教师缺乏和实验课所用的教学切片及标本的缺乏,这不利于口腔医学的健康发展。另一方面,国内的口腔组织病理学的教学工作交流尚有待加强。

预防口腔医学研究回顾

中华口腔医学会预防口腔医学专业委员会 卞金有

最近十多年来,预防口腔医学研究主要集中在以应用性研究为主的口腔卫生保健项目方面,重点是口腔健康教育与促进、口腔健康流行病学调查、儿童龋病预防、氟化物防龋的功效与安全性、饮水氟质量浓度与龋病的关系、儿童釉质发生不全与龋病的关系,生物学因素如何以社会因素为中介直接或间接地影响龋病与牙周病的发生等。预防和控制龋病与牙周病发生发展的可行性方案,除了以儿童作为重点对象之外,使人人都能从科学研究的成果中获得口腔健康,应该成为未来研究的重要课题。

一、食品与口腔健康

食品对牙健康的影响主要有两种方式:一种是牙萌出之前,牙正处于生长发生之中;

另一种是牙萌出之后，食品对局部口腔的影响。在食品中，糖是最重要的致龋因素，其中蔗糖的致龋性最强。西方国家人均糖消耗量居高不下。中国人的人均糖消耗量也在缓慢增加，从 10 年前的 6 kg 增加到最近的 8 kg 以上。糖与龋的相关性十分密切，因为大部分甜味剂不经人体胰岛素代谢，或者完全破坏，或者由口腔微生物缓慢破坏。由于糖代用品可以起到一定的龋预防作用，不仅对口腔健康，而且对人体全身健康都有裨益；因此，糖代用品的应用逐渐引起关注。当前，糖代用品的研究主要集中在木糖醇和异麦芽酮糖醇与龋病的相关性研究方面。现有的研究证实，糖代用品呈现低致酸性和低致龋性。但是，糖代用品的直接防龋作用，至今还没有在中国儿童中得到证实。或许是由于中国儿童的患龋率处于较低的水平，或者是糖代用品的防龋功效本来就较低，除了它的低致酸性能在菌斑 pH 值的测定中能得到证实之外，还没有看到它具有直接导致龋齿下降的作用。目前，一项异麦芽酮糖醇可能具有防龋作用的临床研究项目正在进行之中。

二、氟化物的应用与龋病预防

学龄儿童的恒牙龋患病率较低，发病率也较低。在这样的人群中，应用任何一种形式的氟化物，不论是系统用氟，还是局部用氟，都很难在两年的临床试验中看到明显的防龋功效。因此，目前几乎所有这类临床试验都是在学龄前儿童中进行的。因为学龄前儿童的乳牙患龋率较高，发病率也较高，在这样的人群中进行临床试验，一般样本量不必太大，有可能在两年时间内看到防龋的功效。在这方面的临床试验有牛奶氟化项目、含氟牙膏防龋项目和氟泡沫防龋项目等。

与世界卫生组织合作，1994～1999 年中华口腔医学会预防口腔医学专业委员会在北京海淀社区幼儿园中开展了牛奶氟化预防儿童乳牙龋的试点项目。第 1 阶段有 4 000 名儿童参加。头两年的检查结果没有显著性差异。可能有两个原因：一个是氟奶中加入了 7%～10% 的糖，可能引发新龋；另一个是饮用氟奶的时间不足，大多数儿童饮氟奶时间一年不足 180 d。第 2 阶段为 1997～1999 年，降低糖的加入量，增加周末供应氟奶，带回家饮用。最后 21 个月的结果显示，试验组与对照组比较，减少龋齿 69%，有统计学显著性差异。证实了氟化牛奶可以明显减少儿童的乳牙龋发生。

另一项含氟牙膏预防儿童乳牙龋的随机双盲安慰剂对照的临床试验于 1997～1999 年在北京进行，有 1 134 名 3 岁儿童参加。结果显示，儿童从 3 岁开始，结合口腔健康教育，在幼儿园老师的监督指导下用含氟牙膏刷牙，可以降低乳牙龋 21%，最高可以降低 26.7%。尿氟监测的结果显示，两组之间无显著差异。这说明含氟牙膏在正确使用下，确有防龋功效，也有安全保障。

三、氟化物防龋的安全性监测

使用含氟牙膏的安全性问题主要集中在 6 岁以下的学龄前儿童。主要危险是刷牙时误吞含氟牙膏导致摄入氟过量。由于儿童，特别是 3 岁以下儿童的吞咽反射机能尚不健全，据国外实验数据显示，3 岁以下儿童用含氟牙膏刷牙可误吞 50% 以上的使用剂量。

针对儿童使用含氟牙膏刷牙到底是否安全的疑问，北京王伟健等人采用世界卫生组织推荐的标准尿氟监测方法，对使用含氟牙膏刷牙的儿童定期采集尿样，进行尿氟排泄的动态观察，长达两年之久。结果显示，第 1 周内用含氟牙膏刷牙的试验组儿童的尿氟排出量，比不用含氟牙膏刷牙的对照组高约 40%。这说明幼儿在刚开始学习刷牙阶段，确实存在误吞服牙膏的问题。由于严格控制牙膏用量，因此，最高尿氟排出量也没有超过 0.5 mg/L，远低于 1997 年卫生部批准的国家标准。第 1 个月至第 21 个月时两组儿童的尿氟排出量基本一致,表明幼儿在老师的帮助和监督下学会刷牙后,误吞服牙膏已不再是问题。

该项研究结果充分证明:在严格控制含氟牙膏用量的情况下,学龄前儿童在老师或家长监督下使用含氟牙膏是安全的。在为期5年的牛奶氟化预防儿童龋齿的项目中也定期采集尿样检测,作为监测氟化物应用安全性的一项指标,提供的数据也证明是可靠的。因此,采用标准尿氟检测方法,评价氟化物应用的安全性应该成为一项常规,以便为氟化物的适当应用提供更加充分的科学依据。

四、儿童误吞服含氟牙膏的研究

上海蔡依民等人对180名3~6岁幼儿在使用含氟牙膏刷牙时牙膏的误吞服量进行了测量。结果显示,平均误吞服量为26.2%,最高误吞服量为30.4%。蔡依民等认为,如果幼儿每天从含氟牙膏和饮食等方面获得的氟之总和超过规定的标准,发生氟牙症的危险性将会大大增加。周静等人的另一项含氟牙膏使用前后自身对照的研究,通过24 h尿氟排泄量测量显示,尿氟排泄量有显著差异。该研究结果提示,6岁以下儿童要减少含氟牙膏的使用量,每次用量不宜超过0.25 g(约豌豆大小)。刘艳玲等人进行了类似的研究,结果亦类似。

五、饮水氟质量浓度与龋病和氟牙症及尿氟的相关性

郑宝山、王滨滨等在中国牙病防治基金会的资助下,于2002年对我国部分城市和地区居民饮水氟质量浓度与龋病患病的关系以及与尿氟质量浓度的相关性,氟中毒地区居民氟斑牙,龋齿与饮水氟的关系进行了系列研究。结果发现,我国城市供水氟质量浓度普遍偏低,所调查城市的水氟质量浓度70%低于0.3 mg/L,90%低于0.5 mg/L。当饮水氟质量浓度低于1.0 mg/L时,青少年患龋率与龋均都随着水氟质量浓度的升高呈下降趋势。在安全的饮水氟质量浓度范围内,龋均与饮水氟质量浓度之间存在负相关关系;但是数据分散,线性关系较差。当水氟质量浓度超过安全临界点时,龋齿与饮水氟质量浓度呈正相关关系,说明饮水氟质量浓度高,不仅可以导致氟中毒流行,也会增加龋齿的发病率。

饮水氟质量浓度过高过低都会使龋病高发。在饮水氟质量浓度低于4.0 mg/L时,氟牙症指数与饮水氟质量浓度呈线性正相关关系。饮水氟是城市居民氟总摄入量的主要来源。在氟中毒地区的调查发现,饮水氟质量浓度与居民的尿氟呈高度的正相关关系,氟牙症指数也与饮水氟质量浓度呈高度正相关性。饮水氟质量浓度与龋齿的关系有所差异:在5、12岁年龄组,龋齿发病率随着水氟质量浓度的增高而下降;在15、18岁年龄组,在水氟质量浓度分别高于1.9mg/L和2.3 mg/L时,龋齿与水氟质量浓度呈正相关关系。12、15、18岁组的氟牙症指数也与饮水氟质量浓度呈高度正相关性。

六、饮茶型氟中毒与氟牙症

饮茶型氟中毒是我国特有的一种地方性氟中毒类型,主要分布在西部大量饮用砖茶的少数民族居住地区,约有100万人口。研究结果显示,饮茶型氟中毒流行特征是成人病情重,儿童病情相对较轻。专家提出的中国砖茶含氟质量浓度的卫生标准为小于3%。为此,我国开展了低氟砖茶与除砖茶氟技术的研究。据调查,藏族牧区8~12岁儿童氟牙症检出率为52.15%,主要为极轻度病例。研究者认为:儿童饮茶型氟斑牙检出率虽高,但病情较轻;儿童每日砖茶氟摄入质量浓度处于较低水平,完全符合饮茶型氟中毒儿童氟牙症流行特征;儿童每日砖茶氟摄入质量浓度正常上限值低于饮水型病区的摄氟质量浓度卫生标准。

七、口腔流行病学调查和农村儿童口腔健康状况调查

石四箴进行的一项纵向研究资料显示，上海学龄前儿童乳牙龋呈上升趋势。另有对我国幼儿与学龄前儿童进行的研究表明，社会与医疗病史、口腔卫生实践、变异链球菌水平、低出生身体质量儿童与早产儿以及釉质发生不全、易患宿主等，都是龋病开始发生和发展的基本影响因素。

一项在部分农村进行的调查资料显示，农村儿童的口腔健康状况是乳牙患龋率极高，6 岁儿童乳牙患龋率为72.9%，龋均3.64；其中无龋儿童为27.15%，高龋儿童52.2%，97%的龋未经治疗。7～12 岁儿童乳牙患龋率随年龄增长逐渐下降，至 12 岁仍有乳牙龋残留。恒牙龋患龋水平较低，12 岁患龋率21%，龋均 0.38，95%未经治疗。青少年软垢指数为中等水平，口腔卫生状况普遍较差，牙龈炎和牙石严重，浅牙周袋很少，无深牙周袋，未发现牙周炎问题。因此，在开展农村儿童口腔卫生保健项目时，初级口腔卫生保健应是重点。

2005 年在卫生部与全国牙防指导组的组织下，进行了第 3 次全国口腔健康流行病学抽样调查，调查了 5、12、35～44、65～74 岁 4 个年龄组，进行了龋病(冠龋、根龋)、牙周病、氟牙症、口腔黏膜疾病等口腔检查和问卷调查，调查涉及全国 29 个省、市、自治区的 180 个城区和农村县，调查样本量 9 300 多件，每个省约 3 000 多件，是迄今为止覆盖面最广的一次口腔流行病学调查，其调查结果至今尚未正式公布。

八、口腔健康促进研究

全国爱牙日活动是口腔健康教育与促进的一种形式。1989 年，根据老一代口腔医学专家们的倡议，卫生部联合中央 9 个部委把每年的 9 月 20 日确定为全国“爱牙日”，在“爱牙、健齿、强身”的主题下，通过新闻媒体和爱牙日当天专家咨询服务的方式传播口腔保健知识与自我保健技能，提供免费咨询服务，开展知识竞赛等活动。为了对爱牙日活动的社会影响与效果进行适当的评价，以便不断提高活动的质量和效果，每一次活动之后专门设计了一套问卷，用于对活动的组织实施情况进行监测性调查。

长期监测的结果显示，在最初几年里，群众的口腔保健知识和保健意识明显提高。例如，了解牙菌斑知识的人数，从 1989 年的40%增加到 1995 年的 70%；了解牙龈出血知识的人数，从 1989 年的 10%增加到 1996 年的 60%；了解含氟牙膏知识的人数，从 1989 年的 60% 增加到 1995 年的 79%；了解健康食品知识的人数，从 1989 年的 72%增加到 1995 年的 80%。口腔保健行为习惯也发生了较大改变，每日早晚刷牙率明显提高。比如，每天早晚两次刷牙率从 1989 年的 50%增加到 1995 年的 70%；选用保健牙刷与含氟牙膏的人数也有较多增加，含氟牙膏的使用率从 1989 年的 14%增加到 1995 年的 40%，保健牙刷的使用率从 1989 年的 49% 增加到 1995 年的 68%；定期进行口腔健康检查的人数也略有增加，从 1989 年的 23%到 1995 年的 26%，其中学龄儿童口腔保健知识的增加与口腔保健行为的改变较成年人明显。

但是群众寻医行为的改变比较缓慢。来自第 2 次全国口腔健康流行病学调查的问卷调查资料(1995 年)也部分地显示出爱牙日活动头 5 年所产生的积极影响。进入 21 世纪之后的，群众的口腔保健知识水平没有进一步提升。例如从 2000 年到 2004 年，牙菌斑认知人数，从 60%下降到 54%；牙龈出血认知人数，从 77%下降到 73%；含氟牙膏认知人数，从 82%下降到 70%；健康食品认知人数，从 70%下降到 66%。在自我口腔保健的行为改变方面也是如此，从 2000 年到 2004 年，每天 2 次刷牙率从 74%下降到 70%；含

氟牙膏的使用率从 55%下降到 48%;保健牙刷的使用率从 82%下降到 61%;定期进行口腔健康检查的人数从 40%下降到 32%。

由此可见,一般性的宣传教育活动已满足不了群众的需求,群众需要更深入、更具体,针对性更强的口腔保健信息。尽管 18 年的爱牙日活动的扩散效应已影响到我国约 50%以上的人口,但是农村偏远地区仍然是一个十分薄弱的环节,群众的口腔健康知识水平和口腔卫生状况依然较差,甚至很差。

因此,一方面,口腔健康促进活动仍需要深入持久地开展,更要注重针对实际存在的问题进行研究。例如,最近两年来,关于含氟牙膏的争议不断,广大群众对于是否应该选用含氟牙膏感到困惑,健康教育就应该深入到这个领域为群众提供充分的有科学根据的信息,并告诉消费者如何做出正确的判断。如果健康教育还是停留在表面上,进行一般性宣传,显然不能满足公众的需求。另一方面,仅仅依靠口腔健康促进活动是不够的,适当的口腔公共卫生措施是必不可少的。在口腔健康教育与促进方面开展的研究内容还很少,应该在营造有益于健康的社会环境,以及社会因素对健康影响的各个方面开展深入的探讨和研究。

黄瑞哲等人采用试验对照方法,探讨了通过口腔健康教育对农村小学生口腔保健知识、态度与行为的影响。结果显示,试验组学生在口腔保健知识、行为和牙菌斑指数方面均明显高于对照组学生。这就至少可以说明,口腔健康教育项目在短期内可以改变儿童的口腔保健知识、态度和行为。但是其长期效果需要进一步研究。

九、龋病免疫学研究进展

樊明文等利用重组 DNA 技术将控制葡聚糖形成的变异链球菌基因克隆到缺乏葡糖基转移酶活性的大肠杆菌中,大量获得一种单独的酶,在灵长类动物体上利用变异链球菌族制成疫苗,使动物获得龋病免疫力。1993 年以来,樊明文等开展了基因重组乳链球菌防龋疫苗的系列研究,基因重组乳链球菌免疫 BAL B/C 鼠产生表面蛋白抗原特异免疫球蛋白。重组乳链球菌 HL_{107} 具有变异链球菌表面抗原的免疫原性,能激发针对表面蛋白抗原的系统免疫和局部黏膜免疫反应。在变异链球菌表面蛋白 Pl 主动免疫防龋动物试验效果的初步观察表明,试验组龋均下降显著。

龋病免疫疫苗研究虽已取得较大进展,但仍然有一些关键性问题没有明确的答案。为了确保其临床的安全性与效果,不论是疫苗还是特异性抗体制剂,均需要进行多方面验证,才有可能进入临床试验。即便临床试验获得成功,仍有很多问题值得深入探讨:①变异链球菌非唯一致龋菌;②变异链球菌检出率、数量与龋活性关系非恒定不变;③龋病为多因素疾病,生物因素只是其一,其他因素的影响也不可低估。

十、釉质发生不全与龋病发病的关系

1992~1996 年期间,李仪红、荣文笙和郑树国前后对学龄前儿童、低出生身体质量婴儿和早产儿进行了釉质发生不全和釉质发生缺陷与变异链球菌及龋齿之间相互关系的调查研究。结果显示,北京学龄前儿童乳牙釉质发生不全患病率分别为 22.2%(3~5 岁)和 12.5%(2~6 岁),低出生身体质量婴儿和早产儿釉质发生缺陷的患病率高达 77.3%。研究证实,釉质发生缺陷在低出生身体质量婴儿特别普遍。其危险因素与营养缺乏,病毒或细菌感染引起皮疹以及低出生身体质量等有关。

临床研究还观察到,有严重营养不良的儿童釉质表面存在着多种发生缺陷。在前两项研究中发现,儿童唾液中的变异链球菌分别为 94%和 80%。唾液中变异链球菌的数量与釉质发生不全的患病率有显著的关系,釉质发生不全与龋齿发病有紧密的联系。这些研究结果提供了新的和正确的信息：营养缺乏对牙发生和口腔疾病的易患性有重要的影响，釉质发生不全还是龋齿发生和发展的一种易患因素。以釉质发生不全作为一个指针，可以帮助预测人群中的高危龋个人。

十一、非创伤性修复治疗的临床研究

非创伤性修复治疗（ART）是停止龋齿进一步发展的一种最大预防和最低侵入的途径。即借用手工器械去除龋坏的腐质，用一种牙科黏结材料修复龋洞，同时封闭余留的窝沟。

ART 是一种适合于资源稀少的发展中国家和不发达社区所有年龄的人保存龋坏牙齿的方法。如果没有这种干预，龋齿就会进一步龋坏，直至拔除而导致牙丧失。因此，1994 年 WHO 推荐了这种技术。开展这项研究的重点是这项技术的效果，尤其是延长它的保留时间。为此，胡德渝等人设计了一系列的观察：6 个月，1 年与 2 年。结果显示，半年的成功率为 90%，1 年的成功率 84.7%，2 年的成功率 69.1%。该研究结果表明，ART 技术简单易学，对乳牙龋是一种有效的治疗方法，尤其对于广大农村地区的儿童口腔健康最为有益。但是，ART 修复治疗也有失败。不成功的原因，一个是材料本身的强度不足，另一个是操作人员的操作技术等。因此，仍需要继续研究，不断提高修复质量。

十二、婴幼儿猖獗龋研究

猖獗龋的发病病因与婴幼儿的喂养方式、饮食习惯、家庭因素、釉质发生不全以及微生物学方面有着密切的联系。叶玮等人对婴幼儿猖獗龋进行了流行病学方面的研究。共计调查了上海 2～5 岁儿童 1 800 人，分成病例组与对照组进行比较，最后进行统计学 Logistic 回归分析。结果提示，过多摄入致龋食物（含蔗糖）的不良饮食习惯是猖獗龋发生的重要危险因素，而奶瓶喂养习惯则可能不是猖獗龋的主要危险因素。

十三、变异链球菌的近期研究

龋活性试验（caries activity test）是检测个体与人群致龋危险因素的试验方法。龋活性试验方法多种多样，但都不易在国内普及。杨圣辉等人提出并验证了一种能反应龋活性的简易检测方法。结果显示，这种方法可以证实龋的发生与变异链球菌变化密切相关，唾液中的临界细菌数与国际上的研究结果一致。杨圣辉等认为，变异链球菌附着板法是一种简易可靠的龋活性试验方法，能进行唾液变异链球菌的半定量计数，还可以用于其他研究。

蜂胶有抗菌、止痛，促进创面愈合的作用。那么，蜂胶是否有抑制变异链球菌的作用呢。杨更森等人对蜂胶抑制变异链球菌及其黏附作用进行了试验，并在人体进行了一定的测试。初步结果显示，蜂胶溶液对变异链球菌有较强的抑菌作用，对其黏附的抑制作用也明显高于对照组。在人体进行的几项测试也显示，蜂胶溶液可使唾液中的变异链球菌数量显著减少，牙菌斑指数降低，唾液 pH 值高于对照组。以上结果表明，蜂胶对致龋的三个影响因素有较明显的作用，但是否能有直接的防龋作用，还需要寻找到适当的载体并通过经典的临床试验提供可靠的证据，才能做出结论。

十四、氯己定涂料的防龋效果

台保军等人采用随机安慰剂对照临床试验，观察质量浓度 40% 的氯己定涂料对儿童龋齿的预防作用，为期 2 年。将 1 250 名3～7 岁儿童随机分成试验组与对照组。结果：试验组（3、5、6～7 岁）新生龋的增长较对照组明显下降（45.5%、44.80%、40.42%）。台保军等认为，氯己定涂料对乳牙和恒牙都具有较好的防龋作用。但也有着色、味苦等副作用，需要进一步研究。

十五、小　结

迄今为止，预防口腔医学研究的重点还是集中在儿童和龋病方面，在牙周病及其他口腔疾病，特别是老年人群的口腔疾病的预防方面开展的研究还很少。儿童口腔保健的研究主要是自婴幼儿到青少年时期牙颌面的生长发生，尤其是牙的生长发生，牙颌异常和常见儿童牙病防治。20 世纪 80 年代以前，只开展了少量的科学研究。之后，儿童口腔医学研究才引起重视并取得一定进展，例如关于儿童的四环素牙和牙发生异常的调查研究，关于釉质发生不全与龋病发病关系的调查研究，残疾儿童的龋病、牙周病患病状况调查等。

最近十多年，我国的口腔健康科学研究取得了较大的进展。但是，需要解决的问题还很多。为了改善中华民族的口腔健康状况，一方面要针对现实中存在的问题开展新的科学研究，另一方面也要把已证明科学证据充分、实际可行的预防保健措施转化成群众性的口腔保健行动，以取得口腔健康的实际效果。这不仅是专业人员的责任，也是有关政府部门，社会各界以及每个社会成员共同的责任，需要大家共同努力。上述提到的许多项目是在中国牙病防治基金会的资助下完成的，今后还希望社会各界能给予基金会更多的关心与支持，使基金会有能力资助更多的研究项目，以推动预防口腔医学的全面发展，造福整个中华民族。

口腔修复学两年回顾

中华口腔医学会口腔修复学专业委员会　巢永烈

科学技术的高速发展使口腔修复学进入了快速发展期，多学科间的相互交叉、综合，拓宽了口腔修复基础和临床应用研究领域。新材料、新方法、新技术、新设备极大地促进了口腔修复学的发展，提高了口腔修复的水平。中华口腔医学会口腔修复学科专业委员会于 2005 年 7 月 28～29 日在乌鲁木齐主办了全国牙体缺损保存修复研讨会，又于 2006 年 9 月 27～28 日在深圳召开了第 5 次全国口腔修复学学术会议，展示了我国口腔修复学近两年内在基础理论研究，临床治疗新技术、新方法等方面的发展概况及其主要成果。下面就口腔修复学在基础和临床方面的研究作一简要回顾。

一、牙体缺损保存修复的现状

牙体缺损修复是口腔修复学的重要组成部分。近年来，随着牙髓根管治疗、桩核冠修复、黏结等技术和相关材料器械的迅速发展，我国牙体缺损保存修复，尤其是残冠残根的保存修复取得了长足的进步，修复观念和治疗效果都得到极大的提高。为了科学有效地保存和修复残冠残根，临床上加强了口腔多学科，其中包括牙体牙髓、牙周、牙槽、修复和正畸等的综合治疗，以期达到控制病变、修复形态和恢复功能的目的。

目前多采用桩核冠的方式修复残冠残根，主要包括金属桩核、陶瓷桩核和纤维树脂桩核。金属桩核仍是临床上使用最多的修复方式。近期国内加大了对非金属桩核的研究与应用。采用陶瓷桩核和纤维树脂桩核修复，通过树脂类黏结剂与根管牙本质之间达到极高的黏结强度，可以减少根折的发生，是今后桩核修复的发展趋势所在。

对于牙体缺损保存修复的全冠选择，主要包括金属烤瓷全冠和全瓷冠。金属烤瓷全冠修复在国内应用已经较为广泛。目前的研究主要是针对贱金属临床上存在的不足，而贵金属烤瓷和全冠修复已成为发展趋势。以往全瓷修复体因受抗折强度的限制，影响其应用。近几年来，高强度牙科陶瓷材料的强度和韧性得到了较大提高，极大地扩展了以往全瓷修复的范围。对牙体缺损较少的保存修复形式，国内还积极开展了嵌体、贴面的研究与应用。采取嵌体、贴面修复牙体缺损，能恢复牙齿外形和良好的邻接关系，减少了牙体组织的切削量，具有美观、有利于牙周组织健康等优点。但是，这两种修复方式的推广很大程度上依赖于黏结材料的发展。

牙体缺损保存修复也存在一些问题，首先是患者的主观认知因素；其次是残冠残根的保存修复费时间，费用较高，而且也存在一定的风险性；再次是医生对适应证掌握的水平参差不齐；最后是材料和器械因素，纤维成品桩的适合性较差，陶瓷桩制作工艺复杂、成本价格过高等。

二、纤维桩核的基础与临床研究

由于金属桩核存在腐蚀、过敏、影响美观等不足，因此非金属桩核修复已成为桩核修复研究与应用的发展方向。近期涉及玻璃纤维桩、碳纤维桩和纤维增强树脂桩的研究较多。研究证实，纤维桩在强度、硬度、美学、抗腐蚀、抗疲劳性能以及生物相容性上均较为优越，通过树脂类黏结剂能与根管壁牙本质达到极高的黏结强度。与金属桩相比，纤维桩不会影响 MRI 检查；纤维桩弹性模量接近牙体组织，可以明显减少根折的发生；在纤维桩树脂核基础上做全瓷冠修复时，美观效果更佳。

生物力学分析显示，采用碳纤维桩树脂核加金属全冠修复磨牙时，其抗压强度低于铸造桩核修复，弹性模量接近牙体组织，可以明显减少根折的发生，保护牙根；桩核修复中形成的牙本质“肩领效应”，可以显著地提高修复后牙齿的抗折强度；纤维桩通过树脂类黏结剂与牙本质之间达到极强的黏结作用，可以与牙根形成一个近似同质性的结构，使应力沿着牙根均匀分布，提高了修复后牙齿的抗折能力，但同时也有研究指出纤维桩仍存在一定的不足。例如纤维桩存在明显的疲劳现象；再如纤维桩都是具有一定规格的预制成品桩，大小形状固定，临床使用时根据根管大小选择不同型号的纤维桩，适合性较差。

三、全瓷修复

全瓷材料因为具有表面光泽度高，透明和半透明，良好的生物相容性，耐腐蚀，导热率低，色泽稳定等优越的性能，越来越受到临床医生和患者的欢迎。

目前国内广泛使用的主要是手工制作的 In-ceram、IPS-Empress Ⅱ 以及需要计算机辅助设计与制造（CAD-CAM）制作底层冠的 Procera AllCeram 氧化铝全瓷冠、Ceracon 氧化锆和 Kavo Everest 氧化锆全瓷桥，Wol-Ceram 全瓷沉积冠研究显示其临床应用的近期效果良好。其中氧化锆和氧化铝底层材料力学性能突出，临床上牙体预备量可相对少些；Empress Ⅱ 全瓷冠透明效果较好，但如基牙颜色过深或在金属桩核上做全瓷冠修复，则采用遮色效果较好的氧化锆陶瓷较好；对渗透陶瓷全瓷修复系统，采用树脂黏结剂，比使用玻璃离子黏固剂尤其是磷酸锌黏固剂产生的色差小。但研究同时也指出，目前临床应用的全瓷材料仍普遍存在修复体的抗折强度低、所需牙体预备量过大、全瓷桥连接体过大、桥体跨度受限等问题，尚待解决。除全瓷冠桥外，全瓷修复体还有瓷贴面、瓷嵌体、瓷桩核和瓷基桩，均有临床应用报道。瓷贴面可以用失蜡铸瓷技术制作，也可用瓷粉堆塑技术在耐火代型上烧烤而成，还可用 CAD-CAM 技术制作。瓷贴面厚度较薄，遮色能力有限，虽然磨除牙体少，改善其颜色仍是研究的难点。

四、传统可摘局部义齿修复

在可摘局部义齿修复中，各种复杂整铸支架制作精美，铸钛技术应用日益增多，由于其生物相容性抗腐蚀性极佳，轻、软，赢得了一些患者的青睐。贵金属可摘义齿支架也开始有了市场，尤其是在精密附着体和套筒冠义齿修复中。但毕竟更多的行可摘义齿修复的患者选择价廉的钴铬合金，因此钴铬合金支架上表面改性制作烤瓷牙也发展起来。表面镀金也可极大地改善其生物相容性和外观。

附着体义齿是一类利用其匹配部件间的机械摩擦力，使修复体获得良好固位和稳定的义齿。附着体通常由两部分连接结构组成，一部分通过固定修复体与基牙或种植体结合，另一部分与活动义齿结合，实现连接和固位。由于附着体取代或部分取代了传统的卡环等固位形式，从而为义齿提供了良好的固位、稳定和美观。但附着体本质上仍是一种可摘局部义齿。附着体义齿可以由附着体、桥体、人工牙、基托、连接体等各部分组成，根据临床修复体设计其组成部分有所不同。附着体义齿对患者的基牙和口腔条件要求较高，工艺较复杂，费用较高，但也是一个发展很快的修复方式。

磁性附着体固位义齿利用磁力固位，是一种引人注目的修复方式。磁性附着体义齿就位后具有持续的固位力；固位磁体与衔铁间可相对移动，使基牙所受侧向力较小；对基牙的要求较低，基牙长轴不平行时也可使用。采用封闭式磁性附着体可避免磁场对机体组织的伤害；用磁体代替卡环，可避免卡环对基牙的损伤；可将义齿分段制作并有效地连接为整体；操作简单，易于清洁。磁性附着体固位义齿的缺点是磁体易生锈，尤其是暴露于口腔环境中时，生锈更快，因此应做妥善的防腐蚀处理。一般可给予不锈钢修复、塑料涂层等处理。

套筒冠义齿是指以套筒冠为固位体的可摘局部义齿。套筒冠固位体由内冠和外冠组成。内冠黏固在基牙上，外冠与义齿其他组成部分连接成整体。义齿通过内冠与外冠之间的嵌合作用产生固位力，使义齿取得良好的固位与稳定。义齿的支持由基牙或基牙与基托下组织共同承担。圆锥形套筒冠被修复学界认可为较理想的固位体。该固位体内冠为圆锥形，内冠与外冠之间形成嵌合作用，固位力可以调节。采用该固位体的义齿稳固性好，能较好地恢复咀嚼效能。

五、种植义齿修复

种植义齿的支持、固位和稳定功能较好，可避免或减少固定义齿需做的基牙预备及其可能发生的不良后果和给患者带来的心理负担。由于种植义齿无基托或基托面积较小，具有良好的舒适度。随着种植材料、种植体系的不断完善以及外科种植和修复技术的不断改进与提高，种植义齿的应用范围逐渐扩大，设计更合理，制作更精良，获得了较满意的远期成功率。近期研究多集中于即刻种植、微型种植体、种植修复后的咬合恢复、种植覆盖义齿的成功率等方面，获得了一些研究成果，推动了种植修复的发展。

六、计算机辅助设计与制造技术

CAD-CAM 主要由数字印模采集系统、计算机人机交互设计系统和数控加工单元三部分组成。CAD-CAM 不仅用于制作固定修复体，也逐渐应用于局部可摘义齿、全口义齿以及颌面缺损修复的设计和制作。固定修复体的 CAD-CAM 技术世界上已有或曾经有过十多种以上。其中 Cerec 系统进入市场早，商品化程度高。Cercon 系统的 CAM 技术可以根据底层蜡型，加工出 5 牙单位的氧化锆冠桥全瓷底层支架。Lava 系统也可以加工钛和氧化锆。Procera 系统采用不同技术加工钛、氧化铝或氧化锆底层。

CAD-CAM 在我国得到了迅速的发展，除了引入国外成熟的 CAD-CAM 技术外，还作了相关研究和自主创新。牙列缺损模型三维数据的采集，反映了我国扫描采集技术的新进展。具有自主知识产权的全冠 CAD-CAM 系统的研发，鼻、眶和颜面部软组织的三维重建，数字模型修复技术修复上颌骨缺损，三维仿真设计与激光快速成型等技术均达到了国际先进水平。

七、口腔修复的基础研究

在口腔修复的基础研究中，口腔生物力学研究始终占据主导地位。生物力学研究手段的多样性，从宏观到微观再到分子水平的不断深入，为临床优化各种设计提供了力学基础。

𬌗学研究在口腔修复中的应用日趋广泛。近期报道的下颌标志点运动轨迹特点；磨牙症与颞下颌关节关系的研究，包括颞下颌关节的应力分布、运动规律、对咬合的影响；有关咬合重建的临床设计、应用对咀嚼运动的影响等更引人注目。组织工程牙的有关探索，向未来的口腔修复学的发展方向和治疗手段提出了新的挑战。

八、其　他

覆盖义齿修复结合栓道、套筒冠、杆卡、球形附着和磁性固位附着体，使义齿的固位方式多元化，合理地开发了固位的潜能。

在烤瓷色度学的研究中，用电脑选色仪测量牙的三维颜色，将颜色转化为某种具有具体品牌特色颜色的瓷粉或瓷粉组合，再现牙的真实颜色。一些选色仪还能测量牙的透光度，分析颜色和透明度在牙上的分布情况并摄片保存，直接指导技师上瓷，还可将制作的烤瓷牙与天然牙的选色结果对比分析，以确保无误。这些选牙色仪有 Vita Easyshade、Shofu ShadeEye-NCC、ShadeVision、ShadeScan、ClearMatch 和 DCM-ikam 等。

口腔种植学发展现状

四川大学华西口腔医院　宫苹

现代口腔种植技术经历了近半个世纪的发展，已经成为修复天然牙缺失的重要方式之一。

20 世纪 80 年代初期，华西医科大学口腔医学院在国内率先成立了人工种植牙研究课题组，开始了中国口腔种植技术的基础理论研究、国产种植体的研发和临床治疗。1991 年由陈安玉主编的中国第 1 部《口腔种植学》专著出版。1989～1998 年在成都、上海和北京召开了 4 次国际口腔种植学学术研讨会，标志着中国的口腔种植学专业队伍已经形成并走向国际。1995 年在珠海召开的“全国口腔种植工作会议”进一步探讨了口腔种植诊断和治疗的相关问题，中国的口腔种植技术逐步进入快速、正常的发展轨道。1997 年成立了全国口腔种植协作组。20 世纪 90 年代中期，华西口腔医学院率先给研究生开设了口腔种植学专业理论课，探讨了口腔医学高层次人才教学中的口腔种植学实践，获 2001 年四川省优秀教学成果一等奖。2002 年在中华口腔医学会的领导下，选举产生了第 1 届中华口腔医学会口腔种植专业委员会，各类口腔种植专著相继出版，陆续举办了多届国家级继续教育学习班。至此，中国的口腔种植事业进入了一个崭新的历史阶段，对促进中国口腔种植学技术的繁荣与发展、口腔种植技术的普及与推广、口腔种植医学人才的成长与提高，起到了重要的作用。

尽管中国的口腔种植学起步较晚，水平与发达国家之间仍有较大差距，但起点高、发展快，在口腔种植材料和临床技术应用等诸多领域已引起国外同行的高度关注，发表的学术论文逐年增加，标志着中国的口腔种植事业已逐步与国外先进国家接轨，向着规范健康的方向发展。现就近 30 年中国口腔种植学研究和应用发展状况作一简要概述。

一、基础研究

(一)种植材料

生物材料学一直是国内外种植领域的研究热点，从钛合金到纯钛，从光滑表面到粗糙表面，从宏观到微观，材料学的进步不断推动口腔种植治疗学向前进步。

早在 19 世纪后叶，即有学者开始尝试将金、瓷制成的根形种植体植入颌骨。20 世纪前半叶，各种不同形状、不同材料的种植体得到广泛的尝试，材料主要有钴-铬-钼合金、铱-铂合金、钽以及丙烯酸树脂和聚甲基丙烯酸树脂等。主要的种植体形状有螺旋状、骨膜下金属网状支架，带孔盘状、钉状以及根形等。20 世纪 60 年代以后，钛和钛合金以其质量密度轻、耐高温、抗腐蚀、生物惰性和良好的生物相容性等特点，逐渐成为牙种植体的主流材料，螺纹状根形种植体因其与骨结合面积大、仿生、垂直向承载能力强、易于加工等优点成为首选的种植体外形。

为了增加种植体的表面积，实现更好的生物活性和骨结合能力，获得更加稳固的种植体-骨结合界面，目前种植体表面结构的处理方法主要有：①种植体表面加成法，如钛浆涂层和羟磷灰石涂层等；②种植体表面减少法，如喷砂加酸蚀表面处理、可吸收性研磨递质表面处理等；③种植体表面轰击法，如电子束热处理、激光处理和离子注入法等；④种植体表面氧化法，用电化学氧化处理增加种植体表面氧化层的厚度。对比研究发现，经表面处理的种植体在愈合过程中的成骨能力、负重能力和抗扭力能力等方面显示出明显差别。

近年来，虽然喷砂酸蚀种植体已经成为主流，但有关种植体表面涂层的研究依然是国内的热点。离子注入、溶胶凝胶法、微弧氧化、低温等离子和磁控溅射等技术被用于涂层的制备，以改变种植体的表面形貌和生物学性能。涂层的材料除了磷酸三钙、羟磷灰石、氟磷灰石和钛酸钠外，一些与骨整合相关的蛋白、多肽和天然生物材料被应用于种植体表面修饰并取得了较好的试验结果，但尚有许多问题需进一步研究。

纳米抗菌材料是近年口腔种植材料领域研究的另一个热点。国内学者对纳米载银或载钇材料的抗菌性能进行了研究，发现纳米载银或载钇材料能够在一定的时间内使构成菌斑的主要细菌，如变异链球菌、表兄链球菌、血链球菌、黏性放线菌和牙龈卟啉单胞菌的数量明显较少，有助于防治口腔细菌引起的种植体周围炎。

(二)种植治疗的生物力学

种植体在体内特殊的界面结合方式——缺乏天然牙周膜结构的缓冲作用，载荷的传导方式与天然牙不同，容易造成应力的集中。近年来，国内对种植义齿的咬合状况、种植体的直径和长度变化、种植体的表面螺纹结构、种植材料的弹性模量、种植修复加载方式等对颌骨应力分布的影响进行了系列研究，提出了有一定指导价值的试验研究数据。

另外，学者们还就应力对成骨细胞、破骨细胞、成牙骨质细胞、间充质干细胞和成纤维细胞的生物学性能作了进一步探讨，从形态学、细胞增殖、蛋白合成、基因表达和信号传导等方面进行了深入的研究。国内有学者开始研究骨细胞在骨质改建中的作用，探询应力作用下骨细胞的基因表达和力学信号传导机制。研究表明，存在于骨组织承担外力的骨细胞，通过细胞突建立起相互连接的网络结构具有最先和最能敏锐感受到骨质在外界力作用下形变的可能，成为骨组织中敏感的力学信号转换器，细胞突网络结构将力学信号转为生化信号并传递给其他骨组织功能细胞。

目前，国内有关种植生物力学的动物试验研究已逐渐增多。譬如采用自行设计的加力装置，研究了渐进性载荷对即刻植入种植体骨结合的影响，力和骨愈合对种植体骨性结合的影响，力和骨愈合对细胞外基质基因表达的调控，流体剪切力作用下破骨细胞的形态变化等。生物力学研究的深入，使种植体外形结构和上部修复设计更加合理，保证了种植义齿修复的长期成功率。

(三)组织界面研究

组织界面包括种植体-骨组织界面和种植体-龈组织界面。Brånemark 于 20 世纪 60 年代提出的骨整合理论，奠定了种植体-骨性结合界面的基础。研究表明，骨整合种植体与骨组织的表面接触率为 30%～70%，并非 100%的完全接触。

近年来，国内学者在生长因子对种植体骨结合界面的影响方面做了大量的工作，利用涂层和基因转染等技术将骨形态发生蛋白、胰岛素样生长因子、成纤维细胞生长因子、转化生长因子和骨保护素等应用到种植体周围，形成了良好的种植体骨结合界面。研究了种植术后种植体载荷时间对种植体骨结合界面的影响，发现加载组的早期垂直骨吸收量远小于对照组，骨接触率亦高于对照组。但这些都是短期动物试验的观察结果，长期的效果还待进一步研究。

种植体-龈组织结合界面对于保护种植体在复杂的口腔环境中免受细菌和其他致炎因子的侵入及牙种植体的远期效果至关重要。理想的种植体要求种植体-牙龈组织结合界面有类似天然牙周上皮附着的结构，形成功能性生物封闭屏障。研究表明，半桥粒-基底板亚结构组成的附着复合体是上皮组织与种植体形成良好生物封闭的关键结构之一，种植体的材料、穿龈部分的构造、表面处理方式和局部清洁等都是影响种植体龈结合界面的重要因素。碳纤维、塑料和钛刮匙处理较不锈钢刮匙更有利于胶原纤维的附着。

应力缓冲结构——种植体周膜的研究一直是国内外关注的热点，并且完成了牙周膜干细胞的培养，血小板衍生生长因子-β、骨形态发生蛋白-7、胰岛素样生长因子-1 基因的腺病毒载体构建和支架材料的筛选等工作。有学者希望在种植体表面构建新型聚吡咯导电高分子生物薄膜，并将其作为牙周组织工程的三维生物活性细胞支架，最终植入体内生成具有天然牙周膜结构的种植骨组织界面。这些研究成果，为下一步实现种植体周牙周组织完全重建提供了重要的理论和试验依据。最近，还有学者开始对干细胞在牙周微环境中的趋化、分化方向和功能表现进行研究，拟进一步阐明干细胞促进牙周再生的机制，其研究结果将有利于种植体仿生功能的进一步完善。

(四)种植体的感觉功能

种植体的感觉功能是近年提出的新概念。在 2000 年召开的第 2 届全国口腔种植学术会议上，Brånemark 曾对该理论进行了一定的介绍。

在 2003 年悉尼骨感觉(osseoperception)大会上，学者们对该定义达成了共识：骨感觉是通过机械性刺激骨整合修复体产生的一种感觉冲动，由位于肌肉、关节、黏膜、上皮和骨膜等相关组织中的机械感受器产生，并且伴随着中枢神经系统在处理感觉运动功能方面的变化而变化。总的说来，它是一种依赖中枢神经系统影响的，来源于外周传导的综合感觉。

目前，国外学者通过神经生理学和心理

生理学的方法证实了骨整合种植体存在一定的感觉功能，即一定的刺激能够诱发动作电位和体感诱发电位，但是种植体的感受阈值明显高于天然牙 10～100 倍。国内的研究也表明，种植体周围的确存在一定的神经纤维分布，但神经纤维的密度较低，仅为0.03%～0.07%，远低于牙周膜中的分布密度。种植体感觉功能的生理机制，种植体本体感觉传入的来源、传导方式、途径以及中枢神经系统发生的适应性改变尚不清楚，有待进一步的深入研究。现代种植体不仅需要在骨性结合的界面上实现整合，更需要在功能上与机体进行整合，这种功能上的整合包含了种植体的感觉功能。种植体感觉功能的完善对于维持种植体的长期稳定，改善患者的主观感受，更好地发挥种植义齿的咀嚼功能等都具有重要的意义。

二、临床研究

在现代口腔种植学兴起的初期，只有局部牙槽骨的高度大于 10 mm 且宽度大于 5 mm 者才适合种植体植入。而牙周病、外伤、局部病变切除、老年性牙槽骨吸收萎缩等造成相应缺牙部位骨量不足，上颌窦和下齿槽神经血管束等解剖结构的限制常导致该部位可利用的牙槽骨高度不足，无法种植或种植失败率较高。为了使局部条件不良的患者也能获得种植修复的机会，近十多年来包括中国学者在内的各国学者发展、完善了一系列种植外科新技术：上颌窦提升术、骨挤压术、上置法、夹层法和碎骨块移植术，以可吸收或不可吸收性膜结合人工骨和少量患者自身骨的引导组织再生技术，牙槽骨的垂直牵张成骨术等，并取得较高的远期成功率（上颌 5 年成功率达 85%以上，下颌达 95%以上），使口腔种植的适应证进一步扩大。同时，手术微创化成为种植外科的发展方向。对于上颌后牙区骨量不足，但窦底骨量大于 5 mm，能够保证种植体初期稳定性的患者，闭合式上颌窦提升术以其操作简单、创伤小、效果稳定等特点被广泛应用于临床，并取得了良好的临床成功率（97.3%～100%）。目前，常用的种植系统都配有相应的手术器械。

（一）即刻种植和即刻修复

20 世纪 90 年代提出的即刻种植结合骨引导再生膜技术，在适合的病例中获得了较高的成功率，同时极大地缩短了疗程。在保证种植体初期稳定性的条件下，部分学者开始探索即刻种植后即刻负载的可行性并取得了一定的成功。

近年来，随着现代种植技术理论的发展，即刻种植和即刻修复技术日趋成熟并在临床得以应用。即刻种植容易遇到骨壁缺损、创口关闭困难和术后感染等问题，治疗过程中需要严格掌握适应证。微创拔牙技术可保证骨壁的完整，根形螺纹状种植体有较高的初期稳定性，同时可用骨替代材料和生物膜覆盖骨壁的缺损。对于即刻修复的病例，需要保证种植体的初期稳定性在 35 N·cm 以上，同时根据患者的实际情况控制种植体的载荷，避免微动损伤。种植系统提供配套的临时基台和预成修复帽，使得即刻修复更加快捷简便。国内学者还相继报道了一些即刻种植和即刻修复的临床观察结果，成功率均在 90%以上。但与国外相比，这些报道多为小样本的短期临床观察，缺乏长期的临床追踪随访。

（二）种植治疗的美学化

随着种植技术的进步，美不再是患者的奢求，而是种植治疗必须考虑的首要因素之一。美被认为是义齿与患者口腔软硬组织和颜面的和谐统一，它需要口腔种植外科、修复科、牙周病科和技工的精密合作。充足的骨量是保证种植义齿美观性的前提条件。另外，种植体的选择、植入的深度、唇舌向和近远中位置、长轴方向等都是需要注意的问题。

种植体周软组织的处理是近年来国内外口腔种植领域研究的热点和难点，软组织成形术和上部修复体的设计也随之得到了发展。软组织成形术旨在解决牙龈形态、曲线、高度、丰满度、龈乳头等美学要求，以辅助种植义齿修复达到高度完美的仿真效果。目前，临床常用的种植体周软组织处理方法有切除成形术、龈乳头瓣技术、侧向推进瓣技术、颊向推进瓣技术和腭部游离瓣移植术等。一期和二期手术均为软组织处理的有利时机，合理的切口设计和严密的对位缝合能够避免牙龈乳头的损伤，术后较少瘢痕形成。在修复方面，精密加工技术、Cercon 系统和电脑选色系统等的应用，使得修复体朝着精品化方向发展。全瓷基台和修复体的应用，更为种植义齿的美观性锦上添花。

（三）种植治疗设计的简单化

随着国内外有关牙种植长期大样本临床报道及其相关循证医学结果的出现，学者们逐渐在一些有争议的观点上达成共识。在种植治疗的设计上，治疗简单化原则成为趋势——简单、经济、快速地治疗可使患者获得最佳的种植治疗效果。譬如：根据患者的实际情况进行短牙列的设计，既可以基本保证患者的咀嚼功能，又避免其上颌后牙区骨量不足的问题；对于下颌无牙颌患者，植入 2 枚种植体和 4 枚种植体的覆盖义齿逐步取代种植固定修复成为主流，这使得修复的难度和成本大大降低；微创外科、即刻种植、即刻修复以及计算机辅助导航系统等，都为种植治疗的简单化提供了必要的前提。上部修复体与种植体的连接方式除了传统的黏结固位、螺丝固位外，球帽式附着体、杆卡式附着体、磁性附着体和太极扣附着体等为临床医生提供了更多的选择。

三、种植支抗的临床应用

种植理论和技术的成熟与完善逐渐拓宽了牙种植应用的范围，颌面赝复体的种植修复以及正畸治疗中采用的种植支抗为其典型代表。近年来，种植支抗作为一个多学科交叉的产物开始在国内推广，其针对疑难病例的矫治优势已初步显示。其适应证主要包括：严重的牙列拥挤或双颌前突，需最大限度内收前牙；严重的牙槽高度失调，如唇-牙槽关系失调所致的露龈笑，咬合平面异常斜度所导致的严重开殆、偏殆、下颌过度前上旋或后下旋；严重的中线偏斜，磨牙的竖直，正颌外科术前的辅助治疗，骨性畸形矫形辅助治疗等。

迄今为止，临床应用的正畸支抗大致有牙种植体、骨膜下种植体、钛板种植体、微型种植体和可吸收种植体等。其中，微型种植体以其创伤小，植入和取出方便，可即刻加力等优势成为目前种植支抗的主流。另外，自攻型种植支抗正逐步取代助攻型种植支抗成为国内外最常用的一类种植支抗。与助攻型种植支抗相比，自攻型种植支抗不需要种植机等设备，可以有效地避免牙周膜和牙体的损伤，具有突出的经济性、实用性和安全性。目前，国内自主开发的种植支抗系统多为该类型。当然，种植支抗在国内应用的时间较短，尚存在一些缺陷，如稳定性不够，早期开展时脱落率较高等。相信随着组织学、材料学、生物力学研究的不断深入，其临床应用前景将进一步扩大。

总之，近年来中国的口腔种植事业取得了前所未有的发展和成就，但也存在一些问题。譬如，口腔种植技术目前还主要掌握在一些大的医学院校和医院中，地区发展不平衡；口腔种植专用的名词和术语比较混乱，缺乏统一、规范的命名；统一的种植治疗准入制度和医患纠纷处理原则需要进一步完善；种植治疗的费用较高，患者及其家属尚难以接受等。但是，相信随着中国人生活水平的逐步提高和口腔种植医生的不懈努力，中国口腔种植事业必将得到更好更快的发展。

口腔颌面部创伤整形外科回顾与展望

中华口腔医学会口腔颌面外科专业委员会创伤学组 田卫东 聂鑫

口腔颌面部创伤整形外科是口腔颌面外科学中创伤与整形相结合的一个分支学科，涉及口腔颌面创伤畸形缺损的修复与重建等诸多方面。随着人们生活水平的提高，近年来中国交通事业的高速发展，创伤发病率呈逐年上升趋势，伤情日趋严重复杂，因此口腔创伤整形学科范畴也在不断地扩大。颌面部创伤涉及患者的容貌美观问题，患者在恢复面部功能的同时迫切希望能修复颌面完整的外形，重新回到正常的工作和社会活动中。这些都使颌面创伤整形外科医生承担了更艰巨的社会责任。近年来，随着生物医用材料和新型医疗器械的研究发展，产生了许多新的理论和治疗技术，特别是微创技术、颅面部牵张成骨技术、快速成型与反求技术、计算机导航辅助外科手术技术的广泛应用，口腔创伤整形成为目前我国口腔临床医学范围内发展最活跃的领域之一。目前，国内外相关领域的学术交流也日趋增多。这些都带动了颌面创伤整形外科技术的整体发展与提高，为此有必要对该学科的发展趋势作一简单的回顾和展望。

一、颌骨骨折治疗原则的深入研究

过去，骨折治疗多强调恢复骨折前咬合关系和口颌功能。现在，随着医疗技术的进步和患者自身要求的提高，颜面外形恢复和功能重建已处于同等重要的地位；颌面部骨折的治疗不仅注重功能复位而且注重解剖复位，陈旧性骨折的复位也从单纯的骨折复位发展到通过正颌外科截骨矫治复位或牵张成骨方式改善面部畸形；从创伤急救到骨折治疗再到创伤性面部畸形的Ⅱ期整复逐渐形成序列治疗体系。

20世纪60～80年代，颌面骨创伤理论和治疗技术取得了长足的进步。国际内固定协会(AO/ASIF)提出骨折治疗的四项基本原则，即解剖复位、坚强内固定、无创外科和早期功能锻炼，从而达到骨折的Ⅰ期骨愈合。这些原则被引入颌面外科，并贯穿于临床实践30年之久。近年来，AO/ASIF提出的治疗基本原则也随着坚固内固定技术的广泛应用逐渐完善，相关器械与材料也不断改良。在骨折的治疗过程中，AO/ASIF提出不仅要注重完全承重和部分承重对内固定材料的要求，还应明确内固定材料自身对骨折愈合的影响。在原有内固定器械的基础上，发展了新型锁结板技术(unilock-system)。其特征是在钛板上增加了螺纹结构，内固定时钛板与骨折断端可产生一定的间隙，减少了常规钛板自身或塑形不密合导致的压力性骨质吸收，减少了愈合期间钛钉脱落和断裂的概率，这些器械与材料已进入临床应用。

随着对颌骨骨折治疗研究的深入，骨折已不能简单地视为解剖结构的断裂，而应看作骨承载主应力轨迹的中断。因此，骨折复位固定的最直接目的是恢复中断的承载主应力轨迹。围绕这一理论概念，展开了一系列有关颌骨机械性能、生理构筑、几何解剖、功能应力以及骨折固定稳定性、固定应力分布的合理性、固定对愈合改建的影响等生物力学方面的研究。四川大学华西口腔医院采用成人下颌骨，建立由咬肌、颞肌、翼内肌和翼外肌4组肌肉共同加载，由硅橡胶模拟颞下颌关节结构功能状态下的下颌骨机械力学模型，采用电阻应变片的测量方法，分析不同坚强内固定方式对下颌骨应力分布的影响。这些研究都不同程度指导和推动了骨折内固定技术的进步。

二、快速成型与反求工程应用于临床

CT 扫描已普遍应用于口腔颌面部创伤整形的诊断。其中，薄层扫描对颌面部复杂结构的骨折，特别对颌面部深部的骨折能准确地提供清晰的图像，有助于深入了解组织创伤局部的细微变化，对面部复杂骨折如鼻-眶-筛区骨折的定位诊断提供了重要的参考依据。人体三维重建显示技术实现了二维图像对应点与三维空间位置和解剖结构上的一致，从而准确重建出人体的三维结构。采用该技术能够直接地从任意角度显示人体的各种组织器官和病变部位的三维形态，极大地提高了如髁突骨折、全面部骨折诊断的准确性。多种诊断方法的联合应用，利用不同诊断模式上的功能优势，更能收到相辅相成的诊断效果，可全面了解创伤部位软、硬组织的损伤程度及其毗邻区域的畸形情况，从而使治疗效果得到进一步提高。

快速成型与反求工程是在计算机和影像学基础上快速发展起来的一项理工医相结合的新兴技术。快速成型技术是集新型材料、计算机辅助设计、激光技术、精密机械传动技术、数控技术等为一体，采用 CAD 模型直接驱动，基于离散-堆积原理逐层累加进行物理模型快速制作的一项综合性技术。它可以自动、快速地将设计思想物化为具有一定结构和功能的原型或直接制造零部件。反求工程是根据已经存在的实物模型，反向推出产品设计数据（包括设计图纸或数字模型）的过程，并且可以通过对重构模型特征参数的调整和修改来达到对实物模型的逼近，包含两个主要内容：数据获取技术和曲面重构技术。国外于 20 世纪 90 年代开始将其用于临床，国内一些单位于 21 世纪初也先后开始应用。快速成型与反求工程的优点是医生通过临床 CT 扫描即可在实验室得到患者的三维立体头模快速原型，并在此基础上因人而异地制作各种移植物以及设计手术方案，使修复手术后的患者获得最佳的容貌轮廓。这种技术完全符合个体化医疗的现代理念并促进了个体化修复外科的发展，也是以后颌面部创伤整形临床诊断与辅助治疗的发展趋势。目前，上海交通大学附属第九人民医院和第四军医大学通过人体三维重建技术采集患者的面部数据，并将其经反求工程软件处理，依据患者健侧组织数据设计出缺损处修复体表面数据，再利用模具软件设计出修复体模型的三维数据，最后通过快速成型方法制作出修复体的骨折固位模型，并结合髂骨移植和即刻种植技术成功对下颌骨缺损患者进行了临床修复。

三、牵张成骨技术在口腔创伤整形方兴未艾

牵张成骨技术的优势在于它在延长颌骨生长新骨的同时，整个组织包括骨内的血管神经、骨周的肌肉、颜面软组织也可通过骨组织的牵张同步延展，从而使手术矫治程序简化。牵张成骨手术创伤较小，可列为微创外科范畴，手术风险也随之降低，受到临床医师的广泛青睐。通过数十年的研究，特别是近几年国内广大学者对牵张成骨技术进行了广泛的临床应用，逐渐扩大了该技术的应用范围。其中，包括以下几个适应证。①小下颌畸形和下颌后缩畸形及阻塞性睡眠呼吸暂停综合征（OSAS）：通过下颌骨牵张延长使其前移舌根部，舌骨位置也随下颌骨前移，OSAS 症状明显减轻，从而得到早期治疗。②半侧颜面发生不全（HFM）：国内学者应用颌骨牵张成骨技术矫治 11 例 HFM 患者，收到良好矫治效果，避免了大量植骨与供骨区的手术。③牙弓宽度不足：国内采用下颌箱状骨切开牵张术，在下颌骨颊侧根尖下将基骨处的骨密质切开，利用牵张矫治器加力牵引使后牙

舌侧骨质增生，颊侧骨段重新改建，牙齿连同牙槽骨作为一个整体颊向移动，扩大牙槽弓，从而达到不用拔牙而治疗多种错殆畸形的目的。④下颌骨缺损重建：牵张成骨在颌骨缺损重建中发挥重要作用，牵张成骨比骨移植的风险要小，可应用于移植条件不佳如硬软组织缺乏时的重建。⑤上颌骨和面中部骨骼畸形：国采用颅骨外固定牵引装置对 6 例 11～15岁唇腭裂术后继发上颌骨严重发育不足和发育性上颌骨严重后缩畸形的青少年实施牵张成骨术，上颌骨牵引前移 8～13 mm，平均为 10.2 mm，头颅侧位片显示患者翼上颌裂区新骨形成，面部外形得到明显改善。无论从功能恢复还是容貌美学的角度评价，牵张成骨技术矫治效果都是常规手术所无法达到的，因此牵张成骨技术在口腔创伤整形治疗方面具有越来越广阔的应用前景。

四、种植技术在口腔创伤整形领域的飞速发展

牙和牙列缺失是口腔颌面创伤中最常见的并发症之一，牙和牙列的修复重建对恢复患者的语言、咀嚼功能及其容貌具有重要的临床意义。在这方面，发展最快、疗效最好的是牙种植技术的进步和临床应用。自 1966 年瑞典的 Brånemark 建立了钛种植体能与骨组织产生结合的骨整合理论以来，现代牙种植术已日臻完善，种植牙的成功率越来越高。目前无论是Ⅰ期还是Ⅱ期种植，5 年成功率可达 95%以上。而国内通过近几年的手术规范化治疗和适应证的严格控制，种植技术已经十分成熟。例如基于 CT 的三维手术模拟系统的应用，大大提高了对种植区骨量及其形态估算的精确程度，避免了以往由于遗留过大或过小种植间隙而导致的并发症；同时，运用可视化技术在术前模拟种植钉植入方向、深度和位置，可成功地预见术后的牙槽骨及其邻牙受力情况和牙列形态，提高了种植手术的成功率。目前种植技术的研究还在不断深入，主要集中于即刻种植与即刻修复、牙周病缺失牙后的种植修复、种植手术与临床修复的协调统一等方面。发展方向是使用安全、操作简单、疗效可靠，通过种植体的改良加快骨整合速度，减少骨愈合期的风险。国内还开展了许多种植新技术，如牙种植即刻修复的临床技术、种植体固位赝复体修复、骨诱导再生在牙种植的应用技术、计算机辅助种植导航等，同时国外许多先进的种植系统也正式进入中国市场。

五、口腔组织重建与再生进入临床应用

在口腔医学领域中，创伤、肿瘤术后和先天性缺陷导致的组织缺损一直是困扰颌面外科医生的棘手难题。在组织的修复重建方面，各种带血管蒂游离组织瓣移植的成功率明显提高，对组织瓣移植的应用方式也进行了革新，如不同组织瓣的联合应用、组织瓣移植结合其他治疗模式等，这些都使口腔颌面创伤整形外科的适应证得到进一步扩大。通过对免疫防御机制研究的不断深入和免疫抑制药物的不断更新，在大面积复合组织缺损的异体移植方面也出现了突破性进展。2005 年 11 月，法国北部亚眠医院进行了世界首例颜面部复合组织异体移植术；2006 年 4 月，第四军医大学西京医院完成了国内首例颜面部复合组织异体移植术。这些研究成果充分肯定了中国口腔创伤整形在国际上的主导地位。随着生物材料和细胞生物学研究的深入，组织工程在口腔颌面部缺损修复的应用中显示了其前所未有的潜力，脱细胞异体真皮组织补片已成为口腔黏膜组织缺失的主要修复材料。上海交通大学医学院附属第九人民医院通过 168 例临床观察证实，腮腺部分切除术后在腮腺咬肌筋膜瓣和剩余腮腺组织间隙植入脱细胞异体真皮可预防耳颞神经综合征。第四军医大学口腔医院研制的组织工程皮肤已成功应用于 148 例烧伤创面、供皮区创面和慢性溃疡创面，显著缩短了患者的

创面愈合时间，其应用前景的确令人鼓舞。四川大学华西口腔医院通过对牙发生与再生的关键基因调控网络的不断研究，已在异体异位组织中复制出具有正常牙组织相同结构的牙齿。

六、计算机导航辅助外科手术技术已初见端倪

计算机导航辅助外科手术技术利用现代数字影像技术如CT、MRI、PET所得到的多模式图像数据，通过计算机处理和分析，精确设计手术方案，模拟手术操作，并借助空间定位导航系统实现术中实时三维可视定位，从而进行手术导航，使外科手术更趋于精确和微创，为外科技术的发展开辟了崭新的领域。1986年，日本、美国和瑞士几乎同时开发了由交互式二维CT机组成的导航设备，即最初的技术的应用。1992年，红外线跟踪技术影像导航系统在美国开始应用于临床，医生可在术前利用该系统进行详尽的手术设计，术中应用光学定位系统跟踪测量手术器械上的发光二极管或被动反射球的位置，由计算机测算手术器械与被操作的骨结构之间的位置关系，动态地显示手术器械的正确位置、前进方向和推进距离等。因此，该系统较虚拟透视系统更准确。

计算机导航辅助外科手术技术从术前诊断、手术模拟、术中导航等全方位支撑整个外科领域深入发展。其优势在于：①精确定位术区解剖结构和病理组织；②可术前仿真模拟、制定手术计划和提前了解手术疗效；③术中三维可视实时导航；④控制切除范围和手术入路，保护重要组织结构；⑤虚拟现实、辅助教学和远程医疗。对口腔颌面外科而言，该技术的应用主要集中于口腔种植、颅颌面陈旧性骨折与先天畸形的外科矫治。通过虚拟三维空间内导航手术截骨器械，通过术前设计方案切割并定量移动或旋转游离骨块，模拟畸形矫治和骨折复位。目前。该技术尚未在国内临床上广泛应用，但已在口腔颌面创伤整形学科领域引起重视。2006年10月在南京举办第2届全国口腔颌面修复重建外科学术会议上，特别邀请了德国的RalfJochen Gutwald就该技术进行了主题演讲。

七、口腔颌面部创伤整形外科的展望与机遇

随着科学技术的不断进步，干细胞和组织工程对再生医学正在起着革命性的影响。而医学分子生物学的发展，特别是对基因的调控和修饰的研究，已深入到组织重建与修复领域。计算机辅助技术如虚拟技术和三维立体可视技术的应用，将在未来的创伤整形外科领域发挥重要作用。传统的外科操作技术将被准确细致的器械操作所替代，微创外科会成为颌面部创伤整形外科的常规手术技术。未来的医疗模式也会发生巨大的变化，即因特网的普及及其相关技术的成熟，使目前单一的远程诊断向远程会诊-手术医疗模式迈进成为可能。随着器官移植技术、移植免疫基础研究和各种免疫抑制剂以及其相关技术的进展，免疫排斥反应这一器官移植最大的难题将被攻克，甚至可能实现异种移植。相信随着手术设备和器械的不断改进及治疗技术的不断开展应用，口腔创伤整形将获得更大的发展机遇与空间。

综上所述，我国口腔创伤整形技术在近年取得了飞速的发展和可喜的研究成果，并在国外SCI收录的权威期刊上发表了一些高水平的学术论文。所有的技术革新都是跨学科、跨领域的综合性技能的具体体现，需要大家博采众长，拓宽自身的专业素质。此外，我国经济社会的发展对口腔创伤整形相关治疗技术也提出了更高的要求，这些都是建立在坚实的外科手术基本功和丰富的外科手术经验基础上，需要口腔创伤整形外科医师不断学习、正确掌握新知识和新技术的挑战。

论 坛

口腔感染性疾病的微生物学研究

口腔生物医学工程教育部重点实验室 周学东 李继遥 郝玉庆

口腔感染性疾病、口腔先天性发育畸形、口腔肿瘤是严重危害人类健康与生存质量的重大口腔疾病。口腔感染性疾病是发病率最高的口腔疾病,在我国为40%~90%,被列为人类重点防治的非传染性疾病。口腔感染性疾病缘于微生物对口腔局部的感染,最常见的有龋病、牙周病、牙髓根尖周病、口腔黏膜病和口腔颌面部感染等。口腔感染性疾病不仅影响口腔局部的解剖结构和功能,作为牙源性感染病灶将影响胚胎的生长发育,甚至引起全身性疾病,如细菌性心内膜炎、菌血症等,严重危害人类的口腔和全身健康。

口腔中定植的微生物主要有细菌、真菌、支原体和病毒等,迄今大约有400多种。在正常生理状况下,口腔微生物间相互保持着动态的生态平衡,影响和维护着机体的健康。口腔微生物与口腔之间生态平衡的紊乱或失调,则会导致口腔感染性疾病的发生和发展。

早在20世纪70年代初研究者们就发现,口腔微生物与口腔感染性疾病有关,但对其尚无全面系统的认识,口腔微生物在口腔感染性疾病发生发展中的作用机制亦不清楚,如何有效地防治口腔感染性疾病还缺乏有效的手段。随着厌氧技术、分子生物学和悉生生物学的发展,口腔微生物在口腔感染性疾病发生发展中的关系成为国内外研究的重点。我国学者于20世纪70年代就微生物的分离鉴定、物质代谢特征,微生物间相互作用,微生物在口腔感染性疾病发生发展中的作用机制以及口腔疾病防治的微生物学评价等方面进行了全面和系统的研究,并取得了国内外瞩目的成就。这些研究成果极大地促进了我国口腔微生物学学科的建立与发展,促进了对微生物在口腔感染性疾病发生中作用机制的认识,促进了口腔感染性疾病临床诊断、防治技术的提高。

一、口腔正常微生物群

(一)微生物的演替与传播

了解口腔正常微生物的演替规律和组成特点是研究口腔感染性疾病的基础。研究发现,90%刚出生的新生儿口腔中无细菌,出生1周后这些新生儿口腔中开始出现细菌,其中以唾液链球菌和缓症链球菌(曾称轻链球菌)为主,韦荣菌是最早定植于口腔的厌氧菌,母乳喂养和人工喂养对新生儿口腔中微生物的组成和数量无显著性影响。幼儿期儿童口腔中以变异链球菌为主,青少年口腔中以口腔链球菌和厌氧菌为主。

假丝酵母菌(曾称念珠菌)的检出率在不同年龄组儿童口腔中有所不同。除健康青年外,白色假丝酵母菌在所检出的假丝酵母菌中均占多数。白色假丝酵母菌在新生儿组检出率较低,从乳牙列儿童开始检出率下降,而在健康青年组检出率显著下降,其他假丝酵母菌明显增多。在老年人的口腔中,以白色假丝酵母菌为主,义齿修复对白色假丝酵母菌的检出率和组成有显著性影响。

通过对口腔微生物基因水平的分型和传播的研究发现,在278株变异链球菌临床分离株中共分离出105种基因型,不同基因型的菌株产酸、耐酸以及黏附能力不同,提示变异链球菌存在遗传多态性,变异链球菌在儿童口腔中存在水平传播的可能。新生儿口腔中检出的白色假丝酵母菌基因型与其母亲口腔中的不同，提示母婴传播可能并非新生儿口腔中白色假丝酵母菌的主要来源。采用随机扩增片段多态性分析，从老年人口腔中检出 5 种白色假丝酵母菌基因型。

大量的研究发现，口腔正常菌群以口腔链球菌群和厌氧菌为优势菌，白色假丝酵母菌为优势真菌，引起口腔感染性疾病的微生物都是口腔的正常微生物。微生物的易位或环境变化，造成口腔微生物与口腔环境的生理性组合成为病理性组合，正常菌成为条件致病菌，继而引发口腔感染性疾病。这些研究成果极大地丰富了口腔微生物学理论，为口腔感染性疾病的微生物生态学说的建立奠定了坚实的基础，指导着口腔感染性疾病的病因和有效防治技术的研究。

(二)微生物表面黏附性

黏附是口腔微生物引起口腔疾病的重要生物学特征。通过大量、全面、系统的研究，我国学者提出了口腔微生物对牙表面的黏附是细菌表面黏附素与口腔组织、器官表面受体一一对应的特异性黏附理论。不同血清型变异链球菌对唾液包被的羟磷灰石黏附能力不同，以血清型 c 型最强，其在全唾液获得性膜中的主要受体是淀粉酶、IgA 降解片段和相对分子质量为 1.3×10^4 的酸性蛋白，与之作用的主要黏附素是变异链球菌表面蛋白 P_1 样蛋白以及相对分子质量分别为 1.17×10^4 和1.27×10^4的蛋白及葡糖基转移酶。

黏性放线菌Ⅰ、Ⅱ型菌毛均参与了黏性放线菌对牙面的黏附，Ⅰ型菌毛的受体是酸性富脯蛋白(APRP)、富脯糖蛋白(PRPG)和富酪蛋白，Ⅱ型菌毛的受体是 sIgA 和富脯糖蛋白，Ⅱ型菌毛还可介导黏性放线菌与血链球菌的凝集。黏性放线菌、变异链球菌、乳杆菌对牙本质和牙骨质的主要有机成分——胶原有较高的亲和力，可以黏附到胶原的不同分子片段上。

大多数口腔微生物可以利用糖类合成细胞外多糖，尤其是水不溶性多糖，介导微生物对牙表面的黏附。不同的细菌、不同的糖类底物、不同的氧环境，细胞外多糖的合成有明显的差别。引起龋齿的微生物具有较强的合成细胞外水不溶性多糖的能力，也具有相当强的牙面黏附能力。

疏水性是指非极性溶液(溶质)在极性水中所呈现的不稳定状态，从而引起一系列热能(熵)和分子的重新分布和排列变化。疏水作用被认为是影响细菌-宿主反应的因素之一，与多种黏附现象有关。采用糖类黏着法对 5 种常见的口腔细菌表面疏水性进行分析测试发现，细菌表面疏水性在细菌对牙面和口腔上皮细胞的初始黏附中起着重要作用。细菌表面的疏水蛋白与获得性膜中的疏水基团结合，表面疏水性越强的细菌黏附力越强。

(三)口腔微生物代谢

口腔微生物的代谢过程和代谢产物是引起口腔疾病的重要物质基础。对口腔微生物的代谢特点进行系统研究，有助于认识其与口腔感染性疾病发生的关系。口腔微生物具有复杂的糖代谢活动，包括糖的分解代谢和合成代谢。口腔微生物能合成大量的糖代谢酶，如淀粉酶、蔗糖酶、葡糖基转移酶等。黏附状态的微生物合成水溶性、水不溶性细胞外多糖的能力均较浮游状态明显增强。蔗糖、麦芽糖能显著增加细胞外多糖的量，改变水或碱溶性多糖的分布比例。果糖、木糖醇等则很少或完全不能被利用合成多糖。变异链球菌产生的水溶性多糖多于表兄链球菌，而后者产生水不溶性多糖更多。口腔微生物可以利用糖产生各种有机酸，譬如乳酸、甲酸、丙酸、琥珀酸、丁酸等。不同的微生物产酸的能力是不同的，能引起龋齿的微生物具有非常强的产酸能力。

细菌素是调节口腔微生物生态平衡的重要因子。研究发现，口腔早期定植细菌——血液链球菌能合成血链素，能有效地抑制牙龈卟啉单胞菌、中间普雷沃菌、具核梭杆菌的生长，减少牙周病的发生。变异链球菌合成的变链素对表兄链球菌的生长有抑制作用。

血液链球菌产生的对氨基苯甲酸是变异链球菌生长所需要的特殊生长因子。笔者的研究结果证实，不同血液链球菌菌株产生的对氨基苯甲酸质量浓度不同，并受环境 pH 的影响。对氨基苯甲酸通过对细菌表面黏附素蛋白的作用或改变其构型，影响变异链球菌、乳酸杆菌、黏性放线菌和牙龈卟啉单胞菌对牙面的黏附，是牙菌斑生物膜重要的生态调节因子。口腔微生物也合成各种蛋白酶，如亮氨酸氨肽酶、甘氨酰脯氨酸二肽酶、胰酶样蛋白酶、溶菌酶等，参与蛋白质的代谢。

二、口腔感染性疾病微生物

龋病、牙周病、牙髓根尖周病、黏膜病和颌面部感染等是发病率最高的口腔感染性疾病，对口腔微生物致病机制的研究不仅有助于认识口腔感染性疾病的病因，而且有助于指导临床治疗，提高临床的诊治水平。

(一)龋病微生物

龋病是一种口腔生态系统失调引起的发生在牙的慢性感染性疾病，引起牙色、形、质的破坏。研究结果证实，引起龋齿的细菌都是口腔的正常细菌，当口腔生态环境改变或机体抵抗力降低时，正常细菌转变成为条件致病菌，继而引起龋齿。口腔中与龋病发生关系密切的细菌，都具有产酸耐酸、表面黏附、合成细胞内外多糖和蛋白水解酶等重要的生物学特性。临床流行病学研究发现，变异链球菌是一种与龋齿发生关系最密切的口腔细菌。血清 c 型变异链球菌在牙菌斑生物膜中检出率最高。在高龋组中，变异链球菌群细菌和变异链球菌培养阳性率明显高于无龋组，证明变异链球菌血清 c 型菌株与龋病发生有直接关系。变异链球菌的遗传多态性与其致龋毒力的强弱有关，利用糖产酸是变异链球菌的主要致龋机制。变异链球菌乳酸脱氢酶活性与龋病发生有一定相关关系，而葡萄基糖转移酶基因型的差异也与变异链球菌的致龋毒力相关。动物试验也进一步证实了变异链球菌与龋齿形成的关系。

(二)牙髓根尖周病微生物

牙髓根尖周病是发生在牙髓、根尖周牙周膜和牙槽骨的疾病，是以厌氧菌为主的感染。细菌量的变化与根尖周炎的急性发作关系不大，关键在于细菌种、属的分布和组成。产黑色素类杆菌和具核梭杆菌与根尖周急性发作相关，而放线菌与慢性根尖周炎相关；福赛斯拟杆菌是感染根管的重要致病菌，与慢性根尖周炎急性发作的疼痛、叩痛、肿胀等临床症状相关，而与瘘管无关。细菌产生的内毒素、胰酶样蛋白酶、细菌菌毛等可引起牙髓根尖周组织的免疫性病理损害，导致牙髓根尖周的病理改变。

感染根管为混合菌感染，以厌氧菌为主。产黑色素普雷沃菌、口腔普雷沃菌、口普雷沃菌、具核梭杆菌、干酪乳杆菌和内氏放线菌等是其可培养的优势厌氧菌。慢性根尖周炎根尖表面有细菌生物膜，其超微结构特征因细菌组成不同而异。感染根管内的细菌组成与深牙周袋中细菌的组成有一定的相似性，提示牙髓牙周组织间存在相通的解剖结构。感染根管内的微生物研究可以指导临床消毒、冲洗液的选择，具有重要的临床指导意义。

(三)牙周病微生物

牙周病是口腔内科临床的常见病，表现为牙龈出血、牙槽骨吸收、牙松动等，是中国人口腔疾病中发病率最高的感染性疾病，也是成人失牙的重要原因之一，细菌特别是厌氧菌是主要的病原菌。采用厌氧手套箱培养技术研究青少年牙周炎病人的龈下菌斑细菌发现，普雷沃菌、产黑色素普雷沃菌和具核梭杆菌是优势菌，健康人龈沟的优势菌群主要是链球菌和牙龈二氧化碳噬纤维菌，所有样本均未检出伴放线杆菌。这就提示，普雷沃菌、产黑色素普雷沃菌和具核梭杆菌与牙周炎相关。此外，还从健康和炎性牙周的龈下菌斑中分离到二氧化碳噬纤维菌属。该菌是国外学者从牙周炎患者龈下菌斑中分离的一种新菌属，并认为是青少年牙周炎的主要病原菌。该菌是龈沟的正常菌群成员，可易位引起牙周炎内源性感染。

牙龈卟啉单胞菌是一种革兰阴性的产黑色素厌氧杆菌，是目前公认的慢性牙周炎的主要致病菌。牙龈卟啉单胞菌可产生多种毒力因子，在牙周炎的发生发展进程中起着重要作用。笔者们在国内首次对不同 *fim*A 基因型的牙龈卟啉单胞菌菌株在中国慢性牙周炎患者中的分布进行研究，旨在寻找与中国人慢性牙周炎发生发展密切相关的 *fim*A 基因型。结果发现，慢性牙周炎患者龈下菌斑中的牙龈卟啉单胞菌存在 *fim*A 基因多态性，Ⅱ *fim*A 和Ⅳ *fim*A 基因型牙龈卟啉单胞菌菌株与慢性牙周炎的发生发展关系密切。

（四）口腔黏膜病微生物

口腔扁平苔藓（OLP）是常见的慢性炎症性皮肤黏膜疾病，白色假丝酵母菌与常见口腔黏膜病——OLP 有着密切的关系。研究发现，白色假丝酵母菌的毒力特征存在差异，糜烂型和非糜烂型 OLP 患者组的白色假丝酵母菌分离株的磷脂酶活性高于健康对照组，基因型 A、C 型白色假丝酵母菌较高，其次为 B 型，最后为 D 型。糜烂型口腔扁平苔藓患者组白色假丝酵母菌分离株的颊细胞黏附力高于健康对照组，据此笔者们认为，某些具有特定基因型的高毒力白色假丝酵母菌分离株与 OLP 的发生发展可能相关。

糜烂型 OLP 患者组的口腔白色假丝酵母菌检出率高于健康对照组和非糜烂型扁平苔藓患者组。应用随机扩增片段多态性分析法（RAPD）对白色假丝酵母菌进行基因分型发现，健康对照组、糜烂型 OLP 和非糜烂型 OLP 组的白色假丝酵母菌分离株的基因型构成均具有差异。其中，健康对照组以 B、D 型为主，糜烂型 OLP 组以 A、C 型为主，非糜烂型 OLP 组以 A、D 型为主。对四种基因型白色假丝酵母菌的黏附力的比较显示，最高为 A 型，其次为 C 型，最后为 B、D 型。

艾滋病全称为获得性免疫缺陷综合征（AIDS），是一种高致死性的性传播疾病，由感染人类免疫缺陷病毒（human immunodeficiency virus，HIV）引起，致使机体细胞免疫功能缺陷而发生明显的条件致病性感染和肿瘤。AIDS 的主要传播途径有血传播、性传播、母婴传播和唾液传播。口腔成为 AIDS 传播的重要部位。AIDS 的口腔表现是诊断该病最早和唯一的临床症状。统计资料表明，95%左右的 AIDS 病例都有口腔损害，最主要的口腔损害包括口腔假丝酵母菌病、口腔毛状白斑、卡波西肉瘤（Kaposi′s sarcoma，KS）、牙龈线形红斑、坏死性溃疡性龈炎、坏死性溃疡性牙周炎、非霍奇金淋巴瘤。美国疾病控制中心（CDC）在 2001 年到 2004 年对 51 例患口腔疾病的 HIV 感染者的研究表明，55%的患者患中度或重度的牙周疾病，80.4%的患者患龋病，88.2%的患者牙脱落。

（五）颌面部感染微生物

颌面部感染的细菌学研究发现，牙源性和非牙源性颌面部感染是由定植于口腔的常居细菌引发的内源性感染，以厌氧菌为主的混合菌感染为主要特点。可培养的优势厌氧菌为普雷沃菌、卟啉单胞菌、梭杆菌、消化链球菌，其次是放线菌、优杆菌和二氧化碳噬纤维菌。口腔链球菌是主要的兼性厌氧菌，其次是嗜血菌。

干槽症是拔牙后由细菌感染所造成的颌骨骨髓炎症，严重影响创口的愈合。笔者的课题组在国内外首次对干槽症微生物进行系列研究，包括干槽症的微生物分布和病因机制的探讨，发现唾液正常菌群侵入拔牙创面成为条件致病菌是干槽症病因之一，其中链球菌和 Gn 厌氧杆菌是病原菌。在国内外首次研究了正常口腔细菌与非腐败坏死型和腐败坏死型拔牙创干槽症的关系，指出这两种类型的拔牙创干槽症均为口腔正常菌群引起的混合菌感染，病变的发生是术后导致的局部生态失调。该结果为颌面部感染的诊治和研究提供了重要的实验数据。

三、口腔感染性疾病防治的微生物学评价

口腔感染性疾病防治的关键在于对致病微生物的控制，因此对口腔感染性疾病防治的微生物学评价能提供最直接的疗效证据，也是临床选择治疗方法的重要指标之一。笔者紧密结合临床，以微生物学指标为评价标准，对口腔感染性疾病的防治方法做了大量卓有成效的研究，为临床应用提供了新的途径和方法，极大地推动了临床诊治水平的提高。

(一)龋病防治

龋病是人类最常见的口腔细菌性疾病，发病率高达 50%～80%，被世界卫生组织(WHO)列为仅次于心血管和肿瘤的人类重点防治的三大非传染性疾病。研究安全、可靠的防龋方法是口腔医学研究的重要课题。

天然药物对龋病有着防御作用。笔者们从 10 种天然药物中筛选出五倍子、蜂房，对其有效成分进行了分离鉴定，并对其防龋机制进行了研究。发现其防龋有效成分能够调节口腔细菌的生长，合成有机酸和细菌黏附性多糖，影响细菌在牙面的黏附并能促进牙的生物矿化。所建立的防龋天然药物筛选试验方法和由此开展的防龋天然药物有效成分和药理作用机制的研究，标志着防龋天然药物研究的科学规范，为我国天然药物口腔保健用品进入国际市场做出了较大的贡献。

研究发现，家蚕天蚕素在酸性环境中杀菌活性增强，而且能防止变异链球菌和放线菌黏附于唾液覆盖的羟磷灰石表面，这表明家蚕天蚕素具有预防龋病的潜能。在对致龋菌的生长、繁殖和黏附进行的研究中发现，氟微量元素矿化液具有促进早期龋再矿化的作用，又能抑制致龋菌的生长，为防治龋病提供了新的途径。

(二)牙髓根尖周病治疗

根管治疗是牙髓根尖周病最有效的治疗方法，通过彻底清除牙内的微生物及其代谢产物，采取生物材料严密充填，隔绝再感染达到保存牙的目的。以甲硝唑为主的抗菌制剂可有效地杀灭感染根管内的细菌，降低根管内内毒素水平。不同质量浓度的聚维酮碘可作为根管内冲洗和消毒药物，对感染根管内主要优势菌均具有良好的抗菌效果。本研究为根管治疗新材料的选择和临床应用提供了试验基础和指导，临床医师能按照细菌学结果合理选择，避免临床应用的盲目性，也为牙髓根尖周病的治疗提供新的方法。

(三)牙周病治疗

牙周病治疗的关键是消除感染，控制复发。抗菌药物的使用也是牙周治疗的重要内容，正确选择抗菌药物则是治疗成功的关键。对多种牙龈炎、牙周炎的治疗药物进行了微生物学评价，发现四环素类药物、硝基咪唑类药物、表面活性剂和玻璃酸(又称透明质酸)类制剂等对牙周可疑致病菌均有不同程度的抑制作用，可减少牙周可疑致病菌的数量和种类，是牙周炎的有效辅助治疗药物。本研究结果对这些药物的临床应用提供了试验基础，有助于提高牙周病治疗的有效性和成功率，所研制的甲硝唑棒已成为牙周临床常用治疗药物，在口腔科临床广泛应用。

(四)牙科手机的医源性交叉感染研究

牙科手机是口腔医生最重要的工具，也是导致口腔交叉感染的主要媒介之一。本课题组在国内首次对牙科手机和综合治疗台引发的医源性感染进行了系统研究，发现牙科手机冷却水雾和综合治疗台水路系统存在着大量细菌和病毒。采用设计有逆止阀的防回吸手机能明显地减少细菌、病毒的回吸量，有利于防止手机冷却水雾和牙科综合治疗台水路系统的污染，减少交叉感染的危险性，提高口腔临床治疗的安全性。

口腔组织胚胎学研究新进展

同济大学口腔医学院　钟滨　钱进

在中国，口腔组织胚胎学与口腔病理学合称口腔组织病理学。近年来随着中国免疫细胞化学、单克隆技术、核酸分子杂交和基因工程等技术的发展，口腔组织胚胎学研究取得了长足的进步。其研究主要集中在牙体硬组织、牙周组织、涎腺组织胚胎发育方面，而形态学研究则较少。

一、牙体硬组织

(一)釉质研究进展

成釉质细胞(ameloblast)是上皮来源的唯一能产生硬组织的细胞。该细胞既能合成和分泌釉质基质，又对这些基质有重吸收和降解作用；同时该细胞还与钙盐的活跃转运有关，是釉质形成的关键细胞。国内已成功地在体外培养出成釉质细胞。即以含 20%小牛血清的达尔贝科极限必须培养液(DMEM)、明胶基质进行大鼠原代成釉质细胞体外培养 8～10 d，细胞生长连成片状并呈较典型的上皮细胞形态，传至第 2 代时以抗釉原蛋白抗体作免疫组化染色，显示细胞质中有釉原蛋白合成。此培养方法可将成釉质细胞传到第 5 代。即以含 10%胎牛血清的 DMEM、多聚赖氨酸基质进行大鼠原代成釉质细胞的体外培养，所培养出的成釉质细胞在扫描电镜下观察，细胞有基质分泌，细胞体伸长，细胞直径约大于 10 μm；在透射电镜下观察，细胞核呈椭圆形，位于细胞中央，与在体的成釉质细胞基本相似。

对釉原蛋白的功能也有新的认识，影响成釉质细胞增殖和分化的因素逐渐被揭示。即运用抗釉原蛋白抗体，在人牙胚发育的早期阶段发现前成釉质细胞合成、分泌釉原蛋白。这些蛋白同样分布于成牙本质细胞区并参与基膜的构成。上述研究进一步支持在不同的物种之间具有相似的成釉过程，并且提示在不同的物种之间釉原蛋白具有某些相似的功能。这些研究结果对研究牙器官形成的机制和为“牙再生”组织工程提供种子细胞具有一定的意义。

在牙胚成熟阶段，成釉质细胞的生长、增殖、分化、凋亡受到多种基因的调控和生长因子的影响。近年来，有报道利用原位杂交、免疫组化技术检测 S-D 大鼠牙胚发育不同时期 c2*myc* mRNA 转录及其蛋白的表达情况。结果显示，c2*myc* 基因在牙胚发育早期高表达，促进细胞增殖。在钟状期，c2*myc* 基因的表达明显减弱。钟状期是成釉质细胞的分化阶段，c2*myc* 基因表达下调可能缘于细胞的分化。在牙体组织形成期，c2*myc* 基因开始时在成釉质细胞中表达增强，以后减弱。这可能缘于开始时细胞尚处于增殖状态，c2*myc* 基因表达增强，但随着基质的分泌成釉器逐渐萎缩，细胞生长需要的生长因子及其他调节因子表达失调，导致细胞凋亡的信号出现，在其他调控基因参与下，此时可能不断通过细胞凋亡来消除多余、衰老、异常的细胞和星网层等暂时性结构。该研究成果说明，c2*myc* 基因是牙齿发育过程的重要调控基因之一。

同源异型盒基因为一大族细胞核内转录因子，编码在胚胎发育过程中发挥重要作用的转录调节蛋白。*msx*-1 基因为其主要成员之一，在多种组织中的表达主要集中于该组织发育的早期阶段，与组织、器官空间位置的确定和形态形成密切相关。采用原位杂交研究证实，*msx*-1 基因转录主要发生于牙齿硬组织形成的早期阶段，即成釉质细胞和成牙本质细胞的极化和分泌阶段，这就提示 *msx*-1

基因可能参与了小鼠牙胚硬组织形成过程中细胞分化和生物矿化。

在牙釉质矿化度研究方面，在人牙釉质中羟磷灰石的质量分数为 96%～97%。羟磷灰石具有独特的晶格结构，是人体中最硬的组织，对咀嚼磨耗有较大的抵抗力。人牙釉质晶体宽 40～90 nm，厚 20～30 nm，晶体长度一般为 160～1 000 nm。人牙釉质的硬度值为 300～430 kg/mm²（维氏硬度值）。研究发现，猪牙的釉质晶体结构、维氏硬度值与人牙釉质的相似，两种牙齿均来源于生物体本身且来源广泛，在外形和功能方面也很相似，在生物相容性方面也比较接近。这就提示，猪牙或许可以用来作为一种潜在的牙齿修复材料。

乳牙釉质显微硬度有由外向内逐渐降低的趋势，即牙嵴处硬度高于窝沟底部，近中侧釉质硬度高于远中侧。因此推测，窝沟易患龋与其矿化程度低有一定的关系。

对年轻恒牙的组织结构研究发现，釉质表层的显微硬度、钙磷的质量分数和钙磷的比值显示初萌年轻恒牙釉质的矿化程度低于成年恒牙。初萌年轻恒牙较成年恒牙釉质表面多孔，且孔状结构易为细菌聚集并形成菌斑。成年恒牙因长期处于口腔唾液的液态环境之中，当唾液内磷酸钙盐质量浓度增加且呈过饱和状态时，唾液中的钙磷离子就会较多地渗入釉质，在局部发生磷酸钙矿物质的沉积，这些沉积物堵塞釉质表面的微孔，改善了釉质表面结构。此外在年轻恒牙釉质中，质量分数较高的不稳定型磷酸盐容易在酸的作用下脱矿溶解，因此及时补充钙磷氟离子，能促进生物矿化提高羟磷酸钙结晶化程度，增强抗酸能力。可见，对初萌恒牙进行再矿化处理可以达到降低龋病发生率的目的。

（二）牙本质研究进展

目前国内有关牙本质的研究主要集中在牙本质形成，成牙本质细胞的发育、分化和培养等方面。牙本质形成包括细胞分化，成牙本质细胞分泌细胞外基质和基质矿化。目前认为这一过程有很多因素参与调控，如特异性蛋白、骨形态发生蛋白（BMP）和多种生长因子。

成牙本质细胞（odontoblast）源于神经嵴，可分化为两类：一类为牙本质细胞，形成原发性、继发性牙本质和反应性牙本质；另一类为成牙本质样细胞，形成修复性牙本质。成牙本质细胞为大而紧密排列的多层白薯状细胞，细胞的平均宽度为 3～4 μm，平均长度为 8～10 μm。成牙本质细胞的主要功能是合成和分泌牙本质细胞外基质并促进其矿化。矿化所需的矿物离子由成牙本质细胞通过跨膜途径转运，包括钠、钙，磷酸盐、钙离子通道和细胞内钙离子结合蛋白。成牙本质细胞经由上述途径保持细胞外高离子浓度，形成矿化前沿并在该处由非胶原蛋白介导成核形成矿化晶体。

成牙本质细胞培养，在国外主要通过培养人牙髓细胞使其分化出类成牙本质细胞，在病理条件下如龋病等刺激可以使牙髓细胞分化成类成牙本质细胞，并形成修复性牙本质。由于成牙本质细胞在取材、培养和鉴定等方面有较高的难度，因此国内在这方面的报道极少。但近年来，国内通过外源性人端粒酶反转录酶（hTERT）和外源性 c-*myc* 基因成功上调了 TERT 的表达水平，从而激活人成牙本质细胞样细胞内端粒酶，建立了永生化人成牙本质样细胞系。

影响成牙本质细胞分化和分泌的因素很多。转化生长因子-2β（TGF-2β）超家族和牙本质非胶原蛋白作用于牙乳头细胞，通过启动生长因子基因和同源异型核基因 *msx*-2 促使间充质细胞分化为牙本质细胞。

近来研究发现，定位在人 4q 染色体上的非胶原蛋白（DPP、DSP、DMP-1、DSPP 等）可促进未分化间充质细胞分化为成牙本质细胞，同时诱导成牙本质细胞分泌基质形成羟磷灰石晶体，促进晶体成核和生长。牙髓干细胞向成牙本质细胞分化受多种细胞分化信号的调控。其中，骨形态发生蛋白、β-甘油磷酸钠、维生素 C、多种生长因子被认为在诱导其分化中起关键作用，而碱性磷酸酶、牙本质涎磷蛋白和牙本质基质蛋白-1 常被用作鉴定其分化的特异性指标。胰岛素样生长因子-1（IGF-1）刺激外胚间充质细胞，可部分地诱导外胚间充质细胞向功能性成牙本质细胞分化。基膜位于上皮-间充质界面，一方面作为细胞支架支持固定细胞并引导细胞迁移，另一方面作为活性分子的底物和储库而发挥调控作用。

随着成牙本质细胞培养技术、激光显微切割技术和感温预备技术等近年来国外采用的成牙本质细胞分离新技术的开展和应用，以及国内对成牙本质细胞 L 型钙离子通道 α1 亚基 D 亚型的特异性基因的成功克隆为以后的基因定位、分布和单克隆抗体的制备等研究奠定的基础，也会将国内对成牙本质细胞的研究带入更新更深入的领域。

牙齿发育完成后，成牙本质细胞仍可继续分泌细胞外基质，基质矿化形成继发性牙本质，但速度很慢。继发性牙本质是一种老龄化变化，形成于牙本质的整个牙腔表面，在各个部位的分布并不均匀，其方向稍呈水平，与原发性牙本质间有一明显的分界线。修复性牙本质是在外源性刺激下，由牙髓组织内的成牙本质细胞和间充质细胞分化而来。修复性牙本质与原发性牙本质在结构上有明显的区别，前者牙本质小管不均匀，数目大大减少，同时小管明显弯曲，它与外源性刺激的强度、速度有关。大量的研究证明，TGF、BMP 可促进修复性或反应性牙本质的形成。

正常的牙本质矿化受多种因素的影响。近年来国内对其影响因素作了部分研究：如环孢素 A 通过影响髓周和牙本质的矿化，导致骨性牙本质刺、异常的生长线以及牙本质、牙髓周边部分的牙本质球形成；高蔗糖饮食可影响成牙本质细胞的基质分泌和矿化过程，使前期牙本质厚度增加，牙本质量减少。在牙本质发育时期的全身性疾病也可引起牙本质发育不全，如四环素类药物可致牙本质着色。对鼠磨牙发育的试验证实，涎腺与牙本质形成也有一定关系。目前对牙本质形成的研究重点放在非胶原蛋白上，尚缺乏如对釉质形成那样的系统研究，对矿物质离子在牙本质形成过程中的变化也缺乏连续的追踪观察。而对一些临床现象如修复性牙本质形成的基础研究，将有助于阐明生理条件下的牙本质形成过程。

二、牙周组织研究进展

牙周组织研究主要集中在牙周组织再生方面，其中的关键又取决于牙周组织内的主要细胞——牙周膜细胞（periodontal ligament cell，PDLC）。PDLC 是一组细胞群，包括牙周膜成纤维细胞、成牙骨质细胞、成骨细胞和未分化间充质细胞。国内对前者研究较多，而对后三者研究较少。

人牙周膜成纤维样细胞（HPDLC）既有成纤维细胞的特性，又有成骨细胞的特征，在牙周组织修复过程中起着重要的作用。体外培养牙周膜细胞，是目前研究牙周膜细胞生物学以及利用牙周膜细胞进行体内移植研究的重要手段。体外获得足够的试验用细胞或种子细胞是进行试验的先决条件，但牙周膜细胞不同培养代数是否会对其生物学特征有所影响，直接关系到试验结果准确与否，是否具有说服力的关键因素之一。牙周膜细胞体外矿化是其重要特性之一。该特性的改变是牙周膜细胞生物学特性改变的指标。国内已经对该细胞进行了培养，并发现体外人牙周膜成纤维样细胞培养应用代数为 10 代左右。

近年来，国内对牙周组织工程中的支架、种子细胞及其影响因子等都进行了深入研究。其中，通过对人牙周膜细胞三维立体培养的体外试验研究，将人牙周膜细胞传代扩增后接种于脱矿骨松质基质（CBM）和纳米羟磷灰石材料(nHAC)两种三维支架上,结果人牙周膜细胞在两种支架材料上均能形成良好贴附并增殖。同时,在对 nHAC 细胞毒性试验中发现,nHAC 具有良好的三维空间结构和细胞相容性,且无细胞毒性。应用细胞-支架构建方式的牙周组织工程方法能获得理想的牙周组织再生和重建,而 CBM 和 nHAC 可作为牙周组织工程中的支架材料。

自身牙周膜细胞培养和自身骨髓基质细胞牙周移植试验结果显示,这两种细胞均可作为牙周组织再生细胞成为组织工程中的种子细胞。rhBMP-2、nHAC、聚四氟乙烯膜(e-PTFE)膜动物试验表明,应用生长因子-支架构建方式的牙周组织工程方法能更有效地促进牙周组织的再生和重建;对碱性纤维细胞生长因子(bFGF)的研究表明,bFGF 能明显促进人牙周膜细胞的增殖且呈剂量依赖性,bFGF 也促进 DNA 合成;对血小板衍生生长因子(PDGF)的研究表明,PDGF 也可促进体外人牙周膜细胞的增殖。

牙骨质的成分与骨相似,含大约 50% 的羟磷灰石,其余 50% 为胶原蛋白和非胶原蛋白。胶原蛋白主要是Ⅰ型胶原和少量的Ⅻ型胶原。免疫组化和原位杂交试验证实,牙骨质的非胶原蛋白含有骨涎蛋白(bone sialoprotein, BSP)、骨桥蛋白(osteopontin, OPN)、玻连蛋白(vitronectin)、纤连蛋白(fibronectin)、骨钙蛋白(osteocalcin, OC)、骨粘连蛋白(osteonectin)、γ-羧基谷氨酸(γ- carboxyl glutamic acid)、蛋白聚糖(proteoglycan)和数种生长因子,其中牙骨质黏附蛋白(cemetum attachment protein, CAP)和牙骨质衍生生长因子(cementum-derived growth factor)被认为是牙骨质所特有的两种因子。牙骨质黏附蛋白是胶原样分子;牙骨质衍生生长因子是一种类胰岛素样生长因子-Ⅰ的分子,具有胰岛素样生长因子-Ⅰ相似的性质。

成牙骨质细胞是牙周膜中一种特殊类型的具有钙化能力的细胞,在牙周组织再生中具有重要的作用。新生牙骨质的形成是胶原纤维与根面结合形成穿通纤维的必要条件。由于牙周结构的复杂性和技术上的原因,至今对成牙骨质细胞的生物学特性了解较少。近年来国内研究显示,成牙骨质细胞与成骨样细胞体外钙化形态有明显的不同,前者呈结节型钙化,而后者呈弥散型钙化。

三、涎腺组织研究进展

涎腺组织研究主要为涎腺组织工程研究。涎腺组织工程包括种子细胞的来源、支架材料的选择、组织工程化涎腺的培养和植入等几个方面。国内对涎腺组织工程学方面的研究较少。国内应用组织块培养法,通过无血清培养液(SFM)、无血清 1∶1DMEM/F_{12}和含体积分数 2.5%胎牛血清的 1∶1DMEM/F_{12}三种不同的培养液对 10 例人涎腺标本进行体外原代和传代培养后发现,人涎腺上皮细胞培养在 SFM 中生长优于在无血清 1∶1 的 DMEM/F_{12}或含体积分数 2.5%胎牛血清 1∶1 的 DMEM/F_{12}培养液中的生长。SFM 有利于抑制成纤维细胞增殖和促进上皮样细胞增殖。在支架材料的国内研究中,脱细胞处理后的 S-D 大鼠颌下腺支架材料具有组织相容性良好、组织形态保持完整、陷窝与孔隙率有利于细胞吸附和生长等优点。

组织胚胎学研究为病理和临床研究奠定了基础。随着各种先进研究技术的发展与应用,研究方法与手段的革新及推广,人们有理由相信,中国口腔组织胚胎学研究将更加深入并达到崭新的高度。

牙齿发生生物学研究进展

天津医科大学口腔医学院　赵军

器官的发生一般来说包括三个基本的过程:①起始阶段,虽然没有形态上的变化,但器官形成的位置已经被决定;②形态发生阶段,细胞开始了器官特异性的变化;③分化阶段,细胞形成了器官特异性结构。

像其他的器官一样,牙齿的发生包括牙齿发生的位置和形状是受到严格调控的。小鼠作为一种模式生物,其牙齿的发生同样作为一种模式"器官"被研究得比较透彻。人们把牙齿的发生人为地分为几个时期。牙齿发生的第一个形态学变化是牙板的形成,即口腔上皮的增厚。在小鼠中这一变化开始于E11.5。接着牙板向位于其下的第一腮弓间充质生长,形成上皮蓓蕾(E13.5),即蕾状期。同时,间充质细胞聚集在此上皮蓓蕾周围形成牙乳头,接着牙乳头发育成牙髓和分泌牙本质的成牙本质细胞。蕾状期以后是帽状期和钟状期。在帽状期和钟状期,上皮细胞层经过特殊的折叠、变化最终形成可分泌釉质的成釉质细胞。

一、牙齿发生与 *pax*-9 基因的关系

上皮细胞和间充质细胞的相互作用、相互诱导是许多器官发生的恒定主题。和许多其他器官的发生一样,牙齿的发生也是通过上皮与间充质的相互诱导、相互作用来实现的。参与牙齿构建的细胞最初来源于口腔外胚层和位于其下的间充质细胞,这种间充质细胞是从脑神经嵴迁移来的。通过经典的组织移植重组试验人们认识到,牙齿的发生也是通过这两个组织的相互诱导和一系列的信号传递来完成的,许多基因都参与了这个过程。Mina 等和 Lumsden 等分别应用组织重组试验证明,从 E9.0~E11.5 的小鼠胚胎下颌弓分离的口腔上皮可以诱导神经嵴束源的非牙齿前体的上皮细胞形成牙齿。当胚胎发育到 14.5 d 时,一群特殊的上皮细胞成为牙齿发生的调控中心,这群细胞被称做釉结。

尽管牙齿的形状各异,但它们的早期形态学变化都是非常相似的,并且由口腔上皮诱导引起间充质细胞基因表达图谱的变化也是相似的。口腔上皮在特定位置上的诱导决定了将来牙齿在特定位置上发生。受到诱导后,间充质细胞开始表达许多特异的转录因子、信号传导分子、生长因子受体、细胞外基质。其中,*pax*-9 基因是具有决定作用的一个转录因子,*pax*-9 基因表达的位置就是将来牙齿发生的位置。*pax*-9 基因对牙齿位置的决定早于任何可见的形态学变化。

pax-9 基因属于 *pax* 基因家族,它编码的蛋白是一个含配对结构域的转录因子。*pax*-9 基因通常被认为是一个在胚胎和器官发生过程中起重要作用的调节因子。*pax*-9 基因缺失的小鼠没有牙齿,而且伴有其他发育缺陷。在 E10.0 的下颌弓间充质细胞中,*pax*-9 基因表达的位置是将来磨牙发生的位置。稍后,在切牙发生的位置也会有 *pax*-9 基因的表达。组织重组试验表明,口腔上皮分泌的一种扩散因子可以诱导下颌弓间充质中 *pax*-9 基因的表达,但在非口腔上皮中却找不到这种因子。另一方面,当口腔上皮下颌弓非口腔间充质上皮重组时,口腔上皮同样会诱导其他的间充质细胞表达 *pax*-9 基因的潜能,即不论是不是口腔间充质都可以被口腔上皮诱导,从而表达 *pax*-9 基因。

将从 E10.5 小鼠胚胎分离的可发育成牙齿的间充质和牙齿上皮共同培养,间充质细胞不会表达 *pax*-9 基因。但从 E11.5 后分离的牙间充质细胞即使是单独培养,*pax*-9 基因也会表达。因此从 E11.5 以后,下颌弓间

充质细胞已经不再依赖于上皮来源的信号刺激,可独立表达 *pax*-9 基因了。

二、牙齿形成位置的确定和 FGF 及 BMP 信号途径的相互作用

成纤维细胞生长因子(FGF)家族成员都是分泌蛋白,参与许多重要的发育过程,其中包括脊椎动物胚胎发育、神经系统前后极的建立和肢体发育。

目前,已知 *fgf* 基因家族中有 7 个基因(*fgf*-1、2、3、4、7、8、9)在牙齿发生过程中表达。在牙齿形成的开始阶段,*fgf*-8 和 *fgf*-9 基因都在口腔上皮中表达。*fgf*-8 和 *fgf*-9 这两个基因可体外诱导下颌弓间充质细胞表达同源异型盒基因 *msx*-1。*msx*-1 基因编码的蛋白是一个含同源异型域的转录因子。在体外试验中,*fgf*-8 和 *fgf*-9 基因还可以替代口腔上皮诱导 *pax*-9 基因在间充质中的表达。

Vainio 证明在牙齿的发生中,*fgf*-8 和 *fgf*-9 基因可以替代上皮的部分作用。但是在小鼠胚胎中,*fgf*-8 基因的表达式并非局限于牙齿发生的位置,而是在口腔上皮层中广泛表达。因为 *fgf*-9 基因只在将来牙齿发生的位置表达,所以必然存在某种机制抑制 *fgf*-9 基因在非牙齿发生位置的口腔上皮中表达。

骨形态发生蛋白(BMP)-4 和 BMP-2 都属于转化因子-β(TGT-β)超家族成员。*bmp*-4 和 *bmp*-2 基因可以抑制 *fgf*-8 基因对 *fgf*-9 基因的诱导作用。在此基础上人们认为:在牙齿发生的开始阶段,只存在 *fgf*-8 和 *fgf*-9 基因表达,且 *bmp*-4 和 *bmp*-2 基因不干扰 *fgf*-8 基因对 *pax*-9 基因诱导的地方,*pax*-9 基因才会表达,在这个位置上牙齿才会发生。尽管 *fgf* 和 *bmp* 基因对 *pax*-9 基因的表达有相反的作用,但两者都可诱导 *msx*-1 基因表达。像 *pax*-9 基因一样在牙齿的蕾状期,*msx*-1 基因对间充质细胞有重要作用。

三、间充质细胞的牙齿发生潜能需要 *pax*-9 和 *msx*-1 基因的表达

从 E11.5 开始,小鼠牙齿发生的指导中心从上皮转移到间充质,这时 *bmp*-4 基因的表达也从上皮转移到间充质。在这个时期,*pax*-9 和 *msx*-1 基因都在间充质细胞中表达,而且这两个基因的表达是 *bmp*-4 基因在间充质细胞表达的基础。有趣的是,E11.5 以后,*pax*-9 基因的表达不但不需上皮信号的激活,而且 *bmp* 也不能阻止 *pax*-9 基因在下颌间充质外植体中的表达。这一结果说明在这个时期,牙齿发生的诱导中心不但从上皮转移到间充质,而且 *bmp*-4 和 *pax*-9 的调节顺序也发生了变化。另一方面,试验表明 *bmp*-4 和 *msx*-1 基因在间充质中形成一个正反馈调节,即 *bmp*-4 基因促进 *msx*-1 基因的表达;反过来,*msx*-1 基因促进 *bmp*-4 基因的表达。*pax*-9 和 *msx*-1 基因在牙间充质细胞的表达式确定了间充质此时转化为牙齿发生的调节中心。*pax*-9 和 *msx*-1 基因双突变小鼠在 E13.5 时,牙间充质细胞不能像通常那样聚集在上皮蓓蕾周围,并且牙齿的发生也停止在此阶段。*pax*-9 和 *msx*-1 的功能,可能是维持 *bmp*-4 基因在间充质细胞中表达所必需的。然后 *bmp*-4 基因诱导上皮形成釉结,后者是下一阶段牙齿发生的指导中心。

四、釉 结

当牙齿的发生从蓓蕾期向帽状期转化时,上皮中间的一群细胞并不分裂繁殖而是形成釉结。周围的细胞进一步繁殖向间充质内陷生长。釉结参与齿突的形成,齿突决定以后牙齿表面的形状。釉结是一个短暂的信号传导中心,位于釉结的细胞尽管最后会走向凋亡,但它们会表达一些独特的信号分子,譬如 SHH(sonic hedgehog),*bmp*-2、4、7 和 *fgf*-4、9。在牙齿发生中,即釉结有明显的形态学变化之前,一部分细胞会表达 *p*21。*p*21

可以抑制细胞周期蛋白依赖的激酶活性，从而阻止细胞质 $G_{1\sim S}$的转变，而且 *bmp*-2 和 *msx*-2 与 *p*21 基因的表达区域重叠。这三个基因对细胞的增殖起负调控的作用。实际上，将来要发育成釉结的细胞在蓓蕾阶段已经退出了细胞周期。组织试验表明，口腔上皮 *p*21 和 *msx*-2 基因的表达依赖于间充质的信号，*bmp*-4 或 *bmp*-2 基因可以恢复口腔上皮 *p*21 和 *msx*-2 基因的表达，这说明间充质来源的 *bmp*-4 基因可以诱导釉结的形成。在帽状阶段，釉结已经完全建立起来并开始表达信号分子 *fgf*-4～9 和 *bmp*-4～7 基因。另外，位于釉结的细胞普遍已经开始凋亡。尽管 *bmp*-4 基因不能诱导这些信号分子的表达，但它可以诱导从早期帽状阶段分离出的牙上皮细胞的凋亡。对于分离出包含釉结的外植体，间充质或 *fgf*-4 可以阻止 *bmp*-4 介导的细胞凋亡甚至刺激细胞质生长。这些结果说明 *fgf* 和 *bmp* 基因相互作用之间的调节不但能参与牙齿发生的诱导，而且参与牙齿形态的发生。釉结非常精确地平衡着它周围细胞的生长和死亡。总的来讲，细胞的系列分化导致上皮细胞形成不同的齿突，不同的齿突决定了不同的牙齿具有不同的形状。

五、成牙本质细胞的分化和牙本质形成

牙齿的发生经过蓓蕾、帽状和钟状阶段以后，开始了硬组织的形成。口腔上皮分化出成釉质细胞，间充质分化出成牙本质细胞。紧靠基膜的前成牙本质细胞进行最后一次分裂，这是一次不对称分裂，纺锤体垂直于上皮和间充质的接合面。分裂后紧靠基膜的子细胞特异性分化为成牙本质细胞，细胞体积增大，细胞核位于细胞边缘，高尔基体和内质网充分发育。刚形成的成牙本质细胞有许多朝向基膜的突起，但在分化完全的细胞中只有一个细胞突起，细胞高 50～60 μm。成牙本质细胞表现出极性，即朝向前牙本质和牙本质细胞突起富含细胞骨架、外吐小泡和内吞小泡，而细胞核位于细胞突起相对的一边。成熟的有功能的成牙本质细胞是有丝分裂后细胞，它的极化与基膜密切相关。实际上在牙齿的发生过程中，基膜的结构和组成也是在变化的。

成牙本质细胞可以分泌基质-前牙本质，前牙本质经钙化后形成牙本质。前牙本质或牙本质包含有许多分子，例如蛋白聚糖、糖蛋白、涎蛋白和磷蛋白。羟磷灰石和水分别占牙本质无机相的 70% 和 12%。有机相绝大多部分是胶质蛋白。非胶质蛋白包括骨桥蛋白(osteopontin，OPN)、骨涎蛋白(bone sialoprotein，BSP)、牙本质基质蛋白(dentin matrix protein，DMP)、牙本质磷蛋白(dentin phosphoprotein，DPP)和牙本质涎蛋白(dentin sialoprotein，DSP)。DPP 和 DSP 是由牙本质涎磷蛋白(dentin sialophosphoprotein，*dspp*)基因编码的两个蛋白质。一般而言，*dspp* 基因只在牙齿发生过程中表达，即在成牙本质细胞质中表达和成釉细胞中短暂表达。DPP 是在牙本质基质中最多的非胶原蛋白，大约占细胞外基质中非胶原蛋白质的 50%。它富含天冬氨酸和磷酸化的色氨酸，推测它的结构很容易和钙离子结合，因此 DPP 被认为在羟磷灰石晶体的形成和生长中起重要作用。DPP 还含有 RGD 基序，许多具有细胞结合功能的蛋白质都有 RGD 基序。DSP 富含糖基和唾液酸，且糖基和唾液酸占细胞外基质中非胶质蛋白的 5%～8%。

成牙本质细胞首先分泌的胶质蛋白是未矿化的并紧贴着成牙本质细胞层，随着成牙本质细胞不断分泌新生基质，基质不断被矿化，成牙本质细胞逐渐后退。牙本质的形成过程实际上是新生的牙本质不断形成，不断矿化的过程。

六、釉质的形成

釉质的发生与成熟分为釉质分泌期和釉质成熟期。釉质分泌期主要进行釉质的形态

发生。成釉质细胞以分泌有机成分为主，所形成的釉质有机含量高，矿化不均。釉质成熟期从釉质分泌结束到牙齿萌出为止。釉质成熟期主要是釉质的矿化。经过这一阶段，成熟的釉质成为高度矿化的组织，釉质中几乎没有有机物。牙本质和釉质的发生是相互作用相互联系的两个过程，两者共同组成了牙齿基质的发生。

牙遗传性疾病相关基因研究

武汉大学口腔医学院　边专　宋亚玲

牙齿是口腔内最突出最特殊的硬组织，担负着食物咀嚼、容貌美观和辅助发音等重要功能。发生于牙体硬组织的遗传性疾病正日益引起广泛重视。这类疾病包括牙结构以及牙数目和形态的异常，既有独立发生于牙体硬组织的遗传性疾病，也有全身综合征伴发的牙齿表现。明确这些疾病的遗传病因和致病机制将有助于疾病的早期诊断，为疾病的进一步预防和改进治疗手段提供依据。目前，有关牙遗传性疾病的致病基因研究已取得一定进展，现概述如下。

一、独立发生于牙体硬组织的遗传性疾病

（一）牙本质发生异常

牙本质发生异常主要有牙本质发生不全（dentinogenesis imperfecta，DGI）和牙本质发生异常症（dentin dysplasia，DD），以牙冠变色磨耗和牙腔改变为主要特征，通常为常染色体显性遗传。根据 Shields 分类，独立发生于牙本质的发生异常有牙本质发生不全Ⅱ型（DGI-Ⅱ）、牙本质发生不全Ⅲ型（DGI-Ⅲ）和牙本质发生异常症Ⅱ型（DD-Ⅱ）。DGI-Ⅱ又称为遗传性乳光牙本质，发病率为1/6 000～1/8 000，患者乳恒牙列均受累，牙齿呈半透明琥珀色或乳光色，过度磨损，根管闭锁，可伴发耳聋；DGI-Ⅲ特指发生于美国马里兰州隔离人群中特殊的遗传性乳光牙本质，牙冠磨耗，牙腔暴露，牙本质呈光滑的琥珀色，X线片显示乳牙呈“壳牙”表现，恒牙牙腔可变小或消失；DD-Ⅱ在乳牙列类似 DGI-Ⅱ的表现，但继承恒牙颜色正常，牙腔呈蓟形。

我国科学家首先在染色体 4q21 位点内克隆出来的牙本质涎磷蛋白基因（dentin sialophosphoprotein，*dspp*）为 DGI-Ⅱ致病基因，并于 2001 年同时在《自然遗传》杂志上报道了 *dspp* 基因突变引起伴发或不伴发耳聋的 DGI-Ⅱ。牙本质基质中两种主要的非胶原蛋白：牙本质涎蛋白（dentin sialoprotein，DSP）和牙本质磷蛋白（dentin phosphoprotein，DPP）为同一目的基因 *dspp* 编码的表达产物。*dspp* 基因主要是在成牙本质细胞和前成釉细胞中表达，包含 5 个外显子，外显子 1～4编码 DSP，外显子 5 编码 DSP 的 C 末端和整个 DPP。DSP 为酸性糖蛋白，占牙本质非胶原蛋白的 5%～8%，对牙本质形成起重要作用。DPP 约占牙本质非胶原蛋白的 50%，在羟磷灰石晶核形成过程中起重要作用。

已证实，*dspp* 基因多个突变可导致牙本质发生不全。国内分别在 3 个 DGI-Ⅱ家系中发现 *dspp* 基因无义突变 Q45X，预测该突变将严重影响 DSP 和 DPP 表达。患牙超微结构显示牙本质结构异常，釉质牙本质界和邻近釉质结构紊乱，表明 DSP 和 DPP 可能参与釉质牙本质界及其邻近釉柱的形成。国内外学者分别在不同种族的 4 个家系中鉴别出 *dspp* 基因错义突变 V18F，该突变可造成伴

发或不伴耳聋的 DGI-Ⅱ，也可引起 DGI-Ⅱ表型；错义突变 A15V、P17T 和 R68W 以及剪切位突变 IVS3＋1 和 IVS2－3 分别引起 DGI-Ⅱ。以上突变均位于 DSP 编码区或剪切位，主要产生 DGI-Ⅱ表型。由于 DGI-Ⅱ和 DD-Ⅱ在乳牙列表型相似，DGI-Ⅱ与 DGI-Ⅲ在恒牙列表型也相似，提示三者可能为等位基因突变造成。研究发现，*dspp* 基因信号肽区错义突变 Y6D 使得编码蛋白不能正常转位到内质网，继而引起 DD-Ⅱ。*dspp* 基因敲除小鼠表现出与人 DGI-Ⅱ类似的牙腔增大、牙本质矿化不全等表型。*dspp* 基因是目前唯一确认的 DGI-Ⅱ、DGI-Ⅲ和 DD-Ⅱ致病基因，此三种疾病存在相似表型，故已有提议将 *dspp* 基因突变导致的三种牙本质发生异常作为同一种疾病，根据表型严重程度再分为不同的亚型。

(二)遗传性釉质发生不全

遗传性釉质发生不全(amelogenesis imperfecta，AI)为一组影响釉质形成的遗传性疾病，可引起釉质数量、结构和组成的改变。主要临床特点是同时累及乳恒牙列牙组织广泛丧失，且常伴有开𬌗和牙敏感症，发病率为 1/800～1/14 000。AI 临床表型多样，文献多引用 Witkop 提出的四型分类系统：Ⅰ型，釉质发生不全；Ⅱ型，釉质成熟不全；Ⅲ型，釉质钙化不全；Ⅳ型，釉质成熟不全和发生不全伴牛牙症(AIHHT)，此型 AI 经常与毛牙骨综合征(TDO)相混淆，是否属于 AI 的一个类型存在争议。AI 遗传方式包括 X-连锁、常染色体显性和常染色体隐性遗传，各型 AI 以常染色体遗传多见。目前国内有关 AI 致病基因的研究报道较少，而国外已鉴别出多个基因位点和致病基因，分述如下。

牙釉蛋白(amelogenin，*amelx*)基因定位于 Xp22，主要在前成釉细胞、成釉细胞和上皮根鞘剩余中表达，编码的牙釉蛋白对维持釉质的结构和晶体生长起重要作用。*amelx* 基因突变小鼠表现出釉质厚度降低，缺乏特征性釉柱结构。在人类已发现 *amelx* 基因的 15 种突变可导致 X-连锁 AI，其中包括大片段缺失、错义突变、移码突变和无义突变，表型从釉质发生不全到釉质矿化不全再到釉质成熟不全不等。突变分析以及对 X-连锁受累个体表型详尽评价，已揭示基因型和表型的相互关系。釉蛋白(enamelin，*enam*)基因定位于 4q11～q21，主要在发育过程中的釉质组织中表达，编码的釉蛋白占釉质总蛋白质量的 1%～5%。在釉蛋白的降解产物中，相对分子质量为 3.2×10^{4} 的多肽可能对釉质矿化和釉原蛋白加工起重要作用。体内诱变的小鼠 *enam* 基因多个点突变致切牙和磨牙产生多种表型釉质发生不全。在人类，常染色体遗传是 AI 最常见的遗传形式。已在不同人种的 AI 家系中鉴别出 *enam* 基因 5 个突变形式与常染色体显性 AI 致病相关，包括无义突变 c.157A＞T 和 c.737C＞A 以及剪切位突变 IVS5－2A＞C、IVS7＋1G＞A 和 IVS8＋1delG，表型以发生不全为主；而移码突变 c.1258-1259insAG 与伴发开𬌗常染色体隐性 AI 相关。*enam* 基因是目前确定的唯一常染色体显性 AI 致病基因。

引起常染色体隐性釉质成熟不全型的基因为位于 19q13.4 的 *klk*-4 基因和 11q22.3～q23 的基质金属蛋白酶(*mmp*)-20 基因，两者所编码的 Mmp-20 和 Klk-4 蛋白为釉基质中的两种蛋白酶，在釉质形成过程中起关键的蛋白加工作用，降解釉基质蛋白。消除 Mmp-20 蛋白活性的突变小鼠表现出严重的釉质发生不全表型。在人类 AI 家系中，*mmp*-20 基因剪切位突变 IVS6－2A＞T 和消除了酶水解活性的错义突变 c.678T＞A 以及 *klk*-4 基因的无义突变 g.2142G＞A 均导致常染色体隐性釉质成熟不全表型。

与 AI 相关的候选基因还有位于 1q21 的 tuftelin(*tuft*-1)基因、4q11～q21 的 ameloblastin(*ambn*)基因和最新发现的 *amelotin* 基因。*ambn* 基因编码的成釉蛋白约占釉基质总蛋白量的 5%，错误表达 *ameloblastin* 转基因小鼠表现出纳米水平上明显的釉质缺陷。*tuft*-1 基因编码的釉丛蛋白可能作为羟磷灰石晶体的成核中心，对釉质矿化和结构排列起重要作用，过表达 tuftelin 小鼠出现釉质微晶纵横比改变，产生十分明显的釉质缺陷。*amelotin* 基因编码的 amelotin 蛋白为新发现的成釉细胞特异性蛋白，可能对釉质形成起重要作用。*amelotin* 基因是否对 AI 起作用目前仍不明确。最新报道，新的常染色体显性 AI 基因位点 8q24.3 内的致病基因仍未克隆。AI 表型复杂，临床表现轻的 AI 常易漏诊，*ambn* 和 *tuft*-1 基因是否对未诊断的 AI 表型起作用有待认识。笔者筛查目前发现的候选基因，多数 AI 家系仍未发现致病性基因缺陷，引起常染色体遗传釉质发生不全的主要基因可能还没有被认识，釉质钙化不全型基因仍未明确，可能存在对釉质发生和形成起关键作用的釉基质蛋白尚未发现，这些都有待进一步研究。

(三)非综合征型先天性缺牙

先天性缺牙是牙胚发生异常引起的牙数目先天不足，按表型不同可分为非综合征型单纯缺牙和伴发其他症状的综合征型缺牙，以非综合征型先天性缺牙常见。非综合征型先天性缺牙仅牙数目先天缺少，其他器官和系统无异常，多呈常染色体显性遗传，已确定的致病基因有位于 14q12～q13 位点的 *pax*-9 和 4p16.1 的 *msx*-1。最近发现的一种先天性恒牙缺失，被命名为贺-赵氏缺牙症，定位于 10q11.2，致病基因尚未克隆。

msx-1 基因在脊柱动物胚胎发生中参与上皮间充质间相互反应，对牙齿发生起重要作用。小鼠纯合子 *msx*-1 基因缺失表现为切牙缺失，磨牙发生阻断在蕾状期并伴发腭裂。在人类，*msx*-1 基因突变主要表现为牙发生不全、唇腭裂和颅面畸形。目前已报道多个 *msx*-1 基因缺陷，部分突变与常染色体显性非综合征缺牙相关，部分突变导致缺牙和唇腭裂表型或引起缺牙和指趾甲发育障碍。*pax*-9 是 *pax* 基因家族成员之一，在动物和人类的胚胎、牙齿发生过程中起重要作用。*pax*-9 基因包含 4 个外显子，编码蛋白中含高度保守的成对结构域，该结构域具有和启动子特定 DNA 序列结合从而调控目的基因转录活性的功能。*pax*-9 纯合缺陷小鼠牙胚发生阻断于蕾状期，并出现腭裂以及颅面、脏器和骨形成紊乱。目前在人类已发现 10 余种 *pax*-9 基因突变与常染色体显性非综合征型缺牙有关，包括无义、错义、移码和缺失突变。对部分突变的功能研究表明，突变蛋白丧失了与靶 DNA 结合的能力和转录激活功能。

分析不同家系 *msx*-1 和 *pax*-9 基因突变引起的缺牙模式发现，特定的牙缺失通常对称性出现，与 *msx*-1 基因突变相关的缺牙最显著的特征是上颌第一前磨牙缺失，与 *pax*-9 基因相关的缺牙特征是上、下颌第二磨牙缺失。不同基因缺陷导致不同部位的牙发生受阻，提示不同牙的发生受不同基因的调控。

二、伴发牙齿异常的遗传性综合征型疾病

(一)伴发牙本质发生不全的遗传性疾病

成骨不全(osteogenesis imperfecta, OI)又称脆骨症，是中胚层发育障碍所致的全身性结缔组织疾病，呈常染色体显性遗传，发病率为 1/100 000～5/100 000，以不同程度的骨折、蓝巩膜、牙本质发生不全和听力下降等为特征。近年根据 OI 临床表现将其分为Ⅰ～Ⅶ型，其中仅Ⅲ型和Ⅳ伴发有牙本质发生不全，近似 DGI-Ⅱ表现。Ⅰ～Ⅳ型为Ⅰ型胶原蛋白(*col*-1)基因 *col*-1a_1 和 *col*-1a_2 突变所致，Ⅴ～Ⅶ型致病基因尚未明确。编码Ⅰ型胶原蛋白-a_1 链的 *col*-1a_1 基因和 α_2 链的 *col*-1a_2 基因分别位于染色体 17q21.3～q22 和 7q22.1。目前已发现 300 多种 *col*-1a_1 和 *col*-1a_2 基因突变，其中多数为错义或无义突变，突变分布于整个基因，多数错义突变引起

螺旋部分的甘氨酸被替代，进而影响胶原链正确构象形成。目前国内对成骨不全的研究主要为临床分析，对 OI 致病基因筛查也有报道，检测的突变有新突变和已知突变。

(二)伴发釉质发生不全的综合征型疾病

毛-牙-骨综合征(tricho-dento-osseous syndrome，TDO)主要临床特点为釉质发生不全、牛牙症、毛发卷曲，部分病例有骨硬化和指趾甲松脆。TDO 呈常染色体显性遗传，多数病例具有釉质发生不全和牛牙症，其他表型在不同家系和个体间表现不一。TDO 与前述Ⅳ型釉质发生不全(AIHHT)不同，后者缺乏 TDO 患者指趾甲、毛发和骨的改变。位于 17q21～q22 的 *dlx*-3 基因 31 984 nt 缺失为 TDO 致病原因。*dlx*-3 基因为 *dlx* 基因家族成员之一，在颅面和牙的发生中起重要作用。有研究报道称，位于 17q21～q22 位点的 *dlx*-3 基因外显子 3 上碱基 CT 缺失导致了伴发牛牙症 AI(AIHHT)表型，然而对另一具有相同 *dlx*-3 基因 CT 缺失的家系进行详细检查发现，AIHHT 受累个体表现出轻度头发和骨异常的表型，表明 *dlx*-3 基因 CT 缺失与轻度 TDO 表型相关而不是常染色体显性 AIHHT，AIHHT 的分子缺陷仍未明确。

(三)伴发缺牙的综合征型遗传性疾病

综合征型遗传性缺牙多达 50 余种，主要介绍以下几种。

1. 无汗或少汗性外胚叶发育不全　无汗或少汗性外胚叶发育不全(ahidrotic ectodermal dysplasia，EDA)在多种外胚叶发育不全综合征中最为常见，发病率约 1/1000 000，以汗腺、毛发和牙齿等外胚层组织发育不良为特征，缺牙和(或)牙形态异常、毛发稀少、少汗或无汗是其典型临床表现。通常呈 X 连锁隐性遗传，致病基因为位于染色体 Xq12～q13 的 *ed*-1 基因。

ed-1 基因有多个选择性剪切体，其中编码的 Ectodysplasin-A1(EDA-A1)蛋白由 N 端胞内区、胞外蛋白酶水解位点、胶原结构域和 C 端肿瘤坏死因子样结构域组成。将 EDA-A1 转基因表达在 *ed*-1 基因缺陷鼠中，转基因鼠表现出头发、汗腺和磨牙几乎完全恢复，表明 EDA-A1 在外胚叶发育中起重要作用。*ed*-1 基因突变小鼠釉结较正常小，牙齿发生各时期的标志分子表达减弱，提示 *ed*-1 基因对牙齿形态发生具有调控作用。目前，在人类已发现 80 余种 *ed*-1 基因突变引起 EDA，以错义突变多见，主要集中在编码蛋白 C 端的肿瘤坏死因子样结构域、胶原结构域和蛋白酶水解位点。对中国人 EDA 家系调查和 *ed*-1 基因突变分析发现，突变类型以错义突变为主，有位于肿瘤坏死因子样结构域与国外报道一致或不同的 *ed*-1 基因突变，也有位于跨膜区以及不在已知保守功能域的错义突变，提示跨膜区结构和某些非保守区域对于 Ectodysplasin 蛋白功能也有重要影响。

2. 范德沃德综合征　范德沃德综合征(van der Woude syndrome，VWS)是一种常染色体显性遗传综合征型唇腭裂畸形，发病率约 1/34 000。其特征是家族性下唇瘘复合唇裂和(或)腭裂，25%的患者伴有缺牙，表现度在个体间存在差异。下唇瘘典型表现为下唇唇红部中线两侧 2 个圆形凹陷，周缘隆起。目前已报道 2 个 *vws* 基因位点，一个位于染色体 1q32～q41，该位点内干扰素调节因子-6(*irf*-6)基因已经被成功克隆，另一个位于 1p34，该位点基因还未克隆。*irf*-6 基因属 *irf* 基因家族成员，含有一个高度保守的 DNA 结合域和一个相对不保守的蛋白结合域。目前，已报道 70 余种该基因不同的突变。欧洲人以 *irf*-6 基因无义突变和移码突变为主，约 70%以上的突变位于 IRF-6 的关键功能域内。国内学者在 8 个中国人 VWS 家系中发现 7 个不同的突变，其中 5 个突变位于 IRF-6 关键功能域以外。IRF-6 是否参与病毒感染后调节干扰素表达的免疫反应尚不清楚，但 *irf*-6 基因缺陷导致唇腭裂、缺牙症状，说明 IRF-6 直接参与唇腭和牙齿发生。

3. 里格尔综合征 里格尔综合征(Rieger Syndrome)主要特点是上颌切牙缺失、眼球前房畸形和脐部异常,发生率约 1/200 000。本病呈常染色体显性遗传,已发现 4q25、13q14、6p25 和染色体 11 共 4 个与之相关的基因位点。1996 年在 4q25 位点克隆了第一个致病基因 *pitx*-2。*pitx*-2 基因在小鼠胚胎的眼周间叶细胞、上下颌上皮细胞以及脐部均有表达,与里格尔综合征临床表型相对应;13q14 位点内基因目前仍未克隆,6p25 内与青光眼发病相关的 *foxc*-1 基因突变也是部分里格尔综合征的致病原因,11 号染色体上 *pax*-6 基因小片段缺失与里格尔综合征相关。*pitx*-2 基因是里格尔综合征最多发的致病基因,国内外学者已发现数十种 *pitx*-2 基因突变与该病相关,突变类型包括错义、无义、移码、缺失和(或)插入以及剪切位突变。

4. 颅骨锁骨发生不全 颅骨锁骨发生不全(cleidocranial dysplasia, CCD) 是以单侧或双侧锁骨发生不全、开放骨缝和前囟、多生牙以及其他骨骼改变为特征的骨骼发育不良。在口腔的典型表现为缺牙、恒牙延迟萌出、正常恒牙与多生牙混合阻生于颌骨内,常因缺牙或错殆就诊。CCD 可呈常染色体显性或隐性遗传,也可散在发病。致病基因定位于染色体 6p21,该位点内 *runx*-2 基因突变可引起该疾病。*runx*-2 基因编码的 Runx-2 蛋白由 N 端 Q/A 结构域、中间 runt 结构域和 C 端 PST 结构域组成。其中,runt 结构域具有与靶基因启动子区成骨细胞特异性顺式作用元件相结合的能力。Runx-2 蛋白的主要功能是在成骨细胞形成和分化过程中起重要调控作用,*runx*-2 基因缺陷小鼠成骨细胞不能有效分化,膜内和软骨内骨化成骨均不能发生。迄今,在人类 CCD 患者中已鉴别出近 80 余种不同类型 *runx*-2 基因突变,多数典型 CCD 患者 *runx*-2 基因改变均集中在 runt 结构域。该区域大部分突变导致编码的转录因子失去与靶 DNA 序列结合的能力,而其他区域的突变则主要导致不典型的 CCD。目前,国内已在中国人 CCD 患者中鉴别出 *runx*-2 基因突变,且位于 runt 结构域,同国外报道的突变结果相同。

国内外对牙遗传性疾病的相关基因研究已从多方面取得显著进展,今后的研究方向将侧重于许多基因未明的疾病表型以及疾病基因功能的深入研究,揭示基因与表型间具体的分子致病机制,为进一步在分子水平上预防和治疗疾病创造条件。

HPV 口腔黏膜体外癌变模型与免疫治疗的研究进展

上海交通大学医学院附属第九人民医院 钟来平 张志愿

鳞状细胞癌占口腔颌面部恶性肿瘤的 80%以上。由于口腔位于呼吸道与消化道的关键部位,重要器官密集,可切除范围有限,术后残存癌细胞或人乳头状瘤病毒(human papilloma virus, HPV)阳性肿瘤灶周围残存已感染 HPV 的细胞,可能是导致复发的主要原因。目前,免疫治疗被认为是可以清除残存癌细胞和感染病毒细胞最有效的方法之一。下面就口腔鳞状细胞癌发病机制及其癌细胞和感染病毒细胞逃逸免疫监视以及克服免疫逃逸机制的进一步认识,结合前期基础和国内外研究现状,探讨免疫治疗在口腔鳞癌发生发展中可能起到的抗肿瘤作用。

一、HPV 与口腔鳞状细胞癌的发病机制

目前癌症的发生机制还不十分清楚。但

比较一致的观点认为，癌的形成是一个多因素、多步骤的过程，包括始发突变、潜伏、促癌和演进 4 个阶段。早在 1982 年学者们就发现，42％的癌病变组织中有 HPV 感染。经过 20 多年的探索，HPV 感染与口腔鳞癌的因果关系已逐渐被认可。研究表明，超过50％～70％的鳞状细胞癌检出 HPV16DNA，50％以上的腺癌中检出HPV16DNA。Miller 等对自 1982 年到 1997 年公开发表在 94 篇专业文献上共 4 680 例口腔鳞癌样本进行荟萃分析发现，口腔鳞癌中的 HPV 感染是正常口腔黏膜中的 4.7 倍，高危型 HPV 是低危型 HPV 的 2.8 倍；凡是用 E6 或 E7 抗原或引物进行分析阳性率都比较高，因为只有 E6 和 E7 基因整合到宿主细胞基因组中才能持续表达。王安顺等对国内 1990 年到 2004 年 3 月中的 10 篇文献的荟萃分析结果显示，口腔鳞癌感染 HPV 与 HPV16 的合并优势比分别是正常口腔黏膜的 8.89 倍和 6.81 倍。上述资料显示，HPV 感染（尤其是高危型 HPV16）是导致口腔鳞状细胞癌发生的一个重要危险因子。体外实验研究也证实，HPV16E6、E7 蛋白可导致正常口腔上皮细胞永生化。

游离状态的 HPV DNA 与良性病变相关，只有当其 DNA 整合至宿主细胞的染色体基因组中才会导致细胞发生转化。HPV 基因组由早期基因 E1～E7 和晚期基因 L1～L2 组成。当 HPV DNA 整合至宿主细胞基因组时，早期基因 E1、E2 发生断裂，E2 基因丢失，失去对 E6、E7 基因转录的抑制作用，从而导致 E6、E7 蛋白在细胞中的过表达。E6、E7 两个癌蛋白过表达导致细胞周期紊乱，基因组不稳定性频率增高，在激活一些癌基因的同时抑制一些抑癌基因，引发中心体异常和增殖及凋亡失衡等一系列变化，最终致使细胞发生恶性转化和肿瘤形成。

当细胞遭受 DNA 损伤时，*p*53 激活基因如 *p*21、GADD45 基因转录，延迟细胞进入 S 期，使受损的 DNA 有足够的时间完成修复，或者通过激活 *bax*-1、*fas* 受体，诱导受损细胞发生凋亡。有研究发现，E6 蛋白通过结合并促进 *p*53 的降解，从而导致细胞周期的紊乱，基因突变率上升。Rb 通过磷酸化和去磷酸化过程，不断开启和关闭其与转录活化因子 E2F 的通道，从而使细胞周期有条不紊地运转。E7 结合和失活 pRb 导致细胞周期紊乱，进而导致细胞增殖失控发生癌变。另外，HPV 致癌途径还与重新激活端粒酶、癌基因和失活抑癌基因及改变生长因子敏感性等因素有关，也与其他合并因子，如衣原体感染、雌激素水平等有关。高危型 HPV 有恶性转化细胞的能力，但是这种能力还不能充分地导致细胞恶变，除了宿主有自发地清除 HPV 感染的能力外，持续的 HPV 感染与肿瘤发生之间有很长的一个时间间隔。有学者认为在这个时间间隔中，其他合并因子有可能发挥了促进作用，推动细胞进入一个不可逆转的癌变进程。因此，HPV 感染致细胞癌变的过程是一个多基因参与、多步骤的复杂过程，临床标本受各种条件的限制很难在纵向跟踪、全程观察癌变的发生发展过程。

事实上，上述很多 HPVE6、E7 的作用机制多是在体外细胞系模型的基础上研究得到的。Park 的课题组和笔者在 20 世纪 90 年代分别建立了 HPV16DNA、HPV16E6/E7 永生化口腔上皮细胞系，经过化学致癌因素尤其是烟草提取物的作用，诱导永生化口腔细胞系恶性转化，建立了 HPV 致口腔鳞癌发生的体外模型，并在该模型的基础上对肿瘤发生机制作了进一步研究。

二、苯丙芘和佛波酯在 HPV 口腔黏膜体外癌变模型中的作用

苯丙芘是一种多环芳香烃（polycyclic aromatic hydrocarbons，PAH）化学致癌剂，主要存在于煤烟、熏烟、香烟、焦煳食物和原油中，为间接致癌物。PAH 的代谢中间产物是二醇-环氧化物，由细胞色素 P-450 多功能氧

化系统(cytochrome P-450,CYP)经过两轮循环产生。这些中间体相当稳定,能够进入细胞核并与 DNA 快速反应引起基因突变。由于苯丙芘是香烟或焦煳食物中常见的间接致癌物质,通过 CYP 代谢成为致癌物;所以在口腔组织中,舌部上皮细胞中的 CYP 含量高、活性强,可以被烟草等致癌剂诱导表达,这也可能是舌鳞状细胞癌好发的原因之一。因此,选择苯丙芘为口腔化学致癌物,在体外模拟口腔黏膜细胞接触致癌因素的可能情况,从而模拟细胞癌变的可能启动阶段。

启动化合物产生的遗传性改变还需要借助于促癌物激发的细胞增殖过程,才能从单个具有瘤性潜能的细胞转变成多细胞肿瘤。由于促癌物质本身只引起细胞增殖的变化,不能产生癌症,所以细胞除了扩增被激活外,还需要进一步的变化。十四烷基佛波乙酸酶(tetradecanoyl phorbol acetate,TPA)是巴豆油中的一种成分,为促癌剂。它的作用机制是可依次与细胞膜上的表皮生长因子受体和蛋白激酶 C 结合,模拟表皮生长因子致有丝分裂活性,激活细胞质中丝氨酸-苏氨酸蛋白激酶级联反应,最终导致基因转录增强和细胞增殖。虽然 TPA 在口腔环境中不常见,但其作用机制同表皮生长因子等相同,可模拟该信号传导通路起作用。口腔黏膜体外癌变模型中的一系列的细胞系具有相同遗传背景,在生物因素(人乳头状瘤病毒)、化学致癌因素(苯丙芘)、促癌因素(十四烷基佛波乙酸酶和血清中生长因子)等方面反映癌变过程中多因素作用,细胞从正常黏膜上皮到永生化,然后逐步表现出恶性细胞特性并最终恶变。这一过程很好地验证了肿瘤多因素、多阶段、多步骤发生学说,体现了细胞恶变发展的不同阶段。

三、抗 HPV 疫苗国内外研究现状及其作用的特异性

抗 HPV 疫苗主要分为 3 类:预防性疫苗、治疗性疫苗以及预防和治疗作用兼备的多价疫苗。预防性疫苗主要以 HPV16 型 L1 壳蛋白为主,可预防健康人群免受 HPV 感染,但对已感染者则无作用。目前,预防性疫苗用真核系统如酵母或昆虫表达系统制备,成本较高。因为真核系统表达量低,需三次超速离心才能获得构型正确的 VLP(virus like particle),L1 只有形成 VLP 才可发挥免疫预防作用。原核系统表达量较高,但由于翻译后加工的缺陷,仅有 0.02%~0.05% 的蛋白能形成合适的 VLP。治疗性疫苗主要以 HPV 的 E6、E7 两个癌蛋白为靶点。由于 HPV 的 E6、E7 癌蛋白免疫原性高,且特异性地在癌细胞中持续表达,所以,治疗性疫苗是免疫治疗的理想靶抗原。另外还有合成的小肽疫苗,但成本较高,同时还受组织兼容性抗原(HLA)型别的限制。因此,研究者们致力于研发 E6 和 E7 蛋白疫苗。已证明单独的 E6 蛋白疫苗有一定的效果,E7 疫苗的效果比 E6 好一些,而两者的融合蛋白应是最佳的方案。预防和治疗作用兼备的多价疫苗为壳蛋白 L1-mE7 或 L2-E6-E7,但也需制备 VLP,产业化难度也较大。

需要强调指出的是,治疗性疫苗作用特异性强。目前已报道的用于抗 HPV16 疫苗功能研究的细胞株和动物模型有 TC-1 和 C3,分别来源于 C57 小鼠的支气管上皮和胚胎细胞,两者都是用 HPV16E6 和 E7-ras 共转染所获得的癌细胞。而当把 E6 和 E7 基因转染到人的 B 淋巴瘤样细胞系中表达这两个蛋白时,转染的细胞可被 HPV16E6、E7 所诱导的细胞毒性 T 淋巴细胞(CTL)杀死,而对其亲本细胞则无作用。同样的例子还有 RMA 细胞(小鼠自发性肿瘤细胞)。同样,小鼠 B16 和 C-108 黑色素瘤细胞本身并不表达 E6 或 E7 蛋白,但经真核表达载体转染使其表达 E7 后,即可被 E7 蛋白疫苗所诱导的 CTL 杀死。最新研究表明,HPV16E7 和头颈肿瘤患者的 CTL 或经 HPV16E7 的 T 细胞表位小肽

(HLA-A0201 限制性,含 8～9 个氨基酸)激活的健康人外周血淋巴细胞产生的 CTL 对 HPV16E7 阳性的头颈部鳞状细胞癌细胞具有显著的杀伤作用。这些结果表明:无论是 HPV16E6、E7 加其他癌基因所诱导的肿瘤细胞或其他原因癌变的肿瘤细胞只要能表达 HPV 的相应抗原,就能被抗原所诱导的免疫系统所识别而被杀伤。口腔癌患者术后癌疾病复发,主要缘于术后残存的肿瘤细胞(亚临床病灶)和残存的小病灶。目前常规的化疗效果并不十分理想(耐药和耐放疗性强),治疗性抗 HPV 疫苗的研究进展为口腔癌防治带来了极大的希望,主要的研究进展有以下两个方面。

先用 E7 蛋白疫苗免疫动物约 10 d 后,再用表达 HPV16E6、E7 的癌细胞攻击,E7 免疫的动物在 80 d 内无肿瘤生长,经 E6 蛋白免疫的动物 60% 无肿瘤生长,而对照组全部有肿瘤生长。即提示抗HPV16E6、E7疫苗诱导的 CTL 能杀死肿瘤细胞。诱导特异性 CTL 是机体清除病毒已感染细胞和肿瘤细胞的有效手段,这对于术后病理检查未见肿瘤细胞但肿瘤灶周围有已感染 HPV 细胞的患者,预防复发具有重要的意义。同时 E6、E7 融合蛋白疫苗比单独使用一种效果更好:用 HPV16E6、E7 融合蛋白疫苗免疫动物后,用癌细胞攻击,一个月内未见肿瘤生长,再用大剂量癌细胞攻击,观察至 100 d 仍未见动物有肿瘤生长,而对照组全部有肿瘤生长,并在 3 周内全部死亡。

其次,先用表达 HPV16 型 E6 和 E7 的肿瘤细胞接种动物,而后再免疫治疗 2 次。在约 20 d 时,对照组 90% 的动物有肿瘤生长,免疫治疗组仅 20% 的有肿瘤生长。再对免疫治疗组中未长肿瘤的 8 只小鼠第 2 次接种大剂量的肿瘤细胞,继续观察至 100 d,发现仅 1 只动物肿瘤生长。这说明免疫治疗对清除术后残存癌细胞或小肿瘤病灶有很好的治疗效果。相对于以局部治疗为主的基因治疗方法而言,对于多点分散的亚临床病灶很难准确局部注射,而特异性的疫苗无疑是最优方案。近年来的研究还意外发现,HPV16 型的蛋白疫苗具有广谱性,能使感染多种 HPV 型别(约 12 种)而诱发的肛周疣状物得到很好的治疗,这对于目前还无法根治且复发率高的 HPV 相关疾病无疑是一个好消息。

类牙质光学效应全瓷冠桥修复材料研究现状和发展

口腔生物医学工程教育部重点实验室　李伟　廖运茂　朱智敏

牙体和牙列缺损是一种常见病、多发病,发病率高达 50% 以上。牙体和牙列缺损的固定修复体因舒适、不需摘戴、使用方便受到越来越多患者的喜爱,临床上大多数患者首选固定修复。但固定修复体多年来采用各种合金制作,金属颜色与牙色不协调,部分合金易腐蚀变色。

20 世纪 50 年代以来,临床开展了兼具金属强度和陶瓷般美观的金属-烤瓷修复,使固定修复的水平和效果得到很大的提高。烤瓷合金多为镍铬合金,首先此类金属常有镍、铍离子的析出,部分患者戴用后易出现变态反应;其次,金属对光线的阻射特性使修复体无法模拟天然牙的半透性,修复体层次感差,患者易出现“烤瓷牙面容”;其三,修复体颈缘的金属黑线也对美观有较大影响。

高分子树脂类材料也应用于固定修复,但材料色泽不稳定,易降解,产物对人体有害,而且强度不能满足要求,故以上材料均不是理想的固定修复材料。多年来,人们一直在试图寻找一种新的牙体和牙列缺损的修复材料与修复技术。

陶瓷材料以其生物相容性好，结构、色泽和质感类似于人牙，成为21世纪主要的牙体和牙列缺损修复材料。全瓷冠、桥修复体修复被公认为牙体和牙列缺损修复的理想方法，全瓷修复体的研究和临床应用势在必行。要获得机械性能良好的全瓷修复体，要求材料强度高、韧性好，能克服常规陶瓷脆性大的弱点，颜色和光学性能与天然牙相似。目前全瓷材料的研究主要集中于三个方面：一是材料的增强补韧，提高其强度和韧性；二是作为定制修复体材料优良的可加工性能；三是修复体的类牙体光学效应。

国外有关全瓷修复材料的研究开展较早。目前临床上使用的全瓷修复材料主要有氧化硅基陶瓷，其中包括长石陶瓷、云母切削陶瓷、高铝瓷、玻璃陶瓷和铸造陶瓷；非氧化硅基陶瓷，其中包括渗透陶瓷、致密多晶氧化铝陶瓷、致密部分稳定四方氧化锆陶瓷。按修复体的加工成型法，全瓷修复材料又可以划分为热压铸微晶玻璃、氧化铝玻璃渗透复合陶瓷和计算机辅助设计制作(CAD-CAM)陶瓷三类。

近十年来，在世界范围内形成了牙科陶瓷材料研制和应用的热潮。随着高强度全瓷材料的问世，全瓷修复材料在牙体和牙列缺损的固定修复方面已有了更为广泛的应用范围，不仅可以用于前牙冠桥修复体，也能制作达5个单位的后牙桥。中国国内全瓷修复体的临床应用比发达国家略有滞后，主要原因在于进口全瓷修复系统的设备和材料价格昂贵，修复体制作费用较高，导致其推广受到一定的限制。但随着国产全瓷修复系统的开发和完善，国内的临床应用亦呈现出良好的发展趋势。

国内目前的情况是，一方面人们对医疗质量提出了更高的要求，另一方面先进的口腔修复材料市场几乎全为少数西方国家所垄断，价格高昂。因此，研究开发国际先进的、适合中国人需求特征的高强度、高韧性纳米牙科复合全瓷修复材料和修复技术，是目前国内口腔领域的核心内容之一。旨在通过研究开发先进的类牙质全瓷修复材料，建立国产化的全瓷修复系统并使其达到国际先进水平，最终实现国产化的全瓷修复技术在临床上的推广和应用，促进中国口腔医学以及口腔生物材料的发展，满足人民在治疗水平上不断增强的需求。

目前，尽管已有铸造陶瓷、玻璃渗透氧化铝陶瓷、致密多晶氧化铝陶瓷和氧化锆陶瓷产品面世并在临床上得到了广泛的使用，但如果客观评价现有的全瓷修复材料，它们都存在以下的不足。

1）氧化铝基玻璃渗透复合陶瓷制作修复体强度较好，但却主要适合于前牙，而后牙冠桥修复体强度应达600～900 MPa，因此尚有较大差距。

2）关于牙科专用 α-Al_2O_3、ZrO_2 微粉的理化性能研究尚缺乏深度，特别是关于纳米粉体分散性的研究还较薄弱，口腔环境下的理化特性与表征方法的研究尚有待建立与完善。

3）全瓷修复体半透明、美观，但与真牙相比仍有差异，即光学性能欠佳。研制适合东方人群牙体颜色的全瓷修复体材料体系尚处于起步阶段，利用成分调整和纳米微晶产生类牙体光学效应的研究尚属新的探索。

4）现有冠桥修复体制作工艺复杂，周期较长，患者待诊时间较长，不能完全满足现代化的快速生活节奏要求。而冠桥修复体制作力求方便易掌握的加工技术、简洁的工艺流程、价格适度的加工设备，要求修复体细致、精确、无变形，在某些阶段便于修改、打磨。

5）全瓷冠桥修复体质量保证体系的建立还需要完善。

上述问题均属国内外全瓷材料与修复技术研究中的前沿性课题。建立并完善国产化的口腔陶瓷修复系统，需要研制的高强度陶瓷材料以刚性的氧化铝、氧化锆粉体构筑纳米刚性骨架，在此基础上渗透特种生物微晶玻璃，形成基体与微晶薄膜互相锁结的纳米复合结构。

早在 1994 年，四川大学口腔生物医学工程教育部重点实验室-华西口腔医学院在中国率先开展了全瓷冠桥修复材料的研究。研究发现，宏观的块状玻璃强度差、脆性大，但理论计算和试验表明超细微结构的微晶薄膜的强度可提高 2～3 个数量级，从而对基体产生强化韧化效应。经过 8 年的不懈努力，本课题组在纳米粉体合成、渗透玻璃、成型技术、牙体颜色体系的研究方面取得较大的突破，在牙科复合陶瓷的研究方面已处于国内领先地位并达国际先进水平。其三点抗弯曲强度达到 420 MPa。所开发的牙科氧化铝渗透陶瓷已成功实现产业化，产品已获得生产许可证、产品合格证和临床应用许可证。这些研究成果为全瓷冠桥修复材料的进一步研究，产品的临床应用奠定了理论和实验基础。本课题组的《牙科陶瓷材料及陶瓷修复技术的进展》被评为国家“九五”期间口腔医学科技重大进展。

完成新一代类牙质光学效应全瓷冠桥修复材料的研究，需要解决以下几个关键问题。

1）牙科专用 $A1_2O_3$、ZrO_2、微晶玻璃的制备，组分和工艺参数的确立。

2）纳米复合陶瓷材料的结构设计与功能设计。在以 α-$A1_2O_3$、ZrO_2 微粒构建刚性骨架和微孔的过程中，确保以纳米级孔隙为主体并彼此连通的微孔结构是结构设计中的关键问题，这些微孔将成为添加相的纳米模板。结构设计的变更将导致复合体结构与性能的变化，即纳米组装特性、界面结构、表面结构、力学特性、强化韧化机制、热力学匹配特性、颜色空间分布、半透明性、适合性、美观性等均是课题关注的内容，在设计中将予以特别重视。

3）添加相的筛选和复合工艺技术。添加相的化学组分，纳米组装条件与技术，复合结构的空间分布指数，基体相与界面相的匹配特性，添加相与基体相间锁结方式，界面最佳应力分布模式，应力作用下的断裂方式等均是复合工艺设计中的核心与基础。

4）牙科个别定制冠桥修复体不同于其他任何陶瓷制品，满足临床应用的特殊加工制作要求是能否成功应用于临床并最终实现课题研究目标的又一个关键因素。

5）修复体在口腔环境下的应力优化设计和评价体系。

6）修复体长期在口腔环境下的生物学行为。

口腔生物医学工程教育部重点实验室-华西口腔医学院将在目前研究成果的基础上，利用国家“853”计划项目的资助，采用新的纳米复合陶瓷结构设计原则，对纳米复合陶瓷的结构与工艺技术设计进行创新。以微米、亚微米、纳米级的 α-Al_2O_3、ZrO_2 固体颗粒为刚性骨架，实行多级级配形成连续的彼此连通的纳米微孔为主的孔隙。这些纳米孔隙构成添加相的纳米模板、生物微晶玻璃以液相渗透于孔隙之中形成纳米级的微晶薄膜，保证复合体获得均匀一致的纳米复合结构，从而对多孔基体起到强化和韧化的作用。进一步提高已经研究开发的陶瓷的强度及断裂韧性。

宏观的玻璃脆性大，强度仅 80 MPa 左右，微晶玻璃纤维或微晶玻璃微膜的强度比宏观玻璃提高 2～3 个数量级，该复合陶瓷中微晶玻璃膜的厚度在纳米级范围内，玻璃相渗入基体中形成基体与微晶玻璃相相互锁结的纳米复合陶瓷。为使微晶玻璃相与基体间构成合理的应力分布，添加相的热膨胀系数进行适应性调整，进一步提高修复体的强度。

采纳上述结构设计原则，可大大提高复合体的强度与韧性。现有的试验结果表明，以氧化铝为基体，以生物微晶玻璃进行渗透，复合体的强度较普通的铝瓷可提高 2 倍以上,较牙科常用的长石类陶瓷则提高 4 倍左右。现将纳米二氧化锆引入后,强度可望提高至 600～800 MPa,并大大提高断裂韧性。这一性能指标可完全满足临床对前后牙冠、桥修复体的技术要求。陶瓷微粒骨架中的纳米级的 α-Al_2O_3、ZrO_2 除对构建彼此连通的纳米、亚微米孔结构起到关键作用而外,亦在基体中起到纳米粒子对基体的增强增韧作用。对降低基体烧结温度,改善与液相的结合界面均产生促进作用。基体中引入的纳米 ZrO_2 系采用部分稳定的四方二氧化锆,从而对基体产生强化及韧化作用。利用纳米技术产生类牙体光学效应,研发适合国人牙色体系的全瓷材料体系,使修复体更加美观、逼真。

传统高性能结构陶瓷材料的烧结温度通常在 1 700～1 800 ℃,本课题组的研究将使 α-Al_2O_3、ZrO_2 的质量分数达 75%～80%。由于采用纳米粉体及复合技术,烧结温度将降至1 350 ℃以下的低温烧结;且由坯体到烧成品的线变形量由 15%左右降低至 0.3%以下。将机械干压、等静压成型的方法改为简便易行的注浆成型、电泳沉积技术,CAD-CAM 加工技术,粉浆涂塑等先进技术,可满足个别定制的牙修复体特殊的加工制作要求,也是最终实现研究目标的根本保证。

纳米陶瓷粉体的分散技术也是重要的关键。基体在成形过程中,纳米粉体的分散和悬浮特性取决于分散机制及分散剂的应用。对于高质量浓度料浆的分散机制至今知之甚少。本项目将在这方面进行系统试验,在分散机制及方法上都将取得新的试验基础和新的技术突破。此外,传统陶瓷制备技术及经验均认为,在基体中出现玻璃相将对制品性能产生不利影响,玻璃相增多导致的不利影响更为严重。本课题将纳米微晶薄膜的方式引入,由于纳米效应而对基体产生强化及韧化作用,优于现有的玻璃渗透技术。应用纳米微晶产生类牙体的光学效应,增加了修复体的美观特性。为牙科全瓷冠桥修复技术提供材料基础,并为高技术结构陶瓷材料的制作增添一种新的方法。

本课题组的研究特点是在材料结构设计上进行的变革与创新点,包括以微米、亚微米、纳米级的 α-Al_2O_3、ZrO_2 微粒为骨架,实行级配形成连续的彼此连通的纳米孔径为主的孔隙。这些微孔构成添加相的纳米模板,生物微晶玻璃以液相渗透于孔隙之中形成纳米级的微晶薄膜,基体中的纳米颗粒与微晶玻璃薄膜的共同作用可确保复合体获得均匀一致的纳米复合结构。从而对多孔基体起到强化及韧化的作用。通过在结构设计及工艺技术上的变革与创新,必将使复合体的结构、性能产生质的变化,对制作工艺也将带来质的变化。将对形成我国自主知识产权的高端陶瓷修复材料起到推动作用。本课题组的研究项目完成后,将推动我国陶瓷固定修复的基础研究和临床应用达到国际先进水平,使我国口腔修复的整体医疗水平得到提高。

原发性舍格伦综合征研究进展

北京大学口腔医学院　华红　俞光岩

舍格伦综合征(Sjögren syndrome, SS)又称干燥综合征,是一种以外分泌腺高度淋巴细胞浸润和破坏为特征的系统性自身免疫病,最常见的临床表现为进行性口干、眼干,同时可累及肾、肺、甲状腺和肝等多种器官,出现高球蛋白性紫癜、间质性肺炎、肾小管酸中毒、胆汁性肝硬化、外周和中枢神经损伤等表现。SS 分为原发性和继发性两类,不合并其他自身免疫性疾病者称为原发性舍格伦综合征(primary SS, pSS),继发于类风湿关节炎(RA)、系统性红斑狼疮(SLE)等为继发性舍格伦综合征(secondary SS, sSS)。SS 女性多发,约占全部病例的 90%,发病年龄集中于 30~60 岁。流行病学调查资料显示,SS 在我国人群患病率为 0.29%~0.77%,在老年群体中患病率为 3%~4%。SS 在风湿性疾病中发病率位居第二位,明显高于系统性红斑狼疮,与类风湿关节炎相似(0.36%),是最常见的结缔组织病之一。

从转归看,SS 患者病情进展缓慢。如病变仅局限于涎腺、泪腺等外分泌腺者预后良好,有内脏损害者经恰当地治疗后大多数可以控制病情。若累及重要脏器而又未进行积极的治疗,也可危及生命,故合理有效地治疗对改善预后是极其重要的。SS 可发生恶变,其发生恶性淋巴增殖的相对危险率是正常人群的 44 倍。

有关 SS 的研究进展,涉及病因、发病机制、动物模型、中西医治疗等诸多领域。

一、病因和发病机制研究进展

迄今,SS 的发病机制尚不清楚。近年来,对 pSS 的发病机制进行了广泛的研究,主要集中在免疫病理、自身抗体、免疫基因和病毒等几方面。

(一)激活自身免疫反应的环境因素

外分泌腺细胞一过性或持久的潜在病毒感染可能是触发 pSS 自身免疫反应的一个重要因素。可引起辅助 T 细胞、诱导 T 记忆细胞和 B 细胞聚集,在抗原的选择性刺激和 T 细胞的辅助下,B 细胞发生克隆性增生,同时引起组织的损伤。

(二)遗传免疫和自身免疫

pSS 患者的家庭成员较正常人群更易患自身免疫病或有血清学上的免疫异常。在自身抗体阳性和有腺外表现的 pSS 患者中,HLA-B8 和 HLADw-3 的频率高达 50%~80%。DRw52 和 pSS 也有一定的相关性。不同种族、不同人群其相关的 HLA-DR 位点不尽相同。希腊学者报告,与 SS 相关的 HLA-DR 位点多为 DRB1 * 110l 或 DRB1 * 1104,且与 DQA1 * 0501 有连锁不平衡。美国学者在 pSS 中也发现较高频率的 DQA1 * 0501 种族的 pSS 患者,尤其血清学阳性者,均有较高的 DQA1 * 0501 等位基因,提示其与 pSS 相关性较强。此外研究发现,*fas* 基因 670 位核苷酸、半胱氨酸天冬酰胺蛋白酶-3、组织蛋白酶、Ly-6C、Mel-14 等基因的多态性和 pSS 有关。

(三)自身免疫持久化

1. B 细胞多克隆性免疫增生异常　pSS 患者常见高 γ-球蛋白血症。增高的免疫球蛋白包括多种自身抗体:类风湿因子、抗核抗体(ANA)、抗可提取的细胞核抗原的抗体(抗 ENA)以及一些器官特异性的自身抗体,如抗涎腺导管细胞抗体、抗甲状腺细胞抗体、抗线粒体抗体和抗胃壁细胞抗体等。分泌抗SSA/SSB抗体的B细胞可能起源于外分泌腺尤其是小涎腺，目前认为起源于唇腺的抗SSA/SSB抗体在pSS发病中起非常重要的作用。

2. B细胞单克隆性免疫增生异常　pSS患者淋巴瘤（主要为B细胞性）的发病率高出正常对照40多倍，可能和腺外表现及单克隆γ-球蛋白血症有关。

3. B细胞激活因子（BAFF）　TNF超家族成员在B细胞发育和自身免疫性疾病中起关键作用，因而日益受到人们的关注。BAFF对外周B细胞发育及其功能十分重要。老年的BAFF转基因小鼠可出现SS样表型。这些研究结果提示，BAFF是参与某些自身免疫病发病的重要致病因子。

（四）淋巴细胞、细胞因子、腺体上皮细胞和免疫病理损伤

pSS患者外分泌腺浸润的淋巴细胞中60%～70%是T淋巴细胞，B淋巴细胞为20%～25%，巨噬细胞等不足5%。

1. 浸润的T淋巴细胞　70%以上是CD4 T细胞，其中大部分是记忆和（或）诱导T细胞（CD45 RO），几乎所有浸润的T细胞均表达T细胞受体（TCR）。对TCR表达限制性的研究提示，pSS患者外分泌腺中T细胞的增生相对良性。通过对外分泌腺，尤其是唇腺中浸润的T淋巴细胞表面表达的HLA-Ⅱ类抗原、IL-2受体及其功能上的研究表明，这些细胞处于激活状态。

2. 细胞因子　在pSS患者唇腺中，辅助T细胞（Th_1）分泌的细胞因子为主导的环境促使了炎症朝慢性化方向发展。研究表明，模型小鼠颌下腺中以Th_1细胞浸润为主，IL-6作为促炎因子发挥致病作用。而在外周血中，Th_2-T细胞分泌的细胞因子为主导的环境有利于B细胞的激活并促进了自身抗体的产生。

3. 腺体上皮细胞　在pSS外分泌腺的损伤中起着抗原递呈的重要作用，其细胞膜上表达丰富的HLA-DR分子和异常的SSB抗原，可启动自身免疫反应。腺体上皮细胞凋亡加速，可能通过Fas和FasL、Bax或协同刺激分子CDS0和CD86（B7.1和7.2）介导的不同途径。腺体上皮细胞本身还大量表达细胞黏附分子和细胞因子，从而主动积极地参与了外分泌腺的损伤。

（五）自身抗体及其靶抗原

关于SS的特异性自身抗原的研究尚少，目前已知的SS相关性抗原、抗体主要如下。

1. Ro（SSA）和La（SSB）抗原　Ro（SSA）抗原是含有小RNA（YI-Y5RNA）的相对分子质量为60 000和52 000的蛋白多肽。La（SSB）抗原是一种相对分子质量为48 000的核蛋白，与tRNA前体、核糖体5S-RNA前体、7S-RNA和YI-Y5 RNA等各种小RNA结合。SS中的自身抗体主要是针对Ro（SSA）和La（SSB）自身抗原产生的IgG自身抗体。用免疫电泳、免疫印迹、酶联免疫吸附测定等检测，抗Ro抗体在60%的SS患者中发现，但不是特异性标记；抗La抗体在大约40%患者中出现，抗La抗体通常出现在抗Ro抗体阳性的血清中，是SS的重要血清学标记，对诊断和预后具有重要意义。

2. α-胞衬蛋白（α-fodrin）　胞衬蛋白是真核细胞骨架的主要组成部分，包含有α和β两个单位，其相对分子质量分别为240 000和235 000。随着细胞的凋亡，内源性胞衬蛋白裂解成相对分子质量为120 000～150 000的片段。α-胞衬蛋白的氨基末端片段还可介导Th_1型免疫反应。在SS患者和动物模型研究中鉴定出的相对分子质量为120 000的α-胞衬蛋白是SS发病的重要自身抗原，可在某种刺激下通过介导T细胞激活，活化B细胞，导致自身抗体的产生，进而引起SS患者的组织损伤和免疫病理改变。但α-胞衬蛋白断裂导致SS组织损伤的机制尚不明确。

α-胞衬蛋白抗体在诊断原发或继发性SS

中具有较高的敏感性和特异性，在儿童 SS 患者中也有较高的敏感性和特异性。国外研究显示，该抗体对 SS 诊断的敏感性和特异性分别为 73% 和 88.7%，该抗体的出现与器官受累有一定的关系。国内赵岩、高明等的研究结果显示，抗 α-胞衬蛋白抗体在 SS 的阳性率为 57.7%～59.5%，特异性为 79.4%，明显低于国外报道的结果。同时，抗体水平与临床表现、其他自身抗体无相关性。其中，IgA 型抗 α-胞衬蛋白抗体在 SS 中阳性率显著高于 IgG 型抗体。

3. 毒蕈碱受体 3(M_3)　M_3 主要分布于外分泌腺和平滑肌，可介导腺体的分泌。研究表明，在分泌性腺泡组织发生实质性损害前，pSS 患者在仍具有充足的涎腺腺泡组织时就出现了唾液流率的减低。即在 pSS 患者的外分泌腺中除了腺体组分的丢失，腺体的功能异常对引起 SS 的临床表现也起着重要的作用。用酶联免疫吸附法测定 SS 患者血清中的抗 M_3 抗体的敏感性为 80%～90%，特异性可达 90%，且与 SSA、SSB 无交叉反应，即 M_3 抗体是一种对 SS 诊断较为特异的标记性抗体。

4. 抗导管抗体　对诱导型、自发型 SS 动物模型研究发现，小鼠血清可检测到抗涎腺抗体、抗泪腺导管上皮抗体、抗甲状腺抗体、抗胰岛 B 细胞抗体、抗腮腺与颌下腺腺泡和导管上皮细胞抗体。有研究结果显示，健康人体内检测不出抗泪腺、抗腮腺导管上皮抗体。SS 组抗泪腺、抗腮腺导管上皮抗体的阳性率差异无显著性，抗泪腺、抗腮腺导管上皮抗体联合检测，可作为 SS 的协助诊断指标并及早发现病变。

二、舍格伦综合征诊断标准研究

SS 诊断多采用综合诊断的方法，需要内科、口腔科和眼科等多个科室协同配合。关于 SS 的诊断，自 1965 年 Bloch 提出了原发性与继发性 SS 的诊断标准之后，各国又陆续提出了多套诊断标准，如哥本哈根标准、圣地亚哥标准、Fox 标准以及欧洲标准等。目前，国际上应用较多的是 2002 年 SS 国际分类(诊断)标准。

(一)2002 年舍格伦综合征的国际分类标准

2002 年舍格伦综合征的国际分类标准见表 1。

表 1　2002 年舍格伦综合征的国际分类标准

(一)口腔症状：3 项中有一项或一项以上
1. 持续性口干 3 个月以上；
2. 成人后腮腺反复或持续肿大；
3. 吞咽干性食物时需用水帮助。
(二)眼部症状：3 项中有一项或一项以上
1. 每日感到不能忍受的眼干持续 3 个月以上；
2. 感到反复的沙子进眼或沙砾感；
3. 每日需用人工泪液 3 次或 3 次以上。
(三)眼部体征：下述任何一项或一项以上阳性
1. 施墨试验(≤5 mm/5 min)；
2. 角膜染色(+)(≥4 van BIJsterveld 记分法)。
(四)组织学检查：小唇腺淋巴细胞浸润灶≥1
(五)涎腺受损：下述任何一项或一项以上阳性
1. 未刺激唾液流率(≤1.5 ml/15 min)；
2. 腮腺造影阳性；
3. 放射性核素检查(+)。
(六)抗 SSA、SSB 抗体阳性(双扩散法)

(二)2002 年舍格伦综合征国际分类标准的具体应用

pSS 无任何潜在疾病的情况下，有下述 2 条则可诊断：①符合上述分类标准项目中的 4 条或 4 条以上，但必须含有第 4 条(组织学检查)和(或)第 6 条(自身抗体)；②(三)、(四)、(五)、(六)项中任 3 条阳性。sSS 患者有潜在的疾病(如任一种结缔组织病)，而符合上述分类标准项目中的(一)、(二)项目中的任一条，同时符合(三)、(四)、(五)项中的任两条。

颈部、头面部放疗史，丙型肝炎病毒感染，获得性免疫缺陷综合征，淋巴瘤，结节病，移植物抗宿主病，抗乙酰胆碱药(如阿托品、莨菪碱、澳丙胺太林、颠茄等)的应用等则不适合此治疗分类标准。

研究者将 330 例 pSS 患者和 185 例非 pSS 患者分别纳入 pSS 组和非 pSS 组,以验证 2002 国际分类(诊断)标准在中国 pSS 患者中的敏感度和特异度。结果显示,国际标准总的敏感度为 87.0%,特异度为 97.8%。表明新的 pSS 国际分类标准适合于中国患者,具有较高的敏感度和特异度,可用于临床诊断。

在眼睛干燥症的诊断中,角膜荧光染色受年龄因素影响最小,而施墨(Schirmer)试验和泪膜破裂时间(BUT)则明显与年龄相关,其特异度与年龄呈负相关,然而敏感度与年龄呈正相关。在次要标准中将施墨试验定义为≤5 mm/5 min,而不是 10 mm/5 min 或角膜荧光染色阳性,可克服年龄影响,提高诊断的敏感性和特异性。

三、舍格伦综合征临床特征

SS 临床表现复杂,部分患者并无口干和眼干症状,其系统性损害多年来被误诊为慢性肝病、结核病、肾小管酸中毒、肺间质纤维化等。因此对龋齿严重、腮腺反复肿大以及一些病因不明的系统损害患者应警惕本病,及时行有关检查,以尽早确诊。

有学者回顾性分析了 136 例不同年龄发病的 pSS 患者的临床和实验室资料,结果显示,抗 SSA 和抗 SSB 抗体阳性率随发病年龄增高呈现下降趋势;45 岁以下发病的 SS 患者血清类风湿因子滴度、循环免疫复合物水平显著高于中老年 SS 患者,而补体 C_3 水平明显低于 45 岁以上发病组:45 岁以下发病的 SS 患者腮腺炎发生率显著高于 45 岁以上发病者;腺体外损害两组差异无统计学意义。该研究结果提示,45 岁以下发病的 SS 患者免疫指标异常和腮腺受累更常见,青年发病的 SS 患者体内有更强的免疫应答。

四、舍格伦综合征动物模型研究现状

SS 发病机制复杂,在 SS 患者身上难以进行体内研究。通过动物模型来探索该病的发病机制和治疗措施,可为 SS 的研究提供有力的理论和试验基础。目前国内外对 SS 动物模型的研究已有文献报道,但尚未形成统一、公认的标准。SS 动物模型主要分为诱导型和自发型两大类。

1. 诱导型 SS 动物模型　主要是通过接种病毒、注射抗原或组织匀浆等方法,在腺体的局部模拟 SS 的症状。

2. 自发型 SS 动物模型　较有代表性的自发型 SS 动物模型有 NOD、$NODB_{10}$、NOR 和 MRL/lpr 小鼠等。NOD 小鼠是一种具有自发胰岛素依赖性糖尿病倾向的小鼠,它的胰腺、颌下腺、泪腺和其他器官均有淋巴细胞浸润,雌鼠发生糖尿病和涎腺炎的概率高于雄鼠。此模型可用于研究涎腺炎的早期阶段及其伴随的免疫系统缺陷;MRL/lpr 小鼠主要表现为涎腺炎、泪腺炎、红斑狼疮和关节炎等,与人类 sSS 表现类似,可作为人类 sSS 的动物模型。

目前,对 SS 动物模型的研究仅限于鼠类,尚无大型动物的研究报道。

五、舍格伦综合征治疗研究进展

(一)治疗思路与原则

SS 目前尚无有效的根治方法。治疗的目的在于减轻口眼干燥的症状,预防因长期干燥造成的口眼局部损伤,密切观察病情的变化,防治系统性损害。治疗的方法主要是补充、替代和对症处理。出现严重内脏损害者可应用糖皮质激素,病情进展迅速者可加用免疫抑制剂。

(二)西医规范化治疗要求

1. 免疫抑制剂　中度或重症患者应给予硫唑嘌呤、环孢素、来氟米特等,严重内脏受累者可考虑使用环磷酰胺和早期控制患者的

B 细胞功能亢进状态。

2. 激素　症状明显的患者可给予中、小剂量的激素，及时减量则不会带来明显的不良反应。需要强调的是，应用激素的患者应加用适量的免疫抑制剂，盲目认为一律不用激素反而会延误病情。

3. 对症及其他治疗　应强调针对 SS 患者口干、眼干的局部治疗，这些措施对缓解症状，减少并发症有重要意义。此外，对轻症患者可选用羟氯喹、白芍总苷及其他温和的植物药给予治疗。血清中有广谱或高滴度自身抗体且对内科治疗反应不佳者，可考虑行免疫吸附和血浆置换治疗，但必须严格掌握适应证，避免该方法的滥用。

（三）具体治疗方法

临床治疗旨在缓解症状，有全身和局部治疗两种。

1. 局部治疗

(1)眼干者：可用人工泪液，带眼防护镜，避光避风，保持居室湿润也很重要。除人工泪液外，还可以采用硅酮栓或电烙术对泪点进行封闭。国外学者报告，低剂量的糖皮质激素或环孢素局部应用可以减轻结膜表面的炎症。

(2)口干者：可用人工唾液。乙基纤维素和黏液素有长期增加口腔表面的润湿和润滑作用，已被广泛应用。可用以多聚氧化乙烯和亚麻子多糖提取剂等增稠剂为基础的唾液替代品，而多聚甘油甲基丙烯酸酯口腔润湿胶可起到润湿和预防龋齿的双重作用。另外，富组蛋白的衍生物可阻止口腔假丝酵母菌生长，抗真菌活性比天然富组蛋白大 10 倍以上，目前该产品正进行临床试验。

(3)剩余腺体的刺激：多数采用 M 受体激动剂，如毛果芸香碱、西维美林等。此类药物见效快，对各期患者均有较好的疗效，用药后可明显改善患者的口干和眼干症状，国外临床治疗上应用较多。毛果芸香碱和西维美林通过对胆碱能受体的激活可以刺激腺体分泌。这些制剂刺激涎腺上的 M_1 和 M_3 受体，提高腺体的分泌功能。两者作用机制、副作用和疗效相似。

最新应用于临床的 M_3 受体激动剂是西维美林，它是一种乙酰胆碱的奎宁衍生物，与毛果芸香碱相比较，对 M_3 受体的选择性高 10 倍，半衰期长 8 倍，副作用也相对少。15～30 mg/d，对口干、眼干都有作用。西维美林可以显著地影响广泛分布于外分泌腺的 M_1 和 M_3 受体。Fife 等的双盲、随机、安慰剂对照试验报道了西维美林的治疗效果，30 mg 3 次/d，患者可以很好地耐受并且可以显著减轻口干症状。西维美林还可以改善唾液和泪液的流率，改善主观的干燥症状。

茴三硫（环戊硫酮）也可用于治疗 SS 的口干症状，但只对早期患者有作用，对腺体破坏严重的中晚期患者几乎无作用。

胆碱能受体激动剂的常见副作用包括出汗、头痛、视力障碍、流泪、呼吸窘迫、低血压、休克、心律失常、震颤、胃肠痉挛和精神错乱，应注意避免使用于胆石症、胆管疾病、肾结石、未控制的哮喘、急性虹膜炎、闭角型青光眼、严重心血管疾病、腹泻、溃疡病以及有认知和精神障碍的患者。与其他胆碱能药物合用时有协同作用，与 β 受体阻滞剂合用时会加重心脏传导系统异常；与氟西汀、胺碘酮、奎尼丁、帕罗西汀、伊曲康唑、硫氮酮、酮康唑、维拉帕米等药物联用，会增加胆碱能受体激动剂的毒性。

2. 全身免疫治疗　用药可分为免疫抑制剂和免疫增强剂两种。对伴有内脏损害者如肺、肾、神经系统、重要血管炎等，可先用肾上腺皮质激素，每日 40～60 mg，3～4 周后逐渐减量。免疫抑制剂治疗原发性 SS 多用甲氨蝶呤、硫唑嘌呤，服免疫抑制剂和（或）激素时间不宜太短，至少两年。

(1)免疫抑制剂：临床常用的免疫抑制剂有羟基氯喹、甲氨蝶呤、环磷酰胺、巯唑嘌呤、甾体和非甾体类抗炎药等。羟基氯喹和甲氨蝶呤可明显改善患者的眼和口腔症状。Fox 报道，羟基氯喹对症状、体征（淋巴结肿大、涎腺肿次数）以及血沉、IgG 增高皆有疗效，但对增加唾液流量不肯定，且用药需至少 6 个月。羟氯喹剂量为每日 6～7 mg/kg，氯喹剂量每日 250～500 mg，如无其他副作用都宜较长期服用。应 6～12 个月行眼科复查。

非甾体类抗炎药可用于继发关节炎、肌肉疼痛的患者，具有良好地缓解疼痛的作用，但不能改善眼、口腔症状的客观指标。甾体类药物可用于合并神经系统病变、肾小球肾炎、肺间质性病变、肝脏损害、血小板低下和肌炎等。环磷酰胺和巯唑嘌呤可单用或合用，使病情进展迅速的患者得到稳定和控制。

(2)免疫增强剂：常用的免疫增强剂有胸腺素和干扰素。胸腺素参与机体的细胞免疫，使淋巴干细胞和未成熟淋巴细胞分化成熟为有免疫活性的 T 淋巴细胞，增强患者的免疫力。有文献报道，口服干扰素则明显增加患者唾液的分泌。

(3)生物制剂：生物制剂治疗 pSS 有良好的前景，目前有多项临床试验正在进行。对生物制剂的疗效、安全性还需长期随访，如抗肿瘤坏死因子制剂等。

(四)中医治疗

1. 吕光耀等通过对近 13 年间中医期刊中近百篇文献中治疗 SS 的 137 个方剂共 230 余味药物的统计分析发现治疗本病前 30 味药物，按功效分类包括如补阴药类：麦冬、沙参、石斛、枸杞子、天冬、玉竹；清热药类：生地、元参、丹皮、天花粉、知母、赤芍、银花；补气药类：甘草、黄芪、山药、白术、党参；补血药类：当归、熟地、白芍；活血祛淤类：丹参、桃仁、川芎、红花；收涩药类：山萸肉、乌梅、五味子；其他药类：茯苓（利水渗湿）、葛根（解表）。治疗用药仍然是以养阴生津、清热凉血润燥、益气养阴润燥、养血润燥补肾添精、养血活血通络、活血养血润燥为主，其间也用一些收涩药以取酸甘化阴之。

2. 鲁静等采用白芍总苷胶囊（TGP）治疗 56 例 SS 患者，12 周时有效率为 21.4%（12/56），显效率为 5.0%（3/56）；治疗 24 周时有效率为 55.3%（31/56），显效率为 14.3%（8/56）；治疗 36 周时有效率为 57.1%（33/56），显效率为 21.4%（12/56）。试验过程中治疗 12 周内轻度不良反应发生率为 14.3%（8/56），提示白芍总苷胶囊治疗 SS 是有效和安全的，并可长期应用。

(五)中医治疗现状和存在问题

1. 中医中药在增强疗效、改善症状、提高生存质量、避免不良作用等方面显示了独特的优势，但也存在问题。如回顾性研究多，临床前瞻性研究少，治疗方案和疗效标准缺乏规范等。制定统一规范的诊断和疗效评定标准势在必行。

2. SS 起病隐匿，对其早期诊断尚缺乏特异性的诊断标准。探讨西医或中医对 SS 的早期诊断和辨证规律，进行中医辨证施治，以期对其早期干预，阻断其发展成为全身多系统、多器官的损伤。

3. SS 是一慢性疾病，长期用药治疗的局限性和依从性问题是一个不容回避的事实。应努力提取药物的有效单体或进行新剂型的改革。

随着对 SS 发病机制的日益深入了解，以及对外分泌腺细胞分泌功能研究的深入，SS 的治疗必将有更长足的发展。

博士后出站报告摘要

P 物质与大鼠牙移动的关系

（摘　要）

四川大学华西口腔医学院博士后研究人员　孙应明　合作导师　罗颂椒

一、研究目的

正畸牙周组织的改建离不开神经系统的调节作用。神经肽与正畸牙周组织的改建关系十分密切，但是 P 物质在正畸组织改建中发挥什么样的作用，机制如何，目前尚不清楚。研究证实，神经肽免疫阳性神经的变化贯穿于正畸牙周组织的破坏、吸收以及再生、修复整个过程，而且主要是刺激蛋白(stimulatory protein, SP)、降钙素基因相关肽(CGRP)等参与了牙槽骨的改建。近年来随着多肽化学和试验技术的发展，SP 的提纯、鉴定、合成，相应 SP 激动剂、拮抗剂的合成，SP 受体分子的克隆及其受体抗体的获得已成为现实。但神经肽类药物会很快被机体降解，不利于观察它们的作用。药物纳米控释系统以纳米级聚合物粒子作为药物传递和控释的载体，能够建立一些新的给药途径。将该方法用于研究神经肽对正畸组织改建的作用机制将非常有用。

二、研究方法

以神经肽 SP 为切入点，采用免疫组化、分子生物学技术在观察正常牙周 P 物质及其受体分布情况的同时，探讨口腔正畸过程中外周 P 物质分泌变化和中枢 P 物质合成变化的动态规律。另外以聚乳酸聚羟基乙酸多聚体(PLGA)为载体材料，制备 P 物质纳米微球，并以体外培养的人牙周膜成纤维细胞作为研究对象，观察其缓释效果。

三、研究结果

(一)P 物质免疫阳性神经纤维在正常大鼠牙髓和牙周组织中的分布

免疫荧光染色结果显示，SP 免疫阳性神经纤维在大鼠牙龈和牙髓组织中分布较多，在牙周组织中分布非常稀少，且主要分布在牙根中和牙根尖 1/3 的部位，沿血管行走。

(二)P 物质受体在正常大鼠牙髓和牙周组织内的表达

免疫组化染色显示，SP 受体在大鼠牙周和牙髓组织内分布广泛，在牙周膜成纤维细胞、成牙骨质细胞、成牙本质细胞均呈强阳性表达，在牙髓成纤维细胞和牙槽骨骨细胞呈弱阳性表达，在牙根髓和冠髓内可发现染色阳性的血管样条索。

(三)正畸牙移动过程中牙周组织 SP 阳性神经纤维的动态变化

冷冻切片和间接免疫荧光研究发现，正常大鼠第一磨牙牙周组织中 SP 免疫阳性神经纤维数量稀少。正畸加力后 2 h，SP 免疫染色反应神经纤维数量和强度开始增加，加力后 1 d 达到最高水平，这种现象一直持续到撤力后 2 周。撤力后第 4 周，SP 免疫染色反应神经纤维数量和强度有所下降，但仍然高于对照组水平($P<0.05$)。

(四)正畸牙移动过程中大鼠三叉神经节 PPTA mRNA 的动态变化

反转录-聚合酶链式反应和斑点杂交检测结果显示，在正畸牙移动过程中大鼠三叉神经节 PPTA mRNA 发生了明显的变化，并具有一定的规律性。大鼠三叉神经节 PPTA mRNA 的表达量，在加力 2 h 后开始增加，加力 8 h 至加力 3 d 达到最高；至撤力后 2～4 周开始下降，但表达水平仍然明显高于对照组($P<0.05$)。

(五)P 物质-PLGA 纳米缓释微粒的制备及其性质测定

以 PLGA 为载体，应用复乳-溶剂挥发法制备 P 物质缓释纳米微粒，运用酶联免疫吸附法测定其载药率、包封率和体外释药特性。观察发现，P 物质缓释纳米微粒球体均匀度较好，平均粒径(22.32±5.41) nm，载药纳米球的载药量为[$(32.08\pm1.67)10^{-3}$]%；包封率为(66.28±3.56)%；纳米粒体外释药突释期累积释放率为 28.65%，12 h 后释放率为 77.46%。

(六)P 物质纳米缓释微球对人牙周膜成纤维细胞增殖作用的影响

细胞计数和噻唑蓝(MTT)检测发现，P 物质对人牙周膜成纤维细胞的增殖具有相同的作用。培养 1 d 后，对照组、SP 组和 P 物质纳米缓释微球组的人牙周膜成纤维细胞数量和 D 值差异均无显著性意义($P>0.05$)；2、3 d 时，P 物质组的人牙周膜成纤维细胞数量和 D 值高于其余两组，统计学差异有显著性意义($P<0.05$)；4 d 时，各组人牙周膜成纤维细胞数量和 D 值依次为 P 物质纳米缓释微球组 > P 物质组 > 空白对照组，P 物质纳米缓释微球组和 P 物质组间统计学差异无显著性意义($P>0.05$)；培养 6、8 d 时，人牙周膜成纤维细胞数量和 D 值 P 物质纳米缓释微球组明显多于 P 物质组，组间差异有显著性意义(P<0.05)。

四、研究结论

SP 免疫阳性神经纤维在大鼠牙龈和牙髓组织中分布较多，在牙周组织中分布稀少，SP 免疫阳性神经纤维多沿血管分布，提示 SP 与牙周、牙髓血管功能调节可能有密切关系；NK-1 受体(P 物质受体)在大鼠牙周膜成纤维细胞、成牙骨质细胞、成牙本质细胞均呈强阳性表达。该结果提示，NK-1 受体可能介导 P 物质直接作用于这些靶细胞，在牙髓和牙周组织的修复反应中发挥重要的调节作用。

本研究不仅观察了 SP 免疫染色反应神经纤维和中枢 PPTA mRNA 在加力阶段的动态变化，而且还观察了撤力后较长一段时间内的变化。从外周和中枢两个角度证实，SP 不仅在牙移动的早期炎症吸收过程中，而且在后期的修复重建过程中同样保持较高的水平。这就提示 SP 在正畸牙槽骨骨吸收和骨形成代谢中发挥重要的作用：P 物质不仅参与了正畸早期牙周组织的炎症损伤过程，而且可能参与了后期的组织修复重建过程。

本课题以 PLGA 为载体材料，应用单因素正交设计优化 P 物质纳米微粒制备工艺，应用 PLGA 包封 P 物质，既可以起到缓释作用，又可以利用材料的疏水性保护因子活性。通过对体外细胞培养试验的观察，提示 SP-PLGA 微球可以持续释放活性 P 物质，在较长时间内促进牙周膜成纤维细胞的增殖。这必将为进一步在动物体内长时间观察 SP 在正畸牙周组织改建中的作用和探讨其作用机制提供有利的条件。

先天性多数牙齿缺失患者 *pax*-9 基因新突变及功能研究

（摘　要）

四川大学华西口腔医学院博士后研究人员　赵计林　合作导师　陈扬熙

一、研究目的

先天性牙缺失是人类最常见的发育异常性疾病之一，影响患者的容貌美观、发音和咀嚼功能。其发病率依据研究者的不同而迥异，为 1.6%～20%。先天性牙缺失最多的是第三磨牙，其次为上颌侧切牙和下颌第二前磨牙。其中缺失 6 颗和 6 颗以上的牙(不包括第三磨牙)称为多数牙先天性缺失，缺失 6 颗以下牙的称为部分牙先天性缺失。先天缺牙疾病又分为综合征性和非综合征性两种类型，遗传方式可分为常染色体显性或隐性遗传、X-连锁遗传。临床表现为散发性或家族性。

2000 年，Stockton 等将多数牙缺失相关基因定位于 14q12～13 的微卫星多态标记 D14S1060～D14S276 之间，并发现该区域的 *pax*-9 基因突变可导致该病的发生。*pax*-9 基因是转录因子 *pax* 家族成员之一，在动物和人类的胚胎、牙发生过程中起重要的调控作用。该基因由 4 个外显子构成，其开放阅读框由第 2～4 外显子内的 1 023 个核苷酸组成。为了解中国牙先天性缺失患者 *pax*-9 基因突变情况，探讨牙缺失的分子机制，笔者对 4 个不同的非综合征性牙缺失 6 颗以上的家系和 16 例散发性牙缺失 6 颗以下的患者，进行了基因突变分析。在此基础上，对突变的 *pax*-9 基因 DNA 结合域蛋白质功能进行分析，探讨 *pax*-9 基因新突变导致多数先天性牙缺失发生的分子生物学机制。

二、材料和方法

(一)研究对象

以四川大学华西口腔医院正畸科收集的 29 例非综合征性先天性牙缺失患者为研究对象，其中 13 例患者来自常染色体显性遗传的 4 个不同的家系，16 例为散发性牙缺失 6 颗以下患者。所有患者无唇腭裂以及毛发、指甲、皮肤等其他外胚层发育异常。患者年龄最小 3.5 岁，最大 58 岁。先天乳牙缺失为下颌 2 颗乳切牙。恒牙缺失累及切牙、尖牙、前磨牙和磨牙，数目 2～19 个不等。家系 A 中先证者和家系 B 中先证者均为女性，其中病例一 16 岁，全口曲面断层 X 线片显示87431|145678 和8731|1378缺失；病例二 18 岁，X 线片显示8762|24678 和871|178缺失。除牙缺失外，病例一和二其余多数牙皆出现体积变小，形态异常。两者皆无拔牙和口腔颌面外伤史。

(二)研究方法

抽取各家系内患者及其健康成员、散发患者和 196 例无血缘关系的正常成人外周静脉血 5～10 mL，枸橼酸葡萄糖抗凝剂(ACD)抗凝。

pax-9 基因第 2～4 外显子及其侧翼区(内含子)引物设计依据基因库人类基因组序列进行。PCR 扩增完成后，单链构象多态性(single-strand conformational polymorphism, SSCP)电泳，硝酸银染色。分别取 100 μL PCR 扩增产物(SSCP 分析出现异常单链构象

带和正常对照)以 0.8% 琼脂糖凝胶电泳后,进行产物的纯化和测序。

以突变家系 A、B 中患者及其健康成员基因组 DNA 为模板,PCR 扩增 *pax*-9 基因结构域(paired domain,PD)区域,构建重组原核表达质粒 pGEXλ-1T 系列,异丙基硫代-*β*-*D*-半乳糖苷(isopropylthio-*β*-*D*-galactoside, IPTG)诱导大肠杆菌表达,制备 *pax*-9 基因 PD 突变型和野生型纯化蛋白,进行凝胶迁移试验(EMSA),寡核苷酸探针序列如下。CD19-2(A-ins):5′-CGTGGTCACGCCTCAGTGCCCCA- 3′ *pax*-9CON:5′-TGGAATTCAGGAAAAATTTTCACGCTTGAGTTCACAGCTCGAGTA-3′

三、研究结果

(一) SSCP 分析结果

PCR 扩增出的目的 DNA 片段进行 SSCP 电泳,在家系 A 和家系 B 先证者 *pax*-9 基因第二外显子中发现异常单链构象带。两个家系内患者均出现与先证者相同的 SSCP 异常单链构象带。其余两个家系中患者、散发性患者未发现 SSCP 异常单链构象带。196 例正常对照未发现有与患者相同的带型,从而排除多态。

(二) 测序结果

测序结果分析,分别发现 2 个 *pax*-9 基因突变,其中病例一为移码突变(109 位核苷酸处插入一个鸟嘌呤核苷酸,109InsG),病例二为错义突变(139 位胞嘧啶核苷酸转换为胸腺嘧啶核苷酸,C139T)。经 PubMed 检索和中国医学科学院华西分院医学情报研究所证实,这两种突变为新突变。

(三) Pax-9 PD 蛋白与靶 DNA 结合活性

凝胶迁移试验图像显示,深浅不一的 DNA-蛋白质结合带为野生型 Pax-9 PDW 蛋白与探针 CD19-2 和探针 Pax-6 CON 所在泳道,而 109(InsG)突变的 Pax-9 PDG 蛋白、139(C→T)突变的 Pax-9 PDT 蛋白与探针 CD19-2 和探针 Pax-6 CON 所在泳道中均无 DNA-蛋白质结合带。这表明野生型 pax-9 基因能与靶 DNA 发生特异性结合,而 109(InsG)突变和 139(C→T)突变的 pax-9 基因失去了与靶 DNA 结合能力。

四、研究结论

pax-9 基因是哺乳动物转录因子 *pax* 家族成员,其包含的 DNA 结合域(paired domain)序列在脊椎动物中具有高度保守性。1998 年,Peters 等观察到 *pax*-9 基因敲除鼠出现牙缺失等畸形,证实了其在颅面发生中的作用。随着哺乳动物 *pax*-9 基因研究的进展,人类 *pax*-9 基因被发现并定位于 14 号染色体上。2000 年,Stockton 等将牙缺失 6 颗以上相关基因确定为 *pax*-9 基因,并认为 *pax*-9 基因突变导致牙缺失可能通过以下途径发挥作用:①缺乏 DNA 结构域而丧失功能;②突变的 RNA 或蛋白质不稳定;③产生新的蛋白质,获得新的功能;④干扰了 *pax*-9 等位基因的功能。

本研究发现基因的 2 个新突变:移码突变 109InsG 和错义突变 C139T。前者造成 109 位核苷酸以后的密码子组成发生改变,因而合成的多肽链的氨基酸组成发生相应改变;同时,在 121 位核苷酸处形成了终止密码,多肽链合成提前终止。后者第 139 位核苷酸置换后,由于遗传密码的改变,从而影响了所合成蛋白质的结构。这两个新突变皆位于 *pax*-9 基因 DNA 结合域,两种突变的蛋白质皆失去了和靶 DNA 的结合能力及转录激活功能,进而可能改变了下游靶基因的时空表达模式——在牙发生的特定阶段和特定的牙胚组织表达,或靶基因的表达量,造成临床上所见的牙缺失表现型。

目前在人类牙缺失 6 颗以上者中,国际上共发现 9 个 *pax*-9 基因突变,其中包括无义突变、错义突变、移码突变和缺失突变。本研究发现的 2 个新突变 109InsG 和 C139T,

扩大了 *pax*-9 基因突变谱，有助于明确中国人多数恒牙缺失的分子机制，为症状前患者作出基因诊断提供依据，对牙颌畸形的预防、矫治计划的制订等有重要的临床价值，同时也有助于进一步研究 *pax*-9 基因在牙发生中的作用。

下颌骨骨折内固定三维有限元分析

（摘　要）

四川大学生物医学工程博士后研究人员　王杭　合作导师　樊瑜波

一、研究目的

颌面部骨折是口腔颌面外科的常见病和多发病，而下颌骨骨折将直接影响到患者的颜面外形和口腔咀嚼及说话等功能，因此日益受到人们的重视。口腔颌面部修复重建技术的改进和创新，对提高患者的生活质量具有重要的理论和实践意义。坚强内固定技术(rigid internal fixation, RIF)，即接骨板和螺钉内固定技术的应用是近年来颌面创伤领域最大的进展。由于下颌骨所在位置及其功能的特殊性，即它不同于其他骨科，术后即刻的功能活动已经成为患者的迫切要求；在临床治疗中，下颌骨感染和错殆等并发症并不少见；因此，下颌骨在功能状态下的稳定是 RIF 这一技术的核心与关键。而其理想的治疗效果还有待于通过生物力学原理进行优化，包括固定材料的选择、固定器械的设计以及接骨板的最佳数量与位置。

三维有限元分析(3-D finite element analysis, FEA)作为一种数值分析与计算机相结合的研究方法，可以准确地分析离散后的各有限单元的力学特性，以此获得整个模型的力学性质。在三维有限元研究中，建模是基础与保障。只有建立接近于功能状态下的下颌骨 FEA 模型，得到的结论才客观、可靠。本研究根据不同的咬合状态加载不同大小的肌力，这就向功能状态下的下颌骨模型迈进了一大步。

本研究旨在以整个下颌骨为研究对象，建立迄今为止较为完善的功能性下颌骨的 FEA 模型，通过三维有限元分析手段分析下颌骨骨折内固定后的生物力学行为，搭建下颌骨 RIF 生物力学分析平台，从而为颌面部骨折的临床治疗及术后功能恢复提供理论依据。

二、材料与方法

采用成年男性健康下颌骨，对其进行 0.5 mm 的薄片 CT 断层扫描。将 CT 图片转化为 BMP 格式图像，在 Photoshop 中对每张图片进行边界处理，分出骨密质和骨松质，保存为灰度图。利用自编程序保存各层内外轮廓线，并读出这些轮廓的像素点值作为下颌骨内外轮廓的坐标值，以 ANSYS 软件可以识别的命令流格式输出。在 ANSYS 中，通过自下而上的建模方式构建完整的下颌骨实体模型。分别对骨密质和骨松质进行材料属性的赋予(12 580 MPa 与 7 930 MPa)。设置髁突表面上结点在 Z 方向的位移为 0，在 X、Y 方向有滑动和旋转。选择临床上最常见的三种咬合状态：双侧后牙咬合(ICP)、前牙咬合(INC)和左侧磨牙咬合(MOL-L)，采用固定位移值的形式给咬合部位施加对抗。即指定各咬合状态的咬合接触面上各结点在 X、Y、Z 三个方向的位移值为 0。模型均采用 Solid

92 单元类型和网格设置。

为了实现功能性下颌骨生物力学模型的建立，本研究考虑了不同功能状态下（咬合状态下）的不同肌力作用。同一个肌力在不同功能状态下发挥的作用不完全相同，本研究同时施加参与咀嚼作用的咬肌（浅、深）、翼内肌、翼外肌（上、下）、颞肌（前、中、后）和二腹肌 9 组肌肉力向量，各肌力发挥的肌力大小随着咬合部位的改变而改变。把肌肉力考虑成集中力的形式，根据不同咬合下的肌肉大小和方向，选择肌肉附着部位结点若干，分别将肌肉力向量施加在选定的结点上。

在完整下颌骨的三维有限元模型基础上建立下颌骨颏正中骨折内固定模型。在下颌骨的骨折好发部位分开下颌骨，其中骨折线的形状为标准的颏正中骨折，骨折线为直线。倒入用 Pro/E 建好的小型板和螺钉模型。在 ANSYS 7.0 中把螺钉和接骨板也以布尔操作法连成一整体。将该接骨板-螺钉系统分别固定在骨折部位（比较一个和两个接骨板固定的情况），模拟在外载荷以及各种咬合功能状态下，下颌骨骨折坚固内固定模型。其中螺钉和下颌骨整合；板和下颌骨之间假定无接触、无摩擦，螺钉和板采用固定连接。

采用有限元分析软件 ANSYS 进行数值计算，采用应力遮挡率评价应力遮挡作用的大小。即使用固定物之后的局部应力与该部分无固定物时的应力降低的百分率。从以下五个方面评价下颌骨骨折内固定后的生物力学行为：内固定后下颌骨的应力和应变分布，应力遮挡的情况，小型接骨板上的应力和应变分布，咬合应力的大小，骨缝周围的应力分布。

为了验证三维有限元的计算结果，在体外建立机械力学模型，并在建模方面尽可能地与 FEA 模型的材料属性、肌力加载、关节模拟和咬合支抗等方面保持一致。通过电阻应变片法进行应力和应变分析。

三、研究结果

成功地建立了完整下颌骨的有限元模型，包括骨密质和骨松质的区分、颞下颌关系的约束模拟和三种咬合状态的模拟以及对应的 9 组咬合肌力的加载。建立的精确的下颌骨三维有限元模型共有单元数 11 万多，结点数约 20 万。从几何形态、力学特性、边界条件和载荷等方面达到了模拟的相似性。

通过三维有限元分析得到不同咬合状态下正常下颌骨的应力和应变分布：在 INC 和 ICP 时，应力分布表现出较好的对称性；在 MOL-L 时，应力分布对称性差，且在咬合侧应力较为集中，即较大的应力分布在各咬合部位的牙槽突处，咬合侧体部应力分布较大。在各种咬合状态下，最大应力分布均集中在咬合部位的牙槽骨。通过对咬合应力的分析得到：在 ICP 时，两侧第二磨牙咬合应力最大（33.333 MPa）；INC 时，前牙切缘处的咬合应力最大（55.556 MPa）；MOL-L 时，咬合应力在第二磨牙上最大（55.556 MPa），第一磨牙上的咬合应力次之。

对颏正中骨折内固定后的三维有限元分析，结果显示：当用一个接骨板固定下颌骨颏部骨折时，在各种咬合状态下，接骨板上的应力均较，超出了钛金属的屈服极限（900～1 000 MPa）；当用两个接骨板固定时，上缘的接骨板受力更为集中，特别是 MOL-L 咬合时，其应力超出了屈服极限。而对应力遮挡的分析结果显示，下缘接骨板应力遮挡率较上缘接骨板要大得多。在 ICP 和 INC 两种咬合状态下，两种固定方法对下颌骨的应力分布、接骨板的应力分布和咬合应力没有明显的区别；但是在 MOL-L 的咬合状态下，两个接骨板固定后，下颌骨的生物力学行为更接近正常下颌骨，更利于固定的稳定性和骨折愈合。咬合应力分析显示，当前牙与双侧后牙咬合时，两种固定方法没有显著性差异，而当单侧后牙咬合时，一个接骨板固定的咬合应力明显小于两个接骨板固定。

体外试验验证显示，接骨板应力分布趋势与有限元计算的结果大体相同。由于评价体系的不同，电阻应变片测量法仅能针对应变片所在部位的表面在某个方向上的应力进行测量，很难反映整体的应力分布情况，这就进一步说明了三维有限元研究的优越性。

四、研究结论

本研究建立的下颌骨三维有限元模型的创新之处在于：网格划分非常精细，几何相似性好；通过改变肌力和咬合部位，实现了多种功能状态的模拟。模型相似性好，结果可靠性较为贴合实际。采用两个小型接骨板固定颏部骨折，才可以达到充分的稳定性，符合 Champy 的理想固定线。本研究探讨了一种计算机模拟分析下颌骨骨折坚固内固定治疗生物力学行为途径。三维有限元法用于研究下颌骨骨折内固定的生物力学行为是科学、真实、可靠的。它可以为临床治疗中的力学优化提供有益的指导。

串珠素及其相关因子在周围神经损伤修复和骨骼肌神经支配恢复过程中的作用

（摘　要）

四川大学华西口腔医学院博士后研究人员　王彦亮　合作导师　王大章

颌面部爆炸伤中常伴有面神经的损伤。周围神经再生的微环境对神经的再生过程有重要作用。因为火器性周围神经损伤局部缺乏良好的再生条件，同时患者的全身情况也较差，所以预后往往较非火器性损伤差。特别是在伴有爆炸因素作用时，神经干在较广泛的范围内受到冲击震荡，进而因广泛性颅内水肿导致颅内压过高，影响神经的再生。

因此，本研究首先设计动物试验，采用神经外膜切开减压术来降低神经干所受到的压力，通过检测微管相关蛋白 Tau 的表达和面神经神经传导速度的变化，来判断神经外膜切开减压术对于神经爆炸伤的恢复是否有促进作用。同时，还对试验中出现的神经断裂伤，在初期清创时采用神经埋植术处理神经断端来阻止神经纤维的变性。结果表明，神经外膜切开减压术对动物面神经伤后的功能恢复情况较对照组好，且神经纤维处于更活跃的再生状态。试验中对面神经断裂的动物，采用了神经埋植术以防止面神经变性。术后 4 周时观察发现，神经断裂处与肌肉良好愈合，终板结构形成且神经恢复一定的传导速度。这提示在爆炸伤清创时对于看似难以修复的神经不要轻易放弃，可以尝试采用神经埋植术。

针对仍保持延续性的神经间接损伤，尤其是针对由爆炸引起的神经损伤常伴有骨损伤的特点，采用家兔面神经压榨伤模型，观察其骨形态发生蛋白（bone morphogenetic protein，BMP）-2 在面神经损伤后的再生作用。试验中还观察了面神经压榨伤后面神经元的损伤反应，而且通过电生理、图像分析、原位杂交和透射电镜检测外源性 BMP-2 对家兔面神经再生的影响。结果表明在面神经压榨伤后的面神经核中，BMP-2 的表达逐渐升高，BMP-2 处理面神经伤后 4 周时面神经轴突较对照组更粗更密。这就提示 BMP-2 参与了面神经再生，而且可能在面神经损伤后的再生过程中具有神经营养作用。

对于断裂的神经，需进行神经吻合术。但相当一部分神经断裂伤，神经断裂的部位靠近其所支配的骨骼肌。这可能是由于周围神经在大范围内同时受到剧烈冲击时，接近骨骼肌部位的较细的神经分支结构更容易受到应力作用而断裂。此时，往往难以进行常规的神经吻合术，而只能通过把神经残端埋入肌肉内，即神经种植术来部分恢复其功能。但该方法神经修复的精确性低和肌肉功能恢复差。

串珠素（perlecan）是一种广泛存在于细胞外基质（extracellular matrix，ECM）中的硫酸乙酰肝素糖蛋白（heparan sulfate proteoglycan，HSPG）。近年来发现，串珠素是发育过程中决定神经-肌接头（neuromuscular junction，NMJ）中乙酰胆碱酯酶定位的重要信号分子。串珠素能与大量的细胞外基质分子、细胞表面受体和生长因子结合，并作为一种稳定基质结构和细胞基质相互作用的黏合剂，介导生长因子信号对细胞增生和分化的作用。

串珠素在骨骼肌发育过程中调控生长因子活性和细胞间、细胞-基质黏附，参与骨骼肌神经-肌接头中乙酰胆碱酯酶（acetylcholinesterase，AChE）/乙酰胆碱受体（AChR）复合体的装配过程。在骨骼肌再生过程中，串珠素还可以诱导骨骼肌中休眠的卫星细胞活化为肌原细胞，并进一步增生、分化为成熟的肌细胞。

串珠素在失神经骨骼肌神经支配恢复过程中，是否也有类似作用，国内外还罕见报道。本研究通过大鼠坐骨神经切断伤和大鼠坐骨神经骨骼肌内埋植模型，观察在骨骼肌失神经支配与神经支配恢复过程中，串珠素及其他相关因子的表达和分布变化，以进一步阐明串珠素在神经-肌组织损伤后的再生过程中与运动终板定位间的关系，从而分析应用串珠素改善神经种植术后神经末梢的生长和运动终板分布的可能性。

为获取串珠素蛋白以用于下一步神经、肌肉、软骨和骨的再生研究，试验中采用牛串珠素基因（bovine perlecan，*bper*）进行克隆、扩增，通过条件诱导方法仅实现串珠素核心蛋白的原核表达。经抗-串珠素单抗进行的蛋白质印渍技术表明，原核表达的串珠素核心蛋白具有天然串珠素的免疫原性。免疫组化试验表明，牛与鼠组织中串珠素存在交叉免疫原性。

为进一步了解在骨骼肌失神经支配后和失神经支配骨骼肌中神经再次长入时串珠素的变化及其与此相伴随的神经肌接头改变情况，分别采用大鼠坐骨神经切断和切断后把坐骨神经近心端埋入腓肠肌肌袋内作为观察骨骼肌失神经支配和失神经骨骼肌中运动神经再长入的动物模型，通过免疫组化方法检测不同模型中串珠素和突触素（synaptophysin，SYN）表达的变化，用图像分析系统对形态学观察的结果进行统计处理。

结果显示，大鼠坐骨神经切断后 1 周相应肢体明显变细，所支配肌肉出现明显萎缩。把坐骨神经断端埋入腓肠肌肌袋内的埋植组至 4 周时，其肢体功能已经部分恢复。免疫组化结果显示在正常条件下，串珠素在骨骼肌细胞膜周围呈均匀带状分布。神经切断后，肌细胞迅速萎缩。此时，尽管细胞外串珠素仍呈阳性表达，但分布不均匀，呈团块状局部堆积。至 2 周时，串珠素表达下降明显，分布减少，仅部分肌纤维周围的 ECM 中有少量阳性表达。4 周时，串珠素表达已呈阴性，肌细胞萎缩严重，肌纤维间间隙增宽。而埋植组大鼠术后串珠素分布与正常类似，均呈均匀膜状分布。

突触素虽然与串珠素一样都在运动终板中有高度表达，但两者变化不完全一致。串珠素在失神经后下降更为迅速和显著。埋植组的 SYN 水平下降较切断组慢，且也沿骨骼肌细胞表面呈膜带状清晰分布，这提示突触素和串珠素的变化与骨骼肌的功能状态变化相一致。该过程中伴随着 NMJ 蜕变发生的串珠素分布变化，可能是影响骨骼肌直接神经化过程中新的运动终板形成的因素之一。

串珠素作为一种稳定的基质结构和细胞基质相互作用的黏合剂，可以与大量细胞外基质分子、细胞表面受体和生长因子相结合，同时介导生长因子信号对细胞增生和分化。在这些生长因子当中，成纤维细胞生长因子(fibroblast growth factor, FGF)家族是与骨骼肌再生最为密切的一类生长因子。其中，FGF-2 能有效地增强失神经支配的骨骼肌再次神经长入时肌功能的恢复效果。

为进一步了解在失神经支配骨骼肌再神经化过程中串珠素和 FGF 的相互作用，对两者采用免疫荧光双标记，用激光共聚焦显微镜观察两者在骨骼肌失神经支配和神经支配恢复过程中分布变化的相关性。

试验结果显示，在骨骼肌失神经支配后的退行性变和骨骼肌再次神经支配过程中，FGF-2 的分布规律与串珠素十分接近，从而提示两者在术后肌萎缩或再神经化过程中很可能共同发挥作用。这一状况与以往文献报道的串珠素具有 FGF 的低亲和力结合位点相一致。但是，FGF-2 散布范围更广，分布不如串珠素均匀，总体表达强度较串珠素更低，因此 FGF-2 作为分泌性生长因子与串珠素作为结构蛋白分布之间存在差异。

从两组间的比较可以发现，在新的有功能的运动终板建立前，虽然局部骨骼肌缺乏神经来源营养因子的作用，但局部 ECM 中的串珠素和 FGF-2 仍始终保持在一定的水平，即在肌细胞失去神经源性营养因子作用的情况下，细胞外基质中生长因子和结构分子或许对延缓骨骼肌蜕变、稳定肌细胞结构发挥着作用。

本研究结果也进一步说明，在运动神经离断后，如果无法通过神经吻合恢复神经支配，或是错过了最佳治疗时机而导致神经吻合困难，即使在损伤后数周，仍可采用神经种植术来恢复肌肉的功能。

尽管本研究对串珠素、SYN 和 FGF-2 在失神经支配和神经再次长入骨骼肌中的表达及其分布进行了详细的形态学观察，但是，这些分子间表达、分布的变化情况是否与骨骼肌功能降低或恢复的程度完全一致，还需要作进一步电生理学的研究，尤其是需要用针对 NMJ 的功能性电生理试验检测来证实。

新型机械应变细胞加载装置的研制及动态机械应变对人牙周膜细胞间隙连接的影响初探

（摘　要）

上海交通大学口腔医学院博士后研究人员　胥春　合作导师　张富强

目前对于牙周膜细胞(periodontal ligament cell, PDLC)在机械应力应变作用下的信号转导通路的研究，均未涉足细胞之间的通讯在力学信号转导中的作用。事实上，细胞间的联系方式除了通过化学信号传递、突触传递外，还有间隙连接细胞间通讯(gap junction intercellular communication, GJIC)，迄今尚未见到关于 GJIC 在人牙周膜细胞(human periodontal ligament cell, HPDLC)力学信号转导中作用的研究报道。因此，采用免疫荧光、流式细胞和实时定量 PCR 技术，对动态机械应变作用下 HPDLC 间隙连接蛋白 Cx43 及其 mRNA 表达的变化进行检测分析，旨在探索动态机械应变对 HPDLC 间隙连接的影响，为研究 GJIC 在 HPDLC 力学信号转导中的作用提供依据和参考。

一、动态机械应变细胞加载装置的研制

动态机械应变细胞加载装置基于圆形基底形变加载技术，由计算机、控制器和机械应变器组成。控制器采用单片机控制带有光电编码器位移反馈的步进电机，步进电机驱动精密凸轮传动系统带动球冠形顶板往返运动，球冠形顶板顶压弹性底细胞培养皿，使培养皿弹性硅橡胶膜发生拉伸变形，从而使附着生长于弹性硅橡胶膜上的细胞受到机械拉伸应变作用，实现对细胞加载机械应变。通过改变球冠形顶板的凸度即可对细胞加载不同大小的机械拉伸应变。

该装置通过数字式测控系统和基于 PC 机平台的专用计算机软件，可对体外培养的细胞加载不同强度、频率和时间的动态机械拉伸应变。输出应变范围最大可达 25%，加载频率最快可达 0.625 Hz，最长可连续加载 99 h59 min 59 s，可调节应变加载速度。采用光电编码器实时采集角位移数据，输出应变精确。应变器体积小巧，可整体放入细胞培养箱中。通过计算机输入设置仪器各项参数，操作方便，可在计算机屏幕上实时显示运行时间、球冠形顶板运行高度和弹性硅橡胶膜拉伸变形量，并将弹性硅橡胶膜实时拉伸应变情况模拟成三维图形显示输出，形象直观，便于观察。采用噻唑蓝（MTT）比色试验检测弹性硅橡胶膜的细胞附着能力，结果显示弹性硅橡胶膜具有良好的细胞附着生长能力。该加载装置的研制开发为细胞力学研究提供了必要的研究手段，已申请国家专利。

二、人牙周膜细胞的原代和传代培养

采用Ⅰ型胶原酶消化法对 HPDLC 进行原代培养，在短时间内即获得了大量的 HPDLC 并成功传代。在倒置相差显微镜下观察 HPDLC 的活细胞形态，照相记录。将第 2 代 HPDLC 接种于放置有盖玻片的培养皿中培养，待细胞长满盖玻片时取出，磷酸盐缓冲液洗 2 次，40 g/L 多聚甲醛固定 20 min，磷酸盐缓冲液清洗、吹干。按常规链霉抗生物素蛋白-生物素复合（streptavidin-biotin complex，sABC）免疫细胞化学染色进行角蛋白和波形丝蛋白染色，用碱性磷酸酶染色试剂盒进行细胞固定和碱性磷酸酶染色，光镜下观察细胞质着色情况；常规 H-E 染色，在光镜下观察细胞形态，照相记录。分别采用细胞计数法和 MTT 比色法绘制第 4 代细胞的生长曲线，计算细胞群体倍增时间。

结果显示，体外培养的 HPDLC 为典型的成纤维样细胞，细胞呈长梭形或星形，细胞核为圆形或椭圆形并位于细胞中央，内含 2～3 个核仁；细胞较多时呈漩涡状或放射状排列，波形丝蛋白染色阳性，细胞质棕黄色着色，角蛋白染色阴性，符合间叶来源细胞特征，碱性磷酸酶染色阳性，符合牙周膜细胞特征，可与牙龈细胞鉴别。细胞生长曲线近似 S 形，细胞群体倍增时间为 103.37 h，指数生长期为接种后第 3～9 d，持续 144 h。

根据细胞的增殖速度以及绘制的细胞生长曲线，选择具有稳定增殖速度的第 5 代至第 7 代 HPDLC 作为动态机械应变加载试验用细胞，动态机械应变加载时间确定在细胞的指数生长期，即 HPDLC 接种后第 3 d 开始加载。本部分获得了典型的、具有稳定增殖特性的体外培养 HPDLC，为动态机械应变加载试验准备了试验细胞。

三、动态机械应变对人牙周膜细胞间隙连接影响初探

用动态机械应变加载装置，对培养于弹性培养皿中的 HPDLC 分别加载 1%、10%、20%拉伸应变力，对照组 HPDLC 培养于相同的弹性底培养皿中，但不加载应变力。各加

载组分设加载 0.5、1 和 24 h 三个时间段,对照组亦设相应的时间段。

在倒置相差显微镜下分别观察应变加载组细胞和对照组细胞的形态并照相记录。收集加载应变后的细胞和对照组细胞,用含体积分数 5%胎牛血清的磷酸盐缓冲液洗两遍,封闭细胞表面的非特异性抗原,加入小鼠抗 Cx43 单克隆抗体(工作稀释度 1:300),室温孵育 1 h;用含体积分数 5%胎牛血清的磷酸盐缓冲液冲洗两遍,加入异硫氰酸荧光素标记的羊抗鼠 IgG(工作稀释度 1:150),避光,室温孵育 45 min;用含体积分数 5%胎牛血清的磷酸盐缓冲液洗两遍,加入磷酸盐缓冲液 500 μL,混匀,制成单细胞悬液。另取未加载应变力的细胞,加入同型无关小鼠单克隆抗体作为阴性对照,流式细胞仪检测分析细胞膜表面 Cx43 蛋白表达量。

收集加载应变后的细胞和对照组细胞,抽提 RNA,实时定量 PCR 检测 Cx43 mRNA 含量。对 HPDLC 加载 1%、10%、20%的动态机械拉伸应变 0.5～24 h。结果显示 10%、20%拉伸应变加载 24 h 后,细胞呈长梭形,细胞长轴明显垂直于拉伸应变方向平行排列,细胞膜表面 Cx43 蛋白阳性表达率降低。加载应变 0.5 h 后细胞内 Cx43 mRNA 表达量降低,加载应变 1 h 后 Cx43 mRNA 表达量增高;加载 1%应变 24 h 后,Cx43 mRNA 表达量低于对照组细胞,加载 10%应变 24 h 后,Cx43 mRNA 表达量稍高于对照组细胞,加载 20%应变 24 h 后,Cx43 mRNA 表达量高于对照组细胞。

研究结果显示,一定大小的动态机械拉伸应变能影响 HPDLC 细胞的形态、细胞的排列、细胞膜表面 Cx43 蛋白表达和细胞内 Cx43 mRNA 的表达。今后还应对动态机械拉伸应变作用下 HPDLC 细胞 Cx43 蛋白的转位情况和动态机械拉伸应变对 HPDLC 间隙连接功能的影响进行研究,以进一步探讨 GJIC 在 HPDLC 力学信号转导中的作用。

优秀博士学位论文摘要

TGF-β对人牙髓细胞的作用及p38MAPK信号转导的研究

（摘　要）

四川大学华西口腔医学院博士研究生　王凤明　导师　周学东

牙髓组织中含有一些具有自我增殖和分化潜力的间充质干细胞，当牙本质牙髓复合体受到损伤后，这些牙髓间充质干细胞可以向受损部位迁移并分化成为成牙本质细胞以形成修复性牙本质实现机体的自我修复和保护。然而，牙髓间充质干细胞分化调控的机制尚不清楚，这也是目前牙髓生物学亟待探索的问题。

研究表明，转化生长因子(TGF)-β_1是调控牙髓间充质干细胞分化及其迁移的重要因子，检测间充质干细胞的增殖和分化指标碱性磷酸酶活性有助于了解TGF-β_1对牙髓细胞的生物学效应。当间充质干细胞分化和迁移时微丝骨架会发生重组，观察TGF-β_1对牙髓细胞微丝骨架是否具有重组作用，对于探明TGF-β的作用机制具有重要意义。

研究发现，p38丝裂原激活蛋白激酶(p38MAPK)在细胞的凋亡、增殖、分化以及器官发育、炎症和应激反应过程中具有重要的信号调控作用，可以在多种因素包括物理或化学刺激、细胞因子和生长因子(如TGF-β_1)作用后被激活，参与成骨细胞和神经细胞等多种细胞的分化调控过程。p38MAPK也是细胞外信号调控细胞碱性磷酸酶活性的重要信号转导通路。

近来的研究还发现，MAPK与Smad信号通路之间可能存在相互应答现象，因此探讨TGF-β_1信号转导过程中p38MAPK与Smad信号通路之间的关系为揭示其复杂的信号调控网络提供了可能。

一、研究目的

采用体外培养的人牙髓细胞作为试验模型，再以TGF-β_1作为细胞外信号刺激因子，研究TGF-β_1对牙髓细胞作用的生物学效应、p38MAPK对牙髓细胞碱性磷酸酶活性的影响和p38MAPK与Smad信号通路之间可能存在的相互作用。

二、研究方法

采用Ⅰ型胶原酶消化组织块法(3 g/L Ⅰ型胶原酶37 ℃水浴消化约45 min)体外培养人牙髓细胞，通过酶组织化学法检测体外连续培养复层生长的牙髓细胞的碱性磷酸酶活性，观察牙髓细胞的矿化特性，探讨体外培养的人牙髓细胞的生物学特性。

利用免疫荧光技术检测牙髓细胞表面TGF-βⅠ型和Ⅱ型受体的表达情况，流式细胞术观察TGF-β_1对牙髓细胞增殖周期的影响。分别在细胞生长汇合后的第1、4、8、12天，检测TGF-β_1对连续培养的牙髓细胞碱性磷酸酶活性的影响，探讨TGF-β_1对牙髓细胞的生物学效应。

无血清培养牙髓细胞24 h后，用TGF-β_1刺激牙髓细胞，分别在刺激前和刺激后0.5、1、6、24 h取出细胞爬片，固定并进行F-肌动蛋白的特异性荧光染色(BODIPY-FL Phalloidin)，缓冲甘油封片后置于激光扫描共聚焦显微镜下观察 TGF-β_1 对牙髓细胞微丝骨架的解聚和重组过程，以进一步探讨 TGF-β_1 在修复性牙本质形成过程中对牙髓细胞分化信号和迁移调控作用的机制。

试验采用特异性阻断剂 SB203580 阻断 p38MAPK 信号通路，观察其对汇合后连续培养的牙髓细胞碱性磷酸酶活性的影响；通过免疫荧光、激光共聚焦扫描显微镜和蛋白质印渍技术研究 TGF-β_1 刺激后，p38MAPK 信号蛋白磷酸化和细胞内浆核转位的过程；应用特异性阻断药物 SB203580 和 U0126 阻断 MAPK 信号通路，蛋白质印渍技术检测 TGF-β_1 刺激后下游信号分子 $Smad_{2/3}$和细胞外信号调节激酶$(ERK)_{1/2}$的磷酸化水平的改变，初步探讨细胞分化过程中的 MAPK 与 TGF-β_1/Smad 信号间的网络调节机制。

三、研究结果

本研究改进传统的单纯组织块培养法，采用Ⅰ型胶原酶消化组织块法利于牙髓细胞自组织块中游离出来，能够有效地进行体外人牙髓细胞培养，同时可以从牙髓组织中获得更多类型的细胞，体外培养的人牙髓细胞具有矿化特性。细胞表面表达 TGF-β_1 的Ⅰ型和Ⅱ型受体。体外培养的人牙髓细胞汇合后经连续培养，TGF-β_1 可以促进细胞内碱性磷酸酶活性增高，而且随着培养时间的延长，其促进作用愈加明显。TGF-β_1 作用于增殖过程中的牙髓细胞导致 G_1 期停滞，细胞增殖受到抑制。

TGF-β_1 刺激后 30 min，细胞质内微丝解聚重组较明显，肌动蛋白在细胞膜下聚合成 F-肌动蛋白，细胞质内微丝解聚。60 min后细胞质内微丝聚合较少；6 h 后细胞中微丝解聚最明显，表现出较弱的荧光；作用 24 h 后，微丝表现出显著的重组，F-肌动蛋白细长沿细胞的长轴平行排列，且荧光强度增强。提示 F-肌动蛋白有可能参与了 TGF-β_1 的胞内信号转导过程，也为解释修复性牙本质形成中细胞的迁移机制提供了理论依据。

TGF-β_1 刺激牙髓细胞后，p38、$ERK_{1/2}$、$Smad_{2/3}$均发生磷酸化，p38 激酶和 $Smad_{2/3}$蛋白由细胞质向细胞核转位。p38MAPK 信号通路特异性阻断剂 SB203580 降低了 TGF-β_1 刺激后 $Smad_3$ 的磷酸化水平，而 $Smad_2$ 磷酸化水平轻微增强；同时，$ERK_{1/2}$磷酸化水平提高。进一步的试验发现，$ERK_{1/2}$通路阻断剂 U0126 可以增强 $Smad_3$ 磷酸化水平。这就提示，p38MAPK 对 TGF-β_1/Smad 信号通路中的两种受体调控型 $Smad_2$ 和 $Smad_3$ 的磷酸化具有不同的调节作用，而且 $ERK_{1/2}$激酶可能参与了其调控过程。

SB203580 阻断 p38MAPK 信号通路能够抑制体外培养的牙髓细胞碱性磷酸酶活性，也可能对牙髓细胞的分化过程具有调控作用。

四、研究结论

Ⅰ型胶原酶消化组织块法是牙髓细胞体外原代培养的有效方法。体外培养的人牙髓细胞表达 TGF-β_1 Ⅰ型和Ⅱ型受体。TGF-β_1 抑制体外牙髓细胞的增殖并促进其分化，对细胞内微丝骨架具有解聚和重组作用。

p38MAPK 信号通路参与了 TGF-β_1 在牙髓细胞内信号转导，对 TGF-β_1/Smad 信号转导通路具有调节作用，$ERK_{1/2}$可能参与了此调控过程。此外，p38MAPK 对牙髓细胞的分化指标碱性磷酸酶活性具有调控作用。

流体剪切力对体外培养的鼠破骨细胞形态和空泡型质子泵 mRNA 的影响

（摘　要）

四川大学华西口腔医学院博士研究生　张庆鸿　导师　梁星

一、研究目的

旨在对鼠破骨细胞的体外培养鉴定和流体剪切力作用下细胞形态学及空泡型质子泵 mRNA 的变化作一探讨，为进一步研究牙槽骨和颌骨的骨吸收机制提供新的思路，同时也为颌骨骨吸收的防治提供新的试验依据和理论支持。

二、研究方法

采用经典的动物长骨机械分离法获得正在进行骨吸收的破骨细胞，通过体外细胞培养、鉴定，观察破骨细胞生长情况、存活时间。用本课题组自行研制的加载实验系统（国家专利号 200420034438）对细胞爬片上的破骨细胞施加流体剪切应力，观察流体剪切应力加载后破骨细胞的形态反应。用实时荧光精确定量聚合酶链式反应检测空泡型质子泵 ATP6V1a1、TcIRG1 mRNA 表达的时间效应和加载流体剪切应力后的变化情况。

三、研究结果

三次换液后，破骨细胞呈圆形、椭圆形、壶形或不规则状，但大多为类圆形，形态较大，细胞直径约为 30 μm，少数达 80 μm，边界模糊呈绒毛状；细胞质不清且含大量嗜酸性颗粒和细胞器，折光性较强，色暗；细胞内可见不规则空泡，偶尔可见伪足；细胞质中通常可见多个黑圆形核，边界不清。在倒置相差显微镜下，特异性耐酒石酸酸性磷酸酶染色阳性；破骨细胞边界不清，形态较大且呈椭圆形、三角形或不规则形，大小不一；细胞质呈酒红色不均匀沉淀，可见大量嗜酸性颗粒；核圆散在分布呈深黑色，多为 3～7 个，有大量空泡存在，周围可见大量细胞丝，偶见伪足。培养 12、24、48 和 72 h，特异性耐酒石酸酸性磷酸酶阳性细胞数分别为（14.8±1.51）、（14.2±1.79）、（14.1±1.36）、（9.8±1.31）个/视野。统计学分析显示，12 h 与 24 h 组间未见显著性差异（$P>0.05$），其余各组间均可见显著性差异（$P<0.05$）。

预置牙本质片的细胞培养板在孵箱中培养 3 d 后，用扫描电镜观察并拍摄骨吸收陷窝，见破骨细胞吸收形成的陷窝明显，形态不规则，长 5～10 μm，边界不清且见脱矿痕迹，底部凸凹不平，其形态与圆形牙本质小管不同。在培养 3、6、12、24 和 48 h 之后，大鼠破骨细胞 ATP6v1a1 mRNA 的表达量分别为（8.21±0.25）、（11.53±0.26）、（16.42±0.50）、（1051.09±32.59）、（16.42±0.50）拷贝数（E+5），这提示 ATP6v1a1 mRNA 的表达量随培养时间的延长而增加，至 24 h 时达到峰值，随后表达量开始逐渐下降，各组之间均见显著性差异（$P<0.05$）；而大鼠破骨细胞 TcIRG1 mRNA 的表达量分别为（7.01±0.13）、（9.90±0.18）、（28.82±1.65）、（39.66±0.75）、（0.21±0.004）拷贝数（E+4），这提示 TcIRG1 mRNA 的表达量随培养时间的延长而增加，至 24 h 时达到峰值，随后表达量开始下降，各组间均见显著性差异。

在加载应力过程中，细胞边界发生不规则变化，随着剪切力强度的增大，变化越明显，同时细胞内容物不断转动，细胞体积也出现了明显变化。细胞体积增大，有透光性改变，细胞内大量细胞器数量、位置也在不断变化，细胞透光度逐渐降低。随着剪切力作用时间的延长，细胞膜部位边缘由清晰变模糊，呈云雾状或突起状，细胞形变的方向与培养液的流向一致，细胞形状的变形较大较稳定，细胞透光度逐渐降低。

在 0、15、45、75 和 105 min 实验组中，随着力的作用时间的延长，破骨细胞面积分别为(573.942±81.393)、(609.65±128.667)、(665.674±99.378)、(675.407±124.254)、(729.449 ± 114.928) μm^2，而直径则为(26.976 ± 1.923)、(27.729 ± 2.966)、(29.045 ± 2.175)、(29.215 ± 2.776)、(30.395±2.422) μm，统计学分析显示各组间具有显著性差异($P<0.05$)。在 0.9×10^{-5}、2.9×10^{-5}、8.7×10^{-5}、2.63×10^{-6} N/cm² 作用强度下，随着作用力强度的加大，实验组中破骨细胞直径变化分别为(0.158 ± 0.0033)、(0.753 ± 0.0085)、(0.904 ± 0.0102)、(1.161±0.0258) μm，面积变化分别为(6.751±0.0714)、(35.708±0.3576)、(52.056±0.5213)、(74.544±0.7489) μm^2，统计学分析显示任何两组组间均具显著性差异($P<0.05$)；对照组破骨细胞 ATP6v1a1 mRNA 的表达量分别为(1.14±0.06)、(1.62±0.09)、(2.28±0.13)、(3.24±0.18)、(9.16±0.53)(E+6)，统计学显示，各组间均见显著性差异($P<0.05$)。

在 15、30、60 和 120 min 作用时间对照组中，破骨细胞 ATP6v1a1 mRNA 的表达量分别为(1.24±0.08)、(1.75±0.12)、(2.47±0.17)、(0.87±0.03)、(0.43±0.06)(E+5)，统计学分析显示各组间均见显著性差异($P<0.05$)；破骨细胞 TcIRG1 mRNA 的表达量为(9.90±0.05)、(13.99±0.08)、(27.99±0.15)、(7.10±0.26)、(4.95±0.02)(E+3)，统计学分析显示，各组间均见显著性差异。在 0.9×10^{-5}、2.9×10^{-5}、8.7×10^{-5}、2.63×10^{-6} N/cm² 作用强度对照组中，破骨细胞 TcIRG1 mRNA 的表达量为(0.44±0.03)、(0.63 ± 0.04)、(1.26 ± 0.09)、(1.78 ± 0.12)、(5.05±0.36)(E+5)，统计学分析显示，各组间均见显著性差异。

四、研究结论

S-D 大鼠后肢长骨机械分离法可获得足够的破骨细胞，并满足破骨细胞相应的形态学和功能学的鉴定标准。随着培养时间的延长，破骨细胞数在达 72 h 后明显减少。破骨细胞空泡型质子泵 ATP6V1a1 和 TcIRG1 mRNA 的表达存在时间效应，均在培养 24 h 后达到峰值，至 72 h 后表达量急剧下降。随着流体剪切力作用时间的增加和作用强度的增大，S-D 大鼠破骨细胞的形态呈波动性变化，直径和面积均呈增大的趋势。随着流体剪切力强度的增大，破骨细胞空泡型质子泵 ATP6v1a1 和 TcIRG1mRNA 的表达水平呈增加的趋势。随着流体剪切力作用时间的延长，破骨细胞空泡型质子泵 ATP6v1a1 和 TcIRG1 mRNA 表达水平呈增加趋势；然而随着流体剪切力作用时间的继续延长，破骨细胞 ATP6v1a1 和 TcIRG1mRNA 的表达水平出现下降的趋势。

自身喙突移植和输送盘牵张成骨重建下颌髁突的实验研究

（摘　要）

四川大学华西口腔医学院博士研究生　祝颂松　导师　胡静

一、研究背景和目的

下颌髁突是颞下颌关节（temporomandibular joint，TMJ）的重要组成部分之一，常因肿瘤、外伤、骨关节炎、关节强直、先天性或发育性畸形等原因造成缺损和破坏，并导致不同程度的关节功能障碍。目前用于整复下颌髁突缺损的常规方法均较复杂，而且需要开辟第二手术区，其他生物或非生物代用品也存在组织相容性和力学不相容性等问题。

洪民等报道的应用患者自身喙突移植重建下颌髁突的方法，以其诸多优势被众多学者采用。但是，该方法又常因喙突骨量或长度不足，或病变范围较大且已受累而受限。因此，有必要开拓一种更新的适用范围更广的髁突重建方法。

牵张成骨（distraction osteogenesis，DO）术是近年来国际矫形外科领域发展起来的一项新技术，而输送盘牵张成骨术能够重建一个较传统方法具有诸多优势，基本满足颞颌关节功能需求的下颌髁突。

本研究旨在通过动物自身喙突移植和输送盘牵张成骨术，重建成年和幼年动物的下颌髁突模型，应用大体形态学、影像学、组织学、生物力学性能检测等手段观察重建髁突在体内的改建规律和生物学转归，客观评价自身喙突移植和输送盘牵张成骨这两种术式重建下颌髁突的实际效果，为临床上运用患者自身喙突移植和输送盘牵张成骨术重建下颌髁突提供科学的试验依据。

二、研究方法和结果

（一）建立山羊自身喙突移植和输送盘牵张成骨术重建下颌髁突的动物模型

选用四川产成年健康雄性山羊 24 只，全麻下通过手术分别建立以山羊自身喙突移植（$n=12$）和输送盘牵张成骨术（$n=12$）（牵张速率：2 次/d，0.4 mm/次）重建下颌髁突的动物试验模型。以山羊对侧髁突作为正常对照组。运用 X 线、三维 CT、组织学等方法动态观察重建髁突在体内的改建过程与形态学变化。于术后 4、12、24 周分批处死动物。

结果显示，在经过长期的功能锻炼后，重建髁突可以改建为正常髁突形态，产生这种形态改变的根本原因是骨块功能环境的改变；重建髁突表面新形成的纤维软骨帽类似于正常髁突组。下颌骨的咀嚼运动，一方面防止了新生髁突与关节窝之间的骨性连接；另一方面咀嚼运动带来的咬合压力，也是新生髁突表面纤维结缔组织内成纤维细胞向软骨细胞分化并形成关节软骨的主要原因。

本研究表明，自身喙突移植和输送盘牵张成骨术能够重建一个形态和功能都接近正常的髁突。与传统关节整复手术相比，自身喙突移植和输送盘牵张成骨术在减小手术创伤、防止骨块吸收和预防关节强直发生等方面具有明显优势，因此，它可以作为一种整复 TMJ 缺损的新的选择。

(二)山羊自身喙突移植和输送盘牵张成骨术重建下颌髁突的生物力学性能测定

手术之后 24 周处死所有试验山羊(喙突组 $n=10$,牵张组 $n=10$)并取出双侧髁突,沿髁突长轴方向以长裂钻制备直径为 3.6 mm,长为 4.9 mm 的圆柱状骨松质标本,保存在0.9%的生理盐水中。将制备好的山羊髁突标本平放于 DPX2L 双能 X 线骨密度检测仪扫描台上,重复测量 3 次,取平均值,记录骨密度(bone miner density,BMD)值。

然后采用 INSTRON 8874 生物力学测试系统(Model 8874,Instron Corp,USA,)测量山羊髁突骨松质标本压缩力学性质。通过计算机采集输出的应力-应变曲线,读取、记录弹性模量(E-modulus)以及最大应力(ultimate-stress)和最大应变(ultimate-strain)。采用非参数秩和检验法(Wilcoxon,stest)对山羊左右侧下颌髁突测量数据进行比较与统计学分析。

结果显示,山羊自身喙突移植和输送盘牵张成骨术重建髁突 24 周后,新生髁突骨松质的密度和力学性能较正常组发生明显改变。这种改变主要表现为骨松质密度的增高,垂直向骨松质刚度与极限负荷的增加。其中,TMJ 结构完整性的变化和正常关节应力分布的改变,是导致本实验中新生髁突骨松质生物力学性能改变的主要原因。重建髁突的骨密度与力学性能的变化,一方面说明了髁突具有较强的适应改建能力,另一方面也表明其抗损伤能力低于正常髁突。

本研究结果提示在髁突重建术后,应该采用能够减轻 TMJ 负荷和维持其平衡稳定的治疗手段来保证 TMJ 受力尽量的合理,使其符合生理和生物力学的要求。

(三)山羊自身喙突移植和输送盘牵张成骨术重建下颌髁突对下颌骨生长发育的影响

通过建立山羊自身喙突移植和输送盘牵张成骨术重建生长发育期山羊下颌髁突的动物模型,运用组织学、三维 CT 和大体形态学等方法观察髁突重建后对下颌骨生长发育的影响,从而为需要进行髁突重建患者,尤其是青少年患者提供一种新的避免植骨的有效的治疗手段。

选用 3～4 月龄四川产健康幼年雄性山羊 24 只(喙突组 $n=12$,牵张组 $n=12$)分别于手术后当天,术后 4、12、24 周时拍摄山羊头颅三维 CT 片了解重建髁突形态改建情况。于术后 24 周时处死所有试验山羊。随机选取其中 2 只山羊,对其双侧髁突进行组织学观察。取剩余 10 只山羊,去除双侧下颌骨表面软组织后对其进行髁突宽度、髁突长度、下颌骨升支高度、下颌骨升支宽度、下颌体长度、下颌体高度等参数测量。

结果显示,山羊自身喙突移植和输送盘牵张成骨术重建下颌髁突 24 周后,关节盘将关节间隙分成上下两部分,新生髁突顶端光滑圆钝,表面关节软骨层结构顺序均与正常关节软骨基本一致。下颌骨的生长发育受到了一定的影响。主要表现为重建髁突宽度和长度较正常组增大以及下颌骨升支宽度的缩窄(喙突移植组),但对下颌骨升支高度、下颌体长度及其高度的发育无明显影响。

研究结果表明,颞下颌关节的功能刺激是下颌骨继续生长的主要原因。功能刺激对于手术操作具有实际意义:重建关节时如果髁突位置过低或偏离关节窝则不能接受适当的功能,不利于髁突的生长改建。虽然这一试验结果支持不带关节软骨的非生长中心的自身移植材料,但是并不是否定生长中心,即关节软骨在下颌骨的生长改建中的作用;相反,术后24 周重建髁突表面形成新的关节软骨,这一发现进一步证明了生长中心在下颌骨生长发育中的重要性。但是,在整个髁突重建过程中,功能刺激始终是下颌骨继续生长发育的源动力。

家兔移植颌下腺 α_1-肾上腺素受体的表达及其对腺体功能的影响

（摘　要）

北京大学口腔医学院博士研究生　向彬　导师　俞光岩

一、研究背景

角结膜干燥症是由于全身或局部因素引起泪膜功能障碍而导致的一种常见疾病，以眼睛干燥为主要临床症状，严重者可导致失明。

血管化自身颌下腺移植是目前治疗重症角结膜干燥症最有效的方法之一。虽然在基础试验和临床实践中，血管化自身颌下腺移植都取得了长足的进展，但仍有一些问题亟待解决。

一方面，移植术后 3 个月以内腺体唾液分泌量过少，颌下腺导管易阻塞致手术失败；另一方面，移植术 4 个月后部分腺体唾液分泌量过多，导致泪溢，影响患者的生存质量。因此，探讨失神经支配的移植颌下腺的唾液分泌机制，寻找理想药物及其给药途径，实现对移植腺体分泌的人工调控，对于提高自身移植颌下腺手术成功率和患者的生存质量具有重要的理论和临床应用价值。

正常颌下腺唾液分泌主要由交感和副交感神经调节，即交感神经末梢释放的神经递质作用于颌下腺腺泡和导管细胞膜表面的肾上腺素受体（adrenoceptor，AR）发挥调节唾液分泌的作用。其中，α_1-AR 在介导有神经支配和失神经支配的涎腺水样分泌中起着重要作用。然而，α_1-AR 在血管化自身颌下腺移植术后失神经支配腺体中的作用尚缺乏研究，其亚型的变化特征与移植的失神经支配腺体分泌机制的关系，其激动剂对移植后腺体唾液分泌的作用和对腺体组织再生修复的影响亦缺乏了解。

二、研究目的

研究 α_1-AR 亚型在家兔正常颌下腺中的表达和分布，探讨其激动剂去氧肾上腺素（phenylephrine，PE）经颌下腺导管局部给药促进唾液分泌的量效关系；研究自身颌下腺移植后失神经支配腺体的分泌功能、组织结构和 α_1-AR 亚型的变化，探讨失神经支配颌下腺的分泌机制；研究 PE 对家兔自身颌下腺移植术后早期唾液分泌的影响，进一步探讨其相关的分子机制；研究与促进移植颌下腺分泌和组织再生修复相关的信号分子的变化规律，为人工调控移植颌下腺的分泌，提高血管化自身颌下腺移植的手术成功率和患者的生存质量提供试验依据。

三、研究方法及其结果

（一）α_1-肾上腺素受体在家兔颌下腺的表达及其激动剂对唾液分泌的调节

应用半定量反转录聚合酶链法（RT-PCR）和蛋白质印渍技术，检测家兔正常颌下腺组织 α_1-AR 亚型 mRNA 及其蛋白质的表达；采用免疫组化 ABC 法，检测家兔正常颌下腺组织中 α_1-AR 亚型和水通道蛋白 5（aquaporin5，AQP5）的分布；经颌下腺导管给予不同浓度的去氧肾上腺素，观察其对家兔心率和血压的影响以及促进颌下腺唾液分泌的量效关系。

结果显示如下。

1. 家兔颌下腺组织有 α_{1A}-AR、α_{1B}-AR 和 α_{1D}-AR 三种亚型的 mRNA 及其蛋白质的表达，三种亚型的 α_1-AR 均广泛分布于导管和各种类型的腺泡细胞膜及细胞质中。

2. 经颌下腺导管给予家兔去氧肾上腺素 10^{-8}～10^{-6} mol·L^{-1}，对家兔心率和血压无明显影响，10^{-7} mol·L^{-1}(100 μL/d)的去氧肾上腺素在 7 d 内均能刺激颌下腺唾液分泌增加。

3. 生理状态下 AQP5 主要分布在腺泡和导管细胞的顶膜及侧膜，给予去氧肾上腺素 10^{-7} mol·L^{-1}，AQP5 在腺泡和导管细胞的顶膜和侧膜的表达增加。

结论：家兔颌下腺存在 α_{1A}-AR、α_{1B}-AR 和 α_{1D}-AR 三种亚型的 mRNA 及其蛋白质的表达，经颌下腺导管局部给予小剂量去氧肾上腺素促进唾液分泌是安全有效的，AQP5 在腺泡和导管细胞的顶膜和侧膜的表达增加可能与去氧肾上腺素促进唾液分泌的机制有关。本研究结果为治疗颌下腺移植后分泌功能低下提供了试验依据。

(二)家兔血管化自身移植颌下腺的分泌功能、组织结构和 α_1-肾上腺素受体亚型表达变化的研究

建立 1、3、7、30、60、90 d 不同时间点兔血管化自身颌下腺移植动物模型。于手术后 1～7 d的上午 9:30～10:30 收集移植后颌下腺分泌的唾液，Schirmer 试验检测 5 min 唾液流率并收集唾液，分析唾液成分以了解移植腺体的功能状况。光镜下观察兔血管化自身颌下腺移植前后各不同时间点移植颌下腺的组织病理学变化。以 RT-PCR 和蛋白质印渍技术分别检测兔血管化自身颌下腺移植后各个不同时间点的 α_{1A}-AR、α_{1B}-AR 和 α_{1D}-AR 的 mRNA及其蛋白质的表达变化规律。

结果显示如下。

1. 移植颌下腺术后第 1 天分泌唾液量增加，可以达到移植前的 3 倍($P<0.01$)；第 2 天分泌量开始下降，第 3～7 天分泌基本停止；移植后腺体分泌液中各成分均有不同程度的增加，而其中 K^+、Na^+ 浓度和 α-淀粉酶活性增加分别为正常颌下腺分泌液的 2.17 倍($P<0.01$)、1.25 倍($P<0.05$)和 4.75 倍($P<0.05$)。

2. 移植腺体术后 3 d 左右开始萎缩，7 d 萎缩明显；30 d 大部分腺泡消失，闰管和纹管增生，间质纤维组织增多，该改变持续至 60 d 左右；60 d 时可见新生腺泡细胞增多，90 d 时腺体结构恢复正常。

3. 移植颌下腺 α_{1A}-AR mRNA 在手术后第 1 天降至最低，仅为正常颌下腺的 46.66% ($P<0.05$)；随后逐渐回升，术后第 7 天达到峰值，高于正常对照组 2.32%($P<0.05$)；术后 30 d 逐渐降低，至 90 d 时，仅为正常对照组的 55.22%($P<0.05$)。α_{1B}-AR mRNA 在术后第 1 天升高至最高点，高于正常对照组 47.77%($P<0.05$)；以后逐渐下降，至术后 90 d 时，恢复到对照组水平。α_{1D}-AR mRNA 的表达术后第 1 天开始下降，第 3 天降至最低，为正常对照组的 78.78%($P<0.05$)；手术后第 7 天升高，并且高于对照组91.51% ($P<0.05$)；60 d 时达到峰值，较对照组升高 119.87%($P<0.01$)；90 d 时有所下降，但仍高于对照组52.85%($P<0.05$)。

4. 移植颌下腺 α_{1D}-AR 的蛋白表达量在术后第 1 天开始减少，第 3 天降至最低，仅为对照组的 44.81%($P<0.05$)；第 7 天已高于对照组 20.02%($P<0.05$)；术后 30 d 达到峰值，高于对照组的 34.57%($P<0.05$)；术后 90 d 恢复到对照组水平。α_{1A}-AR 和 α_{1B}-AR 的蛋白表达未检测到。

结论：家兔血管化自身颌下腺移植在移植术后经历了逐渐萎缩至逐渐恢复的过程，移植术后腺体萎缩可能是“休眠期”出现的病理基础。失神经支配移植颌下腺 α_1-AR 亚型 mRNA 和 α_{1D}-AR 蛋白质表达发生了显著变化，α_1-AR 可能成为人工调控移植颌下腺分泌的药物作用的靶点。

(三)去氧肾上腺素活化 α_1-肾上腺素受体促进家兔自体移植颌下腺功能及相关机制的研究

将健康家兔 18 只随机分为未移植颌下腺的对照组、移植组和移植给药组(移植术后第 1～7 天,经颌下腺导管给予 0.1 μmol·L^{-1} 的 PE 100 μL)3 组,对照组和移植组给予等量生理盐水。检测唾液流量及其离子成分的改变。于术后第 7 天取腺体做以下检测:RT-PCR 和蛋白质印渍技术分别检测移植腺体 α_1-AR 亚型 mRNA 及其蛋白表达的变化,激光共聚焦显微镜观察 AQP5 的分布,光镜和透射电镜评价 PE 对移植腺体组织形态学特征的影响,原位末端脱氧核苷酸转移酶标记技术(TUNEL)检测移植后颌下腺细胞凋亡的变化,免疫组化法检测半胱氨酸天冬酰胺蛋白酶(caspase-3/p20)和增殖性细胞核抗原(proliferating cell nuclear antigen,PCNA)的表达,蛋白质印渍技术检测 Bcl-2 和 Bax 蛋白的表达及其蛋白激酶 Cζ (protein kinase Cζ, PKCζ)和细胞外信号调节激酶(extracellular signal-regulated kinase 1/2,$ERK_{1/2}$)的总蛋白产物及其磷酸化蛋白产物的表达。

结果显示如下。

1.移植组颌下腺术后第 3 天起唾液分泌显著减少,PE 能明显增加移植后腺体的唾液分泌至第 7 天;移植组颌下腺分泌液中 K^+、Na^+和 α-淀粉酶的浓度增加,给予 PE 后,Na^+浓度降至对照组水平;α-淀粉酶的活性较单纯移植组降低,但仍高于对照组;K^+浓度与单纯移植组之间无统计学差异,但仍高于对照组。

2.移植组 α_{1A}-AR、α_{1B}-AR 和 α_{1D}-AR 三亚型 mRNA 表达较对照组分别升高 29.54% ($P<0.05$)、9.59% ($P<0.05$) 和 45.61% ($P<0.05$),PE 诱导其表达进一步升高,分别升高 78.54% ($P<0.01$)、22.67% ($P<0.05$) 和 125.78% ($P<0.01$),以 α_{1A}-AR 和 α_{1D}-AR 升高较显著;给药后移植腺体 α_{1D}-AR 蛋白的表达较单纯移植组升高 24.11% ($P<0.05$),α_{1A}-AR 和 α_{1B}-AR 蛋白表达未检测到。

3.激光共聚焦显微镜下对照组 AQP5 主要位于腺泡细胞的顶膜和侧膜,移植组 AQP5 弥散在细胞质中,给予 PE 后 AQP5 在细胞膜的表达增加。

4.光镜下移植组腺体发生了腺泡萎缩,PE 组腺体无明显萎缩;电镜下单纯移植组腺泡细胞体积缩小,低密度电子分泌颗粒减少,颌下腺细胞中出现细胞皱缩、核染色质边聚、细胞膜发泡以及凋亡小体形成等典型的凋亡特征;PE 组腺泡细胞大小和细胞质中低密度电子分泌颗粒接近正常腺泡,未见凋亡细胞。

5. TUNEL 法显示,单纯移植组颌下腺细胞中有大量的 TUNEL 阳性细胞,PE 给药组颌下腺细胞中仅见个别的、散在的 TUNEL 阳性细胞;TUNEL 阳性细胞计数在对照组、单纯移植组和移植给药组分别为 0.5±0.5、51.5±8.04 和 1.2±0.75。

6.免疫组化法显示,在单纯移植组 caspase-3(p20)的表达较对照组显著增加,PE 给药组 caspase-3(p20)的表达较单纯移植组明显减少;单纯移植组腺泡和导管中增殖细胞核抗原阳性染色细胞较对照组增加 2.53 倍 ($P<0.05$),PE 给药组 PCNA 阳性染色在腺泡和导管细胞均显著增加,较单纯移植组增加 7.59 倍 ($P<0.01$);对照组、单纯移植组和 PE 给药组 PCNA 阳性染色细胞数则分别为 4.9±2.39、12.4±3.85和94.1±10.01。

7.蛋白质印渍技术显示,单纯移植组 Bcl-2 蛋白表达较对照组下降 25.81% ($P<0.01$),PE 给药组 Bcl-2 蛋白表达较单纯移植组升高 50.42% ($P<0.01$);单纯移植组 Bax 蛋白较对照组升高 221.47% ($P<0.01$),PE 给药组 Bax 的蛋白表达较单纯移植组降低 201.49% ($P<0.01$),与对照组相比无统计学差异;单纯移植组 phospho-PKCζ 和总 PKCζ、phospho-$ERK_{1/2}$和总 $ERK_{1/2}$蛋白表达量较对照组分别升高 43.85% ($P<0.05$)、137.07%

($P<0.05$)、80.29%($P<0.05$)和 139.44%($P<0.05$);在去氧肾上腺素给药组,*phospho*-PKCζ 和总 PKCζ、phospho-$ERK_{1/2}$ 和总 $ERK_{1/2}$ 蛋白表达进一步升高,较单纯移植组分别升高35.64%($P<0.05$)、86.13%($P<0.05$)、63.6%($P<0.05$)和 73.09%($P<0.05$)。

结论:去氧肾上腺素在移植术后早期可抑制家兔自身移植颌下腺细胞凋亡,促进移植后腺体细胞增殖,减轻移植术后早期颌下腺组织的萎缩;通过活化 α_1-AR 促进移植颌下腺的分泌,唾液分泌增加可能与 AQP5 在细胞膜的表达增加有关;促进 PKC-丝裂原活化蛋白激酶激活可能是 PE 改善移植颌下腺功能的重要信号转导途径。这些结果提示,α_1-AR 在调节失神经支配移植颌下腺的唾液分泌和促进移植术后腺体再生修复中起着重要的作用。

甲醛溶液疼痛模型中枢脊髓环氧合酶表达及功能研究

(摘　要)

北京大学口腔医学院博士研究生　张非煜　导师　张震康　傅开元

一、研究目的

甲醛溶液疼痛模型是常用的急性痛模型,主要表现为持续 60 min 或 90 min 两时相的自发痛。以往笔者研究发现,在甲醛溶液注射后 48 h 可以检测到大鼠对机械性刺激和热刺激表现出躲避反应,即痛敏反应,这种反应能持续 4 周。同时,与这种行为学伴随的有脊髓小胶质的激活。近年来,小胶质在慢性痛机制中的作用越来越受到重视。现有研究表明,外周神经损伤会使脊髓的小胶质活化。激活后的小胶质是通过何种途径作用于痛觉系统,从而对疼痛维持起作用的呢?有研究显示,环氧合酶(COX)-1 表达于脊髓胶质样细胞中,在术后疼痛模型和神经损伤模型中激活的小胶质中有 COX-1 的表达增加,而且 COX-1 特异性抑制剂能抑制模型动物的疼痛行为。

二、研究方法

通过免疫组化、免疫荧光和蛋白质印渍技术等方法观察甲醛溶液模型 COX 两种亚型在脊髓背角的表达;比较甲醛溶液和 CFA 足掌注射后脊髓背角小胶质的活化以及 COX 两种亚型在脊髓背角表达变化;最后观察蛛网膜下隙注射 COX 特异性抑制剂对甲醛溶液模型大鼠疼痛行为的影响。结合以往研究结果对甲醛溶液疼痛模型中 COX 的作用进行探讨。

三、研究结果

1. COX 两种亚型在脊髓背角细胞的表达

脊髓背角的 COX-1 免疫阳性细胞和神经元的标记物 NeuN 不共存,和星型胶质细胞的标记物胶质细胞原纤维酸性蛋白(GFAP)也没有共存,但是与小胶质的标记物 OX42 有很好的共存,说明 COX-1 表达阳性的细胞是小胶质;脊髓背角 COX-2 免疫阳性细胞和神经元的标记性物质 NeuN 共存,说明 COX-2 表达阳性的细胞是神经元细胞。而且,因为 NeuN 是神经元核蛋白,主要标记神经元的核上,从两者合并的图观察到,两者几乎完全吻合,说明 COX-2 的亚细胞定位也是清楚的,即 COX-2 表达在神经元细胞核上。

2. 甲醛溶液足掌注射后 COX 两种亚型在脊髓表达的变化　甲醛溶液注射后大鼠脊髓 COX-1 表达在第 1 天开始增多，为对照组的 2.5 倍左右($P<0.01$)；持续到第 14 天表达仍然显著增多，达到接近对照组的蛋白水平的 3 倍($P<0.01$)。这和免疫组化方法检测的蛋白变化趋势一致。COX-2 蛋白在正常大鼠的脊髓有表达。甲醛溶液注射后，大鼠脊髓背角 COX-2 蛋白的表达仅在第 2 小时显著增多($P<0.01$)，第 6 小时即恢复到正常，观察到第 14 天仍然没有变化。甲醛溶液模型大鼠脊髓 COX 蛋白的表达是：在急性期只有 COX-2 蛋白的表达上调，而在后期只有 COX-1 蛋白的表达上调。

3. 甲醛溶液模型和 CFA 模型注射后小胶质活化情况以及 COX 两种亚型在脊髓表达变化的差异　甲醛溶液注射之后 3 d 和 2 周，大鼠注射侧脊髓背角小胶质增殖，说明小胶质有活化。小胶质明显增殖的区域是脊髓背角浅层和深层(Ⅰ～Ⅳ)的内侧，这与外周神经损伤模型结果一致；而 CFA 注射后大鼠脊髓背角小胶质未观察到明显变化。CFA 模型早期 COX-2 表达增加，COX-2 蛋白表达在注射后 6 h 和第 3 天增加(接近对照组蛋白水平的 2 倍，$P<0.05$ 和 $P<0.01$)，到第 14 天恢复到正常水平。但是，注射 CFA 后大鼠脊髓背角的 COX-1 蛋白表达量没有明显的改变。脊髓背角的 COX-2 蛋白在炎症痛的早期表达增加，可能参与炎症性疼痛的发生；而脊髓背角的 COX-1 在炎症痛中表达没有变化。

4. 预先 *i.t.* 注射 COX-1 特异性抑制剂 SC560 能够减轻甲醛溶液模型的长时程机械性痛敏，3 d 组有统计学差异；在甲醛溶液模型长时程机械性痛敏高峰时(3 d)给予 COX-1 特异性抑制剂 SC560，对机械性痛敏有抑制作用(30 min，2、4 h)，从行为药理学的角度证实了脊髓背角的 COX-1 参与了痛的维持。同时，预先 *i.t.* 注射 COX-2 特异性抑制剂 NS398 对甲醛溶液模型大鼠的Ⅰ期和Ⅱ期的自发性缩足行为有抑制作用，从行为药理学的角度证实了脊髓背角的 COX-2 参与了急性炎症痛的发生。

5. 在方法学方面，对足背皮下注射甲醛溶液的大鼠进行了长时程(14 d)的观察和分析，建立了这种操作简便的疼痛动物模型。甲醛溶液疼痛模型疼痛行为可分为 3 期：Ⅰ期：0～5 min，Ⅱ期：15～60 或 90 min，Ⅲ期：1 d 后至 2 周。Ⅰ期和Ⅱ期表现为急性的自发性缩足行为，Ⅲ期表现为长期持续的机械性痛敏。

四、研究结论

1. 甲醛溶液疼痛模型疼痛行为可分为 3 期：Ⅰ期，0～5 min；Ⅱ期，15～60 或 90 min；Ⅲ期，1 d 后至 2 周。

2. 脊髓组织在生理状况下均可以表达 COX-1 和 COX-2。

3. COX-1 表达于脊髓背角的小胶质中，COX-2 表达于脊髓背角的神经元细胞中。

4. 甲醛溶液诱导的疼痛早期，脊髓 COX-2 表达上调；COX-2 抑制剂能抑制模型大鼠的疼痛行为。

5. 甲醛溶液诱导的疼痛后期(Ⅲ期)，脊髓 COX-1 表达持续性上调；COX-1 抑制剂能抑制模型大鼠的机械性痛敏。

6. 甲醛溶液模型不同于 CFA 模型，早期的自发性疼痛行为是炎症性疼痛，而后期的慢性疼痛可能是神经病理痛。

7. 组织或神经损伤致中枢脊髓小胶质增殖活化，可能通过表达 COX-1 合成前列腺素，参与慢性疼痛的维持。

涎腺腺样囊性癌 DNA 甲基转移酶的表达及抑制研究

（摘　要）

上海交通大学口腔医学院博士研究生　田臻　导师　张志愿

一、研究目的

深入了解 DNA 甲基转移酶(DNAmethyl transferases, *dnmt*)基因在涎腺腺样囊性癌(saliva adenoid cystic carcinoma, SACC) DNA 甲基化、抑癌基因沉默和肿瘤发生发展中的作用及 DNMT 与 SACC 生物学行为的相关性。

二、研究方法

应用反转录聚合酶链反应(RT-PCR)、实时定量 PCR(real time quantitative PCR)、免疫组化、免疫荧光染色和蛋白质印渍技术检测 DNA 甲基转移酶 1、3b(*dnmt*-1、3b)基因在 60 例临床病理标本、3 株 SACC 细胞系细胞中的 mRNA、蛋白表达水平和阳性表达程度，分析 *dnmt*-1、3b 基因与 SACC 抑癌基因甲基化、临床分期、病理分级、细胞生长增殖等生物学行为的相关性。

用 DNA 非特异性甲基化抑制剂地西他滨(DAC)处理 SACC 细胞系细胞，用实时定量 PCR、蛋白质印渍技术分析药物处理前后 *dnmt*-1 基因的表达差异，用甲基化特异性 PCR (MSP)、RT-PCR 检测 SACC 细胞系细胞因甲基化而沉默的上皮钙黏着蛋白(epithelium cadherin, *cdh*-1)基因的甲基化状况和 mRNA 的表达变化。用针对 *dnmt*-1 基因人工合成的小干扰 RNA (siRNA)处理 SACC 细胞系细胞，用 RT-PCR、实时定量 PCR 和蛋白质印渍技术瞬时检测 *dnmt*-1 基因的表达抑制状况，筛选有效的 siRNA 干扰序列，分析 *dnmt*-1 siRNA 干扰的时效和量效关系。

用构建的针对 *dnmt*-1 基因的 siRNA 质粒表达载体转染 SACC 细胞，筛选阳性细胞克隆。用实时定量 PCR、蛋白质印渍技术评价 *dnmt*-1 基因的表达抑制水平。

三、研究结果

dnmt-1 基因在 SACC 临床病理标本和细胞系中的阳性表达程度明显高于 *dnmt*-3b 基因。*dnmt*-1 基因高、低表达组与抑癌基因高、低甲基化组之间的差异具有显著意义，*dnmt*-1 基因表达程度与 *rassf*-1A(ras association domain family-1 A)基因的甲基化($P<0.01$)、SACC 病理分级、临床分期($P<0.01$)呈正相关。

经 DAC 处理之后，SACC-2 细胞 *dnmt*-1 mRNA 表达低于未处理组；原无 mRNA 表达的 *dnmt*-1 基因启动子甲基化程度下调并监测到基因 mRNA 的表达；药物处理组细胞较未经药物处理组生长减缓，细胞计数前者低于后者。

采用人工合成的 *dnmt*-1-1 siRNA 处理 SACC-2、SACC-3 和 SACC-M 细胞 24～48 h 后经实时定量 PCR 检测，分别使 *dnmt*-1 基因的 mRNA 表达抑制 67%、86% 和 92%，*dnmt*-1-2 siRNA 分别抑制 76%、76% 和 86%；SACC-M 细胞系细胞出现 *dnmt*-1 基因抑制的时间为转染后 24 h，SACC-2、SACC-3 细胞系细胞出现 *dnmt*-1 基因抑制的时间为转染后 48 h，抑制作用随转染时间延长而快速衰减；RT-PCR 和蛋白质印渍技术检测结果与上述检测结果相符；随 *dnmt*-1-1 siRNA 质量浓度的逐渐增加，SACC-3 细胞 *dnmt*-1 基因的 mRNA 及其蛋白表达逐渐降低。用 *dnmt*-1-1 siRNA 质粒表达载体转染 SACC-2 细胞后，筛选出的阳性克隆细胞其 *dnmt*-1 基因的 mRNA 及其蛋白表达均低于空白质粒转染组和未转染组细胞。

四、研究结论

DNMT-1 可能是 ASCC 细胞体内外维持抑癌基因甲基化起主导作用的甲基化酶，与 *rassf*-1A、*cdh*-1 基因的甲基化以及 SACC 的病理分级、临床分期有相关性，有可能作为 SACC 生长、增殖、预后的评估指标之一。地西他滨通过下调 *dnmt*-1 基因的表达促使 SACC 细胞系细胞 *cdh*-1 基因去甲基化，基因开放表达并抑制 SACC 的生长和增殖。人工合成 siRNA 能显著抑制 SACC 细胞系细胞 *dnmt*-1 基因的 mRNA 及其蛋白表达。该抑制作用具有明显的序列特异性和质量浓度相关性，但维持时间短暂。构建并筛选出了 *dnmt*-1 siRNA 质粒转染后的重组 SACC-2 细胞，该细胞能够较稳定地抑制 *dnmt*-1 基因的 mRNA 及其蛋白表达。

活血化淤药物和血管抑制剂对白斑癌变的影响

（摘　要）

上海交通大学口腔医学院博士研究生　杨娅　导师　周曾同

一、研究目的

口腔癌在全世界范围内都是一种常见的恶性肿瘤，其预后较差，而且通常会造成患者器官功能丧失，严重影响患者的生存质量。因此，利用某些天然或人工合成的化合物治疗口腔黏膜癌前病损以抑制或预防这些病损的恶性转变，已经成为目前最有希望的治疗手段之一。肿瘤的血管生成对肿瘤的发生发展起着重要的作用，肿瘤的血管预防是肿瘤化学预防的有效措施之一。

因此，根据中医学活血化淤抗肿瘤理论和现代肿瘤学血管生成理论，针对肿瘤发生过程中的血管生成环节，借助于口腔癌动物模型，通过组织学、分子生物学等手段，系统地探讨最具有代表性的活血化淤中药丹酚酸 B 和灯盏花素以及血管抑制剂沙立度胺（别名反应停）和大豆异黄酮对口腔白斑癌变的防治功效和癌变过程中血管生成的影响，并揭示其可能的作用机制。通过比较，以期发现新的防治白斑癌变的有效药物，为活血化淤中药在癌化学预防和肿瘤治疗中的应用提供科学理论依据。

二、研究方法

将所选用的叙利亚金黄地鼠 120 只随机分为 7 组，丹酚酸 B、灯盏花素、沙立度胺、大豆异黄酮和阳性对照组各 20 只，溶剂对照组和阴性对照组各 10 只。采用二甲基苯丙蒽（9,10-dimethyl-1,2-benz-anthracene，DMBA）涂搽金黄地鼠颊囊 6 周以诱发其口腔白斑。继而连续 12 周每日分别用丹酚酸 B、灯盏花素、沙立度胺和大豆异黄酮药液灌喂金黄地鼠，以干预其癌变过程。试验结束时处死动物，收集颊囊黏膜标本。采用组织病理学手段观察金黄地鼠颊囊黏膜标本。组织石蜡切片作苏木精-伊红（H-E）染色，各试验组的病理结果用秩和检验进行比较。

组织石蜡标本用八因子相关抗原 F8-RA (F Ⅷ-related antigen，也称 von Willebrand Factor，vWF)标记血管内皮细胞后，以血管密度为指标，测量丹酚酸 B、灯盏花素、沙立度胺和大豆异黄酮对金黄地鼠颊囊癌变过程中新生血管数量的影响，间接了解这两类药物对口腔癌发生过程中血管生成活性的影响。另外，通过对甲平滑肌肌动蛋白（α-smooth muscle antigen，α-SMA)免疫组化染色，检测组织血管中周细胞分布情况，以比较药物对组织血管功能状态的影响。

采用美国 SuperArray 公司生产的含有 96 个参与血管生成过程的调控基因探针鼠血管生成性基因芯片，检测药物对血管生成过程中调控基因表达谱的影响，随之采用实时定量 PCR 方法对部分基因表达水平的改变加以验证，以全面了解这两类药物影响癌变过程中血管生成的作用机制。

三、研究结果

丹酚酸 B 和沙立度胺分别使 DMBA 诱导的金黄地鼠颊囊黏膜癌发生率从 42.1%(8/19)降低至 5.6%(1/18)和 5.9%(1/17)，其差异具有显著统计学意义($P<0.01$)。但从动物死亡的情况来看，沙立度胺组死亡的动物数最多，而且这 3 只动物在死亡之前均出现半侧肢体和半侧头面部肌肉僵硬、发绀甚至坏死，同时还伴有同侧眼睑麻痹的情况，其原因尚不清楚。在本试验中灯盏花素和大豆异黄酮并没有对金黄地鼠颊囊黏膜癌的发生表现出抑制作用，两组的癌变率同阳性对照组比较差异没有显著性，而且在大豆异黄酮组中有 3 只金黄地鼠出现纤维肉瘤。通常，在 DMBA 诱导下，金黄地鼠颊囊最终总是产生鳞状细胞癌。本试验中大豆异黄酮诱导产生口腔纤维肉瘤的关联性及其作用机制需进一步的探讨。

在 DMBA 诱导金黄地鼠颊囊黏膜癌变过程中，组织中血管数量不断增加，具有很强的梯度变化规律。丹酚酸 B 组和沙立度胺组的鳞癌和中度以上异常增生上皮的血管密度明显低于阳性对照组($P<0.01$)。丹酚酸 B 组周细胞染色阳性的血管密度和百分率均明显高于阳性对照组，而且血管的直径较大。沙立度胺组周细胞染色阳性的血管密度和百分率高于阳性对照组，但两者的周细胞染色阳性血管密度间差异没有显著性。灯盏花素组的血管密度与阳性对照组并无显著差异，但有周细胞覆盖的血管密度较阳性对照组高。而大豆异黄酮组的微血管密度和有周细胞覆盖的血管数量与阳性对照组之间均无显著差异。

在丹酚酸 B 的作用下，低氧诱导因子-1α (hypoxia inducible factor，HIF-1α)、生腱蛋白-C (tenascin-C)和骨桥蛋白(osteopontin)的表达水平下调超过 90%；基质金属蛋白酶(matrix metalloprotease-9，MMP-9)和血管内皮生长因子(vascular endothelial growth factor，VEGF)的表达下调超过 2/3，血小板反应蛋白(thrombospondin，THSB)和组织金属蛋白酶抑制剂(tissue inhibitor of metalloprotease-1，TIMP-1)的表达上调两倍以上。沙立度胺组明显下调的基因则是血管内皮生长因子-B、成纤维细胞生长因子-6 (fibroblast growth factor，FGF-6) 和肿瘤坏死因子-α (tumor necrosis factor，TNF-α)，肿瘤坏死因子相关的凋亡介导配体的第 5 型受体(tumor necrosis factor-related apoptosis-inducing ligand，receptor 5TRAIL-R/DR-5)的表达则上调两倍以上。

实时定量 PCR 检测结果显示：在丹酚酸 B 的作用下，HIF-1α 下调了 39%，VEGF 和 MMP-9 分别下调 19%和 18%；而在沙立度胺的作用下，改变最为明显的是 VEGF-B(同阳性对照相比，下调了 74%)，其次是 TNF-α (下调了 43%)，核转录因子-κB1(nuclear factor-κB，NF-κB1)下调了 31%。同基因芯片检测结果相比较，尽管各基因表达水平改变的程度有一定的差异，但从改变的趋势来看，这一检查方法的结果同基因芯片的检测结果还是具有较高的一致性。

四、研究结论

丹酚酸 B 和沙立度胺均有确切的抗金黄地鼠颊囊黏膜癌的功效，但沙立度胺在有效预防金黄地鼠颊囊癌变的同时也具有较大的副作用。灯盏花素和大豆异黄酮对金黄地鼠颊囊黏膜癌变过程没有明确的抑制作用，而且大豆异黄酮还有促进金黄地鼠颊囊黏膜下层的纤维组织发生肉瘤的可能。

口腔组织中微血管密度可以作为衡量组织中血管生成状况的指标，血管生成状况也可以作为评价口腔癌前病损的恶变潜能以及早期诊断口腔癌的辅助指标。

丹酚酸 B 和沙立度胺均能显著抑制癌变过程中新生血管的形成。前者在抑制血管数量增加的同时还具有促进良性血管生成，改善组织的低氧状况，进而抑制细胞的恶性转变的作用。

灯盏花素具有一定的促进良性"血管生成"作用，但该药对新生血管的抑制作用并不明显。大豆异黄酮对新生血管的数量没有明显的抑制作用，对血管的质量和功能也没有促进作用。

尽管抑制癌变过程中的血管生成是活血化淤中药丹酚酸 B 和血管抑制剂沙立度胺防止金黄地鼠颊囊黏膜的癌变的作用机制之一，但两者影响该过程中血管生成的机制却不尽相同。

丹酚酸 B 通过促进组织的血液循环，增加组织的血供和氧供，改善局部的低氧状况，从而避免了低氧信号所引起的一系列适应性反应。在该过程中，HIF-1α 是其作用的主要靶点之一，通过抑制 HIF-1α 的表达，进一步下调 VEGF 等多种促血管生成因子的表达。

沙立度胺抗金黄地鼠颊囊黏膜癌变过程中血管生成的作用，主要是通过降低 TNF-α 的水平来进行的。它通过转录后途径抑制 TNF-α 的产生，下调 VEGF-B 的表达，从而抑制血管生成和阻止细胞恶性转化。同时，促进细胞凋亡可能也是沙立度胺防止上皮恶性转变和抑制癌细胞增殖的作用机制之一。

生长因子生物控释促进牙周组织再生的实验研究

（摘 要）

第四军医大学口腔医学院博士研究生 陈发明 导师 吴织芬 金岩

引导组织再生术（guided tissue regeneration，GTR）和牙周骨移植术的广泛开展与应用，大大提高了牙周病治疗的临床疗效。传统 GTR 生物膜和牙周植入材料由于缺乏主动诱导组织再生修复的能力，因此在恢复牙周组织的生理结构和功能上尚不能达到所期望的目标。

牙周组织工程和基因工程技术研究的深入与发展，为牙周病治疗和牙周缺损修复带来新的希望。由于涉及自身种子细胞来源、异体种子细胞免疫源性、转基因细胞的潜在危险以及牙周特殊支架材料等很多问题，因此离临床应用还十分遥远。外源性生长因子的开发与应用一直是组织工程和再生医学研究领域的热点课题，是目前最接近临床的研究方向。在促进牙周组织再生方面，多种生长因子可以调节牙周相关细胞的增殖、分化和成骨效应，显示了巨大的临床应用潜能。

只有借助合适的载体才能发挥生长因子的最佳效能,而目前生长因子缓/控释系统的研制还处在初级阶段。天然生物材料生物相容性好、无毒副作用,微载体具有使用方便、性能稳定、易吸收的特点,凝胶型药物载体具有保护药物生物活性、调节药物释放的能力。因此,利用天然生物材料合成微凝胶(凝胶微球、微囊)载体,将会显示出传统载体无与伦比的优势,从而为生长因子的递送、释放提供一种全新的理念,具有十分广阔的研究和开发空间。

生长因子凝胶微载体研究虽然是一个全新的研究领域,但借助传统药物控释的技术和经验,生长因子的生物控释的实现似乎并不遥远。尽管如此,涉及此类生长因子缓释系统的根本问题:载体材料筛选与组合、制备工艺的改良与优化、药物释放的监控与调节等等,却面临着前所未有的困难与挑战。越来越多的研究表明,生长因子的控制释放仅仅依靠传统药物控释的方法和手段是难以实现的。

生长因子在缓释系统制备、储藏和释放过程中,活性保存问题至今还没有得到根本解决。而利用天然材料制备的水凝胶生长因子载体,虽然可以较好保存生长因子生物活性,但其初期药物的"突释"效应却始终没有得到有效的控制。结合不同材料的特点进行优选与组合,相互取长补短,制备性能优良的复合型生物载体,最终实现生长因子的生物学控制释放,将为组织工程和再生医学研究开辟更为广阔的研究空间。

一、研究目的

研制具有良好理化与生物学性能的生长因子微凝胶控释系统,实现生长因子的生物控释;制备复合此控释系统的功能性 GTR 生物膜和牙周可植入材料,完善和发展 GTR 与牙周骨移植技术的应用基础研究;深入探讨葡聚糖(原名右旋糖酐)与明胶微凝胶作为活性蛋白类药物载体实现药物生物控释的技术与方法,为组织工程和再生医学领域内外源性生长因子的开发及应用提供经验。

二、研究方法与结果

(一)葡聚糖基凝胶微载体(Dex-MP)的研制

利用来源广泛的天然多糖生物材料——葡聚糖(Dex),化学修改成具有不同交联度(DS,相当于 100 个葡萄糖残基中甲基丙烯酸缩水甘油酯的分子数)的甲基丙烯酸缩水甘油酯-葡聚糖(GMA-Dex),使其具有独立或与其他分子联合产生交联耦合进而形成水凝胶网络的能力。利用激进分子在分离相(GMA-Dex 在聚乙二醇溶液中具有不混溶的特性)中的交联聚合作用,建立一种在完全水性环境(聚乙二醇溶液)中制备生长因子 GMA-Dex 微球载体(Dex-MP)的方法,避免有机溶剂的使用。单因素初选,正交设计和均匀设计法优化 Dex-MP 的制备工艺。用不同的技术和方法全面综合评价 Dex-MP 的理化与生物学性能,动态微量分析法测定其体外释药,绘制释药曲线,总结其体外释药特征。

结果表明,GMA-Dex 的交联度可以在一定范围内调节,从而制备具有不同交联耦合能力的 GMA-Dex,而不同交联度 GMA-Dex 制备的凝胶具有不同的胶凝密度;在聚乙二醇(PEG)溶液中通过激进分子的聚合作用,GMA-Dex 可以发生成胶和成球反应。正交结果表明,主要反应条件对所形成的凝胶微球的性能有很大影响。以微球外形和载药能力为考察指标,通过正交试验设计结果的方差分析表明,乳化剂(Span-80)用量 0.05%、反应促进剂(TEMED)用量 0.3%、GMA-Dex 和 PEG 用量比 1∶27、搅拌速率 300 r/min 是 Dex-MP 制备的最佳工艺条件。

扫描电镜(scanning electron microscope, SEM)显示,所制备的 Dex-MP 形态良好。粒径分析表明,80% 微球粒径在 20～40 μm 之

间，溶胀率（swelling ratio，Rs）为 7.5±4.2，而且制备工艺改变可以影响微球溶胀、降解和释药性能；其载药形式是内部包埋与表面吸附并存，体外释药曲线表明 80%药物在前 12 d 内释放，其中 60%以上的药物在前 3 d 释放，显示了较为明显的“突释”效应。因此，单纯的葡聚糖制备的凝胶微球药物释放系统不能达到生长因子真正缓释的目的。

（二）葡聚糖-共-明胶凝胶微载体的研制

参照 Dex-MP 的制备工艺，利用 GMA-Dex 和明胶在 PEG 溶液中的不混溶性和激进分子聚合作用，制备葡聚糖-共-明胶凝胶微载体（DG-MP），系统对其质量进行综合评价。总结 GMA-Dex 的 DS、GMA-Dex 与 Gtn 的比例对微球性能的影响规律，检测载骨形态发生蛋白（bone morphogenetic protein，BMP）的微球（BMP-DG-MP）的生物学活性。

结果表明，微球粒径为 5～50 μm，GMA-Dex 的 DS 对粒径影响不大；扫描电镜下见微球形态良好；不同 DS 的 GMA-Dex 制备的微球在磷酸缓冲盐溶液（phosphate buffer solution，PBS）中的溶胀、降解与释药等性能没有显著性差异（$P>0.05$）。

但在葡聚糖酶存在的 PBS 中，DS 对微球的相关性能却有明显的影响：DS 越大，微球溶胀率越小，降解越慢。当 GMA-Dex 的 DS 分别为 4.7、6.3 和 7.8 时，所制备的微球降解时间分别为 18、21 和 28 d。这三种微球在 PBS 中的初期快速释药率（24 h 内）分别为（20.4±1.1）%、（18.9±1.8）%、（17.3±2.3）%，无显著性差异（$P>0.05$），最后累积释药均低于 70%；但在 PBS 加葡聚糖酶溶液中，DS 越大，初期释药越少，三种微球体外释药分别可以维持 18、21、28 d，最后的累积释药均接近 100%；DS 为 7.8 的 GMA-Dex 所制备的微球的释药曲线没有明显的“突释”相，释药速率相对恒定，接近理想的释药动力学特征（零相释药动力学，zero-order kinetics）。说明通过 GMA-Dex 的 DS 调节，可以控制 DG-MP 中药物的释放，从而实现所需要的理想的释药方式。

（三）复合 BMP-DG-MP 的牙周生物可植入生物材料的研制与动物试验

目前具有生长因子缓释能力的牙周可植入生物材料的报道不多，可供牙周组织工程应用的支架材料大多是其他组织器官工程支架材料的直接应用。由于牙周组织类型复杂，牙周缺损形态特殊，因此针对牙周组织工程的牙周可植入生物材料的研制具有重要意义。利用前面试验制备的生长因子控释微球，采用冷冻干燥法和 c 脱乙酰壳多糖（hitosan，CS）制备复合了 BMP-DG-MP 的功能性 GTR 生物膜。利用激进分子 GMA-Dex 在低质量浓度的 PEG 溶液中形成多孔网状凝胶的特性，制备复合了 BMP-DG-MP 的牙周可植入多孔网状水凝胶支架材料，并分别按照国际标准 GB/T14233.2—93 对体内植入材料的要求进行生物学评价。

由于目前对于所制备的牙周可植入生物材料的评价标准还不十分完善，因此其动物试验有待在进一步试验中完善。在本课题研究中，采用构建 BMP-DG-MP 与 CPC 复合物的方式进行了动物试验，旨在明确单纯的微球缓释系统通过对生长因子的缓释，促进牙周组织再生的效果。

在低质量浓度的 PEG 溶液中，GMA-Dex 形成网状多孔支架型凝胶而非微球，其孔隙率和孔径等重要指标都可以通过 GMA-Dex 的 DS 进行调节。在制备工艺的合适步骤中，加入 BMP-DG-MP，就可以制备复合 BMP-DG-MP 的功能性 GTR 生物膜或牙周可植入多孔网状支架材料。结果表明，所制备的功能性 GTR 生物膜和牙周可植入支架材料的理化与生物学性能良好，各项指标检测均符合国际标准 GB/T14233.2—93 对体内植入材料的要求，同时保持对活性蛋白类药物的控释功能，有望实现多种生长因子协调释放。用 BMP-DG-MP 与 CPC 复合物修复人工犬根分叉牙周缺损，可以获得良好的牙周组织再生。组织学测量和分析结果均表明，BMP-DG-MP/CPC 比重组人骨形态发生蛋白-2（recombinant human bone morphogenetic protein-2，rhBMP-2）直接复合 CPC 有更为明显的促进牙周组织再生的能力。

三、研究结论

利用 GMA-Dex 与明胶发生共聚，可以在避免有机溶剂使用的条件下制备具有良好理化与生物学性能的生长因子控释系统，其释药主要由材料的降解（葡聚糖酶降解）进行控制，系统调节影响其释药的主要参数指标，可以获得较为理想的体外释药曲线（在葡聚糖酶存在的条件下），接近零相释药动力学特征；复合此生长因子微缓释系统的牙周植入材料具有较好的促进牙周组织再生的能力。

综上所述，葡聚糖与明胶共混微凝胶作为活性蛋白类药物载体，制备工艺简单，理化与生物学性能良好，是一种较为理想的生长因子缓/控释载体，在组织工程和再生医学研究领域有广阔的应用前景；但葡聚糖-共-明胶缓/控释载体的体内降解、释药特征亟待进一步研究，其安全性、有效性也需要更多的动物试验来给予验证；牙周可植入功能性生物材料的物理化学与生物学性能研究也有待进一步深入。

利用无机抗菌剂合成抗菌自酸蚀处理剂的基础研究

（摘　要）

第四军医大学口腔医学院博士研究生　方明

导师　陈吉华　Hartmut F. HILDEBRAND

口腔黏结技术的不断发展和完善，推动着保存牙科学、美容牙科学和微创技术的日益进步，而黏结修复材料的革新为黏结技术的发展奠定了物质基础。新材料的研制已不单纯注重提高其理化性能，抗菌性能也已成为一个新的热点。龋病既是危害牙完整性的首要因素，又是导致修复体失败的主要原因。继发龋不仅增加了再次修复的难度，而且使预后更差。研制具有抗菌功能的黏结材料对于延长黏结修复体寿命、改善患者预后都具有极其重要的意义。

就任何口腔修复黏结系统而言，在修复过程中，处理剂总是最先接触并与牙体组织作用，因而研制具有抗菌功能的处理剂必将有助于黏结修复成功，改善患者预后。对于酸蚀和处理步骤合一，处理完成无须水冲洗的自酸蚀处理剂尤为如此。在自酸蚀处理剂中添加抗菌剂，一方面在自酸蚀处理剂固化前，抗菌成分可有效杀灭牙体组织残留的细菌；另一方面当处理剂固化后，抗菌成分也将固定于修复体和牙体组织的黏结界面，持续抑制或杀灭入侵的细菌，有助于预防继发龋的发生。

一、研究目的

本课题组前期自行研制的一种试验自酸蚀处理剂（Experimental self-etching primer，ESP），具有良好的酸蚀能力以及较高的釉质和牙本质黏结强度。本研究旨在探索通过添加不同种类、不同质量浓度的无机抗菌剂，实现试验自酸蚀处理剂抗菌功能化的初步可行性，为进一步研制具有预防继发龋功能的抗菌口腔修复材料奠定理论和试验基础，以最终达到以预防为目的、与预防相结合的防治龋病的目标。

二、研究方法

分别选取一种氯制剂(碱式次氯酸镁),三种含银、铜、锌离子的无机抗菌剂(龙贝无机抗菌粉体、安迪美-AMS_2、IONPURE-H 抗菌剂)和两种氧化锌晶须抗菌剂(氧化锌晶须复合抗菌剂 AT-83 和 AT-88),从以下三个方面开展试验研究。

(一)理化性能评价

应用扫描电镜和能谱分析观察抗菌剂粉体微观形态并验证其化学组分,通过对剪切黏结强度、微渗漏指数、接触角、双键转化率和不同时期样本颜色参数的测试,评价以不同质量浓度的无机抗菌剂添加在试验自酸蚀处理剂中对黏结系统黏结性能、黏结样本表面可湿性、颜色稳定性和材料固化程度的影响。

(二)微生物学性能评价

采用液体稀释法和琼脂稀释法测试无机抗菌剂自身对口腔常见致病菌的敏感性。选取变异链球菌开展体外药敏试验和抗菌率测试,分别比较含有不同抗菌剂的试验自酸蚀处理剂在不同添加质量浓度、固化状态、与菌液不同作用时间、黏结样本老化处理 1 个月后的抗菌活性以及黏结样本浸提液对细菌生长的影响,通过细菌黏附试验评价样本对早期细菌黏附的抑制作用。

(三)生物相容性评价

进行大鼠经口途径短期全身毒性试验,并选取 NIH3T3 细胞株应用直接接触法进行细胞相容性测试。

三、研究结果

(一)理化性能评价

扫描电镜观察显示,龙贝无机抗菌粉体和 IONPURE-H 抗菌剂粉体颗粒均匀,粒径相对较小,其余四种抗菌剂粉体颗粒大小不均。氧化锌晶须抗菌剂 AT-83 粉体内有四针状的晶须结构。碱式次氯酸镁抗菌剂含有大量氯元素,其余五种抗菌剂含有不同质量浓度的银、铜和锌。在试验自酸蚀处理剂中添加低质量浓度(0.5%)的无机抗菌剂对牛牙釉质黏结强度无显著影响,而添加质量浓度高至 2.5%时,除龙贝无机抗菌粉体外,其余五种抗菌剂都使试验自酸蚀处理剂的黏结强度显著降低。

扫描电镜观察牛牙本质和未经打磨的牛牙釉质试件显示,抗菌剂的添加对试验自酸蚀处理剂的酸蚀效果无显著影响。添加剂质量浓度为0.5%时,除碱式次氯酸镁抗菌剂外,其余五种抗菌剂对试验自酸蚀处理剂冠方和根方微渗漏指数无显著影响;各组材料根方微渗漏指数均高于冠方。

黏结样本经不同方法处理以老化一年后的颜色参数变化最为显著,各组色差值的变化主要来源于明度的升高。经含抗菌剂质量浓度2.5%的试验自酸蚀处理剂处理的各试验组色差值的显著变化,主要是由树脂载体造成的。尽管如此,与试验自酸蚀处理剂空白对照组相比较,抗菌剂添加组与试验自酸蚀处理剂空白对照组的色差值仍在临床可接受范围之内。

无论何种被测牙体组织(釉质、浅层牙本质或深层牙本质),无论应用何种测试液体(蒸馏水或黏结树脂),添加的抗菌剂质量浓度为 0.5%时,试验组接触角与试验自酸蚀处理剂空白对照组相比均无显著差异。无论是否含有抗菌剂,经试验自酸蚀处理剂处理后,釉质和牙本质试件的表面可湿性都得到显著提高。被测底物和表面处理相同时,水接触角小于树脂接触角。

在试验自酸蚀处理剂中添加质量浓度为 0.5% 的抗菌剂,对黏结剂和试验自酸蚀处理剂混合物的双键转化率无显著影响。双键转化率随固化时间的延长而显著升高,固化时间从 20 s 延长至 40 s 时双键转化率的升高尤为明显。

(二)微生物学评价

体外试验表明,这六种受试的无机抗菌剂可显著抑制受试的口腔常见致病菌株的生长。其中,龙贝无机抗菌粉体体外综合抗菌活性最强，以下依次为氧化锌晶须复合抗菌剂 AT-83、IONPURE-H、碱式次氯酸镁、氧化锌晶须复合抗菌剂 AT-88 和安迪美-AMS_2。不溶性物质体外抗菌敏感性测试宜用液体稀释法。

试验自酸蚀处理剂自身在固化前后均具有一定的抗菌活性。试验自酸蚀处理剂中添加龙贝无机抗菌粉体或氧化锌晶须复合抗菌剂 AT-83，可使液体状态下试验自酸蚀处理剂的最低抑菌浓度和最低杀菌浓度显著降低。尽管在试验自酸蚀处理剂中添加质量浓度 0.5% 的抗菌剂，使液体状态下 ESP 作用 30 s 的短时抗菌活性有所减弱，但各组抗菌效率仍高于 97%。

无论添加的抗菌剂质量浓度为 0.5% 还是 2.5%，氧化锌晶须复合抗菌剂 AT-83、龙贝无机抗菌粉体、安迪美-AMS_2 和 IONPURE-H 的添加均可显著增强试验自酸蚀处理剂固化后的抗菌活性，与菌悬液作用时间延长效果更明显。

尽管固化后的黏结样本在人工唾液内浸泡 1 个月后，抗菌活性有所降低，但是除氧化锌晶须复合抗菌剂 AT-88 外，其余五种抗菌剂以 0.5% 的质量浓度添加至试验自酸蚀处理剂中均可显著增强试验自酸蚀处理剂固化后的抗菌活性。其中，氧化锌晶须复合抗菌剂 AT-83 最为有效，龙贝无机抗菌粉体和安迪美-AMS_2 次之。

与阴性对照组样本相比，经含质量浓度 0.5% 的氧化锌晶须复合抗菌剂 AT-83、龙贝无机抗菌粉体或安迪美-AMS_2 的试验自酸蚀处理剂处理的样本表面，具有轻微的抗细菌黏附作用。

固化后，黏结样本 1 h、1 周和 1 个月的浸提液对变异链球菌的生长无显著影响。这说明固化后样本的抗菌作用实质为接触性抗菌，对周围菌群生长没有显著影响。

(三)生物相容性评价

当抗菌剂质量浓度为 5.0% 时，大鼠经口途径短期全身毒性实验在 2 周的观察期内未发现临床毒性体征，给药组与对照组之间大鼠体质量相对增长率无显著差异。

NIH3T3 细胞相容性试验发现，经含质量浓度 0.5% 的不同抗菌剂的试验自酸蚀处理剂处理固化后的任何试验组，细胞活力比率和细胞增殖率与空白对照组相比无显著差异。各试验组校准的总体毒性指数(以空白对照组为参考)介于 0～20 之间(高限为 100)，没有或仅有轻微的细胞毒性。其中，含碱式次氯酸镁、氧化锌晶须复合抗菌剂 AT-83 和 AT-88 的试验自酸蚀处理剂固化后的细胞毒性最低。仅样本覆盖区和样本边缘邻近区域细胞可观察到毒性表现，远离样本覆盖区的细胞密度未受明显影响。

四、研究结论

在适当的质量浓度下，受试的无机抗菌剂可有效地添加至试验自酸蚀处理剂中形成具有抗菌活性的自酸蚀处理剂，而对材料本身的生物相容性和理化性能无明显影响。在受试的无机抗菌剂中，氧化锌晶须抗菌剂 AT-83 的抗菌效果最为有效。抗菌剂最佳添加质量浓度介于 0.5%～2.5% 之间。试验自酸蚀处理剂中添加的抗菌剂，随试验自酸蚀处理剂的固化而固定于牙体组织和修复材料之间的黏结界面上。尽管它们的抗菌活性较固化前减弱，不足以强有力地杀灭致龋菌，但仍可发挥“接触型抑菌”作用，安全可靠，不会引起口腔内的菌群失调。

通过添加无机抗菌剂有望研制成功具有抗菌功能的自酸蚀处理剂，并为系列抗菌口腔修复材料的研制以及以预防为导向的龋病治疗新模式的实现奠定理论和试验基础。

Shh 信号路径在鼠磨牙牙胚发育中的生物学作用

（摘　要）

武汉大学口腔医学院博士研究生　张露　导师　陈智

牙胚发育是一个复杂的连续的过程，包括牙胚发育起始、形态发生、细胞分化以及牙本质和釉质基质分泌及其生物矿化等阶段。在牙胚发育过程中，一系列信号分子、转录因子等基因产物在上皮-间充质内呈时空特异性表达，这些基因共同建立了控制牙胚发育的分子信号网络。Shh 是 hedgehog(Hh)信号蛋白脊椎动物家族成员，在多器官系统的正常发育过程中起关键作用。Shh 信号路径在进化上高度保守，由 Shh 以及两个跨膜蛋白质受体 patched(Ptc)和 smoothed(Smo)组成的受体复合体，蛋白激酶 A 以及下游转录因子 Gli 家族 Gli-1、Gli-2、Gli-3 等组成。

目前，对于 Shh 信号路径调控牙胚发育的研究多集中在早期。将 *shh* 基因敲除后，牙形态发生严重受阻，舌侧上皮卷折和牙索缺失，停滞于帽状期。这提示 Shh 在牙胚发育早期的上皮-间充质和上皮-上皮之间的信号传导中发挥重要作用，特别是在调控上皮和间充质细胞的增殖，诱导早期牙形态发生方面起重要作用，但具体机制尚不清。牙胚发育晚期涉及成釉细胞、成牙本质细胞的分化，Shh 在此过程中是否参与了上皮-间充质之间的信号传递，是否作为一种信号分子启动成釉细胞、成牙本质细胞的分化，尚无确切的定论。

为了进一步明确 Shh 信号路径在牙胚发育中的生物学作用，以小鼠胚胎下颌第一磨牙为研究对象，将 Shh 信号分子的分泌细胞与效应细胞结合起来，从信号传导的角度出发检测 Shh 信号通路基因，其中包括 Shh、Ptc-1、Ptc-2、Gli-1 在牙胚发育过程中的基因表达和蛋白定位。检测转录调节因子 LMO-4、LMO-2 在小鼠磨牙牙胚发育过程中的基因表达，并将其与 Shh 信号分子的基因表达进行比较。探讨 Shh 信号路径是否还存在 Gli 以外的转录因子。进一步在牙胚发育帽状期成牙本质细胞分化之前，在抑制 Shh 功能和给予外源性 Shh-N 蛋白诱导两种情况下分别观察牙胚的发育情况，为探讨 Shh 信号分子是否与成釉细胞、成牙本质细胞的分化以及基质分泌过程有关提供直接证据。

一、Shh 信号路径基因在鼠磨牙牙胚发育中的基因表达和免疫组化定位

制备昆明出产的小鼠磨牙形态发育各期标本(E11.5～E18.5)，常规 H-E 染色观察其组织形态，免疫组化 SP 法对增殖细胞核抗原进行定位研究，原位末端脱氧核苷酸转移酶标记技术检测程序性细胞死亡状况。以 Shh、Ptc-1、Ptc-2、Gli-1 cDNA 为模板体外转录合成地高辛标记的 cRNA 探针，原位杂交法分析 Shh、Ptc-1、Ptc-2、Gli-1 mRNA 在牙胚中的表达与分布。免疫组化分析 Shh、Ptc-1、Gli-1蛋白的定位。

结果显示，E11.5～P1.5 牙胚发育经历了典型的起始期、蕾状期、帽状期和钟状期。釉结是帽状期成釉器内出现的重要的一过性结构，釉结细胞已停止增殖且存在程序性细胞死亡，釉结周围的内、外釉上皮，星网状层，牙乳头细胞增殖活跃。在小鼠磨牙发育的全程中都可以检测到 Shh、Ptc-1、Ptc-2、Gli-1 mRNA 的表达。E11.5～E18.5，Shh mRNA 分别表达于牙板、蕾上皮底部中心、原发性釉结、内釉上皮层和中间层。Shh 蛋白较 Shh mRNA 的分布范围广，在上皮和间充质中均有分布。Ptc-2 mRNA 与 Shh mRNA 表达方式一致。受体 Ptc-1 mRNA 与转录因子 Gli-1 mRNA 在牙上皮和间充质中均有表达，基因表达部位与蛋白定位范围相近。受体 Ptc-1 mRNA 较 Ptc-2 mRNA 表达范围广且表达方式互补，转录因子 Gli-1 mRNA 与受体 Ptc-1 mRNA 表达模式相近但不同于 Ptc-2 mRNA。

结果提示，Shh 是上皮性的分泌性信号分子，在牙胚形态发生中呈时空特异性表达。在牙胚发育早期，Shh 主要通过自分泌途径和旁分泌途径作用于上皮和间充质细胞促进其增殖，从而调控了牙胚的生长和决定了早期牙形态发生。

二、转录调节因子 LMO-4、LMO-2 在小鼠磨牙牙胚发育中的基因表达

LMO-4、LMO-2 属于 LIM-only 转录调节因子家族成员。LMO-4 可能与颅面部器官的发育有关，但 LMO-4、LMO-2 在牙胚的发育过程中是否有表达，目前尚无报道。本研究利用整封标本原位杂交和切片原位杂交的方法观察了转录调节因子 LMO-4、LMO-2 在鼠胚和鼠磨牙牙胚形态发生中的基因表达，并将其与 Shh 信号分子的基因表达进行比较。

整封标本原位杂交显示，LMO-2 在颅颌面器官和牙胚发育过程中均无表达。在 E11.5，LMO-4 mRNA 在上下颌突、肢芽、脑、表皮和体节表达。切片原位杂交示，E13.5～E16.5，LMO-4 mRNA 分别在蕾上皮、成釉器两侧尖部和颈环处呈现表达；在 E18.5，LMO-4 mRNA 在成釉细胞层和中间层表达。研究结果提示，LMO-4 与 Shh 信号分子表达范围邻近，可能与 Shh 信号路径的下游转录调控有关。

三、Shh 体外阻断和体外诱导对成牙本质细胞及成釉细胞分化的影响

以小鼠下颌第一磨牙 E14.5 牙胚为研究对象，用分散酶将其解离为牙上皮和牙间充质。间充质上分别植入吸附有 Shh 抗体和 Shh-N 蛋白的蓝珠，以吸附有磷酸缓冲盐溶液的蓝珠作为阴性对照，再覆盖以原磨牙上皮。重组体体外 Trowell 器官培养皿中培养过夜后，植入小鼠肾囊膜下培养。分别在 2 周和 4 周后处死动物取移植体，组织学处理后观察 Shh 抑制表达、Shh-N 诱导，对照组成釉细胞和成牙本质细胞的分化以及基质分泌情况。同时从移植体中剥离出牙直接进行形态观察和牙宽度测量。

结果显示：Shh 抗体阻断组、Shh-N 体外诱导组和对照组均有牙形成；肾囊膜下生长 2 周后，Shh-N 体外诱导组的牙发育状态好于对照组和 Shh 抗体阻断组；成釉细胞和成牙本质细胞排列整齐，呈高柱状，细胞核远离基膜；釉质、牙本质、前期牙本质基质分泌较厚，层次清楚。Shh 抗体阻断组成釉细胞和成牙本质细胞的发育时期较 Shh-N 体外诱导组和对照组明显滞后，排列紊乱，呈柱状，牙本质、前期牙本质基质仍可分泌，但分泌较薄。肾囊膜下生长 4 周后，Shh-N 体外诱导组从大体标本到组织学观察均与对照组无明显差别，所形成的牙牙尖明显。Shh 抗体阻断组形成的牙较 Shh-N 体外诱导组和对照组明显变小，牙尖高度低。

研究结果提示在牙胚发育晚期，Shh 信号路径具有促成釉细胞和成牙本质细胞伸长、极化的作用，但对于其终末分化和基质分泌不起主要作用。同时，Shh 信号路径和牙尖模式形成有关。

牙周膜干细胞的分离鉴定和腺病毒整合组织工程支架的实验研究

（摘　要）

武汉大学口腔医学院博士研究生　张玉峰　导师　程祥荣

种植体已经在临床得到了广泛的应用，然而与天然牙周组织相比较，骨整合种植体缺乏牙周膜这一特殊结构，其力学传递、生物封闭性均与天然牙有明显差异。如何使种植体-骨界面形成牙周膜样结构，让种植体成为真正意义上的“第三副牙齿”，是目前众多学者孜孜以求的目标。

生物医学组织工程是近年来继基因工程之后取得重大技术突破的生命科学领域新的研究热点。组织工程的三大要素是：具有增殖分化潜能的种子细胞、生物支架材料、生长因子。简而言之即在一定的支架材料上复合具有增殖分化能力的种子细胞，在生长因子的作用下体外构建具有活力的组织器官，然后将其植入到所需修复的组织或器官处直接发挥作用，促进组织器官的修复再造。随着组织工程理论的日臻完善和组织工程技术的迅猛发展，牙周组织工程已成为牙周领域研究的重点和热点。将组织工程原理运用于牙周组织的重建，充分发挥牙周前体干细胞的作用，势必为牙周组织的修复再生开辟新的途径，拓宽生物医学空间。

本研究分离出牙周膜干细胞并对其进行了多向分化诱导，证实其干细胞特性。同时采用分子生物学手段，将重组人血小板衍生生长因子（*pdgf*）-B 基因导入体外培养的牙周膜干细胞，观察转染基因的表达及其对干细胞的分化诱导作用。在组织工程支架方面，尝试了多种支架并将基因与支架整合，探讨其生物相容性，以期为今后应用这一新的治疗手段提供试验基础。

一、人牙周膜成体干细胞分离培养及其定向分化

选取 10～15 岁的年轻患者因正畸拔除的完好牙齿，刮取根中 1/3 的牙周膜，采用组织块培养法和酶消化法得到牙周膜细胞。待细胞达一定量后用有限稀释法进行单细胞克隆，筛选牙周膜干细胞（periodontal ligament stem cell，PDLSC），行体外脂肪化和矿化诱导后对各克隆从碱性磷酸酶（alkaline phosphatase，AKP）活性、矿化结节形成、油红 O 染色、过氧化物酶增殖物激活受体 $\gamma 2$（PPAR$\gamma 2$）和脂蛋白脂肪酶（*lpl*）基因表达等方面进行检测。同时采用离心管聚集体诱导法进行体外软骨化诱导培养，光镜下观察诱导细胞形态学的改变，甲苯胺蓝染色、免疫组化、RT-PCR 等方法检测其胶原和糖蛋白的体外表达情况。

结果显示在矿化液诱导下，克隆细胞呈现明显高的 AKP 活性，能够形成矿化结节并向成骨细胞方向分化。成脂肪诱导后，油红 O 染色阳性，PPAR$\gamma 2$ 和 *lpl* 基因表达。体外离心管聚集体诱导培养 3 周后，试验组呈白色半透明状，甲苯胺蓝染色显示在外周区域有大量软骨基质成分沉积，组织学显示有较为明显的软骨陷窝。免疫组化和 RT-PCR 检测到Ⅱ型胶原表达，Ⅱ型胶原染色呈强阳性。对照组细胞团块逐渐收缩、崩解，组织学检测无软骨陷窝结构，Ⅱ型胶原免疫组化结果阴性。

结果表明，从成体人牙周组织中可分离

培养出干细胞，在体外能有效增殖且保持低分化状态，能够在条件培养液作用下进行定向分化。

二、重组人 PDGF-B 腺病毒载体的构建与转染牙周干细胞

采用常规分子生物学方法构建重组穿梭载体 PAdTrackCMV-*pdgf*-B，线性化以后在细菌 BJ5183 内与腺病毒骨架载体质粒 AdEasy-1 同源重组，在 HEK293 细胞中包装成重组腺病毒 Ad-*pdgf*-B，蛋白质印渍技术检测其在 HEK293 中的表达情况。同时利用包装好的病毒 Ad-*pdgf*-B 感染 PDLSC，免疫组化鉴定 *pdgf*-B 在细胞中的表达。采用噻唑蓝(MTT)法检测感染病毒后 PDLSC 的增殖变化，用 RT-PCR 检测感染后细胞分泌Ⅰ型胶原的变化。

结果显示：该重组缺陷型腺病毒载体经限制性内切酶酶切与预期结果一致；重组质粒转染 HEK293 细胞后，3 d 即可观察到增强型绿色荧光蛋白(EGFP)明显表达；蛋白质印渍技术检测证实 *pdgf*-B 表达。重组病毒能够感染 PDLSC 并表达蛋白，感染后细胞增殖明显增强，同时Ⅰ型胶原表达量增高。

结果表明，利用 AdEasy 系统可快速构建同时表达 EGFP 和 *pdgf*-B 的重组复制缺陷型腺病毒 Ad-*pdgf*-B。此病毒能够感染 PDLSC，促进其增殖，同时增强Ⅰ型胶原的表达。

三、牙周组织工程支架的相关研究

(一)纳米羟磷灰石-壳聚糖复合支架的制备及其组织相容性实验

将纳米羟磷灰石加入壳聚糖醋酸溶液中，采用冷冻干燥法制备三维多孔支架，扫描电镜观察其结构。培养牙周膜细胞于支架上，采用 MTT 法检测细胞的增殖变化，用 RT-PCR 检测 AKP 和Ⅰ型胶原的表达。同时将支架细胞复合物植入裸鼠皮下，观察支架材料的体内降解及其组织相容性。

结果显示，单纯壳聚糖支架具有多孔结构，孔径较大，加入纳米羟磷灰石后，孔径逐渐减少。壳聚糖和纳米羟磷灰石相容性好，无相分离。细胞在纳米羟磷灰石-壳聚糖多孔复合体支架内均匀生长，状态良好，细胞形态饱满。MTT 结果显示，1%质量分数的纳米羟磷灰石-壳聚糖实验组能够从一定程度上促进细胞增殖。相对于空白壳聚糖组，AKP 和Ⅰ型胶原的表达增强。植入裸鼠皮下后 2 周，实验组支架间空隙逐渐被增生的细胞和细胞外间质填满，组织基本未降解；到第 4 周有大量新生毛细血管再生。

结果表明，纳米羟磷灰石-壳聚糖支架生物相容性较好，是一种具有潜在价值的牙周组织工程支架材料。

(二)复合基因的组织工程支架的制备

将携带转化生长因子(*tgf*)-β_1 基因的质粒和病毒利用二次冻干法整合到三维壳聚糖-胶原支架上，扫描电镜观察其结构。同时培养牙周膜细胞于支架上，激光共聚焦显微镜观察其生长状态，MTT 法检测细胞的增殖变化，酶联免疫吸附测定(ELISA)检测 *tgf*-β_1 的表达，RT-PCR 检测Ⅰ、Ⅲ型胶原的表达。同时将支架细胞复合物植入裸鼠皮下，观察支架材料的体内降解及其组织相容性。

电镜结果显示，支架具有良好的三维多孔结构，结合基因的支架在接种后都有基因的表达。整合质粒的支架表达量很少，而病毒组支架有大量细胞表达整合基因。ELISA 显示，接种在病毒组支架上的细胞产生 *tgf*-β_1 最多。MTT 表明，整合 *tgf*-β_1 病毒的支架材料对牙周膜细胞的增殖有明显的促进作用，同时Ⅰ、Ⅲ型胶原的表达增强。体内试验表明了绿色荧光蛋白(GFP)的示踪效果，免疫组化结果显示 *tgf*-β_1 的表达与 GFP 表达一致。

结果表明，携带 *tgf*-β_1 基因的病毒能够很好地整合到三维壳聚糖-胶原支架上，复合支架生物相容性好。

小型猪牙齿相关干细胞介导的生物牙根再生及实验性牙周炎骨缺损修复的体内实验研究

（摘　要）

首都医科大学口腔医学院博士研究生　刘怡　导师　王松灵

目前在临床上，牙缺失均是给予赝复体修复，而缺乏真正意义上的生物性修复。牙齿相关干细胞和组织工程技术为采用新的生物性修复方法提供了可能。本课题组提出了生物性牙根再生的新概念，并已在体外和小型动物体内获得重要研究进展。本研究利用与人类牙颌系统相似的小型猪根尖牙乳头干细胞和牙周膜干细胞复合生物支架进行生物性牙根再生，探讨牙周膜干细胞修复实验性牙周炎骨缺损的能力，旨在为利用牙齿相关干细胞结合组织工程技术进行生物性牙再生修复和牙周组织再生修复提供大型动物的实验依据。

一、小型猪根尖牙乳头和牙周膜干细胞体外分离培养及生物学特性研究

分离培养小型猪根尖牙乳头干细胞和牙周膜干细胞，研究其生物学特性，为利用干细胞进行生物性牙根再生和牙周修复治疗奠定基础。

选取 3 只成年小型猪，于无菌条件下拔除其尖牙，剥离牙根外牙周组织，切取根尖牙乳头组织，用 D-Hank 液分别反复清洗根尖牙乳头组织和牙周组织，剪碎置于含Ⅰ型胶原酶(3 g/L)和分散酶(4 g/L)的消化液中，于 37 ℃消化 1 h，过 70 μm 滤网收集细胞，1 000 r/min 离心 10 min，用培养液重新悬浮成单细胞悬液。按$(0.01\sim1.00)\times10^5$/孔分别将根尖牙乳头细胞和牙周膜细胞接种于 6 孔板中，在 α-MEM 培养液（含体积分数 15％的胎牛血清、100 μmol/L 的 *L*-维生素 C_2-磷酸、2 mmol/L 谷氨酰胺、100 000 U/L 青霉素、100 mg/L 链霉素）、37 ℃、5％ CO_2 条件下培养，每 2～3 d 换液 1 次。倒置显微镜下观察细胞生长状况。培养 14 d 后，将细胞用 4％多聚甲醛固定、0.1％甲苯胺蓝染色，计数大于 50 个细胞的克隆数，计算克隆形成率（colony forming unit-fibroblast, CFU-F）。

取 1～4 代的根尖牙乳头干细胞和牙周膜干细胞，以同样的初始接种密度、培养条件（包括培养皿、培养液、培养箱）同时进行体外培养。分别记录第 1～4 代细胞的生长时间、传代前后的细胞总量，计算出每代细胞的倍增时间。用免疫组化法鉴定所分离培养的第 3 代根尖牙乳头干细胞和牙周膜干细胞是否存在中胚层干细胞的标记物 STRO-1，再用流式细胞仪计数 STRO-1 阳性细胞比例。透射电镜观察第 3 代细胞体外生长状况。扫描电镜观察细胞三维支架材料羟磷灰石/β-磷酸三钙(HA/TCP)上的生长情况。将第 3 代细胞在诱导培养液中培养 4 周，4％多聚甲醛固定、油红(oil red-O)染色，观察根尖牙乳头干细胞和牙周膜干细胞诱导分化成脂肪细胞的能力。

研究结果显示，原代培养的小型猪根尖牙乳头干细胞和牙周膜干细胞生长良好，呈多角形或梭性，牙周膜干细胞稍大于根尖牙乳头细胞。根尖牙乳头干细胞克隆形成率为(20～130)个/10^5，牙周膜干细胞的克隆形成率为(1～23)个/10^5。

流式细胞仪计数显示 STRO-1 阳性细胞率，根尖牙乳头干细胞为 7.6％，牙周膜干细

胞为 5.6%。第 2 代根尖牙乳头干细胞和牙周膜干细胞的倍增时间最快，且根尖牙乳头干细胞生长速度快于牙周膜干细胞。

透射电镜下，第 1～3 代根尖牙乳头干细胞和牙周膜干细胞生长良好，细胞质内线粒体、高尔基体和粗面内质网丰富；随着培养时间的延长，细胞外基质增多。第 3 代根尖牙乳头干细胞和牙周膜干细胞在体外培养第 7 天时，细胞外可见平行排列的胶原纤维，而牙周膜干细胞所产生的胶原纤维较根尖牙乳头干细胞更多、更粗，排列更加整齐。

扫描电镜下，根尖牙乳头干细胞和牙周膜干细胞在 HA/TCP 三维支架上生长良好，充分伸展，并分泌大量细胞外基质。经诱导分化后，根尖牙乳头干细胞和牙周膜干细胞在体外有诱导分化成脂肪的能力。

由此可见，小型猪根尖牙乳头干细胞和牙周膜干细胞均可被成功地分离培养，并在体外表现出良好的生长状态，且有横向分化的潜能，有望为牙齿再生和牙周组织工程研究提供有用的细胞来源。

二、根尖牙乳头和牙周膜干细胞介导再生生物牙根小型猪体内实验研究

利用根尖牙乳头和牙周膜干细胞复合生物支架在小型猪体内再生生物性牙根。即选取 5 只成年小型猪，分离培养其根尖牙乳头和牙周膜干细胞，将培养至第 3 代的根尖牙乳头和牙周膜干细胞与 HA/TCP 复合，分别回植于小型猪上下颌骨内，共回植生物性牙根 8 个。观察 3～9 个月，定期摄 X 线片和 CT，观察回植物在体内的生长情况。在回植后 9 个月进行组织学观察。

结果在回植初期，在牙根材料表面可见到不规则的吸收影像，回植牙根轮廓尚清晰，周围牙槽骨的密度降低。回植 3 个月时，牙根密度增加，与周围牙槽骨间有类似牙周膜影像的低密度透光区。在回植第 9 个月时，回植材料仍为类似牙根的形状，但尺寸较最初植入时缩小。组织像显示再生的牙根组织有类似牙本质、牙骨质样结构，并有类似穿通纤维结构插入正在形成的类似牙本质或牙骨质样结构。

由此可见，利用根尖牙乳头和牙周膜干细胞复合 HA/TCP 在小型猪体内能形成类似牙根形态的结构。在全牙再生尚有不少技术难点近期内难以获得重大突破的情况下，生物性牙根修复不失为一个新的有广泛潜在应用前景的牙修复技术。

三、牙周膜干细胞介导修复实验性牙周炎骨缺损的小型猪体内研究

利用小型猪体内实验性牙周炎模型探讨牙周膜干细胞修复牙周炎骨缺损的可行性。即将小型猪 9 只共 36 侧分为 3 组。① 空白对照组：建立实验性牙周炎后不做任何处理；② HA 组：在建模 1 个月后做翻瓣刮治与 HA 修复；③ 牙周膜干细胞组：在建模 1 个月后做翻瓣刮治加牙周膜干细胞和 HA 修复。

实验前，所有小型猪均采用骨缺损加结扎丝线的方法建立上下颌第一磨牙实验性牙周炎模型。建模手术后 30 d 按实验分组进行牙周骨缺损治疗，牙周膜干细胞组回植的细胞为自身第 3 代牙周膜干细胞，回植细胞量为每 40 mg HA/TCP 含细胞 1×10^6 个。在建模手术前、回植前和回植后 3 个月分别用菌斑指数、龈沟出血指数、牙周探诊深度、临床附着丧失以及影像学和组织病理学结果评价牙周组织修复效果。

结果显示，骨缺损加结扎丝线的方法可形成稳定的小型猪实验性牙周炎模型。用牙周膜干细胞联合 HA/TCP 治疗小型猪实验性牙周炎骨缺损 3 个月后，菌斑指数、牙周探诊深度和临床附着丧失水平与实验前无显著性差异（$P>0.05$），与空白对照组和 HA/TCP 组有显著性差异（$P<0.05$）。

大体观察显示，空白对照组和 HA/TCP 组都有明显的龈退缩，而牙周膜干细胞回植

组牙周组织基本正常。

组织学观察显示，牙周膜干细胞回植组牙周骨缺损处有大量新骨形成和牙周新附着形成，牙周组织再生良好，而空白对照组和HA/TCP组新骨形成量较少；新骨形成高度在牙周膜干细胞回植组为3.7 mm，HA/TCP组为1.7 mm，空白对照组为0.5 mm。作者认为，小型猪牙周膜干细胞复合HA/TCP有良好修复再生牙周骨缺损效果。

微型双皮质双侧支抗种植体在牙齿移动中的支抗作用与生物力学分析

（摘 要）

浙江大学口腔医学院博士研究生 武建潮 导师 赵士芳

一、研究目的

本研究旨在介绍一种植入微型双皮质支抗种植体准确方法。观察微型双皮质支抗种植体双侧支抗对狗后牙近中移动的影响，评价微型双皮质双侧支抗种植体作为正畸支抗的可行性和优越性。应用三维有限元法研究微型双皮质双侧支抗种植体骨界面的生物力学特点，寻找双皮质双侧支抗种植体骨界面生物力学特点与单皮质支抗种植体的不同之处，为微型双皮质双侧支抗种植体提供生物力学上的支持。

二、材料和方法

取成年雄性英国小猎兔犬5只，以其一侧下颌3颗前磨牙作为实验侧，用自制外科导板在每颗前磨牙两牙根之间植入一颗双皮质微型支抗种植体；以其另一侧下颌3颗前磨牙作为对照侧，不用外科导板植入双皮质微型支抗种植体，比较两种方法的成功率。

再取成年雄性英国小猎兔犬5只，制作其下颌第四前磨牙铸造全冠，全冠的颊舌侧上有类似虚拟“第三牙根”、“第四牙根”的牵引钩，牵引钩上连接螺旋弹簧的位置大约位于第四前磨牙的抗力中心。拔除上下颌第三前磨牙，愈合1周后，按照上述方法，在下颌第二前磨牙两牙根近抗力中心处植入微型双皮质支抗种植体（实验侧），另一侧植入单皮质支抗种植体（对照侧）。全冠试戴合适后，用复合树脂粘接固定。

实验侧，将两根相同的正畸用镍钛螺旋弹簧拴结于种植体两端凹槽和第四前磨牙牵引钩上，调节弹簧长度使每侧牵引力为50 g，加载3个月时间；在对照侧，将一根相同的钛镍螺旋弹簧拴结于种植体凹槽和第四前磨牙牵引钩上，调节螺旋弹簧使牵引力为100 g。测量第一磨牙中央尖到第四前磨牙全冠颊侧牵引钩底端距离，第一磨牙中央尖到第四前磨牙全冠舌侧牵引钩底端距离，第一磨牙中央尖到第四前磨牙牙尖距离，尖牙牙尖到第一磨牙中央尖的距离，尖牙牙尖到种植体颊侧端的距离。测量加载前后间隔2周各参数值，分别计算第一磨牙、第四前磨牙和种植体的位移。

加载结束后，在全麻下静脉空气栓塞处死所有动物。锯取带双皮质种植体的骨块，按照硬组织切片标本处理方法固定，梯度乙醇脱水、脱脂处理，树脂包埋。分别在不同层面沿种植体横断面作硬组织切片，切片厚度100 μm，手工磨片至切片厚度60～70 μm，苦味酸-品红染色。显微镜下观察种植体骨界面情况，用 Image-ProPlus 5.0 专业图像处理软件计算种植体骨接触率。

将局部下颌骨冠状截面简化成一个等腰梯形，利用 Ansys 软件直接建模并绘制牙种植体和下颌骨局部骨块三维立体几何模型，分别计算并分析种植体骨界面应力。由于普通微型种植体植入在骨界面会产生初始位移，本研究特别分析了初始位移在 0.05 mm、0.1 mm 时，种植体骨界面的应力大小和分布情况。

三、研究结果

两侧下颌骨共植入 30 颗微型双皮质支抗种植体，实验侧(应用外科导板组)没有失败，对照组侧有 4 颗失败，实验侧植入成功率高于对照侧，有统计学意义($P<0.05$)。

临床检查发现，5 颗双皮质支抗种植体在整个加载过程中保持稳定，无松动。种植体颊侧端周围牙龈有轻度炎症，探诊轻微出血；种植体舌侧端周围牙龈无炎症，探诊无出血现象。5 颗单皮质支抗种植体有 1 颗松动，种植体周围炎症较明显，另外 4 颗有轻度炎症。

双皮质侧第四前磨牙有比较明显的近中移动，单皮质侧第四前磨牙在近中移动过程中发生明显扭转。在牵拉的末期，第四前磨牙有不同程度的近中倾斜。口内测量结果显示：①加载结束时双皮质侧第四前磨牙“第三牙根”、“第四牙根”向近中移动的距离分别为(2.9±0.21)和(2.94±0.19) mm ($P>0.05$)，单皮质侧“第三牙根”和“第四牙根”移动量为(2.33±0.15)和(0.53±0.14) mm，($P<0.05$)；②双皮质侧“第三牙根”、“第四牙根”相对位置变化量为 0.04 mm，单皮质侧为 1.68 mm ($P<0.05$)；③双皮质侧第四前磨牙近中位移 3.98 mm，单皮质侧为 1.96 mm ($P<0.05$)；④双皮质侧第四前磨牙在加载后 1、2 月时牙冠、牙根移动差别不大，在第 3 个月时位移差异有显著性($P<0.05$)；⑤双皮质侧加载前后 CA-IB 距离(22.32±1.35)和(22.6±0.87) mm，单皮质侧(22.13±1.35)和(20.75±1.32) mm，加载前后均无显著差异($P>0.05$)；⑥双皮质侧加载前后 CA-M1 距离(42.5±2.35)和(41.16±2.22) mm，单皮质侧(43.43±0.99)和(42.03±0.71) mm，加载前后均无显著差异 ($P>0.05$)。

硬组织切片显示，双皮质支抗种植体骨界面未见炎性细胞，不同层面内种植体有 10%～25%的骨接触。

两种微型支抗种植体在近远中水平载荷下的种植体骨界面应力分布主要集中在骨密质内，种植体颈部应力最大并在骨密质层内迅速衰减，骨松质内的 von-Mises 应力较小。种植体骨界面应力在颈部非均匀分布，近远中方向上的最大应力高于龈𬌗方向。双皮质支抗种植体在颊舌两侧骨界面内应力呈对称分布，骨密质内最大，von-Mises 应力值较单皮质侧明显降低。初始位移为 0.05 mm，骨界面应力集中在骨密质内，分布较均匀，衰减幅度较小，近远中方向上的 von-Mises 应力为 1 648 MPa，龈𬌗向为 1 782 MPa；初始位移为 0.1 mm，近远中方向上的 von-Mises 应力为2 012 MPa，龈𬌗向为 2 110 MPa。

四、研究结论

外科导板是微型双皮质双侧支抗种植体准确植入的保证，是建立动物模型的基础。微型双皮质双侧支抗种植体提供稳定的支抗，可整体前移后牙，加快牙移动速度。微型双皮质双侧支抗种植体骨界面应力分布和单皮质支抗种植体骨界面应力分布相似，但双侧支抗可以分担正畸力，降低骨界面应力。支抗种植体即刻加载时应当考虑植入时产生的初始应力，微型双皮质双侧支抗种植体的初始应力较自攻植入式微型支抗种植体小。

Nanobacteria 对牙髓钙化疾病作用的病因学研究

（摘　要）

中山大学光华口腔医学院·附属口腔医院博士研究生　曾劲峰　导师　凌均棨

慢性牙髓炎牙髓钙的发生率极高，即50%的患牙中至少存在着一个或多个的牙髓钙化。牙髓钙化常引起牙腔狭窄和闭塞，防碍医生对根管入口的预备和根管的进入，大大增加治疗的难度，造成治疗的不完善，患牙不能得到进一步的修复。牙髓钙化中髓石的形成是发生于牙髓的病理性矿化，病因尚未明确，该疾病的发生发展与多种因素相关。*Nanobacteria*（纳米细菌）是芬兰科学家 Kajander 发现的新菌种，它能在菌体周围产生矿化外壳，形成晶体核心，并能感染人体内绝大多数细胞，使感染组织发生病理性矿化。研究证明，*Nanobacteria* 与肾结石、硬皮病、动脉粥样硬化等多种体组织的病理性矿化疾病的发生发展密切相关。

本研究旨在通过对牙髓和牙腔结石中 *Nanobacteria* 的检测、分离和鉴定，进行 *Nanobacteria* 感染人牙髓细胞（human dental pulp cell，HDPC）实验，探讨 *Nanobacteria* 在牙髓病理性矿化发生发展过程中的作用，为研究牙腔结石的形成过程及其发病机制提供新的切入点，为该病的预防和治疗提供新的思路。

一、牙髓组织和牙腔结石中 *Nanobacteria* 的检测

通过对正常牙髓、炎症牙髓和牙腔结石中 *Nanobacteria* 的免疫组化染色和间接免疫荧光染色检测，以期发现牙髓和牙腔结石中 *Nanobacteria* 存在的证据。

正常牙髓 15 例，选自因阻生或正畸拔除的年轻健康患者的第三磨牙或前磨牙。炎症牙髓 11 例取自临床已明确诊断为牙髓炎而拔除的龋坏第三磨牙，拔除后立即劈开牙体取出牙髓。13 颗牙腔结石由牙体牙髓科医生在进行牙髓治疗过程中发现并取出，浸入无菌生理盐水中备用。

采用 *Nanobacteria* 单克隆抗体免疫组化（抗生物素蛋白-生物素-过氧化物酶复合物）、间接免疫荧光和透射电镜法对 15 例正常牙髓、11 例炎症牙髓和 13 颗牙腔结石中的 *Nanobacteria* 进行检测和观察。

结果显示，正常牙髓免疫组化染色为阴性。炎症牙髓中有 4 例免疫组化阳性，阳性率为 36.3%，阳性细胞包括成纤维细胞、单核巨噬细胞、血管内皮细胞，分布在炎症牙髓的中央区和边缘区；成牙本质细胞则偶见阳性细胞。

在 13 颗牙腔结石中，11 颗免疫组化染色为阳性，阳性率为 84.6%；部分切片的阳性区域均匀分布于牙腔结石内部，部分切片的阳性区域则位于牙腔结石靠近外围部分。

在 13 颗牙腔结石中，12 颗间接免疫荧光染色为阳性，阳性率为 92.3%；部分切片的阳性区域散在分布于牙腔结石内部，部分切片的阳性区域则位于牙腔结石靠近外围部分。

牙腔结石内发现 *Nanobacteria* 样结构，椭圆形，外层较致密，为 200～300 nm 大小的黑色颗粒。

本研究结果证明，炎症牙髓和牙腔结石中存在 *Nanobacteria*，牙腔结石的形成可能与 *Nanobacteria* 感染有关。

二、牙腔结石中 *Nanobacteria* 的分离、培养和鉴定

从牙腔结石中分离 *Nanobacteria* 并进行培养和鉴定。

牙腔结石由牙体牙髓科医生在进行牙髓治疗过程中发现，取出后浸入无菌生理盐水中备用。取得牙腔结石的患牙包括 14 颗上颌第一磨牙，5 颗下颌第一磨牙，8 颗下颌第二磨牙。将收集的 27 颗新鲜牙腔结石分为 9 个样本，每个样本含 3 颗牙腔结石，进行 *Nanobacteria* 的分离、培养，观察该菌形态及其生长特性，采用 von Kossa 染色、*Nanobacteria* 单克隆抗体 8D10 和 G1B8 免疫组化和间接免疫荧光染色、Hoechst 染色和 von Kossa 双重染色联合进行 *Nanobacteria* 鉴定。

结果显示，本次实验 7 个样本中所分离出的细菌在培养 4～6 周后，细胞培养皿内出现轻度白色混浊和白色沉淀，倒置相差显微镜下可见细胞培养皿底部贴附有少量细菌团块，呈球状或哑铃状。

细菌团块外围为一层强折光性的外壳，部分细菌团块呈分裂状态。细菌在培养 7～8 周后，瓶底可见明显白色絮状沉淀物，显微镜下不仅细菌数量进一步增多和多个菌落形成，而且还呈现出同心圆折光现象。在其余两个样本和含质量分数 10% 经 γ 射线和热灭活胎牛血清(FBS)的达尔贝科极限必需培养液(DMEM)、生理盐水加 DMEM 培养液的两个阴性对照组中，肉眼和显微镜下均未发现有细菌生长。

培养菌经 von Kossa 染色后，无论贴壁与否都被染成棕黑色，而牙髓细胞 von Kossa 染色呈阴性；经 Hoechst 染色后，在荧光显微镜下牙髓细胞细胞核呈蓝色，而共同培养的细菌 Hoechst 染色呈阴性；培养菌经 8D10 和 G1B8 单克隆抗体免疫组织化学二氨基联苯氨(DAB)显色后皆呈棕黄色，形态多样，阴性对照不显色；免疫荧光染色培养菌两种抗体呈阳性，倒置荧光显微镜下呈亮红色，阴性对照不显色，*Nanobacteria* 样结构大小为 150～350 nm 的黑色椭圆形颗粒，外层较致密。

本实验结果证实，从牙腔结石中分离出 *Nanobacteria* 并获得纯培养，*Nanobacteria* 具有聚集成团，形成矿化外壳的生物学特性。该菌的生物学特性可能在牙腔结石的形成中起到重要的作用。

三、*Nanobacteria* 感染人牙髓细胞的实验研究

将 *Nanobacteria* 与 HDPC 进行共同培养，运用透射电镜、激光共聚焦扫描显微镜观察 *Nanobacteria* 感染 HDPC 的状况及其细胞超微结构变化，运用实时荧光定量 RT-PCR 检测 HDPC 牙本质基质蛋白 *dmp* 和 *dspp* 基因的表达。

结果显示：*Nanobacteria* 与 HDPC 共同培养后，透射显微镜下可见 *Nanobacteria* 为圆形或椭圆形，直径 150～300 nm；菌体外层有针状晶体围绕，部分细菌黏附于牙髓细胞边缘，部分细菌被细胞所吞噬，位于细胞的溶酶体内部分细胞呈现线粒体肿胀、嵴紊乱等现象；细菌周围可见部分细胞坏死崩解，释放出线粒体；部分细胞内含矿化晶体的空泡。对照组中未发现类似结构。激光共聚焦扫描显微镜下显示，部分细菌黏附于 HDPC 胞膜，阴性对照样本 HDPC 周围和细胞质内未见 *Nanobacteria*；HDPC 中 *dmp* 和 *dspp* 基因表达下调。

研究证实，将 *Nanobacteria* 与 HDPC 进行共同培养，运用透射电镜、激光共聚焦扫描显微镜、实时荧光定量 RT-PCR 法观察到 *Nanobacteria* 具有侵入 HDPC 的能力，可引起 HDPC 超微结构的病理性改变，如线粒体肿胀、空泡性变等。*Nanobacteria* 可抑制 HDPC 内 *dmp*、*dspp* 基因表达，通过细胞毒作用影响 HDPC 蛋白的合成。*Nanobacteria*

体周围形成针状结晶以及细胞内出现含矿化晶体的空泡，提示 *Nanobacteria* 可通过诱导 HDPC 发生细胞变性，如钙化变性、空泡变性等，形成结晶的潜在核心，并通过自身的矿化作用影响牙髓病理性矿化发生和发展。

rhBMP-2/nHA/Co 复合材料制备及应用研究

（摘　要）

吉林大学口腔医学院博士研究生　马宁　导师　欧阳喈

牙周病是常见病和多发病，而牙周组织缺损修复主要针对牙周膜细胞、牙骨质和牙槽骨。组织工程技术为牙周组织重建开辟了新的治疗途径。在牙周组织工程中，利用合适的载体材料携带外源性生长因子促进牙周组织再生是研究热点。

骨形态发生蛋白-2（bone morphogenetic protein-2，BMP-2）是促骨形成作用最强的生长因子。但纯化的 BMP 植入人体后会很快扩散并水解，致骨诱导作用减低。为使 BMP 缓慢释放，常需将其与载体材料复合，以减缓其水解速度并持续地诱导成骨。

羟磷灰石（hydroxyapatite，HA）具有良好的生物活性和骨传导性，能够与骨直接键性结合。HA 的骨诱导性可提供良好的骨细胞黏附生长环境，符合骨组织工程的生物学要求。纳米级 HA（nHA）晶体与天然骨极其相似，有利于改善骨植入体的力学性能，同时提高缺陷填充的愈合速度。HA 可以作为 BMP 的有效载体。胶原（collagen，Co）作为 BMP 的有效载体，可降解并能促进细胞生长代谢，可与其他合成材料、无机材料、有机材料以及生物材料复合，成为组织工程中的一种重要材料。

本研究旨在将重组人骨形态发生蛋白-2（recombinant human bone morphogenetic protein-2，rhBMP-2）与 nHA/Co 复合，探讨复合此种材料的有效方法，通过动物实验评价复合材料的生物学性能，充分发挥每种材料的优点，使之成为组织工程学中一种新型替代骨组织的生物活性材料和支架材料。

一、复合生物膜制备

采用化学沉淀法制备 nHA，采用乙酸溶解和蛋白酶降解消化法从牛肌腱中提取Ⅰ型 Co，用戊二醛交联将 nHA 和 rhBMP-2 与 Co 溶液按比例混合，冻干制成 rhBMP-2/nHA/Co 复合材料。

结果显示：①提取的胶原聚丙酰胺凝胶电泳结果出现了 2 条相邻带（相对分子质量为 9.8×10^4 左右），证明提取样品为Ⅰ型胶原，经戊二醛交联的胶原膜呈三维网状结构；②合成 HA 颗粒平均为（10 nm×50 nm）～（20 nm×80 nm），与天然骨相似，符合自然骨中 HA 为纳米尺寸的要求；③复合材料表面孔隙和大小分布较均匀，HA 颗粒均匀地分布于胶原基质中并与胶原界面结合良好，颗粒平均为 60 nm；④复合材料的化学组成与天然骨相似，主要是由胶原和碳酸化 HA 组成。

二、复合膜细胞生物相容性实验

取 4 周龄大耳白兔，无菌条件下抽吸其双侧股骨骨髓行骨髓基质细胞（bone marrow stromal cell，BMSC）的提取与培养。用地塞米松、维生素 C 和 B-甘油磷酸钠的达尔贝科极限必需培养液（Dulbecco minimum essential medium, DMEM）诱导 21 d 后，经 von Kossa 染色鉴定已分化为成骨细胞后，将其与消毒的 nHA/Co 复合培养，用光镜和扫描电镜观察细胞黏附及其形态特点。

结果表明，①培养的兔 BMSC 经过 21 d 的诱导后，von Kossa 染色呈明显的阳性反应，证明其具备成骨细胞的特性。②BMSC 与材料的复合培养，光镜下细胞黏附于膜表面及其边缘，材料表面的细胞增殖连接成片；电镜下膜表面有大量的 BMSC 附着，同时在膜孔隙中也有细胞生长且贴附紧密，部分区域有细胞外基质形成。说明本实验研制的复合材料生物相容性好，对细胞无不良刺激，材料无细胞毒性。

三、复合膜异位诱导成骨实验

将 4 周龄雄性裸鼠 60 只随机分成 nHA/Co 复合膜组和 rhBMP-2/nHA/Co 复合膜组。以小鼠右后肢大腿肌囊为实验模型，在肌间隙内分别植入两种复合膜材料。术后 10、20、30 d 各组分别处死 10 只小鼠，取小鼠右后肢大腿，先行软 X 线照相，再切取植入物及其周围部分组织光镜下观察。

结果显示，两组肉眼观察无感染和材料排除。nHA/Co 组，皮肤表面可触及移植物硬块，10 d 后硬块逐渐消失；rhBMP-2/nHA/Co 组，皮肤局部硬块随时间逐渐增大，20 d 后有骨样硬度感觉。

软 X 线照相，nHA/Co 组术后 30 d，肌内均无任何密度增高区。rhBMP-2/nHA/Co 组术后，10 d 肌内密度增高并有钙化点，20 d可见灶状密度增高区，30 d 密度增高区尤为明显；小鼠肌囊内出现高密度区并出现骨样结构和网状纤细骨小梁，在不同时间段密度增高有明显差异。

组织学观察显示，nHA/Co 组：① 10 d 组复合膜部分降解吸收，复合膜附近有大量中性粒细胞和淋巴细胞浸润，异物肉芽肿形成；② 20 d 组，复合膜大部分开始降解吸收；③ 30 d 组复合膜绝大部分降解吸收，中性粒细胞和淋巴细胞浸润明显减少，无软骨形成。rhBMP-2/nHA/Co 组：① 10 d 组有大量中性粒细胞淋巴细胞浸润，在复合膜周边和肉芽肿内有软骨样基质及少量软骨细胞团形成，部分区域有钙盐沉积；② 20 d 组灶状软骨细胞区形成有钙化和明确的新生骨形成，复合膜大部分降解；③ 30 d 组有多处新生编织骨和较完整的板层骨形成，相互融合成骨小梁，有骨髓腔形成，复合膜绝大部分被吸收。

四、复合膜修复下颌骨缺损实验

选取 20 只健康成年新西兰大耳兔，在其双侧下颌骨下缘中部形成 1.0 cm×0.5 cm 的矩形骨缺损。右侧为实验组，缺损处用 nHA/Co 复合膜覆盖；左侧为对照组，不放膜分层缝合。术后 28、56 d 分期处死动物，取其双侧下颌骨行软 X 线照相和光镜观察。

结果显示，软 X 线观察：对照组新生骨量少，56 d 仍可见骨缺损切迹；实验组 28 d 骨缺损区内可见骨样密度显影，56 d 骨密度增加，骨缺损区完全愈合，新生骨与原来骨边缘联结一起，但两者之间有明显界线。

组织学观察，对照组 28 d 缺损区异物肉芽肿内有大量纤维组织，可见多核异物巨细胞和少量新生骨小梁，骨小梁周边有成排的骨母细胞；56 d 时，新生骨小梁改建更为致密，有板状骨出现。nHA/Co 复合膜实验组 28 d 时骨缺损内仍有复合膜存在，新生骨小梁相互吻合成网状结构；56 d 时复合膜已被降解吸收，整个缺损被新生骨取代并完成骨修复。

五、复合膜引导牙周组织再生实验

以 8 只成年健康雄性犬双侧下颌共 32 颗牙作为实验部位，设同体对照。rhBMP-2/nHA/Co 复合膜术前消毒。手术翻瓣后用裂钻磨除实验牙颊面骨壁达釉质牙骨质界下约 5 mm，使其形成 4 mm 宽“U”字形骨缺损。

在牙根面制备切迹，刮除以上暴露于牙根面的牙周膜和牙骨质并做牙根面平整。右侧为实验组，在相应牙位置入复合膜材料；左侧为对照组，不放置膜。术后第 4、8 周分别处死动物各 4 只，切取其双侧下颌骨标本，拍摄 16 排 CT 片观察新生牙槽骨并作组织学观察。

结果 16 排 CT 片显示实验组出现新生牙槽骨，骨嵴基本恢复到原来高度；对照组未见牙槽骨新生。

组织学观察显示，对照组 4 周时在复合膜植入处有异物肉芽肿形成；复合膜部分降解吸收，附近有大量中性粒细胞、淋巴细胞、多核异物巨细胞，有大量纤维组织增生，无软骨形成。8 周时，复合膜大部分降解吸收，炎症细胞减少，增生的纤维组织开始老化，有少许软骨样基质和软骨形成；结合上皮增生明显，形成长结合上皮。

实验组 4 周时在复合膜植入处有大量中性粒细胞和淋巴细胞浸润，纤维组织增生较明显，有软骨样基质和软骨组织，钙盐沉积，多核异物巨细胞多见。8 周时，肉芽肿内炎症细胞明显减少，纤维组织增生减少老化，有大量灶状软骨细胞团和软骨化骨灶，新生骨小梁网状相连。新生骨组织与牙槽骨连接，但两者之间仍有明显的界线。有新生细小牙周纤维和少量牙骨质形成。

六、研究结论

1. 本实验合成的纳米 HA 符合天然骨中 HA 要求；所提取的胶原纯度高，抗原性低；经戊二醛交联，HA 与胶原纤维之间形成紧密键合。

2. nHA/Co 生物相容性好，无细胞毒性，对细胞无不良刺激，是优良的骨替代材料。

3. Co 和 nHA 均为 BMP 的良好缓释载体，rhBMP-2/nHA/Co 复合膜中 rhBMP-2 复合量准确，其骨诱导活性未受影响。

4. nHA/Co 复合膜具有良好的骨引导性和骨诱导性，成骨能力强。

5. rhBMP-2/nHA/Co 复合膜植入组织内 6～8 周完全降解，能够使牙周组织再生。即 rhBMP-2/nHA/co 复合膜可以作为组织工程学中一种新型替代骨组织的生物活性材料和支架材料。

Ad-*bmp*-2 基因转染肌卫星细胞成骨诱导及骨缺损修复实验研究

（摘　要）

山东大学口腔医学院博士研究生　张风河　导师　魏奉才

一、研究目的

旨在通过①绿色荧光蛋白(green fluorescence protein，GFP)转基因鼠咀嚼肌肌卫星细胞的分离、鉴定和体外培养，研究其生物学特性和体外细胞培养传代对咀嚼肌卫星细胞 GFP 荧光的保持，从而探讨 GFP 转基因鼠咀嚼肌卫星细胞移植入野生型小鼠后是否可以作为追踪细胞转归的有效方法；②研究腺病毒介导的 *bmp*-2 基因转染 GFP 转基因鼠骨骼肌卫星细胞(SMSC)后经体外诱导转化为成骨样细胞的能力，探讨骨骼肌卫星细胞作为骨组织工程种子细胞的可能性；③观察腺病毒介导的 *bmp*-2 基因转染 GFP 转基因鼠肌卫星细胞后体内骨诱导能力和骨缺损修复能力。

二、研究方法

用酶消化法分离出咀嚼肌肌卫星细胞，体外原代和传代培养，建立 GFP 转基因小鼠肌卫星细胞系。倒置显微镜下观察肌卫星细胞的形态、生长曲线等，以确定咀嚼肌肌卫星细胞的增殖与分化能力。

荧光显微镜下观察 GFP 的保持和表达。噻唑蓝(MTT)法对不同质量浓度的胎牛血清(fetal bovine serum，FBS)不同接种密度和不同质量浓度的胰岛素样生长因子(insulin-like growth factor，IGF)-1 对肌卫星细胞生长增殖中的作用进行测定。

利用免疫细胞化学染色对所获得的细胞进行骨骼肌肌动蛋白和结蛋白(Desmin)的鉴定。用 4，6-二氨基-2-苯基吲哚(4，6-diamino-2-phenyl indole，DAPI)进行细胞核的标记和检测培养细胞的纯度。

将分离出的 SMSC 进行体外原代和传代培养后，用腺病毒介导的人骨形态发生蛋白-2(Ad-*bmp*-2)转染，倒置显微镜下观察转染后期形态；用改良 Gomori 氏钙钴法显示其碱性磷酸酶(alkaline phosphatase，AKP)活性并以生物化学方法行定量检测；用免疫细胞化学染色行骨钙素和Ⅰ型胶原的检测，酶联免疫吸附测定骨钙素含量，蛋白质印渍技术行转染细胞的 Bmp-2 蛋白表达检测并行体外矿化能力测定。

将转染 *bmp*-2 基因的肌卫星细胞吸收到胶原支架上，在动物体内观察其异位骨诱导能力和骨缺损修复能力。129sv 小鼠 45 只，质量 24～30 g，年龄 6～8 周。将其中 15 只 129sv 小鼠随机分成 3 组，每组 5 只，麻醉后将细胞胶原支架复合物移植入野生型 129sv 小鼠的后小腿肌肉中，术后 2、3、4 周取出标本，X 线片、组织学和荧光显微镜观察转染细胞的诱导成骨能力；另外将 30 只 129sv 小鼠随机分成对照组与试验组，每大组又分成 3 小组，每小组 5 只。麻醉后在野生型 129sv 小鼠颅顶骨上制作 5 mm 的骨缺陷，将细胞胶原支架复合物移植入野生型 129sv 小鼠颅顶骨缺陷中，术后 2、3、4 周各组处死 5 只取出标本，软 X 线和激光共聚焦显微镜观察转染细胞对骨缺陷的修复能力。

三、研究结果

(一)肌卫星细胞的培养、鉴定和生物学特性

体外培养的咀嚼肌卫星细胞增殖速度快，荧光显微镜下肌卫星细胞经传代后仍然保持其特有的 GFP 表达。骨骼肌肌动蛋白单抗和抗结蛋白抗体免疫细胞化学染色显示，体外培养的咀嚼肌肌卫星细胞呈阳性表达。DAPI 免疫细胞化学染色显示经分离和培养后，肌卫星细胞纯度较高。

倒置显微镜下，刚消化分离出的原代咀嚼肌肌卫星细胞呈球形或椭圆形，折光性较强。细胞培养 12 h 后，开始贴壁，仍为球形；24 h 后大部分细胞贴壁，部分为球形，部分细胞伸展为梭形；72 h 后细胞贴壁完全，细胞伸展为梭形或纺锤形；第 4 天贴壁完全的细胞伸出多个突起，一般为 2～4 个。随着培养时间的延长和细胞数量的增加，大约第 5 天，相近细胞连接成网。在培养瓶中，当细胞局部密度高出 70%时，此区域相邻细胞很快融合为一长条的肌管结构，肌管数量增加后，相邻的肌管形成串联。

传代后细胞 0.5 h 开始贴壁，细胞呈梭形均匀分布生长；12 h 贴壁完全，细胞增殖速度明显加快，生长更加旺盛；2 d 后细胞进入对数增长期，6～8 d 达到平台期。随着细胞传代的增加，其增殖能力开始减弱，生长曲线呈 S 形。传至第 11 代，细胞形态出现多样性，细胞老化。在含质量分数 15%的 FBS 培养瓶中，细胞以增殖为主，只有当细胞密度高于 70%后，细胞融合为肌管，才开始以分化为主。而在含质量分数 2%的 FBS 培养瓶中，

在第 3 天就看到大部分细胞相互融合肌管结构，即细胞以分化为主。

荧光显微镜下，完全贴壁的肌卫星细胞呈短梭形，细胞质内和细胞核都发出绿色荧光，细胞核较大，呈圆形。细胞培养到成为肌肉细胞时，GFP 表达仍为阳性。

免疫细胞化学显示，骨骼肌肌动蛋白在咀嚼肌卫星细胞中呈阳性表达。结蛋白鉴定显示，肌卫星细胞呈阳性表达，DAPI 细胞核鉴定呈蓝色表现。两者结合发现，培养分离后细胞主要为肌卫星细胞。

应用 MTT 法测定显示，质量分数 15% 的 FBS 对肌卫星细胞的增殖有明显的促进作用，细胞 5×10^4 个/mL 的接种密度对肌卫星细胞的增值有明显的促进作用，IGF-1 在 100 ng/mL有显著的促进增殖作用。

(二) Ad-*bmp*-2 基因转染肌卫星细胞后细胞的体外成骨分化

经 Ad-*bmp*-2 基因转染后，肌卫星细胞增殖速度加快，细胞体变大变宽，细胞质内出现许多黑色颗粒，细胞边缘变得毛糙，细胞形态由单一的细长梭形变成多种形态。1 d 后，细胞大多变成多角形；3 d 后，多角形细胞集落开始聚集，有时密集排列呈现漩涡状；1 周后，细胞聚集，由单层变成复层，中间呈现圆形或多角形，周围细胞呈短梭形；2 周后，细胞聚集成为簇状和蒲扇状，细胞质内颗粒变深。

转染后的肌卫星细胞Ⅰ型胶原免疫细胞化学染色显示，细胞质中出现清晰的棕黄色颗粒，表明Ⅰ型胶原呈阳性。AKP 组织化学染色可见细胞质内有黑色颗粒沉淀，表明细胞具有碱性磷酸酶活性，AKP 染色阳性；以 300 ng/mL 的标准 BMP-2 孵育细胞培养液作为对照组，取 Ad-*bmp*-2 转染后第 1、2、3、4 周细胞的培养液作为试验组，对细胞释放到媒介质中的 AKP 进行定量测定，第 1 周和第 4 周 $P<0.01$，第 2 周和第 3 周 $P<0.05$。说明转染后细胞成骨转化的能力要比单纯孵育效率更高。对转染后的肌卫星细胞行骨钙素(OC)免疫细胞化学染色，细胞质中出现清晰的棕黄色颗粒，这表明骨钙素呈阳性；应用 ELISA 方法对培养媒介质中的骨钙素进行测定，结果显示第 2 周两组间有统计学差异($P<0.05$)，第 3 周和第 4 周有显著性差异($P<0.01$)。转染的肌卫星细胞以 BMP-2 特异抗体为一抗，进行蛋白质印渍技术检测，结果在相对分子质量为 1.65×10^4 处出现阳性条带，说明转染的肌卫星细胞中有 *bmp*-2 表达。转染的细胞体外连续培养 21 d，经茜素红染色阳性，表明钙结节形成。

(三) Ad-*bmp*-2 基因转染肌卫星细胞后异位成骨诱导和骨修复潜能

用 Ad-*bmp*-2 基因转导的 GFP 转基因鼠肌卫星细胞复合胶原支架移植入野生型小鼠后腿部筋膜下肌肉内会产生异位骨形成，移植 2 周后其中有 GFP 阳性的成骨细胞和骨细胞。单纯用胶原支架和肌卫星细胞移植 2 周后没有出现诱导性异位骨形成。用胶原作为载体将 Ad-*bmp*-2 转导的肌卫星细胞移植入野生型小鼠颅骨缺损后 2 周，诱导了骨形成，4 周后修复了缺损。单纯用 Ad-*bmp*-2 转导的肌卫星细胞在植入颅骨缺损后没有诱导骨组织修复。

X 线观察显示，2 周时对照组颅骨缺损区边界清楚，整个缺损区呈均一的低密度影像区；试验组骨缺损区边缘变得较为模糊，但中央仍为低密度区阴影。3 周时对照组颅骨缺损区边缘仍然较明显和清晰，中央仍然为低密度影像；而试验组骨缺损区边缘仍然可以辨认，中央区的低密度影像区消失，转变为高密度影像区。4 周时对照组骨缺损区仍为低密度影像；而试验组骨缺损区边缘变得无法辨认，整个骨缺损区都变成高密度影像。

异位骨诱导试验显示，2 周时所有试验动物 X 线片均未见移植部位有明显的高密度影像；3 周时试验组动物 X 线片可见移植部位出现较高密度骨化影像，边界仍较模糊；4 周时试验组动物 X 线片可见移植部位出现高密度骨化影像，边缘较清楚；所有时间的对照组均未见高密度影像。

组织学观察显示，第 2 周胶原纤维支架还没有完全吸收，微孔内转染的肌卫星细胞向成骨细胞转化。第 3 周试验组植入区有大量新生的软骨细胞和成骨细胞聚集成团，外被纤维组织膜，软骨细胞和成骨细胞间有少量的纤维组织；有的标本已经形成良好的骨组织，骨组织间还有少量空隙。对照组肌肉内未见明显变化。术后 4 周，试验组可见成熟骨小梁形成，牙腔内充满骨髓组织，新骨内见成骨细胞和软骨细胞，对照组肌肉未见明显变化。共聚焦扫描激光显微镜观察显示，用 Ad-*bmp*-2 转染的肌卫星细胞移植入颅骨缺陷后 2 周，大量的 GFP 阳性细胞出现于矿化骨结节表面及其内部。3 周和 4 周时一些 GFP 阳性的细胞埋于矿化骨基质中，表明这些细胞分化成了骨细胞。

诱导成骨的荧光显微镜观察显示，2 周时植入体周围有明显的荧光出现，细胞进入到胶原支架的微孔中，形成网状结构。高倍镜下可见到支架周围成骨细胞附着。3 周时有许多骨组织已经形成，但仍然有许多的孔状结构，可能为胶原吸收后遗留结构。4 周时已形成良好的骨结构成分，中央还有哈弗系统。整个骨质呈现荧光，周围更强烈一些。骨组织发育良好，呈强烈的荧光现象，骨细胞及其结构在高倍镜下清晰可见。

四、研究结论

体外培养的 GFP 转基因鼠咀嚼肌肌卫星细胞有很强的增殖分化能力和良好的 GFP 荧光的表达，能够作为追踪细胞来源和归宿的示踪细胞。

GFP 转基因鼠骨骼肌卫星细胞经腺病毒介导的 *bmp*-2 基因转染后，具有转化成成骨样细胞的能力和成骨细胞的特性。

Ad-*bmp*-2 转染的肌卫星细胞以胶原为支架，可以在肌肉内诱导骨组织形成并可以修复骨缺陷。

可摘局部义齿支架计算机辅助设计与制作的初步研究

（摘　要）

中国医科大学口腔医学院博士研究生　吴琳　导师　艾红军

一、研究目的

1985 年，自口腔医学领域的第一套计算机辅助设计与制作（computer aided design and manufacture, CAD-CAM ）系统在法国问世，至今已成功应用于国内外口腔临床固定修复体的设计与制作中。CAD 技术将计算机科学、基础数学、设计理论以及临床医生自身的专业知识、经验、独创操作能力与计算机图形、图像技术、数据库技术有机结合在一起，通过人机对话方式高速高质地完成最佳设计方案。CAM 技术省去了烦琐的取印模、灌模型、制作临时性修复体，省去了许多加工义齿所必需的设备和材料，如包埋材、烤箱、铸造机、喷砂机等。CAD-CAM 技术从根本上改变了人们常规的修复观念和修复方式，具有经济、高效，修复体更加精确美观，教学上能为学生提供技术指导和评价学习效果，临床上能为牙体预备提供参考，方便医患之间的交流等优点。

北京大学口腔医学院、卫生部口腔医学计算机应用工程技术研究中心，于 2002 年开发研制成功具有我国自主知识产权的口腔修复 CAD-CAM 实验系统,并利用该系统实现了嵌体、全冠和固定桥的 CAD,在工业通用数控机床上初步完成了上述修复体的 CAM 制作,全冠的实验室边缘适合性达到世界上公认的临床上可以接受的标准。但是,迄今有关可摘局部义齿 CAD-CAM 系统研究的报告却很少,而利用国产 CAD-CAM 系统进行可摘局部义齿支架的设计与制作,国内亦无相关报道。

可摘局部义齿是牙列缺损的最常见和最普遍的修复方法。据第 2 次全国口腔健康流行病学抽样调查结果显示,在全国城乡 65~74 岁的牙列缺损患者中,不足 28 颗牙者占 88.43%,不足 22 颗牙者占 50.06%。因此,满足市场需求,顺应时代发展,开发研制新的修复技术对创造更高的社会和经济效益具有重要意义。

本课题初步探讨可摘局部义齿支架的 CAD-CAM 方法,旨在开发面向可摘局部义齿的专业化 CAD-CAM 软件系统,为最终实现将可摘局部义齿的 CAD-CAM 技术应用于临床奠定基础。从长远来看,开发国产软件有利于在日益激烈的市场竞争中获得自主发展的优先权。

准确、快速、完整地获取牙列缺损石膏模型的三维数据是修复体 CAD-CAM 的重要前提,所得点云的好坏直接影响到后续建模的质量和效率。一般固定修复的预备体没有倒凹,扫描范围相对较小,扫描方法多采用激光或者激光配合机械接触式扫描代型。对于获取牙颌模型数字信息的方法,学者们进行了各种实验研究,如激光扫描法、激光全息法、立体摄影法、光栅投影法、色谱法和 CT 法等。由于可摘局部义齿的设计必须考虑软硬组织倒凹的特点,可摘局部义齿修复的牙列缺损石膏模型其三维数据的完整性要求更加严格。本实验以下颌肯尼迪第二类第二亚类牙列缺损为例,分别采用低能量工业用计算机断层扫描(ICT)、线激光扫描和光栅投影照相式扫描三种方法,获取牙列缺损石膏模型三维数据。数据经预处理后,在 CAD-CAM 软件系统中构建牙列缺损的三维模型,为后续的可摘局部义齿 CAD 奠定基础。

由于可摘局部义齿支架极具个性化特点,因此首先要求可摘局部义齿 CAD-CAM 系统具有一般几何造型系统的正向设计的基本功能,其次要求该系统具有较强的逆向工程处理能力,其三在此基础上加入可摘局部义齿支架的专业化功能,方可形成可摘局部义齿支架设计制造软件。

二、研究方法

(一)数据获取

在标准石膏牙颌模型上制作下颌肯尼迪第二类第二亚类牙列缺损模型,缺牙区牙槽嵴表面均匀铺蜡 0.5~1 mm。分别采用台湾智泰科技公司的 LSH 600 激光扫描仪,北京博维恒信科技发展有限公司的 3D CaMega 光学三维扫描系统,北京航空航天大学现代无损检测技术研究中心的低能量 ICT 扫描机采集牙列缺损石膏模型数据,在 CAD-CAM 软件系统中将经数据预处理后得到的高质量点云数据三角形化,形成牙列缺损模型的三维数字模型。

(二)可摘局部义齿支架的 CAD

利用美国 Raindrop Geomagic 公司的 Geomagic Studio 逆向工程软件在重建的牙颌三维模型上绘出支架的轮廓图,提取轮廓内的数据作为支架的组织面数据,通过抽壳等操作得到支架的三维模型。利用北京大学口腔医学院和北京航空航天大学联合开发的唐龙软件确立观测线和就位道,按照临床设计原则分别构建卡环、支托、舌杆、加强网等支架各部件的组织面与磨光面,其中包括舌杆的半梨形截面、加强网的内外终止线和组织终止点等特征性结构的构建,完成支架的三维几何模型 CAD。

(三)可摘局部义齿支架的 CAM

采用快速成形技术中的液态光敏聚合物选择性固化方法制作出树脂支架，该树脂支架可以作为失模铸造的铸型。

三、研究结果

初步实现了从牙列缺损石膏模型三维数据的获取到 CAD 三维构建，用快速成形机制作可摘局部义齿支架的全过程。运用 ICT、激光测量和光栅投影测量三种扫描方法均可得到密集的点云数据，基本上消除了扫描盲区。这三种扫描方法得到的点云模型数据输出格式为 STL，可以被通用的 CAD-CAM 软件系统直接接受和利用。这三种扫描方法各有优缺点，由于点云数据的精度不仅与获取方法有关，而且还与扫描仪有关，所以无法对这三种扫描方法进行准确比较。综合而言，光栅投影法安全快捷，ICT 法所得数据则较为完整。

在 CAD-CAM 软件系统中完成了牙列缺损模型的三维数字模型的重建。重建的 CAD 模型精细平滑，牙颌解剖结构清晰可辨。该模型可视性强，可任意旋转、平移和缩放，编辑方便，有利于后续可摘局部义齿支架的 CAD-CAM。支架的三维构建以临床设计要求为基础，容易理解与掌握。利用唐龙软件系统完成的支架 CAD 模型较以往文献报道的更加复杂，数据更加符合临床实际要求。快速成形技术加工出外形复杂的可摘局部义齿支架树脂铸型。

四、研究结论

以上三种测量方法各有优缺点，但都可以有效地解决软硬组织倒凹下部分的数据获取，并且精度基本可以满足牙列缺损三维模型的重建和可摘局部义齿三维设计的要求。在激光测量法和光栅投影测量法中，应用多视拼合技术对于消除扫描盲区是一种有效的手段。

在通用 CAD-CAM 系统平台上，可以实现可摘局部义齿支架的三维建模。作为一种基础性的探索，将对最终实现将口腔修复专家的临床检查、诊断和义齿设计过程的经验智慧融入可摘局部义齿的 CAD-CAM 技术系统，使该系统能够真正适应临床医疗、教学及科研的实际需要，产生深远意义。

快速成形技术可用于外形复杂、薄壁的可摘局部义齿支架 CAM，而且产品质量优于常规铣磨切削材料块的数控加工方法。以扫描获取数据、CAD 三维构建到快速成形技术制作出产品作为一整套方案，可以初步实现可摘局部义齿支架的 CAD-CAM。

文选·述评

口腔解剖生理学与𬌗学

甲状旁腺相关蛋白对鼠胚髁突软骨细胞增殖和分化的调控[刘来奎　江宏兵　殷新民等. 华西口腔医学杂志,2006,24(3):206～209]

体外分离鼠胚髁突软骨细胞,加入不同质量浓度的甲状旁腺激素相关蛋白(PTHrP)培养后,测定软骨结节数量和碱性磷酸酶活性,探讨 PTHrP 对鼠胚髁突软骨细胞增殖和分化的影响。结果显示:实验组和对照组的软骨结节数量、碱性磷酸酶活性存在着显著性差异;软骨结节数量对 PTHrP 呈剂量依赖性增加,阻断受体后,其数量明显下降。作者认为,PTHrP 通过其受体对软骨细胞的增殖和分化具有重要的促进作用。

述　评

髁突软骨是下颌骨的活跃生长区,其成骨方式为软骨内成骨,受全身代谢激素和局部多种因子的共同调节。其中,PTHrP 是近年来发现的在软骨内成骨调节中起关键作用的生长因子。然而迄今为止,PTHrP 对髁突软骨细胞的作用仍不十分明了。该实验证实,PTHrP 具有促进体外培养的髁突软骨细胞的增殖和分化作用,对下颌髁突软骨的调控与其在生长板软骨中的调控作用相似,这就为髁突软骨内成骨的基因调节提供了一定的实验依据。

（郭莲）

健康成人刺激性全唾液流速及氧化亚氮含量的增龄性变化[徐俊峰　刘丽. 实用口腔医学杂志,2006,22(3):317～320]

将 97 例健康成年人分为青、中、老龄和长寿组,以枸橼酸刺激其舌背前 1/3 后,收集其空腹全唾液并计算唾液流速;用硝酸还原酶法测定唾液中氧化亚氮(NO)体积分数及其单位时间体积分数,以研究不同年龄段健康成人的刺激性全唾液流速变化及唾液中 NO 体积分数的变化,探讨健康成人涎腺分泌功能的增龄性改变。结果显示刺激性全唾液流速,中、老年组显著低于青年组;随着年龄增长,NO 的体积分数未发生明显变化,但其单位时间体积分数随之降低,这说明在生理老化过程中存在着唾液储备力的下降。

述　评

唾液在口腔中具有重要的生理功能,而 NO 是唾液中的有效活性成分之一,具广泛的生物活性与生物学功能,在正常生理功能的维持、疾病发生与进展等方面都具有重要作用。目前有关唾液和 NO 与人的老龄化之间的关系研究较少,结论不一。该研究者对不同年龄段健康成人的刺激性全唾液流速变化以及唾液中 NO 的体积分数变化进行了研究,并揭示不同年龄阶段动用涎腺的贮备能力存在着差异。该研究结果为今后了解 NO 变化的规律,监测疾病进程提供了一定实验依据。

（郭莲）

叩齿、紧咬运动中正常牙动态𬌗力变化特点的研究[李鸿波　姚月玲. 牙体牙髓牙周病学杂志,2006,16(6):340～342]

选择 25 名咬合正常、无颞颌关节病的年轻受试者,用 PVDF 动态𬌗力仪测量其节律性叩齿和紧咬运动中下颌第一磨牙𬌗力动态变化曲线,分析最大𬌗力峰值和到达峰值的时间,以探讨正常牙运动中𬌗力变化的特征。结果显示,主要功能侧的最大𬌗力值大于非主要功能侧,且到达峰值的时间较短。叩齿运动时𬌗力的峰值明显低于紧咬运动。作者认为,功能刺激、运动频率对𬌗力具有影响。

述　评

动态殆力是评价口腔生理功能的主要指标之一，国内外学者关注较多的是修复体、病变状态下牙的殆力。作者运用自制的 PVDF 动态殆力仪分析天然牙无创条件下叩齿和紧咬运动中殆力的动态变化，指出双侧咀嚼者其主要功能侧和非主要功能侧殆力相近，有利于双侧口颌系统的均衡和健康，这就为口腔咀嚼生理功能的研究提供了实验基础。

（郭莲）

情绪应激对大鼠颞颌关节超微结构的影响［吴高义　王彦亮　陈永进等. 临床口腔医学杂志，2006，22(12)：715～717］

建立颞下颌关节情绪应激反应动物模型，分别用扫描电镜和透射电镜对连续刺激 1、3、5 周后的 S-D 大鼠关节盘、髁突和翼外肌纤维进行观察，并与正常组动物进行比较，观察情绪刺激后大鼠颞颌关节的超微结构变化，以探讨情绪因素在颞下颌关节紊乱病发病机制中的作用。结果显示，长期的情绪刺激可能会使关节盘的胶原纤维暴露，髁突关节表面出现裂隙等病理性改变，但随着情绪刺激时间的延长，关节可能会出现一定程度的修复。作者认为，颞颌关节的病理性改变可能缘于情绪应激后升颌肌的紧张。

述　评

咬合、咀嚼肌功能障碍和情绪因素是颞颌关节紊乱病（TMD）的主要因素。精神因素对颞颌关节的影响早有报道，但都仅仅限于治疗方面。作者通过建立动物模型，研究情绪刺激后大鼠颞颌关节的超微结构变化，为明确情绪应激对颞颌关节的影响机制提供了实验依据，对预防和治疗颞颌关节紊乱病有指导意义。

（郭莲）

人味蕾的味孔、味凹的超微结构观察［孟杨　边专　汪说之等. 中华口腔医学杂志，2006，41(12)：762～763］

将 3 例未受病变累及的成人轮廓乳头常规固定、包埋、切片，用透射电镜和扫描电镜观察人轮廓乳头味蕾的味孔、味凹三维超微结构，为研究味觉机制提供形态学资料。结果显示，味蕾有一约 2.5 μm 的味孔，呈圆形、卵圆形或梨形，长径为 1.02 ～7.36 μm，味孔内仅 3.27% 存在味毛。味孔下方是由上皮围成的味管，味管下端为三角形的味凹。作者认为，不同部位味蕾的味毛形态，味孔的数量、孔径存在着差异，可能与舌不同区域对某些味觉刺激敏感度直接关联。

述　评

味蕾以味孔与口腔相通，味孔是味觉兴奋的起始部位，它在味蕾感受刺激并将其转变为电信号传入中枢神经系统的过程中起重要作用。以往对味孔的形态学研究主要集中于胎儿或动物，而成人味孔特别是轮廓乳头味孔的超微结构研究未见报道。作者采用电镜方法观察人轮廓乳头味孔和味凹的三维超微结构，发现味孔的形态和数量与味觉的敏感性紧密相关，这就为味觉功能障碍的诊断和治疗提供了参考指标。

（郭莲）

上颌磨牙近中颊根根管截面形态的研究［高燕　凌均棨　安少锋. 牙体牙髓牙周病学杂志，2006，16(9)：505～507］

收集正常体外上颌第一磨牙 108 颗、上颌第二磨牙 167 颗，自其根管口水平截取近中颊根，树脂包埋后连续硬组织切片，以研究国人体外上颌第一、二磨牙近中颊根根管的内径和截面形态，为临床进行上颌磨牙根管治疗提供理论参考。结果显示：上颌第一、二磨牙除了近中颊根主根管外，分别有 88.89% 和 53.89% 存在近中颊根第二根管；主根管截面形状以扁形和椭圆形多见，近根尖处趋向呈圆形，近中颊根第二根管的截面形状以圆形最多，椭圆形次之。作者证实，上颌第一、二磨牙近中颊根的根管截面形态复杂。

述　评

上颌第一、二磨牙近颊根管形态复杂，常

存在近颊根第二根管,增加了临床根管治疗的难度,受到学者们的关注。为增强对上颌磨牙近颊根管解剖结构的认识,作者进行了上颌磨牙近中颊根根管截面形态的研究,明确了上颌磨牙近中颊根第二根管的发生率和根管截面形态,提出在目前根管预备器械形态不能完全与根管截面形态相匹配情况下,机械预备应配合有效的化学冲洗。该研究结果为提高临床根管治疗的成功率提供了理论依据。

(郭莲)

咬合力丧失影响大鼠牙周组织中 iNOS mRNA的表达[李晶　洪岩松　钟鸣等.现代口腔医学杂志,2006,20(4):394~396]

选取 81 只 Wistar 雄性大鼠建立正常咬合力和咬合力丧失的动物模型。按照正常,拔牙后 6 h,1、2、3 d,1、2、3、4 周随机分组,采用 H-E 染色和 RT-PCR 的方法,观察牙周细胞中诱导型氧化亚氮合酶(iNOS)及 iNOS mRNA 表达的动态变化,以研究体内咬合力丧失情况下 iNOS 影响牙周组织改建的分子机制。结果显示,咬合力丧失促使牙周细胞产生 iNOS mRNA 明显增多且呈一定的规律性变化,导致牙周组织发生一系列的退行性改变。作者认为,iNOS 很有可能是影响牙周组织改建的一个重要因素。

述　评

氧化亚氮(NO)在口腔疾病中的作用正逐渐成为当前的研究热点。作者运用动物模型研究咬合力丧失后,牙周膜成纤维细胞和牙槽骨成骨细胞内的 iNOS 表达变化,探索 NO 在骨组织改建中的作用,并认为 iNOS 在细胞内的体积分数变化可成为观察牙槽骨改建的一个较为直观的指标。该研究为了解体内 NO 变化规律和监测疾病进程提供了依据,具有重要的理论和应用价值。

(郭莲)

夜磨牙患者的多导睡眠监测研究[张雪峰　刘洪臣　邓斌等.口腔颌面修复学杂志,2006,7(1):58~61]

选择具有 5 年以上夜磨牙症病史的患者 6 名,正常对照 8 名,进行一整夜的多导睡眠监测,以研究夜磨牙(SB)患者与正常人的睡眠状况,磨牙症状在不同睡眠阶段的分布以及磨牙症状与患者睡眠姿势间的关系。结果显示,夜磨牙患者快速动眼睡眠期(REM)较长,患者磨牙症状散在地发生于各个睡眠阶段,磨牙与睡眠姿势有一定的关系。

述　评

长期以来,夜磨牙的病因尚没有得到充分的认识。传统的病因论认为,夜磨牙是由于异常干扰或人为的精神紧张,致使中枢神经过度兴奋,导致夜间咀嚼肌异常收缩所致。近年来研究则提示,夜磨牙是睡眠障碍的一种表现。作者以正常人为对照,对夜磨牙症患者进行一整夜的多导睡眠监测,结合睡眠过程和结构较为详细地分析了夜磨牙症的发生过程,夜磨牙症与睡眠姿势及殆面磨损特征的关系,即为夜磨牙症的诊断和治疗提供了理论依据。

(郭莲)

口腔组织病理学

转录因子 Msx-2 在犬恒牙牙根发育过程中的表达[轩昆　杨富生　文玲英等.牙体牙髓牙周病学杂志,2006,16(8):438~440]

采用原位杂交技术对犬恒牙牙根不同发育时期 Msx-2 mRNA 的表达进行观察,结果显示:在犬恒牙牙冠发育完成时,位于牙冠部位的成牙本质细胞核颈环区结构域,包括上皮隔及其内侧附近的牙乳头和牙囊组织可见阳性信号表达;在包绕恒牙胚的骨隐窝表面也有散在分布的阳性信号。在犬恒牙牙根延伸期,位于根部的成牙本质细胞和牙乳头组织有明显的 Msx-2 mRNA 阳性信号,而冠部的成牙本质细胞和牙髓细胞阳性信号较弱。此外,牙根表面有较强阳性信号的成牙骨质细胞和上皮根鞘断裂细胞，固有牙槽骨组织表面有较多阳性表达的成骨细胞。在犬恒牙牙根发育即将完成时，根部的成牙本质细胞、牙乳头细胞、成牙骨质细胞、牙周膜和牙槽骨可见散在的阳性表达。随着牙根发育完成、牙齿萌出运动结束、根周固有牙槽骨改建完成时，各部位的表达逐渐减弱至消失。

述　评

同源异形盒基因是脊椎动物硬组织(包括牙齿、骨骼等)发育必不可少的主调控基因，其编码蛋白对牙和牙槽骨发育有重要的不可替代的作用。Msx-2 作为牙齿发育过程中重要的转录因子，可能参与牙根形态发育的调控，但其具体的分子调控机制仍待进一步研究。

(于世凤)

人牙周膜细胞体外定向诱导分化为脂肪细胞的研究[韩劼　孟焕新　唐军民等. 口腔医学研究，2006，22(2)：133～136]

牙周炎是人类最常见的慢性感染性疾病，造成牙周支持组织破坏，最终导致牙齿松动、脱落，是成人牙齿丧失的最主要原因。牙周炎治疗成功的关键在于如何促使被炎症破坏的牙周支持组织再生。通过干细胞和组织工程技术，有望解决牙周炎治疗的难题。种子细胞是组织工程中用于重建新生组织的原动力，选择适宜的种子细胞是牙周组织工程研究的重点。牙周膜细胞是牙周组织的主要功能细胞，在牙周组织再生中起重要作用。近年来发现，除胚胎干细胞外，机体内还存在有一些成体组织干细胞。本研究体外分离、培养人牙周膜细胞，用地塞米松、吲哚美辛、3-异丁基-1-甲基黄嘌呤(IBMX)和胰岛素诱导其向脂肪细胞定向分化。倒置相差显微镜、透射电子显微镜观察形态结构的变化，采用油红 O 染色进行鉴定。结果显示，人牙周膜细胞体外可以定向诱导分化成脂肪细胞。

述　评

该研究结果为牙周组织工程种子细胞的筛选奠定了实验基础。

(于世凤)

辛伐他汀对 PTHrP 诱导破骨细胞形成及小鼠颅盖骨代谢的影响[黄鲁豫　胡蕴玉　石晓鹏等. 实用口腔医学杂志，2006，22(3)：378～382]

他汀类药物可以抑制胆固醇的合成，有效降低血清胆固醇，临床上广泛用于治疗高脂血症和心脑血管病的一级预防。近年的大量随机双盲对照试验的证据表明，他汀类药物还具有抗心率失常，抗血栓形成，降低糖尿病和骨折危险及抗炎等多种作用。在经筛选 30 000 余种化合物后发现他汀类药物可引起成骨细胞 BMP-2 的高表达，局部注射于幼鼠头盖骨可增加新骨生成达 50%。大量的临床回顾性研究也表明他汀类药物可降低非暴力性骨折的发生率，增加骨密度，减少大剂量皮质激素患者的骨坏死发生率。在发现辛伐他汀的骨促进作用以来，大量的研究主要集中在对成骨细胞作用机制的研究，而辛伐他汀抑制破骨细胞骨吸收功能的作用尚少见报道。本研究采用甲状旁腺素相关肽(PTHrP)诱导小鼠骨髓细胞培养破骨细胞和小鼠颅盖骨培养体系，检测辛伐他汀作用 8 d 后破骨细胞数目和培养上清钙的变化以及小鼠颅盖骨培养上清碱性磷酸酶和钙含量，并组织学观察小鼠颅盖骨形态学变化，探讨辛伐他汀对体外 PTHrP 诱导小鼠的破骨细胞骨吸收功能的作用及其小鼠骨代谢的影响。结果显示，辛伐他汀体外可明显抑制 PTHrP 诱导小鼠的破骨细胞骨吸收陷窝的形成和培养上清钙的释放，增强小鼠颅盖骨培养上清碱性磷酸酶的活性，组织学观察到辛伐他汀使小鼠颅盖骨矿化增强。

述　评

研究他汀类药对破骨细胞功能的影响，将会为他汀类药治疗骨质疏松的机制探讨提供新的理论依据。

(于世凤)

牙源性角化囊肿中 *ptch* 基因的突变检测[袁峻伟 李铁军 钟镐镐等. 中华口腔医学杂志,2006,41(1):41~44]

牙源性角化囊肿(OKC)是一种好发于下颌磨牙升支部的颌骨囊肿。与其他类型的牙源性囊肿不同,OKC 的生长缺乏自限性,具有某些肿瘤的特征,术后有较高的复发倾向,因此一直广受关注。OKC 多表现为孤立性、单发囊肿(90%),也可为多发性囊肿(10%),后者可伴发所谓痣样基底细胞癌综合征(naevoidbasalcellcarcinomasyndrome, NBCCS)。NBCCS 是一种表现复杂,可累及多种组织器官的常染色体显性遗传病,患者可表现多种发育异常并易患多种类型的肿瘤(如多发性皮肤基底细胞癌、成神经管细胞瘤和卵巢纤维瘤等),其中颌骨多发性 OKC 为该综合征最常见的表现之一,见于 65%~90% 的患者。本研究采用收集 8 例 OKC 新鲜病变组织(4 例散发、4 例伴发 NBCCS),提取 DNA, PCR 直接测序法检测 OKC 病变组织中的 *ptch* 基因突变的发生频率、类型和分布特点,分析散发 OKC 与伴发 NBCCS-OKC 之间的分子病理联系。结果显示,分别于 4 例 NBCCS-OKC 和 2 例散发 OKC 中检测到 6 处 *ptch* 基因突变,2 例为错义突变,1 个氨基酸改变;其余 4 例突变分别为 1~7 个碱基插入或缺失,其中 3 例引起移码突变并导致蛋白质的提前截断,1 例导致了 2 个氨基酸的插入。作者认为,*ptch* 基因突变不仅常见于 NBCCS-OKC,部分散发 OKC 病变也可以发生该基因的异常。

述 评

近来有关 *ptch* 基因的研究发现,OKC 患者可频繁发生某些特定位点的 *ptch* 基因多态性。进一步分析这些基因多态性在 OKC 患者和正常人群中的发生频率与分布特点,将有助于阐明 *ptch* 基因的个体表型差异与 OKC 易患性之间的相关关系,以期建立早期筛查 OKC 易患人群的手段。

(于世凤)

基质金属蛋白酶与Ⅳ型胶原在成釉细胞瘤的表达[张彬 陶谦 黄洪章等. 实用口腔医学杂志,2006,22(2):186~190]

采用免疫组化 LABC 法检测 28 例成釉细胞瘤组织中 MMP-2、TIMP-2 和Ⅳ型胶原的表达,并用 RT-PCR 方法检测 MMP-2、TIMP-2 和 MT_1-MMP 在 20 例成釉细胞瘤的表达。结果显示:MMP-2、TIMP-2 和Ⅳ型胶原蛋白在成釉细胞瘤的阳性表达率分别为 92.9%、75.0% 和 42.9%;Ⅳ型胶原阳性着色部位均位于基膜和部分肿瘤细胞的细胞质;MMP-2 和 TIMP-2 阳性着色部位均位于细胞质,分布于瘤组织各层;复发性成釉细胞瘤Ⅳ型胶原的阳性表达率,明显低于原发性成釉细胞瘤($P<0.01$)。MMP-2、MT_1-MMP、TIMP-2 的 mRNA 在成釉细胞瘤组织中均有表达,复发性成釉细胞瘤的 TIMP-2、MT_1-MMP 相对含量均显著高于原发性成釉细胞瘤($P<0.01$)。作者认为,基质金属蛋白酶 MT_1-MMP 表达增加和Ⅳ型胶原在基膜表达缺失与成釉细胞瘤的复发密切相关,MMP-2 活性增加和基膜Ⅳ型胶原降解增多可能是成釉细胞瘤局部侵袭的机制之一。

述 评

该研究探讨基质金属蛋白酶和Ⅳ型胶原与成釉细胞瘤复发、侵袭的关系,其研究结果对临床有一定意义。

(于世凤)

口腔鳞癌组织中转录因子 Oct-4 的表达及其与肿瘤干细胞相关性研究[严宁 张汉东 宋娟等. 临床口腔医学杂志,2006,22(11):664~667]

采用免疫组化 S-P 技术,对 40 例口腔鳞状细胞癌(OSCC)组织标本进行 Oct-4 半定量检测,以检测癌转录因子 Oct-4 在鳞癌细胞中的表达,探讨 Oct-4 在口腔鳞癌发生发展中的意义及其与肿瘤干细胞的关系。结果显示,Oct-4 在 40 例 OSCC 中均呈阳性表达,在 3 例正常口腔黏膜组织中呈阴性表达。不同的病理分期的 Oct-4 表达有显著性差异，Oct-4 的表达强度随 OSCC 分化程度的降低而增强。作者认为，全能干细胞标志物 Oct-4 在正常口腔黏膜组织中不表达，却在 OSCC 中的一小部分癌细胞中高度表达，这些全能表达 Oct-4 的癌细胞很可能是肿瘤干细胞，这些少量的具有多潜能分化的肿瘤干细胞具有诱发并维持 OSCC 恶性表达的能力。

述　评

Oct-4 的表达水平可作为口腔鳞癌分化及其恶性程度的生物学指标，将有助于寻找肿瘤干细胞的标记物和肿瘤治疗靶。该研究结果为分离、培养、鉴定 OSCC 的肿瘤干细胞提供了可靠的依据，为 OSCC 的早期诊断、治疗和预后判定提供了理论基础。

(于世凤)

口腔鳞状细胞癌和癌前病变中细胞周期相关蛋白 P27 表达的研究［侯波　高岩. 中华口腔医学杂志，2006，41(2)：102～105］

采用免疫组化方法，通过了解 P27、P53、MDM-2(murine double minute)和 P21 蛋白在正常口腔黏膜、口腔白斑、口腔红斑和口腔鳞状细胞癌(OSCC)共 115 例中的表达情况，探讨其表达水平的改变与 Ki-67 及其相关临床病理指标的关系。研究结果显示，P27 蛋白在癌前病变和 OSCC 组中的阳性率分别为 79.55%和 81.25%。OSCC 组 P27 蛋白表达强阳性率为 70.83%(34/48)，显著高于癌前病变组的 31.82%(14/44)。P27 蛋白高表达组其平均 Ki-67 阳性细胞百分率显著高于 P27 蛋白低表达组。在 OSCC 组中，P27 蛋白表达强度与 P53 和(或)MDM-2 的状态相关。作者认为，细胞周期调控分子 P27、P53、MDM-2 和 P21 蛋白功能异常是口腔黏膜上皮发生癌变的重要因素之一。在口腔黏膜癌前病变和 OSCC 中普遍存在着上述一种或多种周期调控分子的异常，且不同调控分子之间也存在着互相调节、互相制约的关系。

述　评

该研究就细胞周期相关蛋白 P27 在口腔鳞状细胞癌和癌前病变中的表达情况进行了探讨，其研究结果和结论对口腔临床都有重要的意义。

(于世凤)

口腔微生物学

髓石中 *Nanobacteria* 细菌的分离、培养与鉴定［曾劲峰　张伟　蒋宏伟等. 中华口腔医学杂志，2006，41(8)：498～501］

将新鲜的 27 颗髓石分为 9 个样本，每个样本含 3 颗髓石，进行 *Nanobacteria* 菌的分离、培养，观察该菌形态学及其生长特性。用 von Kossa 染色，*Nanobacteria* 菌单克隆抗体 8D10 和 GIB8 免疫组化和间接免疫荧光染色，Hoechst 和 von Kossa 双重染色联合进行 *Nanobacteria* 菌鉴定。结果显示：7 个样本中分离、培养出的细菌形态学特征及其生长特性与 *Nanobacteria* 菌相似；von Kossa 染色阳性，单克隆抗体免疫组化染色和间接免疫荧光染色阳性；在双重染色实验中，Hoechst 染色呈阴性，von Kossa 染色阳性；牙髓细胞的 Hoechst 染色，细胞核呈显著阳性反应。另有 2 个样本未见细菌生长。作者认为，髓石中可分离得到 *Nanobacteria* 菌，该菌的生物学特性可能在髓石的形成作用中起重要作用。

述　评

牙髓病理性矿化是一种多因素疾病，发病机制较复杂。*Nanobacteria* 菌是近年来病理性矿化病因研究所关注的方向之一。该研究从临床取出的髓石样本中培养分离获得 *Nanobacteria* 菌，通过鉴定分析观察到该菌具有聚集成团，形成矿化外壳的生物学特性，并推断此特性与髓石的形成有关，因此是一篇值得注意的报告。

(凌均棨)

口腔多菌种生物膜对防龋中药敏感性的实验研究［赵今　李继遥　朱昞等. 华西口腔医学

杂志,2006,24(6):546～550]

选择与龋病发生密切相关的变异链球菌、血链球菌、黏性放线菌和乳酸杆菌形成多菌种生物膜,以扫描电镜观察口腔细菌在 MBEC™-Device 上形成细菌生物膜的能力和形成情况。选用防龋中药五倍子多酚性化合物(GCE)、五倍子(GCE-B)、质量分数 95%的蜂房(NVE1),以 MBEC™-HTP-assay 测定药物对口腔细菌的最小抑菌浓度(MIC)和对细菌生物膜的最小生物膜清除浓度(MBEC)。结果显示,在 MBEC™-Device 提供的桩钉表面上,口腔细菌能形成良好的生物膜结构。从不同时段取出的样本可以观察到,细菌从定植黏附到生物膜形成以及生物膜成熟的结构。GCE、GCE-B、NVE1 对口腔细菌均有良好的抑制作用。其中,GCE、GCE-B 对口腔生物膜细菌有很好的抑制作用,而 NVE1 对口腔生物膜细菌的抑制作用较差。药物对口腔生物膜细菌的 MBEC 是 MIC 的 2～16 倍。

述　评

以往的研究发现,在实验室测定敏感性较好的药物在治疗中却没有收到预期的效果,原因主要在于药物敏感性测定时使用的是浮游状态细菌而非生物膜细菌。由于口腔中致龋微生物多以牙菌斑生物膜形式存在,因此对防龋药物性能的评价应从多方面综合考虑。该研究采用 MIC 和 MBEC 评价防龋中药对多菌种牙菌斑的抑制和清除作用,其结果能更客观地反映药物作用的浓度范围,因此对临床具有一定意义。

(凌均棨)

变异链球菌生物膜对抗菌剂敏感性的研究[唐子圣　朱敏　刘正. 中华口腔医学杂志,2006,41(5):266～268]

在体外形成变异链球菌菌株 Ingbritt(c)生物膜,用质量浓度为 2 500、250、50、5、0 mg/L 的青霉素分别作用于生物膜 3 h,行生物膜荧光染色,用激光共聚焦扫描显微镜(CLSM)观察变异链球菌生物膜对抗菌剂的敏感性,以探讨变链菌生物膜的耐药机制。结果显示,随着药物质量浓度的增加,生物膜对青霉素的抵抗力逐渐减弱。在青霉素质量浓度为 2 500 mg/L 时,生物膜仍有活菌呈星点状分布。除 5 mg/L 外,其他各质量浓度的青霉素作用生物膜后,生物膜各层的细菌密度均较小,与未经处理的 24 h 变异链球菌生物膜差异有统计学意义($P<0.05$)。青霉素在质量浓度为 2 500、250 和 50 mg/L 时,生物膜内层、中间层和外层与未经处理的 24 h 生物膜的活菌百分数相比,差异均有统计学意义($P<0.05$)。

述　评

生物膜对抗菌剂是否具有较高的耐受性是目前医学微生物学和临床医学特别关注的问题。该研究通过 CLSM 观察发现,随着药物质量浓度的增加,青霉素不仅可杀死生物膜中的大量细菌,而且对生物膜整体结构也造成了严重的破坏,生物膜对抗菌剂的抵抗力逐渐减弱。由此作者推断生物膜对抗菌剂的较高抵抗性与其较慢的生长速度有关,且生物膜环境中细菌产生的β-内酰胺酶可形成相对较高的质量浓度,使渗透入生物膜的青霉素失去活性,从而降低其敏感性。研究结果提示,临床应该以新的思路来研究控制生物膜造成的感染。

(凌均棨)

热敏环境培养的变异链球菌菌株与唾液 sIgA 的免疫反应[聂敏　边专　樊明文等. 上海口腔医学杂志,2006,15(3):285～289]

收集 20 例成年志愿者牙菌斑,分离其临床变异链球菌,生化实验和 PCR 鉴定临床变异链球菌的血清型,随机引物多聚酶联反应(AP-PCR)鉴定基因型。各基因型菌株分实验组 42 ℃厌氧培养和对照组 37 ℃厌氧培养。用改良唾液收集器无菌收集非刺激性下颌下腺、舌下腺唾液,免疫印渍分析每位志愿者的唾液分泌性免疫球蛋白 A(sIgA)与自身临床菌株和参考菌株的免疫反应性。结果显示,20 例志愿者共检出 21 种不同基因型的 c 型变异链球菌。实验组与对照组的变异链球菌与唾液 sIgA 的免疫印渍无显著差异,仅个别杂交带的密度强弱有改变。虽然变异链球菌在热敏环境中有热休克蛋白的产生,但是与唾液 sIgA 没有反应原性或免疫反应较弱。同一个体的唾液 sIgA 对不同基因型菌株,有不同的免疫印渍带;同一参考菌株与不同个体的唾液 sIgA 有不同的免疫印渍。

述　评

变异链球菌具有丰富的基因型和表型,不同基因型的菌株具有不同的致龋性或生存优势。口腔变异链球菌为适应环境常启动一些基因,导致某些蛋白质的短暂表达,保护细菌免受不利环境的损伤。该研究结果显示变异链球菌在热敏环境中有热休克蛋白产生,但与唾液 sIgA 没有反应原性或免疫反应较弱,即提示热休克蛋白可能通过其他途径与宿主防御系统相互作用,值得进一步研究。

(凌均棨)

青春期龈炎龈下菌斑中牙龈卟啉单胞菌 *kgp* 基因型的研究[陈旭　刘洁　潘亚萍. 中华口腔医学杂志,2006,41(7):397~400]

检查并记录青春期龈炎组与牙龈健康组各 36 例的牙周菌斑指数、牙龈指数、龈沟出血指数和探诊深度;收集龈下菌斑标本,提取染色体 DNA,PCR 方法扩增编码牙龈蛋白酶 K(KGP)催化域的序列片段,PCR 产物用限制性内切酶 *Mse* Ⅰ消化,检测 *kgp* 基因型;以分析青春期龈炎与牙龈卟啉单胞菌 *kgp* 基因型之间的相互关系。结果显示,牙龈卟啉单胞菌有毒株 W38 表现为 *kgp*-A 型,无毒株 ATCC 33277 表现为 *kgp*-B 型。牙龈卟啉单胞菌阳性率,青春期龈炎组有 19 例,牙龈健康组有 9 例。所有牙龈卟啉单胞菌阳性个体的龈下菌斑中,均只检测到一种 *kgp* 基因型。*kgp*-A 型在两组中的检出率分别为 79.0%和 22.2%,*kgp*-B 型在两组中的检出率分别为 21.1%和77.8%。Fisher 统计概率法统计学分析显示,两组 *kgp*-A 与 *kgp*-B 基因型的检出率差异有统计学意义($P=0.028$)。经秩和检验,在青春期龈炎组有两组定植的个体中,各牙周临床指数与 *kgp* 基因型的分布无相关性,差异无统计学意义($P>0.05$)。作者认为,青春期龈炎个体定植牙龈卟啉单胞菌的 *kgp* 基因型多与有毒株牙龈卟啉单胞菌 W83 的表现相同,有必要监测 *kgp*-A 型阳性的个体,因其个体发展为牙周疾病的危险度可能会增加。

述　评

牙龈卟啉单胞菌毒力因子 KGP 是最有潜能的纤维蛋白降解酶,参与病变牙龈的出血与牙龈卟啉单胞菌有关的持续炎症,在牙周病的致病性中起重要作用。该研究结果:在青春期龈炎组牙龈卟啉单胞菌阳性个体中,*kgp*-A 型比 *kgp*-B 型更常见;而在牙龈健康组中,*kgp*-B 型更常见;特异性的牙龈卟啉单胞菌基因型在患病个体中的检出率远高于健康个体,与国外文献报道一致。但是,在研究青春期龈炎的特异性 *kgp* 基因型与疾病严重程度的相关性方面,应增加样本量进一步追踪研究。

(凌均棨)

未获培养微生物与牙周可疑致病菌的牙周共生状态[梁景平　李超伦　黄正蔚等. 牙体牙髓牙周病学杂志,2006,16(1):24~27]

根据文献报道设计伴放线杆菌、变黑普雷沃菌、中间普雷沃菌、福赛斯拟杆菌、牙龈卟啉单胞菌、齿垢密螺旋体、直肠弯曲杆菌和具核梭杆菌等牙周可疑致病微生物的特异引物。使用未获培养的微生物 X112 和 AU126 的 16S rRNA 基因 PCR 法,κ 检验分析任意两种细菌间的关系,对慢性牙周炎患者龈下菌斑中牙周可疑致病微生物和代表性未获培养微生物进行检测,以探索未获培养微生物与牙周可疑致病菌的共生关系。结果显示:8 种牙周可疑致病微生物和两种未获培养微生物在慢性牙周炎患者龈下菌斑中的检出率分别是，伴放线杆菌 60.7%、福赛斯拟杆菌 44.9%、牙龈卟啉单胞菌 72.5%、变黑普雷沃菌 46.1%、中间普雷沃菌62.9%、齿垢密螺旋体 66.3%、直肠弯曲杆菌 48.3%、具核梭杆菌 72.5%、X112 74.2%、AU126 80.9%；10 种微生物的两两配对，在 56 个细菌对中有 6 对细菌配对的一致性检验具有显著性，其中牙龈卟啉单胞菌/齿垢密螺旋体、福赛斯拟杆菌/齿垢密螺旋体、福赛斯拟杆菌/具核梭杆菌组合的共生关系与文献报道一致，AU126/变黑普雷沃菌、AU126/具核梭杆菌、AU126/X112 细菌对间的共生关系显示了未获培养微生物在龈下菌群中扮演的角色。

述　评

牙周病患者龈下菌斑微生物的生物多样性研究，已经发现了多种与牙周疾病可能相关的未获培养的细菌。该研究在慢性牙周炎患者龈下菌斑中同时检测多种公认的牙周可疑致病微生物和已知的代表性未获培养微生物，为深入探索龈下菌斑中未获培养微生物与其他细菌的关系，以及未获培养微生物在牙周疾病发病过程中扮演的角色提供一定的实验依据。

（凌均棨）

应用 16S rDNA 结合膜芯片检测 3 种产黑色素牙周可疑致病菌［唐子圣　曹慧敏　刘正等.上海口腔医学，2006，15(3)：290～293］

利用 GenBank 中细菌 16S rDNA 保守区序列，设计一对通用引物（上游序列 5′-CCTAA(CT)ACATGCAAGTCGA-3′，下游序列 5′-CCCGTAGGAGTCTGGACC-3′）。通过已知牙龈卟啉菌、中间普雷沃菌和变黑普雷沃菌的 16S rDNA 序列，设计合成对应的特异性寡核苷酸探针。先用通用引物 PCR 扩增所有标准菌株的 DNA，再用 PCR 产物和已点样有牙龈卟啉菌、中间普雷沃菌和变黑普雷沃菌的 3 种探针的膜芯片杂交并进行分析。结果显示，18 种标准菌株的 PCR 标记产物均与点有 3 种菌和通用探针的膜芯片杂交显色，即除牙龈卟啉菌、中间普雷沃菌和变黑普雷沃菌的 PCR 标记产物分别与对应的牙龈卟啉菌、中间普雷沃菌和变黑普雷沃菌探针及通用探针显示特异的绿色杂交信号外，其他 15 种细菌则只与通用探针显示杂交信号。

述　评

牙周可疑致病菌牙龈卟啉菌、中间普雷沃菌和变黑普雷沃菌在分类学上非常接近，而且均产生黑色素，用传统方法难以对 3 种细菌进行准确快速的鉴别。微阵列芯片是近年来发展起来的一种新的细菌检测技术。该研究利用 16S rDNA 结合膜芯片检测牙周可疑致病菌，准确判断出样本中所含 3 种产黑色素牙周致病菌。因此，16S rDNA 结合膜芯片检测技术，有望成为一种有效的临床检测方法。

（凌均棨）

荧光原位杂交技术和流式细胞仪在菌斑中致龋性变异链球菌定量检测中的应用［姜云涛　梁景平　李超伦等.口腔医学研究，2006，22(1)：1～4］

收集无龋和高龋儿童牙菌斑各 15 例，运用细菌通用探针和变异链球菌特异性探针进行荧光原位杂交，结合流式细胞仪检测菌斑中变异链球菌所占的比例。结果在无龋儿童菌斑中，变异链球菌占总菌数的 1.24%～3.4%(2.25±0.71)，而在高龋儿童菌斑中占 5.04%～9.7%(7.37±1.34)，两组比较有着明显的统计学差异($P<0.01$)。作者认为，流式细胞仪结合荧光原位杂交技术，可作为一种细菌定量检测方法应用于致龋性变异链球菌的定量分析中。

述　评

评估患龋风险的时候测定变异链球菌在总菌中的比例，比单纯测量牙菌斑的质量分数更具有诊断价值。该研究采用激光共聚焦显微镜和流式细胞仪技术，通过不同荧光素标记的细菌通用探针和变异链球菌特异性探针进行原位杂交，检测无龋组和高龋组儿童菌斑中变异链球菌的数量,避免了传统培养方法进行鉴定和计数的局限性,也克服了其他分子生物学方法在 DNA 或 RNA 的提纯、扩增过程中的繁杂步骤,减少了信息的丢失,因此为口腔微生物生态学、流行病学等研究提供了一种新的手段。

(凌均棨)

变异链球菌高毒力株特异 DNA 片段的序列测定及生物信息学分析[郭丽宏　史俊南. 华西口腔医学杂志,2006,24(6):541～545]

测定筛选得到的 c 血清型变异链球菌高毒力菌株特异的 31 个 DNA 序列片段,利用 BLAST 2.2.6 程序进行核苷酸和含 6 相位阅读框架编码的氨基酸的相似性检索。结果显示,在变异链球菌高毒力株特异的 31 个 DNA 片段中,2 个为重复克隆,片段大小为 113～776 bp,平均 G+C 摩尔分数为 38.59%,与已完成测序的变异链球菌 UA159 基因编码区的 G+C 摩尔分数相近。发现了 5 个新的基因片段,其余的片段均与变异链球菌 UA159 基因组中的基因有高度的同源性。作者推测,高毒力株特异的 DNA 片段主要与信号转导、转录调节,修复应激损伤,生化代谢,外膜蛋白合成、黏附以及目前功能仍未知或不确定的假想蛋白有关。

述　评

该研究利用生物信息学相关软件和数据库进行 c 血清型变异链球菌高毒力株特异 DNA 片段的基因分析、识别和功能预测,发现了 5 个新的基因片段以及高毒力株特异的 DNA 片段的主要功能,为致龋微生物基因功能的研究提供了实验基础。

(凌均棨)

口腔免疫学

neurokinin-1 受体介导 P 物质对破骨细胞骨吸收功能的影响[孙应明　罗颂椒　赵昱辉. 华西口腔医学杂志,2006,24(1):60～62]

通过机械分离新生大鼠四肢长骨方法体外培养破骨细胞,细胞免疫组化染色观察 P 物质(NK-1)受体在大鼠破骨细胞内的表达情况;加入含不同量浓度的 NK-1 及其受体拮抗剂的培养液,观察 NK-1 及其受体拮抗剂对破骨细胞骨吸收功能的影响。结果免疫组化染色发现,大鼠破骨细胞内 NK-1 受体呈强阳性,着色位于细胞浆,细胞核呈阴性;NK-1 明显增加破骨细胞的骨吸收陷窝面积,但未见骨吸收陷窝数目明显增加。NK-1 受体拮抗剂抑制了 NK-1 对破骨细胞骨吸收功能的刺激效应。作者认为,NK-1 受体可能介导 NK-1 增强破骨细胞骨吸收功能,从而在正畸牙槽骨改建中发挥局部调节作用。

述　评

正畸牙周组织的破坏、吸收、再生和修复机制是近年来的口腔医学研究的热点之一。在人体多数骨组织内分布有 P 物质样神经纤维,以往的研究证实 P 物质与骨代谢联系密切。以上研究结果提示,P 物质可能通过与破骨细胞 NK-1 受体结合调节破骨细胞的骨吸收功能,从而参与了牙槽骨的改建过程。该研究结果为进一步研究正畸牙槽骨的破骨细胞吸收机制提供了实验依据。

(牛忠英　史亮)

血清免疫球蛋白含量与慢性牙周炎关系的探讨[田亚光　王秋旭　潘亚萍. 中国医科大学学报,2006,35(2):162～163]

采集 36 例慢性牙周炎患者和 36 例牙周健康者的血样,以速率散射比浊法对血清样本中 IgG、IgA 和 IgM 的质量浓度进行检测,比较病例组和对照组之间血清免疫球蛋白质量浓度的差异,分析免疫球蛋白质量浓度与牙周状态间的相关性。结果显示,病例组和对照组血清免疫球蛋白质量浓度无显著性差异,血清免疫球蛋白质量浓度与各项临床参数之间显示也不具有相关性。作者认为,牙周致病菌的侵袭并未引起慢性牙周炎患者明显的全身体液免疫反应,机体的系统体液免疫反应也不能灵敏地体现牙周炎的严重程度。

述 评

宿主的免疫防御反应对牙周病的发生发展起到重要的促进作用，决定了牙周病的进程结果。产生抗牙周致病菌的特异性抗体是宿主防御机制的重要表现之一。机体体液免疫反应，特别是 IgG 和 IgA 被认为在牙周疾病的发病机制中具有保护性作用。但是该研究结果表明，牙周病病例组和对照组血清免疫球蛋白的质量浓度无显著性差异，而且血清免疫球蛋白的质量浓度与牙周组织临床状态间不具有相关性，因此需要进一步了解体液免疫机制，才能揭示宿主在牙周发病中的确切作用。

（牛忠英 史亮）

组织芯片分析 CD44v6 和 PCNA 在口腔鳞癌及癌前病变中的表达及其意义［谢立群 沈丽佳 蒋会勇．暨南大学学报，2006，26（6）：767～772］

应用组织芯片技术和免疫组化 SP 法分别检测一张组织芯片上 117 例组织样本中 CD44v6、增殖性细胞核抗原（PCNA）蛋白表达情况。结果显示，CD44v6 在正常口腔黏膜组织和癌前病变呈阳性表达；癌组织中 CD44v6 的表达明显，但表达程度随肿瘤恶性程度的增高降低，PCNA 表达程度随着增生细胞和癌分级增加而升高。在正常口腔黏膜上皮、增生上皮以及鳞癌中，这两种蛋白的表达之间呈负相关。作者认为，应用组织芯片大规模高效检测临床组织样本是可行的，具有快速、方便、经济和准确的特点。

述 评

肿瘤的发生发展是一个多步骤的长期过程，往往是在致病因素作用下，多种基因同时或先后协同作用的结果。采用组织芯片技术对多样本进行一次性检测，不仅省时、省力，而且减少了实验误差，增加了实验的准确性、可比性和可靠性。该研究应用此项技术阐明 CD44v6 在口腔肿瘤组织中的表达特点，因此可以认为，组织芯片技术用于研究多个指标在不同种组织的原位表达是最佳的选择之一，是肿瘤病理研究的一次技术革命。

（牛忠英 史亮）

4～6 岁儿童唾液免疫生化指标与龋病的关系［黄昊红 于浩 张琳．华西口腔医学杂志，2006，24（1）：77～78］

选择 4～6 岁的龋病患者、无龋者各 45 人，采用免疫放射法测定其唾液中分泌型免疫球蛋白 A（sIgA）的质量浓度，用比浊法测定其溶菌酶（LZ）的质量浓度，用比色法测定其碱性磷酸酶（AKP）、乳酸脱氢酶（LDH）的含量。测定结果用 t 检验进行分析。结果显示，无龋人群、有龋人群 LZ、AKP、sIgA 含量的均数之间有显著性差异，无龋人群、有龋人群 LDH 之间无显著性差异。作者认为，龋病的发生可能与唾液的生化指标有关。

述 评

该研究利用常规的免疫学手段，比较 4～6 岁儿童唾液生化指标与龋病的关系。sIgA 通过对变异链球菌的凝集溶菌，阻碍了细菌在牙面的黏附和定居作用，从而改变菌斑致龋构成，影响龋病发生，这在儿童时期尤为重要。该实验结果显示 sIgA 的质量浓度有龋组高于无龋组，提示在龋病活跃期，机体免疫能力增高，产生了细胞免疫抗体。溶菌酶是一种水解酶，是最早引起人们注意并研究较多的唾液酶。实验结果显示，无龋者溶菌酶活性高于龋易患者，即在儿童时期唾液溶菌酶发挥了比成人期更重要的保护作用，起到了参与菌斑生态系统调节和抵御龋病发生的作用。

（牛忠英 史亮）

咬合力改变对牙周膜成纤维细胞凋亡及其增殖细胞核抗原表达的影响［王国栋 姜晓钟 何玉林．第二军医大学学报，2006，27（5）：484～488］

拔除健康雄性 S-D 大鼠右上颌第一、二、三磨牙，建立左下颌磨牙咬合力改变动物模型。分别于拔牙后 0.4、0.5、1、2、3、5、7、14、28 d处死大鼠($n=6$)，取牙槽骨组织行H-E染色观察，以原位末端脱氧核苷酸转移酶标记技术(TUNEL)观测牙周膜成纤维细胞的凋亡情况，免疫组化染色检测其增殖性细胞核抗原(PCNA)表达。H-E 染色结果显示，与拔牙大鼠相比，正常对照组大鼠牙周膜结构较致密，纤维排列有序，牙槽骨骨壁较平。TUNEL 观察显示，拔牙后 12 h 牙周膜成纤维细胞凋亡达峰值(252.67±6.62)，明显高于正常对照组(7.17±2.32，$P<0.01$)，之后开始下降，28 d 基本恢复正常(8.50±1.87)。免疫组化染色显示，PCNA 的表达于拔牙后 3 d 最高(246.00±7.21)，此后下降至正常(5.67±2.16，$P<0.01$)。作者认为，咬合力改变可能通过加速牙周膜成纤维细胞的凋亡，促进细胞增殖，从而共同完成牙周膜的改建。

述　评

牙周膜成纤维细胞对咬合力的生物学响应一直是口腔医学研究关注的重点，但是大多数集中于体外单细胞研究。该研究通过建立动物模型，以咬合力改变对大鼠牙周膜成纤维细胞凋亡及其增殖性细胞核抗原表达的影响，探讨牙周膜改建的可能机制。结果表明在咬合力改变初期，牙周膜的改建呈现出以凋亡为主的变化，尔后随着牙周膜成纤维细胞增殖活性的增强，又表现为以增殖为主的变化，进而达到凋亡与增殖相对平衡的状态，直至牙周膜改建的完成。可以认为在牙周膜的改建过程中，细胞凋亡与细胞增殖可能共同发挥作用，但具体的调节改建机制还有待进一步探讨。

（牛忠英　史亮）

脂多糖信号受体 CD14、TLR$_4$ 在人牙髓组织和牙髓成纤维细胞中的表达［张琛　侯本祥　李玉晶．中华口腔医学杂志，2006，41(6)：360～363］

采用免疫组化染色观察健康和炎症牙髓组织中脂多糖(LPS)信号受体 CD14、TLR$_4$ 的表达情况，应用直接免疫荧光标记和流式细胞术检测体外培养人牙髓成纤维细胞在 LPS 刺激前后的 CD14、TLR$_4$ 阳性细胞率和细胞表面平均荧光强度，以探讨人牙髓组织和牙髓成纤维细胞中 CD14、TLR$_4$ 的表达特点以及牙髓炎症组织中 LPS 的信号转导途径。结果显示，正常牙髓组织中无 CD14、TLR$_4$ 阳性细胞，炎症牙髓组织中可见大量 CD14、TLR$_4$ 阳性细胞。牙髓成纤维细胞经 LPS 刺激后，TLR$_4$ 平均荧光表达强度和 TLR$_4$ 阳性细胞率均显著增高，而 CD14 在 LPS 刺激前后均无表达。作者认为，炎症牙髓组织中 CD14、TLR$_4$ 的阳性表达，提示 LPS 可能通过 CD14、TLR$_4$ 信号受体在牙髓炎症组织中发挥作用；而牙髓成纤维细胞在 LPS 刺激后仅表达 TLR$_4$，表明 LPS 可能通过 TLR$_4$ 对牙髓成纤维细胞发挥作用。

述　评

牙髓炎和根尖周炎是以革兰阴性(G^-)厌氧菌感染为主的感染性疾病，内毒素 LPS 是 G^- 菌的主要毒力因子。LPS 可以诱发宿主的炎症反应，有效激活免疫系统，诱导牙髓系统和其他系统的细胞释放炎症及前炎症因子，导致炎症的产生和发展。该研究结果表明，CD14、TLR$_4$ 在牙髓炎症发生过程中均发挥了作用。应用抗 CD14、TLR$_4$ 抗体，可以阻断 LPS 与 CD14、TLR$_4$ 的结合或减少靶细胞 CD14、TLR$_4$ 的表达，进而阻止 LPS 信号向胞内的传导，减轻 LPS 诱发的牙髓炎症反应和对组织的病理损害，促进其自身的修复，为预防和治疗牙髓根尖周疾病提供了一些实验依据。

（牛忠英　史亮）

口腔扁平苔藓中 Caspase-3、TNF-α 和 TNFRI 的表达及与细胞凋亡的关系［姚希　沈丽佳　殷操．第四军医大学学报，2006，27(7)：580～583］

采用原位末端脱氧核苷酸转移酶标记技

术(TUNEL)和 SP 免疫组化法,检测 33 例口腔扁平苔藓(OLP)和 7 例正常口腔黏膜(对照组)中半胱氨酸天冬酰胺蛋白酶-3(Caspase-3)、肿瘤坏死因子-α(TNF-α)和 TNF-RI 的表达和细胞凋亡情况。结果显示:OLP 的上皮细胞凋亡指数(AI)明显高于正常对照组,而固有层的 AI 明显低于正常对照组;OLP 的上皮层和固有层 Caspase-3 阳性表达明显高于正常对照组;OLP 的上皮层 TNF-RI 和固有层 TNF-α 阳性表达明显高于正常对照组,而上皮层 TNF-α 和固有层 TNF-RI 阳性表达则明显低于正常对照组;糜烂型组固有层中 TNF-α 阳性表达明显高于非糜烂型组,OLP 上皮层 Caspase-3 阳性表达与其自身 AI 呈正相关;TNF-α/TNF-RI 表达与 OLP 上皮和固有层细胞的 AI 密切相关。作者认为,OLP 中同时存在角质细胞凋亡亢进和固有层淋巴细胞凋亡的减少,这种凋亡的异常可能与 OLP 的发生发展密切相关。

述　评

通过 TUNEL 检测 OLP 中 Caspase-3、TNF-α 和 TNF-RI 蛋白的表达及细胞凋亡情况,探讨 OLP 的发生发展与细胞凋亡的关系。结果表明,TNF-α 在 OLP 中除了诱导上皮细胞的凋亡外,还可能通过抑制细胞的生长或通过细胞毒作用损伤上皮细胞,导致临床上出现上皮萎缩、糜烂等表现。TNF-α 表达的高低对于 OLP 的临床诊断和治疗的指导意义还有待进一步探讨。

(牛忠英　史亮)

口腔侵袭性鳞癌间质中 CD34 和 α-平滑肌肌动蛋白的表达[施琳　孙善珍　王振光. 中华口腔医学杂志,2006,41(2):106～107]

采用免疫组化 SP 法,检测 60 例口腔侵袭性鳞癌和其中 20 例切缘无瘤黏膜间质中 CD34 和 α-平滑肌肌动蛋白(α-SMA)的表达状况。结果显示,20 例切缘无瘤黏膜间质中均有 CD34 的表达,主要位于口腔黏膜固有层、黏膜下层和血管旁的成纤维细胞细胞质中,而无 α-SMA 的表达。α-SMA 的表达仅见于血管壁平滑肌细胞。在 60 例口腔侵袭性鳞癌间质中,小血管壁内皮细胞中有 CD34 阳性表达,其中 53 例在肌成纤维细胞细胞质中有 α-SMA 的表达。口腔侵袭性鳞癌间质中存在 CD34 表达缺失和 α-SMA 的表达获得现象,联合检测 CD34 和 α-SMA 有助于判断口腔癌的侵袭性。

述　评

间质是维持上皮细胞结构和功能所必需的,当上皮细胞恶变时,间质也会不可避免地发生改变,而且间质改变先于上皮的改变。研究可靠的恶性肿瘤侵袭性特异指标是多年来肿瘤领域研究热点。该研究结果表明,口腔侵袭性鳞癌间质中有 CD34 表达缺失和 α-SMA 表达获得的特点,具有一定的特异性,为判断口腔癌的侵袭性提供了有益帮助。

(牛忠英　史亮)

口腔生物学

龈下菌斑中牙龈卟啉单胞菌 *rgp*B 基因多态性研究[李琛　潘亚萍　林莉. 中华口腔医学杂志,2006,41(11):674～677]

按照 1999 年国际牙周病新分类标准纳入慢性牙周炎患者 42 例,以每例患者病变最重部位(探诊深度>4 mm、附着丧失>3 mm)和病变最轻部位(探诊深度≤3 mm、附着丧失≤2 mm)各取其龈下菌斑样本 1 个。对照组为牙周健康者 20 名,取其龈下菌斑样本 1 个。设计引物扩增牙龈卟啉单胞菌 *rgp*B 催化域(*rgp*B-cd)基因,用限制性片段长度多态性分析法检测 *rgp*B-cd 的 4 个基因型。结果显示,*rgp*B-cd 基因的检出率(%)在病变重部位($n=36$)、病变轻部位($n=32$)和健康部位($n=8$)分别为 100、90.6 和 62.5;*rgp*B-cd Ⅰ、Ⅱ、Ⅲ和Ⅳ在病变重部位检出率(%)分别为 11.11、36.11、0、和 52.78,在病变轻部位别为 17.24、75.86、3.45 和 3.45,在健康部位为 20.00、80.00、0 和 0。

述　评

牙龈卟啉单胞菌是慢性牙周炎的主要致病菌。研究证实，精氨酸-牙龈素（Rgp）蛋白是牙龈卟啉单胞菌产生的主要致病物质，而其基因多态性是细菌致病性差异的基础。该研究发现，慢性牙周炎患者病变重部位 *rgp*B-cdⅣ型检出率为 52.78%，病变轻部位和健康部位 *rgp*B-cdⅢ型检出为 75.86%和80.00%，即说明 *rgp*B-cdⅣ型菌可能在慢性牙周炎致病过程中起主要作用，而 *rgp*B-cdⅢ型菌可能为健康人群或牙周健康部位的定居菌。

（吴军正）

牙龈卟啉单胞菌不同毒力株基因差异的比较研究［林莉　潘亚萍　李琛. 中华口腔医学杂志，2006，41（12）：734～738］

以高毒力株 W83 为被检菌，低毒力株 ATCC 33277 为参考菌，采用抑制消减杂交技术（SHH）检测两者基因表达的差异。结果显示：经连接、消减和 PCR 获得 165 个能扩增出 100～500 bp 的片段；经 SSH 筛选鉴定得到 36 个片段大小为 88～372 bp 的阳性克隆基因片段；斑点杂交发现，36 个 PCR 片段与 W83 探针产生杂交信号，与 ATCC 33277 无杂交信号；反向抑制消减杂交和斑点杂交发现，62 个 125～632 bp 的片段为 ATCC 33277 所特有。

述　评

比较和鉴定细菌高、低毒力株之间差异表达的基因，可为提示生命活动规律、探索疾病的发生和宿主防御机制等提供强有力的证据。作者从全基因角度研究牙龈卟啉单胞菌高毒力株 W83 与标准株 ATCC 33277 之间的基因表达差异，发现高毒力株 W83 特有 36 个基因片段，而缺失 62 个基因片段。进一步研究这些差异表达基因的功能，将为牙龈卟啉单胞菌致病基因的筛选和今后牙周病预防、诊治的靶标提供依据。

（吴军正）

变异链球菌表面蛋白可变区与葡聚糖合成的关系［何奎芳　刘建国　刘天佳. 口腔医学研究，2006，22（1）：5～7］

将变异链球菌链 c 型临床株细菌，按照葡聚糖分泌的特点分成水溶性葡聚糖（WSG）和水不溶性葡聚糖（WIG）组，每组又按葡聚糖合成能力分为合成量高（ABS＞0.3）和合成量低（ABS＜0.15）组。以所选细菌的 DNA 为模板，PCR 扩增表面蛋白 V 区编码基因 SrV+，经 *Dde* Ⅰ酶切分型，比较各基因型在两组细菌中的分布情况，探讨变异链球菌表面蛋白可变区与葡聚糖合成的关系。根据限制性片段长度多态性分析结果将细菌分为 A、B、C、D 四种基因型。结果显示，WSG 组合成量高的细菌 A、B、C、D 四种基因型所占比例（%）分别为 50.0、33.3、11.1 和 5.6，合成量低的细菌分别为 30.8、50.0、19.2 和 0；在 WIG 组合成量高的细菌 A、B、C、D 四种基因型所占比例（%）分别为 48.0、40.0、8.0 和 4.0，合成量低的细菌分别为 42.9、42.9、14.2 和 0。

述　评

葡聚糖作为一种细胞外多糖分为水溶性和水不溶性葡聚糖，它们在致龋菌黏附、致密菌斑的形成和阻碍菌斑中酸的扩散过程中发挥重要作用。前者作为一种储能形式，当外源性糖缺乏时可降解成单糖，释放能量，维持糖的代谢；后者又称变聚糖，因分子的铰链结构，使其具有促进细菌黏附和聚集以及促进菌斑形成的作用。本研究提示 A 和 B 基因型可能与葡聚糖分泌关系较大，值得进一步深入研究。

（吴军正）

体外观察反义脱氧寡核苷酸对变异链球菌蔗糖依赖性黏附的影响［郭青玉　吴军正　肖刚等. 实用口腔医学杂志，2006，22（1）：104～107］

研究合成针对 *gtf*B 基因 709～726 bp 和 3 479～3 497 bp 的反义脱氧寡核苷酸并进行

硫化修饰,分别将其命名为 $PS\text{-}ODN_1$ 和 $PS\text{-}ODN_2$。将 $PS\text{-}ODN_1$ 和 $PS\text{-}ODN_2$ 分别与变异链球菌国际标准株 GS5 以菌液 648 μL、PS-ODN 100 μmol/L 的比例于 37 ℃下共培养2 h,观察各组变异链球菌对唾液包被羟磷灰石的蔗糖依赖性黏附,甲紫染色,无水乙醇脱色,酶标仪于 620 nm 处读取吸光度值。结果显示,培养液中加入反义脱氧寡核苷酸的变异链球菌蔗糖依赖性黏附明显低于对照组($P<0.01$),$PS\text{-}ODN_1$ 和 $PS\text{-}ODN_2$ 分别可减少 31.4%和 41.8%的细菌黏附。

述 评

反义脱氧寡核苷酸技术是抑制基因表达的方法之一。本研究表明,针对编码合成水不溶性葡聚糖转移酶的 *gtf*B 基因设计的反义脱氧寡核苷酸,可以抑制变异链球菌蔗糖依赖性黏附。推测变异链球菌蔗糖依赖黏附的减少是反义 PS-ODN 与同源靶序列结合后抑制 *gtf*B 基因表达,从而造成酶活性降低、葡聚糖合成减少的结果。针对 *gtf*B 基因的反义脱氧寡核苷酸有可能成为龋病预防和龋病病因研究中的新型试剂。

(吴军正)

不同培养条件对口腔细菌生物膜生长的影响[赵今 朱昞 李继遥等. 临床口腔医学杂志,2006,22(6):323~325]

将与龋病发生关系密切的变异链球菌 ATCC 25175、血链球菌 ATCC 10556、内氏放线菌 WUV 627、黏性放线菌 ATCC 19246、乳酸杆菌 AC 413 分别接种在含牛心脑浸液培养液(BHI)、人工唾液(BM_5)和人唾液培养液的标准 96 孔板中,在体积分数 80%的 N_2、20%的 CO_2 和 37 ℃条件下培养 6、8、12、24、36、48、60 h 后取出相应的微孔板,甲紫染色生物膜,HTS 7000 PLUS 多孔板高效分析仪检测各时段细菌生物膜的生长情况。结果在 BHI 和 BM_5 中,5 种口腔细菌均能形成生物膜,在人唾液中没有形成生物膜。细菌呈缓慢的非线性增殖,培养 36~48 h 显示为生长停滞,不同细菌增殖趋势相同,细菌数量略有差别。激光共聚焦扫描显微镜观察发现,培养 6 h 后仅有少量细菌黏附形成散在微菌落,24 h 后出现生物膜的基本结构,48 h 形成成熟的生物膜。

述 评

文献报道,细菌在无糖的培养液、缺少 CAA(酪蛋白水解后产生的氨基酸)和托-黑肉汤中不形成生物膜,大部分的糖类均有利于细菌生物膜的生长。本实验发现,BHI 和 BM_5 有利于细菌生物膜的形成。BHI 是一种营养丰富的培养液,内含一定量的葡萄糖。就理论而言,人唾液应有利于细菌生物膜的形成,但实验中由于收集的唾液难以消毒,采用高速离心加滤菌处理,这一过程可能影响了唾液的成分。本研究仅局限于单菌种生物膜,对多菌种生物膜有待进一步研究。

(吴军正)

永生化人成牙本质细胞样细胞系的生物学特征[王捍国 肖明振 赵守亮等. 现代口腔医学杂志,2006,20(1):38~40]

采用外源性人端粒酶催化亚单位基因(*htert*)转染原代培养的人成牙本质细胞样细胞 hOd-1,建立永生化人成牙本质细胞样细胞系 *htert*-hOd-1,连续培养 6 个月,传代 56 次。结果显示:相差显微镜和透射电镜下观察,*htert*-hOd-1 细胞形态与 hOd-1 细胞相似;细胞计数法测得 *htert*-hOd-1 细胞的倍增时间为38.5 h,hOd-1 细胞为 42.6 h;流式细胞术测得 *htert*-hOd-1 细胞增殖指数为 70.5%,hOd-1 细胞为 51.6%;平板克隆形成试验测得 *htert*-hOd-1 细胞克隆形成率为 10.9%,hOd-1 为 11.5%。

述 评

正常细胞在体外培养所建立的细胞系基本上都是有限细胞系,在体外培养中可维持的时间以及细胞数量有限,难以满足研究工作需要。将正常细胞永生化,基本保持细胞原有的生物学特性,能长期传代,大量扩增,没有致瘤性,可以为实验研究提供细胞模型。永生化的方法主要有病毒 SV40 大 T 抗原转染法和端粒酶催化亚单位基因转染法。本研究用外源性 *htert* 基因转染法建立了永生化人成牙本质细胞样细胞系,可供研究成牙本质细胞生物学性质应用。

(吴军正)

胞内信号转导分子 LIM 矿化蛋白-1 在人牙髓细胞体外矿化过程中表达的实验研究[王效英　张旗　王强等. 口腔医学研究,2006,22(3):228～231]

组织块法体外培养人牙髓细胞,用第 5～8 代细胞进行试验。试验组培养液中加入矿化诱导剂(β-磷酸甘油钠 10 mmol/L、维生素 C 50 mg/L 和地塞米松 10 nmol/L),对照组不加矿化诱导剂。14 d 后,免疫细胞化学方法检测牙本质涎蛋白的表达,von Kossa 染色检测矿化结节的形成。培养期间,采用半定量 RT-PCR 技术检测 LIM 矿化蛋白-1(LIM mineralization protein-1,LMP-1)和碱性磷酸酶的表达。培养 14 d,试验组牙本质涎蛋白阳性表达,von Kossa 染色阳性;对照组牙本质涎蛋白表达阴性,von Kossa 染色阴性。RT-PCR 结果显示培养期间,试验组 LMP-1 的表达明显高于对照组,其中培养第 2 天和第 9 天时表达分别达到两个高峰,为对照组的 1.8 倍和 3.0 倍。培养期间,碱性磷酸酶的表达增高,14 d 时试验组约为对照组的 2.0 倍。

述　评

LMP-1 是 LIM 结构域蛋白家族成员,是细胞内非分泌蛋白,不仅影响骨基质的矿化,而且还是胚胎骨的发育和成骨细胞分化过程中重要的正调节因子。本实验中,LMP-1 在牙髓细胞中阳性表达并随矿化过程逐渐增强,达到高峰后又逐渐减弱,说明 LMP-1 可能在牙髓细胞的分化和矿化中发挥一定作用。该结果为进一步研究 LMP-1 在牙髓细胞分化和矿化过程中的功能及其作用机制,提供了实验基础。

(吴军正)

口腔生物力学

牵引成骨体外模型的建立及成骨细胞骨架的观察[王稚英　王兴　肖军军等. 中华口腔医学杂志,2006,41(2):111～113]

应用钛合金板材和硅橡胶薄膜研制牵引成骨体外模型,并在激光共聚焦显微镜下观察 2 000 、100 000 和 200 000 Mic(细胞原始长度百万分之一的变化单位)强度的力牵引大鼠成骨细胞24 h后肌动蛋白细胞骨架的原位表达,以及肌动蛋白和微管蛋白 α 细胞骨架蛋白蛋白质印渍凝胶电泳表达。结果显示,所建立的牵引成骨体外模型能有效模拟临床牵引成骨模式,适宜进行牵引成骨的体外研究。在 2% 机械牵引力作用于成骨细胞 24 h 后,肌动蛋白细胞骨架蛋白组装,肌动蛋白细胞骨架增粗并沿受力方向排列;在 10% 机械力牵引成骨细胞 24 h 后,肌动蛋白细胞骨架出现部分解聚和崩解,细胞骨架蛋白水平无明显变化;20% 的机械力牵引成骨细胞 24 h后,细胞体积变小,肌动蛋白解聚和崩解的现象更加明显,微丝蛋白和微管蛋白表达水平明显降低。

述　评

牵引成骨临床技术的发展在对颌面部畸形和外伤患者的治疗中起到了极大的作用,因此建立合适的体外研究模型对牵引成骨的生物生理基础研究有重要意义。整合素-细胞骨架通路是研究机械刺激对成骨细胞影响的重要信号传导通路。但是,牵引成骨的不同力值对成骨细胞成骨功能活性的影响,还有待进一步研究。

(赵志河)

钛-镍记忆合金牵张成骨的新生骨骨密度及生物力学测试[谢旻　胡敏　刘洪臣等. 中华口腔医学杂志,2006,41(1):49～51]

选用健康成年杂种犬,采用犬自身对照,通过对牵张成骨新生骨的骨密度和生物力学测试,研究钛-镍记忆合金牵张器牵张成骨的质量。测量结果显示，术后 3 个月，测量区域的骨密度牵张侧均低于对照侧相应区域，下颌骨牵张侧的抗压强度、弹性模量与对照侧间的差异有统计学意义。术后 6 个月，两侧各项指标差异均无统计学意义。

述 评

牵张成骨(distractionosteogenesis，DO)已有近百年历史。近年来，下颌骨垂直牵张成骨即牙槽嵴增高的探索性研究日益引起人们的关注。抗压强度和弹性模量是骨生物力学性能测试的常用指标，反映了骨的内在特性和硬度，与骨的尺寸、几何形状无关。该研究从生物学和生物力学角度对钛-镍记忆合金牵张器牵张成骨进行了综合测试，结果表明，6 个月时其抗压强度和弹性模量已接近正常，且牵张所成新骨有足够的强度和质量，可以联合种植技术等进行后期修复。与以往的方法相比，应用该方法牵张成骨增高牙槽嵴，牵张装置更加小巧，可完全埋置且自动加力，是一种很有发展前途的牙槽嵴增高技术。可以预见，进一步的深入研究会为临床提供更多的治疗手段。

(赵志河)

张应力对骨髓间充质干细胞骨向分化来源成骨细胞 ICAM-1 基因表达的影响[江凌勇 赵志河 王军. 四川大学学报(医学版)，2006，37(3)：438～441]

分离和培养大鼠股骨骨髓间充质干细胞来源的成骨细胞，采用膜式动态张应力加载体系进行体外细胞加力，RT-PCR 技术检测不同强度、不同性质、不同作用时间张应力对成骨细胞 ICAM-1 mRNA 表达的影响，探讨正畸牙移动骨改建过程中成骨细胞调控破骨细胞分化成熟的机制。研究表明，机械张应力刺激通过抑制成骨细胞细胞黏附分子-1(I-CAM-1) mRNA 的表达限制破骨细胞的分化成熟。

述 评

细胞生物力学是口腔生物力学研究的主要内容之一。近年来，有关这方面的研究已逐渐成为研究热点。在正畸临床中，牙槽骨组织的改建是牙移动的关键，由成骨和破骨两大效应细胞共同作用完成。破骨细胞分化和成熟必须有成骨细胞的存在，而成骨细胞在骨改建机制中处于“中心调控地位”，其分化和功能是正畸牙移动骨改建的核心内容。骨髓间充质干细胞作为成骨细胞的种子细胞是近年来的研究热点。该研究结果提示，张应力刺激通过调控 ICAM-1 这一黏附分子抑制破骨细胞的分化成熟，这就为进一步明确由应力介导的正畸牙移动骨改建过程中成骨细胞对破骨细胞的分化成熟调控机制提供了一定的实验依据。

(罗颂椒)

功能状态下下颌骨生物力学模型的建立[王杭 陈孟诗 田卫东等. 生物医学工程学杂志，2006，23(1)：189～191]

该研究旨在探讨建立正常下颌骨在功能状态下生物力学模型的可行性。采用成人干燥无牙下颌骨，以自凝塑胶和人造石膏制作下颌骨对应的上颌牙弓和关节窝的模型，将平均厚度约为 2 mm 的硅橡胶灌人关节窝并包绕髁突头，模拟关节盘、髁突软骨、关节囊等结构，建立咬合平台以模拟，由质量分别为 1、2 kg 的砝码利用滑轮组进行分级加载，模拟咬肌、颞肌和翼内肌，用弹簧直接加载模拟翼外肌，建立咬合平台以模拟前牙、左侧后牙和右侧后牙的咬合状态。结果表明，建立了咬肌(180 N)、翼内肌(120 N)、颞肌(190 N)和翼外肌(40 N)4 组肌肉同时加载的下颌骨生物力学模型，较为真实、直观地模拟了生理状态下下颌骨的受力情况。

述 评

由于以平均厚度为 2 mm 的硅橡胶模拟颞下颌关节结构，并且考虑了不同咀嚼肌力的方向和作用点，因而该模型的建立可以将下颌骨的应力状态较直观和客观地反映出来，克服了以往研究方法的缺陷。这就为进一步深入研究下颌骨生理和病理状态下的生物力学特性奠定了实验基础。

(赵志河)

"图钉"样钛合金表面种植体作为正畸支抗的稳定性研究[黄晓峰　曾祥龙　高润涛等. 现代口腔医学杂志,2006,20(3):304～307]

作者对自行研制的"图钉"样种植体进行了持续加载并对最小剪切力进行了测试,通过这两种生物力学检测方法并配合兔实体测量和组织学观察,对这种特殊种植体的稳定性进行了初步分析。结果显示,种植体持续受载 30 d 后保持稳定,最小剪切力远大于常用正畸力。组织学切片显示,骨与种植体接触面有新骨形成并沿种植体的表面生长,证明了"图钉"样种植体的良好稳定性。

述　评

根据种植体与颌骨的位置关系,可以分为骨膜下种植体(onplant)和骨内种植体(钉状种植体如 MIA),而"图钉"样种植体很像这两种种植体的结合。作者主要通过生物力学方法证明了其稳定性,对临床有指导意义。由于该种植体有少许的骨内段,除最小剪切力测试外,还可配合多种力学检测方法对其进行全面评估。种植体刃状边缘的设计有利于骨细胞向种植体表面的爬行,增强固位。但过锐的边缘是否会造成应力集中? 怎样的厚度,弧度最佳? 这些都可以通过三维有限元分析对种植体的设计进行优化。

(赵志河)

生长期山羊颅骨缝受牵张力作用后超微结构与免疫组化观察[邹淑娟　周海孝　陈扬熙等. 实用口腔医学杂志,2006,22(2):175～178]

选用生长期山羊,实验组在颅骨冠状缝两侧安放自行研制的牵张器,按 0.4 mm/d 的速率进行骨缝牵张,在牵张结束后第 0、2 和 4 周分别取骨缝标本进行 X 线摄像,扫描电镜和骨形态发生蛋白(BMP)与 TGF-β 免疫组化观察。对照组未进行骨缝扩张。结果显示:牵张结束后 0 与 2 周,骨缝边缘出现大量成纤维细胞和成骨细胞,BMP 和 TGF-β 呈高水平表达;第 4 周,受力骨缝边缘以膜内成骨方式进行改建,BMP 和 TGF-β 阳性染色且主要位于新生骨小梁四周的成骨细胞中。研究提示,BMP 和 TGF-β 可能在颅骨缝牵张成骨过程中扮演重要调控角色。

述　评

骨缝是颅面发育的一个重要生长区域。关于骨缝受到机械应力作用后的生物学反应的研究,是口腔正畸学领域的一个重要课题。该研究利用山羊颅骨冠状缝牵张动物模型,采用扫描电镜和免疫组化研究手段观察骨缝组织对牵张力作用的生物学反应机制,结果提示 BMP 和 TGF-β 可能参与颅骨缝牵张成骨改建信号传递过程,这就为进一步深入研究骨缝受机械刺激发生改建的分子生物学机制和成骨效应的具体机制提供一定的依据。

(赵志河)

利用 Mimics 和 Freeform 建立中国数字人上颌第一磨牙三维有限元模型[张美超　刘阳　刘则玉等. 医用生物力学,2006,21(3):208～211]

通过 Mimics 9.1、FreeForm 和 Ansys 8.0 软件建立中国数字人上颌第一磨牙三维有限元模型,同时在模型上进行垂直、侧向加载,以分析牙体各部位的应力情况。结果显示,通过对中国数字人上颌第一磨牙三维有限元模型的重建和对各个模块独立划分模格,总计生成 96 843 个模元、135 325 个模点。所建立的包括釉质、牙本质、牙髓、模拟牙周膜、模拟牙槽骨的上颌第一磨牙有限元模型,准确地反映了真实牙各组成部分及其相关环境。在此模型上进行的力学模拟测试显示:垂直加载和斜向加载时牙根颈 1/3 处为应力集中部位。

述　评

作者采用 2 400 万像素的高分辨率中国数字人男 1 号数据集重建的上颌第一磨牙三

维有限元模型具有非常精确的组织结构信息。同时,作者通过对中国数字人上颌第一磨牙三维有限元模型的重建和对各个模块独立划分模格,使分析计算更趋于合理化和准确化。和以前的一些相关研究比较,用于建模的数据集分辨率更高、建模工具更先进,分割精细,使得重建的模型更接近实体,因此在此基础上进行的力学分析也更准确。

作者所建立的模型虽然较以往的模型进步了许多,但建模时仍然假设各成分为各向同性,而实际上牙周膜、牙槽骨等结构在生物学上应该表现为各向异性。因此,为更进一步真实模拟口腔各部位的情况,以后的研究方向可以尝试用各向异性的方式运算建模。

(赵志河)

牙周病学

不同程度牙周炎自然发展进程与 IL-1RN 基因多态性的关系[黄萍 周学东 张蕴惠等. 现代口腔医学杂志,2006,20(1):1~3]

对 110 例慢性牙周炎患者,其中轻度 18 例、中度 34 例、重度 58 例进行 6 个月的自然病程观察,分别在基线和 6 个月对全口余留牙的牙周袋深度(PD)、临床附着丧失(AL)进行检查,每颗牙检查 6 个位点并检测其 IL-1RN($INRON_2$)VNTR 的基因多态性。结果显示,110 人平均 PD 增加量为 0.23 mm,平均 AL 增加 0.50 mm。36 例患者 44 个牙位出现了$\triangle AL \geqslant 2$ mm。6 个月后 PD 和 AL 的改变在 IL-1RN($INRON_2$)VNTR 的基因型 1/1 携带者与基因型 1/2 携带者间无明显差异($P>0.05$)。6 个月后 IL-1RN($INRON_2$)VNTR 的基因型和等位基因频率在$\triangle AL \geqslant 2$ mm 组和病情无明显改变组间无统计学差异($P>0.05$)。作者认为,IL-1RN($INRON_2$)VNTR 基因多态性不会影响汉族人群慢性牙周炎的发展。

述 评

牙周炎是遗传因素、环境因素和个人行为长期作用的结果。有关牙周炎相关基因的研究对探讨牙周炎的遗传背景和个体易患性具有重要意义。该研究所采用的纵向观察方法,与以往的横断面研究方法不同,对揭示遗传因素在牙周炎自然病程过程中的作用有积极的意义。

(闫福华 骆凯)

基质金属蛋白酶-2 和基质金属蛋白酶-3 在大鼠牙周炎模型中的表达[赵筱芩 孟姝 吴亚菲等. 华西口腔医学杂志,2006,24(3):202~205]

以免疫组化染色研究不同病变程度的大鼠牙周炎模型中基质金属蛋白酶-2(MMP-2)和基质金属蛋白酶-3(MMP-3)的表达和分布特征,探讨两者在牙周炎发生发展中的作用。结果显示,MMP-2 和 MMP-3 在牙龈炎和牙周炎的牙龈上皮中呈强阳性表达;在牙周炎的牙周组织中,主要在牙周膜成纤维细胞、破骨细胞等细胞中呈强阳性表达。MMP-2 和 MMP-3 在健康牙周组织中呈弱阳性表达,在急性龈炎和急性牙周炎组织中呈强阳性表达,在慢性牙周炎时期的表达较急性期有所降低。作者认为,MMP-2 和 MMP-3 在牙周炎症组织中,随着炎症进程呈现不同特征的表达,可能直接参与牙周组织的炎性破坏。

述 评

MMP 与牙周组织的破坏密切相关,在牙周炎的发生发展中起重要作用。目前,有关 MMP 的研究较多地集中在炎症牙龈组织和龈沟液中的表达。该研究通过建立不同时期、不同严重程度的大鼠牙周炎模型,对其牙周组织中 MMP-2 和 MMP-3 的表达进行观察,即为全面评价 MMP 在牙周炎发生发展中的作用提供了实验依据。

(闫福华 骆凯)

侵袭性牙周炎病原微生物的检测[冯向辉 张立 孟焕新等. 中华口腔医学杂志,2006,41(6):344~347]

以 16S rRNA 为基础的聚合酶链反应(PCR)技术,对 55 例侵袭性牙周炎(aggressive periodontitis,AgP)患者和 17 名健康对照者龈下菌斑中的伴放线杆菌、牙龈卟啉单胞菌、福赛斯坦纳菌、齿垢密螺旋体、直肠弯曲杆菌、中间普雷沃菌和变黑普雷沃菌进行检测。结果显示,AgP 患者的牙龈卟啉单胞菌、福赛斯坦纳菌、齿垢密螺旋体和直肠弯曲杆菌检出率分别为 81.8%、83.6%、80.0% 和 81.8%,显著高于健康对照组($P<0.01$)。作者认为,上述 4 种微生物的共同定植可能在 AgP 中起重要作用。

述　评

牙周炎的发生发展与口腔微生物密切相关。自 1999 年牙周病分类国际研讨会上提出 AgP 的概念以来,AgP 龈下菌斑微生物就成为牙周微生物学研究的热点。该研究采用近年来微生物检测中应用较为广泛 PCR 技术,对中国 AgP 患者龈下菌斑中的微生物种类进行了有益的探索,其研究结果对了解汉族人群 AgP 的发生发展具有一定的价值。

(闫福华　骆凯)

先兆早产孕妇牙周状况与妊娠结局的关系[李晓军　孔经贾　陈晖等.中华口腔医学杂志,2006,41(10):599～561]

以先兆早产孕妇(TPL 组)和同期无产兆的健康孕妇(对照组)各 40 名为研究对象,其中 TPL 组有 26 例足月产(TPL-TB)、14 例早产(TPL-PB),对照组均为足月产,比较两组孕妇的菌斑指数(PLI)、探诊深度(PD)、临床附着丧失(CAL)、出血指数(BI)、牙周炎位点(PD＞3 mm,CAL≥2)率和血清肿瘤坏死因子(TNF-α)水平,探讨牙周病病变程度和 TNF-α 水平与早产间的关系。结果显示,TPL 组的 PLI、牙周炎位点率和血清 TNF-α 水平均明显高于对照组,TPL-PB 组的 PLI、BI、牙周炎位点率和 TNF-α 水平均显著高于 TPL-TB 组;分娩孕周和牙周炎位点率、TNF-α 水平呈显著负相关($P<0.05$),TNF-α 水平与牙周炎位点率呈显著正相关($P<0.05$)。作者认为,牙周感染可能是造成早产的原因之一。

述　评

牙周感染可能是全身性疾病的一个潜在危险因素,认识和评估牙周感染与全身疾病间的关系具有重要的意义。该研究通过先兆早产孕妇与健康孕妇间的牙周状况和肿瘤坏死因子-α 的水平,对牙周病变程度与早产间的关系进行了有益的探讨,尽管样本量较小,但研究结果仍提示临床上加强孕妇的口腔健康教育非常必要。

(闫福华　骆凯)

scleraxis 在牙周膜细胞、牙龈成纤维细胞中的表达[刘琼　谢昊　李五一等.中华口腔医学杂志,2006,41(9):556～558]

采用 RT-PCR 法检测牙龈成纤维细胞、骨髓基质细胞以及不同代次牙周膜细胞中碱性螺旋-环-螺旋转录因子(scleraxis)的表达。结果显示,scleraxis 在牙周膜细胞、骨髓基质细胞和牙龈成纤维细胞中的表达差异有统计学意义。scleraxis 与 β-肌动蛋白吸光度比值分别为 0.877 ± 0.024、0.438 ± 0.031、0.313 ± 0.083。scleraxis 在牙周膜细胞中的表达最强,但表达随培养细胞代次的增加逐渐减弱。作者认为,scleraxis 可能在牙周膜细胞的分化过程中起重要作用。

述　评

牙周膜细胞在体外是一个异质性的细胞群,各细胞之间存在着表型和增殖分化能力的差异。如何对不同亚型的牙周膜细胞进行分离、筛选以及与牙龈成纤维细胞鉴别等目前尚缺乏有效的方法。该研究对高表达于最终形成结缔组织的间质前体细胞中的转录因子 scleraxis 进行了有益的探索,为今后牙周膜细胞及其分化能力强弱的鉴别提供了一种有效的方法。

(闫福华　林敏魁)

一种新型光敏剂对牙周致病菌的体外抗菌研究[郑瑜谦　闫福华　陈锦灿等.口腔医学研

究,2006,22(4):368～371]

在体外环境中用涂板计数法分析不同药物浓度和不同激光强度下新型光敏剂的光动力治疗对牙龈卟啉菌的抑制效果。结果显示在光动力治疗中,光敏剂单取代羧基酞菁锌-聚赖氨酸(ZnPC-PL)在浓度为 10 μmol/L 以上、激光强度为 6 J/cm^2 时具有良好的杀菌效果。

述 评

光动力治疗技术(photodynamic therapy, PDT)是一种利用光敏剂的光动力反应产生细胞毒素作用于靶细胞产生效应的治疗方法,是当前国际上新发展的一种治疗技术。PDT 也能用于抗菌治疗,尤其对局部感染的治疗效果更佳。牙周炎是一种感染性疾病,病变部位局限于牙周组织,PDT 治疗主要集中于去除局部的刺激因素。因此,该研究结果有着广阔的应用前景,为牙周炎治疗开辟了一条新途径。

(林敏魁)

釉基质蛋白治疗牙周骨下袋缺损促进形成牙周硬组织的能力:数字化标准系列放射学观察[刘晓峰　束蓉. 中国临床康复,2006,10(17):85～87]

将慢性牙周炎患者 24 例,共 40 个牙位随机分为釉基质蛋白组、空白对照组和甲壳素膜组。各组分别于术前和术后 6 个月测定数字化 X 影像指标:釉质牙骨质界到牙槽嵴顶的距离、釉质牙骨质界到骨缺损底部的距离、牙槽嵴顶到骨缺损底部的距离。结果显示,与釉基质蛋白组比较,甲壳素膜组和空白对照组治疗前后釉质牙骨质界到牙槽嵴顶的距离差值均有所升高,釉质牙骨质界到骨缺损底部的距离、牙槽嵴顶到骨缺损底部的距离差值均明显下降。作者认为,釉基质蛋白可显著促进牙周骨组织的再生。

述 评

传统 X 线片容易造成 X 线片间密度和反衬度出现差异,使观察者不能准确判断牙槽骨的变化,不利于牙周病的早期诊断和疗效观察。该研究采用数字化 X 线摄片技术克服了上述缺点,增加了 X 线诊断技术的准确性和灵敏度。釉基质蛋白是目前牙周再生治疗研究的热点,作者利用数字化 X 线摄片技术观察了釉基质蛋白组共 17 个牙位,获得了明显的牙周再生,值得进一步深入研究。

(闫福华　林敏魁)

骨髓基质细胞-牙根-珊瑚羟基磷灰石复合体体内再植的初步观察[涂小丽　刘宏伟. 实用口腔医学杂志,2006,22(1):45～47]

将体外分离纯化的犬髓基质细胞(bone marrow stromal cell, BMSC)分别与牙根和珊瑚羟磷灰石(CHA)支架共培养形成复合体后植入体内生长,16 周后取材,组织切片观察牙根周组织的再生情况。结果显示,实验组较对照组有更趋成熟、致密的牙槽骨生成,牙根与牙槽骨之间形成了主要由纤维组织、毛细血管组成的清晰的类牙周膜结构。作者认为,BMSC-CHA-牙根复合物植入体内后有效地促进了牙周组织的再生,组织工程学方法促进牙周组织再生具有可行性。

述 评

完全的牙周组织再生是牙周病研究者追求的理想目标,组织工程技术有望实现这一目标。该研究根据组织工程学原理,在体外形成牙周初级结构后将其植入体内,诱导其改建与成熟,并有一定程度的类牙周膜结构形成。此技术为牙周组织再生研究开辟了新的途径,但在所形成的类牙周膜结构来源以及功能等诸多方面需进一步深入研究。

(闫福华　林敏魁)

掌跖角化牙周病综合征患者组织蛋白酶 C 基因的新突变[杨媛　白小文　刘宏胜等. 中华口腔医学杂志,2006,41(10):602～605]

对临床诊断为掌跖角化牙周病综合征(PLS)的 2 例患者进行组织蛋白酶 C 基因(*ctsC*)基因突变的分析。分别提取患者及其父母的基因组 DNA,应用聚合酶链反应和

DNA 直接测序进行基因突变的检测，进一步采用限制性内切酶酶切验证突变。结果表明:2 例 PLS 患者均存在 *cts*C 基因的复合型杂合突变，患者Ⅰ的突变位点为 G139R 和 S260P，患者Ⅱ的突变位点为 R250X 和 C258W，健康对照组未发现基因突变；其中，S260P 和 C258W 突变是 *cts*C 基因的新突变位点。作者认为，*cts*C 基因突变是导致 2 例 PLS 患者临床表型的致病原因，S260P 和 C258W 突变扩大了 *cts*C 基因的突变谱。

述　评

PLS 为临床罕见的常染色体隐性遗传性疾病，表现为严重的早发性牙周炎，掌跖皮肤的过度角化等。不同种族的 PLS 家系中有多种基因突变方式。该研究发现 S260P 和 C258W 突变是 *cts*C 基因的新突变位点，这就为国内 PLS 疾病的基因诊断提供了理论依据，丰富了 *cts*C 基因的突变谱，有助于进一步研究 *cts*C 基因在 PLS 发生中的作用。

（闫福华　林敏魁）

口腔黏膜病学

口腔白斑和鳞癌组织中 *ems*-1 基因扩增的临床意义［夏娟　李秉琦　陈谦明等. 实用口腔医学杂志，2006，22(1):30～33］

采用显微解剖和差示 PCR 的方法对 15 例正常口腔黏膜、30 例口腔白斑(OLK)和 33 例口腔鳞癌(OSCC)组织中乳腺癌和鳞状细胞癌相关 p80/85 Src 蛋白激酶底物序列(*ems*-1)基因扩增的情况进行检测，同时使用 Logistic 回归分析该基因扩增与患者临床病理参数之间的相关关系。结果显示：在 30 例 OLK 中有 6 例，33 例 OSCC 中有 19 例出现 *ems*-1 基因扩增；在口腔癌中，*ems*-1 基因扩增与原发肿瘤大小的 T 分级、分化程度、淋巴结状态和临床分期有显著相关性。作者认为，*ems*-1 基因的扩增对口腔癌患者的预后有一定的相关性，伴有 *ems*-1 基因扩增的患者预后较差。

述　评

由于细胞的分子生物学改变往往发生在组织学改变之前，常规的触诊和病理学检查手段不能准确反映疾病的状态；因此，掌握细胞的遗传学改变可以更好地预测患者的预后，采用更确切的治疗手段。该研究对不同病损组织中 *ems*-1 基因的扩增情况进行了检测，与其他部位肿瘤的研究结果类似，为临床治疗口腔癌提供了一定的细胞遗传学证据。由于口腔鳞癌具有多种遗传学改变，因此还需结合其他相关基因的改变对口腔癌的治疗和预后提供更准确的分子生物学信息。

（孙正　李曙霞）

口腔癌前病变及口腔癌中 D9S171 微卫星位点变化的研究［林昱　王文梅　张晓梅等. 现代口腔医学杂志，2006，20(3):269～271］

用 PCR 结合琼脂糖凝胶电泳条带 Genetools 分析软件，对 35 例口腔黏膜癌前病变和 15 例口腔鳞癌的 D9S171 位点上的杂合性缺失(LOH)以及微卫星不稳定性(MSI)进行分析。结果显示，在 50 例口腔癌前病变和口腔癌中有 8 例在 D9S171 上出现 LOH、13 例出现 MSI，但是在不同临床诊断和不同病理学分型之间的 LOH 或 MSI 检出率无显著性差异。作者认为，D9S171 可能为口腔癌前病变癌变过程中发生异常改变的基因之一，在口腔癌前病变癌变过程中起着一定的作用。

述　评

基因的异常改变是肿瘤发生的生物学基础。许多学者的研究结果显示，不同肿瘤的不同阶段均有不同基因的改变，基因的缺失和改变与肿瘤的进程密切相关。相关研究表明，口腔癌患者在染色体 9p 上存在着较高频率的 LOH。本研究发现在口腔黏膜癌前病变和口腔癌早期已经出现 D9S171 位点微卫星改变，提示该位点可能为口腔癌前病变癌变过程的异常位点之一，这就为早期监测、早期干预口腔癌的进程提供了分子遗传学证据。

同时，有助于判断癌前病变和口腔癌的预后，并为全面了解口腔癌的分子机制提供了研究基础。

（孙正　李曙霞）

CDK2、CDK4 在金黄地鼠颊囊癌变过程中表达的研究[孙淑芬　高文信　罗兰等.现代口腔医学杂志，2006，20(1)：45～48]

采用二甲基苯并蒽（DMBA）诱导的金黄地鼠颊囊癌变动物模型，通过链霉抗生物素蛋白-生物素复合法（sABC）免疫组化法检测地鼠颊囊黏膜中细胞周期蛋白依赖性激酶（cyclin dependent kinases，CDK）-2、4 从正常黏膜到单纯增生、异常增生和鳞状细胞癌的表达情况和相关性。结果显示，CDK-2、4 在异常增生上皮和鳞状细胞癌的表达与正常和单纯增生组相比明显提高，阳性染色等级随病理等级改变而提高，CDK-2 与 CDK-4 高度相关。作者认为，CDK-2、4 参与了口腔黏膜癌前病变和鳞状细胞癌的发生和发展。

述　评

细胞周期调控异常是细胞癌变的重要机制之一。大量研究表明，CDK-2、4 与多种肿瘤的发生和发展有关。作者采用在形态学和组织学上与人类口腔鳞状细胞癌发生相似的经典的金黄地鼠颊囊癌变模型，对 CDK-2、4 在口腔黏膜癌变过程中不同阶段的表达情况进行了研究分析，其研究结果对于口腔癌的化学预防和相关生物学标志物的选择具有一定的指导意义。但是细胞周期的调控极其精密，同时各相关调控因子之间存在着非常复杂的交互作用，因此各调控因子在口腔癌发生发展中的具体作用机制还需将来进一步的深入研究。

（孙正　葛化冰）

复发性阿弗他溃疡患者转录因子 T-bet 和 GATA-3 失衡表达的研究[朱金晓　单莉英　李莉华等.中华口腔医学杂志，2006，41(8)：494～497]

通过酶联免疫吸附法（ELISA），检测复发性阿弗他溃疡（RAU）患者及其对照组人员血清中白细胞介素（IL）-4 和 γ-干扰素（γ-IFN）的质量浓度；应用反转录-聚合酶链反应（RT-PCR）和蛋白质印渍技术，检测 RAU 患者及其对照组人员外周血单个核细胞中 T-bet 和 GATA-3 mRNA 及其蛋白的表达。结果显示：RAU 患者 T-bet mRNA 及其蛋白表达显著降低，甚至不表达，与对照组相比差异有统计学意义；GATA-3 mRNA 及其蛋白在对照组有表达，而在 RAU 患者中则异常高表达。在 RAU 患者的血清中，γ-IFN 的质量浓度低于对照组，IL-4 的质量浓度高于对照组；γ-IFN 与 IL-4 的比值明显低于对照组，与转录因子 T-bet 与 GATA-3 mRNA 及其蛋白表达量比值呈显著正相关。作者认为，转录因子 T-bet 和 GATA-3 失衡表达是 RAU 免疫失衡的重要原因之一。

述　评

RAU 是临床中最常见、易复发的口腔黏膜病，但其病因和发病机制至今尚不明确。作者从 RAU 免疫应答异常角度，研究了辅助性 T 细胞 Th_1 和 Th_2 两个细胞亚群相关的转录因子 T-bet 和 GATA-3 在 RAU 患者中的表达情况，并对 RAU 的发病机制进行了初步探讨，其研究结果对 RAU 的临床诊断和治疗有一定的指导意义。但是，若能从特异调控 Th_0 分化的 T-bet 和 GATA-3 途径入手，可能会为将来 RAU 的治疗和新药的开发提供新的策略和思路。

（孙正　葛化冰）

复发性阿弗他口炎与 MHC-DR 基因遗传多态性研究[刘向岩　孙明华　曹峰林等.临床口腔医学杂志，2006，22(9)：563～564]

采用聚合酶链反应和顺序特异性引物（PCR-SSP），对北方汉族的复发性阿弗他口炎（RAS）患者和健康人群的人类主要组织相容性复合体（MHC-Ⅱ类）DR 各等位基因进行分析，比较其基因多态性。结果显示，MHC-Ⅱ DRB1 * 0301 等位基因在 RAS 患者和正常人中的分布有明显差异，而且呈正相关关系($RR=4.696, P<0.05$)，而其他 MHC-DRB1 * 各等位基因未见异常。作者认为，MHC-Ⅱ DRB1 * 0301 可能是北方汉族人 RAS 的致病易患基因之一。PCR-SSP 检测以基因分型代替了血清分型，避免了等位基因间的高度同源性所导致的交叉反应；同时，该方法不受药物引起的细胞抗原性减弱的影响，且操作简捷，是目前较为理想的 MHC 基因分型方法。

述　评

复发性阿弗他口炎是最常见的口腔黏膜病，其免疫遗传方面的致病因素一直是众多学者关注的问题。该研究通过对 RAS 患者和健康人的 MHC-Ⅱ DR 基因的分析比较，提出北方汉族 RAS 患者 MHC-Ⅱ DR 基因的易患性可能是其致病因素之一，这对进一步研究和探讨不同种族、人群 RAS 遗传发病因素具有一定意义。但 RAS 发病因素是十分复杂的，仍需要对其多种相关因素做深入研究和探讨。

（孙正　杨海玲）

大豆异黄酮防治白斑癌变的动物实验[杨娅　周曾同　葛剑平. 中华口腔医学杂志，2006，41(2)：116～117]

将 60 只金黄地鼠随机分为阳性组（A 组）、大豆异黄酮用药组（B 组）、涂丙酮溶液组（C 组）和阴性组（D 组），以探讨大豆异黄酮对口腔白斑癌变的防治作用。其中，A 组和 B 组于地鼠左侧颊囊涂体积分数 0.5%的二甲基苯并蒽(DMBA)溶液 6 周，C 组于地鼠左侧颊囊涂丙酮溶液 6 周。随后 12 周，B 组每天灌喂大豆异黄酮溶液，A、C 组灌喂生理盐水。实验结束时处死动物，收集标本。结果发现，B 组肿瘤出现的平均时间稍晚，但是与 A 组相比较差异无统计学意义；B 组肿瘤的潜伏期和发生率与 A 组相比，差异均无统计学意义。研究表明在金黄地鼠颊囊黏膜癌模型中，未发现大豆异黄酮对白斑癌变有防治作用。

述　评

应用天然或合成的化学药物治疗口腔癌前病变，阻断癌症的发生发展是目前降低口腔癌发生率的手段之一。以往的研究认为大豆异黄酮具有多种抗肿瘤生物活性，但是该研究却未发现大豆异黄酮对白斑癌变有防治作用，具体原因有待于加大样本量进一步的深入研究。另外，应用大豆异黄酮组动物中出现了纤维肉瘤，也有待于对大豆异黄酮诱发纤维肉瘤的可能性和作用机制进行研究。

（孙正　关晓兵）

口腔白色念珠菌的 PCR ITS_1-ITS_2 基因分型法的建立及应用[周曾同　赵民　张济等. 实用口腔医学杂志，2006，22(1)：60～63]

建立口腔白假丝酵母菌（白色念珠菌）的 PCR ITS_1-ITS_2 基因分型方法，探讨其型别在口腔黏膜病中的流行病学意义。提取 19 株临床患者（口腔白假丝酵母菌病、口腔扁平苔藓以及白斑伴发假丝酵母菌感染患者）和 2 株健康人口腔假丝酵母菌的 DNA，应用 PCR 扩增 ITS_1-ITS_2 区域，依据该区域核苷酸序列的差异进行基因分型。结果显示，这 21 株白假丝酵母菌可分为 13 型，根据其基因分型可以判断白假丝酵母菌是内源性或外源性感染以及白假丝酵母菌感染反复发作的原因。作者认为，PCR ITS_1-ITS_2 基因分型法可作为一种有用的流行病学调查的工具以预防和监测假丝酵母菌的感染。

述　评

随着口腔白假丝酵母菌感染的不断增多，深入研究白假丝酵母菌的分型方法，对预防、监测白假丝酵母菌感染的流行病学调查有着十分重要的意义。目前，白假丝酵母菌的研究方法较多，但是都存在着不同程度的缺点。该研究采用 PCR ITS_1-ITS_2 基因分型方法对白假丝酵母菌进行分型研究，结果发现 PCR ITS_1-ITS_2 基因分型方法准确、简便和快捷，适合用于流行病学调查和多态性分析，根据其基因分型可以判断白假丝酵母菌感染的来源以及感染反复发作的原因。由于该方法较新，还需要大量的数据积累和更加详尽地分析以判断其优缺点。

（孙正 关晓兵）

口腔扁平苔藓中基质金属蛋白酶及其组织抑制剂的表达［章卫平 陈宇 耿宁等. 中华口腔医学杂志，2006，41（7）：420～421］

采用免疫组化法检测基质金属蛋白酶（MMP）-2、膜型基质金属蛋白酶-1（MT_1-MMP）和基质金属蛋白酶抑制剂（TIMP）-2在12例萎缩型口腔扁平苔藓（OLP）、15例非萎缩型OLP组织中的表达，并将其与15例口腔鳞状细胞癌（OSCC）和11例正常口腔黏膜（NOM）进行比较。结果显示，从NOM→非萎缩型OLP→萎缩型OLP→OSCC，MMP-2、MT_1-MMP、TIMP-2的平均积分依次增加，MMP-2、MT_1-MMP在萎缩型OLP组的平均积分高于NOM和非萎缩型OLP，差异具有显著性（$P<0.05$），与OSCC之间比较无显著性差异（$P>0.05$）；TIMP-2在非萎缩型和萎缩型OLP之间的平均积分差异无统计学意义（$P>0.05$）。作者认为，MMP表达水平的高低可成为临床判断OLP恶变潜能的检测指标之一。

述 评

口腔扁平苔藓是一种癌前状态，其癌变的发生往往是细胞内外多种基因水平和功能异常改变的结果。作者采用免疫组化法检测了OLP组织中MMP-2、MT_1-MMP、TIMP-2的表达，并用NOM、OSCC作对照，探讨其在OLP癌变过程中的作用。但OLP癌变的发生是多因素共同形成的结果，因此尚需对OLP癌变的机制进行更深入的探讨和研究。

（孙正 付洁）

老年口腔医学

健康老年人口腔念珠菌与义齿修复的相关研究［魏昕 周学东 李秉琦等. 华西口腔医学杂志，2006，24（1）：39～41，47］

将212例健康老年人分为4组：A_1组，男性，有义齿；B_1组，男性，无义齿；A_2组，女性，有义齿；B_2组，女性，无义齿。通过标准含漱法取样，接种于沙堡琼脂培养液培养，CHRO-Magar *Candida*™鉴定培养液鉴定白色假丝酵母菌（旧称白色念珠菌），糖类同化反应鉴定体系鉴定假丝酵母菌菌种。结果显示：212例老年人假丝酵母菌检出率为54.72%；A_1组假丝酵母菌、白色假丝酵母菌检出率高于B_1组（$P<0.05$），而且高假丝酵母菌强度者在A_1、A_2组所占比例分别较B_1、B_2组高（$P<0.05$）。作者认为，健康老年人口腔总假丝酵母菌和白色假丝酵母菌检出率及检出强度增高与义齿修复有关。

述 评

假丝酵母菌可以条件致病导致口腔假丝酵母菌感染，宿主年龄和义齿修复是影响口腔内假丝酵母菌定植的重要因素。作者以健康老年人有无义齿分组，分析义齿修复对老年人口腔假丝酵母菌定植的影响，得出了有意义的结论，有助于义齿修复老年人口腔假丝酵母菌感染的防治。

（栾文民）

转化生长因子-β_1和甲壳胺联合作用对老年人牙周膜细胞生长分化功能的影响［毛钊 杨俭 毛曦等. 口腔医学杂志，2006，26（5）：323～325］

采用四甲基偶氮唑蓝法和酶动力学方法检测了转化生长因子（TGF）-β_1和甲壳胺（Chi）对原代培养的老年人牙周膜细胞增殖和碱性磷酸酶（AKP）活性的影响。结果显示在3 d和5 d时，Chi加TGF-β_1组和TGF-β_1组及7 d时Chi加TGF-β_1组和Chi组均能明显增强老年人牙周膜细胞的增殖能力。3个实验组的细胞裂解液和Chi加TGF-β_1组和TGF-β_1组细胞培养液中牙周膜细胞AKP活性均高于对照组（$P<0.05$，$P<0.01$），以Chi加TGF-β_1组最高。作者认为，TGF-β_1和Chi都具有增强老年人牙周膜细胞增殖和分化的

功能，两者联合应用似有协同作用。

述　评

由于衰老的影响，老年人牙周膜细胞增殖和分化功能明显降低，不利于牙周组织的再生和修复。该研究初步探讨了TGF-β_1和Chi对老年人牙周膜细胞增殖和分化功能的影响，而两者应用于老年人牙周疾病的治疗有参考意义。

（栾文民）

综合性安全措施在老年心血管疾病患者开髓治疗中的应用[王泽泗　文英. 现代口腔医学杂志，2006，20(5)：449～450]

将需开髓治疗的老年心血管疾病患者分为措施组和对照组，前者术前给予包括用药、心理准备等综合性安全措施。分别于术前5～10 min，麻醉后5～10 min，治疗中和术后5～10 min记录其血压、心率并描记心电图。结果显示在麻醉和治疗过程中，措施组比对照组血压升高和心电图改变明显减少($P<0.05$)。作者认为，老年心血管疾病患者在术前给予综合性安全措施可以降低开髓治疗过程中诱发心血管疾病发作的可能性。

述　评

老年心血管疾病患者心脏储备力低下，手术耐受性较低。患者对治疗的恐惧、紧张以及治疗时的疼痛等均可能诱发心律失常、心肌缺血和心力衰竭等严重并发症。作者观察证实，采取综合性安全措施可以减少潜在的危险性发生，为提高临床开髓治疗的安全性提供了有效措施。

（栾文民）

游离端缺牙对老年人脑血流的影响[郭亚娟　刘洪臣　宁江海等. 中华老年口腔医学杂志，2006，4(3)：133～135]

临床选择双侧游离端缺牙老年人16例（病例组）和无缺牙老年人16例（对照组），应用经颅多普勒超声探测仪，测定两者咀嚼口香糖前后不同时间段的脑血流流速，采用STATE 7.0统计软件对收缩期峰流速(Vs)、舒张期峰流速(Vd)、平均峰流速(Vm)进行t检验。结果显示，病例组在咀嚼前、咀嚼5 min和咀嚼10 min三个时段的Vs、Vd、Vm均数值都明显低于对照组($P<0.05$)。作者认为，游离端缺牙老年人脑部血流的供应与无缺牙老年人相比有减少趋势，缺牙造成的咀嚼功能下降可导致老年人脑血流供应不足。

述　评

脑血流供应充足对保证脑组织的葡萄糖代谢和氧的摄取有重要意义，咀嚼可促使人整个脑部的血流增加。游离端缺牙患者由于磨牙乃至前磨牙缺失，咀嚼效能只有正常牙列的1/4～1/3，此类病人以老年人常见。该实验证实，老年人脑部血流量的减少与咀嚼功能下降有关。因此，老年人应及时修复缺失牙以恢复咀嚼功能，这可能对老年人脑的保健、功能的发挥和脑血管疾病的预防都有积极的意义。

（栾文民）

引导骨再生术治疗老年重度牙周炎的临床疗效[杜丽娟　桂和明　黄洁英. 中华老年口腔医学杂志，2006，4(4)：203～205，221]

将60岁以上重度牙周炎患者13例（患牙19颗，病变位点27个）分为A、B两组。A组翻瓣刮治后植入拜尔蒙(BAM)骨诱导人工骨，B组施行单纯翻瓣刮治术。两组术后均用不锈钢丝将患牙与相邻健康牙结扎，再用光固化树脂固定。术前以及术后3、6、12个月检查牙龈出血指数(GBI)、附着水平(AL)、牙周袋深度(PD)和牙松动度(TM)并摄标准X线根尖片测定牙槽骨高度(AH)。结果显示，A组治疗后6和12个月PD、TM和AH较术前明显改善，而且较B组改善明显($P\leqslant 0.05$)。作者认为，BAM骨诱导人工骨可用于治疗伴重度牙槽骨缺损的老年牙周病，适应证的选择，有效的基础治疗、手术操作、术后护理等对疗效有直接影响。

述　评

近十多年来，国内外对引导组织再生术治疗牙周病进行了大量研究，在促进新骨形成和防止软组织过快生长等方面取得了一定成效。该研究通过在患牙骨缺损区植入国产 BAM 骨诱导人工骨，有效改善了患牙的临床症状，但远期临床疗效有待进一步观察，有关方面如疗效机制等还需更深入研究探讨。

（栾文民）

短牙弓治疗法修复中老年人牙列缺损的回访调查[陈小晖　吴红霞　张玉峰等. 口腔医学研究，2006，22(2)：202～204]

对采用短牙弓治疗法修复的 9 例牙列缺损中老年患者进行回访调查，调查表内容包括患者全身健康状况、口腔治疗史，短牙弓治疗法的基本情况、美观状况、舒适度以及患者的口腔咀嚼功能等，同时对咀嚼效率进行测定。结果显示，患者对短牙弓治疗效果表示满意，基本每天戴用，咀嚼功能明显改善，能满足患者日常的饮食要求。作者认为，短牙弓治疗法合理经济，易于适应，能有效恢复口腔功能，适合中老年患者。

述　评

与传统修复治疗原则不同，短牙弓治疗法认为完整牙列的重建并非必须，口内只要留有不少于 20 颗牙即可满足患者的口腔功能需要。作者通过对 9 例中老年牙列缺损患者经短牙弓治疗法修复后的主观感觉回访调查以及咀嚼效率的测定，有助于对短牙弓治疗法的认识和应用。今后应对更多的病例进行总结。

（栾文民）

老年人口腔颌面部肿瘤的临床分析[苏彤　刘冰　孙志军等. 临床口腔医学杂志，2006，22(2)：101]

对 1 254 例老年人口腔颌面部肿瘤进行临床分析。结果显示，绝大多数口腔颌面部肿瘤在老年人中均有发生，肿瘤好发部位的频数由高到低依次为腮腺、舌、颊、腭、牙龈、唇、口底。恶性肿瘤占 59.81%，其中舌癌居首位共 207 例(27.6%)，其次分别为颊、牙龈、腮腺、唇、腭、口底、口咽、颈部。作者认为，老年口腔肿瘤患者治疗方案的设计应强调老年人的特点，应对患者全身健康状况进行全面评估，了解其伴随疾病和对治疗的耐受力，治疗以延长患者的生存期为中心，减少术后并发症的发生。

述　评

老年人由于各组织器官的增龄性变化，因此在治疗方案的设计上难度极大。老年口腔颌面部肿瘤患者的治疗应以延长患者生存期为中心，同时尽量提高其生存质量。作者对老年人口腔颌面部肿瘤发病情况和治疗方法的总结分析，为老年人口腔颌面部肿瘤的预防和治疗提供了参考。

（栾文民）

老年口腔鳞癌患者皮下埋植泵动脉灌注新辅助化疗的临床研究[杨凯　张福军　李雅冬等. 口腔医学杂志，2006，26(3)：217～219]

将 114 例 T_2～T_4 老年口腔鳞癌患者随机分为 4 组：Ⅰ组，CMP(卡铂加平阳霉素加甲氨蝶呤)方案静脉给药；Ⅱ组，CMP 方案动脉灌注；Ⅲ组，CF(卡铂加氟尿嘧啶)方案静脉给药；Ⅳ，CF 方案动脉灌注。动脉灌注是用皮下埋植泵通过颞浅动脉逆行插管至口腔癌灶的颈外动脉相应分支供血处给药。化疗两个疗程后比较各组的疗效和不良反应。结果显示，CMP 和 CF 方案动脉灌注化疗均比常规静脉给药化疗疗效显著($P<0.05$)且不良反应较低($P<0.05$)。

述　评

区域动脉灌注化疗能减少流经全身其他器官的药物量，在不增加药物总量的前提下，提高癌细胞内的药物质量浓度，达到减毒增效的目的。该研究观察了 CMP 和 CF 方案经动脉灌注给药治疗老年口腔鳞癌患者的疗效和不良反应，为老年口腔鳞癌患者的治疗提供了一种新辅助化疗方法。

（栾文民）

儿童口腔医学

实验性犬乳牙根尖周炎组织病理学观察[张鹰　杨富生. 牙体牙髓牙周病学杂志，2006，16(4)：192～194]

对3只2月龄杂种幼犬处于牙根稳定期的乳牙分别于1、7、14、21 d开髓，封饱蘸内毒素溶液棉球，1周后去封药开放口腔。第28天处死所有动物，分离其颌骨，摄X线片，计算机图像分析与组织学制片观察。X线片图像分析显示，封内毒素后第21天方才出现根尖周稀疏区，其稀疏区面积随时间延长而增大，第28天与第21天比较，其稀疏区相差显著($P<0.05$)。组织病理学显示，封药后7 d，即可见根尖周组织的毛细血管扩张和炎性细胞浸润；14 d，浸润的炎性细胞增多并有根尖周骨质吸收；21 d，炎性细胞浸润与骨吸收加剧，脓肿形成。作者认为，犬乳牙开髓封内毒素后可造成实验性乳牙根尖周炎模型，其炎症程度随时间延长而加重。

述　评

实验性乳牙根尖周炎模型的建立是探讨乳牙根尖周炎致病机制与有关治疗的前提和基础。在只有50 d的犬乳牙根稳定期内，通过牙髓暴露点的内毒素诱导与开放于口腔，成功建立了犬乳牙根尖周炎的实验模型，这对乳牙根尖周病的深入研究是有意义的。与成年恒牙不同的是，在有限的时间内从模型的建立到相关问题的探讨，其难度相当大。

（文玲英）

金属成品冠修复乳磨牙大面积缺损的疗效观察[池政兵　冯希平. 上海口腔医学，2006，15(4)：441～443]

对66例73颗乳磨牙、牙冠大面积缺损(Ⅰ～Ⅲ类)，年龄4～11岁患儿进行金属冠修复，定期随访。结果显示，至18个月各类缺损的冠修复的总成功率为86.30%，Ⅰ、Ⅱ类缺损的成功率分别为89.27%和92.86%，它们之间的效果无显著性差异。研究者详细地介绍了具体的操作步骤和方法，并对乳牙成品冠修复的失败原因进行分析。其中，在牙体和成品冠修复的预备中，控制𬌗面的预备量和对成品冠颈缘的良好处理，对提高冠修复的成功率较有利，用金属成品冠修复乳磨牙大面积缺损的疗效较为满意。

述　评

国内外应用金属成品冠修复乳磨牙大面积缺损已有30余年历史。此类修复不仅能很好恢复患牙的形态和功能，而且与传统充填修复方法相比，可明显提高其修复效果，很值得临床应用。该研究者所介绍的操作步骤和方法及失败原因分析很值得参考。

（文玲英）

儿童口腔中变形链球菌传播方式的研究[邹静　尚冉　周学东. 中华口腔医学杂志，2006，41(5)：269～271]

应用随机引物聚合酶链反应和DNA指纹技术，对四川省实验婴儿院3～4岁20名非全托儿童及其母亲之间，24名全托儿童相互之间的口腔变异链球菌(变形链球菌)传播方式进行研究。变异链球菌检测结果显示：在44名儿童中，65.9%的儿童可检出；在20对母子中，有10对均检出；在20名无龋儿童中，有9名(45.0%)可检出；在24名有龋儿童中，有20名(83.3%)可检出。44名儿童与20名母亲口腔中共分离出98株该类细菌，从而说明变异链球菌在儿童中存在垂直传播与水平传播两种传播方式。

述　评

变异链球菌是儿童龋最主要的致病菌，探索变异链球菌在宿主间的传播方式并确定感染源，将有助于阻断或延迟变异链球菌的传播。该研究证实的儿童口腔变异链球菌传播途径对制定儿童龋的早期预防计划很有意义，为儿童早期龋病预防提供了新的思路。

（文玲英）

婴幼儿龋与儿童气质的相关性研究[赵彦

葛立宏 俞畅等.中华口腔医学杂志,2006,41(7):422~425]

对北京市城区 219 名 3 岁儿童进行口腔检查,并对其家长填写的 NYLS 3~7 岁儿童气质量表进行统计学分析。其中病例组 109 例,为乳上前牙龋失补牙面数(dmfs)≥1 的儿童;对照组 110 例,为无龋儿童。结果显示,难养型、中间近难养型和启动缓慢型儿童婴幼儿龋的程度重于易养型和中间近易养型的儿童,不同气质类型组间的 dmfs 差异有统计学意义($P<0.05$)。该研究表明,儿童气质在婴幼龋患儿和无龋儿童间存在差异。

述 评

由于气质类型的不同会表现出不同的行为方式,其中活动水平和节律性差异可能较大。前者指在活动中,如游戏、进食、穿衣、睡眠等中的身体活动数量,或活动期与不活动期之比;后者指儿童反复性生理功能,如饮食、睡眠、排便等的规律性。该研究者推测,可能由于易养型儿童较难养型和启动缓慢型儿童更容易在 1 岁左右停用奶瓶,或更易坚持口腔卫生,从而使不同气质的儿童在婴幼儿龋患病中出现差异。为此,该研究有助于从另一角度认识婴幼儿龋的发病因素,其结果为进一步探讨儿童气质在婴幼儿龋发病中的作用提供了有益的依据。

(文玲英)

不同饮料对不同龋敏感儿童牙菌斑 pH 值的影响[刘源 邹静 尚冉.华西口腔医学杂志,2006,24(5):415~418]

用微型蜂式 pH 指示电极测试成都市幼儿园 3~5 岁 10 名龋敏感儿童龋失补牙数(dmft)>4 和无龋儿童 dmft=0 的牙菌斑 pH 值。在测定饮用饮料前牙菌斑的静止 pH 值(pH_{rest})之后的不同时间内,分别测定饮用 100 mL 饮料时的 pH 值。每次测试时饮用同一种饮料,1 周后测试另一种饮料并绘制两组儿童牙菌斑 pH 值随时间变化之曲线。统计学分析其 pH_{rest}、pH 最小值(pH_{min})和 pH 下降幅度(ΔpH)等数据。3 种饮料分别是鲜橙汁、可口可乐和乐百氏 AD 钙奶。结果显示,龋敏感组较无龋组儿童的 pH_{rest} 数据间差异有统计学意义($P<0.05$);无龋组儿童饮用 3 种饮料后,牙菌斑 pH_{rest}、ΔpH 的改变均无统计学差异;龋敏感组儿童饮用后,pH_{min}、ΔpH 的改变有明显差异,其中鲜橙汁引起的改变最为明显,其次是可口可乐,最后为乐百氏 AD 钙奶($P<0.05$)。研究者认为,龋敏感儿童牙菌斑产酸力较无龋儿童高,3 种饮料对无龋组儿童牙菌斑 pH 值的变化没有明显影响,而对龋敏感组儿童牙菌斑 pH 值具有影响,其影响强弱依次是果汁类、碳酸类和钙奶类饮料。

述 评

检测菌斑 pH 值不仅能反映个体的龋病易患性,也是研究食物潜在致龋性的重要手段。该研究证实,不同的饮料对牙菌斑 pH 值的影响不同,但均具潜在的致龋能力。当前,在饮料消耗急剧上升的情况下,该研究为儿童正确选用饮料提供了参考依据。同时在儿童龋病的预防中,也许饮用方式和饮用频率与正确选用饮料同等重要。

(文玲英)

牙科三维 CT 研究上颌乳磨牙牙腔[李然 石四箴.牙体牙髓牙周病学杂志,2006,16(6):319~322]

用牙科三维 CT 对 6 个儿童干颅骨标本上的 20 颗完整上颌乳磨牙进行 360°扫描摄影并测量其髓室相关参数。其中,第一乳磨牙 12 颗,第二乳磨牙 8 颗,左右侧各 10 颗。结果显示,上颌第二乳磨牙髓室颊舌向、根分叉处水平面腭侧根管近远中向、颊侧近中根管颊舌向的最大距离均比上颌第一乳磨牙大($P<0.05$),而髓室高度较第一乳磨牙小($P<0.05$)。其余,髓室近远中向、髓室底最高点水平到根分叉处垂直距离、根分叉水平面根管等测量值无明显差异($P>0.05$)。研究者认为,牙科三维 CT 是一种精确测量牙体解剖形态的有效方法。

述　评

三维 CT 最大优点是以立体形态显示人体解剖机构，即能从多方位、多角度显示组织不同轴面的解剖形态，而三维 CT 成像是通过 CT 连续断层扫描，将收集的信息经计算机处理并重建为直观立体图像，可从中获得观察物体在各个层面的清晰三维立体结构。该研究者对上颌乳磨牙牙腔形态进行的研究，为临床治疗提供了确切的牙腔解剖、根管形态、数目等资料，这对成功进行牙髓尖周病治疗是非常重要的。

（文玲英）

恒前牙断冠粘接的临床及实验研究［郑树国　郑刚　司武强等. 中华口腔医学杂志，2006，41(12)：719～722］

对 59 颗 7～15 岁患者的上中切牙外伤冠折患牙，在进行牙髓治疗后按 3 种模式粘接。即 A 组，内部倒凹加唇侧洞斜面；B 组，内部倒凹加舌侧排溢道；C 组，内部倒凹加舌侧排溢道加唇侧洞斜面分组进行断冠粘接。观察 25～45 个月。另外，选择 21 颗 39～55 岁因牙周病拔除的上颌中切牙，亦按 3 种粘接模式分组进行悬臂梁模型试验。临床观察结果显示，59 颗牙中 56 颗完好，3 颗牙粘接脱落均因二次外伤所致，断冠粘接较好的恢复了外伤牙的形态和功能。其中，C 粘接模式好于 A、B 两种模式。实验结果显示，A、C 两组所能承受的最大力值均大于 B 组，因而除了 C 粘接模式外，A 模式也是临床断冠粘接的理想方式。

述　评

儿童前牙外伤以冠折最常见。近年，随着新的黏结剂和树脂材料的出现，断冠粘接应运而生。该研究者将断冠粘接分为 3 型，详细介绍了具体的操作步骤并取得了满意效果，因此这种方法可较好地应用于前牙冠折的过渡性治疗，具有临床参考价值。

（文玲英）

北京市幼儿园 3～4 岁儿童龋齿活动性研究［李静　秦满　谢盼. 现代口腔医学杂志，2006，20(6)：640～642］

对北京市 5 所幼儿园 207 名 3～4 岁儿童进行龋齿检查与龋齿活动性实验，前者记录并计算 dmft、dmfs、st 和 ds，后者采集软垢和菌斑混合样本置龋活性试验培养液中培养，通过观察致龋菌产酸能力间接反映儿童口腔中的龋齿活动性。结果显示，患龋儿童 98 名，患龋率47.34%。其中重度低龄儿童龋(SECC)53 例，发病率为 25.6%。患龋儿童中龋齿数目在 5 个以内者占 72.45%，dmft≥10 的儿童占 9.18%，且有近 5%的儿童龋齿范围累及半数以上的乳牙。龋齿活动性比较，有龋组龋活性值主要分布在 1.0～2.0 区间，无龋组主要分布在 0～1.5 区间；前者高于后者，差异显著($P<0.001$)。SECC 组与早期儿童龋病组的龋活性值比较，差异亦有统计学意义($P<0.01$)。研究者认为，北京市 3～4 岁儿童的患龋率虽较 10 年前有所下降，但仍旧较高，且患龋组比无龋组活动性高。龋活性龋齿活动性检测有助于筛选龋齿易感者。

述　评

研究者将口腔龋齿检查与龋齿活性检测相结合进行，不仅对儿童的 dmft、dmfs、st 和 ds 有了了解，而且对有龋与无龋组和 SECC 与早期儿童龋病组龋活性值的分布区间作了比较，这种研究方式与结果是很有意义的。鉴于早期儿童龋病和 SECC 的发病率，提示当前应从多角度入手，方可达到有效的幼儿龋病预防目的。

（文玲英）

乳牙化学机械去龋［汪俊. 现代口腔医学杂志，2006，20(6)：564～566］

采用伢典化学机械去龋法与常规钻去龋法，对 53 例 3.5～7 岁儿童的 129 颗殆面牙本质龋的乳磨牙进行去龋比较性实验。前者去龋 86 颗，后者去龋 43 颗。治疗时分别以去龋时间、局麻需要和患儿配合程度进行评估,并进行统计学分析。结果显示,化学机械去龋的平均时间为(9.3±3.6) min/牙,常规去龋为(3.2±1.2) min/牙,其差异有显著性($P<0.001$)。化学机械去龋可减少局麻的需要,其配合程度差异无显著性($P>0.05$)。研究者认为,化学机械去龋虽不能减少操作时间,但能有效去除乳牙龋和减少局麻的需要。

述　评

化学机械去龋的优点主要表现在有效去龋的治疗过程中减少了儿童的畏惧感,减少了局麻的需要。此外,对健康牙体组织无明显影响,即微创也是选择治疗方法的前提。该研究者所介绍的化学机械去龋在儿童龋病治疗中是有应用前景的,不过,在以乳磨牙邻面龋居多的临床应用尚待进一步研究。

（文玲英）

乳牙菌斑钙含量与患龋状况关系的研究[魏华　石四箴　闫福华. 口腔医学研究,2006,22(1):31～33]

用原子吸收分光光度仪对 53 名 3～5 岁儿童集合菌斑钙质量进行测定分析,其中无龋组与有龋组分别为 21 例和 32 例。有龋组中,低危组 17 例(5＞dft＞0),高危组 15 例(dft≥5,CSI≥10)。结果显示菌斑钙质量,无龋组高于有龋组,差异显著($P<0.01$);无龋组高于低危组,低危组高于高危组,三者间差异亦有显著性($P<0.05$)。在有龋组菌斑中,钙质量与龋补牙数(dft)、龋补牙面数(dfs)、龋蚀指数(CSI)等为负相关。研究者认为,集合菌斑中总钙质量越高,患龋程度越低,钙质量与龋患程度有一定相关性。

述　评

测定儿童乳牙集合菌斑钙质量,比较不同患儿菌斑钙质量的差异,分析龋病易患性与菌斑钙质量的关系,是探讨和筛选龋病易患人群的好方法。该研究结果可为预测龋病易患性提供参考。

（文玲英）

口腔预防医学

激光荧光检测仪对乳牙𬌗面患龋敏感位点的流行病学研究[李雪　程立　胡德渝. 现代预防医学,2006,33(7):1 102～1 104]

采用激光荧光检测仪对成都市三所幼儿园学前班 156 名年龄 5～6 岁儿童共 561 颗患龋的乳磨牙𬌗面进行检查,记录𬌗面龋坏最严重的位点。结果显示各乳磨牙患龋例数的分布,以下颌第二乳磨牙患龋最多,以后依次为上颌第二乳磨牙,下颌第一乳磨牙。龋坏最严重的位点位于上颌第二乳磨牙远中窝、下颌第二乳磨牙舌沟,而在下颌第一乳磨牙中则位于远中窝。作者认为,激光荧光检测仪是诊断早期龋的有效工具;不同的𬌗面患龋严重部位具有统计学规律,是临床上预防和治疗不可忽略的重要部位。

述　评

龋病是一种多因素疾病,早期诊断并采用预防和干预措施是控制龋病的关键。视诊、探诊和放射检查是临床常用的龋病检查方法,但存在诸多不足。激光荧光系统重复性好,能够进行定量和定位的分析,可以用来测量𬌗面不同位点的早期患龋情况,得到更准确的定位资料。该研究采用激光荧光检测仪检测乳牙龋病,为早期乳牙龋病的临床检查、预防和治疗提供了理论依据和有效的方法。

（马卫东）

两种局部用氟对预防正畸牙脱矿的临床研究[李业荣　王大为. 广东牙病防治,2006,14(3):181～183]

将 93 例经固定矫治器治疗的患者随机分为 3 组,其中质量分数 75%的氟化钠糊剂组 34 例,含氟牙膏组 28 例,对照组 31 例,观察其治疗前后牙面脱矿情况。结果显示:矫治前 3 组患者釉质脱矿发生率和脱矿程度差异均无统计学意义;矫治后氟化钠糊剂组和含氟牙膏组的釉质脱矿率明显低于对照组,两氟处理组发生 1 度和 3 度脱矿的牙数均高于对照组,3 组发生 2 度脱矿的牙数差异无统计学意义。作者认为,正畸治疗中配合使用氟化物处理牙面,可预防釉质脱矿。

述　评

固定矫治已成为现今较为成熟的口腔正畸技术。固定矫治器矫治过程中常常伴发釉质脱矿,破坏了口腔环境中釉质脱矿和再矿化的动态平衡。釉质脱矿改变了釉质的透明度,可引发龋病,严重影响牙的美观。该研究通过在托槽四周涂布质量分数 75%的氟化钠糊剂或用含氟牙膏刷牙预防釉质脱矿,以期找到简便有效的方式来预防釉质脱矿的发生。如何指导患者合理使用含氟制剂是现今口腔医师面临的主要问题,这对于预防牙的脱矿和龋病有重要意义。

(马卫东)

两种漱口液预防造血干细胞移植患者口腔溃疡的疗效比较[张川莉　胡芹　何茜等.华西医学,2006,21(3):571~572]

为减轻造血干细胞移植所致的口腔溃疡给患者带来的痛苦,探讨预防造血干细胞移植过程中口腔溃疡的有效措施,将 2003 年 2 月~2004 年 7 月进行造血干细胞移植的患者 28 例,随机分成 AB 两组。A 组 15 例患者入层流室当天采用艾利克漱口液含漱漱口,B 组 13 例患者入层流室当天采用益口漱口液含漱漱口。结果显示,B 组患者对漱口液的耐受性较 A 组患者好,B 组患者的口腔黏膜反应程度比 A 组患者的口腔黏膜反应程度轻。结果表明,益口漱口液能有效预防造血干细胞移植患者口腔溃疡的发生。

述　评

造血干细胞移植是目前血液恶性肿瘤最先进的治疗手段,但其中的放化疗可使体内存在的单纯疱疹病毒激活,促使口腔黏膜溃疡的发生。口腔溃疡创面是细菌入侵的门户,在造血干细胞移植的白细胞减低期可造成致死性的感染,因此口腔溃疡的防治至关重要。该研究通过对临床常用的两种含漱液的对比,表明益口漱口液能有效预防造血干细胞移植患者口腔溃疡的发生。但是,临床上对于血液或其他恶性肿瘤术后如何进行口腔护理尚有待进一步研究。

(马卫东)

口腔组织补片预防味觉出汗综合征的临床观察[田刚　江中明　朱强.中国现代实用医学杂志,2006,5(8):70~71]

将腮腺切除患者 45 例分为 2 组,观察组在腮腺切除术后应用瑞诺口腔组织补片缝合固定于创面,对照组采用常规术式。术后 6 个月通过碘-淀粉实验观察味觉出汗综合征的发生率,观察腮腺切除术后应用口腔组织补片预防味觉出汗综合征的疗效。结果显示,观察组术后味觉出汗综合征的发生率明显低于对照组。作者认为,瑞诺口腔组织补片覆盖术区创面,可以明显地减少味觉出汗综合征的发生率。

述　评

腮腺切除术后,味觉出汗综合征的发病率较高,发病机制目前尚无定论。味觉出汗综合征的病因有多种学说,其中得到学术界公认的是迷走神经再生学说,因此阻断副交感神经纤维再生人汗腺,目前被认为是最佳方法。该研究应用瑞诺口腔组织补片在面神经浅面与皮肤之间设置屏障的方法,明显地减少了味觉出汗综合征的发生率。但味觉出汗综合征的发病机制研究以及预防措施仍有待于进一步深入研究。

(马卫东)

维汉患者牙周病知识和口腔保健行为的比较[玛依努尔　哈丽娅　钟良军等.牙体牙髓牙周病学杂志,2006,16(3):179~181]

以问卷方式调查了 161 例维吾尔族和 339 例汉族患者的牙周病相关知识,并记录其牙周状况。通过对维吾尔族和汉族患者的牙周病知识水平和口腔保健行为的调查,了解两民族对牙周病认知程度和保健行为的差异及两者之间的关系。结果显示,维吾尔族患者对牙周病的病因和早期症状以及防治知识认知率低于汉族患者,维吾尔族患者中能够正确地刷牙和经历过洁治术的人数少于汉族患者。作者认为,要提高维吾尔族人的牙周病知识水平和牙周保健行为能力,必须对其加强健康教育,改变其口腔保健行为。

述 评

我国是一个多民族的国家,各民族之间语言、生活习惯和风俗习惯有较大差异,这也给口腔卫生保健工作带来困难。该研究通过对就诊的维吾尔族和汉族患者牙周病的病因、早期表现以及防治知识认知情况和口腔保健行为的研究,比较并了解患者之间的差异以及影响保健行为的主要因素,这就为加强维吾尔族人牙周病防治的健康教育工作提供了一定的依据。提高少数民族地区口腔健康知识的宣传教育,改善少数民族的口腔状况,是每个口腔医务工作者面临的课题,仍需要进一步研究。

（马卫东）

北京市西城区学生家长口腔健康知识、观念及行为调查[张燕.北京口腔医学,2006,14(3):214~216]

在北京市西城区7所中学中抽取初二年级559名学生家长,对其进行口腔健康知识、观念和行为状况进行问卷调查。结果显示:被调查家长知晓正确刷牙手法、刷牙部位、刷牙作用的达80%以上,认可饭后刷牙的家长为78.5%;知晓窝沟封闭是预防儿童磨牙龋齿最佳方法的为41.9%,认为氟化物有预防龋齿作用的为31.4%;刷牙时间不足3 min的达50%以上,饭后刷牙的占26.2%;能定期进行口腔检查的占18.5%,经常使用牙线和定期口腔洁治的仅占6%左右。作者认为,学生家长的口腔健康知识和行为之间还存在一定差距,学生家长的口腔健康行为还有待提高。

述 评

儿童生长发育早期,生活环境以家庭为主,家庭成员的文化程度、知识、信念和行为对儿童青少年口腔健康行为和口腔卫生状况有着重要影响。该研究通过了解学生家长相关的口腔健康知识、观念和行为状况,以借助家长的力量培养学生良好的口腔健康行为,改善学生龋病和牙龈炎的患病现况。该研究结果说明,家长的口腔健康知识水平虽高,但未转化为具体的行为。家长应该通过日常行为对儿童青少年口腔健康起到潜移默化的作用,这是每个家长不应忽视的问题。

（马卫东）

非创伤性充填技术修复乳磨牙龋损的效果观察[叶小雅 刘阗 黄少宏.广东牙病防治,2006,14(1):39~40]

以在广东省口腔医院就诊的3~4岁患儿的乳磨牙共354颗为研究对象,分别采用非创伤性填充技术(ART)和传统银汞合金修复技术给予修复治疗,其中非创伤性填充技术组180颗,银汞合金组174颗。采用行为分级法对患儿的治疗行为表现进行评估,并于术后1年复查修复体。结果显示:ART组1年成功率为83.33%,银汞合金组成功率为85.06%,经χ^2检验差异无统计学意义;银汞合金组的继发龋发生率高于ART组,差异有统计学意义;ART组行为分级达Ⅲ、Ⅳ度的儿童有70%,而银汞合金组只有20.58%,差异有统计学意义。作者认为,ART是一种简便有效的治疗技术,尤其适用于患儿初次做龋损的修复治疗。

述 评

乳磨牙龋损在现今口腔临床较为常见,由于患儿对其治疗存有极度的心里恐惧而不配合,因此临床治疗非常困难。ART以非创伤性挖匙去龋,缺乏龋病治疗的彻底性,却可避免过多地去除正常的牙体组织或意外损伤牙髓的情况发生,无明显疼痛而得到患儿的普遍认同,可以在口腔临床中进一步推广。

（马卫东）

牙体缺损修复

不同材料的全冠边缘对 Beagle 犬牙周环境的影响[黄常伟　马守治　闫福华等. Journal of Oral Science Research, 2006, 22(2): 140～142]

用手用洁治器对 4 只英国小猎兔犬(Beagle)犬行全口龈上洁治、龈下刮治，3 周后，对 49 颗犬牙行瓷熔附金属(PFM)冠修复术。于牙体预备前和 PFM 黏固后 4 周分别记录实验牙菌斑指数(PLI)、牙周探诊深度(PD)、龈沟出血指数(SBI)，测量龈沟液量(GCF)，并检测龈沟中天冬氨酸转氨酶(AST)的水平。整个实验过程中每周给予旋转刷牙法刷牙 1 次。结果显示：PFM 冠黏固后第 4 周，舌侧金属冠边缘牙龈的 PD、PLI≥1 的频率、GCF 量、SBI≥2 的频率、AST 活性均明显增加；颊侧烤瓷冠边缘牙龈的 PD、PLI≥1 的频率、GCF 量均无明显变化，SBI≥2 的频率、AST 活性明显增加；舌侧和颊侧牙龈两组的 GCF 量、SBI≥2 的频率、AST 活性有明显差异。作者认为，每周给小猎兔犬刷牙 1 次，PFM 冠黏固后第 4 周，烤瓷边缘和金属边缘对应的牙周组织炎症均明显加重，金属边缘对应的牙周组织尤为明显。

述　评

全冠修复是牙体缺损修复的重要方式，不同材料的全冠修复体戴入后对牙周组织的影响亦备受关注。该研究提示，不同修复材料的表面自由能可影响其表面获得性薄膜与细菌的黏附力，而不同材料表面获得性薄膜成分的不一致也会使菌斑的细菌成分发生改变，进而造成牙周组织损害。因此，该研究对临床全冠修复材料的选择有一定的参考意义。

(高平)

铸造合金全冠戴用后颊黏膜上皮细胞 DNA 损伤的研究[苏剑生　邓章悦　邵磊等. 华西口腔医学杂志, 2006, 24(1): 21～25]

将 12 只狗随机分为 4 组，一组为对照组不进行合金全冠修复，另外三组为实验组分别行质量分数 58% 的金合金、不含 Be 元素的 Ni-Cr 合金、含 Be 元素的 Ni-Cr 合金铸造全冠修复，于戴冠前后定期测定颊黏膜上皮细胞中金属离子的种类、质量浓度，应用彗星电泳方法检测上皮细胞 DNA 的损伤情况。结果显示金合金全冠戴用后，颊黏膜上皮细胞中金属离子质量浓度变化不明显；戴冠两周时 DNA 损伤显著，而后恢复戴冠前水平。Ni-Cr 合金全冠戴用后，颊黏膜上皮细胞中 Ni、Cr、Be 离子质量浓度和 DNA 损伤情况随戴冠时间延长而逐渐增加；含 Be 元素组 DNA 损伤明显重于不含 Be 组。作者认为，金合金全冠戴用后不引起颊黏膜上皮细胞 DNA 的损伤；Ni-Cr 合金全冠，尤其含 Be 元素者戴用后将引起颊黏膜上皮细胞 DNA 发生明显损伤。

述　评

牙科铸造合金修复体是临床常见的修复体类型，不同类型的合金所析出金属离子的种类和数量不同，对周围组织的影响也不同。该研究比较了 3 种临床常用铸造合金材料对周围黏膜上皮细胞 DNA 的损伤，提示金属离子析出是导致金属抗腐蚀性能下降，引起口腔不良生物学反应的主要因素。即该研究结果，从生物安全性角度为临床修复合金材料选择提供参考。

(高平)

根管治疗后邻𬌗面缺损前磨牙修复方式的生物力学研究[赵煜　姚蔚　陈新民等. 华西口腔医学杂志, 2006, 24(1): 26～28]

将 10 对完整的离体上颌第一前磨牙随机分成 A、B 两组，每组又分试验组和对照组。A 试验组制备邻𬌗洞模型，根管治疗后银汞合金充填加金属烤瓷冠修复；B 试验组制备邻𬌗洞模型，根管治疗后铸造桩加金属烤瓷冠修复；两组对照组为同名完整离体牙。采用横梁 1.00 mm/min 的速度缓慢均匀加载于与牙体长轴呈 45°的颊尖舌斜面中点，纪录试件破坏载荷。结果显示，全冠修复时患牙抗折能力低于离体牙，桩冠修复后患牙抗折能力高于离体牙。作者认为，从生物力学角度上讲，根管治疗后邻殆面缺损前磨牙的最佳修复方式是桩冠修复。

述　评

冠修复和桩冠修复是牙体缺损修复的两种常用方式。该研究讨论了前磨牙邻殆面缺损根管治疗后最佳修复方式的选择，其结果对临床有积极意义；但是，修复体戴入口内后其受力方向随咀嚼周期变化而变化，并不指向单一方向，每组设计 5 对样本例数偏小，即该研究有待于增加样本数并结合临床修复效果进行长期观察。另外，该试验结果是否适用于其他牙齿还需进一步研究。

（高平）

铸造合金全冠戴用后对外周静脉血淋巴细胞凋亡的影响［苏剑生　郭凌云　俞懿强等. 复旦学报，2006，33(3)：315～319］

分别给予犬进行质量分数 58% 的金合金、不含 Be 元素的 Ni-Cr 合金、含 Be 元素的 Ni-Cr 合金铸造全冠修复，建立实验动物模型。检测戴冠前，戴冠 2 周、1～3 个月时外周静脉血中金属离子的种类和质量浓度及淋巴细胞凋亡的情况。结果显示，金合金全冠戴用后，外周静脉血中金属离子质量浓度、淋巴细胞凋亡率均没有明显变化；Ni-Cr 合金冠戴用后外周静脉血中 Ni、Cr 离子质量浓度和淋巴细胞凋亡率均随戴冠时间延长而逐渐升高，含 Be 组的淋巴细胞凋亡率显著高于不含 Be 组。Ni、Cr 离子质量浓度的升高与淋巴细胞凋亡率呈正相关。

述　评

牙科铸造合金广泛应用于口腔修复体的制作，合金金属离子的析出及其对机体组织的影响，一直是国内外学者关注的热点课题之一。作者通过检测牙科铸造合金全冠戴用后外周静脉血淋巴细胞的凋亡率，来研究铸造合金金属离子的析出对外周静脉血淋巴细胞影响的情况，其结果对临床修复工作有一定的指导意义。

（高平）

应用三维力学传感器测量全冠牙体预备过程中的切削力［郝普　王勇　吕培军等. 中华口腔医学杂志，2006，41(8)：488～491］

将 12 名操作者分为医师组和学生组，每组 6 人，男女各 3 名。每位操作者对 3 颗离体上颌前磨牙进行全冠牙体预备，通过三维力学传感器测量切削力，记录各牙面切削时间。t 检验比较两组操作者间各牙面切削力、切削时间。结果显示，切削力在 0.10～4.90 N 之间，殆面的平均切削力（0.45 N）小于 4 个轴面的平均切削力（1.71 N），各牙面切削力的垂直向分力大于水平向力（$P<0.01$）。医师组各牙面的切削时间均少于学生组，有统计学意义（$P<0.05$）。作者认为，手机的运动方向和趋势在一定程度上影响了切削力的大小，全冠牙体预备过程中切削力的信息可为虚拟牙科手术培训系统的程序设计提供一定的数据依据。

述　评

国内外对牙体预备过程中切削力的报道较少。该研究将以三维力学传感器技术为支持的被动力学测量方法应用到全冠牙体预备切削力的测量中，为虚拟牙科手术培训系统的程序设计提供数据依据，将临床医师对全冠预备过程中的感性认识上升到量化的理性认识。即该研究对实际的临床和教学工作有一定的指导意义，并为今后有关牙齿切削方面的研究提供了切削力设定的参考依据。

（高平）

下颌第一磨牙全瓷冠的三维有限元分析［贾骏　段娓娓　周建学等. 临床口腔医学杂志，2006，22(5)：266～268］

利用 CT、图像矢量化软件 VP-studio、有限元分析软件和 photoshop 软件处理等方法，建立下颌第一磨牙的三维有限元模型，分别生成 EmpressⅠ、EmpressⅡ、In-Ceram Alumina 和 In-Ceram Zirconia 四种材料的全瓷冠模型，模拟最大咬合力 600 N 垂直加载于全瓷冠模型咬合面。结果显示：四种材料的应力分布规律相似，其压应力、张应力和剪切应力极值之间无显著性差异；压应力集中在全瓷冠表面，而张应力、剪切应力则主要集中在牙冠边缘和牙冠内表面部分。

述　评

全瓷修复体以其良好的美学效果和优越的生物相容性，正逐渐在临床广泛的应用。有限元是进行受力分析的理论力学方法，多在模型上进行静态加载。作者在有限元分析方法中利用循环加载模拟人的咀嚼过程，使实验结果更接近临床实际，即为进一步探讨在循环载荷下全瓷修复体的疲劳寿命打下了基础。

（高平）

逆向工程技术法构建牙体缺损修复的三维有限元模型［田力丽　李凌旻　谢秋菲等. 实用口腔医学杂志，2006，22(4)：502～505］

根据逆向工程技术原理，采用线激光扫描仪对右下颌第一磨牙模具进行扫描，获取具有其表面形态的 igs 文件，并导入 CAD 软件 CATIA V5，通过该软件的曲面建模功能，按实验对牙体解剖和修复体的要求，依次建立右下颌第一磨牙具有根管和远中𬌗面最小缺损以及缺损全冠修复的牙体预备体、充填体、金属冠、牙周膜的三维几何模型。在此基础上对几何模型进行 TMESH 自动网格划分，建立起相应的三维有限元模型。作者认为该方法弥补了现有牙体建模方法的不足，模型的几何相似性得到了很大提高。在建模过程中信息丢失量小，省时，费用低，是一种用于牙体及其相关组织较好的建模方法。

述　评

有限元法已广泛应用于口腔生物力学领域的研究。在三维有限元法力学分析中，模型的几何相似性至关重要。该研究采用逆向工程技术、三维激光扫描技术、三维造型设计技术建模，使模型的精细解剖外形、复杂内部结构和修复体形貌的几何相似性有了很大提高，在建模方法上具有开拓性意义，并为后续的生物力学研究打下了基础。

（高平）

下颌第一磨牙全瓷冠疲劳寿命预测的三维有限元分析［贾骏　段嫄嫄　周建学等. 口腔医学研究，2006，22(3)：225～227］

对 EmpressⅠ、EmpressⅡ、In-Ceram Alumina 和 In-Ceram Zirconia 四种材料的下颌第一磨牙全瓷冠进行 CT 扫描，应用图像矢量化软件 VP-studio 和有限元分析软件 MSC. Patran 建立相应的三维有限元模型。模拟 1、5、10 年间，相当于最大咬合力的循环疲劳载荷，加载于全瓷冠模型，通过有限元疲劳分析软件 MSC. Fatigue 预测各种材料全瓷冠的失效率。结果显示，四种全瓷冠修复材料的应力分布规律和应力极值间没有明显差别，静态应力分析所得到的变形趋势符合结构力学理论。疲劳寿命分析显示，EmpressⅠ的失效率最高，结果与实际临床使用情况相符。

述　评

有限元法是进行受力分析的理论力学方法，多在模型上进行静态加载。在有限元分析方法中利用循环加载模拟人的咀嚼过程，实验结果更接近临床实际，即该研究为全瓷修复体的生物力学研究和优化设计提供了理论基础。

（高平）

牙列缺损修复

下颌前方牙齿缺失修复前后对颞下颌关节应力分布影响的三维有限元研究［李飞　王少海　张旻等. 口腔医学研究，2006，22(1)：28～30］

用光弹法测得正中咬合时不同𬌗型的牙根应力数据，然后将其在三维有限元模型上

加载,比较下颌关节各部位的应力变化。选取下颌前牙和双侧第二前磨牙之间全部牙缺失,探索不同情况的前牙区牙缺失情况与关节应力变化之间的关系。结果发现,髁突前斜面和所对应的关节软骨和关节盘中部主要承受压应力,后斜面和关节盘后部主要承受拉应力。双侧5|5 缺失可导致关节应力明显减小,义齿修复后应力值恢复至正常水平。实验提示,前牙缺失可引起下颌关节应力变化,也会导致关节病的发生,应及时修复。

述　评

有关牙列缺损前牙区缺失与关节受力之间关系的研究较少。该研究结合光弹法和三维有限元法,较好地真实地模拟了牙列缺损前牙区缺失时关节的受力状况,初步分析了两者之间的联系,提出了前牙缺失导致的关节应力变化可能会导致关节病发生的观点。本实验研究切入角度较好,对临床有一定的指导意义。

（张富强）

可摘局部义齿支架铸型的计算机辅助设计与制作[吴琳　吕培军　王勇等.中华口腔医学杂志,2006,41(7):432～435]

通过激光扫描获取肯氏Ⅱ类Ⅱ亚类牙列缺损石膏模型的三维数据,电脑重建其三维数据模型,并用计算机辅助设计(CAD)方法构建可摘局部义齿支架的三维数据模型,用快速成形技术制作获得树脂支架,初步实现了可摘局部义齿支架的计算机辅助设计和计算机辅助制造(CAD-CAM)。本研究为可摘局部义齿制作提供了一个完整的 CAD-CAM 技术方案。

述　评

目前,由于可摘局部义齿制作要求及其工艺都比较复杂,使得用于可摘局部义齿制作的 CAD-CAM 系统方面的研究进展较缓慢。该研究综合运用激光扫描技术、多视坐标拼合技术、图像三维处理技术和快速成形技术,完成了可摘局部义齿树脂支架的制作,证明可摘局部义齿支架的 CAD-CAM 系统的工艺具有可行性,为进一步用国产的 CAD-CAM 系统技术完成金属支架的制作研究打下了良好基础,使可摘局部义齿的 CAD-CAM 系统在其实用化道路上又往前迈进了一步,具有较高的理论意义。

（张富强）

游离腓骨复合组织瓣重建单侧上颌骨后可摘局部义齿修复的咀嚼功能研究[孟兆强　彭歆　邓旭亮等.现代口腔医学杂志,2006,20(2):113～114]

选择 28 例用游离腓骨复合组织瓣重建单侧上颌骨的患者,术后 3 个月行常规肯氏Ⅱ类可摘局部义齿修复,并对该组病例进行修复前和修复后 3 个月咀嚼效率的测定,同时测定健侧和修复侧上颌第一磨牙殆力。结果显示,游离腓骨复合组织瓣修复侧上颌第一磨牙平均殆力 10.73 kg,健侧为35.83 kg,两者有显著差异。修复前患者咀嚼效率平均为 75.14%,戴义齿后为 81.53%,同样有显著差异。

述　评

肿瘤切除后造成的颌骨缺损修复一直是口腔颌面修复领域的难点。研究者通过与口腔颌面外科的紧密协作,对 28 例用游离腓骨复合组织瓣重建单侧上颌骨的患者进行常规可摘局部义齿修复,并对义齿的咀嚼功能进行评价,其结果说明通过口腔颌面外科和修复科的良好合作,用游离腓骨复合组织瓣重建单侧上颌骨后再用可摘局部义齿修复可以部分恢复患者的口腔功能。该研究为此类患者的治疗做出了一种有益的尝试,其研究结果值得借鉴。

（张富强）

可摘局部义齿修复咬合关系异常病例的临床研究[李雅娟　孟令强　陈树国等.现代口腔医学杂志,2006,20(1):33～34]

对部分先天性牙颌畸形和颌骨外伤错位愈合造成的咬合异常患者,进行可摘局部义齿双牙列的美容修复并评价其临床效果。经术后 2～5 年随访，9 例患者均取得满意效果，咀嚼功能恢复良好，面形改善。其中，上颌牙咬合关系异常患者戴用义齿后，面形的美观效果好于下颌。发育异常患者修复后面形的美观改善程度大于外伤错位愈合患者。

述　评

先天性牙颌畸形和颌骨外伤造成的咬合异常在临床上呈增长趋势，此种病例如果直接进行修复，往往比较困难，需要采用正畸或正颌外科的方法来给予解决。可是对于无法承受其治疗费用和时间的患者，可采用类似可摘局部义齿的方法进行双重牙列的美容修复，恢复患者的咬合关系和咀嚼功能，改善患者的面形外观，提高患者的生活质量。该研究提出的先天性牙颌畸形和颌骨外伤致咬合异常患者修复治疗方法，也是一种简便有效的修复手段，有一定的临床借鉴意义。

（张富强）

不同基托设计的双重牙列修复对唇腭裂患者咀嚼效能和语音的影响［邢国芳　孙健　陈阳等. 上海口腔医学，2006，15(5)：486～489］

通过对术后唇腭裂患者进行可摘局部义齿修复方法中的双重牙列修复，并在修复前后进行了咀嚼效率和语音测试，对临床测试数据进行分析，比较双重牙列组成部分不同基托设计(有腭侧基托、无腭侧基托)对患者咀嚼效率和语音的影响。结果发现，两种基托设计的双重牙列义齿戴入后 1 个月，患者的咀嚼功能均有显著提高。两种设计之间比较，咀嚼效率和语音均无显著差异。作者认为，两种设计的义齿均可显著提高咀嚼效率，改善语音状况。另外，当患者腭侧孔腔较小(1 cm×1 cm以内)或腭部隐裂，不必采用腭侧基托设计，即可改善患者的语音、咀嚼功能和面形美观。

述　评

唇腭裂患者常伴有前牙区牙槽骨缺损和发育不良，严重影响面形美观，其术后的修复也因为涉及语音、面形美观和功能多方面的问题，一直是口腔修复的难点和修复医生比较关注的问题。国内对唇腭裂患者修复后语音方面的研究也不是很多。该研究为临床此类情况患者的修复提供了基托设计的理论基础，具有一定的理论意义。

（张富强）

三种游离端附着体义齿基牙位移的实验研究［张玮　张献芳　韩栋伟. 上海口腔医学，2006，15(2)：198～201］

通过激光测量的方法，测量了三种附着体(Snap、Ceka、Mini-SG)作为下颌单侧游离端义齿固位体时基牙的位移情况，以此来反映三种附着体为固位体的义齿对基牙的影响。结果表明，三种附着体义齿基牙的近远中向、颊舌向、垂直向的位移、倾斜、扭转均有统计学差异。球帽式附着体 Snap 可以均匀分散应力，栓体栓道式附着体 Mini-SG 不能有效减少基牙上有害的扭力，按扣式附着体 Ceka 对基牙产生较大应力。作者认为，球帽式附着体最适合作为游离端义齿的固位体。

述　评

附着体义齿修复是牙列缺损修复治疗中的一种方法，是当今国内临床经常应用的可摘局部义齿固位方式。但目前商品附着体种类繁多，各个产品的固位原理、方式以及对口腔组织的影响也有较大差异。因此，合理选用成品附着体，对义齿的远期疗效有重要意义。该研究对临床三种附着体的应力情况提供了实验参数，有一定的意义。

（张富强）

双侧末端游离牙列缺损修复前后的咀嚼肌表面肌电分析［郁春华　陈玉琴　张富强. 上海口腔医学，2006，15(5)：482～485］

通过检测咬肌、颞肌前束的肌电活动，探讨双侧末端游离牙列缺损用可摘局部义齿修复后咀嚼肌的肌电变化规律。分别在修复前后1、3、6 个月，对咬肌、颞肌前束的峰值电位、肌肉不对称指数和肌肉功能储备指数进行检测。结果发现:修复后 1 个月,患者咀嚼肌活动总体不对称指数和咬肌不对称指数比修复前增大并有显著差异;修复后 3、6 个月,咀嚼肌活动总体不对称指数和颞肌前束不对称指数与修复前相比减小并有显著差异;肌肉功能储备指数修复后逐渐减小,3、6 个月与修复前有显著差异。作者认为,双侧末端游离牙列缺损用可摘局部义齿修复,3 个月后咀嚼肌的双侧肌力平衡和功能储备得到明显的改善。

述 评

目前,对牙列缺损义齿修复后咀嚼肌变化的试验研究在不断深入。该试验通过检测咬肌、颞肌前束的肌电活动,探讨了双侧末端游离牙列缺损用可摘局部义齿修复后咀嚼肌的肌电变化规律,并阐述这些变化发生的机制,描述了口颌系统对义齿的适应过程。通过该试验,可以对咀嚼肌在义齿修复前后的变化规律有一个比较清晰的认识,为解释可摘局部义齿修复牙列缺损后咀嚼肌的适应能力提供了实验依据。

(张富强)

牙列缺失修复

平衡与非平衡咬合对种植全口义齿应力状况的影响[张少锋 曾余庚 马轩祥.第四军医大学学报,2006,27(4):1 290～1 292]

在无牙颌下颌骨双侧颏孔间植入 4 枚长 14.5 mm、直径 4 mm 的圆柱状钛种植体,以硅橡胶模拟牙槽骨黏膜,建立种植全口固定义齿和种植全口覆盖义齿的三维有限元模型,研究侧方咬合平衡与不平衡、前伸咬合平衡与不平衡模拟加载时骨界面和基托应力。结果表明,种植全口固定义齿双侧咬合平衡与非咬合平衡相比,种植体骨界面应力、基托应力基本相同,无较大变化,而前伸不平衡咬合的骨界面应力和基托应力均显著大于前伸平衡咬合者。采用种植全口覆盖义齿时,双侧平衡咬合较不平衡咬合的种植体骨界面应力减少 35%,基托应力变化不大;而前伸咬合时,前伸平衡咬合较非平衡咬合设计的骨应力明显减小约 79%,基托应力变化不大。

述 评

该研究结果对临床种植全口义齿的修复具有指导意义。

(丁仲鹍)

不同排牙法形成的全口义齿对无牙颌支持组织的受力影响[王晓容 于德珍 刘晓秋等.吉林大学学报,2006,32(4):717～719]

采用三维有限元法,研究三种方法排列的全口义齿对下颌支持组织产生的应力影响。方法一:𬌗平面前部位于上唇下 2～3 mm,后部与鼻翼耳屏线平行,排牙顺序及位置按 Swenson 法;方法二:𬌗平面前部位于上下唇自然闭合的口裂位线下 2～3 mm,后部与磨牙后垫中点平齐,排牙顺序及其位置按冲野节三法;方法三:是方法一、二的综合,即𬌗平面前部位于上唇下 2～3 mm,后部与磨牙后垫中点平齐,排牙顺序及其位置同方法一。研究结果表明,依据方法一排列的全口义齿产生的下颌应力值最大,方法二次之,方法三最小。最大主应力的分布趋势基本一致,集中在后牙牙槽嵴的舌侧,向颊侧、近中逐渐减小。

述 评

无牙颌修复时,𬌗平面应与牙槽嵴顶平行,使牙槽嵴受力均匀,方有利于牙槽嵴的健康。

(丁仲鹍)

义齿固位力测试方法的改进研究[聂凌云 张振庭.北京口腔医学,2006,14(3):179～184]

针对目前义齿固位力测试仪在可操作性、重复性和适应性方面存在的不足,研究改进了义齿固位力测试仪的各项性能。改进型固位力测试仪采用电阻应变片的电阻应变效应原理,使力的变化转变为电阻值的变化,因而测试的精确度提高，可操作性增强，而且可动态反映力值变化。力的加载系统使脱位力的方向可调节，并且力量均衡可持续。作者采用改进型的义齿固位力测量仪对 20 例下颌总义齿修复患者的义齿固位力进行了测试，对同一受试者三测量值进行两两间配对 t 检验。统计结果表明，三次测量值差异无显著性，提示该测试系统具有准确性高、可重复性好的优点。

述 评

改进的测试系统为临床测试义齿固位力提供了有效手段。

（丁仲鹃）

全口义齿金属基托的临床应用[侯晓冲 马桂芳 何平. 口腔颌面修复学杂志，2006，7(3)：208～210]

全口义齿采用金属基托具有异物感小、利于发音、不易折断、温度传导性好、不易黏附菌斑、不致敏等优点，受到患者的欢迎。但是，由于病例选择不当和制作不当也可能导致修复失败。作者对临床 24 例患者采用金属基托制作的全口义齿的使用情况进行了分析总结，认为对于下颌牙槽嵴吸收严重的病例，由于金属基托易产生压痛，而金属基托又不易进行调改，因此金属基托在下颌无牙颌应慎用。同时，作者还认为金属基托制作中应注意：①制取的印模和翻制的模型应高度准确；②应注意后堤区的制作，使义齿具有良好的边缘封闭；③义齿基托边缘的长度要准确，边缘厚度应为 1.5～2 mm；④牙槽嵴有骨突、骨尖的应在修复前进行修整，组织硬区应在模型上标记以便于缓冲；⑤金属基托太重可导致义齿固位不良和加速牙槽嵴的吸收。

述 评

该研究对提高临床采用金属基托修复无牙颌的成功率具有指导意义。

（丁仲鹃）

牙列缺损、缺失修复体分类及命名的探讨[程辉 程祥荣. 口腔颌面修复学杂志，2006，7(1)：72～73]

随着修复学的发展，新材料、新技术不断涌现，修复形式和修复体的名称越来越多，为了便于研究和交流，有必要对修复体的命名进行统一和明确。目前，教材一般采用固定义齿、可摘局部义齿、覆盖义齿、附着体义齿、套筒冠义齿、全口义齿、单颌全口义齿、种植义齿等分类命名方法，这些分类间存在着交叉、重叠现象。作者建议以义齿覆盖牙弓和(或)牙槽骨的情况将义齿分为局部义齿和全颌义齿两大类，再根据义齿是否能自行取戴分为可摘局部义齿、固定局部义齿和可摘全颌义齿、固定全颌义齿 4 类。而义齿的命名，作者建议采用固位形式→支持形式→材料→摘戴情况→覆盖牙弓和(或)牙槽骨情况的顺序命名，例如螺丝固定种植体支持金属烤瓷固定局部义齿。

述 评

该研究对牙列缺损、缺失修复体的分类命名进行了有意义的尝试，对进一步规范修复体的分类和命名提出了建设性意见。

（丁仲鹃）

老年人全口义齿咀嚼效能与戴牙时间及基托材料的相关性研究[任乃华. 现代医药卫生，2006，22(10)：1 451～1 452]

将男 27 例、女 15 例 60～80 岁的无牙颌患者随机分为 3 组，分别采用树脂基托、树脂加网基托和金属基托全口义齿给予修复。在修复后 1 周，1、3 个月和 1 年进行义齿咀嚼效能检测，比较不同时期、不同修复体的咀嚼效能。咀嚼效能的检测采用腺苷三磷酸肠溶性被膜颗粒吸光度法进行。结果显示，义齿戴用 1 周与 1、3 个月相比，咀嚼效能差异有显著性；随义齿戴用时间延长，咀嚼效能升高；但 3 个月后咀嚼效能稳定，不再继续升高。三种基托材料的义齿间咀嚼效能差异无显著性。作者认为，临床上修复的全口义齿需要约 3 个月的适应期，3 个月后义齿才能发挥最大咀嚼效能。

述 评

该研究结果对临床有一定指导意义。

（丁仲鹃）

微型种植体在无牙颌患者覆盖义齿修复中的初步应用[陈波　林野　邱萍等. 中华口腔医学杂志,2006,41(4):200～201]

对于下颌牙槽嵴严重吸收的患者,常规的义齿修复难以获得良好的义齿固位,而采用种植体植入又需要进行骨增量手术。作者采用直径为 2.5 mm、长度为 12～15 mm 的微型种植体,对 4 例无牙颌患者进行了种植覆盖义齿修复。在双侧颏孔间植入 4 枚种植体,术后 3 个月行Ⅱ期手术,暴露种植体,安放磁性修复基台,2 周后行覆盖义齿修复。结果显示,4 例患者植入 14 枚微型种植体,追踪观察 38～41 个月,无种植体松动脱落,义齿修复效果良好。其中 1 枚种植体磁基台因松动未及时处理出现折断,经更换基台后,修复效果良好。作者认为,利用微型种植体为无牙颌且伴有牙槽骨吸收的患者行覆盖义齿修复是可行的。

述 评

采用微型种植体覆盖义齿对下颌牙槽嵴严重吸收的无牙颌患者进行修复是一种行之有效的办法。

（丁仲鹃）

种植套筒冠覆盖义齿在无牙颌修复中的应用[胡秀莲　崔宏燕　王涛等. 中华口腔医学杂志,2006,41(7):391～394]

采用种植套筒冠覆盖义齿对 21 例无牙颌患者进行修复,共制作修复体上颌 13 件、下颌 15 件,植入种植体 139 枚。结果显示,修复后追踪观察 12～39 个月,所有种植体均无松动、脱落和折断。曲面断层 X 线片示,19 例患者的种植体周未见明显骨吸收,但有 2 例患者在修复后 3 年种植体周出现约1 mm 的骨吸收。参照 Bergendal 和 Enquist 提出的评价标准对患者义齿使用效果进行评价,结果显示 21 例均为成功。

述 评

采用种植套筒冠覆盖义齿对无牙颌进行修复在我国尚属首例。作者所修复的 21 例患者均取得成功,其修复方法对临床的推广应用具有指导意义。

（丁仲鹃）

口腔修复工艺学

不同厚度及色调树脂与底色的混合效果分析[邢文忠　王贻宁. 中华口腔医学杂志,2006,41(8):492～493]

选用 A_1、A_3、C_2 三种色调树脂分别制成 2.0、1.8、1.6、1.4、1.2、1.0 mm 试样 5 个,用测色仪测定试样与三种底色材料混色后的 $L^*a^*b^*$ 值,分析色差。结果显示:当厚度＞1.8 mm 时,试样在不同底色材料间的色差值 $\triangle E^*ab<1$;当厚度≤1.4 mm 时,部分试样在金属底色与两种树脂底色之间的色差值 $\triangle E^*ab>2.72$。结果说明,金属底色对试样表面的混色效果影响较大。作者建议使用树脂制作非金属冠修复体时,建议材料厚度应大于 1.8 mm。

述 评

修复性复合树脂由于优良的机械性能和耐磨性,应用越来越广泛。由于它的半透明性,修复后的颜色往往不够理想。该研究表明,底色材料与树脂的厚度对修复体的颜色有很大的影响,用树脂制作非金属冠时,建议树脂材料的厚度应大于 1.8 mm。

（马国武）

激光焊接影响铸造钛与瓷结合的实验研究[朱娟芳　何惠明　高勃等. 中华口腔医学杂志,2006,41(4):236～239]

将铸造纯钛试件分为焊接组和对照组,每组 10 根。焊接组试件从中间断开,激光焊接后在焊缝区周围烤瓷。对照组试件中间部分烤瓷。X 射线能谱分析钛-瓷结合界面元素,采用三点挠曲实验测量钛-瓷结合强度,扫描电子显微镜观察钛-瓷分离面。X 射线能谱分析结果显示：钛-瓷界面有钛、硅、铝等元素相互扩散；焊接组和对照组试件的钛-瓷结合强度分别为(46.85±0.76) MPa、(41.71±0.55) MPa，经 t 检验，差异无显著意义($P>0.05$)。扫描电镜显示，钛、瓷从不同的层面发生分离。作者认为，激光焊接后铸造钛与瓷的钛-瓷结合没有发生改变。

述　评

钛-瓷修复体常由于铸件过长而发生变形，影响义齿的精度。常用的处理方法是将铸件分段铸造后进行激光焊接，但焊接后的瓷结合性是否发生改变无系统的研究。该研究得出的结论对钛-瓷修复体的分段制作后的再焊接工艺，提供一个理论依据。

（马国武）

198 件烤瓷单冠返工件的分析［朱怀红　陈春英.口腔颌面修复学杂志，2006，7(4)：269～270］

收集 198 件 2003 年 5 月至 2004 年 12 月间修复失败的烤瓷熔附金属冠，对失败原因进行分析。结果显示：其中技工制作失误 76 件(38.38%)，以内冠制作和瓷塑形失误较多见，原因主要为使用材料不当和技工素质两方面；医生失误 122 件(61.62%)，以牙体预备最为多见。

述　评

烤瓷熔附金属冠是临床上常用的冠修复方法，由于制作工艺复杂，修复失败较多。该研究从技工加工和临床两方面分析失败原因，发现医生失误比技工失误为多。由此可见，医技间加强交流与沟通，增强责任心，彼此间都熟悉各自的操作流程，是避免失败的关键。

（马国武）

铸造分段桩核的制作［李可通　尹亚雄　申林汉.口腔颌面修复学杂志，2006，7(2)：141］

对经过根管治疗后的残冠进行牙体预备，其中 2 根管 1 236 例，3 根管 857 例；用硅橡胶制取印模，超硬石膏灌模；选较粗并与剩余牙体有共同就位道的根管为主根管，其他与主根管没有共同就位道的根管为桩锁，制作分体蜡型，桩锁蜡型用大小合适的牙签代替。包埋铸造，临床戴入。其中 2 根管一次成功 1 190 例，3 根管一次成功 814 例。

述　评

采用分段铸造桩核修复多根管残冠，可以提高多根管残冠修复的成功率。分段铸造桩核修复的难度主要在技工工艺方面。对该工艺制作流程进行详细的总结和归纳，有利于该技术的推广和普及。如果能对一次未成功的原因进行分析，可能更有意义。

（马国武）

铸造纯钛抛光方法的研究［李哲　肖茂春.华西口腔医学杂志，2006，24(3)：214～216］

常规制作铸造纯钛试件 35 个，将其随机分为 7 组。除 1 个对照组外，其余 6 组试件分别用不同方法进行抛光处理。观察试件表面形貌，并测定表面粗糙度(*Ra* 值)，计算抛光前后的减重率和单位面积损失的厚度。结果显示，用氧化铝和氧化铬抛光膏抛光纯钛铸件可取得良好效果，铸件酸洗后进行电解抛光，表面粗糙度有一定改善。作者认为，氧化铝和氧化铬抛光膏可用于铸钛表面的机械性抛光，电解抛光有一定效果，但电解工艺仍需改进。

述　评

钛金属由于导热系数小，摩擦系数高，在研磨和抛光过程中易发生烧伤和氧化，故极难抛光。作者认为，选择氧化铝和氧化铬抛光膏，采用机械性抛光方法可以满足临床需要，而电解抛光技术还有待改进。这些结果为技工室和临床上钛修复体的抛光，以及钛和钛合金抛光方法及工艺的改进都有一定的指导意义。

（马国武）

自制铸钛包埋材料包埋方法和铸模冷却方式的研究［赵鹃　黄旭　赵云凤等.华西口腔医

学杂志,2006,24(5):410～414]

用自制铸钛包埋材料,一次包埋法和二次包埋法对纯钛铸件进行包埋、铸造,观察流铸率和全冠铸造精度,以及铸造后铸圈自然冷却方式和骤冷方式对纯钛铸件的反应层、力学性能及全冠铸造精度的影响。结果显示,一次包埋组和二次包埋组钛铸件的流铸率均为 100%;但一次包埋组铸钛全冠适合性较好,达到临床要求。自然冷却组钛铸件表面的反应层厚度(115 μm)较骤冷组(100 μm)厚,铸件强度较骤冷组高($P<0.05$),而两组的延伸率无统计学差异;自然冷却组全冠适合性较好,达到临床要求。作者认为,自制铸钛包埋材料试料宜采用一次包埋法和铸模自然冷却方式。

述　评

包埋方法和铸模冷却方式是铸造工艺的两个重要参数,也是研制自制包埋材料必须验证的参数。作者使用自制的包埋材料对两种包埋方法和冷却方式进行对比,其结论支持采用一次包埋法和铸模自然冷却方式。因此,该研究对技工室纯钛铸件的加工有实际的指导意义。

(马国武)

天然牙与比色板的色度研究[周小陆　骆小平　刘侠. 口腔医学研究,2006,22(5):529～531]

采用国际照明委员会(CIE)1976 $L^* a^* b^*$色度系统,用 ShadeEye NCC 测色仪对南京地区居民 1 414 颗天然牙和 Vitapan 3D-Master、Vita Lumin Vacuum、松风 HALO(19 色)、Ivoclar Chromascop 四种选牙色板(旧称比色板)进行色度研究。结果在色度空间上,大片天然牙分布密集区没有选牙色片存在,同时部分选牙色片分布在没有天然牙的区域;1 414 颗天然牙与四种选牙色板相比,按照色差$\triangle E^* ab<1.4$阈值标准,合格率分别是 Vitapan 3D-Master 42.4%、Ivoclar Chromascop 35.4%、Vita Lumin Vacuum 24.2%、Shofu Halo 35.6%。作者认为,这四种选牙色板都不能满足中国人临床选牙色要求,需要在大片天然牙密集区增加选牙色片数量。

述　评

修复体颜色不理想,是修复体失败的主要原因之一,而选牙色板是技工室调和修复体色度的重要参照标准。从作者的研究结论看,由于目前我国使用的选牙色板基本都来自进口,其色度与国人的牙齿色度很难达到完美的匹配,有必要研究开发适合中国人天然牙特点的选牙色板和选牙色方法。

(马国武)

口腔正畸学

OSAHS 与无睡眠呼吸障碍老年腭咽及其周围组织结构的 MRI 比较研究[郭泾　高雪梅　曾祥龙. 口腔正畸学,2006,13(2):69～72]

以 70 岁以上老年男性 18 名为观察对象,根据夜间多导睡眠监测结果,8 人 AHI>10,定为阻塞性睡眠呼吸暂停综合征(obstructive sleep apnea and hypopnea syndrome, OSAHS)组(T_1组);10 人 AHI≤10,定为无睡眠呼吸障碍组(T_2组)。所有受试者均行磁共振(MRI)检查,对两组腭咽及其周围组织的 MRI 测量结果进行比较。结果显示:T_1组腭咽体积、截面积明显小于T_2组;与T_2组相比,T_1组腭咽左右径明显偏小,腭咽前后径与左右径之比明显偏大;T_1组腭咽侧壁厚明显大于T_2组,脂间距也明显小于后者;两组的腭咽前壁厚度、后壁厚度,脂肪垫体积、舌体积、软腭体积没有显著差异。作者认为,老年男性 OSAHS 患者由于腭咽侧壁增厚和咽旁脂肪垫的挤压,腭咽左右径减小,截面积减小且形状趋圆,腭咽体积也减小。

述　评

以往的研究主要采用 X 线头影测量方法对OSAHS患者上气道及其周围结构进行检查,而软组织分辨率高,能进行三维测量分析的 MRI 则应用较少。特别是对 70 岁以上的老年 OSAHS 患者上气道及其周围结构的研究,国内外迄今尚未见报道。该研究发现,与相同年龄的无睡眠呼吸障碍者相比较,未发现患者的舌体积、软腭体积有显著增大,这似乎表明老年 OSAHS 患者腭咽气道阻塞的直接原因并非来自于气道前方的软腭和舌。这一研究结果与以往 70 岁以下患者的研究结果明显不同,尚需进一步研究。

(邓锋)

口腔矫治器长期治疗 OSA 患者的牙列三维变化评估[陈辉　白玉兴　Alan A. Lowe 等. 口腔正畸学,2006,13(3):119~123]

以 70 例平均戴用下颌前伸型矫治器 16 个月的阻塞性睡眠呼吸暂停(obstructive sleep apnea,OSA)患者为研究对象,观察其长期戴用口腔矫治器治疗 OSA 后的牙列咬合变化。由 5 位专业正畸医师对比评价每位患者的初始、阶段记存模型。将总样本分为 3 个疗效评估组:良好变化组(16 例)、无(或微小)变化组(31 例)和不良变化组(23 例)。利用 MicroScribe-3DX 三维牙颌模型分析系统进行模型测量,分析不同疗效组间咬合变化的差异。结果显示,不良咬合变化组通常与良好变化组或无(或微小)变化组之间存在着显著性差异,良好变化组和无(或微小)变化组之间的差异无显著性。不良变化组的平均变化量通常是 3 组中最大的。作者认为,在长期使用下颌前伸型矫治器治疗 OSA 的过程中,牙列咬合状态会在三维方向上发生变化,这种变化可依初始咬合状态的不同视为良性作用或不良副作用。治疗前有较深覆殆(或)较深覆盖及安格尔Ⅱ类倾向的病例能够在长期戴用中获得较满意的牙列变化。

述　评

OSA 的口腔矫治已在临床得到了广泛的肯定和应用。尽管口腔矫治器治疗初期会发生一些并发症,如唾液分泌过多、牙齿疼痛或颞下颌关节不适,但这些症状多是短暂的并能被多数患者所耐受。该研究通过观察大样本 OSA 病例在长期口腔矫治器戴用过程中牙列的三维变化趋势,并比较三个主观评定的疗效组治疗前后的咬合变化特征,提出口腔矫治器对于 OSA 病人咬合的长期影响可分为良性作用和不良副作用两类,为通过正畸途径治疗 OSA 提供了有益的临床借鉴,可供临床参考。

(邓锋)

安氏Ⅲ类成人患者手术非手术治疗的判别分析[李飒　许天民　林久祥. 口腔正畸学,2006,13(1):18~22]

以 86 名安格尔Ⅲ类成人患者为研究对象,对其手术或非手术治疗进行判别和预测。其中 53 人接受了正畸和正颌联合治疗,33 人接受了单纯正畸治疗,两组之间的性别和年龄差异均无显著性。9 名患者被随机选出形成校验样本,剩余 77 名患者作为训练样本进行判别分析。结果显示,判别分析的 5 项敏感的测量项目是 MP/FH、BsLL/FH、G-Pos(FH)、ANS-Me 和 A-Pg(OP)。标准判别方程为:$Y = 0.384MP/FH + 0.916\ BsLL/FH - 0.595G\text{-}Pos(FH) - 0.512ANS\text{-}Me + 0.857A\text{-}Pg(OP)$。分类方程则为:$Y_1 = -65.797 + 0.829MP/FH + 1.34BsLL/FH - 0.411G\text{-}Pos(FH) + 0.185\ ANS\text{-}Me + 0.315\ A\text{-}Pg(OP)$;$Y_2 = -49.483 + 0.682\ MP/FH + 1.043\ BsLL/FH - 0.277\ G\text{-}Pos(FH) + 0.309\ ANS\text{-}Me - 0.048A\text{-}Pg(OP)$。训练样本的判别准确性为 89.6%,校验样本的判别准确性则为 88.9%。作者认为,软硬组织颏部位置、下唇形态和面部骨骼前下部位垂直向高度在判别安格尔Ⅲ类患者是否手术治疗时有明显作用,患者的观点和功能性因素也应加以考虑。

述　评

正畸医师经常对成人安格尔Ⅲ类患者的手术或非手术治疗的判别感到困惑。以往的分析评判方法均为单纯形态学对比研究,使用时需进行综合分析,缺乏经验者临床上使用较难掌握。判别分析(Discriminant Analysis,DA)是一种对颅面结构和治疗选择进行分析的多因素分析方法。该研究旨在对中国安格尔Ⅲ类患者进行包括软硬组织测量项目的判别分析,为安格尔Ⅲ类成人患者的手术或非手术治疗进行判别和预测提供一种更优良的诊断方法,并以量化的结果利于临床推广使用,可供临床参考。

(邓锋)

大鼠牙周炎牙正畸移动后整合素 β_3 mRNA 变化的实验研究[张京剧　陈扬熙　肖立伟等.华西口腔医学杂志,2006,24(2):106～109]

将10周龄雄性成年S-D大鼠96只随机分为正常牙组、牙周炎牙组,每组大鼠48只。分别在加力后0、0.5、1、3、5、7 d各处死8只动物,制备标本。采用原位杂交技术检测牙周炎牙与正常牙正畸移动后 β_3 mRNA 转录水平的变化。结果显示,正常牙组和牙周炎牙组大鼠加力后0.5和3 d时,牙周膜内破骨细胞整合素 β_3 mRNA 阳性强度均较加力前有明显增加($P<0.001$),其余时间点未见整合素 β_3 mRNA 阳性表达。在加力各时间点,两组整合素 β_3 mRNA 的表达强度无显著性差异($P>0.05$)。在正常牙和牙周炎牙移动早期,牙周膜和牙槽骨骨髓腔内有整合素 β_3 mRNA 表达,提示整合素 β_3 可能参与破骨细胞前体向破骨细胞转化以及破骨细胞的迁移和黏附。

述　评

牙周炎和正畸牙移动中的破骨细胞是骨吸收的核心细胞,破骨细胞表达的整合素 β_3 是破骨细胞表达水平最强的整合素,是主要黏附分子。该研究发现,牙槽骨的骨髓腔可能是破骨细胞前体向成熟破骨细胞转化的部位,整合素在加力后0.5和3 d,β_3 mRNA 阳性表达,与破骨细胞形成的高峰期相对应,提示整合素 β_3 mRNA 阳性表达似乎与破骨细胞的成熟、聚集有关。因此,该结果对于牙移动的生物学机制研究具有重要的指导意义和参考价值。

(邓锋)

3种不同施力方式远移上颌第一磨牙牙周膜应力的三维有限元分析[张菊菊　段银钟　霍娜等.口腔医学研究,2006,22(2):166～168]

应用薄层CT技术和ANSYS 8.0有限元软件建立上颌第一磨牙、牙周膜、牙槽骨的有限元模型,分析3种不同施力方式远移上颌第一磨牙时牙周膜的应力分布。结果显示,不同的加载方式所产生的牙周膜应力分布不同。当牙冠颊侧施加200 g远中向力时,牙周膜远中颈部和腭侧根出现压力集中区;当牙冠腭侧施加200 g远中向水平力时,牙周膜远中颈部和颊侧出现压应力集中区;当牙冠颊侧、腭侧同时各施加100 g远中向水平力时,牙周膜远中颈部中部出现压力集中区。远移磨牙时施加单侧水平力,牙会出现旋转和远中倾斜。当颊舌向同时加载水平向力时,可克服牙的旋转趋势。

述　评

该研究建立了上颌第一恒磨牙及其支持组织的三维有限元模型,在假定各种材料为各向同性的均质弹性体前提下,对远移上颌第一磨牙的不同加载情况进行计算,分析了3种加力方式远移上颌第一磨牙时的牙周膜应力分布特点,为临床应用各种远移上颌第一磨牙装置提供了临床生物力学依据。

(邓锋)

功能矫治器引导大鼠下颌前伸咀嚼肌中 MMP 表达[孙慧玲　周洪　邹敏.现代口腔医学杂志,2006,20(6):618～620]

采用RT-PCR和免疫组化染色观察大鼠二腹肌前腹中基质金属蛋白酶(MMP)-2、9的表达。结果显示:①在大鼠二腹肌前腹实验组和对照组中,MMP-2 mRNA、MMP-9 mRNA均表达;②MMP-2蛋白表达水平在14 d($P<0.01$)和21 d($P<0.05$)组有差异性,

MMP-9 蛋白表达水平在 7 d（$P<0.05$）、14 d（$P<0.05$）和 21 *d*（$P<0.01$）组有差异性，实验组均增强。作者认为，MMP-2、MMP-9 参与了咀嚼肌正常的生长发育过程。在功能性矫治器引导大鼠下颌前伸之后，咀嚼肌中的 MMP-2、MMP-9 蛋白参与了咀嚼肌的适应性变化。

述　评

该实验从 mRNA 和蛋白表达水平证明 MMP 参与了正常咀嚼肌和下颌前伸过程的适应性变化，从分子水平报道了 MMP 参与了咀嚼肌中的适应性变化，为功能性矫治器引起咀嚼肌适应性改建的分子机制提供了理论依据。目前，对这类复杂调控机制的认识还较浅，需进一步研究 MMP 在功能矫治器前伸下颌过程中咀嚼肌改建的作用，以探讨咀嚼肌适应性变化的分子生物学机制。

（邓锋）

国产微型钛钉正畸支抗即刻负载稳定性的实验研究［熊国平　孙昕　张国志等. 中国口腔种植学杂志，2006，11(1)：13～16］

随机选择犬下颌骨一侧为实验组（加力组），另一侧为对照组（不加力组），植入国产微型钛钉各 2 颗，实验组钛钉间施力200 g。3 个月后处死动物，分别测量实验组、对照组钛钉间的位移变化和种植体-骨界面剪切力。结果：实验组钛钉间位移平均减少0.47 mm，对照组几乎无变化；实验组种植体-骨界面剪切力明显大于对照组，平均367.42 N。本研究通过对种植体支抗在加载条件下位移和松动度的观测来研究微型种植体正畸支抗系统的稳定性，发现国产微型钛钉作为种植支抗可满足临床要求。

述　评

研究中以犬作为实验动物，通过测量国产微型钛钉施力后的位移变化、种植体-骨界面的剪切力，评估国产微型钛钉作为种植支抗的即刻负载稳定性，为国产微型钛钉正畸支抗系统的临床应用提供了宝贵的实验依据。但这种在轻力条件下发生的骨改建是否加强了种植体与骨组织的结合强度，从而导致了实验组剪切力值高于对照组，有待于进一步证实。

（邓锋）

微型种植钉的长度直径对生物力学的影响［吴晶　白玉兴　王邦康等. 口腔正畸学，2006，13(2)：53～55］

对比评价临床常用的 3 种类型（不同长度、直径）微型种植钉的生物力学特点。应用种植钉 48 枚，新西兰大白兔 8 只，采用拉出试验、扭转强度试验，在即刻与愈合 4 周后进行生物力学测量。结果发现长度为 6 mm、直径为 1.9 mm 的种植钉相对于同等长度、直径为 1.5 mm 的种植钉在种植后即刻与愈合 4 周时，最大剪切力均表现出显著优势。愈合 4 周后，直径为 1.9 mm 的种植体在最大扭转强度上表现出显著的优势。作者认为，在骨质量较差的部位选择较大直径的种植体有利于种植体的稳定。

评　述

种植体支抗在正畸临床治疗中的运用越来越广泛，其长短、直径、外形等也越来越多样化。该研究通过动物实验比较不同长度、直径的种植体在骨内的稳定性，尤其是种植后即刻与愈合 4 周时均存在显著差别，为正畸临床医生选择微型种植体的类型和实用方式均提供了有益的依据，值得临床参考。

（邓锋）

体外培养的人牙周膜细胞在机械力作用下骨保护因子 mRNA 的表达［杨雁琪　张丁　李小彤等. 口腔正畸学，2006，13(2)：56～58］

应用细胞加力装置对体外培养的人牙周膜细胞施予间歇性牵张力 48 h，原位杂交检测人牙周膜细胞加力前后骨保护因子（OPG）mRNA 的表达。结果显示在机械力作用下，人牙周膜细胞 OPG mRNA 的表达呈下降趋势。作者认为在正畸骨改建过程中，机械力会引起牙周膜细胞 OPG 表达的变化。

述　评

该研究通过体外细胞加力实验发现，机械力不仅增强人牙周膜细胞成骨样细胞表型特征，而且还调节 OPG mRNA 的表达。因此，推测牙周膜细胞在机械力诱导下向成骨样细胞分化，一方面发挥成骨作用，另一方面参与调节破骨细胞的生成，支持骨代谢过程中机体在局部微环境中维持骨吸收和骨形成的动态平衡。该研究为进一步研究人牙周膜细胞在机械力作用下参与骨改建过程提供了前期基础。

（邓锋）

上颌前牵引支抗种植体的研制与实验研究［杨东伟　温广武　高晓辉等. 口腔材料器械杂志，2006，15(1)：14～16，27］

采用国际标准的钛合金材料，按照生物力学原理将其设计并制作为二段式种植体。将这种用于上颌骨前牵引的新型支抗种植体植入猴的上颌骨，完成牵张试验。结果显示在所有试验中，支抗种植体稳定性良好。作者认为，该支抗种植体结构合理、操作简便，克服了以往上颌骨前牵引的不足。

述　评

种植体支抗是口腔正畸学领域重要的研究课题之一，不同用途种植体的开发也是研究中的一个热点。该研究详细地阐述了用于上颌骨前牵引的新型种植体的结构及其特点，并对其临床效果进行了动物试验研究，为上颌骨前牵引治疗提供了一个新的矫治方法。尽管该种植体具有结构轻巧、操作简单、隐蔽性好、创伤小、口内埋置、生物相容性好、不影响患者进食等优点，但是在畸形复发和长期疗效等问题上还需进一步深入研究。

（邓锋）

口腔种植学

阿仑膦酸钠与雌激素对实验性骨质疏松大鼠种植体骨结合作用的比较研究［王艺　贾国栋　潘可风等. 现代口腔医学杂志，2006，20(5)：526～530］

以雌性 S-D 大鼠为实验动物，采用卵巢切除建立骨质疏松模型。实验分 4 组，每组 10 只大鼠：伪手术组（S 组），卵巢切除组（O 组），卵巢切除加雌激素治疗组（E 组），卵巢切除加阿仑膦酸钠治疗组（A 组）。在卵巢切除 12 周后双侧股骨行种植手术，左侧为钛种植钉，右侧为钛种植支抗钉，两种植入体材料螺纹类型相同，直径 1.5 mm，长 5 mm。种植术后第 3 天起 E 组腹腔注射苯甲酸雌二醇，A 组用阿仑膦酸钠悬浊液灌胃。分别于术后第 6 周、第 12 周处死动物取材检测。结果显示：抗骨质疏松药物均能提高种植体骨结合；雌激素和阿仑膦酸钠治疗，骨组织学上的改变相似；骨计量学测量，E 组、A 组和 S 组无统计学差异；力学测试，阿仑膦酸钠组优于激素治疗组，有统计学意义。

述　评

骨质疏松是一种中老年性、发病率高，以骨量减少和骨组织显微结构退行性改变为特征的全身代谢性疾病。该病骨代谢异常致骨量丢失，骨结构改变使其生物力学性能降低。骨质疏松直接影响到种植的骨整合，可导致种植失败。该研究对临床上提高骨质疏松人群人工种植牙的成功率有一定的指导意义。

（董福生）

上颌窦底冲压提升法种植修复 122 例缺牙的临床观察［邱立新　胡秀莲　陈波等. 中华口腔医学杂志，2006，41(3)：136～139］

采用冲压法局部提升上颌窦底不植骨同期植入种植体的方法，从 1998 年 7 月至 2004 年 7 月，对 122 例上颌牙槽骨高度不足的患者进行了种植修复。结果显示，共植入 157 枚种植体，上颌窦提升幅度为 2～5 mm，随访观察到 2005 年 10 月未发生种植体脱落，种植修复效果良好。随访时间最长 5 年以上，平均随访 29.7 个月。作者认为，冲压法上颌窦底提升在抬高上颌窦底 2～5 mm 的情况下,不植骨同期植入种植体是安全可行的。

述　评

上颌后牙区牙槽骨高度不足的治疗,常采用上颌窦前外侧壁开窗植骨种植技术,手术创伤较大。上颌窦底冲压提升种植修复技术安全,手术创伤小,不失为简单易行的方法。但是该技术提升上颌窦底提升幅度有限,在上颌窦分隔和骨嵴区易造成窦底黏膜的撕裂。因此,术前应准确判定牙槽骨的高度和上颌窦的情况。

(董福生)

即刻种植与即刻修复的临床应用[欧国敏　宫苹　陈文川等. 中华口腔医学杂志,2006,41(3):144～147]

采用即刻种植的方法对 14 例患者的 37 个牙位在拔牙同时植入种植体,其中 6 例 14 个牙位即刻种植后行即刻修复,其余 23 个牙位在即刻种植术后平均 4 个月行Ⅱ期手术和最终修复。结果随访观察 3 周至 48 个月,平均 22 个月,除 1 例患者的 2 枚种植体即刻修复后 3 周脱落外,其余临床效果良好,四年累积存活率为 94.6%。作者认为,即刻种植有助于保持牙槽嵴的高度和宽度,在适当选择病例的情况下,即刻种植与即刻修复可获得较高的存活率。

述　评

即刻种植与即刻修复技术可缩短人工种植牙的疗程,减少手术次数,有助于保存牙槽嵴的高度和宽度以及牙龈组织的形态。该研究对该项技术的发展具有一定的实用意义。

(董福生)

不同表面处理的种植体植入早期表面沉积物的分析研究[何明福　陈松　赵姗姗等. 浙江大学学报(医学版),2006,35(5):472～478]

对纯钛种植体表面分别进行喷砂双重酸处理和喷砂双重酸-过氧化氢-热处理。将经过表面处理的两种种植体分别植入兔胫骨内。在植入后 2、4、8 周,利用带有 X 射线能量色散仪的场发射电子显微镜观测种植体的表面形貌、化学元素和种植体骨组织界面。结果发现种植体植入 2 周后,两组种植体表面均沉积有富含钙磷的层;4 周时钙磷层结构大部分消失,骨生成细胞附着于种植体表面并形成新骨;8 周时两组种植体表面均附着有新骨,但以双重酸-过氧化氢-热处理组相对较多。

述　评

对种植体表面进行处理,使其表面粗化或形成具有表面生物活性的种植体,可加大种植体与骨的结合面积与固位,促进骨整合形成。该实验通过喷砂粗化加不同的酸蚀方法处理种植体表面,使其促进骨整合的形成并收到了较好的效果。因此,该研究对种植体表面处理的设计有重要的意义。

(董福生)

螺纹种植体螺距的优化设计和应力分析[孙亮　刘宝林　胡开进等. 华西口腔医学杂志,2006,24(6):509～515]

采用垂直向加载和颊舌向加载以及三维有限元分析方法,研究圆柱状 V 形螺纹种植体在不同螺距时对颌骨和种植体 EQV 应力峰值的影响。研究发现,骨松质的应力大小容易受螺距的影响,螺纹对垂直加载时的力学传递影响更明显。作者认为,该种螺纹形态的圆柱状种植体螺距不宜小于0.8 mm,但同时也应避免螺距过大。

述　评

种植体的表面形态结构对于种植体的固位、应力分布起着重要的作用。良好的种植体表面形态结构设计,有利于种植体的固位,减少种植体骨界面应力集中,应力分布更均匀。该实验探讨了一种圆柱状 V 形螺纹种植体在不同螺距时应力的变化,提出了该种螺纹结构种植体适宜的螺距,对临床具有一定的实用意义。

(董福生)

种植套筒冠覆盖义齿在无牙颌修复中的应用[胡秀莲　崔宏燕　王涛等. 中华口腔医学杂志,2006,41(7):391～394]

采用种植套筒冠覆盖义齿修复的方法对21例无牙颌患者进行义齿修复,共计28件修复体,其中上颌全颌覆盖义齿13件,下颌全颌覆盖义齿15件,共植入种植体139枚。修复完成后平均追踪观察26.5个月(12~39个月)。结果显示,种植体无松动脱落,无种植体周围炎发生,28件修复体固位、稳定性和咬合均可接受,修复体无折断、损坏。曲面断层X线片显示,除2例在修复3年后有少量骨吸收外,其余19例所有种植体周围骨组织稳定,无吸收。

述 评

作者利用种植套筒冠覆盖义齿修复方法对21例无牙颌患者进行了种植套筒冠覆盖义齿修复,同时还介绍了病例选择、术前设计以及修复过程,较全面地探讨和评价了该方法的临床效果和临床特点。因此,该方法的临床应用有重要的指导价值。

(董福生)

渐进性负荷对即刻植入种植体早期骨性结合的影响[班宇 宫苹 王少安等. 华西口腔医学杂志,2006,24(3):210~213]

以英国小猎兔犬为实验动物即刻植入种植体,采用犬自身对照给予渐进性垂直力加载,于手术当天以及术后第7、14、21、28天拍摄X线片,测量垂直骨吸收量。术后28 d将种植体连同周围骨组织完整取出,劈开颊侧骨密质建立种植体骨界面机械断裂模型,利用扫描电镜观察种植体表面骨形成。结果发现,渐进性负荷组垂直骨吸收量小于对照组,渐进性负荷组种植体表面骨形成速度明显快于对照组。作者认为,即刻种植后给予渐进性垂直负荷有协同拔牙创愈合,促进种植体骨性结合的作用。

述 评

该研究通过动物实验探讨即刻种植后即刻渐进负荷对种植体早期骨结合的影响,结果证实即刻种植后即刻给予种植体适当的负荷有利于种植体的早期骨性结合。该研究结果对即刻种植和即刻修复提供了重要的实验依据。

(董福生)

种植体固位赝复体修复面部缺损的研究[林野 王莺 崔宏燕等. 中华口腔医学杂志,2006,41(2):65~68]

采用种植体固位赝复体修复的方法对6例颌面缺损畸形进行修复,共植入21枚口外专用种植体。其中,在3例眼部缺损患者中2例各植入5枚种植体,1例植入4枚种植体;1例外鼻缺损患者植入3枚种植体;2例外耳缺损患者各植入2枚种植体。用专用硅橡胶制作赝复体,修复完成后追踪观察6个月至6年。结果显示,21枚种植体无松动脱落,无种植体周围炎发生,患者对赝复体的固位和形态效果均满意。

述 评

作者通过种植体固位赝复体修复6例颌面缺损,从修复效果、赝复体与种植体的连接方式、种植体的植入部位、赝复体的制作与配色、该方法的适应证及优缺点全面地进行了探讨与评价。因此,该研究对该修复方法的临床应用有重要的指导价值。

(董福生)

牙及牙槽外科学

涡轮机法拔除下颌阻生智齿的临床研究[王霄 潘向勇. 实用口腔医学杂志,2006,22(1):21~24]

将51例双侧中位或低位阻生下颌第三磨牙患者随机分组,分别使用涡轮机去骨拔除法和传统的凿骨劈冠拔除法拔牙,观察和记录手术时间、术中反应、术后疼痛和术后肿胀,进行比较和统计分析。结果显示:对于中位阻生下颌第三磨牙,涡轮机去骨拔除法的手术时间和术后反应均大于凿骨劈冠法($P<0.05$);但对于低位阻生下颌第三磨牙,涡轮机去骨拔除法手术时间较凿骨劈冠法短,术

后反应小($P<0.05$)。作者认为,涡轮机去骨拔除法在拔除低位阻生下颌第三磨牙时具有明显的优势,但在拔除中位阻生下颌智齿时并不比凿骨劈冠法好。

述　评

近年来,随着经济生活和社会文化水平的进步,阻生第三磨牙就诊患者比例明显提高。临床上第三磨牙的拔除方法多种多样。有学者认为去骨劈开拔除第三磨牙过于残暴,有失人道,患者不能容忍劈牙时的恐惧。该研究发现对于低位阻生下颌第三磨牙,涡轮机去骨拔除法手术时间较凿骨劈冠法短,术后反应小,具有临床实用价值,值得临床借鉴和推广。

(周健　王元银)

上颌尖牙埋伏阻生的临床分析[钟燕雷　曾祥龙　贾绮林等. 中华口腔医学杂志,2006,41(8):483~485]

选择在门诊诊治的错殆畸形汉族患者10 505例,通过CT扫描选择其上颌尖牙埋伏阻生患者215例,共有埋伏阻生牙248颗,分析统计上颌尖牙埋伏阻生所占正畸患者的比例,并通过 χ^2 检验分别比较患者性别、唇腭侧阻生及其相关治疗的差异。结果显示:上颌尖牙埋伏阻生在正畸门诊患者中约占2.05%,男女性别间比例为1:1.8,唇腭侧比例为2.1:1;外科手术暴露加正畸牵引是本病治疗的主要手段,外科手术拔除的治疗方式在腭侧阻生尖牙中的应用多于唇侧,两者有统计学意义($P<0.01$)。作者认为,上颌尖牙埋伏阻生以女性、唇侧多见,临床上对于唇腭侧尖牙埋伏阻生的治疗存在一定的差异。

述　评

尖牙阻生在临床上十分常见,但国内在这方面的系统研究却相对较少,而处理方法和评定标准较多。作者通过CT扫描和统计学处理等方法发现,上颌尖牙埋伏阻生以女性和唇侧较多,外科手术暴露加牵引是其治疗的主要手段,外科拔除术主要用于腭侧阻生的上颌尖牙。因此,该研究结果有一定的临床参考价值,值得临床借鉴。

(周健　王元银)

PerioGlas/rhBMP-2 用于兔下颌骨侧嵴扩增的初步实验评估[杨秀文　刘洪臣　王会信等. 现代口腔医学杂志,2006,20(1):57~59]

选择16只成年新西兰白兔,在其磨牙区唇侧骨密质表面用球钻预备4~6个5 mm的骨缺损,一侧骨密质表面和骨缺损内放置PerioGlas/rhBMP-2,另一侧作为空白对照,于术后2、4、8周取材,进行大体观察、H-E片组织学检查和组织学骨密度测定。结果显示,观测时间内所有植入体固位良好,无炎性反应,下颌骨表面明显增厚,材料表面骨组织覆盖,骨密质表面和骨缺损内新骨形成。2周时,纤维组织分割PerioGlas颗粒;4周时,大量新生骨呈编织骨样结构,新骨与PerioGlas颗粒直接结合;8周时,部分PerioGlas颗粒降解被新骨取代并与植骨床骨密质表面直接结合,极少量残留颗粒被新骨包围。rhBMP-2/PerioGlas的表面成骨作用比单一的PerioGlas或rhBMP-2好,具有明显的骨诱导性和骨引导性,新骨形成百分比明显高于PerioGlas组($P<0.05$)。

述　评

由于牙槽骨狭窄造成牙种植后唇侧骨质不规则缺损和局部骨密质菲薄,影响义齿固位和种植成功;所以,近年来许多学者在临床上采用了包括三明治法、骨移植、牵张成骨技术和膜技术等来恢复缩窄的牙槽骨;但是,由于手术禁忌证、手术风险以及膜技术带来的膜暴露、塌陷边缘的空洞维持等问题限制这些技术的应用。PerioGlas具有独特的迅速成骨作用,临床应用成功率较高,而rhBMP-2是一种骨诱导物质,PerioGlas/rhBMP-2联合使用操作性能强,易于放置,有止血和增加新骨形成的作用。

(周健　王元银)

**聚乳酸 rhBMP-2 复合体在牙槽骨修复中作

用的实验研究[李宁毅　高宁　高红国等. 现代口腔医学杂志,2006,20(2):161～163]

将 6 只杂种犬随机分为 2 组,拔除每只犬的上下颌前磨牙,右侧拔牙创填入聚乳酸与 rhBMP-2 复合体,左侧拔牙创自然愈合作为对照。术后 2、6 和 10 周行 X 线检查并于 6 和 10 周时处死动物取材。行光镜和扫描电镜观察,对比两组成骨状况和植入材料在组织内的反应。X 线和光镜检查结果显示,右侧拔牙创愈合快,成骨速度和成骨质量明显优于左侧对照组。电镜观察显示,植入材料组织相容性好,无炎性刺激反应,可降解。作者认为,聚乳酸 rhBMP-2 复合体是一种可促牙槽骨再生的新型生物复合材料。

述　评

牙拔除后,牙槽嵴呈现出进行性、不可逆性吸收,拔牙创愈合的速度和质量直接影响义齿的修复和牙种植术的质量与时间。牙槽高度降低 1/3 以上,会对义齿的修复和种植体植入造成困难。近年来,有学者将羟磷灰石植入以重建牙槽嵴取得了一定的疗效,但结果尚不理想。该研究表明,聚乳酸 rhBMP-2 复合体是一种优良的骨替代材料,且该材料制作方便,操作简单,有望成为临床上一种可促进牙槽骨再生的新型生物材料。

(周健　王元银)

牙槽骨缺损修复对牙齿移动影响的动物实验[张君　范丰燕　王旭霞等. 中华口腔医学杂志,2006,41(2):92～93]

选择 40 只大鼠,于其右侧上颌第一磨牙近中造成 3 mm×2 mm×2 mm 大小的牙槽骨缺损,填入质量分数 45%二氯化硅、24.5%氯化钠、24.5%氯化钙和 6%五氧化二磷作为实验组,左侧作为对照组。术后 13 周随机处死 4 只大鼠,光学显微镜下观察其牙槽缺损修复侧的组织切片。术后 14 周,用 0.39 N 的力牵引其余 36 只大鼠两侧上颌第一磨牙向近中移动。结果显示,配对检验两侧第一磨牙平均移动距离、牙周膜宽度的差异均无统计学意义($P>0.05$)。作者认为,牙槽骨缺损修复侧可以进行正畸牙移动,修复侧的牙移动距离和牙周组织受正畸力后的改建情况均与对照组无显著性差别。

述　评

该牙槽骨缺损修复侧与正常侧对照牙移动的距离和牙周组织改建没有明显差别,对正畸移动牙齿的时间亦无特殊要求的研究结果,具有一定的临床实用价值,为临床选择恰当的治疗时间和方案提供了理论基础。

(周健　王元银)

重组人骨形成蛋白牙槽嵴内诱导成骨的实验研究[肖水清　张体勇　田华. 口腔医学研究,2006,22(1):47～49]

将纯种新西兰大白兔 28 只随机分为 A(2 周)、B(4 周)、C(8 周)、D(12 周)4 组($n=7$),拔除其切牙建立动物模型。以吸收性明胶海绵为载体,将原核表达的重组人骨形成蛋白-7 与之复合后植入即刻拔除牙齿的牙槽内,进行干预治疗。分别于 2、4、8、12 周处死动物,取出标本,通过扫描电镜观察和钙质量分数测定,探讨原核表达重组人骨形成蛋白-7 牙槽嵴内诱导成骨的效果。结果显示,扫描电镜下实验组的骨创愈合较对照组提前 4～6 周,钙质量分数实验组明显高于对照组且差异有统计学意义($P<0.01$)。作者认为,重组人骨形成蛋白-7 具有良好的诱导牙槽嵴内成骨的作用。

述　评

在拔牙创正常愈合的过程中,牙槽嵴会出现进行性吸收。即牙槽骨高度降低、宽度缩小造成植入区不能容纳种植体的植入,给义齿修复带来一定的困难。而常规羟磷灰石增高则存在软组织量的不足,植入骨替代材料易移位,扩增形态不理想等问题。该研究证实,原核表达重组人骨形态发生蛋白具有良好的促进拔牙创愈合作用。此对于减少临床拔牙后牙槽骨吸收,尽早进行缺失和修复具有重要的应用意义,值得临床借鉴。

（周健　王元银）

全颌曲面断层片评价影响第三磨牙萌出因素的研究［何玉宏　段银钟　李楠等．临床口腔医学杂志，2006，22(4)：220～222］

选择 39 例（男 21 例，女 18 例）上下颌第三磨牙均存在的安格尔Ⅰ类病例，同期拍摄其全颌曲面断层和头颅侧位 X 线片，分别测量 11 项指标。对两者的测量结果进行相关分析，对所测量的数据进行配对检验分析。结果显示，全颌曲面断层 X 线片左右两侧各指标的测量结果无统计学差异，全颌曲面断层和头颅侧位 X 线片关于上颌第三磨牙倾斜角度、上下颌萌出间隙和下颌升支长度指标均具有显著相关性（$P<0.01$）。相关系数和回归方程显示，全颌曲面断层和头颅侧位 X 线片测量值之间呈明显的线性关系，但两者不能相互替代。作者认为，可以用全颌曲面断层 X 线片替代头颅侧位 X 线片评价第三磨牙萌出的影响因素。

述　评

以往，学者们在评价第三磨牙萌出情况时，大多采用 X 线头颅侧位片。但在头颅侧位 X 线片上，左右两侧磨牙牙根模糊、重叠，且两侧磨牙及其不同情况亦不能分开处理。全颌曲面断层 X 线片可以直观、清晰地显示两侧牙齿的形态及其在颌骨中的具体位置，在临床具有较高的使用价值。

（周健　王元银）

青少年颌骨大型囊肿开窗减压术对颌骨及牙胚生长发育影响的临床观察［郑苍南　周立伟　秦刚．口腔医学研究，2006，22(5)：520～522］

以青少年颌骨大型囊肿开窗减压术，随访 6 个月至 4 年，术后每 3 个月摄颌骨曲面全景 X 线片的患者 21 例为研究对象，观察和分析囊肿大小的变化和囊肿周围骨质量以及囊肿内牙和牙胚萌出情况。结果显示，青少年颌骨大型囊肿经开窗减压术后囊肿明显缩小，颌骨生长发育和牙及牙胚萌出未受影响，病理检查无恶变倾向。作者认为，开窗减压术是治疗青少年颌骨大型囊肿的有效方法，且手术方法简单，能迅速消除面部畸形，颌骨和牙及牙胚生长发育不受影响。

述　评

完整地摘除颌骨囊肿仍是目前治疗颌骨囊肿的主要方法之一。但颌骨大型囊肿常累及周围正在发育的牙根、牙冠和尚未完全形成的恒牙胚，单纯囊肿刮除手术将引起牙胚受损甚至脱落，破坏囊肿部位新生牙胚的发育并造成邻近组织结构的损伤；而开窗减压术则解除了囊肿内压力对骨质的膨胀性破坏，有利于保持牙胚和颌骨的发育，较单纯手术刮治有明显的优越性，值得临床上借鉴和推广。

（周健　王元银）

口腔颌面部感染学

68 株临床分离口腔念珠菌对 4 种抗真菌药的体外药敏实验结果分析［周曾同　赵民　朱彩莲等．临床口腔医学杂志，2006，22(3)：178～180］

68 株口腔假丝酵母菌（曾称念珠菌）菌株均采自在上海交通大学附属第九人民医院口腔黏膜病专科就诊的患者，其中包括单纯口腔假丝酵母菌感染 23 例，口腔扁平苔藓伴假丝酵母菌感染 25 例，头颈部肿瘤放疗或化疗的患者口腔黏膜假丝酵母菌感染 20 例，用棉拭涂擦法采集。测定口腔假丝酵母菌病、口腔扁平苔藓合并口腔假丝酵母菌感染、头颈部放化疗患者合并口腔假丝酵母菌感染 3 组菌株对对氟康唑、两性霉素 B、氟胞嘧啶和伊曲康唑的最低抑菌浓度，比较不同口腔黏膜病合并假丝酵母菌感染菌株的耐药状况和药物敏感性。结果显示，68 株临床分离株对氟胞嘧啶全部敏感，91.2% 的菌株对两性霉素 B 敏感，氟康唑和伊曲康唑的耐药比分别为 13.2% 和 22.1%，放化疗组的非白色假丝酵母菌比和耐药比例明显高于口腔假丝酵母菌病组和扁平苔藓组。

述 评

假丝酵母菌属于条件致病真菌。口腔假丝酵母菌感染不仅与各种免疫缺陷患者的深部真菌感染密切相关,而且与多种口腔黏膜病有关,影响其病程和预后。与口腔黏膜病有关的假丝酵母菌感染主要包括口腔假丝酵母菌病、口腔扁平苔藓、白斑等。流行病学研究表明,各种假丝酵母菌感染的种类和比例在不断变化,白色假丝酵母菌的比例下降,尤其临床检出了大量的耐药株。因此,研究口腔假丝酵母菌感染的种类和耐药性,不仅对提高口腔黏膜病的治疗效果有重要意义,而且对深部真菌感染的防治有指导意义。

(魏奉才 陈安威)

重症口腔颌面部多间隙感染的综合处理[周龙女 蔡佩佩 童小文等. 中国口腔颌面外科杂志,2006,4(3):198～201]

选取2002年1月至2004年12月收住院治疗的重症口腔颌面部多间隙感染患者10例为研究对象,分析其整个治疗过程。结果显示经内、外科协作治疗后,患者7例痊愈,3例(30.0%)死亡,较传统治疗死亡率降低(61.5%)。作者认为,对重症口腔颌面部多间隙感染,采取内、外科协作,全身与局部兼顾的方法综合处理,可降低死亡率,提高治疗效果。

述 评

口腔颌面部间隙感染是口腔颌面外科常见性疾病,起病急,发展快,治疗不及时或不当,后果往往比较严重。重症口腔颌面部多间隙感染死亡率较高,更应引起临床医师的关注。对于重症口腔颌面部多间隙感染应尽早有效的治疗,防止感染进一步扩散,重视并发症的诊治和患者的全身状况变化,并应该根据病原菌的变化选择抗生素。

(魏奉才 陈安威)

放射性颌骨骨髓炎的临床特征与治疗[冯崇锦 冉炜 李楚玉等. 中华放射医学与防护杂志,2006,26(2):159～160]

对65例放射性颌骨骨髓炎患者的临床资料进行回顾性分析,评估其好发部位、发病时间、放疗剂量和治疗效果。结果显示:放射性颌骨骨髓炎以下颌骨多见,占72%;多发生于放疗后1～4年,占86%;平均放疗剂量为70.2 Gy。保守治疗只能缓解症状,控制病情。行死骨扩大切除术,放射性颌骨骨髓炎的治愈率可达92%。同期血管化组织瓣移植修复缺损,其成功率为95%。作者认为,可将70 Gy作为放射剂量的临床阈值,死骨扩大切除术同期血管化组织瓣移植修复缺损能获得较好疗效。

述 评

由射线引起的放射性颌骨骨髓炎是头颈部放疗后最严重的并发症之一。该病常引起颌面部软硬组织坏死溃烂、瘘管形成、组织缺损畸形,患者张口受限并常伴有明显的颌面部疼痛,严重影响患者的生存质量。一般认为放射线的直接损伤是本病的直接原因,其实放疗前对潜在的口腔感染病灶的处理重视不够和放疗后的口腔处理不当,是导致牙源性感染并最终引起放射性颌骨骨髓炎发生的关键。这些更应引起口腔医师的注意。

(魏奉才 陈安威)

口腔颌面部结核52例临床分析[唐西清 曹放云 伍协阶. 北京口腔医学,2006,14(1):53～54]

对1995年1月到2004年12月诊治的52例口腔颌面部结核进行回顾性分析。52例口腔腔颌面部结核以原发性单一结节病变为主(38例),主要分布在颈深上淋巴结和颌下淋巴结,发病频率远高于口腔其他部位。病变以结节性肿块等增生性病变为主。本组52例患者40例采用了外科手术治疗加6个月的抗结核治疗,一期愈合36例,延期愈合4例。其中2例骨结核均为延期愈合,12例采用单纯常规抗结核药物治疗为主。所有患者均痊愈，经随访 6～12 个月无复发。

述　评

近年来由于环境变化、细菌耐药等原因，全球结核的发病率呈增高趋势。口腔颌面部结核作为肺外结核的常见病也呈逐渐增多的趋势，其发病形式、临床特征也发生了较大的变化。此回顾性研究对口腔颌面部结核的诊断和治疗有一定意义。

（魏奉才　陈安威）

糖尿病患者颌面部间隙感染的临床特点与治疗［陆加梅　万蕾蕾　吕臻等. 口腔颌面外科杂志，2006，16(2)：153～155］

收集 2000～2004 年因糖尿病并发颌面部间隙感染而住院治疗的 67 例患者与随机选取的非糖尿病患者 70 例，对其颌面部间隙感染的严重程度、疗程长短和治疗措施进行比较。结果显示：糖尿病并发颌面部间隙感染患者平均疗程明显长于非糖尿病患者，应用同样的抗生素效果不及非糖尿病患者；感染易累及多个间隙，切开后需长期换药，切口不易愈合。

述　评

人类随着年龄的增长，糖尿病发病率也随之提高。糖尿病并发颌面部间隙感染，临床症状严重，感染反复，病程迁延。减轻糖尿病患者口腔颌面部间隙感染的症状、缩短其病程是口腔颌面外科一直探讨的课题。由于高血糖是口腔颌面部间隙感染的重要根源，因此良好的血糖控制、局部感染病灶的适当处理和全身支持治疗对感染的转归有极大帮助。

（魏奉才　陈安威）

HIV 感染患者口腔念珠菌的培养鉴定及耐药性研究［向黎　陈建钢　钟志华等. 临床口腔医学杂志，2006，22(3)：181～184］

选取 2001 年 12 月至 2003 年 3 月间，武汉大学中南医院住院确诊 HIV 感染合并口腔假丝酵母菌病患者的舌背刮取物 17 例和 6 株假丝酵母菌标准菌株，分别接种于沙氏培养液和 CHROMagar 假丝酵母菌显色培养液，37 ℃ 48 h 后取沙氏培养液上生长物作 API 20C AUX 鉴定和耐药性检测。结果，所有标本均在沙氏培养液和 CHROMagar 显色培养液中生长，显微镜下见厚膜孢子和假菌丝。CHROMagar 显色培养液标准株中白色假丝酵母菌和都柏林假丝酵母菌呈绿色，克柔假丝酵母菌和近平滑假丝酵母菌为粉红，热带假丝酵母菌为蓝色，光滑假丝酵母菌为紫色。标本中绿色菌落 9 个，粉红菌落 5 个，紫色菌落 1 个，蓝色菌落 1 个，绿色和粉红混合菌落 1 个。API 20C AUX 鉴定所有标准菌株符合编码，标本中有白色假丝酵母菌 8 个，热带假丝酵母菌 4 个，近平滑假丝酵母菌 4 个，13 号标本编码书上查不到。假丝酵母菌对制霉菌素、伊曲康唑和两性霉素 B 的敏感度为 100%，对酮康唑、克霉唑、咪康唑、氟胞嘧啶、特比萘芬和氟康唑敏的感度为70.6%、52.9%、52.9%、88.2%、17.6%、76.5%。

述　评

口腔假丝酵母菌病是人类免疫缺陷病毒(human immune deficiency virus，HIV)感染患者常见的口腔病症，也是 HIV 感染患者早期先兆症状。常有获得性免疫缺陷综合征患者以口腔假丝酵母菌病在口腔科就诊后被确诊，对此应引起口腔科医师的警惕。此研究对 HIV 感染患者的口腔假丝酵母菌分型和治疗也有较大帮助。

（魏奉才　陈安威）

颌面颈部淋巴结核的彩色多普勒血流显像［王寅　孙庚林　李克莉等. 现代口腔医学杂志，2006，20(1)：4～6］

选取 1998 年 1 月至 2003 年 12 月在天津医科大学总医院住院的颌面颈部淋巴结肿大患者 184 例，对其中 224 个淋巴结在术前进行彩色多普勒超声检查，记录淋巴结边界、形状大小，内部回声、边缘回声、后方回声，血流分级、血流分布形式，收缩期最高峰值流速(PSV)、舒张末期流速、搏动指数、阻力指数、速度时间积分。术后进行病理检查。结果显示:结核性淋巴结炎与慢性淋巴结炎在结节内部血流分级中有显著性差异,即结核性淋巴结炎结节内部血管明显增多,但两者血流动力学指标无统计学意义;结核性淋巴结炎与恶性淋巴结的血流分级无显著性差异,但两者之间的PSV有显著性差异,恶性淋巴结的流速明显高于结核性淋巴结炎。作者认为,结核性淋巴结炎血流丰富,但流速并无增快。彩色多普勒血流成像对颌面颈部淋巴结核的诊断有较高的应用价值。

述 评

面颈区是结核性淋巴结炎发病率最高的部位。对于体积增长较大而不发生干酪样坏死的结核病变的淋巴结群,可能将其误诊为恶性淋巴瘤;对于淋巴结皮质破坏后干酪样物向邻近组织间隙浸润而形成的质硬、粘连性硬块,临床可将其误诊为颈部转移癌。因此,该研究显示彩色多普勒超声检查对颌面颈部淋巴结核的诊断有较大意义。

(魏奉才 陈安威)

口腔颌面外科住院病人抗菌药物应用情况调查及合理性评价[韦山良 覃迪生 文学锦等.广西医科大学学报,2006,23(1):157~158]

按系统随机抽样每月抽取20份病历的方法,抽取广西医科大学口腔医院口腔颌面外科2002年1月至2004年12月期间的住院病人共720份病历作回顾性调查分析。评价抗菌药物的应用分为合理、基本合理和不合理3类,其评价标准主要依据使用抗菌药物适应证、药代动力学、药敏试验、联合用药、配伍、给药途径和疗程等。结果显示:抗菌药物总的应用率为83.06%,应用1种抗菌药物占30.10%;二联应用占50.50%;三联应用占19.23%;四联应用以上1例,占0.17%。手术病人557例,其中Ⅰ类切口26例,Ⅱ、Ⅲ类切口531例,围术期使用抗菌药物520例,使用率93.36%。手术后抗菌药物给药时间,短于3 d的93例,占17.88%;3~5 d的184例,占35.38%;6~10 d的138例,占26.54%;长于10 d的105例,占20.19%。作者认为,口腔颌面外科抗生素的选择和应用上均存在不足。

述 评

随着抗菌药物在临床领域的大量应用,许多不良反应日益突出,不仅造成药物资源的浪费,还产生细菌耐药,增加医院感染的危险。这些都与抗生素的不合理应用有很大关系。所以严格遵循抗菌药物应用原则,对感染患者早作细菌培养和药敏试验,选择针对性药物至关重要。

(魏奉才 陈安威)

口腔颌面部肿瘤学

保留颈外静脉、颈神经丛深支和耳大神经的根治性颈淋巴清扫术疗效评价[温玉明 王昌美 李龙江等.中国口腔颌面外科杂志,2006,4(1):8~14]

通过对182例颈淋巴清扫术的回顾性研究,对保留颈外静脉、颈神经丛深支和耳大神经的颈淋巴清扫术式的根治效果、术中并发症和术后功能障碍进行评价,旨在探索一种保证口腔癌颈淋巴结转移手术彻底性和避免并发症,最大限度保存患者术后生存质量和机体功能的最佳颈清扫术式。结果显示,与常规根治性颈淋巴清扫术相比,保留颈外静脉和颈神经丛深支的根治性颈淋巴清扫术在维持术中较平稳的生命体征、术后恢复等方面具有明显的优势,尤其有利于接受双侧根治性颈清扫术患者的尽早恢复,而术后颈部复发率与根治性颈淋巴清扫术无显著差异。作者认为,保留颈外静脉和颈神经丛深支的根治性颈淋巴清扫术是一种比较合理的术式,在保证颈清扫根治性的前提下,减轻和避免了术中、术后的颅内高压并发症以及肩功能损伤和耳部感觉障碍,可作为口腔癌颈淋巴结转移根治性治疗和 cN_0 选择性颈清扫术的常规术式。

述　评

颈淋巴清扫术是治疗口腔癌颈淋巴转移的主要手段，探索一种既能保证临床根治效果，又能尽量减少术后患者功能障碍的合理术式一直为临床医生所关注。保留部分重要的功能性结构有利于提高患者的术后生存质量，该研究对其长期的临床实践经验进行总结，是有益的、极有价值的。近来有不少对颈清术式的探讨论文报道[栾修文等，华西口腔医学杂志，2006，24(2)：128；苏宇雄等，中国口腔颌面外科杂志，2006，4(2)：102]，读者可以参阅。

（华成舸）

涎腺多形性腺瘤恶变 108 例临床病理分析[袁荣涛　张志愿　胡宇华等．中国口腔颌面外科杂志，2006，4(1)：30～33]

就上海交通大学医学院附属第九人民医院口腔颌面外科 1993 年 1 月至 2005 年 5 月间就诊的 108 例涎腺多形性腺瘤恶变患者的病理与临床资料，对其性别、年龄和病变部位以及恶变成分病理类型的构成和转移情况进行回顾和统计分析。作者认为，涎腺多形性腺瘤恶变多见于中老年男性，最好发于腮腺，其次为下颌下腺和腭部，恶变成分多为腺癌和肌上皮癌，发生颈淋巴结转移者，恶变成分多为腺癌。

述　评

临床资料的总结与分析是临床诊断和治疗的重要依据。严谨细致的流行病学调查费时费力，需要足够的耐心和认真的态度。该研究对多形性腺瘤恶变的临床病理分析对临床具有重要的参考价值。我国口腔颌面外科近年来已对多种肿瘤进行了回顾和分析，提供了宝贵的资料。但包括该研究在内，多数为单中心的调研，缺乏大范围、地区性和多中心的报告，这已引起业内多位专家的重视。

（温玉明）

诱导化疗在头颈鳞癌综合治疗中的作用[屠规益．中国口腔颌面外科杂志，2006，4(3)：162～166]

该研究述评了化疗在头颈部恶性肿瘤治疗中的地位和价值，认为无论是新药还是常规药物、无论是单药还是多种药物联合应用、无论是单独化疗或综合(放疗、手术)应用，对头颈鳞癌尚没有确切的根治性疗效，尚没有确实可以加强其他治疗手段的结果报告。作者建议，目前临床上不宜对头颈鳞癌患者常规应用化疗作为根治性治疗或辅助措施。

述　评

该研究基本上否定了化疗在头颈部恶性肿瘤治疗中的作用，但并不能代表相关领域的观点。化疗在实体性肿瘤治疗中的作用确实不如其在淋巴造血系统中的作用那么确切，主要受给药方案、途径，肿瘤体积、敏感性，机体耐受性限制等方面因素的影响。即便如此，化疗在消化系统肿瘤、骨和软组织肿瘤的治疗中的价值仍然较为显著并已获肯定，而且仍然是某些特定肿瘤如胚胎性横纹肌肉瘤的首选治疗方法之一，其对头颈部肿瘤如口腔癌的治疗效果也有确切有效的临床报道。当然，有效并不等于根治。尽管化疗不能作为头颈部肿瘤首选的根治方法，但也不能因此完全否定其在综合治疗中的价值。如何提高化疗效果及其与其他治疗手段的配合，仍然是目前头颈肿瘤研究的重要内容。读者可参阅相关文献，如：Marshall R. Posner，中国口腔颌面外科杂志，2006，4(5)：322 和 J. Bourhis new approaches to enhance chemotherapy in SCCHN. Annals of Oncology，2005，16(Suppl 6)：vi20～vi24。

（温玉明）

负压吸引联合刮治术治疗下颌骨巨大单囊型成釉细胞瘤[刘冰　赵怡芳　张文峰等．中国口腔颌面外科杂志，2006，4(1)：20～23]

对 5 例下颌支巨大单囊型成釉细胞瘤行活检术和同期负压吸引术，定期随访，待病变范围明显缩小后，经口内进路完成刮治术。结果显示，负压吸引术后 5 个月，影像学显示病变范围平均缩小 67%,病变区解剖结构接近正常。刮治术后病理诊断为单囊型成釉细胞瘤。刮治术后 6～61 个月,随访无复发。作者认为,负压吸引术用于下颌骨巨大单囊型成釉细胞瘤的初期治疗能较快地缩小病变范围,促进新骨形成。联合二期刮治术可彻底清除病变,最大限度地保留解剖结构及其相应的生理功能。

述 评

巨大成釉细胞瘤常规需行下颌骨节段切除和骨移植重建,且术后功能和外形损失较大。该研究总结了相对保守的单囊型成釉细胞瘤的治疗方法,其经验值得借鉴。但是所总结的病例数较少,需要进一步的大样本、长期随访的观察,以便为临床提供更为可靠的依据。

(温玉明)

放射性粒子组织间植入治疗口腔颌面部恶性肿瘤初探[张建国 张杰 宋铁砾.中华口腔医学杂志,2006,41(8):464～466]

对 36 例口腔颌面部恶性肿瘤患者实施^{125}I 放射性粒子定向植入治疗,治疗前分别行靶区设计、平面植入计划或立体植入计划。植入后 1 周内和 2 个月后,CT 验证粒子分布和靶区剂量变化,随访 6～36 个月,平均 14 个月,观察患者的疗效和副反应情况。结果显示:晚期恶性肿瘤单纯植入 2 例,肿瘤明显缩小,症状减轻;早期舌癌单纯植入 1 例,肿瘤完全消退;33 例手术和粒子植入后,靶区覆盖范围均无复发和转移,3 例出现靶区外复发或转移;除 8 例局部皮肤充血反应外,其余患者无特殊不适和外照射副反应。作者认为,^{125}I 放射性粒子植入组织间近距离治疗口腔颌面部恶性肿瘤有较好的近期效果。

述 评

放射治疗作为手术的重要补充,是口腔癌综合治疗的重要组成部分。作者结合现代放疗、组织成像技术和计算机辅助设计及治疗等技术,通过组织间植入提高放射治疗的效果并减少副作用,其结果对临床有直接的参考价值。当然,其远期治疗效果尚不明确,仍有待总结。

(温玉明)

带蒂颊脂垫衬里与颞肌筋膜瓣联合钛网重建上颌骨缺损[姚金光 李龙江 李俊等.华西口腔医学杂志,2006,24(1):57～59]

对 11 例上颌骨肿瘤患者中的 8 例行上颌骨次全切除,3 例行上颌骨全切除,术中同期应用带蒂颊脂垫衬里和颞肌筋膜瓣联合钛网构筑上颌骨各壁,恢复其上颌骨外形,以探讨应用带蒂颊脂垫衬里与颞肌筋膜瓣联合钛网对上颌骨缺损行闭合式三维重建方法的可行性。结果显示:所有病例的组织瓣全部成活,带蒂颊脂垫瓣和颞肌筋膜瓣术后 4～6 周上皮化,鼻腔、腭部、牙槽和牙弓外形恢复;患者进食时无食物从鼻腔反流,发音恢复良好,对面容外形修复效果较满意。作者认为,采用带蒂颊脂垫衬里与颞肌筋膜瓣联合钛网闭合式重建上颌骨缺损的方法,可较好地恢复患者的外貌和口腔功能。

述 评

软硬组织缺损的修复是肿瘤外科临床重要的工作之一。上颌骨缺损由于涉及颌面部众多窦腔以及呼吸道和消化道的功能重建,多年来一直主要依靠赝复体修复。近年来,随着新材料和数字化技术的发展和应用,口腔颌面部组织缺损的修复效果不断完善,各种带蒂骨肌皮瓣被用于重建上颌骨缺损。该研究反映了上颌骨的功能性修复重建在不断创新与改进的同时,已开始在我国口腔颌面外科领域推广。

(温玉明)

口腔鳞癌中趋化因子受体 $CXCR_4$ 的临床病理及细胞学研究[徐萌 李五一 陈新明等.中华口腔医学杂志,2006,41(6):372～375]

运用免疫组化检测 91 例口腔鳞状细胞癌(OSCC)中 $CXCR_4$ 的表达,细胞培养、免疫组化法检测 $CXCR_4$ 蛋白的表达模式,流式细胞仪直接免疫荧光法测定 $CXCR_4$ 蛋白的表达量，甲基噻唑基四唑氮(MTT)法检测细胞的增殖能力。研究结果显示，$CXCR_4$ 蛋白在OSCC细胞系中呈强阳性表达，总阳性率为62.6%。OSCC细胞在基质细胞衍生因子-1(SDF-1)作用下增殖反应明显增强，$CXCR_4$ 抗体可明显抑制肿瘤细胞的增殖。作者认为，$CXCR_4$ 与肿瘤大小、肿瘤病理分级、淋巴结转移和肿瘤增殖密切相关，对评估OSCC的生物学行为有意义。

述　评

近年来的研究显示，恶性肿瘤在侵袭和转移过程中利用了与机体正常免疫应答类似的机制，与机体免疫关系紧密。$CXCR_4$ 蛋白即是其中研究较多的一个趋化因子。该研究对 $CXCR_4$ 蛋白在口腔鳞癌中的表达及其与肿瘤大小、肿瘤病理分级、淋巴结转移和肿瘤增殖的关系进行了初步的研究，其结果对进一步的研究有一定的参考价值。

(温玉明)

核因子-κB传导通路与舌癌细胞平阳霉素化疗敏感性的关系[吴军楼　梁新华　毛祖彝等. 华西口腔医学杂志，2006，24(5)：451～454]

以脂质体为载体，将 *p*65 反义寡核苷酸转染于Tca8113细胞，以平阳霉素处理细胞后用免疫组化和蛋白质印渍技术检测细胞核内 *p*65 形态及其质量浓度的变化，以甲基噻唑基四唑氮(MTT)法检测细胞抑制率，探讨核因子-κB(NF-κB)/*p*65 信号传导通路与Tca8113细胞对平阳霉素敏感性的关系。结果显示，平阳霉素能激活细胞内的NF-κB/*p*65 信号传导通路，而 *p*65 反义寡核苷酸转染能明显抑制该信号通路。6 h时，细胞核内 *p*65 质量浓度显著减少；48 h时，细胞抑制率明显高于对照组。作者认为，抑制NF-κB/*p*65 信号传导通路能够提高Tca8113细胞对平阳霉素的敏感性。

述　评

化疗耐药性是口腔癌临床治疗中的难点之一。多种化疗药物在杀死癌细胞过程中能激活NF-κB信号传导通路，活化其下游作用元件 *p*65，进而抑制癌细胞的死亡。该研究探讨舌癌Tca8113细胞平阳霉素化疗过程中NF-κB/*p*65 信号传导通路的变化与化疗敏感性的关系，其结果对进一步的基础和临床研究有一定的参考价值。

(温玉明)

腺样囊性癌细胞系中肿瘤干细胞生物学特性初探[温玉明　刘坤　华成舸等. 中国口腔颌面外科杂志，2006，4(4)：289～294]

采用单细胞体外培养、免疫组化、免疫磁珠技术和动物成瘤试验等方法研究腺样囊性癌肿瘤细胞系(SACC-2)CD44和CD24表达差异的不同细胞亚群的分裂、增殖特点和成瘤能力，旨在为肿瘤干细胞学说提供实验依据。作者认为，细胞表面抗原为 $CD44^+$ 和 $CD24^-$ 的肿瘤细胞仅占SACC-2肿瘤细胞的极少部分，这些细胞具有极强的增殖能力和分化为其他表型肿瘤细胞的能力。SACC-2肿瘤细胞的增殖和成瘤能力源于 $CD44^+$ 和 $CD24^-$ SACC-2细胞亚群，提示SACC-2中存在有肿瘤干细胞，而 $CD44^+$ 和 $CD24^-$ 则是SACC-2肿瘤干细胞必须兼备的表面标志。

述　评

肿瘤的来源和发生发展机制是肿瘤学研究的核心问题，也是临床确定治疗策略的基础。该研究对腺样囊性癌细胞系SACC-2中不同表型的肿瘤细胞生物学特性进行分析，以干细胞理论诠释了肿瘤内部在细胞增殖、分化和转移等方面表现的异质性，为肿瘤干细胞学说提供了实验依据，其结果对肿瘤基础研究和临床治疗新策略的制定具有一定的参考价值。

(李龙江)

放射诱导启动子介导 *CDglyTK* 基因治疗Tca8113细胞的实验研究[余东升　黄洪章　谢谦等. 华西口腔医学杂志，2006，24(3)：269～

272]

构建人工放射诱导启动子调控双功能融合自杀基因的真核表达质粒 pcDNA3.1(+)/E-*CDglyTK*，以之转染 Tca8113 细胞后予以诱导放疗，观察细胞生长情况，检测 *CDgly*TK 基因的表达以及细胞的凋亡和增殖。结果显示：诱导放疗可显著增强 *CDgly*TK 基因对 Tca8113 细胞的毒性作用；RT-PCR 半定量分析结果提示诱导放疗增强了 *CDgly*TK 基因的 mRNA 表达；治疗组细胞的凋亡指数明显高于对照组，而增殖指数则低于对照组，诱导放疗显著提升了这种差距。作者认为，人工放射诱导启动子可作为基因治疗中的分子开关调节 *CDglyTK* 基因在 Tca8113 细胞中靶向表达。低剂量放射性照射可显著提高放射诱导启动子调控的 *CDgly*TK 基因治疗对 *Tca*8113 细胞的杀伤效能。

述　评

自杀基因治疗是近年来基因治疗研究中的热点，然而缺乏有效的靶向表达调控手段是自杀基因疗法乃至基因治疗当前面临的困难之一。利用精确定位放疗诱导启动并调控治疗基因的靶向表达是近年来提出的一种新治疗策略，将近年来迅速发展的三维适形精确定位放疗与基因治疗有机地结合起来，提高了放疗和基因治疗的疗效。该研究对人工放射诱导启动子介导 *CDglyTK* 双自杀融合基因体外对 Tca8113 细胞的杀伤效果进行了有益的尝试，其结果有一定的参考价值。

（温玉明）

口腔颌面部损伤学

鼻骨-眶-筛骨及相邻颌面骨骨折所致畸形的整体修复[王玉新　杨鸣良　卢利等. 中华口腔医学杂志，2006，41(10)：579～581]

对 1997 年 7 月至 2005 年 7 月中国医科大学口腔医学院颌面外科收治的 76 例鼻-眶-筛骨(NOE)骨折及其相邻颌面骨骨折患者，以骨折复位固定和整形修复同步进行的治疗方案，采用头皮冠状切口、睑缘下切口、口腔前庭切口等常规切口，必要时选用鼻根部和鼻前庭小切口、眉梢和颧弓下小切口入路，解决内眦韧带复位固定，恢复内眦间距和眼眶形态。同时，处理眶内、下壁骨折，恢复眼球突度；复位固定骨折移位的鼻骨，恢复鼻形态。结果显示，全部患者术后均获得了面部功能和外形的整体改善和恢复。

述　评

NOE 骨折及其相邻颌面骨等面中份骨折，常导致患者产生严重的面部畸形。面中份骨折因涉及多个解剖部位，处理起来通常难度较大。该研究采用颅颌面外科方法同时行骨折复位和面部支架重建，并考虑了软硬组织和多器官的整体恢复方案，既达到了治疗目的，又取得了美学效果。作者认为充分的临床评估和三维方向上的整体修复对 NOE 等面中 1/3 骨折所致畸形的修复至关重要，此观念对于临床上处理颅颌面部复杂骨折具有一定的指导意义。

（胡勤刚）

内镜辅助下颌升支和髁颈骨折内固定[杨建新　刘瑾　龚建平. 中华口腔医学杂志，2006，41(9)：544～546]

对 11 例下颌升支和髁颈骨折的患者采用下颌升支前缘切口入路，在内镜的辅助下用微型侧壁电钻和侧壁螺丝刀，经口内小型钛板内固定。其中有 3 例髁颈骨折线位置较高，骨折上端骨质宽度不够仅固定一块小钛板，其余病例在髁颈骨折线前后缘颊侧相距 5 mm以上行单皮质螺钉固定。另有 2 例骨折移位重叠明显，复位后不稳定，采用加压钛板螺钉固定时使用了穿颊器辅助。结果显示，11 例患者手术切口均Ⅰ期愈合，面部皮肤无明显手术瘢痕。术后 1～15 个月复查全景片或螺旋 CT 三维重建，10 例下颌骨骨折对位良好，1 例术后前牙轻度开〓。

述　评

下颌升支和髁突部位的骨折，由于骨折位置深，行手术复位内固定以往常采用耳前或下颌下皮肤切口，不仅创伤较大，且术后皮肤遗留瘢痕影响患者的容貌美观，还有损伤腮腺和面神经的可能。该研究采用内镜辅助技术，经口内切口途径行下颌升支和髁颈骨折复位内固定，避免了面部的直接切口，具有微创特点，并获得满意疗效，值得临床借鉴推广。但能否将该技术用于髁颈高位骨折或髁颈粉碎性、陈旧性骨折病例，尚有待进一步临床研究。

（胡勤刚）

螺旋 CT 及三维重建技术在髁突骨折中的临床应用[刘家武　刘磊　肖金刚等. 口腔医学研究，2006，22(2)：179～181]

对 58 例 75 侧髁突骨折患者分别行螺旋 CT 扫描和三维重建及下颌全景 X 线片检查。结果在 75 侧髁突骨折中，螺旋 CT 显示低位骨折 21 侧(28.0%)、中位髁突颈骨折 33 侧(44.0%)、高位囊内骨折 15 侧(20.0%)、矢状骨折 6 侧(8.0%)；下颌全景 X 线片显示低位骨折 21 侧(28.0%)、中位髁突颈骨折 18 侧(24.0%)、高位囊内骨折 6 侧(8.0%)。相对于下颌全景 X 线片，螺旋 CT 三维重建均清楚直观地显示了髁突骨折的部位、移位方向及其与周围解剖结构的空间关系，为手术方法的选择提供了充分的依据。

述　评

髁突骨折是口腔颌面损伤的常见病与多发病，其治疗方法应根据骨折的具体情况而定。骨折部位、方向及其移位程度等对于选择最佳的治疗方案具有重要的参考意义。传统 X 线平片和全景片技术难以避开髁突周围的骨结构等重叠影像，不能清楚地显示髁突骨折征象，容易出现漏诊和误诊。螺旋 CT 及其三维重建技术应用于髁突骨折的临床诊治，尤其是复杂的髁突骨折，能清晰地显示髁突骨折的部位、方向和骨折段移位情况及其与周围解剖结构的毗邻关系，从而对于制订治疗方案和疗效的评价具有指导意义。

（胡勤刚）

记录颅颌面部骨折的字母-数字编码系统及其临床应用[王立军　顾晓明　吴炜等. 中华创伤杂志，2006，22(5)：341～344]

介绍一种颅颌面部骨折新的分类方法：字母-数字编码系统。应用该系统对 98 例颅颌面骨折患者进行分析，并对字母-数字定级法骨折计分结果与简明损伤定级-损伤严重度评分（AIS-ISS）系统评估情况进行一致性比较。结果显示，字母-数字编码系统可以比较全面地反映出每位患者的骨折部位，作出危险性评估。在评估创伤严重程度时，字母-数字定级法与 AIS-ISS 系统有较好的一致性。作者认为，字母-数字编码系统更适用于颅颌面专科创伤程度的评级。

述　评

选择一种能反映颌面部骨折的部位、移位情况的分类方法对于颌面创伤的临床诊治具有重要的指导意义。字母-数字编码系统能简洁、客观、较准确地反映创伤的严重程度，具有专科特色和一定的临床救治指导价值，但尚需在临床应用方面积累更多的病例和经验。

（胡勤刚）

应用穿颊器口内入路微创治疗下颌骨角和升支骨折[王彦亮　刘彦普　何黎升等. 实用口腔医学杂志，2006，22(5)：589～593]

对 18 例下颌角部和升支骨折患者，用穿颊器经颊部小切口联合口内切口复位固定，钛板放置于下颌升支后缘和外斜线表面，口外皮肤切口直接用皮肤黏合剂（Dermabond）封闭。对照组为同时期 20 例同类型骨折患者，仍按照传统口外入路行手术切开复位内固定。结果显示，口内组患者伤口愈合良好，无面瘫发生，术后 1 个月复诊面部无瘢痕；口外入路组有 4 例出现暂时性面瘫，面部瘢痕较明显($P<0.05$)。X 线片检查，两组患者骨断端均对位、对线良好，咬合关系恢复佳。

述　评

下颌角部和升支骨折复位内固定一般需从口外入路，术后不可避免遗留皮肤瘢痕并有可能伤及面神经。而传统的口内切开复位因为颊部组织阻挡，往往达不到稳定的固定。该研究采用穿颊器通过颊部软组织小切口联合口内切口行骨折内固定，克服了以往常规口内入路时不易达到的下颌角部下缘、升支后缘的缺点，术后内固定效果可靠、创伤小、切口隐蔽，减少了损伤面神经的风险。但需注意正确选择皮肤穿刺点和钛板固定骨断端的位置。

（胡勤刚）

下颌骨髁突骨折治疗的 Meta 分析［段登辉　张益．中华口腔医学杂志，2006，41(7)：388～390］

通过对全世界 4 种医学数据库的检索，共检出 172 篇关于下颌骨髁突骨折保守治疗与手术治疗远期疗效的文献。其中 10 篇论著符合入选标准，包括 711 例临床样本，采用 RevMan 4.1 系统对提取的资料进行统计学 Meta 分析。结果显示，年龄大于 16 岁的患者低位髁突骨折伴有严重移位或脱位时，建议采用手术治疗。与非手术治疗相比，手术治疗能更好地恢复咬合关系。手术组与非手术组术后关节疼痛无差别。

述　评

该研究应用 Meta 对多个小样本研究进行系统的、可重复的、客观的、定量化综合分析，得出了严重移位的髁突骨折应更多地采用手术治疗，手术治疗较非手术治疗能更好地恢复咬合关系。该结论与临床观察的结果相近，也更加客观地阐释了关于髁突骨折治疗观点上的争议，对临床实践具有指导意义。但对于下颌骨髁突骨折手术与非手术治疗的预后和远期效果，仍有待更多高质量的临床随机对照研究来给予评估。

（胡勤刚）

下颌骨骨折载荷和骨折移位方式的关系探讨［史俊　徐兵　唐友盛等．中国口腔颌面外科杂志，2006，4(6)：423～426］

对 131 例下颌骨单线骨折的病例，就其移位方向和骨折部位进行分析，以探讨下颌骨骨折的模式和生物力学原理。应用 SPSS 13.0 统计软件包对数据进行 χ^2 检验和确切概率法统计，分析下颌骨单线骨折的移位方向和骨折部位的情况。结果显示在下颌骨骨折中，下颌骨承力的方式主要有 3 种，即弯曲载荷、剪切载荷和扭转载荷。在下颌角和下颌体处，剪切载荷的骨折效应明显，而在颏部和颏孔区则扭转载荷骨折效应明显。

述　评

通过分析 131 例下颌骨骨折的术前三维 CT 扫描，显示出下颌骨的三维形态，建立三维坐标，观察骨折断端移位方向与受力（载荷）类型。结果显示大多数骨折是不同载荷复合叠加的结果，而不同部位的骨折，其主要的载荷骨折效应亦不尽相同。在下颌角和下颌体处，以剪切载荷的骨折效应为主；而在颏部和颏孔区，骨折的扭转载荷效应更为明显。这种断端的移位与载荷方式之间的内在关系的研究，对下颌骨骨折的诊断、复位和内固定具有进一步的指导意义。

（胡勤刚）

口腔颌面部整复外科学

重度完全性唇裂整复方法的研究［刘云生　杨春惠　穆宗秩等．华西口腔医学杂志，2006，24(5)：423～425］

选择 2002～2004 年山东省济南地区无条件进行序列治疗的单侧重度完全性唇裂患儿 35 例为研究对象，其中男 23 例，女 12 例，年龄 3～12 个月。纳入患儿要求：无手术禁忌证，裂隙最窄处大于 6 mm，患侧裂缘较正常唇高缩短程度大于2 mm，唇长缩短 2 mm 以上，肉眼即可见患侧鼻侧软骨明显小于对侧。作者结合 Millard 和 Tennison 原则各自的优点对 35 例患者施行了改良的手术。结果显示,近期疗效满意的有 31 例,4 例患者仍有肉眼可辨的扁平畸形。

述　评

目前,临床上唇裂的修复主要有 Millard 的旋转推进法和 Tennison 的下三角瓣法,但两者均有其不足。该作者针对单侧完全性唇裂唇高唇长严重不足病例,结合 Millard 和 Tennison 法各自的优点对例患者施行了改良的手术,取得了近期满意的效果。该方法能有效地矫正严重唇裂患者的鼻翼上唇畸形,适用于无条件进行序列治疗的患儿。但是,其远期效果仍待长期的追踪观察。

（赵士芳　朱赴东）

正常人软腭形态在数字化头影测量图像中的表现[牛玉明　王虎　郑谦等.华西口腔医学杂志,2006,24(4):321～327]

以 106 例正常人的数字化头影测量片为研究对象,进行数字化头影测量,观察其在静止状态的影像特点以及发音时的动态表现。结果显示,软腭静止状态下数字化影像表现为梭叶形(40.6%)、月牙形(27.4%)、条带形(11.3%)、S 形(7.5%)、钩形(3.8%)和不规则形(9.4%)6 类,动态影像表现为膝盖形。作者认为,正常人软腭的静态形状呈多样性。

述　评

软腭在口腔的发音和吞咽功能中具有重要作用,对其形态进行研究对于腭裂的治疗具有重要临床意义。但由于其特殊的解剖部位,因此有关软腭形态学的研究很少,描述也较为粗略。数字化成像技术是伴随计算机技术发展而出现的一种新型影像学技术,具有成像清晰、便于动态观察和易于保存等优点。该研究通过数字化头影测量技术,观察正常人软腭在影像中的表现,并对其影像学形态进行分类,即为腭裂修复中软腭形态的重建和腭咽闭合的研究提供了有意义的参考。

（赵士芳　朱赴东）

下颌骨放射性骨坏死伴颌面部组织坏死的临床治疗[陈鹏　崔永霞　黄盛兴等.临床口腔医学杂志,2006,22(6):358～359]

对 5 例较大范围放射性下颌骨骨坏死,均存在暴露的坏死骨组织和颊瘘,进行下颌骨部分切除和颊部软组织切除,面部组织缺损同期应用腓骨瓣联合前臂皮瓣进行修复。下颌骨缺损平均长度 65 mm。结果显示,手术后移植的骨瓣、皮瓣成活,创口Ⅰ期愈合,面部形态和口腔功能恢复。6～12 个月复查,骨愈合趋正常,未见新的瘘管形成。作者认为,下颌骨的切除手术应在其正常边缘上截骨,彻底清除病变坏死组织,同时行游离腓骨瓣联合前臂皮瓣整复面部组织缺损,可理想地恢复患者的面部外形和口腔功能。

述　评

研究证实,下颌骨放射性骨坏死的发生率高达 93%,明显高于上颌骨及其他颜面部诸骨。下颌骨放射性骨坏死在程度较上颌骨严重,临床治疗效果亦不理想。特别是有关广泛性软组织、骨组织坏死者的治疗,文献报道较少。该研究通过切除病变的下颌骨及其软组织后,运用游离腓骨瓣、前臂皮瓣一期修复面部硬软组织缺损的成功,为临床治疗提供良好的思路。

（赵士芳　朱赴东）

双侧腭裂整复术中凿断翼钩与否对上颌骨发育的影响[翟佳羽　王洪涛　邓利琴等.广东牙病防治,2006,14(2):111～113]

选择在 3 岁以内做双侧腭裂修复手术,术中凿断以及不凿断翼钩的患者分别为 10 例以及 16 例,术后追踪 9～10 年。拍摄每例患者的头颅侧位片,并作头影测量分析,对比两组患者的上颌骨发育情况。结果显示,两组患者的上颌骨都有明显的矢状向发育不足,下颌骨发育基本正常;而上颌骨发育各项目(SNA、A-NP、PP-SN、ANS-FHp、Ptm-A 等)的组间差别不明显,说明手术中有无凿断翼钩,对患者的上颌骨发育并无影响。

述　评

目前，修复腭裂的手术方法很多，如兰氏法、两瓣后推术、三瓣法等。以上术式一般都要求在上颌结节的后方触及翼钩并将其凿断，使腭帆张肌减张。该文作者对3岁以内做唇腭裂修复术的双侧唇腭裂患者进行9～10年的追踪，对比了手术中有无凿断翼钩的两组患者的上颌骨发育情况，发现两组患者的上颌骨矢向发育均存在明显不足，但组间差别不明显，可见手术中有无凿断翼钩对患者术后的上颌骨的发育影响不大，但不凿断翼钩有利于保护腭帆张肌的功能，同时减少手术创伤，简化手术过程。

（赵士芳　朱赴东）

面部软组织外伤美学修复220例临床分析[赵作勤　王旭霞　张君等. 临床口腔医学杂志，2006，22(8)：493～494]

对220例面部软组织创伤的病例，由高年资专业医师按美容外科原则进行清创缝合，半年后复查并统计疗效。结果显示，其中对效疗满意的患者达121例(56.11%)，尚满意的83例(35%)，不满意16例(8.89%)；不满意病例中有12例经过二期整复获得满意疗效。

述　评

面部处于暴露部位，软组织创伤较为常见，无论是战时或平时，软组织损伤的发生率均占颌面部损伤的首位。此部位外伤后的美容修复成为口腔颌面外科和整形外科的重要内容。这要求医师遵循整形美容外科原则进行面部软组织损伤的修复，以最大限度维护患者的容貌美，提高其生存质量。

（赵士芳　朱赴东）

游离组织瓣联合胸大肌皮瓣移植修复大型头颈部缺损[毛驰　俞光岩　彭歆等. 华西口腔医学杂志，2006，24(1)：63～66]

对9例联合应用游离组织瓣和带蒂胸大肌皮瓣行头颈部缺损修复的患者作回顾性研究，分析头颈部缺损的类型、受区血管情况、游离组织瓣的类型、组织瓣成活情况以及术后并发症，探讨有可能影响组织瓣成活的因素。9例患者所采用的游离瓣包括前臂瓣6例、腓骨瓣2例和大腿前外侧皮瓣1例。结果显示，除1例前臂皮瓣于术后24 h出现静脉危象，经紧急手术探查和重新吻合血管后获得成活外，其余游离瓣术后均未出现血管危象，全部成活。9例患者的9块胸大肌皮瓣均成活。作者认为，游离组织瓣联合带蒂胸大肌皮瓣移植主要适用于无法或不适合做双游离瓣移植的大型头颈部缺损修复，而且安全性较高，在大型头颈部复合缺损的修复中有一定的应用价值。

述　评

近年来，随着显微外科技术的发展和完善，游离组织瓣移植已经逐步取代了传统的带蒂皮瓣和肌皮瓣，成为头颈肿瘤切除术后缺损修复的可靠方法。大多数头颈部缺损可由单一的游离瓣完成修复，但是对于部分大型的头颈部复合缺损，单一的游离组织瓣移植往往无法满足同时恢复外形和功能的需要。目前，双游离瓣技术已经成为修复此类复杂头颈部缺损的常规方法，且疗效不错，但其技术难度和手术风险均明显大于单一的游离瓣移植。游离组织瓣联合带蒂胸大肌皮瓣移植主要适用于无法或不适合做双游离瓣移植的大型头颈部缺损修复，因此在大型头颈部复合缺损的修复中有一定的应用价值。

（赵士芳　朱赴东）

离体时间对非血管化游离骨移植同期种植体骨内固位影响的实验观察[韩泽民　于开涛　刘宝林等. 临床口腔医学杂志，2006，22(9)：517～519]

将16只实验犬分为非血管化游离骨块离体30 min和90 min两组，制作其下颌骨节段性缺损动物模型。取与缺损大小相当的犬自身非血管化全层游离髂骨，分别在30 min和90 min内植入纯钛金属种植体，用于修复下颌骨缺损处。手术当时和术后3 d，1、2、4周测量从缺损骨内拉出种植体所用力的大小。H-E 和三色染色观察植骨块内骨成活和骨质变化状况。结果显示，非血管化游离骨块的离体时间与移植后的骨成活密切相关，并且会影响到种植体的骨结合。作者认为，在临床上应尽量缩短非血管化游离骨的离体时间，以减少移植后的骨吸收。

述　评

非血管化游离骨移植同期种植在修复牙颌缺损上应用越来越多，种植体与骨块的结合状况是决定种植成功的关键。是哪些因素影响着非血管化游离骨移植时种植体的骨结合呢？该研究从种植体的骨结合力和骨组织密度变化着手，分析非血管化游离骨块离体时间与种植体在骨内固位力大小的关系，结合种植体周围骨质组织学变化，说明非血管化游离骨块离体时间对种植体骨结合的影响。因此，该研究结果对临床有一定的指导意义。

（赵士芳　朱赴东）

牙槽突和硬腭全裂隙植骨修复对腭裂上颌骨模型的生物力学影响［文抑西　石冰　杨壮群. 华西口腔医学杂志，2006，24(2)：117～120］

运用 15 岁男性患者的头颅 CT 扫描 DICOM数据建立 3 种单侧腭裂上颌骨三维有限元模型，通过叠加不同的植骨块形成牙槽突植骨修复和牙槽突加硬腭全裂隙植骨修复后的腭裂上颌骨模型。在上颌骨前牙区和两侧前磨牙区以正常上唇压力加载负荷，观察各种应力沿上颌骨分布的特点。结果显示：在未植骨模型，上颌骨段以变形和移位为主，各种应力集中于上颌骨前壁、牙槽突和腭板等处；在植骨模型，应力分布均匀。牙槽突植骨可以显著降低上颌骨变形所产生的剪应力和牙槽突的向内移位。作者认为，牙槽突加硬腭全裂隙植骨可以使应力分布更加均匀，但是与牙槽突植骨差异不大。

述　评

腭裂骨缺损是引发唇裂和腭裂修复术前和术后上颌骨甚至颅颌面骨生长发育异常的解剖学基础。修复腭裂患者伴发的骨缺损是防止发生腭裂术后上颌骨生长发育受限的根本手段。但是长期以来，学术界对这种不规则骨缺损的修复模式一直存在争议。该研究表明，唇裂修复手术后产生的压力是使未做植骨修复的牙槽突产生变形和移位的主要原因，而牙槽突植骨修复则可以使腭裂上颌骨表面应力分布趋向均匀，因此生物力学意义重大。

（赵士芳　朱赴东）

非定向诱导的骨髓移植重建颌骨缺损的初步研究［白冰　朱祖武　李容新等. 口腔医学，2006，26(4)：281～283］

对 13 例因颌骨囊肿术后缺损同期行自身髂骨骨髓-骨松质颗粒移植，用 0.2 mm 厚的钛网成形，术后 6～20 个月随访创口愈合和移植物排异情况。结果显示，所有患者均恢复到与患病前相似的良好颌骨形态。移植区质地坚实，无排异反应和移植骨髓排出，供区无畸形和功能障碍。缺损区已完全被移植物充满，与正常骨质边缘紧密贴合，表面无缺损，呈苍白色，类软骨样组织质地与周围正常骨组织的色泽、质地有明显差异。X 线片示骨缺损区透光度均匀，除残腔下缘有少许骨增生外，余无明显 X 线阻射增强影像，周边上、前、后缘未见到成骨性阻射密度增加。组织学观察显示伴有玻璃样变性。作者认为，通过该方法取得了填充骨缺损、行使咀嚼压力和恢复外形的效果，同时由于纤维组织替代而形成结构质量上的缺陷。

述　评

骨缺损修复，特别是直径超过 2 cm 的颌骨缺损重建一直都是临床上的棘手问题，众多学者正逐渐从患者自身或异体骨的应用转向对人工骨和组织工程化骨的研究。该研究通过患者自身髂骨移植同时用钛网辅助成形，结果较目前广泛应用的患者自身或异体骨移植或人工合成代用品等重建方法有了明显进步，但同时仍然存在相应缺点需要改进。

（杨壮群 屠军波 宋勇）

骨移植共同期或延期种植修复颌骨功能临床初探［丁加根 章加宇 李新军等. 口腔颌面修复学杂志，2006，7(4)：261～263］

对 8 例因良性肿瘤术后创伤造成颌骨缺损患者进行骨移植，同期或延期行种植术，选择性应用骨粉和骨生长引导膜，角化牙根移植，义齿修复。按照 1995 年珠海会议种植义齿成功标准进行随访。结果显示本组几种种植方法，不同系列种植体经义齿修复后，外形与功能均达到理想的效果。所植入的 38 枚种植体，除 1 枚未实现骨愈合外，其余 37 枚种植体均进行种植修复。随访 2～4 年，8 例修复重建全部成功。作者认为，颌骨损伤后，采用非血管化或血管化骨游离移植，进行即刻或延期牙种植修复，患者能获得颌骨功能性重建。

述 评

上下颌骨因肿瘤切除、创伤等造成的缺损，除使患者面部畸形并造成心理障碍外，更主要的还会使患者的语言、咀嚼功能丧失，严重地影响患者的生存质量。传统的植骨修复方法虽然恢复了患者颌骨的连续性和患者的部分外形，但由于植骨后形态各异，无法满足镶戴义齿的要求，因而患者咀嚼、语言等功能还不能建立。该研究采用植骨加牙种植修复方法，完成 8 例颌骨缺损功能重建，效果良好，这就为临床提供了一种有潜在应用价值的整复方法。但是在移植骨块上行种植体植入，还有许多具体的问题值得关注。

（杨壮群 屠军波 宋勇）

髂嵴软骨和肋软骨移植于鼻翼及上颌骨表面的实验研究［陶德韬 陶震江 刘来奎等. 口腔医学，2006，26(2)：143～145］

将 2 月龄新西兰大白兔的髂软骨、肋软骨分别移植于两侧鼻翼软组织及上颌骨表面，分为 4 组：A 组为髂嵴软骨鼻翼软组织内移植，B 组为髂嵴软骨上颌骨表面移植，C 组为肋软骨鼻翼软组织内移植，D 组为肋软骨上颌骨表面移植。于 4、8、12、24 周取出移植物，观察其组织学变化。结果显示：A、C 两组各时间段均呈现软骨形态，未见明显吸收；B、D 两组 4 周时见移植物已和上颌骨有粘连，组织部分钙化，8 周时已和上颌骨明显粘连，组织钙化明显；24 周时无论软组织和上颌骨表面移植物均未见吸收现象，A、C 组仍呈现软骨形态，B、D 组完全骨化。组织学观察，A、C 两组移植物表面均有完整的软骨膜覆盖，软骨组织内软骨细胞、基质等成分与正常的透明软骨无明显差异。B、D 两组 4 周时移植物表面有较厚的软骨-骨膜样膜状物，移植物内弥漫性骨小梁形成于软骨细胞之间；8 周时移植物内骨小梁数量明显增加，软骨细胞数量明显减少；24 周时移植物形成成熟的骨组织。作者认为，软骨移植与供区无明显相关性，而与受区环境密切相关。

述 评

唇裂患者鼻畸形在唇裂一期整复的基础上常需行二期整复，已被认为是较唇裂本身修复更难的课题。鼻翼畸形的二期整复目前主要采用的方法是耳甲软骨移植、鼻中隔软骨移植以及生物材料的应用等。该研究通过将髂嵴软骨、肋软骨分别移植于鼻翼软组织内和上颌骨表面以观察其在受区的组织学变化，即为进一步探讨软骨移植修复鼻畸形的生物学机制，选择较为适当的移植材料进行了有益的探索。

（杨壮群 屠军波 宋勇）

上颌骨缺损赝复体修复语音效果评价［冯云枝 冯海兰 吴汉江等. 实用口腔医学杂志，2006，22(5)：672～674］

选择因肿瘤手术切除致上颌骨缺损的患者 21 例，均用中空式阻塞器给予修复，其中 15 位患者制作整体式赝复体，6 例患者制作分体式赝复体。对其不戴赝复体和戴赝复体 1 个月后的语音清晰度和元音声学特点进行测量和比较。结果显示，患者术后未修复时的语音清晰度为14.3%～41.0%，平均为(23.2±7.4)%；戴赝复体1个月后清晰度为62.5%～98.7%，平均为(81.8±9.4)%；两者相比差异有显著性($P<0.000\ 1$)。戴赝复体1个月后与未修复时相比元音共振峰频率值升高，其中发元音/i/时F2显著升高。作者认为，赝复体修复能明显提高上颌骨缺损患者的语音清晰度，使其控制元音发音的能力得到一定的恢复，因此赝复体修复在临床上仍有重要应用价值。

述　评

上颌骨缺损患者由于存在口鼻腔相通，发音时伴有明显的鼻漏气和过高鼻音，严重影响患者的语音功能，从而使其生存质量下降。口腔颌面修复医师和口腔颌面外科医师及语音病理师越来越重视对其语音功能的评估。该研究通过建立语音评价方法，对采用赝复体修复患者的语音功能进行了客观的评价。

（杨壮群　屠军波　宋勇）

双颌手术后颜面软组织侧貌改变的研究［马晓辉　王昊　谭包生. 北京口腔医学，2006，14(4)：267～269］

选择20例下颌前突伴上颌骨发育不足畸形患者，均采用上颌骨Le FortⅠ型截骨术加下颌支矢状劈开术加颏成形术这一标准术式，分别以其术前、术后6个月头颅侧位片为研究对象。术前术后X线片由同一X线机定位拍摄，所有头颅侧位片均描绘在透明醋酸纸上，经SPSS软件进行统计分析。结果显示：手术后鼻下点(Sn)和上唇突点(UI)发生前移，但前移量与术前相比无显著性差异；上牙槽座点(A)、上中切牙点(ui)术后前移量与术前有显著性差异；下唇突点(LI)、颏唇沟点(Si)、软组织颏前点(PG)、下中切牙点(li)、下牙槽座点(B)、硬组织颏前点(pg)术后发生后移，后移量与术前相比有显著性差异。手术前后软硬组织改变的直线相关性回归分析显示，手术后Sn和UI点随A点及ui点前移而前移，但两者无相关性。LI、Si、PG点随li、B、pg点后移而后移，且有显著相关性。作者认为，上颌软硬组织改变无明显相关性，下颌软硬组织改变有非常显著相关性。

述　评

下颌前突伴上颌骨发育不足是临床上常见的颜面发育畸形，通常采用上颌骨Le FortⅠ型截骨术加下颌支矢状劈开术加颏成形术这一标准术式，通过移动上下颌骨来实现软组织侧貌的改变。该研究采用计算机辅助系统、SPSS软件对20例双颌手术患者进行统计分析，寻找面部软组织的变化规律，得到了部分标志点的回归方程并提示软硬组织改变有显著相关性，但还需在临床工作中不断加以完善。

（杨壮群　宋勇　屠军波）

重组合异种骨应用于颌骨囊肿术后骨腔修复42例临床观察［何建明　缪春琴　蔡琪等. 口腔医学，2006，26(5)：398～399］

选择颌骨囊肿患者42例，采用重组合异种骨对术后骨腔进行修复，采用曲面断层X线摄片对术后情况进行定期检查随访，X线复查时间分别为术后1周，1、3、6个月和1年，随访时间6个月至2年。X线片显示，42例颌骨囊肿应用重组合异种骨修复术后骨腔，效果优36例(85.7%)、良5例(11.9%)、差1例(2.4%)。术后1个月内新骨形成，骨腔边界清楚，骨腔密度较低且不均匀；3个月骨腔密度已有增高，以骨松质边界开始，但仍可见骨腔边界；6个月骨腔植入物已与宿主骨融合，密度明显增高，骨腔边界模糊不清，但有些骨腔中间密度没有边界高；1年后骨密度均匀，骨小梁明显且方向与宿主骨一致。作者认为，重组合异种骨具有良好的骨诱导和骨引导能力，是修复颌骨囊肿术后骨腔较理想的植骨材料。

述　评

颌骨囊肿手术摘除后，对术后骨腔处理是否使用充填物临床上存在着不同意见。对于较大的无效腔,由于术后修复缓慢,且难以恢复原有的骨性生理结构和外形,同时也为了减少术后出血和感染,增加术区骨强度预防病理性骨折,常在骨腔内植入充填物。临床上通常以羟磷灰石、患者自身骨松质等充填骨腔以促使其愈合,但上述材料分别存在力学强度低,需二次手术取骨等缺点。该研究运用由骨形成蛋白和去抗原牛骨松质组成的新型复合人工骨进行修复,疗效优良率为97.6%,这就为临床中整复颌骨缺损增加了一种新的修复材料。

(杨壮群　宋勇　屠军波)

自体骨髓基质干细胞-珊瑚羟磷灰石修复下颌骨节段缺损的实验研究[袁捷　祝联　王敏等. 中华口腔医学杂志,2006,41(2):94~97]

体外分离培养、成骨诱导扩增犬骨髓基质细胞(bone marrow stromal cell,BMSC),将第2代细胞复合珊瑚羟基磷灰石(coralline hydroxyapatite,CHA)后用于修复5只犬自身下颌骨右侧3 cm的节段缺损;6只犬植入单纯CHA作为对照,术后12、26、32周通过影像学、大体形态学、组织学和生物力学的方法检测骨缺损的修复效果。结果显示,BMSC-CHA复合物生长良好。随时间延长,X线片和CT显示实验组连接处骨痂形成,实验对照组连接处始终愈合较差。32周,实验组骨修复较好,板层骨形成,连接处骨性愈合;实验对照组有编织骨形成,连接处纤维愈合。实验组与正常对照组下颌骨力学强度差异无统计学意义。犬自身成骨诱导BMSC复合CHA形成的组织工程化骨可修复犬下颌骨节段缺损,其生物力学性能恢复良好。

述　评

多孔羟磷灰石是一种广泛应用的骨替代材料,具有良好的生物相容性和骨传导性,且具有一定的骨诱导作用。近年来运用组织工程方法,将此支架材料复合BMSC修复大动物长骨缺损,取得了较好的效果。该研究采用成骨诱导的BMSC复合CHA重建组织工程化骨修复犬下颌骨节段缺损,并进行了长期观察,这就为应用组织工程技术修复颌面负重骨缺损提供了有意义的例证。

(杨壮群　宋勇　屠军波)

延长下斜方肌皮瓣修复复发性口腔癌术后缺损[陈伟良　彭国光　杨朝晖等. 中华口腔医学杂志,2006,41(5):295~296]

对舌、口底和颊部各2例复发性口腔鳞状细胞癌患者行手术治疗,缺损区同期给予延长下斜方肌岛状肌皮瓣修复。沿颈横动脉降支走行轴心设计皮瓣,其长轴居脊椎和肩胛骨内侧缘之间。皮瓣内侧缘切口线位于棘突旁2 cm,皮瓣宽约7 cm,外侧缘切口与之平行,皮瓣下缘可达第1腰椎棘突平面,仍可保证有斜方肌纤维。皮瓣蒂的长度依据瓣尾至缺损距离和面积而定,本组病例设计为皮瓣宽8 cm,蒂长34 cm。结果显示,皮瓣远端延迟愈合,皮瓣远端小部分坏死各有1例,全部皮瓣成活。全部病例面部外形、皮肤质地和颜色良好。背部供区一期愈合,肩臂动脉无影响。术后追踪复查,最长存活30个月,最短13个月,平均生存期为22.6个月。作者认为,延长下斜方肌岛状肌皮瓣制作较简单,设计和转移灵活且皮瓣足够大,可作为复发性肿瘤手术后大范围软组织缺损的修复材料。

述　评

手术是治疗复发性口腔癌的有效手段,修复口腔颌面部软组织缺损是术中的重要环节。该研究采用延长下斜方肌岛状肌皮瓣修复复发性口腔癌术后口腔颌面部软组织大范围缺损,取得了理想效果,也为临床整复口腔癌术后缺损的修复提供了一种良好的方法。

(杨壮群　宋勇　屠军波)

唇裂与腭裂

mthfr **基因 C677T 和 A1298C 多态与中国部**

分人群非综合征性唇腭裂的相关研究[万伟东　王丽君　周小平等. 中华整形外科杂志, 2006,22(1):8～11]

采用聚合酶链式反应-限制性片段长度多态性(PCR-RFLP)方法,对 76 例非综合征性唇腭裂(NSCL/P)患者和 60 例正常儿童对照组进行亚甲基四氢叶酸还原酶(*mthfr*)基因 C677T 和 A1298C 多态位点分析。NSCL/P 患儿与正常儿童基因型和等位基因频数的比较发现, *mthfr* C677T 的 $\chi^2=9.91$, $\Pi<0.05$, *mthfr* A1298C 的 $\chi^2=4.42$, $\Pi<0.05$, 差异均有统计学意义。分析 *mthfr* C667T 和 A1298C 多态之间的联合作用与 NSCL/P 的关系,结果显示这两种基因位点之间无明显的联合作用。作者认为。*mthfr* C677T 位点多态与 NSCL/P 的发生相关, *mthfr* A1298C 位点多态可能是 NSCL/P 的遗传易感因子。

述　评

经研究证实,许多基因都被认为与非综合征性唇腭裂发生相关,但是遗传学上都缺乏强有力的证据。由于 NSCL/P 属多基因遗传,受许多因素的影响,因此对于 *mthfr* C677T 位点多态性与 NSCL/P 的发生关系和 *mthfr* A1298C 位点多态可能是 NSCL/P 的遗传易感因子问题,还需作更进一步深入的研究后才能作出定论。

(翦新春)

唇腭裂患者牙槽嵴数字化模型建立及分析的初步探讨[高涛　马莲　王勇等. 中华口腔医学杂志,2006,41(11):666～669]

对 1 例右侧完全性唇腭裂患者的上颌无牙颌行唇裂修复,术前在全麻下制取模型,用激光扫描仪扫描,通过计算机逆向工程软件进行模型重建。结果显示:此法可在重建模型上设定测量参考点,可测出各标志点间的距离;模型可切割后测量和计算。作者的经验证明,激光扫描三维分析是一种分析唇腭裂患者牙槽嵴形态及其方向改变的理想方法,应用此模型可量化唇腭裂患者随生长发育而变化的上颌牙槽嵴形态。

述　评

该研究应用三维激光扫描技术,快速、准确地重建了唇腭裂患者的无牙颌数字化模型,为量化唇腭裂患者的牙槽嵴生长发育变化提供了参考依据,亦为纵向研究唇腭裂患者的牙槽嵴变化奠定了基础。但是,对于婴幼儿,口腔取模困难,操作不小心,可能有印模材料留存于口腔或呼吸道造成患儿窒息的危险,对操作者来说应十分警惕。

(翦新春)

自体骨髓基质干细胞在齿槽裂骨缺损修复中的应用[柴岗　张艳　胡晓洁等. 中华整形外科杂志,2006,22(6):409～411]

选择 6 例单侧、1 例双侧齿槽裂骨缺损患者,以其自身骨髓基质干细胞为种子细胞,部分脱钙骨为支架材料构建组织工程骨,治疗齿槽骨缺损。从患者髂前上棘穿刺取骨髓,密度梯度离心法分离患者自身骨髓基质干细胞(hBMSC),经体外成骨诱导和扩增至第 3 代,将诱导的 hBMSC 复合部分脱钙骨体外培养 1 周后,外科常规手术形成骨移植床,植入细胞材料复合物,表面以唇颊黏膜覆盖。分别于术后 3、6、12、24、36 个月进行临床外形和三维 CT 影像学随访。结果显示,术后外形明显改善且维持长期稳定的疗效。术后即时,三维 CT 骨缺损区被填充;术后 3～6 个月,三维 CT 示置入的细胞材料复合物形成高密度影,提示组织工程骨形成并修复骨缺损区;术后 6～50 个月,三维 CT 示组织工程骨稳定存在且无明显的骨吸收现象。1 例双侧齿槽裂患者,术后植入物因感染外露取出。

述　评

唇腭裂性的齿槽裂影响牙弓的完整形态,以往均取患者自身髂骨骨松质作为移植体来填充齿槽裂的骨缺损。该方法给患者带来一定的肉体痛苦和功能障碍及永久性的取骨区瘢痕。该研究者以患者自身hBMSC为种子细胞的组织工程技术修复齿槽裂骨缺损的方法，随着治疗经验的不断积累，将有广阔的应用前景。

（翦新春）

单侧唇裂修复同期鼻畸形矫形术［邱林 傅跃光 田晓菲等．中华整形外科杂志，2006，22(3)：188～190］

采用 Millard 术式或 Millard 术式加三角瓣插入法，同时利用唇裂手术切口入路恢复鼻侧软骨、鼻肌和鼻小柱的正常解剖位置以矫正鼻畸形 108 例，并将这 108 例患者术后效果分为三等进行近远期评价。效果良好：双侧鼻孔基本等大，鼻小柱和鼻尖居中，鼻翼较饱满，鼻翼基部与对侧等高。效果一般：双侧鼻孔大小差异≤0.2 cm，鼻小柱和鼻尖略偏移，鼻翼稍塌陷，鼻翼基部略低于对侧。效果不良：双侧鼻孔大小差异≥0.2 cm，鼻小柱和鼻尖偏移明显，鼻翼塌陷甚至形成皱褶，鼻翼基部明显低于对侧。随访 1～6 个月，108 例中效果良好 95 例、效果一般 13 例；随访 6 个月至 1 年，78 例中效果良好 51 例、效果一般 22 例、效果较差 5 例；随访 1 年至 3 年，56 例中效果良好 30 例、效果一般 20 例、效果较差 6 例。

述 评

单侧唇裂修复行同期鼻畸形矫正时，必须对鼻小柱、鼻翼基部和鼻侧软骨进行复位。对鼻小柱进行复位时，要彻底松解鼻小柱，使之复位于正中位；对鼻翼基部复位时，必须剪断患侧鼻翼基部与梨状孔下缘异常附着的肌束和软组织粘连，使鼻翼基底与上颌骨、唇部间粘连完全松解；在行鼻侧软骨复位时，锐性分离鼻侧软骨与皮肤至鼻尖、鼻侧软骨与鼻腔黏膜至鼻小柱均十分重要，应谨慎小心。

（翦新春）

单侧唇腭裂鼻-牙槽骨塑形后同期唇-鼻-牙槽骨修复术［李锦峰 牛百平 任战评等．中国口腔颌面外科杂志，2006，4(1)：24～29］

对 31 例单侧唇腭完全裂婴幼儿进行术前鼻-牙槽骨塑形和同期唇-鼻-牙槽骨整复术。前者包括关闭牙槽骨间隙、唇牵张和鼻矫形，后者即牙龈-牙周膜-牙槽骨整形术和改良 Mohler 法单侧唇裂畸形同期整复术。采用 SPSS 10.0 统计软件包对所得数据进行 t 检验。结果显示：31 例唇腭裂婴幼儿经 2～3 个月术前鼻-牙槽嵴塑形，唇裂隙宽度显著变窄（$\Pi<0.01$），裂隙两侧的唇组织适度牵张；鼻小柱延长和鼻塌陷畸形显著改善（$\Pi<0.05$）；牙槽裂隙显著变窄（$\Pi<0.01$）。29 例患者随访 6～30 个月，结果显示：上唇和鼻形态俱佳，鼻小柱端正，鼻尖形态改善，双鼻孔、鼻底堤状隆起对称；口腔前庭-鼻腔瘘封闭；27 例患者牙槽突裂隙关闭，牙槽骨连续性和稳定性增强并在原牙槽裂隙处有牙萌出，但其中 13 例牙槽嵴高度、宽度和厚度不足。作者认为，术前行鼻-牙槽骨塑形和同期唇-鼻-牙槽骨整复术是值得采用的序列治疗方法。

述 评

唇腭裂婴幼儿术前鼻-牙槽骨塑形和同期唇-鼻-牙槽骨整复序列治疗在国内刚起步，尽管该研究取得了初步的效果，但该方法对颌骨发育有无影响，颜面部唇鼻美观能否长久维持等尚待更进一步的研究。

（翦新春）

先天性腭裂患者术中凿断翼钩对语音及中耳功能的影响［杨学财 罗伦洲 李宁毅等．中国口腔颌面外科杂志，2006，4(5)：349～351］

采用回顾性研究方法，对采用 von Langenbeck 方法 90 例和 Veau 两瓣法 43 例患者，术中凿断翼钩 67 例和未凿断翼钩 66 例进行语音评估以及中耳有无感染、有无听力障碍检查。采用 Statistica 4.0 进行统计学分析。结果显示：中耳炎在凿断翼钩的患者中，最早发生于 11 个月后，最晚发生于 76 个月，平均发生时间 13.4 个月；在未凿断翼钩的患者中，最早发生于 12 个月，最晚发生于 120 个月，平均发生时间 13.9 个月。两者间无显著差异（$P>0.05$）。在凿断翼钩有完整评估资料的 44 例患者中，平均随访 51.7 个月，其中腭咽闭合 36 例、临界 5 例、腭咽闭合不全 3 例,分别占 81.8%、11.4% 和 6.8%;在未凿断翼钩的 44 例中,平均随访 53.5 个月,腭咽闭合 32 例、临界 8 例、腭咽闭合不全 4 例,分别占 77.3%、14.8% 和 7.9%。两者间无显著差异($P>0.05$)。

述　评

长期随访显示,凿断翼钩有利于腭裂修复术中的减张和创口缝合,有利于减少术后创口的裂开和促进腭咽闭合。该研究"翼钩在腭裂手术中凿断与否,与患者在术后出现中耳的感染没有明显的相关性,也与术后出现腭咽闭合不全的概率没有必然联系"的结论,为口腔颌面外科医师在行腭裂修复术时不凿断翼钩,以减少手术创伤提供了科学、客观的理论依据。

（翦新春）

MillardⅡ式手术矫正单侧唇裂术后继发畸形的分析[闫迎军　乔群　刘志飞等. 中华整形外科杂志,2006,22(3):190～192]

对 42 例单侧唇裂术后继发畸形患者给予 MillardⅡ式手术矫正,同时松解患侧鼻翼软骨与皮肤的粘连,应用埋没导引针悬吊鼻翼软骨,或切断其内侧脚后上提与对侧鼻翼软骨内侧脚缝合。结果显示:术后随访 38 例 3～6 个月,除 1 例因未坚持应用鼻管导致患侧鼻孔缩小外,其余均未继发明显畸形;患侧鼻小柱延长,两侧鼻孔对称,人中嵴对称,唇弓形态好,红唇丰满,唇珠突出,瘢痕不明显。作者认为,MillardⅡ式手术是矫正单侧唇裂术后继发畸形的理想术式,同时松解、悬吊患侧鼻翼软骨能够更好地矫正鼻畸形。

述　评

单侧唇腭裂术后畸形主要有继发鼻畸形和唇畸形两大类,形成的原因有多种,畸形的程度也不尽相同。由于迄今还没有一种能完全矫正所有单侧唇裂术后继发畸形的术式出现,因此在行单侧唇裂术后继发畸形矫正术时,应针对不同患者存在的畸形及其程度做详细检查、分析,选择适合于该患者的手术术式,这一点必须引起口腔颌面整形外科医师们的注意和重视。

（翦新春）

Abbé 唇瓣修复单侧唇裂继发畸形的唇弓和唇珠[翦新春　蒋校文　李宁. 中华医学美学美容杂志,2006,12(2):90～92]

在上唇下正中部红唇上方的皮肤数毫米处由上向下切开唇正中全层,并使其向两侧自然移动,其间隙的大小应与阙如的唇珠宽度相等,然后在下唇正中依缺损的幅度画出下唇 Abbé 唇瓣的大小。通常 Abbé 唇瓣的宽度为 8 mm,长度为下唇的红唇加2～3 mm的白唇在内。依切口线切开唇瓣,以唇动脉为蒂旋转 180°插入上唇正中缺损区后,按黏膜、肌层和皮肤分别进行缝合。10 d 后Ⅱ期断蒂,修整红唇缘。术后效果显示:42 例受术者均获得了明显的人中嵴、人中凹、唇峰、唇珠以及上唇的正常高度和宽度,同时上唇鼻底的瘢痕不明显,恢复了上下唇前后的正常和谐关系。作者认为,使用 Abbé 唇瓣重建缺损的上唇唇珠和人中后,上唇形态接近自然。

述　评

对于单侧或双侧唇裂Ⅰ期修复术后的继发性上唇过紧、红唇不显、人中嵴和唇珠缺如,许多颌面整形外科医师常选择经典的 Abbé 瓣修复术式。但对于仅有上唇下 1/3 过紧、红唇不显、人中嵴和唇弓阙如如何整复,报道较少。该研究者用改良的 Abbé 唇瓣来修复单侧唇裂继发畸形的唇弓和唇珠,不失为一种有效的整复方法,可供临床使用。

（石冰）

颞下颌关节疾病

稳定型咬合板治疗颞下颌关节紊乱病疼痛症状的研究[秦海燕　王美青　袁莉. 实用口腔医学杂志,2006,22(1):68～71]

选取颞下颌关节紊乱病疼痛患者 61 例,

其中急性组 28 例,慢性组 33 例,记录稳定型咬合板治疗前后疼痛指数、双侧颞肌前束和咬肌在牙尖交错位最大紧咬时的电位和最大紧咬时的咬合接触情况。结果显示,两组患者在治疗后 1 个月疼痛指数均明显低于治疗前($P<0.05$),治疗前后疼痛强度差值和显效率两组之间无显著差异。颞肌前束和咬肌的最大紧咬电位,在症状侧较治疗前明显升高($P<0.05$),非症状侧治疗前后无明显差异。治疗后急性组肌电不对称指数与治疗前相比均明显降低($P<0.05$)。

述 评

咬合板是治疗颞下颌关节紊乱病疼痛的常用保守治疗方法,稳定型咬合板因不改变咬合关系,副作用较小而广泛地用于颞下颌关节紊乱病。作者采用疼痛评分指数、最大紧咬肌电幅值和咬合接触点数等指标,对稳定型咬合板治疗的疗效作了客观的评价。该研究结果对治疗和预防口颌面部疼痛具有一定的意义,但缺陷是没有对照组,这也是大多数临床研究的通病。咬合板的作用机制可能与肌功能活动情况得到明显改善有关。

(谷志远)

髁突骨折致颞下颌关节慢性创伤性关节炎的临床观察[王学玖 马绪臣 张益等. 北京口腔医学,2006,14(3):195~197]

分析研究 32 例髁突骨折致慢性创伤性关节炎病例的临床和影像学资料,结果发现,32 例患者中 23 例(23/32,71.8%)存在开口受限,7 例(7/32,21.9%)有单纯关节弹响,2 例(2/32,6.3%)为关节单纯疼痛;在 22 例单侧髁突骨折中,5 例(5/22,22.7%)对侧关节逐渐发生轻重不等骨关节病。研究证实,髁突骨折经治疗后遗留的慢性创伤性关节炎,其临床表现为关节运动受限、疼痛、弹响等,且以关节运动受限为主。

述 评

在以往髁突骨折的研究中,除对关节强直研究较多外,对其他关节并发症缺乏深入研究。该研究探讨了髁突骨折引起的慢性创伤性关节炎的临床特点,提示临床诊治髁突骨折时,应注意到以后可能发生的慢性创伤性关节炎,而且还要注意不应忽略对未骨折侧关节的检查甚至治疗。但由于该研究病例数相对较少,髁突骨折后慢性创伤性关节炎发生的影响因素等问题尚需进一步研究。

(谷志远)

下颌髁突囊内骨折后关节强直的诊断及手术治疗[邱亚汀 杨驰 王玉良等. 中国口腔颌面外科杂志,2006,4(2):97~101]

分析近 5 年收治的下颌髁突囊内骨折后关节强直患者 19 例(23 侧)。根据骨折线位置,将关节强直分为Ⅰ、Ⅱ、Ⅲ、Ⅳ 四型,给予不同的手术治疗。Ⅰ型和Ⅱ型采用保留内侧髁突头和关节盘的外侧关节间隙成形术,Ⅲ型和Ⅳ型采用骨球和髁突切除及肋骨肋软骨移植关节重建术。患者术前的平均开口度 5.74 mm,外伤时平均年龄 7.32 岁,手术时平均年龄 12.68 岁,术前平均开口度 5.74 mm。术后平均随访 11.37 个月,随访期末平均开口度 27.89 mm。

述 评

髁突骨折特别是囊内骨折,是近年来引起颞下颌关节强直的主要病因。作者对囊内骨折后关节强直依据其自身特点进行分类,制定相应的治疗原则并作了疗效评估。结果提示,外侧关节间隙成形术既解除了关节强直,又保存了关节的功能,尤其是髁突的生长潜力。但肋骨肋软骨移植关节重建术仍然是关节强直治疗中不可或缺的一部分。这一研究对下颌髁突囊内骨折后关节强直治疗方案的选择有一定的指导意义。

(谷志远)

一侧下颌角受力对双侧关节盘及髁突软骨的影响[韶波 胡开进 孔亮等. 中国口腔颌面外科杂志,2006,4(3):211~214]

建立下颌骨和 TMJ 共 5 个不同开口度(闭口位及 1、2、3、4 cm 开口位)的三维有限元数字模型。于左侧下颌角下缘向上,施以与眶耳平面垂直的 1 000 N 压力,获取受力后双侧关节盘和髁突软骨产生的平均主应力分布及其峰值。结果发现,稳定的咬合关系可以明显减小 TMJ 的间接损伤。受力侧关节盘比对侧更易受损伤,而双侧髁突软骨都有受到严重损伤的可能。

述　评

下颌角受到的瞬间外力是造成颞下颌关节损伤或后遗症的常见原因之一。作者利用三维有限元分析法,从生物力学角度探讨一侧下颌角受力瞬间双侧颞下颌关节关节盘和髁突软骨的相应变化及其与临床实际的关系。结果表明,三维有限元分析法能精确地反映颞下颌关节盘和髁突软骨损伤的状况,并且实验结果与临床实际相接近。该实验结果可对一侧下颌角受力瞬间双侧颞下颌关节病变的临床诊断和病情判断提供帮助。

（谷志远）

持续性高正加速度导致颞下颌关节损伤的自然恢复过程观察[马良　胡敏　孙振宇等. 中华口腔医学杂志,2006,41(3):364～367]

将 Wistar 大鼠 108 只随机分成 9 个组,分别于整体离心后 1、2、4、8 和 12 周后断颈处死,各组动物分别取 TMJ 作光镜、电镜观察。结果显示,持续性高正加速度(+ Gz)导致关节损伤的部位主要集中在关节的承力区,受损深度主要在关节盘表层和髁突的表面带、增殖带浅层。损伤的自然修复表现为凝胶状物质修复完整,胶原纤维和成纤维细胞排列规则。经过 12 周的自然修复,TMJ 可恢复滑膜关节内部结构的完整性,但却与健康对照组的 TMJ 有一定的差距。

述　评

飞行员的颞下颌关节紊乱病发病率明显高于普通人群,并随飞行时间的增加而升高,这提示持续性高正加速度对 TMJ 有一定的影响。作者通过整体离心观察 Wistar 大鼠加载 + Gz 后不同时间的 TMJ 病理组织学变化,探讨 TMJ 自然修复过程。该研究为临床上对 + Gz 下 TMJ 的损伤和恢复情况的认识,提供了实验依据。

（谷志远）

带有咬合关系的颞下颌关节三维实体和有限元模型的建立[张红　殷新民　顾卫平等. 口腔医学,2006,26(2):118～120]

根据中国可视人体图像数据,提取上颌骨和上牙列的轮廓线,建立三维实体模型并与原有的下颌模型建立咬合关系,形成一个完整的带有咬合关系的颞下颌关节三维实体和有限元模型,用于模拟前伸、侧方等不同咬合状态。

述　评

三维有限元模型是研究颞下颌关节受力分析的主要手段和方法。现有的大多数模型不包含上牙列,有的模型虽然有上牙列,却并没有建立咬合关系。作者采用中国可视人体图像数据,建立了一种带有上下牙列咬合接触关系的颞下颌关节三维实体和有限元模型,具有更好的生物力学相似性,为不同功能运动下颞下颌关节的受力分析提供了新的方法。

（谷志远）

颞下颌关节骨关节病髁突软骨细胞线粒体 DNA 突变的实验研究[方泽强　马绪臣. 北京大学学报(医学版),2006,38(3):293～297]

通过去除左侧部分关节盘,建立大鼠颞下颌关节骨关节病模型。然后培养骨关节病和正常髁突软骨细胞,采用 PCR 技术部分重叠扩增全长线粒体 DNA(mtDNA),将 PCR 产物进行时间温度梯度电泳,对电泳条带与正常有差异的 PCR 产物进行测序。结果发现,在 35 个具有异质性突变特点的 PCR 产物中,有 42 个异质性突变。

述　评

线粒体是细胞内能量合成和来源的主要场所,它参与了细胞内能量代谢、离子平衡、氨基酸和核酸的合成代谢以及细胞运动等生物学行为和细胞信号转导过程。其功能损伤在细胞衰老和程序性细胞死亡的发生和调节过程中发挥重要作用。该研究通过大鼠动物模型，探讨线粒体功能异常在 TMJOA 发病机制中的作用。结果发现骨关节病时，髁突软骨细胞 mtDNA 存在一定的突变，这就为进一步研究线粒体功能损伤在骨关节病发病机制中的作用和探寻有效的治疗手段提供了一定的实验基础。

（谷志远）

关节盘前移位对关节滑膜尿激酶型纤溶酶原激活剂及其 1 型抑制剂 mRNA 表达的影响［詹静　吴利群　谷志远等.华西口腔医学杂志，2006，24(1)：63～66］

选取 40 只大耳白兔，建立其中 24 只的颞下颌关节盘前移位动物模型，并于术后即刻、4 d，1、2、4 、8、12 周处死全部动物，采用原位杂交方法检测关节滑膜组织内尿激酶型纤溶酶原激活剂(uPA)及其 1 型抑制剂(PAI-1)基因的分布和表达变化。结果发现，正常滑膜中偶尔有 uPA 和 PAI-1 染色弱阳性的滑膜细胞和成纤维细胞。术后 1 周，滑膜细胞和成纤维细胞中 uPA 和 PAI-1 阳性细胞增加，且随时间延长，uPA 和 PAI-1 基因表达也逐渐增强。至 12 周时，uPA 和 PAI-1 基因表达最强。

述　评

颞下颌关节盘的位置改变不仅可导致关节软骨的病理性改变，而且可以引起滑膜的相应变化，但其具体分子机制尚不清楚。在建立颞下颌关节盘前移位动物模型的基础上，用原位杂交方法检测关节滑膜组织内 uPA 与 PAI-1 基因的分布和表达，其结果表明，uPA 和 PAI-1 系统可能在由颞下颌关节盘前移位造成的滑膜组织改变中起着重要的调节作用，可能参与了双板区的改建和细胞转化。该研究对于颞下颌关节盘移位引起的滑膜变化机制的认识有一定的帮助。

（赵士芳）

涎腺疾病

应用抑制性消减杂交技术分析涎腺腺样囊性癌转移相关基因［秦兴军　张恩熙　杨捷琳等.中国医科大学学报，2006，35(4)：392～394］

分离纯化涎腺腺样囊性癌低转移细胞系 SACC-2、高转移细胞系 SACC-M mRNA，采用抑制性消减杂交技术进行检测。结果显示，经消减杂交的产物与未消减样品的琼脂糖电泳图谱有明显不同的差异条带。将差异表达的基因片段克隆到 pGEM-T 载体中，挑选重组子进行测序，对所获得的序列在 NCBI (National Center for Biotechnology Information)网站的 BlasN 中进行同源性分析。结果以 SACC-M 为测试子、SACC-2 为驱动子，获得了 7 个相对于 SACC-2 高表达的基因。根据测序和同源性比较，进一步对所获得的差异表达序列采用 RNA 斑点杂交进行半定量验证，结果与抑制性消减杂交技术结果基本一致。在呈差异表达的基因中，7 个基因在 SACC-M 细胞中高表达，表达量相差 2 倍以上。作者认为，SACC-M 中部分基因的高表达与涎腺腺样囊性癌高转移特性有关。

述　评

该研究采用抑制性消减杂交技术分析高转移涎腺腺样囊性癌中差异表达的基因，其结果为进一步研究差异表达基因的功能、阐述腺样囊性癌浸润和转移等分子机制奠定了基础。

（孙宏晨）

腺病毒介导 CTLA-4Ig 对舍格伦综合征小鼠涎腺分泌功能的影响［马龙　杨军　史文进等.第三军医大学学报，2006，28(9)：964～966］

针对活化的 $CD4^+$ T 细胞在舍格伦综合征(Sjögren syndrome，SS)中发生的重要作用，以完全弗氏佐剂(CFA)和 BAL B/c 小鼠颌下腺抗原混合，形成质量浓度为 200 g/L 的油包水溶剂，经免疫同种小鼠建立 SS 动物模型。将动物模型分为 3 组，每组 10 只。实验组于动物模型激发后 2 h 给予腹腔注射 Ad-CTLA-4Ig，每日 1 次共 7 次；良性对照组腹腔注射胸腺素 2 mL(0.01 g/L)，每日 1 次共 7 次；阴性对照不予治疗。结果显示，与胸腺素组(14.51±9.86) mL 和 SS 组(15.24±0.63) mL 比较，实验组(10.88±1.02) mL 小鼠周饮水量明显减少($P<0.05$)；实验组(0.93±0.08) mg/min 小鼠静态唾液总流率大于胸腺素组(0.70±0.05) mg/min 和 SS 组(0.68±0.05) mg/min。对第 7 周的小鼠进行病理学检查，结果显示，胸腺素组与 SS 组鼠在 6 周后开始出现类似于人类 SS 的病理表现，而实验组病理改变明显减轻；荧光显微镜下，实验组小鼠颌下腺腺泡细胞呈强阳性。作者认为，Ad-CTLA-4Ig 具有防治小鼠 SS 发生的作用，其机制是通过 Ad-CTLA-4Ig 在实验组小鼠颌下腺高效表达来阻断第二信号的通路，抑制 $CD4^+$T 细胞的增殖活化。

述　评

该研究针对活化的 $CD4^+$T 细胞在 SS 发生中的重要作用，调控其增殖活化在 SS 治疗上具有较好的方向性。但该结果是在动物模型激发后 2 h 给予腹腔注射 Ad-CTLA-4Ig 得到的，而对于临床上 SS 患者其涎腺多有典型破坏，且涎腺再生能力又有限的情况下，应用 Ad-CTLA-4Ig 能否治疗临床 SS 患者尚有待于研究。此外，腺病毒转染其靶向性和生物安全性也有待进一步探讨。

（孙宏晨）

许旺细胞标记物 GFAP 与肌上皮细胞标记物 α-SMA 在涎腺腺样囊性癌中共表达［孙沫逸　陈伟　杨连甲等．中华口腔医学杂志，2006，41(8)：461～463］

采用免疫组化染色技术对涎腺腺样囊性癌(SACC)进行研究。结果显示在 28 例 SACC 组织中，均表达甲平滑肌抗原(α-SMA)，25 例表达胶质细胞原纤维酸性蛋白(GFAP)。应用免疫荧光双标记并结合激光共聚焦扫描技术检测 8 例 GFAP 表达阳性 SACC 组织中 α-SMA 的分布，结果显示在同一肿瘤性肌上皮样细胞中，α-SMA 阳性表达。作者认为在 SACC 中，肿瘤性肌上皮样细胞发生神经膜细胞(许旺细胞)分化并侵袭神经可能是 SACC 嗜神经侵袭的组织病理学基础。

述　评

采用免疫荧光双标记技术对神经膜细胞标记物 GFAP 与肌上皮细胞标记物 α-SMA 在涎腺腺样囊性癌中共表达检测，可更直接地显示 SACC 中肿瘤性肌上皮样细胞发生的神经膜细胞分化。由于部分多形性腺瘤和肌上皮瘤也存在 α-SMA 和 GFAP 的表达，但并不具有浸润神经特性，因此，如能结合免疫荧光双标记技术研究这类肿瘤 α-SMA 和 GFAP 的共表达并阐述 SACC 的嗜神经特性，结果将更有说服力。

（孙宏晨）

***p*53 基因抑制涎腺腺样囊性癌细胞端粒酶及增殖特性**［阎炳智　王洁　张波等．中华口腔医学杂志，2006，41(1)：45～48］

根据涎腺腺样囊性癌(SACC)存在结构异常的 *p*53 基因和高表达的端粒酶活性的特点，采用基因重组技术构建腺病毒表达载体 *p*ΔE12p53。通过对有效转染和表达 *p*53 基因的 SACC-83 进行研究发现，*p*53 基因的异位表达可抑制 SACC-83 细胞内源性端粒酶活性和人端粒酶反转录酶启动子介导的荧光素酶基因的转录活性，*p*53 基因的异位表达能诱导 SACC-83 细胞 G_1 期阻滞、抑制 SACC-83 细胞的非锚定依赖性生长和裸鼠移植 SACC-83 细胞的成瘤性。作者认为，腺病毒载体介导的外源性野生型 *p*53 基因可以抑制 SACC-83 细胞的端粒酶活性和增殖活性。

述　评

以往的研究多集中于 SACC 基因结构。作者通过腺病毒载体介导野生型 *p*53 基因在

SACC-83 中表达、端粒酶活性和细胞增殖能力的研究，对于进一步阐明 SACC 中 *p*53 基因和端粒酶的功能具有较重要的意义。

（孙宏晨）

羟喜树碱联合吡柔比星治疗涎腺腺样囊性癌肺转移的实验研究［余杨 郭伟 邱蔚六等. 中华口腔医学杂志，2006，41(5)：291～294］

以培养扩增 SACC-M 高肺转移性 SACC 细胞株通过尾静脉接种于 6 周龄裸鼠 60 只。接种 7 d 后应用标准随机数字表的方法，将 60 只裸鼠分为生理盐水(NS)空白对照组、羟喜树碱(HCPT)单药对照组、吡柔比星(THP)单药对照组、HCPT 与 THP 同时用药组、HCPT 与 THP 顺序用药组和 HCPT 与 THP 间隔用药组。6 周后处死动物，对其肺门平面的完整肺部切片进行组织学观察，应用低倍 KS4000 图像分析系统处理，测量肿瘤转移灶的总面积和肺部总面积，计算肿瘤面积占肺部总面积的比值，采用 SAS 统计软件、单因素方差分析和各组之间的 Duncan 检验进行统计学分析。结果显示：化疗各组肿瘤面积明显小于空白对照组($P<0.01$)；HCPT 与 THP 同时给药组和两单药组差异无统计学意义($P>0.05$)，但是两药顺序给药或间隔 48 h 给药组与两个单一给药组和两药同时给药组比较，差异有统计学意义($P<0.05$)。作者认为 HCPT 与 THP 联合用药时，同时给药效果不佳，而顺序给药具有良好的疗效。

述　评

随着 SACC 原发部位手术治疗日趋完善，其远处转移已成为该病治疗的难点，而化疗在防治 SACC 肺转移中具有重要的意义。作者根据拓扑异构现象、生物学意义和化疗药物的作用机制，选择常用的化疗药物 HCPT 和 THP，研究其用药方式对 SACC 实验性肺转移的影响，其结果对指导临床治疗具有较重要的实际意义。

（孙宏晨）

基因表达谱芯片技术筛选涎腺腺样囊性癌转移相关基因［朱秀丽 吴军正 温德升等. 实用口腔医学杂志，2006，22(4)：513～516］

为筛选涎腺腺样囊性癌转移相关基因，先取 SACC-2 和 SACC-M 细胞系的 mRNA，反转录为 cDNA，用 Cy3 和 Cy5 荧光染料标记，制备成 cDNA 探针，与表达谱基因芯片进行杂交；随后应用反转录聚合酶链反应技术对其中的 7 个基因进行验证。结果显示，有 26 个基因表达差异在 2 倍以上，其中 19 个基因表达水平上调，7 个基因表达水平下调。作者认为，有多种基因参与 SACC 的转移过程。

述　评

SACC 呈浸润性生长，易远处转移，多基因、多阶段参与其发生和发展过程。该研究利用基因表达芯片技术具有快速高效、大规模、高通量和平行性获取相关生物信息等特点，筛选 SACC 转移相关基因，其研究结果为阐明 SACC 转移的分子机制、寻找理想的转移标记物并探讨基因治疗的靶点奠定了基础。

（孙宏晨）

涎腺腺样囊性癌 DNA 甲基转移酶与抑癌基因甲基化［田臻 张志愿 李蕾等. 中华口腔医学杂志，2006，41(7)：411～415］

收集行 *p*16、RASSF-1A、死亡伴随蛋白酶(DAPK)、MGMT 和上皮钙黏着蛋白抑癌基因启动子甲基化检测的标本，根据 H-E 染色结果进行病理学分级，按 2002 年国际抗癌协会的标准进行 TNM 分期和应用 DNA 甲基转移酶(DNMT)-1 单克隆抗体与 DNMT-3b 多克隆抗体进行免疫组化染色。结果显示：DNMT-3b 的阳性表达均在 10% 以下，DNMT-1 的阳性表达程度明显高于 DNMT-3b 的表达($P<0.01$)；随着基因甲基化数目的增多，DNMT-1 的表达逐渐增高；有 6 例 DNMT-1 和 DNMT-3b 均呈阴性表达，而其抑癌基因却出现不同程度的甲基化；DNMT-3b 表达－和＋/＋＋组在抑癌基因不同甲基化个数分组之间差异有统计学意义($P<0.01$)；DNMT-1 高低表达组在抑癌基因高低

甲基化组之间差异有统计学意义($P<0.05$),基因发生甲基化的个数多者,其 DNMT-1 的阳性表达程度高;DNMT-1 的阳性表达与 RASSF-1A 基因甲基化显著相关($P<0.01$);DNMT-1 的阳性表达与 SACC 的病理分级($P<0.05$)、临床分期($P<0.01$)呈正相关。作者认为,DNMT-1 可能是 SACC 体内对维持抑癌基因甲基化起主导作用甲基化酶,与 RASSF-1A 基因的甲基化、SACC 病理分级、临床分期有相关性,在 SACC 发生和发展过程中扮演重要角色。

述　评

近年分子遗传学的主要研究成果之一是证明肿瘤不仅是基因突变、基因重排和缺失等引起的遗传性疾病,也是 DNA 甲基化作用引起的转录沉默等表遗传性疾病。该研究结果进一步证实了肿瘤发生的表遗传性理论,有助于阐明 SACC 发生的分子机制,可能对肿瘤的预后评估有一定的参考价值。

(孙宏晨)

5 种哺乳动物和人涎腺组织学及超微结构观察[张昕　李钧　董凤英等. 北京口腔医学,2006,14(1):30~33,36]

采用 H-E、爱西蓝(alcian blue,AB)、高碘酸希夫反应(periodic acid-Schiff reaction,PAS)、爱西蓝-高碘酸希夫反应(AB-PAS)染色与超薄切片技术,观察成年小型猪、猕猴、新西兰白兔、Wistar 大鼠、昆明小鼠和人类正常的腮腺及颌下腺组织学、组织化学及其超微结构。结果显示:5 种动物的腮腺组织学表现差异不明显,均为浆液性腺体;5 种动物的颌下腺组织学差异较大,人、小型猪、猕猴的颌下腺为混合性腺体,而大鼠、小鼠和兔的颌下腺为浆液性腺体。组织化学染色结果显示,形态相似的腺泡细胞其合成产物不尽相同。5 种动物的腮腺和颌下腺腺泡细胞在超微结构方面除分泌颗粒表现出明显的差异外,其余结构差异不明显。作者认为在 5 种动物中,以猕猴和小型猪的涎腺组织学及其超微结构与人类接近。

述　评

涎腺疾病是口腔颌面部常见疾病,所引起的口干等原发症状与继发性表现不仅影响患者的生存质量,而且所发生的恶性肿瘤尚危及患者的生命。应用动物模型进行涎腺疾病发生、发展机制和转归的研究是主要的策略。该研究结果为筛选经济以及组织学结构和功能特性接近人类涎腺的实验动物并进行相关研究奠定了基础。

(孙宏晨)

口腔颌面部神经疾病

显微血管减压术后复发三叉神经痛的手术治疗[于炎冰　张黎　徐晓利等. 中华神经外科杂志,2006,22(9):538~540]

对 37 例微血管减压术(MVD)术后复发三叉神经痛患者进行治疗,其中 30 例行三叉神经感觉根部分切断术,3 例行单纯三叉神经微血管减压术,4 例行微血管减压术加感觉根部分切断术。结果术中发现,35 例手术患者桥脑小脑角(CPA)局部蛛网膜明显增厚粘连。随访 3~99 个月,手术总有效率为 97%。作者认为,局部粘连、垫棉脱落等使责任血管再次受压是微血管减压术后三叉神经痛复发的一个主要原因,而对此类患者再次行微血管减压术仍是有效的方法。

述　评

作者对 37 例 MVD 术后复发三叉神经痛患者行再次手术,并根据术中所见和术后疗效分析,证实了局部粘连、垫棉脱落等可能是 MVD 术后复发三叉神经痛的原因,肯定了二次 MVD 术的疗效。该研究充实了三叉神经痛术后复发机制的临床资料,也为三叉神经痛 MVD 手术疗效的评估提供了数据支持,对临床治疗三叉神经痛术后复发有一定的指导意义和参考价值。

(王佐林)

应用人工硬膜预防神经微血管减压术后脑脊液漏[李宁　赵卫国　沈建康等. 中华神经外科杂志,2006,22(4):237～239]

将 222 例行微血管减压术(MVD)患者分为非人工硬膜组和人工硬膜组,非人工硬膜组 MVD 术后以常规手术操作预防脑脊液漏,而人工硬膜组除给予常规方法外还加用了人工硬膜。结果显示,人工硬膜组术后 1 周的脑脊液漏发生率为 0,而非人工硬膜组的 4%。对术后感染的观察发现,人工硬膜并不增加术后感染的概率。作者认为,MVD 术中应用人工硬膜重建硬膜完整性,是预防术后脑脊液漏的一种简单易行且安全有效的方法。

述　评

脑脊液漏是 MVD 术后常见并发症之一,可引起严重的中枢神经系统感染从而产生严重后果,其原因主要为手术所致的硬脑膜缺损。该研究通过术中应用和未应用人工硬膜的两组患者的术后脑脊液漏发生率以及伤口感染情况,评价人工硬膜在预防 MVD 术后脑脊液漏中的临床价值,结果表明在 MVD 手术的最后阶段重建硬膜的完整性是预防术后脑脊液漏的根本手段,人工硬膜增加了临床 MVD 手术的安全性,值得临床上推广应用。

(王佐林)

采用经皮热凝神经术辅助经皮热凝三叉神经节根治疗三叉神经痛[高明见. 中华神经外科杂志,2006,22(4):223～225]

将 25 名三叉神经痛患者依据不同情况分为两组。第 1 组 13 例,有三叉神经第 1 支与第 3 支疼痛的典型三叉神经痛患者,接受标准神经节根热凝术,同时辅助以经皮热凝眶下上颚神经。第 2 组 12 例,接受热凝神经节根治疗后复发第 2 支疼痛的患者,采用经皮热凝眶下神经作为缓解疗法,且不再施行神经节根热凝术。结果显示,第 1 组病人经合并两法治疗后获得满意的疗效,疗效维持 3 年未见复发;第 2 组病人获得满意的复发性疼痛缓解,疗效可维持 1 年。作者认为,对某些病例,热凝三叉神经节根辅以经皮热凝上颚神经,效果优于单纯做三叉神经节根热凝术。对于仅限于第 2 支复发疼痛的患者,简单的经皮热凝眶下神经可有效解除疼痛复发,亦可避免其副作用。

述　评

经皮射频温控热凝三叉神经节根因其手术创伤小、操作简便、疼痛复发后亦可重复治疗,特别适用于高龄、严重全身疾病和不愿开颅手术的患者。但其有一定的复发概率。作者介绍了热凝三叉神经节根辅助以经皮热凝上颚神经的手术方法,并证实该方法的有效率高于单纯的三叉神经节根热凝术,即为外科治疗三叉神经痛提供了新的选择。

(王佐林)

三叉神经感觉根梳理术治疗三叉神经痛的长期随访结果[韩杰　王海波　樊兆民等. 中华耳鼻咽喉头颈外科杂志,2006,41(4):266～268]

总结 50 例曾行三叉神经感觉根梳理术治疗三叉神经痛患者 4～8 年的随访结果。结果显示,30 例行三叉神经显微血管减压术同时行三叉神经感觉根梳理术者,面部疼痛均完全消失且未复发。在 20 例单纯行三叉神经感觉根梳理术者中,18 例疼痛完全消失,2 例疼痛部分缓解,总治愈率为 96%。作者认为,三叉神经感觉根梳理术是安全有效的。

述　评

三叉神经梳理术以神经创伤的方法治疗三叉神经痛,其作用机制尚不清楚。作者对三叉神经感觉根梳理术的远期疗效做了一个系统的评价,发现行三叉神经微血管减压术且同时行三叉神经感觉根梳理术者术后疼痛完全消失,而且无复发。此研究结果为临床上推广三叉神经感觉根梳理术提供了依据。

(王佐林)

颞骨骨折性面神经瘫痪的手术治疗[韩杰　韩乃刚　王海波等. 中华创伤杂志,2006,22

(2):118～120]

对 60 例颞骨外伤性面瘫患者行手术治疗，术前均行螺旋 CT 检查。结果显示，骨折累及面神经膝状神经节和迷路段者 48 例，累及膝状神经节以下水平段者 8 例，迷路段至锥段均累及者 4 例。根据 CT 扫描结果分别行颞下颅中窝径路面神经减压术、乳突耳径路面神经减压术和颅内外联合径路面神经全段减压术。术中再根据实际的损伤部位和程度的不同区别处理，经术后评估，手术取得良好效果。作者认为，确定面神经损伤的部位是确定经颅内或经颅外进行手术的关键。

述　评

外伤性面瘫约占周围性面瘫的 1/3，其中 80% 为颞骨骨折所致。治疗此类面瘫是临床医师经常面临的棘手问题，原因是难以准确定位面神经的损伤部位，其处理方法仍有争议。该研究根据精确的三维 CT 影像并结合临床症状在现有的技术层面最大限度地减轻不必要的手术创伤，从而减轻患者的术后痛苦，值得在有条件的单位推广应用。

（王佐林）

单纯疱疹病毒性面神经炎的动物模型［刘稳　高志强　神平等．中华耳鼻咽喉头颈外科杂志，2006，41(1)：17～21］

以 Hep-2 细胞作为单纯疱疹病毒Ⅰ型（herpes simplex virus typeⅠ，HSV-Ⅰ）病毒 Sm44 株的支持细胞，于极限必需培养液中培养 7 d 后接种于 66 只实验小鼠的右侧面神经，每只 25 μL 病毒液。左侧面神经注射滴加 25 μL 体积分数 2% 的胎牛血清作为对照，缝合皮肤。观察小鼠全身情况、双侧面肌运动的对称性，颞骨连续切片 H-E 染色，颞外段面神经锇酸染色，双侧面神经、脑干、三叉神经节、脊髓行 PCR 检测 HSV-Ⅰ DNA 片段。结果显示：28 只小鼠(42.42%)于接种后 2～5 d 发生右侧面神经麻痹，病程持续 3～6 d 后恢复；38 只未发生面神经麻痹。与对侧比较，颞骨连续切片显示面神经麻痹鼠右侧神经肿胀、神经周围间隙变小、炎细胞浸润，细胞排列紊乱、细胞体肿大、细胞质出现空泡变性。作者认为，HSV-Ⅰ型病毒可引起暂时性的可复性面瘫。

述　评

在 Bell 面神经麻痹的病因学说中，单纯疱疹病毒Ⅰ型感染学说最为普遍接受。作者以致病力较强的单纯疱疹病毒Ⅰ型病毒 Sm44 株接种于实验小鼠面神经以获得面神经麻痹的动物模型，致病效果较理想，且初步证明了单纯疱疹病毒Ⅰ型与 Bell 面瘫之间的联系。该研究结果对 Bell 面瘫的病因学研究具有一定的指导意义，也为临床治疗此种疾病提供了新的理论支持。

（王佐林）

经末梢支射频温控治疗原发性三叉神经痛 116 例［裴庆国　廖建兴　侯光宇等．口腔颌面外科杂志，2006，16(1)：48～49］

对 116 例原发性三叉神经痛患者行末梢支射频温控热凝术。根据患者临床疼痛位置的不同，用前端裸露 0.5 cm 的绝缘电极针分别行眶上孔、眶下孔和颏孔穿刺，针尖到达正确位置后回吸无血、无空气后先注入质量浓度 2% 的利多卡因 0.5～1 mL，再用神经电生理检测帮助确定神经位置后调整针尖位置，80～85 ℃ 射频治疗 5 min。结果显示，术后疗效评估优良率为 83.6%。对其中 63 例进行 2 个月至 1.5 年的术后随访，近期复发率为 25.4%。作者认为，三叉神经经末梢支射频温控热凝术是一种安全、有效和便捷地治疗原发性三叉神经痛的方法。

述　评

传统的三叉神经半月节射频温控治疗原发性三叉神经痛临床疗效肯定，但操作上有一定的难度，对术者解剖学知识要求较高，术中亦存在一定的风险，有可能损伤神经引起麻痹性角膜溃疡、眶尖综合征等严重并发症。该作者选择了一种更为安全简便的经外周神经射频治疗方法，通过眶上孔，眶下孔和颏孔穿刺热凝，近期疗效较好，且可以重复进行手术，值得在临床上广泛推广应用。

（王佐林）

口腔颌面外科麻醉学

Stomatological Anesthesia in China［朱也森. 11th International Dental Congress on Modern Pain Control, 2006: 64～65］

该文对中国的口腔麻醉学进行了比较全面的介绍，内容涉及中国口腔麻醉的历史、发展、现状和展望。中国的专业口腔麻醉医师出现在20世纪60年代，历经40余年，并且于1992年成立了中华口腔医学会麻醉学组。口腔颌面外科的发展大大推动了口腔麻醉学的发展。目前，我国口腔麻醉的临床工作主要包括婴幼儿唇腭裂、各种颅颌面良恶性肿瘤、正颌手术的麻醉和术后镇痛以及参与管理口腔颌面外科 ICU 等几个方面。在教学上除本科教育外，大力培养口腔麻醉学专业硕士和博士研究生，推动口腔麻醉科研事业。将来有望开发出新的麻醉药物和麻醉技术运用于口腔麻醉，使口腔手术更安全和舒适。

述　评

作者在2006年10月于横滨召开的第11届国际齿科麻醉学会议上对中国目前口腔麻醉学进行了比较全面的介绍，使国际同行对中国口腔麻醉有了初步的了解，也标志着中国口腔麻醉学走向了世界。

（姜虹）

应用 SPECT 研究地氟烷麻醉对人脑血流分布的影响［于代华　徐礼鲜　柴伟等. 临床麻醉学杂志, 2006, 22(12): 890～892］

选择9名志愿者，分别在清醒、吸入0.5和1.0最低有效肺泡浓度（minimal alveolar concentration, MAC）地氟烷后采用单光子发射计算机断层成像（SPECT）仪进行扫描，观察局部脑血流（rCBF）的动态变化。结果显示，全脑 CBF 计数在患者清醒时为127.5±23.1，吸入0.5 MAC 地氟烷后为130.8±25.4，吸入1.0 MAC 地氟烷后则为128.8±22.9，三组间比较差异无显著意义；额叶、顶叶、颞叶、枕叶、中脑、小脑、丘脑、海马、基底核、扣带回和舌回等脑区 rCBF 计数差异也均无显著意义。作者认为，在保持呼气终末二氧化碳分压（$P_{ET}CO_2$）和 MAP 稳定且在正常范围时，吸入地氟烷麻醉不影响人脑内血流量的分布。

述　评

吸入麻醉药的作用机制直接以人为研究对象进行的活体研究不多。作者以 SPECT 断层显像准确地分析 rCBF 的变化，显示不同 MAC 浓度的地氟烷吸入对人脑血流量分布的影响。该研究对进一步揭示吸入麻醉药的作用机制具有较重要的价值。

（朱也森）

口腔颌面部手术病人全麻恢复期的并发症［张永明　王森. 临床麻醉学杂志, 2006, 22(2): 142～145］

对13 400例口腔颌面部包括肿瘤、创伤骨折、唇腭裂、正颌、囊肿、关节强直等手术患者术后全麻恢复期并发症进行分析，以期总结口腔颌面部全麻手术恢复期并发症的发生率和有效的治疗方案。结果发现呼吸系统并发症包括呼吸频率减慢、气道分泌物和异物（碘仿纱条等）阻塞、移植皮瓣后阻塞、喉水肿等，发生率为73.6%，原因可能缘于手术本身、麻醉药的残余作用以及口腔分泌物、血液、呕吐物导致气道梗阻。除了等患者完全清醒外，拔管前留置鼻咽通气道能有效解决术后气道畅通问题。心血管系统并发症包括血压升高、血压下降、心率变化、心肌缺血等，发生率为14%左右。经扩容、输血、血管活性药物处理后恢复。其他并发症如体温升高和体温下降的发生率分别为2.5%和1.5%，对症处理都好转。

述　评

颌面部患者全麻术后送回病房有很多不安全因素。由于病变区位于口腔内或颌面部，术后并发症处理不及时会危及患者生命。本研究通过大样本前瞻性研究，总结出口腔颌面全麻手术恢复期并发症的发生率以及治疗方案，具有一定的临床参考价值。

(朱也森)

麻醉诱导期靶控不同浓度雷米芬太尼对应激反应及 BIS 的影响［关明　杨拔贤　刘克英等. 临床麻醉学杂志，2006，22(9)：697～698］

将 30 例口腔颌面外科患者按麻醉诱导期雷米芬太尼靶控浓度(C_t)随机分为 3 组，比较麻醉诱导和气管插管期间患者生命体征情况以及血糖、血管紧张素Ⅰ、醛固酮和氢化可的松水平，研究不同质量浓度的雷米芬太尼靶控输注(TCI)对应激反应和脑电双频指数(BIS)的影响。研究发现，与 2 μg/L 相比，4、8 μg/L 血浆质量浓度的雷米芬太尼能降低插管时血糖和血管紧张素Ⅰ的水平，而醛固酮和氢化可的松水平无明显差异。作者认为，血浆质量浓度为 4、8 μg/L 的雷米芬太尼用于口腔颌面外科麻醉诱导插管效果良好。

述　评

麻醉诱导插管应激反应大，如何有效抑制插管期间的应激反应，保持血流动力学稳定一直是临床麻醉研究的热点。该研究通过随机对照发现，4、8 μg/L 血浆质量浓度的雷米芬太尼靶控输注能有效抑制插管应激反应，适用于口腔颌面外科手术麻醉。

(朱也森)

三叉神经痛大鼠延髓内 CGRP 的变化［陈志峰　朱也森. 上海医学，2006，29(2)：101～103］

用铬线疏松结扎 S-D 大鼠右眶下神经造成其慢性缩窄性损伤，模拟制备三叉神经痛大鼠模型。假手术组暴露神经，不结扎。观察术前、术后大鼠对机械性疼痛刺激的反应。实时定量聚合酶链反应测定大鼠延髓内降钙素基因相关肽(CGRP)量的变化。结果显示术后 9～15 d，结扎组大鼠较假手术组，右眶下神经支配区域机械性痛觉超敏。结扎组大鼠延髓内 CGRP 量较假手术组多。作者认为，眶下神经的慢性环扎损伤可导致大鼠三叉神经痛，且 CGRP 可能参与了大鼠三叉神经痛的发作。

述　评

探讨三叉神经痛的发病机制与 CGRP 的关系，具有积极的意义。研究中发现对大鼠神经的压迫可以提高神经对疼痛的敏感性，这有助于解释三叉神经痛的血管压迫学说。CGRP 与疼痛的正相关为临床研究治疗三叉神经痛提供了一种思路。

(姜虹)

用基因芯片研究异丙酚麻醉大鼠丘脑基因表达谱［姜秀良　马加海　徐礼鲜等. 第四军医大学学报，2006，27(21)：1 943～1 945］

12 只 S-D 大鼠分为对照组和丙泊酚(别名异丙酚)组，分别腹腔注射生理盐水或 100 mg/kg 丙泊酚。1 h 后取丘脑，抽提 RNA，经系列生化反应得到的 cRNA 与大鼠神经生物学表达芯片 U34 杂交，用扫描仪检测信号并分析。结果显示在 1 323 条待测基因中，丙泊酚麻醉后 221 条基因差异表达，上调表达 80 条，下调表达 141 条，其中差异表达超过两倍的为 53 条。作者认为，丙泊酚麻醉可诱导大鼠丘脑众多基因的差异表达，基因芯片技术是研究全麻机制的有效方法。

述　评

全麻药作用的确切机制目前仍不清楚。基因芯片技术具有高通量、并行性和快速准确的优点，已应用于药物作用靶位和机制的研究。作者运用基因芯片技术研究丙泊酚麻醉大鼠丘脑基因表达谱的变化，是研究全麻药的中枢神经系统作用机制的有益尝试。

(朱也森)

安氟醚麻醉下犬丘脑内神经递质的变化［孙绪德　张惠　徐礼鲜等. 临床麻醉学杂志，2006，22(5)：365～366］

选取 12 只犬并以其自身为对照，应用磁共振波谱分析技术其在清醒时和吸入 1.0 最低有效肺泡浓度(minimal alveolar concentration,MAC)恩氟烷(别名安氟醚)后采集丘脑区域内波谱。测定 N-乙酰基天门冬氨酸(NAA)、谷氨酸(Glu)、γ-氨基丁酸(GABA)、胆碱类化合物(Cho)和肌酸(Cr)的动态变化。结果表明,吸入 1.0 MAC 恩氟烷麻醉后较清醒时丘脑区域 NAA、Glu 和 Cho 均显著降低;GABA 显著升高;Cr 变化差异无显著意义。作者认为,恩氟烷麻醉对丘脑区域内 NAA、Glu、GABA、Cho 等神经递质均有影响,丘脑内递质的变化在恩氟烷的全麻机制中发挥重要作用。

述 评

吸入麻醉药的作用机制至今仍不清楚,其作用部位是在丘脑还是皮层目前仍有争议。磁共振化学位移成像技术能无损伤性地得到大脑解剖形态和生化改变的诊断。该研究结果对吸入麻醉药机制的研究提供了较好的方法和思路。

(朱也森)

丁丙诺啡对齿科治疗镇痛效果的临床研究[张国良 李强 陈强等.实用口腔医学杂志,2006,22(5):715~717]

对 500 例口腔治疗患者采用丁丙诺啡镇痛的双中心大样本对照研究。于治疗前给患者舌下含化丁丙诺啡 0.2 mg,治疗结束时以视觉模拟评分法(VAS)评价其镇痛效果和行为学反应并观察副反应发生情况。结果显示,预防科 VAS 值和行为学测量值为 3.99±2.34、1.98±1.23,牙体病科组为 2.72±1.67、2.66±1.04,修复科组为 2.78±1.55、2.03±0.93。未见恶心呕吐等并发症。作者认为,丁丙诺啡含片可有效地缓解口腔治疗时牙的疼痛,但对抑制开髓治疗时的疼痛效果不明显。将药物碾碎含化,防止进入胃肠道能有效避免恶心呕吐。

述 评

牙齿磨削时的疼痛多为中到重度疼痛。对疼痛的恐惧可使患者产生牙科畏惧症,严重影响患者治疗牙齿的积极性。该研究分析得出,丁丙诺啡舌下含化可以降低牙科治疗时的疼痛强度且副作用低,尤其适用于补牙和镶牙牙齿制备时的疼痛控制。

(朱也森)

口腔颌面医学影像学

不同投照角度 X 线根尖片诊断下颌前牙、前磨牙多根管的临床评价[何秉贞 尹兴喆 张成飞.中华口腔医学杂志,2006,41(3):160~163]

对临床上需进行下颌前牙、前磨牙根管治疗的 214 例(247 颗患牙)患者拍摄术前 X 线正、偏位根尖片和术中插入诊断丝后的 X 线根尖片。依据根管位置和走向不在牙根中心,较粗大的根管在根管上 1/3、中 1/3 突然消失或模糊等作为诊断可能存在多根管的征象。结果显示,诊断丝 X 线偏位投照之根尖片对多根管诊断的灵敏度为 93.0%,诊断丝 X 线偏位投照之根尖片发现的多根管最多。

述 评

这是 X 线检查与临床治疗相结合的一项很好的研究工作。尽管牙科专用的锥形束 CT(cone beam CT,CBCT)可以很好地对下颌前牙、前磨牙的多根管做出诊断,但目前 CBCT 在我国尚难以普及。该研究是在最普通的工作条件和设备下进行的,较好地解决了常规根尖片投照难以观察到的单根牙存在多根管的问题,很有实用价值。

(马绪臣)

邻面龋𬌗翼片计算机自动分析诊断系统的建立和评价[李涢 叶卫平 李玉晶等.中华口腔医学杂志,2006,41(3):164~167]

对有早期邻面龋损、模拟天然牙列的 95 颗离体牙以平行投照技术拍摄𬌗翼片,以计算机自动分析系统自动检测牙齿领面龋损情况。同时由 8 名口腔内科医生对全部 X 线片独立阅片诊断,以组织学检查结果为金标准进行分析。结果显示,计算机自动分析诊断系统敏感度为 0.728,阅片法平均敏感度为 0.543。作者认为,该诊断系统对邻面早期龋损总体诊断水平优于肉眼阅片。

述　评

早期邻面龋损的 X 线诊断是一个重要研究课题。该研究建立了计算机自动分析诊断系统,提高了对邻面早期龋损的诊断水平。但是建议此类研究应有放射学医师参加,以提高研究结果的可信性。

（马绪臣）

埋伏上颌中切牙影像学分类[张万林　柳登高　张祖燕等. 现代口腔医学杂志,2006,20(6):569～571]

应用口腔颌面专用锥形束 CT(cone beam CT,CBCT)对 120 例(125 颗)上颌埋伏中切牙患者进行检查,并对其形态、位置、朝向及其与相邻牙的关系等进行分析。结果发现,上颌埋伏中切牙可分为后翻、后钩、后前水平和高位四型。作者认为,口腔颌面部专用 CBCT 检查可为正畸治疗设计或拔除手术入路提供准确的信息。

述　评

CBCT 是为口腔检查而设计的专用设备,常用于埋伏牙定位、种植牙术前检查、根尖周病变和颌骨小范围病变检查等。CBCT 机体积小,价格相对较低,且具有多层面图像重组、曲面体层和三维图像成像等后处理功能。CBCT 对口腔颌面部检查的放射剂量远远小于全身用 CT 机,目前已在国外牙科领域广泛应用,而在我国国内仅有极少数单位拥有此类设备。相信 CBCT 在我国牙科临床上将会逐渐得到推广应用。

（马绪臣）

两种根尖片诊断牙根吸收的比较[沙海亮　白玉兴　栗文成等. 中华口腔医学杂志,2006,41(9):542～543]

选用 20 颗离体上颌恒中切牙,磨除其根尖部约 0.5 mm,模拟牙根吸收。对以同一 X 线投照角度拍摄的数字化根尖片和普通根尖片牙影像长度和磨除根尖部的长度进行测量或计算,与离体牙实际测量结果进行比较和统计学分析。结果显示,数字化根尖片上牙影像长度比普通根尖片更接近其实际长度。数字化根尖片与普通根尖片在牙根吸收的测量诊断上差异无统计学意义,其原因可能为模拟的牙根吸收量仅为 0.5 mm,对图像显示精度要求高,而该研究所用数字化根尖片图像处理软件尚嫌不足。

述　评

数字化根尖片 20 世纪 80 年代中后期即开始用于临床,近年来得到了广泛普及。该研究有助于临床医师了解数字化根尖片与普通根尖片在反映牙体长度方面的差异,对临床诊治工作有一定帮助,特别是数字化根尖片在我国口腔医学临床使用日益增多的情况下更显得必要。

（马绪臣）

16 层螺旋 CT 对上颌窦病变的诊断价值[韩永顺　李开成　范新东等. 上海口腔医学,2006,15(1):11～14]

采用 16 层螺旋 CT 对 58 例被临床诊断为上颌窦病变的患者进行检查,将其 CT 图像与临床和手术结果对照分析。结果显示,16 层螺旋 CT 能较好地显示上颌窦病变的范围、骨质改变程度及其与周围组织的关系,但定性诊断还需结合临床和病理学检查。

述　评

多层螺旋 CT 用于口腔颌面部病变的检查和诊断是口腔颌面放射学的一个重要进步,在口腔颌面部肿瘤和复杂骨折等方面尤其具有重要的价值,对临床诊治有很大的帮助。鉴于我国口腔医学的迅速发展,特别是我国口腔颌面外科的临床需要,在我国设有口腔颌面外科的大型口腔专科医院,尽早拥有多层螺旋 CT 是十分必要的。

（马绪臣）

多层螺旋 CT 牙体表面成像在诊断上颌埋伏牙中的应用[罗小平　陈伟建. 实用口腔医学

杂志,2006,22(1):91～93]

采用多层螺旋 CT 对 82 例上颌埋伏牙患者进行检查,运用多层面图像重组和三维图像重建后处理功能,获得牙体任意方向的三维图像或多层面曲面体层图像。结果显示,多层螺旋 CT 三维重建图像能立体全方位地显示上颌埋伏牙的形态、位置、萌出方向及其与周围组织的关系。作者认为,多层螺旋 CT 后处理技术能立体、直观地提供临床医师所需信息,在上颌埋伏牙的正畸治疗中有重要的诊断和指导治疗的意义。

述　评

多层螺旋 CT(作者未说明具体层数)配以牙科检查专用软件,可实现该文所观察到的结果。但多层螺旋 CT 照射剂量较大,相当于锥形束 CT 同一部位检查的 400 倍,因此建议不要作为儿童埋伏牙定位的常规检查方法。锥形束 CT 更适于儿童埋伏牙定位的检查。无 CBCT 的单位,可尽量以普通 X 线方法了解埋伏牙的情况,以尽量减少对儿童的照射剂量。若临床确认为必要且经普通 X 线检查无法诊断又无 CBCT 设备者,再考虑用多层螺旋 CT 检查。

(马绪臣)

颅面部螺旋 CT 三维线距测量的准确性评价[刘东旭　王春玲　刘莉等.上海口腔医学,2006,15(5):517～520]

采用 16 层螺旋 CT 对 12 个干燥头颅骨进行常规扫描后再行颅颌面三维图像重建。选用 16 个颅面骨性解剖标志点,在 CT 图像和干燥头颅上对 20 项线性距离进行测量。结果表明,CT 图像颅面解剖标志点间线性距离与实际头颅骨测量距离具有一致性。作者认为,螺旋 CT 三维测量有望替代实际测量,用于头影测量分析。

述　评

自 20 世纪 80 年代以来,即有学者将 CT 三维图像用于头影测量,即三维头影测量,并将其用于正畸、整形外科等领域。这些研究均证明了螺旋 CT 在口腔医学临床应用上的广泛性。该研究结果进一步证明了采用多层螺旋 CT 三维成像进行测量的准确性,有助于临床进一步的研究工作。

(马绪臣)

标准牙片持片器的设计及临床评价[武建潮　黄吉娜　赵士芳等.实用口腔医学杂志,2006,22(5):704～706]

选择具有健康、完整牙列的志愿者 20 名,采用自行设计的标准牙片持片器两次拍摄同一牙位根尖片和殆翼片,拍摄时间间隔为 1 h,共获得根尖和殆翼各 20 对 X 线片。测量釉质牙骨质界与牙槽嵴顶和邻牙釉质牙骨质界点间距离,对所测量结果进行统计学分析。结果显示,使用此标准牙片持片器拍摄根尖片的可重复性优于殆翼片,可明显提高根尖片图像的可重复性。

述　评

在临床纵向研究和诊治过程中,为观察牙体和牙周骨变化,不同时间拍摄的根尖片必须有良好的重复性。然而,由于 X 线投照条件的变化以及某些疾病所导致的牙位变化,往往使不同时间拍摄的根尖片难以具有良好的重复性。为此,国内外学者做了诸多根尖片定位投照和相关数字减影的研究工作。该项研究为临床提供了一种新的、自行设计的根尖片持片器,有助于推动国内同行对根尖片定位投照工作的进一步研究。

(马绪臣)

非单纯性眼眶骨折眶腔容积改变与眼球内陷相关性研究方法初探——基于 CT 图像数据的计算机辅助测量[安金刚　张智勇　张益.现代口腔医学杂志,2006,20(6):561～563]

以计算机辅助三维 CT 影像分析系统对 7 例颅颌面创伤合并单侧非单纯性眼眶骨折患者投照薄断层(0.625 mm)CT,将其图像数据以 DICOM(digital image communication in medicine)格式输入图像分析软件,对眼眶和眶内容物进行三维重建,以描述眶腔破坏特征，测量眼球突度、原骨折和虚拟恢复眶外缘后的眶腔容积并做术前术后比较分析。结果发现，该系统可形象直观地显示眼眶畸形部位、范围，准确定量眼眶体积扩大量。在该类眼眶骨折中，骨折可波及整个眶壁。与眶缘骨折相比较，眶壁骨折与眼球内陷关系密切。术前术后比较，眼球内陷得到不同程度的改善，健患侧眼眶体积之差进一步缩小。作者认为，基于 CT 图像数据的计算机图像分析系统，可以清晰直观地显示出骨折眶壁畸形和健患侧眶腔体积的差异，而球前和球后眶腔容积差可以为进一步探求眼眶破坏与眼球内陷的相关关系和量化诊断提供重要参数。

述　评

眼眶骨折可以分为单纯型(眶壁骨折)和非单纯型(眶壁和眶缘同时骨折)两类。颅颌面创伤所伴发的眼眶骨折多系后者，治疗主要针对因眶腔破坏所继发的眼球内陷和(或)下陷以及复视。目前，眼眶骨折的手术矫治尚处于经验性水平，缺乏量化诊断指标和定量矫治参数。该研究采用计算机辅助三维 CT 影像分析系统，对颅颌面骨折合并非单纯性眼眶骨折的眼眶体积及其相关指标进行测量，通过手术前后的比较为定量矫治眼球内陷寻找可行性方法，因此具有积极的意义。

(王松灵)

利用中国可视化人体图像建立颞下颌关节的三维有限元模型［顾卫平　殷新民　谢兰生等.实用口腔医学杂志，2006，22(6)：771～774］

利用中国可视化人体图像和逆向工程技术，在建立颞下颌关节的计算机辅助设计(CAD)模型的基础上再进行三维有限元模型的建立。结果显示，该试验建立了更为精确的包括下牙列、牙周膜、下颌骨、咀嚼肌、颞下颌关节(包括关节软骨和关节盘)在内的三维有限元模型，该模型共有节点 66 122 个、单元 212 704个。作者认为在 CAD 模型基础上，可以方便地建立适合于有限元分析的复杂的生物力学模型，且模型具有精确的几何形态和高度的力学仿真性。

述　评

颞下颌关节的生物力学研究是殆学研究的重要内容。直接测量颞下颌关节的应力应变是一种侵入性试验且无法用于人类活体，因而间接分析法多年来受到国内外学者的关注。有限元法是间接分析法中运用最广泛的方法，多采用片切、CT 或 MRI 图像来建立颞下颌关节的三维有限元模型，其片切或扫描的层厚为 1～3 mm，无法清楚地显示关节盘、关节软骨等精细的结构，也无法同时清楚地显示同一个体的牙、颌骨、肌肉、关节盘等软硬组织。该研究利用可视化人体图像和逆向工程技术，先建立颞下颌关节的三维实体模型，并据此进一步建立三维有限元模型，这就为更好地研究颞下颌关节的生物力学提供了条件。

(王松灵)

螺旋 CT 测量快速扩弓后上颌骨位置三维变化［杜航　曾祥龙.中华口腔医学杂志，2006，41(3)：168～171］

利用螺旋 CT，测量 10 例恒牙殆患者快速扩弓(RME)治疗前后上颌骨各测量点的位置和角度改变。使用配对符号秩和检验对比分析各项数据结果。结果发现，RME 治疗后上颌骨各测量点均向前、向下移位。代表硬腭的 PNS′-ANS 连线在正中矢状平面上的投影顺时针旋转 0.9°，而代表上颌骨腭突的 PNS′-ANS 在正中矢状平面上投影的角度变化不明显。在冠状平面，两侧上颌骨下部扩开量较上部大，两者相互向外侧呈楔形倾斜。腭中缝呈前后较小中间稍大的纺锤形扩大。作者认为，RME 治疗前后上颌骨位置在矢状向、垂直向和水平向上均发生了相应的改变，应用螺旋 CT 可以对这种三维位置变化进行详细研究。

述　评

由于头颅侧位 X 线片不能在同一参照系

下观测 RME 治疗后颌面部的三维改变情况，因此以往对 RME 的研究一般采用头颅正侧位 X 线片和模型测量相结合的方法。近年来，螺旋 CT 三维重建技术逐渐用于颌面部软硬组织的形态结构重建或简单的线距观测。该研究利用螺旋 CT 扫描的三维影像研究 RME 治疗前后上颌骨的位置变化并取得了较好的效果，这就为 RME 治疗的颌面形态变化评估提供了更好的方法。

（王松灵）

阻塞性睡眠呼吸暂停低通气综合征患者上气道阻塞的动态 MRI 分析［胡荣党 张秀华 潘可风等. 中华口腔医学杂志，2006，41(4)：222～225］

21 例阻塞性睡眠呼吸暂停低通气综合征(OSAHS)患者经 20 h 无睡眠后，分别在清醒与睡眠状态下，获得其上气道正中矢状面的动态 MRI 影像。配对 t 检验比较患者清醒和睡眠时上气道阻塞区长度的差异。结果发现，12 例 OSAHS 患者清醒时有腭咽区阻塞，21 例患者睡眠时均有腭咽区阻塞，两者的百分比为 57.14%。12 例患者清醒时上气道阻塞区长度的最大值(2.99±0.51) cm、最小值(0.72±0.23) cm、两者差值(2.27±0.67) cm 分别比睡眠时的最大值(6.61±1.23) cm、最小值(0.95±0.22) cm、两者差值(5.66±1.27) cm 小，差异均有统计学意义($P<0.01$)。作者认为，OSAHS 患者睡眠时上气道的阻塞是变化的、多区域的。OSAHS 患者清醒时上气道的阻塞仅在一定程度上提示睡眠时的阻塞情况。

述 评

上气道阻塞和狭窄是 OSAHS 患者的一个重要特征。阻塞部位的确定，对于选择治疗方案和探讨病理机制具有重要的价值。上气道阻塞主要在睡眠时出现且随呼吸周期时相的不同而变化，睡眠时上气道的动态 MRI 可提供上气道变化的影像信息。该研究采用动态 MRI 对比研究了 21 例 OSAHS 患者清醒和睡眠时上气道的阻塞情况，发现 OSAHS 患者睡眠时上气道的阻塞是动态的、多区域的。与清醒时比较，睡眠时阻塞的类型较复杂，阻塞区长度的变化较明显。因此，该研究结果为 OSAHS 阻塞状况提供了更客观动态的信息。

（王松灵）

数字 X 线技术诊断$\overline{6|6}$原发性牙根纵裂的体外研究［罗世高 黄定明 贾刘合等. 实用口腔医学杂志，2006，22(6)：790～792］

选择牙根无缺失外形基本完整有牙根纵裂和无牙根纵裂的离体下颌第一磨牙各 9 颗，用胶泥将其包埋后随机编号，采用平行投照法以 −5°、0°、5°、10°、15°投照角拍摄数字化 X 线片，4 位观察者各自通过数字化 X 线片观察牙根纵裂情况。采用卡方检验比较结果的差异。结果显示在各角度的观察结果中，−5°、0°和 5°准确率、特异度、敏感度比 10°和 15°的结果好，但无统计学意义($P>0.05$)。不同观察者所得到的结果有较好的一致性($\kappa=0.57\sim0.65$)。作者认为，数字 X 线片对下颌第一磨牙原发性牙根纵裂的诊断有良好的敏感度、特异度和准确率。

述 评

牙根纵裂简称“根裂”，其裂隙仅发生于牙根，从根管向外贯通到牙周膜，涉及牙体、牙髓和牙周组织，是一种较严重的牙科疾病，临床上并不罕见。由于牙根位置深，纵裂后的临床症状差异较大且不明显，临床常用的诊断技术对于牙根纵裂的诊断帮助有限，因此诊断较困难，易误诊为牙髓炎、尖周炎。目前对于牙根纵裂的诊断主要依靠 X 线片的影像学证据，但是 X 线摄片是将三维立体物体投射成二维平面图像，因此不同的投照角度和不同观察者对影像学证据的解释都会影响到影像学证据的敏感性和特异性。数字化 X 线牙片拍摄时具有照射剂量小、省时、经济、不污染环境和资料数字化保存等优点。该研究旨在通过从不同角度对离体下颌第一磨牙拍摄数字 X 线片，评价数字 X 线片对牙根纵裂牙的诊断作用。发现对于需要排除牙根纵裂可能的患者在单一 X 线片结果阴性时应该从不同角度多拍摄几张 X 线片，以提高敏感度，避免漏诊。

（王松灵）

牙痛前的脑功能成像研究［陈琰　刘洪臣　金真等. 华西口腔医学杂志，2006，24（2）：121～124］

选取右上颌前磨牙牙髓冷刺激痛患者 8 名，采用牙痛期待过程（期待信号减静息信号）和牙痛体验过程（牙髓冷刺激痛信号减静息信号）的组块设计方法，采集功能性磁共振成像扫描数据并用 SPM2 软件包进行结果的数据分析。结果发现，牙痛期待过程中左侧额、下回的 BA10 和 BA46，中央后回的第一躯体感觉皮层 BA2、BA3，额中回 BA8，中央前回的 BA44，中脑和右侧小脑可以见到信号的增强。作者认为，牙痛期待本身而非实际的牙位刺激痛就可以激活大脑皮质的相关区域；牙痛期待过程的皮层反应集中于前额皮质、第一躯体感觉皮层、辅助运动皮质和小脑，与以往有关疼痛期待的研究结果类似；对疼痛期待所产生的感觉、情绪、认知和运动的皮层兴奋，证明大脑伤害性信息网络是直接受到暗示影响的。

述　评

牙痛是口腔科治疗最特殊、最常见，也是最重要的一种疼痛。作者认为影响牙痛的不仅仅是单纯的神经生理因素，认知、心理因素在牙痛中的作用也应当被认识，从而更好地指导关于牙痛机制的基础研究和临床治疗工作。该试验利用功能性磁共振成像技术就患者高级中枢如何解读已知的即将到来的牙痛刺激进行探讨，以作为口腔心理治疗方面的参考。该试验证明没有实际的疼痛刺激，而仅仅是对疼痛期待即可产生感觉、情绪、认知和运动的皮层兴奋，证明大脑伤害性信息网络是直接受到认知因素影响的。在临床治疗过程中可以利用疼痛的心理暗示作用减轻患者对疼痛的主观感受，从而消除恐惧以更好地配合治疗。

（王松灵）

基于工业用 CT 断层影像的牙列缺损模型三维构建［吴琳　吕培军　杨民. 现代口腔医学杂志，2006，20（4）：385～387］

利用低能量工业计算机断层扫描（ICT）机扫描标准牙列缺损石膏模型，通过三维重建获得该模型的 CT 图像，经过图形图像处理后得到边缘轮廓数据，将数据输入逆向工程软件系统建立牙列缺损石膏模型的计算机辅助设计（CAD）模型。实验结果，实现了牙列缺损石膏模型的几何模型重建。作者认为，该扫描方法速度快，空间分辨率高，精确度高，可以得到密集、完整的点云数据，几何模型可编辑性强，有利于后期可摘局部义齿的 CAD、有限元分析和快速成型加工。

述　评

建立三维牙列 CAD 模型的前提是数据的获取，扫描数据的质量直接影响数据建模的结果。牙列缺损石膏模型数据的获取方法主要有机械式三坐标测量机测量、层析、激光测量、立体视觉测量法和电磁波测量等。CT 扫描成像建模，已被众多学者应用在口腔颌面整形外科和牙种植术前评估、模拟、方案设计上。由于一般医用 CT 扫描层厚度不低于 0.5 mm，因而严重影响了数据和最终 CAD 模型的精确度。该研究采用低能量 ICT 扫描机扫描牙列石膏模型，发现 3D-ICT 扫描具有扫描精度高、各向等分辨率重建的优点，能同时无损害地测量牙列的内外表面；不需要精密的固定设备和其他前期处理措施，即可获得密集、良好的 STL 模型，从而将成为牙齿模型逆求的理想手段，也为后续可摘局部义齿计算机辅助设计与制作奠定了坚实的基础。由于 X 射线对人体的危害，该方法目前还只局限于生物体外的应用与研究。

（王松灵）

口腔医学美学美容学

下颌骨节段性缺损 541 例临床回顾性研究［季彤　张陈平.中华口腔医学杂志,2006,41(12):705～708］

对 541 例下颌骨节段性缺损患者的一般情况,下颌骨缺损原因、缺损部位、修复重建方法及其并发症进行调查分析发现,本组下颌骨患者的年龄分布与以往的有关报道相似,且肿瘤是导致缺损的主要原因,下颌骨体部是容易受累的缺损部位,大部分缺损都是包含软组织缺损的下颌骨复合缺损。在诸多修复方法中,患者血管化自身骨组织瓣移植已成为下颌骨重建的主要方法。

述　评

上下颌骨共同承担着口腔咀嚼、容貌美观和语言表达等功能。目前,有关下颌骨缺损的美容修复主要包括骨组织重建及其相邻的软组织重建。前者旨在恢复下颌骨的连续性,重建面部的对称,恢复面下部的高度、宽度和突度,为义齿修复提供基础;后者是下颌骨部分切除的肿瘤患者功能恢复的另一重要方面,此类患者的切除边界常常包括一定量的口腔黏膜、舌、口周肌肉和神经,有时还包括外部皮肤,尤其是放疗区软组织缺损可能导致创口愈合困难。因此,在骨修复的同时,软组织的修复也应引起重视。作者对下颌骨节段性缺损患者临床特点和治疗方法进行了回顾和分析,可供临床参考。

（余占海）

人工牙龈比色板对视觉比色结果的影响［高承志　刘海山.现代口腔医学杂志,2006,20(6):589～590］

应用测色加视觉的方法筛选出颜色最接近之色标配成实验用选牙色板(比色板),选出 7 个色标并遮盖色标号作为选色目标,选有 5 年以上修复临床经验的医师 10 人为受试者,在统一条件下对 7 个选色目标进行 3 组视觉选色,即选色目标与选牙色板均不使用人工牙龈组,仅选色目标有人工牙龈组和选色目标与选牙色板均使用人工牙龈组。分别记录选色结果正误数量并计算正确率。结果显示,在选色目标有人工牙龈的情况下使用配有人工牙龈的色标,选色正确率远高于不使用人工牙龈的色标,差异有显著意义。作者认为,人工牙龈选牙色板可以提高临床的选色准确性。

述　评

口腔审美修复在临床上的选牙色问题一直是一个难点。传统方法是将选牙色板上的色标逐一与对象天然牙进行对比,最终选出最接近者,但在实际应用中经常出现偏差。其原因之一就是选牙色板色标没有人工牙龈衬托,从而使选色条件不对等,导致选色失误。近来出现的带有人工牙龈的选牙色板针对该问题进行了改进。建议口腔审美修复临床上尽量推广使用人工牙龈选牙色板,以充分提高选色的准确率和审美修复效果。

（余占海）

腮腺良性肿瘤手术有关美容的探讨［薛浩伟　张令达　颜雨春等.口腔颌面外科杂志,2006,16(4):325～327］

对 52 例腮腺良性肿瘤患者采用隐蔽手术切口,面神经和耳大神经的分离保留,胸锁乳突肌瓣移植,腮腺的区域性切除,残留腺泡和切口处理等改良术式给予治疗。术后随访观察,切口均Ⅰ期甲级愈合。随访 6～18 个月,腮腺区外形良好,功能正常。有 3 例患者出现暂时性面瘫,但均在 3 月内痊愈。所有患者对面容恢复满意,未见肿瘤复发。作者认为,改良的腮腺手术术式提高了手术的整体质量,取得了较好的美学效果。

述　评

腮腺区域手术所涉及的颌面部解剖分区中的腮腺咬肌区、颧区、耳区、颊区、颞区,是构成面颊的大部分内容,是人侧面容貌的主要部分。其美学意义在于参与面部表情功能，协助口唇表达笑容，辅助语言、吸吮和咀嚼活动。面颊形态及其丰满度在很大程度上决定着面型的美容效果。近年来，患者的审美意识在不断提高，恐惧术后对颜面美的影响而拒绝手术治疗的患者不在少数。因此，对腮腺区域的手术技巧和方式就显得尤为重要。该研究采用上述一系列腮腺改良术式和一定的手术技巧，取得了比较满意的效果，具有临床指导意义。

(余占海)

水晶牙饰临床设计的美学原则[孙少宣　唐丽丽　刘世明. 中华医学美学美容杂志，2006，12(2)：109]

作者于近几年在水晶牙饰的临床实践中，总结出一系列水晶贴面的美学原则，并且指出要使水晶美牙真正达到衬托人的整体美感的效果，牙科医师的美学知识和审美能力至关重要。也就是说，水晶颜色、形状、贴面的牙位、数目多少等，应根据天然的色泽、牙齿排列状况、微笑时上唇的唇形(曲线)、口角的弧度、面部肤色、面型乃至人的气质等个体差异综合考虑，才能指导美容就医者正确选择人工牙。在操作技巧上也有较高的要求，如橡皮障隔湿技术、牙釉质酸蚀技术、牙科黏结技术等，并非一般人都能胜任，必须由专业牙科医生进行，否则极易脱落。

述　评

牙饰是继耳饰(耳环)、颈饰(项链)、指饰(戒指)之后又一种美化人体器官的装饰品。水晶牙饰由于能提升美容就医者的美丽度和幸福感，而且对牙齿的健康又无损害，因此，吸引了许多时尚、前卫人士，成为美容医学界关注的牙齿美容项目之一。水晶美牙不同于耳环、项链那样直露于体表，它伴着微笑而时隐时现，随着心境而体现美感，具有朦胧美的意境。如果上升到美学理论，这是一种深层次的和高品位的理性美。作者在水晶牙饰的临床实践中，总结出一系列宝贵的水晶贴面设计的美学原则，具有临床指导价值。

(余占海)

下颌骨及颧弓测量相关分析在美容医学中的应用[曾效恒　刘建芝　欧阳四新等. 中华医学美学美容杂志，2006，12(13)：157～160]

对颌面骨正常成年男女尸体标本各50具，按《人体测量方法》的标准，以马丁编号方法，游标卡尺直接测量下颌角间宽、下颌联合深度与高度、颏孔处厚度、支宽、支高、体长等，并对所得数据进行相关分析处理。作者认为，在尸体原位测量成人下颌角间距以及颧弓深度、长度并进行相关分析，可望在活体上通过测量下颌角间距来推算下颌骨以及颧弓深度、长度各项指标，对临床美容矫治术具有一定的参考意义。

述　评

美容医疗技术，是运用医学手段和审美技能相结合的方法达到美容目的的新兴学科。即用医学美学的理论来充实和提高美容医疗应用技术，解除美容就医者的痛苦，恢复其正常的生理解剖形态与功能。颜面美容、下颌角肥大截骨术是当前国内外比较流行的一项体形整形手术。东方民族以瓜子脸或鹅蛋脸为美，下颌角肥大以及高颧骨、颧弓矫正术因此成为整形美容外科的一项重要手术。作者通过测量颧弓深度、长度以及下颌骨各项指标，从解剖学角度寻求审美的共同点，以期利用下颌角间距推算患者自身的颧弓深度、长度，这对美容就医者术前的准备和术中估计十分有利，为颜面美容、整形修复等手术提供了解剖学参考依据。

(余占海)

正颌-正畸联合治疗下颌偏突畸形[杨学文　龙星　叶翁三杰等. 中华医学美学美容杂志，2006，12(1)：5～8]

对16例下颌偏突畸形患者采用下颌升支矢状劈开截骨术(Hunsanck 改进术式)，截骨段间采用坚强内固定，尽量减少髁突的移动范围并适当延长颌间栓结时间，根据情况及时调整手术前后正畸治疗方案。结果显示,所有患者的面型和咬合关系均达到满意效果,下颌运动范围在术后 3 个月时已接近术前水平,在术后 6 个月随访时未发现有骨性复发和新出现的颞下颌关节症状,双侧髁突的移位变化均是在生理范围内的调整。作者认为,在正畸科的配合下,采用改良的下颌升支矢状劈开截骨术是治疗下颌偏突畸形的有效方法之一。

述　评

下颌偏突畸形在临床上表现为下颌前突、侧貌异常以及两侧下颌骨发育不对称、下颌中线偏向健侧、前牙和健侧后牙反殆,严重影响患者的容貌美观。由于下颌骨不对称,加之患者下颌运动已逐渐适应这种运动轨迹,所以这类畸形在临床治疗上有一定难度,术后易出现骨性复发和颞下颌关节疾病;因此,恢复患者面部的对称性和正常的咬合关系,防止术后畸形复发是本病治疗的关键。作者此研究在该方面做了有益的尝试。

（余占海）

个性化排牙与传统性排牙的临床效果分析[韩晓辉　牟月照. 口腔颌面修复学杂志, 2006,7(1):48～50]

对临床上符合要求的 77 例患者随机采用个性化排牙法或传统性排牙法完成义齿制作,然后进行临床效果观察和患者对人工牙的满意度调查。结果显示,两种方法患者的接受率分别为 95.00% 和 94.59%,差别无显著性($P>0.05$);满意率分别为67.50% 和 40.54%,差别有显著性($P<0.05$)。因此作者认为,个性化排牙法与传统性排牙法能够同样被患者接受,且个性化排牙法更能够满足患者的要求。

述　评

个性化排牙法是在传统排牙法的基础上根据患者的性别、个性、年龄等因素,对人工牙的排列作适当调整来模拟天然牙列常见的微小缺陷,从而使人工牙凸现患者个性特征、满足患者审美要求的一种排牙方法,简称 SPA 排牙法。SPA 排牙法不是对传统排牙法的否定,而是对它的继承、发展与完善。当然,要使修复体在具有良好的功能、组织保健作用的同时,获得最大限度的自然美也不是一件易事。只有充分与患者交流沟通,对患者有了充分的认识与了解,并且不断加强医生和技师自身的审美素养,才会使 SPA 排牙法发挥到极致,获得医患双方都满意的临床审美修复效果。

（余占海）

Beyond 冷光美白仪治疗氟斑牙临床评价[王林虎　王虎中　何艳. 中国美容医学, 2006, 15(9):1073～1075]

对实验组 40 例氟斑牙患者以 Beyond 冷光美白仪进行漂白,对照组 40 例氟斑牙患者以奥伦漂白剂家庭漂白治疗,用 Vita 选牙色板进行美白治疗前后颜色的对比,半年后再比较两种方法漂白的效果。结果显示实验组的脱色显效率为 87.5%,对照组的显效率为 52.5%,两者差异有显著性($P<0.01$)。半年后两组均有不同变化,但两者之间漂白效果仍有统计学意义($P<0.01$)。作者据此认为, Beyond 冷光美白对氟斑牙脱色有效,且安全、快速。

述　评

四环素牙、氟斑牙、老龄性牙齿变黄不仅影响美观,而且也给患者造成了心理负担。牙齿美白技术给广大变色牙患者带来了福音,越来越受到患者的欢迎。目前,牙齿漂白主要有家庭漂白法和诊室漂白法。自 1989 年 Hyhwood 等首次报道活髓牙夜间漂白技术以来,家庭漂白已在国内广泛开展。家庭漂白所用漂白剂体积分数低、安全,但疗效缓慢,且漂白剂有可能致牙龈不适感,影响疗效。诊室内漂白所用漂白剂体积分数较高(含过氧化氢达 36%),漂白过程在诊室内由医师完成,操作过程能做到不接触牙龈组织,治疗依存性高。冷光美白作为一种较新的技术,具有操作简单方便、治疗时间短和不良反应少等优点，能使部分着色牙获得美白效果，值得临床推广。但长期疗效有待于进一步观察。

（余占海）

正畸治疗对患者生活质量的影响［魏谋达　邵金陵　韩迎星等．临床口腔医学杂志，2006，22(5)：304～306］

随机抽取正畸治疗复诊患者40名进行问卷调查，采用口腔健康状况对日常行为影响量表对患者进行测评。结果显示：①在各项日常行为中，正畸治疗对患者的进食、口腔卫生以及社会交流影响较大，疗效越长对患者工作学习影响越大，并且有统计学意义；②对于正畸治疗影响的主观感受程度，不同疗程和不同年龄组患者之间有显著性差异（$P<0.05$）。作者认为，正畸治疗影响患者的生活质量，并在矫治初期、长疗程以及成年患者中表现更为明显。

述　评

口腔正畸治疗是一项长期系统的过程，会给患者口腔卫生、容貌美观、工作学习和社会交往等日常行为带来不便，进而影响患者的生活质量。该研究提示，关注患者正畸治疗过程中的主观感受、心理活动和社会行为的变化非常重要。正畸美容医生必须意识到这种影响，了解患者的主观感受和心理活动。在技术上要为患者制定正确合理的矫治方案，避免不当的治疗操作。在心理上，对患者进行激励和支持，使其对治疗充满信心，更好地配合治疗，从而提高效率、缩短疗程，达到满意的容貌审美效果。

（余占海）

口腔材料学

六种玻璃离子黏固剂断裂模式的比较［王炎　张新春　Darvell B.W.中华口腔医学杂志，2006，41(11)：687～693］

将6种玻璃离子黏固水门汀（GIC）制成圆盘形试件，利用赫兹压痕试验对试件加载形成断裂面，应用扫描电镜观察试件断裂面并以此研究不同玻璃离子水门汀的断裂模式。结果显示：与传统的酸反应固化型GIC相比，树脂改良型GCI不但承受载荷的能力大，而且断裂模式为不完全的韧性断裂；GIC的断裂行为主要由其固化类型决定，添加金属或陶瓷加强成分并不能有效地提高GIC承受载荷的能力。

述　评

随着玻璃离子水门汀组成成分的不断改进，其临床应用范围也正在逐步扩大。如何进一步提高GIC的强度和减小它的脆性，则是目前研究方向之一。该研究对决定玻璃离子水门汀材料机械性能的关键因素——断裂模式和初始断裂载荷进行探讨，证实了树脂改良型GIC具有应力缓冲的特点，可以在材料断裂前吸收一定的能量，使材料的韧性和断裂载荷增大，而金属和陶瓷增强粉末的添加并不能有效提高材料的载荷能力。这一研究结果为树脂改良型GIC未来选择性地应用于受力部位提供了理论依据，也为新型玻璃离子水门汀的开发指明了方向。

（孙皎）

纳米氧化锆的含量对纳米氧化锆增韧氧化铝陶瓷力学性能和显微结构的影响［王广奎　康宏　包广浩等．华西口腔医学杂志，2006，24(5)：404～406］

将纳米氧化锆、氧化铝和复合添加剂等粉料与一定比例的醇-水混合后，球磨制备浆液，采用离心渗透注浆法成胚，烧结后测试其三点抗弯曲强度、维氏硬度和断裂韧性，同时用扫描电镜观察烧结体表面和断面的微观结构。实验结果显示，各组三点抗弯曲强度和维氏硬度的差异具有统计学意义，断裂韧性随氧化锆质量分数的不同而不同，内晶-晶间复合型结构具有强烈的增韧效果。作者认为，当纳米氧化锆质量分数为20%时，可显示出较好的增韧效果，适合口腔修复应用。

述 评

氧化锆陶瓷是口腔全瓷修复中具有代表性的一种材料。然而，该材料在水和循环负荷下，可明显加快其裂纹扩展速度。近年来人们开始关注纳米技术在口腔修复材料中的应用，通过加入纳米氧化锆颗粒，调整其质量分数，使陶瓷的显微结构发生改变，从而达到氧化锆相变增韧效果。上述研究验证了这类陶瓷可明显提高材料的强度和韧性，有望成为改变复合陶瓷在口腔环境中强度和韧性的突破口。

（孙皎）

钛种植基台与三种合金在人工唾液中腐蚀性能研究［刘玉艳 周延民．现代口腔医学杂志，2006，20(5)：485～488］

采用动电位极化技术、扫描电镜、能谱和X-射线衍射仪等手段，研究金合金、钛合金、镍铬合金和钛种植基台在体外的腐蚀性能。实验结果显示：镍铬合金表面镍、氧含量增加，铬、钼、铝含量减少，其表面生成物以 Cr_2O_3 为主；钛合金与钛种植体基台表面生成物以 TiO_2 为主，金合金表面未见生成物。作者认为，钛合金与钛种植体基台的耐腐蚀性能优于镍铬合金，钛种植基台和钛合金匹配较理想。

述 评

种植牙的成功与否，除了与种植技术、种植体结构设计和病人自身的局部条件等诸多因素有关以外，如何从优选择与钛种植基台匹配的种植义齿上部结构材料也已越来越受到临床医师的重视。该研究通过比较金合金、镍铬合金和钛合金三种临床常用修复材料与钛种植基台在人工唾液中的电化学腐蚀行为，认为从金属腐蚀的角度考虑钛种植体基台与钛合金两者最为匹配。该结论为种植体上部结构材料的研发和临床选择提供了必要的理论指导。

（孙皎）

纳米硅涂层对玻璃渗透氧化铝陶瓷黏结强度的影响［谢海峰 章非敏 陈晨等．临床口腔医学杂志，2006，22(7)：410～412］

选择 3 组 In-Ceram 氧化铝瓷块，运用溶胶凝胶法分别对试件进行喷砂、喷砂加硅烷偶联、喷砂加纳米硅涂层加硅烷偶联等三种不同的表面处理，随后将所制作出的陶瓷-复合树脂黏结体在室温下置蒸馏水中浸泡 24 h，微拉伸法测试各组件的黏结强度。结果显示，喷砂加纳米硅涂层加硅烷偶联组的黏结强度明显高于其他各组。作者认为，用溶胶凝胶法进行纳米硅涂层表面改性，可显著提高玻璃渗透氧化铝陶瓷的黏结强度。

述 评

全瓷修复成功率的关键在于提高陶瓷与树脂的黏结强度。为了提高 In-Ceram 氧化铝陶瓷的黏结强度，选择硅涂层表面改性配合硅烷偶联剂处理的方法其效果已经得到公认。然而，以何种方法来完成硅涂层目前还存在争议。该研究尝试应用溶胶凝胶法这一表面工程技术，对玻璃渗透氧化铝陶瓷进行纳米硅涂层表面改性并获得了初步成功，这就提示该技术能有效提高玻璃渗透氧化铝陶瓷的黏结强度。但是，如何保证涂层厚度均匀而且结合稳定，仍有待进一步研究。

（孙皎）

义齿基托树脂 PMMA 的化学改性研究［高虹 张振庭．北京口腔医学，2006，14(2)：92～94］

采用不同质量分数的活性单体二甲基丙烯酸一缩乙二醇酯(DD)与甲基丙烯酸甲酯(MMA)接枝共聚，测量其弯曲强度、拉伸强度、弹性模量和断裂伸长率，分析材料的力学性能、热性能和结构性能，以此探讨活性单体 DD 对义齿基托树脂(PMMA)的化学改性作用。结果显示，加入质量分数 25% 的活性单体 DD 共聚后的基托树脂，其力学性能和热稳定性都有一定程度的提高。

述 评

聚甲基丙烯酸甲酯(PMMA)是临床上最

为常用的义齿基托材料，但由于材料自身的强度欠佳以及固化过程中的内应力作用，基托的断裂现象时有发生。近年来，较多文献报道采用纤维增强技术来提高义齿基托树脂的机械性能。而该研究从改善 PMMA 分子结构的角度出发，通过加入活性单体 DD 使基托树脂的分子形成一个三维网络结构。实验结果证明，这一改性技术可以有效地提高材料的机械性能与热稳定性，即为临床上解决基托断裂问题提供了一条新的途径。

（孙皎）

桩核黏结界面无力构象的实验研究［李振春　房艳　吴璇等．口腔材料器械杂志，2006，15(4)：175～178］

选择临床上常用的磷酸锌水门汀、玻璃离子水门汀和树脂类黏结剂三种黏结材料，应用激光共聚焦显微镜观测离体上前牙根管内壁牙本质-黏结剂-桩黏结界面的物理构象，以探讨玻璃纤维桩核钛桩修复后桩局部微观结构和形态与宏观的固位力之间的关系。结果显示，三种黏结材料的黏结层厚度之间没有显著差异，但牙根不同部位的黏结层厚度存在差异，纤维桩的黏结层厚度大于钛桩。作者认为，树脂类黏结剂的黏结效果为最佳。

述　评

桩核修复是临床保留残根残冠的主要修复方法，桩核的固位是依靠桩与根管壁之间的摩擦力以及黏结剂的黏结力，而黏结剂层厚是影响桩核黏结强度以至决定桩冠修复成败的主要因素。该研究运用较先进的研究手段——激光共聚焦显微镜，由表面至深层同时观测了黏结界面的微观形态和构成，比较全面地反映了黏结界面对桩核固位力的影响，揭示了微观形态和宏观固位力之间的关系。该实验结果为临床上合理选用黏结剂系统提供了必要的理论基础。

（孙皎）

口腔护理学

利多卡因雾化吸入改善留置胃管不良反应的疗效观察［吕菊红　何洁　尚利芳等．现代护理杂志，2006，12(19)：1786～1787］

将 54 例经鼻气管插管全麻下行舌颌颈联合根治术并同期行带蒂肌皮瓣舌再造术、术后留置胃管的舌癌患者随机分为两组，观察其在常规雾化剂中加用利多卡因雾化吸入（治疗组）与常规雾化剂吸入（对照组）对于留置胃管后不适反应的改善情况。结果表明，对于咽喉部疼痛、恶心和上呼吸道分泌物增多等症状的缓解或改善，两组之间有显著性差异，特别是在改善咽喉部疼痛和恶心等方面，效果更为显著。

述　评

雾化吸入在临床上已沿用多年，这对于气管插管全麻术后减轻患者咽喉部肿痛、化痰和预防呼吸道感染等方面均有益处。应用利多卡因雾化吸入进行纤维支气管镜检查、喉内镜检查以及在预防全麻气管插管心血管反应方面，文献上已有报道，亦有人做过应用丁卡因雾化吸入以改善留置胃管不良反应的研究。利多卡因的毒副作用远较丁卡因小，罕有变应性反应且效果好。口腔颌面外科术后留置胃管的情况并不少见，应用利多卡因雾化吸入可缓解减轻患者痛苦，提高手术成功率。因此，此法值得借鉴。

（李文秀）

负压吸引术治疗 26 例颌骨囊性病变的术后护理与家庭护理指导［徐佑兰　何腾霞　陈艳玲等．中华护理杂志，2006，41(1)：54～55］

负压吸引术是治疗颌骨囊性病变的一项新技术。作者报告了 26 例手术患者术后负压吸引的护理和家庭护理指导的体会，其中术后护理重点为切口护理、引流管护理和囊腔冲洗护理等。对患者进行出院前的家庭护理指导，其中重点指导囊腔冲洗以及引流管、负压球的清洗方法。结果显现,26 例手术患者术后效果均满意。作者认为,术后实施囊腔冲洗护理以及周到、细致的出院指导,有利于保证治疗效果。

述 评

该作者较详尽地介绍了负压引流术治疗颌骨囊性病变术后负压引流、囊腔冲洗的护理操作方法以及注意事项。即操作要求明确,措施说明翔实,特别是针对患者在住院期间进行的家庭护理培训指导以及拟定出院后的护理计划等,值得借鉴推广。

(李文秀)

11 例涎腺内镜下治疗阻塞性涎腺疾病的护理配合[古文珍 陈佩珠 严娟等. 中华护理杂志,2006,41(11):1 017~1 018]

总结 11 例涎腺内镜诊治阻塞性涎腺疾病的护理配合经验,其中充分和完善的物品准备,术中巡回护士正确的仪器使用,注意患者的舒适度,器械护士熟悉涎腺内镜器械的使用时机和方法,及时准确地传递器械,术后正确的健康教育等是该手术护理配合的关键。

述 评

涎腺内镜手术是近年来开展的一种新的微创技术。作者所介绍的临床经验对涎腺内镜的手术护理有一定的参考价值。

(李文秀)

口腔医务人员职业暴露防护的研究[卢爱工 李莉莉 刘东玲等. 中华医院感染学杂志,2006,16(2):190~192]

针对口腔医务人员职业暴露的危险因素包括生物因素(感染性病毒、细菌)、化学因素(银汞、麻醉废气、消毒剂)、物理因素(噪音、锐器)和诊疗环境因素(诊室、飞沫、碎屑、高速手机气雾)等,制定并执行标准化、制度化、科学化和普遍预防的管理体系,让口腔医务人员掌握口腔感染管理标准,明确口腔器械消毒程序,在口腔诊治过程中通过实施普遍的预防策略,构建口腔医务人员职业暴露防护的具体措施与方案,可以最大限度地降低口腔医院感染的发生。

述 评

口腔医务人员由于其职业特点,已经成为口腔医院的高危感染人群。如何提高认识并制定出一整套行之有效的防护管理办法,是摆在所有口腔医务人员面前的一个严峻不可回避的课题。该作者提出的问题十分重要,分析问题也较透彻。作者明确防护为主的感染管理思想,有针对性地提出的一整套具体的预防措施,有实际的参考价值。

(李文秀)

口腔颌面外科手术采用盲探气管插管装置的麻醉配合[景海容. 解放军护理杂志,2006,23(7):58~59]

对 152 例口腔颌面外科患者采用盲探气管插管装置引导插管的麻醉配合进行回顾性总结,旨在探讨盲探气管插管装置在口腔颌面外科手术中的麻醉配合方法。结果显示,在这 152 例采用盲探气管插管装置引导插管的患者中,151 例插管成功,1 例改为逆行引导插管。作者认为,盲探气管插管装置引导插管并发症少,成功率高,避免了气管切开且成本较低。但是要求麻醉护士在麻醉插管过程中积极主动配合麻醉医生,即减少插管过程中时间的延误,减少患者的痛苦,保证插管过程顺利地进行。

述 评

口腔颌面外科手术常需气管插管全麻,但是却常常由于气管解剖结构变异等因素造成插管困难。因此,探索提高全身麻醉插管的技术方法具有重要的意义。盲探气管插管装置可有效提高插管的成功率,减小患者痛苦。该文可供采用盲探气管插管装置引导插管的麻醉配合参考。

(李文秀)

牙科手机消毒灭菌管理模式及效果评价[曾淑蓉. 中华医院感染学杂志,2006,16(5):542~543]

总结牙科手机消毒灭菌中心的建立、建设和运作模式并对其进行效果评价，旨在探讨对牙科手机的消毒灭菌管理模式。结果显示，牙科手机集中管理、集中灭菌、集中维修、全院循环，有利于贯穿物流一体的思想，有利于设备共用、资源共享、简化门诊工作流程，节约人力、物力、财力，充分发挥机器效能，提高消毒供应中心专业技术含量，提高效益和效率。作者认为，手机消毒灭菌中心的建立规范了牙科手机和器械消毒灭菌流程，使手机消毒灭菌标准化、程序化，确保手机消毒灭菌的质量。

述　评

医源性交叉感染应引起医务工作者的足够重视。牙科治疗手机既是治病的工具，也可能成为致病工具。因此，对每一部手机都进行严格的消毒是十分重要的。该文所介绍的关于牙科手机消毒灭菌流程以及管理模式值得口腔专科医院参考借鉴。

（李文秀）

口腔药物学

盐酸二甲胺四环素治疗种植体周围炎临床效果观察［周力　林野　邱立新等．中华口腔医学杂志，2006，41(5)：299～303］

对 30 例患者种植修复后 6 个月以上共 32 枚种植体发生的种植体周围炎进行如下治疗：去除种植体周围的龈上菌斑，生理盐水冲洗、吹干，将米诺环素（别称盐酸二甲胺四环素）软膏注入牙周袋，溢满为止。每周给药 1 次，连续 3 周。用药前和用药后 1、3、6 周检查菌斑指数、探诊深度、龈沟出血指数，随访半年。结果显示：用药前后菌斑指数差异无统计学意义；用药后无窦道型种植体周围炎（25 枚），位点探诊深度较用药前时显著减少（$P<0.01$），疗效维持到停药后 4 周，其减少的程度较有窦道型（7 枚）显著；停药后第 4 周探诊深度加深，达到用药前程度。用药后无窦道型龈沟出血指数较用药前显著减少；有窦道型用药后 1、3 周，龈沟出血指数明显减轻，停药后 4 周升高，达到用药前程度。治疗前后种植体-基台结合部至骨与种植体接触点之间的距离相差不显著。本研究中 7 例有窦道型的种植体周围炎病例在用药 3 次后炎症明显消退，但窦道均未愈合。

述　评

米诺环素可抑制或杀灭厌氧菌和兼性厌氧菌，还能抑制胶原酶分泌和促进牙周组织再生。该研究中所使用的药膏是由米诺环素制成的局部控释抗菌药物，注射压力能将其送到牙周袋底，油质软膏中的微颗粒在牙周袋内可滞留 7 d。这种软膏可作为治疗无窦道型种植体周围炎的药物，也可作为有窦道型种植体周围炎较好的术前辅助用药。

（吴军正）

抗生素联合中药外敷治疗早期急性化脓性腮腺炎的临床观察［蒋晓蓉　张小燕　余锦豪．口腔颌面外科杂志，2006，16(3)：239～241］

将发病后 1～2 d 的化脓性腮腺炎患者 136 例随机平均分为两组。试验组用金黄散油膏外敷腮腺肿胀区域每天 1 次，同时口服阿莫西林胶囊每次 0.5 g，每日 3 次，或先锋霉素胶囊每次 0.5 g，每日 3 次，甲硝唑片每次 0.5 g，每日 3 次。对照组仅口服抗生素，用药量及其方式同试验组。对出现肿胀疼痛加剧或腮腺导管口有分泌物排出者，给予静脉滴注抗生素和切开引流治疗。治疗 3 d 后试验组显效（腮腺直径缩小到0.1～0.3 cm，疼痛明显好转，导管口红肿减退）、有效（腮腺肿胀直径缩小到 0.5～0.7 cm，疼痛减轻，导管口红肿减轻）和无效（腮腺肿胀的大小未改变，疼痛情况和导管口红肿未改善甚至加重）例数分别为 52、13 和 3，对照组分别为 3、46 和 19（$P<0.01$）。试验组和对照组的疗程(d)则分别为 5.5 ± 0.3 和 7.5 ± 0.5（$P<0.01$）。试验组中 3 例、对照组中 19 例治疗 3 d 后出现化脓性病变，经青霉素静脉滴

注和切开排脓治愈。

述　评

口服或注射抗生素是治疗早期急性化脓性腮腺炎的常规方法。该研究中作者根据中医清热解毒以清除热毒之邪、化痰软坚以消散结聚、凉血活血以散瘀通络的原则，采用了口服抗生素和局部外敷中药金黄散油膏的治疗方法，能更好地缓解症状、缩短病程，避免进入化脓和腺组织坏死阶段，防止炎症扩散，可供临床参考应用。

（吴军正）

米诺环素对慢性牙周炎辅助治疗的疗效观察［赵宁　葛少华　丁广耀．华西口腔医学杂志，2006，24(1)：32～35］

将 64 名患中到重度慢性牙周炎的男性吸烟者随机分成单纯龈下刮治根面平整组(SRP，32 例)和龈下刮治根面平整后牙周袋局部应用米诺环素软膏组(SRP＋M，32 例)。记录两组患者在基线、3 和 6 个月时的菌斑指数(PLI)、牙龈指数(GI)、探诊出血阳性率(BOP)、探诊深度(PD)及附着丧失(AL)的变化，每一牙位测 6 个位点，并进行统计学分析。治疗过程随访资料完整者 SRP 组 29 例，437 颗牙，2 622 个检查位点；SRP＋M 组 29 例，441 颗牙，2 646 个检查位点。基线时两组患者的 PLI、GI、BOP、PD、AL 均无统计学差异($P>0.05$)。治疗后 3 和 6 个月两组 PLI、GI 和 BOP 均明显下降($P<0.05$)，两组间比较无统计学差异($P>0.05$)。治疗后 3 个月 SRP＋M 组 PD 和 AL 下降的数值大于 SRP 组；治疗后 6 个月两组 PD 和 AL 与 3 个月相比变化不大($P>0.05$)。两组患者基线时 PD 大于 7 mm 的深牙周袋，治疗后 SRP＋M 组 PD 和 AL 下降的数值比 SRP 组更为明显($P<0.01$)。

述　评

米诺环素是四环素家族的一员，能抑制蛋白酶特别是金属蛋白酶的活性，促进牙周膜细胞增殖，从而促进牙周组织新附着的形成。龈下刮治根面平整可以去除龈下菌班生物膜，有利于药物更好地发挥作用。该研究证明，龈下局部应用米诺环素软膏辅助治疗慢性牙周炎优于单纯龈下刮治根面平整，为提高慢性牙周炎的治疗水平提供了又一种可选择的方法。

（吴军正）

平阳霉素治疗小儿颌面部静脉-微静脉畸形 306 例疗效分析［寿柏泉　寿卫东　杨震等．上海口腔医学，2006，15(2)：136～136］

采用平阳霉素(PYM)病变内注射治疗颌面部静脉-微静脉畸形 306 例(年龄 1 个月至 12 岁)。取 PYM 8 mg 加质量浓度 1％的普鲁卡因液 8 mL，配成 PYM 质量浓度 1 g/L 的药液。治疗时先肌注地塞米松 2～5 mg，3～5 min后，按 1 cm×1 cm 的量病变区域注射 PYM 1 mL，病变表面稍变苍白即可。注药后 1～2 d 局部肿胀，无需特殊处理。病变较大者可分点注射，注射 1 次未能消退者，每隔 7～10 d 重复注射，一次最大剂量 8 mg，3～5次为一个疗程，PYM 总量不超过 40 mg。疗效标准，①治愈：注射治疗后病变完全消失，皮肤颜色完全正常，无功能障碍，无复发；②基本治愈：病变基本消失，皮肤颜色基本正常，无功能障碍，但外观尚欠对称；③好转：病变范围缩小 50％以上，未完全消失，需用其他方法治疗者。经半年至 8.5 年随访，治愈 156 例(50.98％)，其中治愈 116 例(37.91％)，好转 34 例(11.11％)。不良反应有：发热 7 例，体温 38～39 ℃，一般在 1 d 内恢复正常，无需特殊处理；食欲下降 20 例；局部破溃 9 例，经抗感染、换药治愈。

述　评

静脉畸形的治疗方法有激光、冷冻、质量浓度 5％的鱼肝油酸钠注射等。激光和冷冻对部位较深的病变疗效差，对部位较浅的病变在治疗后常产生表面瘢痕。质量浓度 5％的鱼肝油酸钠注射对静脉畸形有效，对微静脉畸形无效。PYM 是一种广谱抗癌抗生素，对血管内皮细胞有杀伤和抑制增殖的作用。病变区域内注射 PYM 后由于血管内皮细胞破坏导致静脉管腔闭塞，发挥治疗作用。但是 PYM 可引起变态反应，应用时应该特别注意。

（吴军正）

中药五倍子化学成分对早期龋显微硬度的影响［楚金普　李继遥　郝玉庆等. 中华口腔医学杂志，2006，41(10)：616～617］

用四川产五倍子 1 000 g 提取制得白色粉末状物 160 g，即五倍子多酚性化合物-总鞣质(GCE)，用 GCE 15 g 提取制得 GCE-B 2.7 g，取 GCE-B 2 g 进一步提取制得 GCE-B_1 0.91 g 和 GCE-B_2 0.86 g。经核磁共振氢谱、核磁共振碳谱的结构鉴定证明 GCE-B_1 为没食子酸，GCE-B_2 为没食子酸甲酯。选择新鲜拔除的牛切牙行人工龋实验。将 60 个人工釉质龋样本编号后采用抽签法随机分为 NaF 组(阳性对照，NaF 质量浓度为 1 g/L)、GCE (4 g/L)组、GCE-B(4 g/L)组、BCE-B_1(4 g/L)组、BCE-B_2(4 g/L)组和去离子水组(阴性对照)，每组 10 个标本进行再矿化实验。实验周期为 12 d。用显微硬度计检测各个样本脱矿前、脱矿后和再矿化后的显微硬度，计算出表面显微硬度恢复的百分比。结果显示，再矿化后各组表面显微硬度恢复率(%)分别为：NaF 63.0±3.6、GCE 43.1±3.9、GCE-B 29.4±2.7、GCE-B_1 14.8±2.0 和 GCE-B_2 6.8±2.0，去离子水 5.7±1.6。

述　评

近年来，国内学者大量研究证明中药五倍子具有防龋、抗龋作用。该研究结果表明，五倍子的化学成分 GCE、GCE-B 和 GCE-B_1 可以提高早期釉质龋表面显微硬度，虽然效果比氟化钠弱，但作为一种非氟的防龋药物，仍具有重要的研究前景和应用价值。

（吴军正）

替硝唑口腔贴片治疗牙周炎Ⅱ期临床试验［吴军正　王勤涛　周威等. 第四军医大学学报，2006，27(23)：2 171～2 174］

采用随机双盲双模拟平行对照多中心临床试验，试验组 80 例受试者使用替硝唑口腔贴片(5 mg/片)，每牙位 1 片，2 次/d，于早餐和晚餐后及漱口后将药片贴敷于 2 个观察牙位(磨牙或前磨牙)颊侧正中牙龈表面；口服替硝唑口服片赋型剂，2 次/d，每次 1 片，分别在早餐和晚餐后服用。对照组 80 例受试者使用替硝唑口腔贴片赋型剂，用法用量与试验组相同；口服替硝唑口服片剂(500 mg/片)，1 片，2 次/d。用药 5 d。用药前后分别检查龈沟出血指数(SBI)、菌斑指数(PLI)、牙周袋深度(PD)、牙松动度(TM)，测定龈下菌斑菌群，进行血常规、尿常规、肝功、肾功检验。结果显示，两组受试者临床指数基线检查计分、用药前细菌检测阳性率差异均无统计学意义($P>0.05$)。治疗后试验组和对照组龈下菌斑细菌清除率(%)分别为 54.7 和 60.0。两组 SBI、PLI、PD、TM 计分以及龈下菌斑菌群 cuf/mL 总数明显下降($P<0.01$)，两组之间下降率差异无统计学意义($P>0.05$)。与研究药物有关的不良事件发生率在两组都是 5%，无严重不良事件。两组受试者治疗前后实验室检查指标都在正常值范围内。

述　评

替硝唑口服片用药剂量大，有肝脏的首过效应，还可引起恶心、反酸、食欲下降等副作用。本研究中使用的替硝唑口腔贴片约为常规口服剂量的 1/50，局部给药的方法可避免或减少这些副作用。替硝唑口腔贴片可以作为治疗牙周炎的一种选择。

（史宗道）

教　育

第 10 批博士和硕士学位授权学科及专业名单

资料来源于国家教育部学位[2006]3 号文“关于下达第 10 批学位授权学科专业名单的通知”附件:第 10 批博士和硕士学位授权学科、专业名单。第 10 批博士和硕士学位授权学科、专业名单已经国务院学位委员会第 22 次会议批准。名单中,新增口腔医学博士学位授权一级学科单位 1 个,新增口腔临床医学博士学位授权单位 4 个,新增口腔医学硕士学位授权一级学科单位 13 个,新增口腔临床医学硕士学位授权单位 9 个,名单如下。

表 1　第 10 批博士学位授权一级学科名单

单位代码	单位名称	一级学科代码	一级学科名称
10335	浙江大学	1003	口腔医学

表 2　第 10 批博士学位授权学科专业名单

单位代码	单位名称	学科专业代码	学科专业名称
10226	哈尔滨医科大学	100302	口腔临床医学
10247	同济大学	100302	口腔临床医学
10312	南京医科大学	100302	口腔临床医学
10392	福建医科大学	100302	口腔临床医学

表 3　第 10 批硕士学位授权一级学科名单

单位代码	单位名称	一级学科代码	一级学科名称
10062	天津医科大学	1003	口腔医学
10089	河北医科大学	1003	口腔医学
10161	大连医科大学	1003	口腔医学
10222	佳木斯大学	1003	口腔医学
10247	同济大学	1003	口腔医学
10312	南京医科大学	1003	口腔医学
10422	山东大学	1003	口腔医学
11065	青岛大学	1003	口腔医学
10533	中南大学	1003	口腔医学
10558	中山大学	1003	口腔医学
10678	昆明医学院	1003	口腔医学
90115	军医进修学院	1003	口腔医学
90031	第三军医大学	1003	口腔医学

表 4　第 10 批硕士学位授权学科专业名单

单位代码	单位名称	学科专业代码	学科专业名称
10055	南开大学	100302	口腔临床医学
10090	华北煤炭医学院	100302	口腔临床医学
10343	温州医学院	100302	口腔临床医学
10438	潍坊医学院	100302	口腔临床医学
10631	重庆医科大学	100302	口腔基础医学
10632	泸州医学院	100302	口腔临床医学
10660	贵阳医学院	100302	口腔临床医学
10661	遵义医学院	100302	口腔基础医学
10752	宁夏医学院	100302	口腔临床医学

2006 年度中国口腔医学博士和硕士研究生招生及培养简况

资料由我国口腔医学博士、硕士学位授予单位提供，共收录口腔医学博士点 16 个、硕士点 43 个，另收录了少数高等学校口腔医学院(系)非口腔医学博士点。中国香港、澳门、台湾地区口腔医学研究生招生和毕业人数未统计在内。

表 5　2006 年我国在岗口腔医学博士研究生指导教师一览表

博士学位授予单位名称	所任学科专业	指导教师	学历	职称	任导师开始年	备注
四川大学						
	口腔基础医学					
	口腔解剖生理学	易新竹	本科	教授	1998	
	口腔生物学	李　伟	博士研究生	教授	2003	
	口腔临床医学					
	牙体牙髓病学	刘天佳	本科	教授	1995	
		周学东	博士研究生	教授	1998	
		吴红崑	博士研究生	教授	2006	
		胡　涛	博士研究生	副教授	2006	
	牙周病学	吴亚菲	博士研究生	教授	2006	
	口腔黏膜病学	陈谦明	博士研究生	教授	2003	
		周红梅	博士研究生	教授	2006	
	口腔预防医学	胡德渝	硕士研究生	教授	2001	
	口腔修复学	陈治清	本科	教授	1993	
		巢永烈	硕士研究生	教授	1995	
		梁　星	博士研究生	教授	1999	
		宫　苹	博士研究生	教授	2003	
		朱智敏	博士研究生	教授	2006	
		于海洋	博士研究生	教授	2006	
	口腔正畸学	陈扬熙	硕士研究生	教授	1998	

续表 5

博士学位授予单位名称	所任学科专业	指导教师	学历	职称	任导师开始年	备注
	口腔颌面外科学	赵志河	博士研究生	教授	2003	
		田卫东	博士研究生	教授	2001	
		石　冰	博士研究生	教授	2001	
		李龙江	博士研究生	教授	2001	
		胡　静	博士研究生	教授	2001	
		唐休发	博士研究生	教授	2003	
		郑　谦	博士研究生	教授	2003	
北京大学						
	口腔基础医学					
	口腔组织病理学	于世凤	本科	教授	1993	
		高　岩	博士研究生	教授	1999	
		李铁军	博士研究生	教授	2004	
	口腔临床医学					
	牙体牙髓病学	王嘉德	本科	教授	1997	
		高学军	博士研究生	教授	1999	
		栾文民	本科	教授	1997	兼职，现在卫生部北京医院
	牙周病学	曹采方	本科	教授	1990	
		孟焕新	博士研究生	教授	1999	
		沙月琴	硕士研究生	教授	2001	
	口腔修复学	冯海兰	博士研究生	教授	1999	
		徐　军	博士研究生	教授	2003	
		吕培军	博士研究生	教授	2003	
		谢秋菲	博士研究生	教授	2004	
	口腔正畸学	傅民魁	硕士研究生	教授	1990	
		林久祥	博士研究生	教授	1993	
		曾祥龙	硕士研究生	教授	1994	
		张　丁	博士研究生	教授	2004	
		周彦恒	博士研究生	教授	2004	
		许天民	博士研究生	教授	2004	
	口腔颌面外科学	张震康	本科	教授	1990	
		马绪臣	博士研究生	教授	1993	
		俞光岩	博士研究生	教授	1995	
		王　兴	博士研究生	教授	1997	
		孙勇刚	博士研究生	教授	2001	
		林　野	博士研究生	教授	2003	
		马　莲	博士研究生	教授	2003	
		郭传瑸	博士研究生	教授	2004	
		傅开元	博士研究生	教授	2004	
		魏世成	博士研究生	教授	2003	由四川大学授予

续表 5

博士学位授予单位名称	所任学科专业	指导教师	学历	职称	任导师开始年	备注
上海交通大学						
	口腔基础医学					
	口腔生物学	李德懿	硕士研究生	教授	2000	
	口腔材料学	孙　皎	博士研究生	教授	2004	
		陈德敏	本科	教授	2004	
	口腔临床医学					
	牙体牙髓病学	刘　正	本科	教授	1990	
		束　蓉	博士研究生	教授	2002	
		梁景平	博士研究生	教授	2002	
		翁雨来	博士研究生	主任医师	2005	
		朱亚琴	博士研究生	主任医师	2006	
	儿童牙病学	石四箴	本科	教授	1993	现在同济大学
	口腔黏膜病学	周曾同	硕士研究生	教授	2000	
	口腔预防医学	冯希平	博士研究生	教授	2002	
	口腔修复学	张富强	博士研究生	教授	1998	
	口腔正畸学	沈　刚	博士研究生	教授	2004	
	口腔颌面外科学	邱蔚六	本科	教授	1986	
		张志愿	博士研究生	教授	1996	
		王中和	本科	教授	1998	
		王国民	博士研究生	教授	2000	
		张陈平	博士研究生	教授	2000	
		郭　伟	博士研究生	教授	2000	
		陈万涛	博士研究生	研究员	2004	
		杨　驰	博士研究生	教授	2004	
		孙　坚	博士研究生	教授	2004	
	麻醉学	朱也森	本科	教授	2001	
第四军医大学						
	口腔基础医学					
	口腔组织病理学	杨连甲	本科	教授	1993	
	口腔生物学	司徒镇强	本科	教授	1990	
		吴军正	硕士研究生	教授	1995	
	口腔解剖生理学	王美青	博士研究生	教授	2000	
	生物医学工程	金　岩	博士研究生	教授	1998	
	口腔临床医学					
	牙体牙髓病学	肖明振	本科	教授	1995	
		文玲英	本科	教授	1996	
		吴补领	博士研究生	教授	2000	
		赵守亮	博士研究生	教授	2004	现在同济大学
		倪龙兴	博士研究生	教授	2005	
	牙周病学	吴织芬	本科	教授	1996	
	口腔修复学	郭天文	本科	教授	1993	
		马轩祥	博士研究生	教授	1996	
		赵铱民	博士研究生	教授	1998	

续表 5

博士学位授予单位名称	所任学科专业	指导教师	学历	职称	任导师开始年	备注
		王忠义	本科	教授	1998	
		姚月玲	博士研究生	教授	1998	
		陈吉华	博士研究生	教授	2000	
	口腔正畸学	林 珠	本科	教授	1990	
		段银钟	博士研究生	教授	1998	
		丁 寅	博士研究生	教授	2002	
	口腔颌面外科学	周树夏	本科	教授	1986	
		刘宝林	本科	教授	1990	
		毛天球	本科	教授	1993	
		刘彦普	博士研究生	教授	2005	
		孙沫逸	博士研究生	教授	2006	
	麻醉学	徐礼鲜	博士研究生	教授	2000	
武汉大学						
	口腔临床医学					
	牙体牙髓病学	樊明文	本科	教授	1990	
		边 专	博士研究生	教授	1999	
		彭 彬	博士研究生	教授	2001	
		陈 智	博士研究生	教授	2002	
		范 兵	博士研究生	教授	2002	
	牙周病学	李成章	博士研究生	教授	2001	
		闫福华	博士研究生	教授	2003	兼职,现在福建医科大学
	口腔修复学	程祥荣	本科	教授	1995	
		王贻宁	博士研究生	教授	2003	
	口腔颌面外科学	赵怡芳	硕士研究生	教授	1997	
		龙 星	博士研究生	教授	2001	
		尚政军	博士研究生	教授	2004	
		李祖兵	博士研究生	教授	2006	
吉林大学						
	口腔基础医学					
	口腔组织病理学	孙宏晨	博士研究生	教授	2000	
	口腔临床医学					
	口腔黏膜病学	高文信	硕士研究生	教授	2003	
	口腔正畸学	孙新华	本科	教授	2003	
	口腔种植学	周延民	博士研究生	教授	2005	
	口腔颌面外科学	孙宏晨	博士研究生	教授	2000	
首都医科大学						
	口腔临床医学					
	牙体牙髓病学	李玉晶	本科	教授	1999	
	牙周病学	章锦才	博士研究生	教授	1998	兼职,现在南方医科大学

续表 5

博士学位授予单位名称	所任学科专业	指导教师	学历	职称	任导师开始年	备注
	口腔黏膜病学	孙　正	博士研究生	教授	2003	
	口腔修复学	张振庭	硕士研究生	教授	2003	
		施生根	博士研究生	教授	2000	兼职，现在解放军306医院
	口腔正畸学	王邦康	本科	教授	1998	
		白玉兴	博士研究生	教授	2003	
	口腔颌面外科学	王松灵	博士研究生	教授	1999	
山东大学						
	口腔临床医学					
	口腔内科学	杨丕山	硕士研究生	教授	2003	
		姜广水	博士研究生	教授	2004	
	口腔正畸学	王春玲	大专	教授	2003	
	口腔颌面外科学	魏奉才	硕士研究生	教授	2001	
中山大学						
	口腔临床医学					
	牙体牙髓病学	凌均棨	博士研究生	教授	2000	
	口腔黏膜病学	程　斌	博士研究生	教授	2004	
	口腔预防医学	林焕彩	博士研究生	主任医师	2006	
	口腔颌面外科学	黄洪章	硕士研究生	教授	1998	
		张志光	博士研究生	教授	2000	
		廖贵清	博士研究生	教授	2004	
		陈松龄	博士研究生	教授	2005	
中国医科大学						
	口腔基础医学					
	口腔组织病理学	钟　鸣	本科	教授	2005	
	口腔临床医学					
	牙周病学	潘亚萍	博士研究生	教授	2004	
	口腔修复学	艾红军	博士研究生	教授	2001	
	口腔颌面外科学	王玉新	本科	教授	1998	
		孙长伏	博士研究生	教授	2001	
		李瑞武	本科	教授	2002	
		王绪凯	硕士研究生	教授	2002	
		卢　利	博士研究生	教授	2003	
浙江大学						
	口腔临床医学					
	牙周病学	陈莉丽	硕士研究生	主任医师	2006	
	口腔颌面外科学	赵士芳	博士研究生	教授	1996	
		谷志远	博士研究生	教授	2001	
		王慧明	博士研究生	教授	2005	
		陈关福	大专	教授	2005	
		刘建华	博士研究生	教授	2005	

续表 5

博士学位授予单位名称	所任学科专业	指导教师	学历	职称	任导师开始年	备注
解放军军医进修学院						
	口腔临床医学					
	口腔修复学	刘洪臣	博士研究生	教授	1996	
	口腔颌面外科学	步荣发	博士研究生	教授	1999	
		柳春明	博士研究生	教授	2001	
		胡　敏	博士研究生	教授	2001	
哈尔滨医科大学						
	口腔临床医学					第十批新增博士点
	牙周病学	毕良佳	博士研究生	教授	2005	
	口腔颌面外科学	焦晓辉	博士研究生	教授	2002	原挂靠肿瘤学
同济大学						
	口腔临床医学					第十批新增博士点
	口腔内科学	刘宏伟	博士研究生	教授	2005	
	口腔修复学	韩栋伟	博士研究生	教授	2005	
		苏剑生	博士研究生	教授	2006	
	口腔正畸学	刘月华	博士研究生	教授	2003	原挂靠生物医学工程
	口腔颌面外科学	潘可风	本科	教授	2002	原挂靠生物材料
		王佐林	博士研究生	教授	2003	原挂靠生物医学工程
		黄远亮	博士研究生	教授	2003	原挂靠生物医学工程
南京医科大学						
	口腔临床医学					第十批新增博士点
	口腔正畸学	王　林	博士研究生	教授	2004	原挂靠儿科学
	口腔颌面外科学	陈　宁	博士研究生	教授	2004	原挂靠外科学
福建医科大学						
	口腔临床医学					第十批新增博士点
	牙周病学	阎福华	博士研究生	教授	2003	原挂靠病原生物学
河北医科大学						
	口腔组织病理学	王　洁	博士研究生	教授	1998	挂靠病理学与病理生理学
	口腔颌面外科学	董福生	本科	教授	2004	挂靠外科学
中南大学						
	口腔颌面外科学	翦新春	硕士研究生	教授	2002	挂靠外科学
	口腔内科学	凌天牖	大专	教授	2003	挂靠内科学
	口腔黏膜病学	彭解英	大专	教授	2004	挂靠耳鼻咽喉科学
中国科学院合肥分院						

续表 5

博士学位授予单位名称	所任学科专业	指导教师	学历	职称	任导师开始年	备注
西安交通大学	口腔颌面外科学	周　健	硕士研究生	教授		兼职，现在安徽医科大学
	口腔颌面外科学	张引成	硕士研究生	教授		挂靠肿瘤学
华中科技大学						
	口腔颌面外科学	朱声荣	硕士研究生	教授	2003	挂靠外科学
	口腔正畸学	毛　靖	博士研究生	教授	2005	挂靠外科学
	口腔修复学	曹颖光	博士研究生	教授	2005	挂靠外科学
重庆医科大学						
	口腔正畸学	邓　锋	博士研究生	教授	2006	挂靠组织工程与细胞工程
第二军医大学						
	口腔颌面外科学	吕春堂	本科	教授	1998	由第四军医大学授予
第三军医大学						
	口腔颌面外科学	李慧增	本科	教授	1997	挂靠第四军医大学口腔颌面外科学
	口腔颌面外科学	谭颖徽	博士研究生	教授	2003	挂靠外科学

表 6　2006 年度我国口腔医学博士研究生招生简况

博士学位授予单位	学科专业	指导教师人数	指导教师学历			招生人数	学位类型	
			本科/专科	硕士研究生	博士研究生		科学学位	专业学位
四川大学								
	口腔基础医学	1	…	…	1	1	1	…
	口腔生物学	1	…	…	1	1	1	…
	口腔临床医学	18	1	3	14	39	…	39
	口腔内科学	4	…	1	3	10	…	10
	口腔修复学	6	1	1	4	11	…	11
	口腔正畸学	2	…	1	1	7	…	7
	口腔颌面外科学	6	…	…	6	11	…	11
北京大学								
	口腔基础医学	1	…	…	1	3	3	…
	口腔临床医学	17	1	2	14	28	4	24
	口腔内科学	4	1	1	2	6	…	6
	口腔修复学	4	…	…	4	7	…	7
	口腔正畸学	4	…	1	3	5	…	5
	口腔颌面外科学	5	…	…	5	10	4	6
上海交通大学								
	口腔基础医学	3	…	1	2	3	3	…
	口腔临床医学	11	1	…	10	18	10	8
	口腔内科学	3	1	…	2	4	3	1

续表 6

博士学位授予单位	学科专业	指导教师人数	指导教师学历			招生人数	学位类型	
			本科/专科	硕士研究生	博士研究生		科学学位	专业学位
	口腔修复学	1	…	…	1	2	2	…
	口腔正畸学	1	…	…	1	1	1	…
	口腔颌面外科学	6	…	…	6	11	4	7
第四军医大学								
	口腔基础医学	2	1	…	1	2	2	…
	口腔临床医学	13	6	…	7	31	31	…
	口腔内科学	2	1	…	1	3	3	…
	口腔修复学	4	2	…	2	11	11	…
	口腔正畸学	3	1	…	2	9	9	…
	口腔颌面外科学	4	2	…	2	8	8	…
武汉大学								
	口腔临床医学	11	2	1	8	24	15	9
	口腔内科学	6	1	…	5	13	6	7
	口腔修复学	2	1	…	1	4	4	…
	口腔颌面外科学	3	…	1	2	7	5	2
吉林大学								
	口腔临床医学	4	1	1	2	12	12	…
	口腔内科学	1	…	1	…	4	4	…
	口腔种植学	1	…	…	1	4	4	…
	口腔正畸学	1	1	…	…	2	2	…
	口腔颌面外科学	1	…	…	1	2	2	…
首都医科大学								
	口腔临床医学	6	…	1	5	9	1	8
	口腔内科学	2	…	…	2	2	…	2
	口腔修复学	2	…	1	1	2	…	2
	口腔正畸学	1	…	…	1	2	…	2
	口腔颌面外科学	1	…	…	1	3	1	2
浙江大学								
	口腔临床医学	2	…	…	2	3	3	…
	口腔颌面外科学	2	…	…	2	3	3	…
中国医科大学								
	口腔临床医学	5	1	…	4	14	14	…
	口腔内科学	1	…	…	1	4	4	…
	口腔修复学	1	…	…	1	4	4	…
	口腔颌面外科学	3	1	…	2	6	6	…
山东大学								
	口腔临床医学	3	…	2	1	6	6	…
	口腔内科学	2	…	1	1	4	4	…
	口腔颌面外科学	1	…	1	…	2	2	…

续表 6

博士学位授予单位	学科专业	指导教师人数	指导教师学历			招生人数	学位类型	
			本科/专科	硕士研究生	博士研究生		科学学位	专业学位
中山大学								
	口腔临床医学	6	1	1	4	11	11	…
	口腔内科学	2	…	…	2	6	6	…
	口腔颌面外科学	4	1	1	2	5	5	…
军医进修学院								
	口腔临床医学	1	…	…	1	4	4	…
	口腔修复学	1	…	…	1	4	4	…
哈尔滨医科大学*								
	口腔内科学	1	…	…	1	2	…	2
	肿瘤学**	1	…	…	1	4	…	4
同济大学*								
	生物医学工程**	1	…	…	1	1	1	…
	生物材料**	1	1	…	…	2	2	…
南京医科大学*								
	口腔临床医学	2	…	…	2	2	2	…
	口腔正畸学	1	…	…	1	1	1	…
	口腔颌面外科学	1	…	…	1	1	1	…
福建医科大学*								
	病原生物学**	1	…	…	1	3	3	…

*为第 10 批新增口腔医学博士学位授权单位；**研究生毕业按口腔临床医学授予学位

表 7　2006 年度我国口腔医学硕士研究生招生简况

硕士学位授予单位	学科专业	指导教师人数	指导教师学历			招生人数	学位类型	
			本科/专科	硕士研究生	博士研究生		科学学位	专业学位
四川大学								
	口腔基础医学	5	…	1	4	6	6	…
	口腔临床医学	42	2	11	30	71	…	71
	口腔内科学	16	1	7	9	30	…	30
	口腔修复学	10	1	3	6	14	…	14
	口腔正畸学	5	…	…	5	7	…	7
	口腔颌面外科学	11	…	1	10	20	…	20
北京大学								
	口腔基础医学	2	…	…	2	2	2	…
	口腔临床医学	21	3	…	18	26	19	7
	口腔内科学	7	2	…	5	8	5	3
	口腔修复学	4	…	…	4	5	4	1
	口腔正畸学	3	…	…	3	3	3	…
	口腔颌面外科学	7	1	…	6	10	7	3
上海交通大学								
	口腔基础医学	4	…	…	4	4	4	…

续表 7

硕士学位授予单位	学科专业	指导教师人数	指导教师学历			招生人数	学位类型	
			本科/专科	硕士研究生	博士研究生		科学学位	专业学位
	口腔临床医学	35	5	…	30	53	15	38
	口腔内科学	11	1	…	10	23	5	18
	口腔修复学	9	1	…	8	11	3	8
	口腔正畸学	4	2	…	2	7	2	5
	口腔颌面外科学	11	1	…	10	12	5	7
第四军医大学								
	口腔基础医学	3	1	…	2	5	5	…
	口腔临床医学	15	…	2	13	51	47	4
	口腔内科学	5	…	1	4	11	11	…
	口腔修复学	4	…	…	4	23	22	1
	口腔正畸学	3	…	…	3	14	12	2
	口腔颌面外科学	3	…	1	2	3	2	1
武汉大学								
	口腔临床医学	26	2	1	23	50	26	24
	口腔内科学	10	1	…	9	28	14	14
	口腔修复学	5	1	…	4	11	7	4
	口腔正畸学	4	…	…	4	4	1	3
	口腔颌面外科学	7	…	1	6	7	4	3
吉林大学								
	口腔基础医学	1	…	…	1	1	1	…
	口腔临床医学	13	3	3	7	18	18	…
	口腔内科学	4	…	2	2	5	5	…
	口腔修复学	3	…	…	3	6	6	…
	口腔正畸学	3	1	1	1	4	4	…
	口腔颌面外科学	3	2	…	1	3	3	…
首都医科大学								
	口腔临床医学	12	2	2	8	16	…	16
	口腔内科学	3	1	…	2	6	…	6
	口腔修复学	2	…	2	…	2	…	2
	口腔正畸学	3	1	…	2	4	…	4
	口腔颌面外科学	4	…	…	4	4	…	4
浙江大学								
	口腔基础医学	1	…	1	…	1	1	…
	口腔临床医学	11	3	4	4	13	1	12
	口腔内科学	3	1	2	…	3	1	2
	口腔修复学	3	…	2	1	4	…	4
	口腔颌面外科学	5	2	…	3	6	…	6
天津医科大学								
	口腔基础医学	2	2	…	…	2	2	…
	口腔临床医学	7	6	1	…	8	7	1
	口腔内科学	2	2	…	…	2	1	1

续表 7

硕士学位授予单位	学科专业	指导教师人数	指导教师学历			招生人数	学位类型	
			本科/专科	硕士研究生	博士研究生		科学学位	专业学位
	口腔修复学	4	3	1	…	4	4	…
	口腔正畸学	1	1	…	…	2	2	…
	临床医学(麻醉学)	1	…	1	…	1	1	…
重庆医科大学								
	口腔临床医学	15	9	2	4	21	5	16
	口腔内科学	3	3	…	…	3	1	2
	口腔修复学	2	2	…	…	2	1	1
	口腔正畸学	5	2	1	2	10	1	9
	口腔颌面外科学	5	2	1	2	6	2	4
河北医科大学								
	口腔临床医学	9	3	4	2	17	17	…
	口腔内科学	3	1	1	1	5	5	…
	口腔修复学	2	1	1	…	4	4	…
	口腔正畸学	3	…	2	1	6	6	…
	口腔颌面外科学	1	1	…	…	2	2	…
中国医科大学								
	口腔基础医学	2	1	…	1	3	3	…
	口腔临床医学	19	4	5	10	29	13	16
	口腔内科学	8	1	3	4	11	5	6
	口腔修复学	3	1	1	1	7	5	2
	口腔正畸学	3	2	…	1	6	…	6
	口腔颌面外科学	5	…	1	4	5	3	2
	临床医学(麻醉学)	1	…	…	1	1	…	1
大连医科大学								
	口腔基础医学	1	…	…	1	2	2	…
	口腔临床医学	9	1	4	4	23	23	…
	口腔内科学	2	…	1	1	5	5	…
	口腔修复学	2	…	1	1	4	4	…
	口腔正畸学	4	…	2	2	13	13	…
	口腔颌面外科学	1	1	…	…	1	1	…
哈尔滨医科大学								
	口腔临床医学	16	…	14	2	34	8	26
	口腔内科学	6	…	6	…	14	2	12
	口腔修复学	2	…	2	…	5	…	5
	口腔正畸学	3	…	3	…	8	2	6
	口腔颌面外科学	5	…	3	2	7	4	3
佳木斯大学								
	口腔临床医学	…	…	…	…	37	…	37
复旦大学								
	口腔临床医学	2	1	2	…	3	…	3
	口腔内科学	1	…	1	…	1	…	1

续表 7

硕士学位授予单位	学科专业	指导教师人数	指导教师学历			招生人数	学位类型	
			本科/专科	硕士研究生	博士研究生		科学学位	专业学位
	口腔修复学	1	…	1	…	1	…	1
	口腔正畸学	…	…	…	…	1	…	1
同济大学								
	口腔基础医学	1	…	…	1	1	1	…
	口腔临床医学	12	1	2	9	27	18	9
	口腔内科学	2	…	…	2	8	4	4
	口腔修复学	2	…	…	2	5	…	…
	口腔正畸学	3	1	1	1	4	2	2
	口腔种植学	1	…	…	1	2	2	…
	口腔颌面外科学	4	…	1	3	8	5	3
南京医科大学								
	口腔基础医学	1	…	…	1	2	2	…
	口腔临床医学	16	4	4	8	22	22	…
	口腔内科学	4	…	1	3	5	5	…
	口腔修复学	6	3	1	2	7	7	…
	口腔正畸学	2	…	1	1	4	4	…
	口腔颌面外科学	4	1	1	2	6	6	…
	口腔临床医学（7 年制未分专业）	…	…	…	…	55	…	55
南京大学								
	口腔临床医学（7 年制未分专业）	…	…	…	…	13	…	13
温州医学院								
	口腔临床医学	3	…	2	1	5	4	1
	口腔正畸学	2	…	2	…	4	4	…
	口腔颌面外科学	1	…	…	1	1	…	1
安徽医科大学								
	口腔临床医学	9	1	5	3	13	13	…
	口腔内科学	4	…	1	3	8	8	…
	口腔修复学	1	1	…	…	1	1	…
	口腔颌面外科学	4	…	4	…	4	4	…
福建医科大学								
	口腔临床医学	10	2	3	5	17	17	…
	口腔内科学	5	1	1	3	9	9	…
	口腔修复学	2	…	1	1	4	4	…
	口腔正畸学	2	1	1	…	3	3	…
	口腔种植学	1	…	…	1	1	1	…
南昌大学								
	口腔基础医学	1	1	…	…	…	1	…
	口腔临床医学	10	7	2	1	14	8	6
	口腔内科学	1	1	…	…	1	1	…
	口腔修复学	5	4	1	…	6	5	1

续表 7

硕士学位授予单位	学科专业	指导教师人数	指导教师学历			招生人数	学位类型	
			本科/专科	硕士研究生	博士研究生		科学学位	专业学位
	口腔正畸学	4	2	1	1	7	2	5
山东大学								
	口腔基础医学	2	…	…	2	2	2	…
	口腔临床医学	20	5	8	7	24	12	12
	口腔内科学	6	…	3	3	6	4	2
	口腔修复学	2	1	…	1	5	2	3
	口腔正畸学	5	3	1	1	6	2	4
	口腔颌面外科学	7	1	4	2	7	4	3
青岛大学								
	口腔临床医学	15	5	4	6	20	20	…
	口腔内科学	4	…	2	2	4	4	…
	口腔修复学	2	1	…	1	4	4	…
	口腔正畸学	3	2	1	…	6	6	…
	口腔颌面外科学	6	2	1	3	6	6	…
滨州医学院								
	口腔临床医学	7	1	4	2	7	7	…
	口腔内科学	2	…	2	…	2	2	…
	口腔修复学	1	…	1	…	1	1	…
	口腔正畸学	1	…	1	…	1	1	…
	口腔种植学	1	…	…	1	1	1	…
	口腔颌面外科学	2	1	…	1	2	2	…
郑州大学								
	口腔临床医学	8	5	1	2	16	16	…
	口腔内科学	4	3	…	1	9	9	…
	口腔修复学	2	1	1	…	2	2	…
	口腔正畸学	1	1	…	…	3	3	…
	口腔颌面外科学	1	…	…	1	2	2	…
华中科技大学								
	口腔基础医学	7	1	4	2	11	11	…
中南大学								
	口腔临床医学	12	3	5	4	15	…	15
	口腔内科学	5	1	2	2	5	…	5
	口腔修复学	3	…	2	1	5	…	5
	口腔颌面外科学	4	2	1	1	5	…	5
暨南大学								
	口腔临床医学	10	…	6	4	23	2	21
	口腔内科学	3	…	2	1	6	1	5
	口腔修复学	2	…	1	1	3	1	2
	口腔正畸学	2	…	1	1	9	…	9
	口腔颌面外科学	3	…	2	1	5	…	5

续表 7

硕士学位授予单位	学科专业	指导教师人数	指导教师学历			招生人数	学位类型	
			本科/专科	硕士研究生	博士研究生		科学学位	专业学位
中山大学								
	口腔临床医学	34	3	18	13	45	36	9
	口腔内科学	8	1	3	4	12	11	1
	口腔修复学	7	…	4	3	10	8	2
	口腔正畸学	3	1	2	…	5	4	1
	口腔种植学	2	…	1	1	2	2	…
	口腔颌面外科学	14	1	8	5	16	11	5
南方医科大学								
	口腔临床医学	6	…	1	5	8	8	…
	口腔内科学	1	…	…	1	2	2	…
	口腔正畸学	1	…	…	1	1	1	…
	口腔种植学	1	…	…	1	2	2	…
	口腔颌面外科学	3	…	1	2	3	3	…
广西医科大学								
	口腔临床医学	9	4	…	5	16	11	5
	口腔内科学	2	…	…	2	4	1	3
	口腔修复学	2	2	…	…	2	1	1
	口腔颌面外科学	5	2	…	3	10	9	1
泸州医学院								
	口腔临床医学	4	1	2	1	6	6	…
	口腔内科学	1	…	1	…	1	1	…
	口腔正畸学	1	…	1	…	2	2	…
	口腔颌面外科学	2	1	…	1	3	3	…
贵阳医学院								
	口腔临床医学	6	3	1	2	11	11	…
	口腔内科学	1	…	…	1	2	2	…
	口腔修复与正畸学	3	3	…	…	5	5	…
	口腔颌面外科学	2	…	1	1	4	4	…
遵义医学院								
	口腔基础医学	1	…	1	…	3	3	…
	口腔临床医学	17	8	2	7	24	20	4
	口腔内科学	9	3	1	5	14	13	1
	口腔修复学	2	2	…	…	2	2	…
	口腔正畸学	1	1	…	…	1	…	1
	口腔颌面外科学	5	2	1	2	7	5	2
昆明医学院								
	口腔基础医学	1	…	…	1	1	1	…
	口腔临床医学	15	1	5	9	21	12	9
	口腔内科学	5	1	2	2	7	5	2
	口腔修复学	4	…	1	3	7	5	2
	口腔正畸学	2	…	1	1	2	1	1

续表 7

硕士学位授予单位	学科专业	指导教师人数	指导教师学历			招生人数	学位类型	
			本科/专科	硕士研究生	博士研究生		科学学位	专业学位
	口腔颌面外科学	4	…	1	3	5	1	4
西安交通大学								
	口腔临床医学	13	8	3	2	24	15	9
	口腔内科学	6	3	2	1	8	4	4
	口腔修复学	2	2	…	…	4	2	2
	口腔正畸学	2	2	…	…	6	4	2
	口腔颌面外科学	3	1	1	1	6	5	1
兰州大学								
	口腔临床医学	11	6	2	3	15	15	…
	口腔内科学	4	3	…	1	4	4	…
	口腔修复学	4	1	1	2	8	8	…
	口腔正畸学	1	…	1	…	1	1	…
	口腔颌面外科学	2	2	…	…	2	2	…
新疆医科大学								
	口腔临床医学	9	3	4	2	24	6	18
	口腔内科学	3	…	1	2	7	3	4
	口腔修复学	2	1	1	…	2	1	1
	口腔正畸学	1	…	1	…	3	…	3
	口腔颌面外科学	3	2	1	…	12	2	10
第二军医大学								
	口腔临床医学	2	1	…	1	2	2	…
	口腔内科学	1	…	…	1	1	1	…
	口腔颌面外科学	1	1	…	…	1	1	…
第三军医大学								
	口腔临床医学	2	…	…	2	5	5	…
	口腔内科学	1	…	…	1	3	3	…
	口腔颌面外科学	1	…	…	1	2	2	…
军医进修学院								
	口腔临床医学	1	…	…	1	…	1	…
	口腔颌面外科学	1	…	…	1	…	1	…

表 8　2006 年度我国口腔医学博士研究生毕业人员一览表

博士学位授予单位	姓　名	性别	出生年月	获学位年月	所授专业学位	指导教师	毕业论文题目
四川大学							
	王凤明	男	1979.01	2006.06	口腔基础医学	周学东	TGF-β 对人牙髓细胞的作用及 $p38$ MAPK 信号转导的研究
	赵　勇	男	1966.04	2006.06	口腔基础医学	陈治清	仿生合成丝素蛋白/羟基磷灰石复合生物材料的骨组织工程研究

续表 8

博士学位授予单位	姓 名	性别	出生年月	获学位年月	所授专业学位	指导教师	毕业论文题目
	贺 刚	男	1977.12	2006.06	口腔基础医学	陈治清	纳米羟基磷灰石/含氟磷灰石/TiO_2梯度涂层对钛种植体表面改性的研究
	邓 霞	女	1977.01	2006.06	口腔基础医学	陈治清	新型骨组织工程类细胞外基质复合生物材料的研究
	聂蓉蓉	女	1978.06	2006.06	口腔基础医学	陈治清	微弧氧化-水热处理法在纯钛表面制备生物陶瓷涂层及其细胞相容性的实验研究
	梁志红	女	1975.12	2006.06	口腔基础医学	陈治清	脂质体在人体硬组织中的仿生矿化研究
	陆 玉	女	1977.08	2006.06	口腔临床医学	刘天佳	变形链球菌糖代谢相关基因的差异性表达与其致龋性关系的研究
	皮根莉	女	1977.12	2006.06	口腔临床医学	刘天佳	变形链球菌产酸相关基因表达水平及其与致龋性关系的研究
	葛 颂	男	1970.03	2006.06	口腔临床医学	刘天佳	纤维蛋白原在牙周炎与冠心病相关机制中作用的研究
	吴亚菲	女	1962.11	2006.06	口腔临床医学	刘天佳	基质金属蛋白酶及其组织抑制剂在牙周炎动物模型牙周组织中表达的研究
	刘娅玲	女	1976.01	2006.06	口腔临床医学	周学东	牙菌斑尿素代谢与尿素酶基因表达的研究
	朱 昞	男	1977.09	2006.06	口腔临床医学	周学东	天然药物防龋药效的综合评价
	赵 今	女	1968.09	2006.06	口腔临床医学	周学东	中药防龋药效学实验方法的建立——口腔微生物学实验
	楚金普	男	1974.12	2006.06	口腔临床医学	周学东	中药防龋药效学实验方法的建立 ——牙齿矿化作用实验
	石 晶	女	1976.07	2006.06	口腔临床医学	陈谦明	白色念珠菌对口腔角质形成细胞移行能力及其相关信息通路影响的体外研究
	林靖雯	女	1978.04	2006.06	口腔临床医学	陈谦明	口腔癌相关成纤维细胞对舌癌细胞生物学特性的影响及其机制研究
	李 箐	女	1977.06	2006.06	口腔临床医学	胡德渝	氟/钾纳米羟基磷灰石涂膜的合成及其对牙本质的作用
	李 雪	女	1969.10	2006.06	口腔临床医学	胡德渝	臭氧治疗乳牙殆面早期龋的临床研究及其对脱矿牙釉质再矿化作用的基础研究

续表 8

博士学位授予单位	姓名	性别	出生年月	获学位年月	所授专业学位	指导教师	毕业论文题目
	赵煜	女	1971.08	2006.06	口腔临床医学	巢永烈	磁性附着体模拟静磁场对成骨细胞生物学效应的基础研究
	朱庆党	男	1972.05	2006.06	口腔临床医学	巢永烈	体外不同动态张、压应力刺激调控人牙周膜成纤维细胞功能和结构的实验研究
	熊芳	女	1977.10	2006.06	口腔临床医学	巢永烈	天然牙和牙科陶瓷半透性的研究
	田保	男	1977.10	2006.06	口腔临床医学	巢永烈	牙科低金含量银钯合金的基础研究
	陈春霞	女	1976.02	2006.06	口腔临床医学	巢永烈	新型牙用烤瓷支架钴铬合金修复体的色度学研究
	张怀勤	男	1962.08	2006.06	口腔临床医学	巢永烈	低温等离子体改性丙烯酸酯类高分子材料
	张庆鸿	男	1975.11	2006.06	口腔临床医学	梁星	流体剪切力对体外培养的鼠破骨细胞形态和空泡型质子泵 mRNA 的影响
	董强	男	1975.04	2006.06	口腔临床医学	梁星	流体切应力对破骨细胞 Ca Ⅱ、Cat K mRNA 表达的影响
	胡建	男	1977.06	2006.06	口腔临床医学	梁星	口腔修复学教学及临床三维多媒体平台的建立
	夏露	女	1978.08	2006.06	口腔临床医学	梁星	bFGF 对在钛片上复合培养的成骨细胞整合素表达的影响
	徐凌	男	1976.03	2006.06	口腔临床医学	梁星	成骨生长肽对成骨细胞和骨髓基质细胞增殖和分化影响的研究
	班宇	女	1973.05	2006.06	口腔临床医学	宫苹	渐进性垂直加载对即刻植入种植体骨性结合的影响
	林映荷	女	1963.09	2006.06	口腔临床医学	宫苹	白细胞介素-1 基因多态性和种植体周组织结构变化的相关研究
	黄元丁	男	1979.03	2006.06	口腔临床医学	李龙江	同源异型盒基因与人口腔鳞癌发生、分化关系的研究
	代炜	男	1978.03	2006.06	口腔临床医学	李龙江	同源异型盒基因与血管瘤发病机制的实验研究
	孙钢	男	1969.05	2006.06	口腔临床医学	李龙江	同源异型盒基因与成釉细胞瘤发生发展及诱导分化的研究
	姚金光	男	1965.09	2006.06	口腔临床医学	李龙江	舌鳞癌淋巴道转移中 RECK 基因的调控机制与板蓝根组酸干预的实验研究

续表 8

博士学位授予单位	姓 名	性别	出生年月	获学位年月	所授专业学位	指导教师	毕业论文题目
	林云锋	男	1977.10	2006.06	口腔临床医学	田卫东	脂肪基质细胞多向分化能力及其在组织工程中的应用研究
	朱 锋	男	1978.09	2006.06	口腔临床医学	田卫东	小鼠牙本质涎磷蛋白基因转染诱导成体间充质干细胞牙向分化的实验研究
	杜新雅	女	1979.04	2006.06	口腔临床医学	田卫东	van der Woude 综合征致病基因与表型及 IRF6 G820A 多态与非综合征性唇腭裂相关性的研究
	李 盛	男	1973.03	2006.06	口腔临床医学	石 冰	单侧完全性唇腭裂初期手术方法及效果评价的临床研究
	鲁 勇	男	1975.03	2006.06	口腔临床医学	石 冰	Sommerlad 腭帆提肌重建术的基础与临床研究
	文抑西	男	1963.06	2006.06	口腔临床医学	石 冰	腭裂上颌骨有限元模型的构建与生物力学研究
	祝颂松	男	1977.11	2006.06	口腔临床医学	胡 静	自体喙突移植和输送盘牵张成骨重建下颌髁状突的实验研究
	应彬彬	男	1978.05	2006.06	口腔临床医学	胡 静	应用三焦点牵张成骨整复颏部缺损的实验研究
	肖 林	男	1972.01	2006.06	口腔临床医学	胡 静	HSP70/HSP70-PC 在舌癌热疗联合 CTL 免疫疗法中作用机制的研究
	罗 恩	男	1977.08	2006.06	口腔临床医学	胡 静	Clodronate-HA 作为骨缺损修复材料的实验研究
	唐 杰	女	1973.02	2006.06	口腔临床医学	胡 静	自体静脉修复兔面神经缺损的实验研究
	吕 涛	男	1978.06	2006.06	口腔临床医学	陈扬熙	牙周膜牵张快速牙移动的实验研究
	康 娜	女	1978.05	2006.06	口腔临床医学	陈扬熙	齿槽外科手术辅助正畸快速牙移动的实验研究
	许 跃	男	1975.04	2006.06	口腔临床医学	陈扬熙	下颌骨单侧前上牵引力对大鼠颞下颌关节影响的初步研究
	莫水学	男	1973.02	2006.06	口腔临床医学	陈扬熙	孕周期不同阶段正畸牙移动对大鼠妊娠和牙周改建影响的研究
	吴拓江	男	1977.01	2006.06	口腔临床医学	陈扬熙	不对称性颌间牵引对成年 SD 大鼠颞下颌关节软骨和软骨下骨的作用
	米晓晖	女	1978.08	2006.06	口腔临床医学	陈扬熙	张、压应力刺激下成骨细胞早期应答及力学信号转导机制的初步研究

续表 8

博士学位授予单位	姓名	性别	出生年月	获学位年月	所授专业学位	指导教师	毕业论文题目
北京大学	倪　琳	女	1978.03	2006.06	口腔临床医学	陈扬熙	功能矫形前伸大鼠下颌对翼外肌及颞肌后份 Na^+/K^+-ATPase 功能状态的影响
	陈雨雪	女	1977.05	2006.06	口腔临床医学	陈扬熙	应用 EMD 重建后牙周支持组织对正畸力的应答及其机理的研究
	张　铭	男	1971.05	2006.06	口腔临床医学	陈扬熙	妊娠期大鼠加力刺激下牙周组织中雌孕激素受体表达变化的实验研究
	江凌勇	男	1978.01	2006.06	口腔临床医学	赵志河	缺氧对骨髓间充质干细胞骨向分化调控的体外研究
	谭理军	男	1977.10	2006.06	口腔临床医学	赵志河	骨质疏松状态对正畸牙移动骨转化平衡的影响
	王冬梅	女	1979.01	2006.07	口腔临床医学	高学军	清除根管内感染的方法及其有效性评价
	袁　理	男	1973.10	2006.07	口腔临床医学	王嘉德	根管锉损伤机理与影响因素的研究
	于晓潜	男	1973.11	2006.07	口腔临床医学	沙月琴	慢性牙周炎在 2 型糖尿病发生中作用的初步研究
	闫志敏	女	1978.01	2007.01	口腔临床医学	沙月琴	舍格伦综合征患者口腔念珠菌混合感染与抗真菌中药研究
	释　栋	男	1979.02	2006.07	口腔临床医学	孟焕新	侵袭性牙周炎的宿主、环境危险指征和血液指标的研究
	范　彬	女	1973.08	2006.07	口腔临床医学	冯海兰	抗白念珠菌鸡卵黄抗体的制备及抑菌试验研究
	余日月	男	1970.04	2006.07	口腔临床医学	冯海兰	纳米载银基托抗菌树脂的应用研究
	向　彬	女	1968.07	2007.01	口腔临床医学	俞光岩	家兔移植颌下腺 α_1-肾上腺素受体的表达及其对腺体功能的影响
	戚　戈	女	1976.05		口腔临床医学	俞光岩	NOD 小鼠自发性涎腺炎发生机制及中药干预作用研究
	宋铁砾	男	1973.01	2006.07	口腔临床医学	俞光岩	^{125}I 粒子组织间近距离治疗腮腺癌的临床研究
	张非煜	女	1977.07	2007.01	口腔临床医学	张震康	福尔马林疼痛模型中枢脊髓环氧合酶表达及功能研究
	高　涛	男	1977.05	2006.07	口腔临床医学	孙勇刚	鼻音化率与腭裂术后腭咽闭合状态关系的研究
	曾晨光	男	1969.08	2006.07	口腔临床医学	林久祥	国产微螺钉正畸支抗种植体稳定性动物实验研究

续表 8

博士学位授予单位	姓　名	性别	出生年月	获学位年月	所授专业学位	指导教师	毕业论文题目
	孟　康	女	1978.11	2006.07	口腔临床医学	傅民魁	带 L 形曲不锈钢丝与镍钛丝的力学特性及对牙周组织改建影响的比较研究
	李　飒	女	1973.06	2006.07	口腔临床医学	林久祥	安氏Ⅲ类错殆畸形亚型分类模板诊断和治疗变化的研究
	那　宾	女	1978.04	2006.07	口腔临床医学	林久祥	安氏Ⅱ类错殆颅面特征的模板研究及治疗前后模板变化
	陈　琳	女	1970.07	2006.07	口腔临床医学	曾祥龙	基于正常殆中国人牙齿特征的直丝弓矫治器的设计与临床研究
	郭　泾	女	1968.03	2006.07	口腔临床医学	曾祥龙	无睡眠呼吸障碍老年男性上气道及周围组织核磁共振的研究
	卢燕勤	女	1970.10	2006.07	口腔临床医学	曾祥龙	直丝弓矫治技术滑动法关闭间隙矫治力学的三维非线性有限元研究
	施　洁	女	1970.12	2006.07	口腔临床医学	曾祥龙	安氏Ⅱ[1]错殆儿童功能矫治前后颞下颌关节的磁共振研究
上海交通大学							
	金武龙	男	1965.08	2006.07	口腔基础医学	郭　伟	兔颌面部鳞癌细胞系的建立及生物学特性研究
	王　艳	女	1978.05	2006.07	口腔临床医学	冯希平	唾液链球菌尿素酶基因 U35248 的克隆及其性状的初步研究
	王晓春	女	1976.02	2006.07	口腔临床医学	梁景平	成人成牙本质细胞原位培养模型的建立及应用
	李昊妍	女	1974.12	2006.07	口腔临床医学	梁景平	成人牙髓干细胞的分离、培养与鉴定
	李超伦	男	1972.12	2006.07	口腔临床医学	梁景平	未获培养微生物 AU126 与牙周疾病相关性研究
	宋爱梅	女	1972.08	2006.07	口腔临床医学	束　蓉	釉基质蛋白对猪骨髓基质细胞作用的实验研究
	吴安平	男	1973.04	2006.07	口腔临床医学	束　蓉	TLR_4 在牙周膜细胞中的表达及其免疫作用探讨
	罗礼君	女	1971.03	2006.07	口腔临床医学	束　蓉	“益肾清火”方治实验性牙周炎动物的研究
	王小平	男	1961.07	2006.07	口腔临床医学	周曾同	氯化镧对组织工程骨成骨作用的影响
	杨　娅	女	1976.05	2006.07	口腔临床医学	周曾同	活性化瘀药和血管抑制对白斑癌变的影响

续表 8

博士学位授予单位	姓 名	性别	出生年月	获学位年月	所授专业学位	指导教师	毕业论文题目
	葛姝云	女	1976.01	2006.07	口腔临床医学	周曾同	鼠舌白斑癌变及复方中药防治的基因基础研究
	黄 慧	女	1968.02	2006.07	口腔临床医学	张富强	齿科可切削氧化锆陶瓷及着色工艺的实验研究
	傅远飞	男	1975.12	2006.07	口腔临床医学	张富强	猪牙乳头细胞再生类牙本质的实验研究
	吴悦梅	女	1972.10	2006.07	口腔临床医学	张富强	石英纤维根管桩复合材料的实验研究
	程惠娟	女	1974.11	2006.07	口腔临床医学	张富强	早接触部位对下颌运动影响的实验研究
	史 俊	男	1974.10	2006.07	口腔临床医学	邱蔚六	实验性兔下颌骨骨折愈合过程的研究——生物力学仿真模型的建立
	余 杨	男	1974.06	2006.07	口腔临床医学	邱蔚六	舌鳞状细胞癌高转移潜能细胞系的建立及生物学特性的研究
	吴 军	女	1968.03	2006.07	口腔临床医学	王国民	牙槽突裂二期植骨的三维牙 CT 评价
	李思毅	男	1971.09	2006.07	口腔临床医学	张陈平	外周血 DCCIK 对人舌鳞癌细胞系 Tca8113 的杀伤作用
	李 华	男	1973.01	2006.07	口腔临床医学	张陈平	组织工程化 SIS 生物膜促进牵引成骨的实验研究
	田 臻	女	1969.04	2006.07	口腔临床医学	张志愿	涎腺腺样囊性癌 DNA 甲基转移酶的表达及抑制研究
	王延安	男	1970.08	2006.07	口腔临床医学	张志愿	条件化 MT 转基因血管瘤小鼠模型的建立
	潘红芽	女	1977.09	2006.07	口腔临床医学	张志愿	口腔黏膜上皮细胞癌变机制研究
第四军医大学							
	张勇杰	男	1972.10	2006.06	口腔基础医学	金 岩	重组异种神经替代物修复周围神经缺损的研究
	王新文	女	1977.02	2006.06	口腔基础医学	金 岩	利用组织工程皮肤研究表皮干细胞在增生性瘢痕中的防治作用
	董 蕊	女	1978.01	2006.06	口腔基础医学	金 岩	口腔黏膜干细胞的生物学性状及参与创伤修复的实验研究
	刘艳丽	女	1976.01	2006.06	口腔基础医学	杨连甲	在 LPS 诱导的牙周炎症和骨丢失中人 T 淋巴细胞及其肿瘤坏死因子作用机制的初步探讨

续表 8

博士学位授予单位	姓　名	性别	出生年月	获学位年月	所授专业学位	指导教师	毕业论文题目
	于世宾	男	1976.10	2006.06	口腔基础医学	王美青	雌激素及其受体在颞下颌关节中的分布及其生理病理意义的初步研究
	张　渊	男	1976.11	2006.06	口腔基础医学	王美青	量化的咬合接触与颞下颌关节应力关系的生物力学研究
	王　静	女	1975.02	2006.06	口腔基础医学	吴军正	转化生长因子-β_1 基因沉默对人涎腺黏液表皮样癌 Ms 细胞生物学行为的影响
	郭清玉	女	1972.12	2006.06	口腔基础医学	吴军正	*gtf*B 反义寡核苷酸抑制变形链球菌葡糖基转移酶的研究
	吕海鹏	男	1976.04	2006.06	口腔临床医学	史俊南	人成牙本质样细胞 L 型钙离子通道 α_1 亚基 D 亚型特异性基因的克隆
	姜　永	男	1974.03	2006.06	口腔临床医学	肖明振	FGF18 调控成牙本质细胞分化及其信号传导通路的初步研究
	逄键梁	男	1976.03	2006.06	口腔临床医学	吴补领	人牙本质基质蛋白 1 基因转录调控机制的研究
	赵红萍	女	1970.05	2006.06	口腔临床医学	吴补领	变形链球菌葡聚糖结合蛋白 D 的克隆、表达及功能初步研究
	赵　征	女	1972.10	2006.06	口腔临床医学	文玲英	牙胚发育中 ADAM28 基因的克隆、表达和功能研究
	杜　岩	男	1978.02	2006.06	口腔临床医学	吴织芬	EMPs 作用下人牙龈上皮细胞及牙周膜细胞基因表达差异研究
	王国芳	女	1975.03	2006.06	口腔临床医学	吴织芬	淫羊藿苷、黄芩苷和大黄素抑制牙槽骨吸收的作用及机理研究
	陈发明	男	1971.04	2006.06	口腔临床医学	吴织芬	生长因子生物控释促进牙周组织再生的实验研究
	苏　方	女	1975.12	2006.06	口腔临床医学	赵铱民	颜面赝复体的计算机配色研究
	潘景光	男	1975.06	2006.06	口腔临床医学	赵铱民	彩色睁眼数字化面模的三维重建及在眶缺损仿真赝复中的应用
	张　惠	女	1972.03	2006.06	口腔临床医学	郭天文	钛表面磁控溅射氮硅锆涂层对钛瓷结合强度的作用及 G-1 钛遮色瓷的研制
	李　飞	男	1975.02	2006.06	口腔临床医学	王忠义	牙齿缺失修复前后对颞下颌关节应力分布影响的三维有限元研究
	李莉莉	女	1975.06	2006.06	口腔临床医学	王忠义	不同桩系统结合不同黏固剂修复薄弱残根的应力分布的研究

续表 8

博士学位授予单位	姓 名	性别	出生年月	获学位年月	所授专业学位	指导教师	毕业论文题目
	刘 冰	女	1974.11	2006.06	口腔临床医学	王忠义	纳米羟基磷灰石复合胶原/聚乳酸材料提高义齿修复效果的基础实验研究
	王晓玲	女	1974.11	2006.06	口腔临床医学	王忠义	不同增稠载体及过氧化脲漂白剂对釉质和修复体影响的实验研究
	赵三军	男	1972.05	2006.06	口腔临床医学	陈吉华	牙本质黏结界面纳米渗漏的研究
	方 颖	女	1976.07	2006.06	口腔临床医学	陈吉华	胰岛素样生长因子Ⅰ对糖尿病大鼠拔牙后牙槽骨改建的影响及其机制的基础研究
	熊 宇	男	1976.08	2006.06	口腔临床医学	陈吉华	无机改性处理对牙本质黏结性能影响的研究
	张 斌	男	1976.04	2006.06	口腔临床医学	陈吉华	氧化锆支架与玻璃陶瓷匹配性能研究
	张永宽	男	1974.08	2006.06	口腔临床医学	林 珠	地塞米松对体外培养的人牙囊细胞成骨特性影响的实验研究
	孙海燕	男	1976.02	2006.06	口腔临床医学	林 珠	体外培养人牙囊细胞中OPG和RANKL的表达及其对牙齿萌出的影响
	唐 林	男	1975.03	2006.06	口腔临床医学	林 珠	不同大小机械牵张力对成骨细胞生物学特性的影响
	顾泽旭	男	1974.07	2006.06	口腔临床医学	段银钟	基于CT三维重建的正颌外科诊断分析，手术模拟及术后预测系统的应用研究
	王 燕	女	1972.04	2006.06	口腔临床医学	丁 寅	人外周血单个核细胞及内皮素-1对人牙周膜成纤维细胞作用及其机制的研究
	任长群	男	1973.01	2006.06	口腔临床医学	周树夏	颌面部损伤致牙齿及下牙槽神经血管束间接损伤的实验研究
	陈 鹏	男	1976.08	2006.06	口腔临床医学	毛天球	纳米羟基磷灰复合胶原/聚乳酸材料应用于骨组织工程的实验研究
	孙绪德	男	1969.02	2006.06	口腔临床医学	徐礼鲜	全麻药对脑功能影响的影像学研究
	高昌俊	男	1970.01	2006.06	口腔临床医学	徐礼鲜	高氧液对肠缺血/再灌注致肠及远隔器官损伤的保护作用及机理研究
武汉大学							
	王新红	女	1976.04	2006.06	口腔临床医学	樊明文	口腔鳞癌浸润前沿抑癌基因 *p*14，*p*15，*p*16，*p*53 和 e-*cad* 的表达

续表 8

博士学位授予单位	姓　名	性别	出生年月	获学位年月	所授专业学位	指导教师	毕业论文题目
	申　静	女	1970.06	2006.06	口腔临床医学	樊明文	根尖周病变临床病理与免疫组化研究
	于　飞	女	1979.06	2006.06	口腔临床医学	樊明文	靶向融合防龋 DNA 质粒免疫效果及树突状细胞标记技术初探
	许庆安	男	1977.11	2006.06	口腔临床医学	樊明文	绿色荧光蛋白标记的靶向防龋质粒的研究
	刘加荣	女	1977.05	2006.06	口腔临床医学	边　专	口腔黏膜组织工程——体外重建腭裂口腔黏膜
	孟柳燕	女	1979.04	2006.06	口腔临床医学	边　专	遗传性牙龈纤维瘤病致病机制的研究
	张晓磊	男	1977.11	2006.06	口腔临床医学	彭　彬	根尖病变中 RANKL 与雌激素的实验研究
	张　露	女	1977.09	2006.06	口腔临床医学	陈　智	Shh 信号路径在鼠磨牙牙胚发育中的生物学作用
	高明津	女	1976.05	2006.06	口腔临床医学	范　兵	桩腔预备后剩余充填材料封闭根管能力的实验研究
	范　伟	男	1976.11	2006.06	口腔临床医学	范　兵	下颌第二磨牙 C 形根管 X 线造影和减影的实验研究
	骆　凯	男	1976.12	2006.06	口腔临床医学	闫福华	绝经后骨质疏松症及治疗药物对牙周组织影响实验研究
	郑瑜谦	男	1974.11	2006.06	口腔临床医学	闫福华	单取代羧基酞菁锌－聚赖氨酸偶合物光动力治疗对牙周炎致病菌的影响
	耿华欧	男	1974.05	2006.06	口腔临床医学	章锦才	二恶英类化合物暴露对牙齿和牙槽骨生长发育的影响
	朱光勋	男	1979.01	2006.12	口腔临床医学	李成章	T001 样受体基因多态性与牙周炎相关性研究
	张玉峰	男	1979.10	2006.12	口腔临床医学	程祥荣	牙周韧带干细胞的分离鉴定及 2 病毒整合组织工程支架的实验研究
	彭　琳	女	1978.10	2006.12	口腔临床医学	程祥荣	多孔壳聚糖/胶原支架的制备及在牙周组织再生领域应用的初步研究
	吕晓春	男	1973.02	2006.12	口腔临床医学	程祥荣	金瓷桩冠的有限元分析
	左金华	男	1968.05	2006.06	口腔临床医学	李金荣	成釉细胞瘤临床病理、X 线及治疗分析
	孙国文	男	1972.10	2006.06	口腔临床医学	李金荣	复发性口腔鳞癌临床分期系统的探讨
	孙志军	男	1978.05	2006.06	口腔临床医学	赵怡芳	口腔颌面部脉管性疾病的临床病理研究

续表 8

博士学位授予单位	姓 名	性别	出生年月	获学位年月	所授专业学位	指导教师	毕业论文题目
	贾玉林	男	1976.06	2006.06	口腔临床医学	赵怡芳	平阳霉素作用人静脉畸形内皮细胞后黏附分子及细胞因子表达研究
	胡砚平	男	1968.11	2006.06	口腔临床医学	赵怡芳	OK-432 治疗舌下腺囊肿的研究
	蔡恒星	男	1974.11	2006.06	口腔临床医学	龙 星	颞下颌关节肿瘤及瘤样病变的临床及病理研究
	秦力铮	男	1972.04	2006.06	口腔临床医学	龙 星	外伤性颞下颌关节强直的临床研究
	李小丹	男	1962.05	2006.06	口腔临床医学	龙 星	颞下颌关节盘移位患者滑膜病理改变及关节滑液 VEGF, FGF-2 的研究
	杨学文	男	1962.04	2006.12	口腔临床医学	龙 星	下颌不对称畸形的基础与临床研究
吉林大学							
	郭良微	女	1970.04	2006.06	口腔临床医学	孙宏晨	树脂-牙本质作用机理与黏结强度影响因素的研究
	朱 松	男	1965.05	2006.06	口腔临床医学	孙宏晨	镍铬合金表面阳极钝化预处理对金瓷合金强度的影响
	王景云	女	1957.09	2006.06	口腔临床医学	欧阳喈	咀嚼压力对牙槽骨改建影响的实验研究
	马 宁	男	1968.07	2006.06	口腔临床医学	欧阳喈	以 BMP-2/nHA/Co 复合材料制备及应用研究
	王战鑫	男	1971.09	2006.06	口腔临床医学	徐勇忠	骨生长因子对牵张成骨的作用
首都医科大学							
	孙其飞	男	1970.08	2006.07	口腔基础医学	王松灵	涎腺硝酸盐运转体系候选基因的实验研究
	王 荣	女	1970.06	2006.07	口腔临床医学	孙 正	细胞-支架构建方式修复 863 种植体周围骨缺损的实验研究
	苍 松	男	1973.08	2006.07	口腔临床医学	王邦康	自攻型微钛种植支抗口内加载抑制上颌骨生长——动物实验的初步研究
	陈 辉	女	1970.02	2006.07	口腔临床医学	王邦康	口腔矫治器对阻塞性睡眠呼吸暂停患者殆长期副作用的三维模型研究
	房殿吉	男	1974.04	2006.07	口腔临床医学	王松灵	骨髓间质干细胞治疗下颌骨放射性骨坏死及介导颌面整形大型动物实验研究
	刘 怡	女	1972.09	2006.07	口腔临床医学	王松灵	小型猪牙齿相关干细胞介导的生物牙根再生及实验性牙周炎骨缺损修复的体内实验研究

续表 8

博士学位授予单位	姓名	性别	出生年月	获学位年月	所授专业学位	指导教师	毕业论文题目
	海　波	男	1975.12	2006.07	口腔临床医学	王松灵	腺病毒相关病毒介导的体外及小型猪腮腺体内基因转导研究
浙江大学							
	武建潮	男	1970.08	2006.06	口腔临床医学	赵士芳	微型双皮质双侧支抗种植体在牙齿移动中的作用与生物力学分析
	钟来平	男	1977.10	2006.06	口腔临床医学	赵士芳	口腔鳞癌患者唾液中肿瘤标志物的表达及其机制
	童晓艳	女	1971.06	2006.06	口腔临床医学	赵士芳	一氧化氮在口腔鳞癌 Tca8113 细胞中作用的研究
	林　实	男	1968.05	2006.06	口腔临床医学	赵士芳	Pg-LPS 对束缚应激大鼠巨噬细胞功能影响的分子机制研究
	周艺群	女	1976.09	2006.06	口腔临床医学	谷志远	颞下颌关节盘前移位后髁突软骨与双板区适应性改建的机制研究
	詹　静	女	1977.11	2006.06	口腔临床医学	谷志远	下颌持续前导后生长期兔下颌髁突软骨内成骨机制的研究
中国医科大学							
	林　莉	女	1970.09	2006.07	口腔临床医学	潘亚萍	牙龈卟啉单胞菌高毒力株 W83 致病基因筛选
	陈　旭	女	1972.02	2006.07	口腔临床医学	潘亚萍	青春期龈炎龈下菌斑中牙龈卟啉单胞菌的牙龈蛋白酶 K 及其基因型的研究
	吴　琳	女	1969.10	2006.07	口腔临床医学	艾红军	可摘局部义齿支架计算机辅助设计与制作初步研究
	张　力	男	1968.07	2006.07	口腔临床医学	艾红军	Ti-24Nb-4Zr-7.9Sn 合金活化表面的特征及其生物相容性
	韩　雪	女	1975.10	2006.07	口腔临床医学	艾红军	新型 β 钛合金阳极氧化后对成骨细胞影响的实验研究
	秦兴军	男	1972.03	2006.07	口腔临床医学	王绪凯	XAGE-1b 基因与涎腺腺样癌转移相关性及在部分头颈恶性肿瘤中表达的研究
	张　斌	男	1971.09	2006.07	口腔临床医学	孙长伏	黏着斑激酶与涎腺腺样囊性癌生物学行为关系的实验研究
山东大学							
	张风河	男	1965.11	2006.06	口腔临床医学	魏奉才	Ad-*bmp*-2 基因转染肌卫星细胞成骨诱导及骨缺损修复实验研究

续表 8

博士学位授予单位	姓 名	性别	出生年月	获学位年月	所授专业学位	指导教师	毕业论文题目
中山大学	蒋宏伟	男	1977.07	2006.07	口腔临床医学	凌均棨	Toll 样受体 4 在牙髓组织和成牙本质细胞中的表达和意义
	曾劲峰	男	1975.08	2006.12	口腔医临床学	凌均棨	*Nanobacteria* 菌对牙髓钙化疾病作用的病因学研究
	曾东林	男	1969.08	2006.06	临床医学(肿瘤学)	黄洪章	基质金属蛋白酶-2 靶向 siRNA抑制成釉细胞瘤侵袭性的实验研究
	张 娟	女	1973.12	2006.07	口腔临床医学	张志光	小型猪 TMD 义齿修复前后关节内压、关节液 CK 及病理影像分析
	匡世军	男	1969.04	2006.07	口腔临床医学	张志光	组织工程技术修复兔颞下颌关节盘穿孔的实验研究
解放军军医进修学院							
	杨秀文	女	1966.07	2006.07	口腔临床医学	刘洪臣	口腔内冷热水感觉的功能性磁共振成像研究
	姜 华	女	1976.12	2006.07	口腔临床医学	刘洪臣	偏侧咀嚼患者不同形式咀嚼及运动功能性磁共振成像研究
	李 家	男	1974.12	2006.07	口腔临床医学	刘洪臣	面部触觉及热激痛的功能性核磁共振成像研究
	高全文	男	1978.01	2006.07	口腔临床医学	柳春明	携带 VEGF165 的腺病毒转染骨髓基质干细胞与煅烧骨复合的实验研究
	张立海	男	1974.04	2006.07	口腔临床医学	胡 敏	矿化结晶法和反向结晶法构建胶原-羟基磷灰石骨修复材料的比较
同济大学							
	苏剑生	男	1967.09	2006.05	生物材料	潘可风	六种牙科铸造合金金属离子析出对机体影响的实验研究
	孔 航	男	1976.05	2006.05	生物材料	潘可风	pc-CPC 和 p-BG 的制备及在骨组织工程中的应用研究
哈尔滨医科大学							
	王 丽	女	1972.04	2006.07	临床医学	焦晓辉	MD、PTN 在口腔癌、甲状腺癌中的表达
河北医科大学							
	董玉英	女	1966.03	2006.06	病理学与病理生理学	王 洁	口腔颊癌 *p*53、*p*16 基因变异和蛋白表达与其生物学行为的关系
	张英怀	男	1956.04	2006.06	病理学与病理生理学	王 洁	舌癌 *p*53 基因突变及 HSV-TK/GCV 联合 IL-2 治疗的实验研究

续表 8

博士学位授予单位	姓　名	性别	出生年月	获学位年月	所授专业学位	指导教师	毕业论文题目
中南大学							
	雷荣昌	男	1964.05	2006.06	外科学	蓟新春	异种松质骨支架构建组织工程骨的实验研究
	欧新荣	男	1966.04	2006.06	外科学	蓟新春	血管化组织工程骨修复牙槽嵴裂的研究
	高义军	男	1965.11	2006.06	内科学	凌天牖	端粒酶逆转录酶与口腔黏膜下纤维性变关系的初步研究
	李　霞	男	1975.09	2006.06	内科学	凌天牖	肌成纤维细胞在口腔黏膜下纤维性变发病机制中的作用研究
第二军医大学							
	唐月军	男	1978.09	2006.07	外科学	吕春堂	纳米增韧($HA\text{-}ZrO_2$ 系)生物复合多孔陶瓷的制备及其颌骨缺损修复实验研究
	罗小龙	男	1978.02	2006.07	外科学	吕春堂	腺样囊性癌沿神经播散机理的实验研究

表 9　2006 年度我国口腔医学硕士研究生毕业人员简况

硕士学位授予单位	姓　名	性别	所授专业学位	指导教师	毕业论文题目
四川大学					
	何华伟	男	口腔基础医学	何志秀	黏着斑激酶对高转移性腺样囊性癌细胞生物学特性影响的初步研究
	章卫平	男	口腔基础医学	陈　宇	基质金属蛋白酶及其组织抑制剂和转化生长因子 β_1 在口腔扁平苔藓癌变中的意义
	周京琳	女	口腔基础医学	李　伟	采用基于 1H-NMR 的代谢组学方法对口腔鳞癌患者血浆的初步分析
	宋具昆	男	口腔基础医学	李　伟	采用基于核磁共振的代谢组学方法对非综合征性唇腭裂患者血浆的初步研究
	高小洁	女	口腔临床医学	谭　红	根管治疗难度评估系统的初步建立及其临床应用
	张富华	男	口腔临床医学	谭　红	弯曲根管的预备方法对根管充填后根管封闭性影响的体外研究
	成　伟	男	口腔临床医学	李继遥	唾液成分与 S-ECC 发生的关系研究
	赵朋朋	男	口腔临床医学	李继遥	天然药物五倍子防治龋病的动物实验研究
	蒲晓芬	女	口腔临床医学	胡　涛	黏性放线菌单菌种早期生物膜的连续观察及胞外多糖作用的分析研究
	宁美芝	女	口腔临床医学	胡　涛	变形链球菌单菌种早期生物膜结构和胞外多糖变化的初步探讨

续表 9

硕士学位授予单位	姓　名	性别	所授专业学位	指导教师	毕业论文题目
	谭　静	女	口腔临床医学	尹仕海	慢性根尖周炎患牙根尖生物膜的扫描电镜观察及细菌学研究
	杨　霞	女	口腔临床医学	黄　萍	中药桂皮醛对牙周可疑致病菌的体外抑菌活性的实验研究
	李从华	男	口腔临床医学	吴亚菲	四川省牙周病相关危险因素分析
	蒋俊强	男	口腔临床医学	丁　一	骨碎补柚皮苷对人牙周膜细胞增殖、碱性磷酸酶活性及超微结构的影响
	蔡　炜	男	口腔临床医学	丁　一	导致常染色体遗传 LHPAI 的人牙胚变异釉蛋白成熟肽基因的克隆
	董　毅	男	口腔临床医学	陈谦明	氨来占诺口腔膜局部治疗复发性口腔溃疡的临床研究
	徐小萌	男	口腔临床医学	周红梅	西红花苷对舌癌细胞的抑制作用及其机制研究
	聂艳萍	女	口腔临床医学	林　梅	萎缩性舌炎患者舌背菌群及相关因素的研究
	尚　冉	女	口腔临床医学	邹　静	变形链球菌在非全托儿童中水平传播的初步研究
	贾素慧	女	口腔临床医学	胡德渝	臭氧水对变形链球菌和远缘链球菌的杀菌作用的实验研究
	程　立	女	口腔临床医学	胡德渝	中西结合疗效评价方法对两种牙膏抗龈炎效果的比较
	张　波	女	口腔临床医学	胡德渝	四川省老年人口腔健康状况、口腔保健行为调查分析
	马　异	男	口腔临床医学	王少安	牙科钛金属的应力腐蚀研究
	吉　宁	男	口腔临床医学	王少安	桩核冠修复后上颌双根管第一前磨牙箍效应的三维有限元分析
	巩贤平	男	口腔临床医学	王少安	重复熔铸对钯银合金元素组成及在腐蚀溶液中元素析出的的影响
	李　磊	男	口腔临床医学	朱智敏	溶胶凝胶技术提高镍铬合金耐腐蚀性的研究
	刘　萍	女	口腔临床医学	朱智敏	三种预成桩与非金属核结合性能的对照研究
	马砚南	男	口腔临床医学	陈新民	钛合金与钴铬合金义齿支架精密铸造过程的数值模拟
	杨　艳	女	口腔临床医学	陈新民	APACⅣ型义齿稳固剂(抗菌保健型)的研制
	徐莉亚	女	口腔临床医学	陈新民	APACⅡ型义齿稳固剂(养生保健型)的研制
	白　石	男	口腔临床医学	鲜苏琴	纳米抗菌复合膜的制备及对口腔细菌抗菌性能的实验研究
	何　陨	女	口腔临床医学	鲜苏琴	口腔黏膜颜色对牙色影响的实验研究

续表 9

硕士学位授予单位	姓　名	性别	所授专业学位	指导教师	毕业论文题目
	范长斌	男	口腔临床医学	王　敏	分割式及普通可摘局部义齿的三维有限元分析
	魏　敏	女	口腔临床医学	王　敏	不同方向载荷下分割式可摘局部义齿支持组织应力分布的三维有限元分析
	李东方	女	口腔临床医学	万乾炳	氧化锆桩的临床应用及不同材料桩核对 IPS-Empress 2 全瓷冠颜色的影响
	朱卓立	男	口腔临床医学	宫　苹	两种胶原膜修复骨缺损的动物实验研究
	冯　琦	女	口腔临床医学	宫　苹	纳米抗菌材料对人牙龈成纤维细胞生物学行为影响的实验研究
	陈文川	男	口腔临床医学	欧国敏	抑菌性穿皮/穿龈植入式器件探索性研究
	李　莉	女	口腔临床医学	欧国敏	国产聚乳酸膜引导牙种植体周围骨缺损修复重建的实验研究
	严　玲	女	口腔临床医学	汪永跃	正常人下颌松质骨的形态学研究
	周　密	女	口腔临床医学	杜　莉	义齿软衬材料厚度的初步实验研究
	钟惠兰	女	口腔临床医学	杜　莉	磁性附着体衔铁激光焊接技术改进的实验研究
	余　科	男	口腔临床医学	张　敏	国产纳米级羟基磷灰石复合胶原膜（nHAC）降解产物对成骨细胞生物相容性的实验研究
	陆　轩	女	口腔临床医学	林映荷	细胞因子基因多态性与种植体早期边缘骨吸收的相关研究
	刘　迪	女	口腔临床医学	刘福祥	颌骨松质骨显微结构三维重建技术研究
	程　辉	男	口腔临床医学	赵志河	机械张应力作用下雌激素对骨改建相关因子影响的初步研究
	姚红英	女	口腔临床医学	李小兵	成都地区 12～14 岁安氏Ⅱ[1]类错殆儿童鼻唇角的相关研究
	于洪友	男	口腔临床医学	白　丁	机械张应力对成牙骨质细胞矿化相关基因表达影响的体外研究
	吴碧蓉	女	口腔临床医学	乔　鞠	成都市 16 所中学初中一年级学生正畸治疗客观需要和主观需求调查研究
	林姝慧	女	口腔临床医学	乔　鞠	错殆畸形中下颌升支代偿作用的初步探讨
	叶青松	男	口腔临床医学	邹淑娟	牙釉质酸蚀技术在正畸临床中应用的系统评价
	孙晓霞	女	口腔临床医学	郑广宁	上颌第一前磨牙解剖形态的影像学研究
	牛玉明	男	口腔临床医学	王　虎	成都地区青少年正畸前颞下颌关节的分析研究
	谭　智	男	口腔临床医学	郑　谦	牵张成骨关闭牙槽突裂的动物实验研究
	王洪萍	女	口腔临床医学	王晓毅	CD44v6 在腮腺复发多形性腺瘤及癌在多形性腺瘤中的表达研究

续表 9

硕士学位授予单位	姓　名	性别	所授专业学位	指导教师	毕业论文题目
	杨晓勇	男	口腔临床医学	王晓毅	口腔鳞状细胞癌中脂肪酸合成酶和 Ki-67 的表达
	沈庆冉	男	口腔临床医学	胡　静	牵张力及 rhBMP-4 对大鼠颅骨矢状缝细胞增殖分化的影响
	何等旗	男	口腔临床医学	唐休发	组织工程化骨骼肌种子细胞存活率的实验研究
	刘家武	男	口腔临床医学	刘　磊	三维颅颌面测量器的设计和应用研究
北京大学					
	牛春华	女	口腔基础医学	李铁军	成釉细胞瘤中成釉蛋白基因的突变检测及多态性分析
	李　航	女	口腔临床医学	高　岩	口腔白斑基底膜蛋白表达的研究
	刘筱娣	女	口腔临床医学	郭丽宏	变形链球菌 *thr*S 基因敲除菌株的构建
	赵　奇	男	口腔临床医学	王嘉德	根尖囊肿上皮细胞增殖与郎格罕细胞分布的关系
	陈晓播	女	口腔临床医学	岳　林	振动器械掏取离体根管内塑化物的研究
	李　晓	男	口腔临床医学	沙月琴	钙通道阻断剂引起药物性牙龈增生的社区调查及牙周状况分析
	贾瑞芝	女	口腔临床医学	郑树国	年轻恒前牙活髓切断术后的临床 X 线及根髓的组织学研究
	王　俭	女	口腔临床医学	郑树国	3～5 岁重症婴幼儿龋患者乳牙菌斑 pH 值及无机成分的相关研究
	杨　杰	男	口腔临床医学	葛立宏	恒牙胚缺失情况下乳牙牙根吸收机制的初步研究
	白　洁	女	口腔临床医学	秦　满	3～4 岁婴幼儿龋儿童唾液成分的研究
	沈恩龙	男	口腔临床医学	王伟建	北京市海淀区学龄前儿童口腔健康调查
	王　鹏	男	口腔临床医学	王伟建	龋高危儿童幼儿园预防项目的效果评价
	张红梅	女	口腔临床医学	华　红	天疱疮自身抗体在寻常型天疱疮诊断和病情监测中作用的研究
	薛世华	女	口腔临床医学	吕培军	国产口腔 CAD/CAM 可切削复合树脂的初步研究
	刘向晖	女	口腔临床医学	徐　军	不同剩余牙槽嵴骨吸收情况下总义齿磨光面外形的变化
	周团锋	男	口腔临床医学	王新知	金沉积烤瓷桥的力学分析、边缘适合性及临床应用研究
	顾晓宇	男	口腔临床医学	王新知	纳米金刚石改性树脂的性能变化研究
	吴　艮	男	口腔临床医学	谢秋菲	可塑形纤维树脂材料修复前牙漏斗状根管的研究

续表 9

硕士学位授予单位	姓　名	性别	所授专业学位	指导教师	毕业论文题目
	曹　烨	女	口腔临床医学	谢秋菲	慢性咀嚼肌痛患者的神经功能和心理状态的初步研究
	刘宜玲	女	口腔临床医学	杨亚东	全口义齿软衬的临床效果观察
	郝　鹏	男	口腔临床医学	郑　刚	浸泡消毒对藻酸盐印模尺寸稳定性影响的评价
	施　琳	女	口腔临床医学	曾祥龙	中国夏代人牙齿的提取和遗传信息研究
	丁雪芳	女	口腔临床医学	周彦恒	种植体支抗压低过长磨牙的临床研究
	陈晓红	女	口腔临床医学	周彦恒	骨性Ⅲ类错𬌗畸形双颌手术横向稳定性研究
	刘伟涛	男	口腔临床医学	周彦恒	自体移植牙的正畸治疗及临床评价研究
	姚　源	女	口腔临床医学	贾绮林	成人骨性Ⅲ类错𬌗牙颌代偿机制的研究
	陈　斯	女	口腔临床医学	许天民	三维与二维数字影像在面部软组织测量方面的比较研究
	丁　云	女	口腔临床医学	许天民	双尖牙减数治疗对骨性Ⅰ类错𬌗牙、颌以及颅面垂直向关系影响的初步探讨
	段晋瑜	男	口腔临床医学	欧阳翔英	裸鼠体内应用人牙周膜细胞的组织工程学研究
	朱一博	男	口腔临床医学	林　野	Nd:YAP 激光治疗种植体周围炎的初步研究
	张德辉	男	口腔临床医学	张　益	下颌骨骨折骨不连与骨缺损大小的关系的研究
	黄明伟	男	口腔临床医学	张建国	^{125}I 放射性粒子治疗颌骨及其周围恶性肿瘤的初步应用
	严颖彬	男	口腔临床医学	毛　驰	口腔癌患者治疗前后生活质量的初步评价
	邹士琦	男	口腔临床医学	毛　驰	口腔鳞癌颈部淋巴结包膜外扩散的初步研究
	陈慧敏	女	口腔临床医学	傅开元	颞下颌关节紊乱病症状体征与患者生活质量的关系
上海交通大学					
	段丽琼	女	口腔基础医学	陈万涛	口腔颌面鳞癌寡核苷酸功能芯片的设计和制作
	张明宾	男	口腔基础医学	陈万涛	凋亡及细胞周期蛋白与口腔鳞癌预后的相关性
	莫思溯	女	口腔基础医学	李鸣宇	继发龋细菌学分析
	张春叶	女	口腔基础医学	李　江	涎腺腺样囊性癌及正常组织中 DNA 甲基化研究

续表 9

硕士学位授予单位	姓　名	性别	所授专业学位	指导教师	毕业论文题目
	吴　伟	女	口腔临床医学	翁雨来	TGF-β_1 对猪牙乳头细胞体外增殖分化的影响
	吴　鹏	男	口腔临床医学	翁雨来	氢氧化钙与常规消毒药封药预防诊间痛的比较
	鲍　炜	男	口腔临床医学	朱亚琴	氢氧化钙糊剂用法及对根管充填封闭性的影响
	朱亚萍	女	口腔临床医学	朱亚琴	根管充填质量和充填后修复与远期疗效的关系
	姚　辉	男	口腔临床医学	唐国瑶	口腔扁平苔藓 T 细胞受体 BV 基因表达特征的研究
	李慧源	女	口腔临床医学	唐国瑶	HLA-DR、DQ 与口腔扁平苔藓的关联性及与 TCR BV 的关系
	尚　书	女	口腔临床医学	唐国瑶	白芍总苷胶囊治疗口腔扁平苔藓的临床疗效观察
	倪　娜	女	口腔临床医学	冯希平	口源性口臭检测指标的初步研究
	杨一鸣	女	口腔临床医学	翁思恩	可摘矫治器压入伸长磨牙的临床初步研究
	戴烨扬	男	口腔临床医学	赖红昌	组织工程化牙龈构建的实验研究
	韦　娜	女	口腔临床医学	赖红昌	ITI 种植体在颌骨内稳定性的动态研究
	应　艳	女	口腔临床医学	郑元俐	两种金属烤瓷冠引起 MRI 伪影的体外对比性研究
	钱海馨	男	口腔临床医学	张修银	试色糊剂对全瓷修复体颜色的影响
	关洁敏	女	口腔临床医学	张建中	金属表面形状对金瓷结合强度的影响
	张丁华	男	口腔临床医学	孙　皎	不同黏结材料对 5 种水门汀黏结性能的影响
	储溅婷	女	口腔临床医学	沈　刚	L-Sox5 在下颌髁状突生长改建中的表达研究
	游清玲	女	口腔临床医学	蔡　中	青少年骨性Ⅱ类错殆矫形治疗的临床研究
	于　泉	男	口腔临床医学	钱玉芬	腭裂手术辅助快速腭扩展硬组织改变初步研究
	许燕玲	女	口腔临床医学	房　兵	种植支抗辅助前牙内收与齿槽改建的临床研究
	何建德	男	口腔临床医学	卢晓峰	正常成人和 OSDB 患者上气道三维 CT 重建特征研究
	张　军	男	口腔临床医学	俞创奇	舍格伦综合征早期诊断方法的应用研究
	田克斌	男	口腔临床医学	周国瑜	增厚结节状鲜红斑痣临床病理结构的初步研究
	姜　滨	男	口腔临床医学	杨　驰	颞肌筋膜瓣置换颞下颌关节关节盘的疗效

续表 9

硕士学位授予单位	姓 名	性别	所授专业学位	指导教师	毕业论文题目
	袁 灏	男	口腔临床医学	沈国芳	下颌支矢状劈开截骨术后下唇感觉功能障碍的临床研究
	乌丹旦	男	口腔临床医学	杨育生	应用 CT 对咽后壁组织瓣瓣宽术后收缩的检测研究
第四军医大学					
	刘 蔚	男	口腔基础医学	王美青	自然牙牙裂综合征临床及实验研究
	沈 楠	男	口腔基础医学	金 岩	组织工程活性人工神经修复周围神经缺损的研究
	刘 涛	男	口腔基础医学	金 岩	可缓释生物活性蛋白的无细胞组织工程真皮的构建研究
	李 峰	男	口腔基础医学	赵信义	含锶磷酸钙骨水泥物理性能及生物相容性评价
	魏红宇	女	口腔基础医学	吴军正	雌激素受体在人涎腺肿瘤和舌癌细胞的表达的研究
	李绍青	男	口腔基础医学	司徒镇强	脂肪来源干细胞的可塑性及在修复牙槽骨缺损中的实验研究
	尚海燕	男	口腔临床医学	陈永进	心理应激对大鼠咬肌微结构和能量代谢影响的研究
	刘加强	男	口腔临床医学	杨富生	犬乳恒牙替换期基质金属蛋白酶 9 的表达及意义
	张 鹰	女	口腔临床医学	杨富生	犬乳牙根尖周炎两种治疗方法的疗效及对乳恒牙替换的影响
	李 芳	女	口腔临床医学	赵守亮	转化生长因子-β_1 壳聚糖缓释膜的盖髓研究
	亢彦强	男	口腔临床医学	赵守亮	复合树脂收缩应力的光弹分析
	封纯真	女	口腔临床医学	赵守亮	复合树脂收缩应力的有限元分析
	李 彦	女	口腔临床医学	唐荣银	釉质有机质及五倍子水提取物对釉质脱矿影响的实验研究
	姚乃辉	女	口腔临床医学	唐荣银	五倍子提取液抑制根面龋进展的实验研究
	方会清	男	口腔临床医学	吴补领	老年人高龋患者牙菌斑变形链球菌临床分离株致龋性研究
	邝 容	女	口腔临床医学	倪龙兴	黏结剂涂布方式对牙本质-树脂黏结界面与强度影响的实验研究
	王 疆	男	口腔临床医学	倪龙兴	牙体组织精细三维有限元模型的建立及应用的初步研究
	杜 强	男	口腔临床医学	王勤涛	牙周病对冠心病发生发展的可能影响及其机理初探
	闫 晶	女	口腔临床医学	施长溪	龋病内层牙本质和正常牙本质黏接强度及黏接界面密合性的比较研究

续表 9

硕士学位授予单位	姓　名	性别	所授专业学位	指导教师	毕业论文题目
	党勇刚	男	口腔临床医学	郭天文	钛烤塑修复的色彩学和临床应用的研究
	佟　宇	男	口腔临床医学	郭天文	人工唾液及含氟牙膏对纯钛表面形态和光泽、色彩的影响
	刘金城	男	口腔临床医学	高　勃	低弹性模量 Ti-24Nb-4Zr-7.9Sn 合金铸造性能的基础研究
	孙滢滢	男	口腔临床医学	张少锋	上颌前牙桩核优化设计的三维有限元分析
	刘　奕	女	口腔临床医学	陈吉华	添加抗菌剂对口腔藻酸盐印模材料相关性能影响的研究
	马　哲	男	口腔临床医学	陈吉华	牙齿表面不同状态对自酸蚀体系黏结效果影响实验研究
	吴　玮	男	口腔临床医学	陈吉华	几种水门汀稳定性比较研究
	王　富	男	口腔临床医学	陈吉华	牙科纳米陶瓷抛光性能及金瓷结合性能的研究
	张　翔	男	口腔临床医学	何惠明	牙科玻璃渗透氧化锆陶瓷颜色再现的相关研究
	冯志宏	男	口腔临床医学	赵铱民	纳米 CeO_2 对 SY-1 硅橡胶性能影响的初步研究
	王　彬	女	口腔临床医学	何惠明	三种常见环境因素对瓷贴面黏结剂颜色影响的实验研究
	赵彦涛	男	口腔临床医学	张玉梅	几种纳米羟基磷灰石材料的合成与生物相容性研究
	王惠媛	女	口腔临床医学	张玉梅	固定义齿修复中牙周病基牙受力的有限元分析
	李浩萍	女	口腔临床医学	宋应亮	种植体钛基桩与修复体金属基底全冠之间固位力及边缘微渗漏的研究
	张　璇	女	口腔临床医学	邵金陵	六千年前半坡人口腔流行病学研究
	霍　娜	女	口腔临床医学	段银钟	腭杠联合腭托口内支抗系统拔牙矫治双颌前突的临床疗效研究
	何玉宏	男	口腔临床医学	段银钟	全颌曲面断层片评价正畸拔除第一前磨牙促进第三磨牙萌出的临床研究
	李　楠	女	口腔临床医学	段银钟	上颌扩弓纠正早期功能性下颌偏斜的临床研究
	李　石	女	口腔临床医学	段银钟	远移上颌磨牙导致牙、颌面垂直关系变化的研究
	张菊菊	女	口腔临床医学	段银钟	三种不同加力方式远移上颌第一恒磨牙的三维有限元分析
	陈　红	女	口腔临床医学	段银钟	不同骨面型生长发育期儿童颅底形态特征的研究

续表 9

硕士学位授予单位	姓 名	性别	所授专业学位	指导教师	毕业论文题目
	韩 春	女	口腔临床医学	段银钟	牙弓后间隙与第二磨牙错殆相关性研究
	袁 峰	男	口腔临床医学	段银钟	安氏Ⅱ类错殆患者颅颌面硬组织结构特征的形态测量学研究
	汪银雄	男	口腔临床医学	段银钟	P 物质纳米缓释系统的建立及其生物学作用的初步实验研究
	何 勇	男	口腔临床医学	丁 寅	正畸拔牙和非拔牙矫治边缘病例模糊综合评判系统的建立
	杨 磊	男	口腔临床医学	李 东	机械牵张力诱导牙周膜细胞成骨分化的基因调控机制的研究
	张建英	男	口腔临床医学	雷德林	新型周围神经支架材料的制备及其在周围神经损伤修复中的应用
	余立强	男	口腔临床医学	孙沫逸	腺样囊性癌对雪旺氏细胞的诱向作用及神经营养素在该过程中的作用
	李志进	男	口腔临床医学	孙沫逸	神经营养素-3 与涎腺腺样囊性癌嗜神经侵袭关系的体外研究
	赵东旭	男	口腔临床医学	封兴华	曲安奈德 PLGA 微球对兔上腭部创面疤痕愈合作用的实验研究
	胡 彬	男	口腔临床医学	封兴华	*bad* 基因的克隆、表达及其对人基底细胞癌 A431 细胞的促凋亡作用的研究
	马 攀	男	口腔临床医学	李德华	即刻负载下不同螺纹形态牙种植体微动的三维有限元研究
	孟凡文	男	口腔临床医学	胡开进	成人与儿童颞下颌关节骨性形态比较研究
	杨 建	男	口腔临床医学	胡开进	拔牙创局部应用口腔组织补片的基础及临床研究
	孙健壮	男	口腔临床医学	刘彦普	牵张成骨对兔下牙槽神经和颞下颌关节影响的实验研究
	刘 锐	男	口腔临床医学	刘彦普	上颌骨缝牵张的实验研究
	周丽斌	男	口腔临床医学	刘彦普	应用内置式弧形牵张器修复下颌骨缺损的实验研究
	戴 杰	男	口腔临床医学	何黎升	种植型弹性骨牵张器的研制与下颌牙槽嵴垂直牵张成骨的实验研究
	王惠霞	女	口腔临床医学	徐礼鲜	口服异丙酚的药效学及药代动力学实验研究
	周丽华	女	口腔临床医学	徐礼鲜	高浓度异丙酚药效学及药代学的实验研究
武汉大学					
	徐 萌	女	口腔基础医学	陈新明	口腔癌中 cxcr4 的表达、功能及其与肿瘤血管生成关系的研究
	巩艳玲	女	口腔基础医学	陈新明	NF-κB, Ki-67 和 MMP-9 在牙源性钙化囊肿中的表达

续表 9

硕士学位授予单位	姓　名	性别	所授专业学位	指导教师	毕业论文题目
	黄　静	女	口腔基础医学	陈新明	涎腺腺样囊性癌中 cxcr4, integrin b 的表达与临床病理及预后的关系
	刘　畅	女	口腔临床医学	樊明文	靶向融合防龋 DNA 疫苗 PGJA-P/VAX 滴鼻后在小鼠体内分布的研究
	刘高霞	女	口腔临床医学	樊明文	靶向融合防龋 DNA 疫苗 PGJA-P/VAX 免疫耐受的研究
	申丽丽	女	口腔临床医学	樊明文	靶向融合防龋 DNA 疫苗 PGJA-P/VAX 整合宿主基因组 DNA 的实验研究
	蔡春芳	女	口腔临床医学	樊明文	防龋 DNA 疫苗 PGJA-P/VAX 滴鼻免疫小鼠后整合宿主基因组 DNA 的研究
	杜　宇	女	口腔临床医学	樊明文	防龋 DNA 疫苗 pGJA-P/VAX 免疫小鼠后的抗核抗体检测
	李　珊	女	口腔临床医学	樊明文	成人牙髓干细胞与壳聚糖-磷酸三钙复合材料相容性实验研究
	童方丽	女	口腔临床医学	樊明文	根尖周感染持续存在的原因
	徐　萌	女	口腔临床医学	边　专	非综合征型先天缺牙患者的基因检测
	蒋英英	女	口腔临床医学	边　专	α-1,3-葡聚糖酶分子防龋的基础研究
	赵　昱	女	口腔临床医学	边　专	慢性牙周炎患者龈下酵母菌的检出及其毒力检测
	陈　冬	男	口腔临床医学	边　专	正畸患者变形链球菌与唾液 IgA 的相关性研究
	陈红捷	男	口腔临床医学	边　专	连续波充填技术的实验研究
	李秋慧	女	口腔临床医学	陈　智	PECAM-1, CD34 在小鼠第一磨牙牙髓血管发育过程中的表达
	袁国华	女	口腔临床医学	陈　智	小鼠无牙区牙齿丧失原因的实验研究
	林　晨	男	口腔临床医学	陈　智	龋病及热刺激对牙髓蛋白表达的影响
	吴　玲	女	口腔临床医学	陈　智	RNAKL 和 OPG 在小鼠下颌第一磨牙萌出中的免疫学定位
	胡　珂	女	口腔临床医学	陈　智	根管消毒剂氢氧化钙糊剂的研制与生物学评价
	王雪飞	女	口腔临床医学	陈　智	两种复合树脂修复后牙 1 类洞——1 年临床评价
	陈　俊	女	口腔临床医学	张　旗	LIM 矿化蛋白-1 在人正常殆牙髓炎患牙中的免疫定位
	王　莉	女	口腔临床医学	彭　彬	PDGF-B 大鼠根尖周炎中的表达
	张　瑜	男	口腔临床医学	彭　彬	几种镍钛合金根管器械表面性状的观察

续表 9

硕士学位授予单位	姓　名	性别	所授专业学位	指导教师	毕业论文题目
	张　然	女	口腔临床医学	彭　彬	四种黏接系统剪切强度的实验研究及临床评价
	谭青松	女	口腔临床医学	彭　彬	根管超声冲洗实验研究
	陶小玲	女	口腔临床医学	彭　彬	上颌前牙根管弯曲情况研究
	丁永良	男	口腔临床医学	范　兵	扁根管的解剖结果及治疗
	文　静	女	口腔临床医学	范　兵	根管内粪肠球菌感染的研究进展
	张　晶	女	口腔临床医学	李成章	大鼠牙周炎模型中基质蛋白酶诱导因子的表达研究
	向军波	男	口腔临床医学	李成章	细胞外基质蛋白酶诱导因子在炎症牙龈中的表达
	李　化	男	口腔临床医学	李成章	牙周正畸联合治疗的临床研究
	张海平	男	口腔临床医学	谢　昊	牙周治疗对重度牙周炎患牙牙髓临床状态的影响
	李五一	男	口腔临床医学	谢　昊	人类牙周韧带干细胞的初步鉴定
	赵艳鸣	女	口腔临床医学	谢　昊	牙周病的综合治疗
	高晋华	女	口腔临床医学	杜民权	乳恒牙酸蚀易感性及局部应用氟化物对酸蚀牙釉质作用的研究
	田群丽	女	口腔临床医学	宋光泰	N_2O/O_2 吸入镇静在儿童牙科的应用
	吴　茜	女	口腔临床医学	宋光泰	Corisolv 去龋后牙本质表面的显微硬度测量和激光拉曼光谱分析
	赵　倩	女	口腔临床医学	程祥荣	40％CHX 影响热凝树脂表面细菌黏附的体外研究
	何晓宁	男	口腔临床医学	程祥荣	壳聚糖/胶原支架复合 IGF-1 在牙周组织工程中的应用
	刘同军	男	口腔临床医学	程祥荣	壳聚糖/胶原支架复合重组人转化生长因子体外培养 PDLC 的实验研究
	马国武	男	口腔临床医学	程祥荣	生物学宽度对修复体边缘位置的指导意义
	陈　洁	女	口腔临床医学	王贻宁	釉质-树脂-金属黏接系统重粘后黏接去昂度的体外研究
	谢成婕	女	口腔临床医学	王贻宁	BMP-2 对牙周韧带细胞群表型调控的初步研究
	张　婷	女	口腔临床医学	王贻宁	骨相关黏附蛋白在种植体-骨整合早期愈合过程中的基因表达
	付　茜	女	口腔临床医学	王贻宁	两类氟中毒病区氟斑牙釉质结构和成分的比较研究

续表 9

硕士学位授予单位	姓　名	性别	所授专业学位	指导教师	毕业论文题目
	生　宏	女	口腔临床医学	王贻宁	纯钛经三氧化乙烷磺酰氯化学改性固定纤维粘连蛋白的实验研究
	刘雅美	女	口腔临床医学	王贻宁	临床病例研究报告与橡胶类印模材料精度的影响因素
	贾洪宇	男	口腔临床医学	施　斌	肯氏 1 类牙列缺损可摘局部义齿与远端种植体支持义齿的三维有限元分析
	张　恒	男	口腔临床医学	施　斌	循环疲劳实验中黏接剂负荷方向对种植义齿部件动度影响的比较研究
	李菊红	女	口腔临床医学	施　斌	种植体尖周病损的病因和治疗
	朱亚利	女	口腔临床医学	施　斌	BLB 种植体的临床应用及疗效观察
	张　帼	女	口腔临床医学	黄　翠	再矿化对牙本质黏接系统纳米渗漏的影响
	王　飒	女	口腔临床医学	黄　翠	丁香油酚对全酸蚀和自酸蚀牙本质黏结系统微拉伸强度的影响
	沈　琳	女	口腔临床医学	黄　翠	两种类型牙本质对黏接界面影响的激光共聚焦显微镜研究
	陈济芬	女	口腔临床医学	黄　翠	矿化液对牙本质黏接系统黏接强度的影响
	黄海蓉	男	口腔临床医学	王　革	三种表面处理方法对口内瓷崩的树脂修补效果影响的临床评价
	张　悦	女	口腔临床医学	夏海斌	不同表面处理的纯钛对血小板黏附特性的影响
	胡　浩	男	口腔临床医学	李四群	自体牙周膜在即刻种植中应用的初步研究
	陈丹丹	女	口腔临床医学	李四群	5 种不同方法体外制取根管印模的比较
	陈　香	女	口腔临床医学	贺　红	Onplant 种植体骨结合及其机械性能的实验研究
	彭　聪	男	口腔临床医学	贺　红	Onplant 种植体-骨界面的三维有限元及组织学研究
	袁　浩	男	口腔临床医学	贺　红	一氧化氮在口腔正畸学中的研究进展
	徐　菁	女	口腔临床医学	贺　红	武汉地区成人正常殆的 Mesh 的头影测量分析
	王　睿	男	口腔临床医学	叶翁三杰	口腔专科电子病历系统设计的研究
	许佳奇	男	口腔临床医学	叶翁三杰	正畸托槽间接黏接技术的临床应用和效果评价
	司亚萌	男	口腔临床医学	赵怡芳	平阳霉素对人静脉畸形内皮细胞增殖和黏附分子表达的影响
	王沙彬	男	口腔临床医学	赵怡芳	双侧升支矢状劈开截骨后中骨的评估研究

续表 9

硕士学位授予单位	姓 名	性别	所授专业学位	指导教师	毕业论文题目
	翟洁梅	女	口腔临床医学	何三纲	以胚鼠脱细胞真皮构建口腔黏膜固有层的实验研究
	徐 明	男	口腔临床医学	何三纲	咽旁间隙肿瘤的临床病例分析
	王恒琨	男	口腔临床医学	张文峰	舌癌组织中 cyclin D, *p*27, c-*erb*-2 的表达及意义
	吕 坤	男	口腔临床医学	李祖兵	生长因子缓释型骨组织工程支架材料三嵌段共聚物的研究
	于永红	男	口腔临床医学	李祖兵	钛重建板在重建下颌骨中的临床应用
	胡铁霞	男	口腔临床医学	李祖兵	大鼠下颌骨骨折愈合中牙本质基质蛋白 1 的免疫组化定位
	杨一可	男	口腔临床医学	李祖兵	双颌畸形同期手术矫治的回顾性研究
	李 健	男	口腔临床医学	龙 星	下颌骨髁突肥大的临床研究
	房 维	男	口腔临床医学	龙 星	rhbFGF 与 rhTNF-2 对人颞下颌关节滑膜细胞增殖影响的研究
	吉 利	男	口腔临床医学	龙 星	颞下颌关节盘前移位的病因学的研究及咬合治疗
吉林大学					
	刘 超	男	口腔基础医学	孙宏晨	Simvastatin 复合 PLGA 支架材料构建血管化人工骨
	李祥伟	男	口腔基础医学	孙宏晨	先天缺牙的临床特征及牙发育中 PAX_9 的表达及意义
	李明华	男	口腔基础医学	孙宏晨	氧化铝纤维对牙科纳米复合氧化锆陶瓷的性能影响的研究
	程 敏	女	口腔基础医学	孙宏晨	人牙齿发育中 OSX 的表达及意义
	柳 静	女	口腔临床医学	黄 洋	龋病替代疗法中的 *adh*B 基因在大肠杆菌表达与自杀载体的构建
	任宝华	女	口腔临床医学	张志民	变形链球菌耐氟菌株中耐酸相关基因 *dgk* 和 *dlt*C 突变的检测
	尹笑艳	女	口腔临床医学	胡晓春	三种根管充填技术体外充填密度的对比
	张 鹏	男	口腔临床医学	王万成	对我国遗传性牙龈纤维瘤病 SOS_1 基因的研究
	李 博	男	口腔临床医学	林崇韬	应激及吸烟对牙周炎影响的实验研究
	薛 丹	女	口腔临床医学	冯延民	壳聚糖药物缓释膜的制备及其治疗牙周病的药效学研究
	张天夫	男	口腔临床医学	高文信	牙周炎患者病变牙龈中白细胞介素-6 mRNA 及蛋白的表达

续表 9

硕士学位授予单位	姓　名	性别	所授专业学位	指导教师	毕业论文题目
	王　翔	男	口腔临床医学	高文信	XIAP 与 XAFI 在正常口腔黏膜角质形成细胞和 Tca8113 细胞中的表达与定位
	王晓峰	女	口腔临床医学	陈英新	P33/INGI 在 NOK、DOK 及 Tca8113 细胞中的表达研究
	宇　空	女	口腔临床医学	王景云	局部注射阿仑磷酸钠抑制鼠拔牙后牙槽骨吸收的实验研究
	李　祎	女	口腔临床医学	王景云	咀嚼压力增强对大鼠剩余牙槽嵴中 OPN mRNA表达影响研究
	李　影	女	口腔临床医学	周延民	下颌后牙区种植体直线排列与成角排列的有限元应力分析
	储顺礼	男	口腔临床医学	周延民	上颌第一磨牙区颧骨种植义齿的三维有限元研究
	高劲松	女	口腔临床医学	周延民	纯相 β-磷酸三钙(cerasorb)修复即刻种植骨缺损的实验研究
	毕　涛	女	口腔临床医学	周延民	提高短黏结基台固位力的研究
	孟维艳	女	口腔临床医学	周延民	模拟即刻种植种植体周骨缺损修复的研究
	高奎英	女	口腔临床医学	周延民	内外连接对不同直径种植体周围骨组织的应力影响
	曹艳兰	女	口腔临床医学	朱　松	口腔修复常用合金电偶腐蚀性能的初步研究及其临床指导意义
	李　旭	男	口腔临床医学	朱　松	吉林地区 1 836 颗活体恒前牙牙冠的颜色测量分析
	韩光红	女	口腔临床医学	陈远萍	辛伐他汀抑制正畸牙齿移动后复发的实验研究
	林兴男	男	口腔临床医学	孙新华	复合矫治弓丝应用于正畸拔牙病例的力学分析
	孙秀梅	女	口腔临床医学	孙新华	实验性牙齿移动过程中牙周组织中整合素 $\alpha v\beta_3$ 的表达变化及弱激光照射的影响
	吴国民	男	口腔临床医学	张茹慧	下颌骨骨折对颞下颌关节影响的实验研究
	黄　训	男	口腔临床医学	张　伟	低强度超声促进下颌骨缺损早期愈合的实验研究
	李晓明	男	口腔临床医学	刘春丽	经三维有限元模型对比分析双侧下颌骨牵张过程中的作用力方向和应力水平
	翟仁义	男	口腔临床医学	刘春丽	肺气体交换模型在口腔颌面外科领域的应用研究
	王　悦	女	口腔临床医学	刘春丽	外源性血管内皮生长因子对大鼠放疗皮瓣成活的影响
	田小华	女	口腔临床医学	高　心	煅烧骨的制备及煅烧骨颗粒大小对其引导成骨作用影响的实验研究

续表 9

硕士学位授予单位	姓 名	性别	所授专业学位	指导教师	毕业论文题目
首都医科大学					
	张绮霞	女	口腔基础医学	杨圣辉	牙龈卟啉单胞菌凝血素 2 基因的克隆重组表达和纯化
	王劲松	女	口腔基础医学	李翠英	巨颌症家系基因突变的研究
	张 琛	女	口腔临床医学	侯本祥	LPS 信号受体 CD14、TLR4 在牙髓、根尖周炎症中的作用研究
	丁艳平	女	口腔临床医学	孙 正	口腔癌发生过程中 Survinvin, Caspase-3 的作用研究
	张良琼	女	口腔临床医学	谭包生	单侧游离缺失不同修复方法的咬合力分布
	刘亦然	女	口腔临床医学	曾剑玉	热处理对树脂人工牙材料耐磨性能影响的研究
	韩秀欣	女	口腔临床医学	张振庭	不同消毒剂对印模浸泡消毒的效果评价
	刘振海	男	口腔临床医学	张振庭	表面处理不同黏结剂与氧化锆桩材料黏结强度影响的研究
	聂凌云	女	口腔临床医学	张振庭	固位力测试仪研制及软衬材料对下颌总义齿固位力影响研究
	姚 锋	男	口腔临床医学	郑东翔	下颌全口义齿软衬后稳定性的研究
	任超超	女	口腔临床医学	白玉兴	不同镍钛矫正弓丝性能差异的对比研究
	王 凡	女	口腔临床医学	白玉兴	无托槽隐形矫治尖牙远中移动的有限元研究
	庞煊奈	男	口腔临床医学	高晓辉	成人骨性Ⅲ类错𬌗吞咽时舌运动的超声研究
浙江大学					
	方进华	女	口腔基础医学	赵士芳	ERK 及其抑制剂和涎腺腺样囊性癌关系的研究
	郑 沛	男	口腔临床医学	陈 晖	血小板活化因子与牙周炎和冠心病相关性的研究
	张烈焚	女	口腔临床医学	刘 丽	周期性牵张力对鼠骨髓基质细胞生物学特性及 RANKL, M-CSF 蛋白表达的影响
	陈冉冉	男	口腔临床医学	傅柏平	茶色素抑制变形链球菌和龋病的实验研究
	刘 蔚	女	口腔临床医学	盛祖立	金属离子对内氏放线菌尿素酶活性的影响
	宋 杭	女	口腔临床医学	陈关福	E-钙粘蛋白在口腔鳞癌的表达与局部浸润、转移和预后相关性的研究
	杨 帆	女	口腔临床医学	赵士芳	中国人遗传性牙本质发育不全Ⅱ型 *dspp* 基因突变研究
	徐锦程	男	口腔临床医学	赵士芳	口腔鳞癌组织中 VEGF-C、VEGFR-3 及 *nm*23-H_1表达和肿瘤转移的研究

续表 9

硕士学位授予单位	姓名	性别	所授专业学位	指导教师	毕业论文题目
	褚群峰	男	口腔临床医学	刘建华	溶瘤腺病毒 ZD55-IL24 杀伤舌鳞癌细胞的体外实验研究
	江子荣	男	口腔临床医学	刘建华	胸锁乳突肌皮瓣修复口腔颌面部肿瘤术后缺损的临床研究
	贺　俊	女	口腔临床医学	王慧明	VEGF 和 BMP-7 基因治疗促进骨再生的初步研究
	陈　莉	女	口腔临床医学	黄剑奇	髁状突骨折不同治疗方法临床总结
中国医学科学院					
	景　泉	男	口腔临床医学	宿玉成	采用咪达唑仑持续静脉输注清醒镇静术控制阻生智齿拔除术中牙科恐惧的临床研究
天津医科大学					
	王　曦	女	口腔临床医学	刘士有	唇侧和舌侧托槽对菌斑附着影响的研究
	金燕娇	女	口腔临床医学	刘士有	激光照射后大鼠牙髓防御修复机制的实验研究
	靳趁心	女	口腔临床医学	刘士有	骨保护素与去卵巢实验性牙周炎大鼠模型的实验研究
	李晓萌	女	口腔临床医学	高　平	义齿 CAD/CAM 系统后牙固定桥的设计与固定桥连接体的三维有限元分析
	赵梦明	男	口腔临床医学	高　平	Woven 玻璃纤维光固化树脂嵌体对松动前牙的固定及三维有限元应力分析
	梁锐英	女	口腔临床医学	李长义	激光焊接齿科 CoCr-NiCr 异种合金力学性能和组织结构研究
	胡　欣	男	口腔临床医学	张连云	激光焊接齿科 CoCr-NiCr 合金耐腐蚀性能及生物学性能评价
	朱燕萍	女	口腔临床医学	李长福	插层蒙脱土对聚甲基丙烯酸甲酯义齿基托树脂改性的实验研究
	王　晨	男	口腔临床医学	李长福	偶联剂 KH-570 处理纳米 SiO_2 对义齿人造牙改性的实验研究
	张琼杰	男	口腔临床医学	张春生	实验性骨质疏松对大鼠下颌骨骨缺损愈合的影响
重庆医科大学					
	文永斌	男	口腔临床医学	李晓智	酸蚀时间对牙釉质黏接剂黏接强度的影响研究
	裴仲秋	男	口腔临床医学	王　璐	深冷处理技术对金瓷结合强度的影响
	刘　博	男	口腔临床医学	王　璐	牙科常用合金腐蚀性能的电化学研究
	冒叶琳	女	口腔临床医学	戴红卫	重庆地区三种不同面型的女性颌骨特性研究
河北医科大学					
	田　燕	女	口腔基础医学	王　洁	涎腺腺样囊性癌基因治疗的实验研究

续表 9

硕士学位授予单位	姓　名	性别	所授专业学位	指导教师	毕业论文题目
	杜　娟	女	口腔临床医学	杨冬茹	超声龈下刮治同步药物冲洗对牙周炎的治疗作用
	刘　冰	女	口腔临床医学	杨冬茹	大黄素对实验性牙周炎大鼠牙龈组织及外周中 NO 和 IL-6 的影响
	沈银环	女	口腔临床医学	郭长军	不同喷砂粒度对纳米陶瓷与普通陶瓷金瓷结合强度影响的对比研究
	林雪梅	女	口腔临床医学	郭长军	烧结次数对纳米陶瓷与普通陶瓷金瓷冠抗压强度影响的对比研究
	张子建	男	口腔临床医学	郭长军	金瓷冠调磨后表面不同处理形式对其强度的影响
	王　娜	女	口腔临床医学	陈树国	不同热处理方式及技工操作对树脂基托表面白色念珠菌黏附的影响
	李　磊	男	口腔临床医学	陈树国	染菌口腔印模的消毒及其对模型尺寸稳定性的影响
	冯　莉	女	口腔临床医学	李雅娟	不同粗糙度冠修复合金对种植体龈下优势菌黏附性的影响
	李立国	男	口腔临床医学	左艳萍	下颌后缩功能矫治前后软硬组织变化及相关分析
	王彦敏	女	口腔临床医学	董福生	口腔颌面部肉瘤微血管密度 VEGF、bFGF 表达的研究
	李　冉	女	口腔临床医学	董福生	下颌智齿冠周炎即刻拔牙的临床研究
中国医科大学					
	宫雁冰	女	口腔基础医学	钟　鸣	成釉细胞瘤中 p16INK4α 基因启动子甲基化与表达相关性的研究
	刘敬东	男	口腔基础医学	钟　鸣	人端粒酶逆转录酶与 c-*fos*,c-*jun* 在成釉细胞瘤中的表达
	李　琛	女	口腔临床医学	潘亚萍	龈下菌斑中牙龈卟啉单胞菌 *rgp*B 基因多态性研究
	李彦君	女	口腔临床医学	潘亚萍	不同 *fim*A 基因型牙龈卟啉单胞菌在青春期龈炎患者中的分布及超微结构观察
	李　晶	女	口腔临床医学	艾红军	咬合力丧失影响大鼠牙周组织中 iNOS 表达的研究
	张广道	男	口腔临床医学	艾红军	FN 与流体剪切力对 HPDLF 的 COX-2 表达影响的体外研究
	于雪宁	女	口腔临床医学	杨晓东	硅橡胶间隙印模检测金属烤瓷冠适合性的可行性研究

续表 9

硕士学位授予单位	姓　名	性别	所授专业学位	指导教师	毕业论文题目
	李　威	女	口腔临床医学	杨晓东	咬合创伤下大鼠三叉神经节 P2X3 受体的变化
	刘　威	男	口腔临床医学	李振春	不同聚合力方法对义齿基托树脂扰曲强度影响的实验研究
	刘琳琳	女	口腔临床医学	战德松	磁性附着体覆盖义齿的临床效果评价和制作体会
	朱静涛	男	口腔临床医学	战德松	高金合金烤瓷冠全瓷边缘技术的临床研究
	梁保刚	男	口腔临床医学	战德松	Ames 试验评价奥氏体不锈钢与铁素体不锈钢的生物相容性
	房　睿	男	口腔临床医学	战德松	自制 Ni-Cr-Ti 烤瓷合金体外生物相容性评价
	姜晓红	女	口腔临床医学	张　扬	即刻加载不同力值的微螺钉支抗种植体骨界面组织学研究
	宁海涛	男	临床医学	卢　利	多发伤患者血清 TNF-α、IL-6 的变化及意义
	宛莉娜	女	口腔临床医学	张　扬	微螺钉种植体-骨界面各部组织学改变的实验研究
	邢庆昱	女	口腔临床医学	张　扬	微螺钉种植体-骨结合界面组织形态的实验研究
	曹晓明	女	口腔临床医学	侯志明	镀氮化钛膜 N48 钕铁硼永磁体细胞毒性的实验研究
	楚　明	女	口腔临床医学	侯志明	正畸治疗中是否拔牙及拔牙位置与错殆畸形类型的关系的分析
	谭海松	男	口腔临床医学	王绪凯	细胞凋亡抑制基因 *bcl*-2 和 Survivin 在血管瘤不同时期的表达
	段维铁	男	口腔临床医学	王绪凯	动静脉袢植入预购兔血管化骨移植的实验研究
	李　阳	男	口腔临床医学	卢　利	颧骨复合体骨折颧骨三维螺旋 CT 测量及分型的临床意义
	邓　巍	男	口腔临床医学	卢　利	下颌骨颏突骨折三维螺旋测量临床及意义
	张宇英	女	口腔临床医学	孙长伏	CD31、CD34 和 CD105 在舌鳞癌微血管中的表达及其与颈淋巴结转移的关系
	戚忠政	男	口腔临床医学	孙长伏	M 期促进因子在涎腺腺样囊性癌中的表达
	陈树斌	男	临床医学	张　倩	围手术期轻度低温对脑外科病人血小板聚集和黏附影响的临床研究
	于冬梅	女	临床医学	张　倩	不同浓度静脉麻醉药对离体大鼠缺血再灌注损伤心肌脂质过氧化作用的研究
	何晓帆	女	口腔临床医学	张　倩	尼卡地平复合艾司络可抑制性降压在口腔颌面外科的应用临床研究

续表 9

硕士学位授予单位	姓　名	性别	所授专业学位	指导教师	毕业论文题目
	张基勋	男	临床医学	卢　利	TGF-β_1、MMP-2 在显微血管吻合后血管平滑肌细胞中的表达变化
	吴　楠	女	临床医学	王玉新	面神经功能评价量表的临床应用
大连医科大学					
	卜冬平	女	口腔基础医学	马国武	4NQO 饮水法诱发小鼠舌癌动物模型建立的研究
	刘　芳	女	口腔基础医学	马国武	SURVIVIN 和 PCNA 在口腔鳞状细胞癌发生发展过程中的表达及意义
	魏智博	男	口腔基础医学	王　如	BrdU 标记检测维甲酸对小鼠腭突细胞增殖的影响
	张　凯	男	口腔基础医学	张福胤	兔血管化自体移植颌下腺细胞凋亡的实验研究
	董　会	男	口腔基础医学	张福胤	人胚颌下腺及其 α_1-肾上腺素受体的发育研究
	杨　茜	女	口腔基础医学	曲　虹	往复正畸力对正畸拔除前磨牙的牙周膜附着量的影响
	崔晓慧	女	口腔基础医学	孙　燕	骨皮质切开术在大鼠正畸牙齿移动中对牙槽骨改建的影响
	王　双	女	口腔基础医学	孙　燕	骨皮质切开术后大鼠正畸牙移动过程中牙周组织的变化
	孙晓琳	女	口腔基础医学	孙　燕	骨皮质切开术对大鼠牙移动速率及牙周膜胶原代谢影响的实验研究
	于吉冬	男	口腔基础医学	孙　燕	影响牙颌畸形青少年正畸求诊意愿的多因素分析
	王　娥	女	口腔基础医学	孙　燕	阜新市阜蒙县非综合征性唇腭裂的流行病学调查与多因素分析
	牛　莹	女	口腔基础医学	朱恩新	APC 及 $p63$ 在口腔癌鳞癌中的表达及病理意义
	贾　凯	男	口腔基础医学	刘红彦	金属托槽与树脂托槽应用不同黏接剂抗剪切强度的体外研究
	王　丹	女	口腔基础医学	马国武	乳杆菌代谢产物对于固定矫治患者牙周指数和龈下菌群的敏感性研究
	王　丹	女	口腔基础医学	马卫东	柞蚕溶菌酶基因在酵母中的表达及重组的柞蝉溶菌酶对变形链球菌的作用
	高蔚虹	女	口腔基础医学	牛卫东	冷光美白对牙釉质影响的实验研究
	王宏青	女	口腔基础医学	牛卫东	ObturaⅡ与不同根管糊剂联合应用根尖封闭性的实验研究

续表 9

硕士学位授予单位	姓 名	性别	所授专业学位	指导教师	毕业论文题目
哈尔滨医科大学	阎振梅	女	口腔基础医学	张福胤	不同加力高度对伴有牙槽骨丧失的上颌中切牙的应力分布研究
	李海清	女	口腔临床医学	牛玉梅	氯化钠溶液对牙本质再矿化作用的影响
	谢晓华	女	口腔临床医学	牛玉梅	微波对牙本质晶体结构及力学性能影响的研究
	施 磊	女	口腔临床医学	牛玉梅	根管预备锥度对根管壁应力影响的三维有限元分析
	孙佰杰	女	口腔临床医学	刘英群	基质金属蛋白酶-3 在鼠冠折露髓牙中的表达
	吕 晶	女	口腔临床医学	刘英群	RANKL 在人乳牙根生理性吸收过程中的表达
	苏 红	女	口腔临床医学	刘英群	不同浓度氟保护漆防龋效果的比较研究
	毛庆华	女	口腔临床医学	刘英群	Carisolv 去龋效果的牙本质表面扫描电镜的观察
	宋玉琦	女	口腔临床医学	毕良佳	氧化电位水堆口腔器械消毒效果的临床探讨
	肖 磊	女	口腔临床医学	刘 泓	Nd:YAG 激光照射与氟保护漆联合应用对恒牙窝沟抗酸性的实验研究
	高作滨	女	口腔临床医学	仪 虹	玻璃离子水门汀促进乳牙软化牙本质再矿化的体外研究
	倪红丽	女	口腔临床医学	赵尔飏	口腔黏膜癌浸润前沿细胞增殖的研究
	李丽新	女	口腔临床医学	赵尔飏	口腔黏膜癌 HIF-1α 蛋白表达与血管生成关系的研究
	张 翔	男	口腔临床医学	谢伟丽	冲击载荷作用下无牙下颌黏骨膜能量传递的有限元分析
	钟兆伟	女	口腔临床医学	谢伟丽	纯钛表面离子注氮后的金瓷结合性能分析
	季丽玢	女	口腔临床医学	谢伟丽	哈尔滨市 1 858 名机关干部缺牙及修复的调查分析
	谢 斌	男	口腔临床医学	谢伟丽	大庆油田职工 1 509 例口腔修复类型及其影响因素的调查分析
	宋 蓉	女	口腔临床医学	李天侠	六种黏结剂黏固的嵌体微渗漏比较研究
	邓颖惠	男	口腔临床医学	张苗苗	黑龙江双颌前突患者颅面生长发育的特征研究
	孙婷婷	女	口腔临床医学	张苗苗	轻、中度骨性偏殆畸形的临床研究
	武璐璐	女	口腔临床医学	张苗苗	直丝弓矫治技术与方丝弓矫治技术支抗丧失的比较研究
	刘 莉	女	口腔临床医学	张苗苗	改良 Distal-Jet 矫治器的临床应用与研究

续表 9

硕士学位授予单位	姓 名	性别	所授专业学位	指导教师	毕业论文题目
	金 鑫	女	口腔临床医学	邵 玶	不同角度磁力𬌗垫治疗早期骨性Ⅲ类错𬌗的临床研究
	邓 琪	女	口腔临床医学	邵 玶	Forsus 矫治器治疗安氏Ⅱ类错𬌗的临床研究
	牟明奎	男	口腔临床医学	邵 玶	两种关闭拔牙间隙方法的比较研究
	王婕芯	女	口腔临床医学	邵 玶	牙周膜牵张成骨使牙齿快速移动的动物实验研究
	樊秀艳	女	口腔临床医学	邵 玶	哈尔滨替牙期正常𬌗儿童颅面软硬组织特征研究
	李淑云	女	口腔临床医学	邵 玶	成人正畸患者的心理健康和个性特性的多因素分析
	李广喆	男	口腔临床医学	王培军	哈尔滨地区 120 名正常颌人群头影测量 Mc-namara 分析
	王 巍	男	口腔临床医学	张 斌	介入动脉化疗治疗口腔颌面部鳞状细胞癌的临床研究
	刘志国	男	口腔临床医学	毛立民	唇红交叉瓣在双唇裂修复中的应用
	王 伟	男	口腔临床医学	吴衍昌	博莱霉素与 Bcl-xl 反义寡核苷酸协同应用抗癌的体外试验研究
佳木斯大学					
	曲大力	男	口腔临床医学	孟祥才	纳米羟基磷灰石对早期釉质龋影响的试验研究
	王艳玲	女	口腔临床医学	王健平	纳米级 HA 根充糊剂根管密合度及抑菌性试验研究
	王跃岩	男	口腔临床医学	许 颖	三种根尖充填材料抗细菌微渗漏的试验研究
	李文婷	女	口腔临床医学	杨清岭	壳聚糖/纳米羟基磷灰石复合材料用于治疗髓室底穿通的试验研究
	李 丹	女	口腔临床医学	陈湘涛	人牙髓干细胞体外三维培养的试验观察
	张 瑞	女	口腔临床医学	李慕勤	亚音速火焰喷涂 Ti-G/HA-BG 复合涂层复合体的研究
	王 妍	女	口腔临床医学	陈湘涛	磷酸盐包埋材料添加二氧化锆对钛铸件质量的影响
	张海亮	女	口腔临床医学	苗 波	羟基磷灰石/生物活性玻璃复合体修复颌角缺损的试验研究
	李靖敏	男	口腔临床医学	商维荣	不同角度金属桩核对无髓牙抗折强度的研究
	高士军	男	口腔临床医学	段蔚泓	对瓷贴面中三种不同黏接材料抗拉黏接强度的试验研究
	曹 蕊	女	口腔临床医学	段蔚泓	不同瓷厚度及不同桩核对 finesse 热压铸瓷颜色的影响
	郑 巍	女	口腔临床医学	吴立鹏	大鼠牙齿移动过程中胰岛素样生长因子-1 在牙周膜内的表达

续表 9

硕士学位授予单位	姓　名	性别	所授专业学位	指导教师	毕业论文题目
	王本材	男	口腔临床医学	王健平	基质金属蛋白酶及其抑制剂在颞下颌关节病的表达
	丛长虹	男	口腔临床医学	刘继光	颞下颌关节病髁突软骨的试验研究
	陈　琳	女	口腔临床医学	刘继光	免疫球蛋白在口腔鳞状细胞癌中的表达及其在口腔肿瘤发生过程中的可能意义
	肖云鹤	女	口腔临床医学	刘继光	PKC-α 和 BCL-2 在成釉细胞瘤和腺样囊性癌中的表达
	李　牟	男	口腔临床医学	柳宏志	低镁状态对引导性骨再生技术修复骨缺损影响的试验研究
	李维善	男	口腔临床医学	孙庆顺	实验性糖尿病大鼠涎腺组织学变化及 NGF 表达研究
	赵　伟	女	口腔临床医学	杜晓岩	颧骨复合体肥大诊断的三维 CT 测量及形态学基础研究
	宋红权	男	口腔临床医学	于　江	前脂肪细胞在不同支架上生长情况及两种接种方法的比较
同济大学					
	郭姜莉	女	口腔临床医学	石四箴	牙科三维 CT 研究下颌乳磨牙髓腔
	刘晓静	女	口腔临床医学	石四箴	Digora 数字影像系统测量分析融合牙乳牙列
	李　然	女	口腔临床医学	石四箴	牙科三维 CT 研究上颌乳磨牙髓腔
	邹冠弘	男	口腔临床医学	石四箴	Digora 数字影像系统测量分析正常乳牙列
	刘　艳	女	口腔临床医学	石四箴	Digora 数字影像系统测量分析前牙反殆乳牙列
	郭丽英	女	口腔临床医学	王　强	过量氟对大鼠切牙 Bad 和 Bcl-xl 表达的影响
	刘天麟	男	口腔临床医学	王　强	成釉蛋白与釉蛋白在大鼠切牙中的定位以及氟对其表达的影响
	井枫秋	女	口腔临床医学	王　强	大鼠切牙 MMP-20 及 TIMP-2 在过量氟暴露中的时空表达变化
	徐志灵	女	口腔临床医学	王　强	氟化物对大鼠切牙骨桥蛋白和骨涎蛋白表达影响的实验研究
	兰庭超	男	口腔临床医学	刘月华	阻塞性睡眠呼吸暂停低通气综合征患者计算机辅助下颌前伸定位的研究
	王　婧	女	口腔临床医学	刘月华	阻塞性睡眠呼吸暂停低通气综合征患者性激素水平及颏舌肌肌电活性的研究
	孟宪敏	女	口腔临床医学	刘月华	大鼠正畸牙齿移动过程中整合素 $\alpha V\beta_3$ 表达的实验研究
	刘　艳	女	口腔临床医学	刘月华	大鼠正畸牙齿移动过程中 RANKL 因子在牙周组织内表达的实验研究

续表 9

硕士学位授予单位	姓　名	性别	所授专业学位	指导教师	毕业论文题目
	张　怡	女	口腔临床医学	刘月华	不同力值作用下大鼠正畸牙齿移动过程中牙根吸收的实验研究
	王玉华	女	口腔临床医学	刘月华	牙周膜牵张成骨牙齿快速移动的实验研究
	李　宁	男	口腔临床医学	刘月华	前牙深覆㪔患者髁突运动轨迹特征的研究
	刘燕舞	女	口腔临床医学	刘月华	新型光固化正畸釉质黏接剂的研制及其性能的研究
	金　蕾	女	口腔临床医学	华咏梅	正常㪔者咬合功能的研究
	李俊彦	女	口腔临床医学	华咏梅	安氏Ⅱ类1分类错㪔患者咬合功能的研究
	贺永春	男	口腔临床医学	吴丽萍	安氏Ⅱ类错㪔畸形舌位置、舌骨位置及口周肌肌电活动的研究
	王　卓	男	口腔临床医学	黄远亮	牙种植外科计算机辅助手术导航系统的研究
	赵　健	男	口腔临床医学	黄远亮	组织工程化骨修复种植体周围骨缺损的实验研究
	陈　芳	女	口腔临床医学	潘可风	新型骨替代材料——介孔生物玻璃(MBG)生物学性能的实验研究
	邢在臣	男	口腔临床医学	潘可风	新型药物载体磁性 PVP 水凝胶微球的实验研究
	裴庆国	男	口腔临床医学	潘可风	骨组织工程新型复合支架材料 HA/PLGA 的实验研究
	艾德里	男	口腔临床医学	潘可风	PVP 水凝胶磁性抗癌药物载体的合成、表征研究:生物相容性和缓释效果实验
	沈　霞	女	口腔临床医学	韩栋伟	新型种植体涂层材料生物学性能的研究
	梁峥嵘	男	口腔临床医学	韩栋伟	氮化钛膜对纯钛表面细菌黏附影响的研究
	张　玮	女	口腔临床医学	韩栋伟	牙科氧化锆陶瓷黏结性能的研究
	郭凌云	女	口腔临床医学	苏剑生	牙科陶瓷层状复合结构循环疲劳行为研究
	俞懿强	男	口腔临床医学	苏剑生	四种暂时冠桥材料对口腔上皮细胞生物学行为的影响
	林　娟	女	口腔临床医学	王小平	氯化镧对体外培养的骨髓基质干细胞的影响
	刘海江	男	口腔临床医学	王小平	补肾中药有效成分淫羊藿苷和黄芪苷Ⅰ对骨髓基质细胞的作用研究
	王琳琳	女	口腔临床医学	朱　炎	巨噬细胞移动抑制因子、金属基质蛋白酶-9与涎腺恶性肿瘤相关性研究
复旦大学					
	吴　斌	男	口腔临床医学	俞立英	纵折后牙黏结的微渗漏研究及临床疗效评价
	陈　琼	女	口腔临床医学	俞立英	后牙纵折三维有限元法分析

续表 9

硕士学位授予单位	姓　名	性别	所授专业学位	指导教师	毕业论文题目
南京医科大学	张　洁	女	口腔临床医学	孙红英	NF-κB 在干燥综合征唾液腺中的表达及意义
	梅　蕾	女	口腔临床医学	陈亚明	复合树脂嵌体修复和牙体抗力的三维有限元研究
	吴大明	男	口腔临床医学	吴友农	年轻上颌第一前磨牙形态学及其临床意义的研究
	郭　威	女	口腔临床医学	吴友农	根管内折断器械模型的建立及显微超声技术去除的效果研究
	仲伟洁	女	口腔临床医学	王　林	赋形剂对氢氧化钙根管消毒剂性能的影响
	邹　芳	女	口腔临床医学	刘卫红	不同赋形剂氢氧化钙抑制白色念珠菌的药敏试验
	杨　婕	女	口腔临床医学	朱　玲	人类疱疹病毒 6 型与口腔鳞癌发生的相关性研究
	王　娟	女	口腔临床医学	孙卫斌	转染人骨形成蛋白 2 基因共培养条件下 NIH3T3 细胞生物学性状观察
	张　红	女	口腔临床医学	殷新民	牙尖交错位紧咬牙时颞下颌关节应力分布的三维有限元研究
	毛然然	女	口腔临床医学	蔡玉惠	三种不同金瓷修复体颜色差异的研究
	钱蕴珠	女	口腔临床医学	李　健	上颌隐裂磨牙牙尖斜度的测量研究与应力分析
	杜　娟	女	口腔临床医学	王　林	成人上颌快速扩大的生物力学研究
	胡　芳	女	口腔临床医学	陈文静	彩色弓丝和托槽的体外毒性研究
	龚爱秀	女	口腔临床医学	陈文静	功能性矫治器引导下颌骨后退对大鼠髁突软骨影响的实验研究
	顾永佳	男	口腔临床医学	陈文静	含矫治器的下牙列及下颌骨三维有限元模型的建立
	陶江丰	男	口腔临床医学	陈　宁	下颌第一磨牙种植修复设计的生物力学研究
	李　冰	女	口腔临床医学	陈　宁	甲状旁腺激素相关蛋白对小鼠颌骨成骨细胞增殖分化的影响
	陈中坚	男	口腔临床医学	邢树忠	口腔鳞癌中 p16/CDK4/cyclinD1/pRb 的表达及其意义
	陶德韬	男	口腔临床医学	陶震江	髂嵴软骨移植修复唇裂鼻畸形的实验研究
	宋晓萌	男	口腔临床医学	吴煜农	神经生长因子对体外培养腺样囊性癌细胞增殖的作用
温州医学院	林佳强	男	口腔临床医学	林新平	前方牵引结合快速扩弓矫治上颌发育不足的机理研究

续表 9

硕士学位授予单位	姓 名	性别	所授专业学位	指导教师	毕业论文题目
安徽医科大学					
	潘 蕾	女	口腔临床医学	梅陵宣	Er:YAG 激光制洞对牙髓组织生物学效应的观察
	吴 迪	女	口腔临床医学	梅陵宣	骨保护素基因修饰的大鼠骨髓基质细胞系的培养、表达与鉴定
	陈 新	男	口腔临床医学	周 健	舌鳞癌中 p34cdc2 与 cyclin B1 的表达及相关性研究
	徐文华	男	口腔临床医学	周 健	白细胞介素-8 在舌鳞癌中的表达及其与血管新生的相关性研究
福建医科大学					
	陈小玲	女	口腔临床医学	闫福华	不同浓度凝血酶对富血小板血浆促颅骨缺损修复影响的实验研究
	郑碧琼	女	口腔临床医学	闫福华	雌激素及雷诺昔芬对骨质疏松症大鼠骨髓基质细胞增殖分化的影响
	陈玉玲	女	口腔临床医学	张端强	金属托槽多次粘接的生物机械学研究
	阳爱民	男	口腔临床医学	陈 江	rhBMP-2/hTGF-β_1 胶原复合材料的初步研究
	陈文多	女	口腔临床医学	程 辉	牙预备体表面涂布极固宁^{TM}后对其固位力和剪切强度的影响
	牛 刚	男	口腔临床医学	郑 杰	胶原海绵在山羊下颌骨牵引成骨中早期成骨作用的实验研究
南昌大学					
	史 彦	女	口腔临床医学	杨 健	银汞桩核抗折裂强度的体外研究
	战 雷	男	口腔临床医学	杨 健	NGF、bFGF 用于大鼠磨牙盖髓的实验研究
	韩晓艳	女	口腔临床医学	朱洪水	牙本质表面不同处理方法对黏结剂与牙本质间剪切强度的影响
	欧晓艳	女	口腔临床医学	朱洪水	不同去龋法去龋后的电镜观察及玷污层对微渗漏影响的研究
	王建鸿	男	口腔临床医学	朱洪水	藻酸盐印模浸泡消毒对模型尺寸精度和表面质量的影响
	刁伟宏	男	口腔临床医学	朱洪水	三种冠边缘设计对牙龈状况与龈沟液中内毒素含量的影响
	廖小平	男	口腔临床医学	朱洪水	二种烤瓷熔附金属全冠对基牙牙周组织健康的影响——龈沟液中天冬氨酸转氨酶和碱性磷酸酶水平的分析
	黄 彦	女	口腔临床医学	朱洪水	不同浓度氟化泡沫对离体人牙釉质抗酸性影响的对比研究
	黄 翀	男	口腔临床医学	卓夏阳	不同牙槽高度的下前牙压低时应力分布的有限元分析

续表 9

硕士学位授予单位	姓　名	性别	所授专业学位	指导教师	毕业论文题目
	万　莉	女	口腔临床医学	吴建勇	氟泰涂料对牙釉质脱钙的体外实验研究
	王　晖	男	口腔临床医学	吴建勇	不同牙槽高度的上颌第一磨牙压低时牙周膜初应力的三维有限元分析
	石　磊	男	口腔临床医学	吴建勇	安氏Ⅱ[1]类错殆两种拔牙矫治模式牙弓宽度变化的比较
	李启顺	男	口腔临床医学	吴建勇	多曲方丝弓在不同牙位托槽间距下局部载荷挠曲率的实验研究
	伍　军	男	口腔临床医学	吴建勇	Herbst 矫治器及方丝弓矫治器双期矫治骨性Ⅱ[1]类错殆的头影测量分析
	宋丽娟	女	口腔临床医学	伍　军	安氏Ⅱ类 1 分类错殆拔牙矫治前后颏部形态变化的头影测量研究
	韩金友	男	口腔临床医学	伍　军	Herbst 矫治器结合方丝弓矫治器双期矫治 AngleⅡ[2]类错殆的临床研究
	董　刚	男	口腔临床医学	王予江	异博定增强长春新碱抗人舌鳞癌细胞作用的体外研究
	詹　剑	男	口腔临床医学	陈林林	颈静脉孔区显微应用解剖研究
山东大学					
	王振光	男	口腔基础医学	孙善珍	人口腔鳞癌细胞与成纤维细胞相互作用的实验研究
	段学静	女	口腔临床医学	杨丕山	核心结合因子-α_1 及骨形成相关蛋白在人牙胚发育过程中的表达
	谢瑞阅	女	口腔临床医学	杨丕山	小鼠牙胚裸鼠肌肉异位移植的实验研究
	王小华	男	口腔临床医学	姜广水	变形链球菌 *gbr* 基因表达载体的构建及 GBR 融合蛋白抗体的制备
	李昌盛	男	口腔临床医学	熊世江	根尖倒充填材料细胞毒性及根尖封闭性能的体外研究
	林秀娟	女	口腔临床医学	王　青	血管内皮生长因子在人牙髓组织中的免疫组化研究
	韩晓辉	男	口腔临床医学	牟月照	不同牙尖斜度全瓷冠的三维有限元分析
	宋继武	男	口腔临床医学	牟月照	不同齿科铸造合金电化学腐蚀的近期观测
	李　杰	女	口腔临床医学	郭庆泰	残根根面三种不同形态对桩冠修复后牙齿抗折强度的影响
	孙晓东	男	口腔临床医学	徐　欣	pLEGFP-N_1 基因转染骨髓基质干细胞的体外稳定性和体内体外成骨能力应用研究
	杨中军	男	口腔临床医学	宋代辉	正常人群颞下颌关节区域的磁共振检查和研究

续表 9

硕士学位授予单位	姓　名	性别	所授专业学位	指导教师	毕业论文题目
	郝　轶	男	口腔临床医学	汲　平	三种不同材料烤瓷冠对龈沟液内天冬氨酸转氨酶和碱性磷酸酶表达的影响
	张维波	男	口腔临床医学	汲　平	低位咬合伴颞下颌关节结构紊乱患者的咬合重建治疗临床效果分析
	颜世果	男	口腔临床医学	戚向敏	角质细胞生长因子(KGF) 在口腔白斑和口腔鳞癌中的表达
	孙树洋	男	口腔临床医学	张风河	Ad-H*bmp*-2 基因转染骨骼肌卫星细胞体外成骨分化的实验研究
	杨兴华	男	口腔临床医学	刘云生	肝细胞生长因子基因转染兔髁状突软骨细胞及转染细胞对 TMD 的治疗研究
	刘桂军	男	口腔临床医学	张东升	放疗对人涎腺腺样囊性癌 P65 信号传导通路的影响
	赵　佳	女	口腔临床医学	王　铎	不同牙髓状态诱导型——氧化氮合酶表达的免疫组织化学研究
	郭新星	男	口腔临床医学	王春玲	固定正畸对成人和青少年患者龈沟液中 AST 和 ALP 活性影响的对比研究
	寇　波	男	口腔临床医学	王春玲	年轻成人上颌快速扩弓(YA-RME)对牙颌结构的影响
	张文娟	女	口腔临床医学	张　君	骨性安氏Ⅲ类错殆经正畸—正颌联合治疗后软硬组织变化的相关稳定性研究
	马士良	男	口腔临床医学	张　君	埋伏牙牙周应力分布的三维有限元分析
	朱雪梅	女	口腔临床医学	孙钦峰	骨形成蛋白-2 基因治疗促全牙周骨缺损再生的体内研究
	洪小伟	男	口腔临床医学	马　跃	逆转录病毒介导 *egfp* 基因转染骨髓间充质干细胞及类 Schwann 细胞诱导分化
	赵作勤	男	口腔临床医学	王旭霞	转移相关基因 BRMS1、CD44V6 在口腔鳞癌中的表达及其意义研究
	董　宁	女	口腔临床医学	刘东旭	两种黏结剂对托槽周围釉质脱矿程度及氟水平的影响
	周　敏	女	口腔临床医学	郭庆泰	黏固剂种类及黏固后不同时机牙体预备对铸造桩核固位力的影响
	叶展超	男	口腔临床医学	魏奉才	腺病毒介导的人骨形成蛋白 2 基因转染促进骨膜牵张成骨的实验研究
	王　斌	男	口腔临床医学	潘淑勤	前牵引矫形力作用下鼻上颌骨复合体内部应力分布与位移的三维有限元分析
青岛大学					
	邓敬华	女	口腔临床医学	钟德钰	环孢菌素 A 导致牙龈增生机制的初步研究
	徐海涛	男	口腔临床医学	钟德钰	表皮生长因子壳聚糖应用于口腔溃疡动物模型的实验研究

续表 9

硕士学位授予单位	姓名	性别	所授专业学位	指导教师	毕业论文题目
	刘梦冬	男	口腔临床医学	邓　婧	新型根管充填剂——复方牡蛎粉的生物相容性的研究
	朱淑云	女	口腔临床医学	张广耘	羧甲基壳聚糖-钙盐复合物诱导齿槽骨再生的实验研究
	张小红	女	口腔临床医学	王　雪	不同抛光方法对钴铬合金铸件精度及物理性能的影响
	陈宜辉	女	口腔临床医学	王　雪	不同膨胀系数石膏模型材料对义齿精度及物理性能的影响研究
	侯凤春	男	口腔临床医学	陈　杰	结扎橡皮圈、链状橡皮圈与镍钛拉簧应力松弛的研究
	张　月	女	口腔临床医学	陈　杰	Arnett 软组织头影测量的相关性研究
	朱　艳	女	口腔临床医学	刘新强	脉冲 Nd:YAG 激光照射预防正畸托槽周围釉质脱矿的实验研究
	潘永海	男	口腔临床医学	李宁毅	不同浓度富血小板血浆应用于骨组织工程的研究
	马彦博	男	口腔临床医学	李宁毅	下颌骨及周围结构的薄层断面解剖研究与下颌骨数字化模型的建立
	陈立强	男	口腔临床医学	李宁毅	富血小板血浆和带血管肌筋膜在组织工程骨血管化中的作用
郑州大学					
	吴豪阳	男	口腔临床医学	曹选平	口腔鳞癌中 Ets-1、MMP-9、CD105 表达及意义
	吴大鹏	男	口腔临床医学	李新明	β-榄香烯乳对舌鳞癌细胞株(Tca8113)体外放射增敏作用的实验研究
	高　黎	女	口腔临床医学	石爱梅	人口腔白斑及鳞状细胞癌中 NF-κB、IκB 及 PCNA 表达的研究
华中科技大学					
	邓卓峰	男	口腔临床医学	毛　靖	正畸微型种植体支抗稳定性的临床研究
中南大学					
	张春香	女	口腔基础医学	涂　玲	脑溢安对大鼠舌下神经压榨伤后神经再生与神经元保护作用的研究
	唐艳萍	女	口腔基础医学	涂　玲	脑溢安对大鼠舌下神经压榨伤后 nNOS 表达及神经纤维再生的影响
	蔡　惠	女	口腔临床医学	方厂云	临床烤瓷工艺和茸毛链球菌对烤瓷合金腐蚀行为的影响
	张雪梅	女	口腔临床医学	方厂云	纳米羟基磷灰石前体与胶原自组装成类骨质复合材料的实验研究
	夏　宇	女	口腔临床医学	方厂云	整合素 α_1、α_2 在口腔黏膜下纤维性变发病机制中的作用

续表 9

硕士学位授予单位	姓 名	性别	所授专业学位	指导教师	毕业论文题目
	蔺 琳	女	口腔临床医学	凌天牖	口腔黏膜下纤维性变中 HIF-1α、CTGF 的表达研究
	刘程辉	男	口腔临床医学	唐瞻贵	口腔疣状癌 Heparanase、PTEN、Survivin 和 *p*65 基因的表达研究
	马文涛	男	口腔临床医学	翦新春	颊黏膜瓣封闭法牙槽嵴裂修复术后的软组织形态学改变
	邵春生	男	口腔临床医学	吴汉江	A-RDMJ 对小鼠涎腺放射性损伤的保护及治疗作用研究
	吴平安	男	口腔临床医学	李运良	MSXI 基因微卫星多态性与非综合征性唇腭裂的关联性研究
	石 亮	男	口腔临床医学	黄建华	IPO-38，BMP-4 在牙源性角化囊肿中的表达研究
暨南大学					
	张秀琴	女	口腔临床医学	黄世光	机动镍钛根管预备器械清洁能力的实验研究
	张 颖	女	口腔临床医学	黄世光	三种热牙胶根管充填技术的比较研究
	姚 希	女	口腔临床医学	沈丽佳	NF-κB、TRAF2、$CD8^+$ T 淋巴细胞在口腔扁平苔藓中的表达及意义
	孙传喜	男	口腔临床医学	沈丽佳	胶原膜联合自体骨-人工骨治疗种植体周骨缺损临床研究
	杨建浩	男	口腔临床医学	孔卫东	五种去金属托槽黏结剂法对牙釉质影响的实验研究
	刘湘宁	女	口腔临床医学	赖仁发	rhBMP-2 透明质酸钠复合注射剂对下颌骨量扩增作用的实验研究
	冯智强	男	口腔临床医学	赖仁发	PLA-PVP 可降解吸收骨组织工程支架生物相容性及成骨效能的研究
中山大学					
	辛蔚妮	女	口腔临床医学	凌均棨	口腔健康影响程度量表的验证及其应用
	潘 爽	女	口腔临床医学	凌均棨	Leptin 对人牙髓细胞增殖及分化的影响
	姬亚昆	女	口腔临床医学	凌均棨	牙釉质表面菌斑生物膜结构的实验研究
	毛学理	女	口腔临床医学	凌均棨	人骨形成蛋白 2 基因重组腺病毒的构建
	吴 莺	女	口腔临床医学	凌均棨	兔富血小板血浆影响骨髓基质细胞生物活性的实验研究
	张 恺	女	口腔临床医学	凌均棨	口腔变形链球菌密度感应作用机制的实验研究
	刘丽敏	女	口腔临床医学	凌均棨	变形链球菌及毒力因子 *spap*，*gtf* 的荧光原位杂交及荧光定量 PCR 检测
	秦 伟	男	口腔临床医学	林正梅	腺病毒介导的人骨形成蛋白-7 基因转染对人牙髓细胞增殖及分化的研究

续表 9

硕士学位授予单位	姓　名	性别	所授专业学位	指导教师	毕业论文题目
	刘　艳	女	口腔临床医学	林正梅	三种牙髓治疗材料对体外培养的 hDPCs 和 hPDLCs 增殖及分化影响的研究
	陈小冰	女	口腔临床医学	程　斌	选择性环氧合酶-2 抑制剂防止造血干细胞移植预处理诱发口腔黏膜炎的实验研究
	王　璇	女	口腔临床医学	程　斌	造血干细胞移植预处理诱发口腔黏膜炎口腔黏膜组织 NF-κB、IL-1β 和 TNF-α 表达
	支清蕙	女	口腔临床医学	林焕彩	乳牙高龋与变链菌胞外多糖及 *gtf* 基因多态性关系初步研究
	张　蓉	女	口腔临床医学	林焕彩	乳牙高龋的危险因素研究
	何　巍	男	口腔临床医学	林焕彩	离子色谱测定牙膏氟研究及农村市售含氟牙膏氟检测
	李亚静	女	口腔临床医学	梁焕友	龈沟液中 HGF 在吸烟和非吸烟慢性牙周炎患者基础治疗前后的变化
	郭俊兵	男	口腔临床医学	冯崇锦	HIF-1-、COX-2 在大鼠放射性口腔黏膜炎中表达的研究
	魏　煦	男	口腔临床医学	李　彦	下切牙 EmpressⅡ瓷贴面与全瓷冠的抗折裂的实验研究
	刘则玉	男	口腔临床医学	李　彦	铸造桩核修复重度缺损上颌第一磨牙的三维有限元分析
	梁国斌	男	口腔临床医学	李　彦	脱免剂处理后牙本质黏结面黏结强度及纳米渗漏的研究
	杜发亮	男	口腔临床医学	张春元	保留游离端残根固定桥修复的三维有限元应力分析研究
	张松梅	女	口腔临床医学	张志光	动态 MRI 与下颌运动轨迹描记诊断 TMJID 的临床研究
	韦丽芬	女	口腔临床医学	张志光	颞下颌关节源性疼痛模型的建立及 TNF-α 和 NF-κB 的表达及意义
	张　朋	女	口腔临床医学	张志光	犬下颌镍钛记忆合金牵张成骨中 HIF-1α 的表达及其作用
	李传真	男	口腔临床医学	廖贵清	SD 大鼠舌背味蕾细胞的初步研究
	李　清	女	口腔临床医学	廖贵清	犬半舌同种异体移植的初步研究
	王　明	男	口腔临床医学	杨小平	定量释放 rhBMP-2，rbFGF 促进兔下颌牵张成骨的实验研究
	田立国	男	口腔临床医学	林雪峰	应用 BioPAK 对下颌运动的分析研究
	孟艳华	女	口腔临床医学	林雪峰	咬合支撑区缺损对咬合平衡及咀嚼肌平衡影响的研究
	杨文丽	女	口腔临床医学	林雪峰	压合力在楔形缺损形成中的作用

续表 9

硕士学位授予单位	姓　名	性别	所授专业学位	指导教师	毕业论文题目
	蒋柳宏	男	口腔临床医学	郑有华	bFGF 基因转染兔骨髓间充质干细胞珊瑚骨体外复合培养的实验研究
	朱双喜	男	口腔临床医学	匡代军	SDF-1-CXCR-4 与舌癌颈淋巴转移关系的研究
	孙　明	男	口腔临床医学	陈松龄	双向牵张器增高牙槽骨的实验研究
	王立超	男	口腔临床医学	冉　炜	计算机三维重建及快速原型技术辅助口腔颌面外科手术的初步研究
	王　冀	男	口腔临床医学	丁学强	Sirna 表达质粒抑制人舌鳞癌细胞 *htert* 表达的体外实验研究
	郑　军	男	口腔临床医学	蒋立坚	富血小板血浆复合珊瑚修复下颌骨缺损的动物实验研究
	许青峰	男	口腔临床医学	艾　虹	牙周膜牵张成骨快速移动牙齿的动物实验研究
	赵小朋	男	口腔临床医学	潘朝斌	舌癌根治同期游离组织瓣移植的临床效果研究
	欧阳可雄	男	口腔临床医学	陈伟良	血管内皮生长因子和诱导型一氧化氮合酶在成釉细胞瘤中的表达
	杨　囡	女	口腔临床医学	陈伟良	RNA 干扰 *iNOS* 基因对舌鳞癌细胞增殖活性及 VEGF 表达抑制的实验研究
	周　铨	女	口腔临床医学	阮　毅	BMP-6/Bio-Oss 复合物植入大鼠牙周骨缺损的实验研究
广西医科大学					
	李　莉	女	口腔临床医学	何克新	甜茶皂苷对口腔变形链球菌的抑制作用的研究
	顾远平	男	口腔临床医学	何克新	灼口综合征患者的心理健康状况的调查分析
	王　天	女	口腔临床医学	陶人川	hBD-2 在舍格伦综合征患者中的表达及其意义
	邹　杰	女	口腔临床医学	陶人川	口腔扁平苔藓患者 hBD-2 和 LL-37 的表达与口腔白色念珠菌的相关关系研究
	姚志文	男	口腔临床医学	于大海	VEGF siRNA 抑制人舌癌细胞表达 VEGF 蛋白的研究
泸州医学院					
	周　聰	男	口腔临床医学	聂敏海	慢性牙周炎与冠心病的相关性研究
	胡　佳	女	口腔临床医学	聂敏海	细胞角蛋白在正常黏膜和口腔鳞状细胞癌中表达的研究
	徐　皑	女	口腔临床医学	刘兴容	酪蛋白磷酸肽钙磷复合体对变形链球菌生长、产酸及黏附影响的实验研究
	黄　跃	男	口腔临床医学	杨四维	上颌尖牙压低的三维有限元的分析

续表 9

硕士学位授予单位	姓　名	性别	所授专业学位	指导教师	毕业论文题目
	卫小霞	女	口腔临床医学	杨四维	正畸托槽脱落重贴酸蚀与非酸蚀对粘接效果的影响
	张　力	男	口腔临床医学	梁尚争	非综合征性唇腭裂与同源异型盒基因 MX1 多态性的相关性研究
遵义医学院					
	张　燕	女	口腔临床医学	刘建国	变形链球菌乳酸脱氢酶与霍乱毒素 B 亚单素 B 亚单位嵌合表达质粒的构建及转化烟草研究
	李厚轩	女	口腔临床医学	刘建国 闫福华	冻存对骨髓基质细胞生物学特性影响的实验研究
	陈　筑	女	口腔临床医学	刘建国	变形链球菌葡糖基转移酶与霍乱毒素 B 亚单位嵌合表达质粒的构建及转化植物研究
	陈　欣	男	口腔临床医学	刘建国	rhPDGFF-BB 对大鼠正畸牙牙周组织中整合素 $\alpha v\beta_3$ 表达的影响
	高海涛	女	口腔临床医学	刘建国	rhTGF-β_1 对大鼠正畸牙牙周组织中整合素 $\alpha v\beta_3$ 表达的影响
	李春林	男	口腔临床医学	刘建国	重复烧结遮色瓷对金瓷修复体结合强度和颜色的影响
	阳宏林	男	口腔临床医学	张绍伟	口腔保健结合局部用氟控制乳牙龋临床实验研究
	张荣和	男	口腔临床医学	宋　琦	镍铬烤瓷合金烧结后冠组织面氧化膜离子析出情况的研究
	吴海廷	男	口腔临床医学	朱国威	镍铬合金上不同厚度瓷覆盖后唾液中镍铬元素含量分析
	张　君	女	口腔临床医学	朱国威	𬌗合龈高度与全冠固位力关系的实验研究
	胡小华	男	口腔临床医学	董　平	树突状细胞在口腔鳞癌中的浸润度及活化率的研究
	毛小泉	男	口腔临床医学	谢文扬	兔颌面部感染伤口清创缝合的实验研究
	张　铁	男	口腔临床医学	谢文扬	兔自体下颌骨煮沸植骨与传统植骨的比较研究
	向晓波	男	口腔临床医学	谢文扬	人体舌肌立体观察、肌梭分布及舌内神经染色的形态学研究
贵阳医学院					
	李　超	男	口腔临床医学	宋宇峰	Ang-2 在口腔鳞癌中的表达及与血管生成关系的研究
	杨建斌	男	口腔临床医学	宋宇峰	单核细胞趋化蛋白-1 和肿瘤坏死因子在口腔鳞癌血管生成中的作用及相关研究

续表 9

硕士学位授予单位	姓 名	性别	所授专业学位	指导教师	毕业论文题目
	陈 钟	女	口腔临床医学	宋宇峰	乙酰肝素酶在口腔鳞癌中的表达及与血管生成的作用
	孙乐刚	男	口腔临床医学	宋宇峰	血管细胞黏附因子-1 在口腔鳞癌血管生成中的功能及相关研究
昆明医学院					
	彭 艺	男	口腔临床医学	欧炯光	丹参对人牙周膜成纤维细胞增殖分化影响的体外实验研究
	龚 瑜	男	口腔临床医学	欧炯光	牙龈卟啉单胞菌诱导的骨细胞凋亡的实验研究
	刘学伟	女	口腔临床医学	张 杰	丙酮醛对人牙周膜成纤维细胞基因表达影响的实验研究
	廖文琴	女	口腔临床医学	张 杰	静压力对人牙周膜成纤维细胞增殖及Ⅰ型胶原表达的影响的体外实验研究
	马 丁	男	口腔临床医学	吴恩格	蜂胶提取液生物安全性及治疗实验性口腔溃疡的初步探讨
	欧阳欣	女	口腔临床医学	吴恩格	自行研制的牙齿感觉过敏症复方蜂胶脱敏剂的初步实验研究
	牛 涛	女	口腔临床医学	丁仲鹃	碱热处理钛片表面对成骨细胞生长及细胞骨架蛋白影响的研究
	董 菲	女	口腔临床医学	丁仲鹃	TiO_2 喷砂酸蚀处理对钛片表面氧化膜及成骨细胞生长影响的研究
	王丽艳	女	口腔临床医学	徐 芸	颌间Ⅲ类矫形力作用于青春期恒河猴殆位改变作用的影响学研究
	韩秀丽	女	口腔临床医学	徐 芸	Ⅲ类功能矫形力对上颌骨周围骨缝作用的动物实验研究
	邱 亚	女	口腔临床医学	杨 湛	重组腺病毒 rhAdEasy-*nm*23-H_1 的构建与鉴定及体外表达的实验研究
	刘志荣	男	口腔临床医学	杨 湛	腺病毒介导 *nm*23-H_1 转染对人肺腺癌细胞增殖及集落形成的影响
	李志军	男	口腔临床医学	刘 流	咪喹莫特对皮肤瘢痕预防与治疗的实验研究
	孙家平	女	口腔临床医学	刘 流	滇丹参抑制瘢痕形成及其相关机理的实验研究
	熊红珍	女	口腔临床医学	李 松	PTHrPmRNA 在髁状突软骨与生长板软骨发育早期表达变化的比较研究
	朱 瑾	男	口腔临床医学	许 彪	不同钙含量异种骨基质复合 bFGF 修复兔下颌骨缺损的实验研究
	范红渠	男	口腔临床医学	许 彪	碱性成纤维细胞生长因子复合异种部分脱钙骨修复兔下颌骨缺损的实验研究

续表 9

硕士学位授予单位	姓名	性别	所授专业学位	指导教师	毕业论文题目
西安交通大学					
	田剑刚	男	口腔临床医学	阮建平	PGP9.5 蛋白在 SD 大鼠牙胚发育中的表达及氟对其表达的影响
	李红杏	女	口腔临床医学	阮建平	大鼠孕期摄入氟化钠对子代鼠牙齿抗酸能力的影响
	谢红帼	女	口腔临床医学	荀建重	牙龈卟啉菌菌毛蛋白 *fim*A 基因的克隆及其原核表达载体的构建
	许　静	女	口腔临床医学	荀建重	牙龈卟啉菌蛋白酶 RgpA 催化结构域基因的克隆及其在大肠杆菌中的表达
	肖　刚	男	口腔临床医学	郭青玉	反义寡核苷酸转化变形链球菌方法的比较及反义效果的初步观察
	李　睿	女	口腔临床医学	郭青玉	扫描电镜观察 *gtf*B 反义寡核苷酸对变形链球菌生物膜形成的影响
	马　丽	女	口腔临床医学	白乐康	桩核角度改变后桩冠的力学分布特点
	安晓飞	女	口腔临床医学	白乐康	不同补偿曲线的全口义齿基托及其支持组织的应力分布
	方远鹏	男	口腔临床医学	白乐康	上颌中切牙桩冠颈部不同箍设计的三维有限元应力分析
	肖　卓	女	口腔临床医学	李晓红	重组人生长激素和雌激素对去势大鼠剩余牙槽骨影响的实验研究
	熊曦州	男	口腔临床医学	李晓红	大鼠骨髓间充质干细胞骨向分化及复合钛网的实验研究
	石　勇	男	口腔临床医学	李晓红	重组人生长激素对大鼠成骨细胞影响的体外研究
	唐成芳	女	口腔临床医学	李晓红	rHGH 和 E_2 联合运用对去势大鼠拔牙创骨愈合的影响及其 IGF-1 表达的研究
	王原琳	女	口腔临床医学	周　洪	短期睡眠限制对大鼠实验性牙移动影响的初探
	王晓庚	女	口腔临床医学	周　洪	大鼠破骨细胞体外培养的实验研究
	闵莉芳	女	口腔临床医学	周　洪	Forsus、Activator 和 Fränkel-Ⅱ 治疗下颌后缩畸形的临床对比研究
	亢　静	女	口腔临床医学	周　洪	加载时机对国产纯钛螺钉式微种植体支抗系统稳定性影响的研究
	吉玲玲	女	口腔临床医学	周　洪	rhBMP-2 作用下牙周膜成纤维细胞中 *cbf*-α_1、OCIF、ODF 表达变化的研究
	安晓莉	女	口腔临床医学	周　洪	恒牙列深覆殆颅面形态分类的初步研究
	李兴强	男	口腔临床医学	何三虎 李涤尘	下颌骨缺损定制化修复研究及三维有限元分析

续表 9

硕士学位授予单位	姓 名	性别	所授专业学位	指导教师	毕业论文题目
	高俊武	男	口腔临床医学	何三虎 李涤尘	上颌骨大型缺损的定制化修复研究
	赵 亮	男	口腔临床医学	杨壮群	下颌骨多发性骨折坚强内固定后下颌骨在功能载荷下的应力分布分析
	薛 瑛	女	口腔临床医学	杨壮群	脂质体米诺地尔对 C57BL/6 小鼠毛发生长的影响
	王 冬	男	口腔临床医学	杨壮群	下颌骨体部缺损游离髂骨块移植不同连接方式的生物力学分析
	张铁良	男	口腔临床医学	杨壮群	色素化皮肤类似物模型的构建及三种退色剂对黑素细胞影响的实验研究
	刘 颖	女	口腔临床医学	杨壮群	不同抗胆碱药对腭裂患儿围术期心血管反应及应激反应的影响
	孙东涛	女	口腔临床医学	王宝彦	苯妥英钠对大鼠牙龈上皮细胞中 Bcl-2 和 Bax 表达的影响
	邱才卿	女	口腔临床医学	王宝彦	苯妥英钠对大鼠牙龈上皮细胞增殖指数和凋亡指数的影响
	张淋坤	男	口腔临床医学	张引成	联合应用 GM_1 和 NGF 对损伤后面神经核内 p75NGFR 和 Na^+/K^+ ATP 酶的影响
	张建伟	男	口腔临床医学	张引成	GM_1 协同 NGF 促进运动神经元再生过程中对 p75NGFR mRNA 和 Ca^{2+}/Mg^{2+} ATP 酶的影响
	刘艳春	女	口腔临床医学	李家伟	大鼠面神经逆行性诱发电位的实验研究
兰州大学					
	吕文芳	女	口腔临床医学	康 宏	牙用亚微米氧化锆增韧氧化铝陶瓷的摩擦磨损性能研究
	韩 冰	女	口腔临床医学	王丽京	Slit-Robo 信号在口腔癌和黏液表皮癌中的作用机理研究
	赵 媛	女	口腔临床医学	王丽京	Slit-Robo 在金黄地鼠颊囊癌变过程中的表达及阻断治疗的研究
新疆医科大学					
	封 艳	女	口腔临床医学	钟良军	远缘链球菌耐氟菌株体外诱导及产酸性的实验研究
	陈晓涛	女	口腔临床医学	钟良军	维吾尔族慢性牙周炎中牙龈卟啉单胞菌菌毛 *fim*A 毒力基因型的分布
	易 华	女	口腔临床医学	李良忠	hBMP-7 的表达及其对人牙周膜成纤维细胞生物学作用的研究
	张 健	男	口腔临床医学	吴佩玲	端粒酶逆转录酶和 c-*myc* 基因在涎腺肿瘤中表达的研究
	章建益	男	口腔临床医学	吴佩玲	氢氧化钙与二甲亚砜对粪肠球菌联合作用的实验

续表 9

硕士学位授予单位	姓　名	性别	所授专业学位	指导教师	毕业论文题目
	陈　雅	女	口腔临床医学	吴佩玲	Carisolv 去龋和传统车针去龋治疗儿童乳牙龋坏的对比研究
	刑　鹏	男	口腔临床医学	林兆全	牙种植体龈沟液中骨钙素的检测分析
	扈　梅	女	口腔临床医学	林兆全	4 种骨修复材料在动物体内生物相容性的对比实验研究
	吴　萍	女	口腔临床医学	王金玉	两种不同形态卡环钢丝与磨牙龋坏关系的动物实验研究
	张　琴	女	口腔临床医学	王金玉	一新疆汉族 X 连锁少汗性外胚叶发育不全(XLHED)家系 *eda* 基因突变检测
	葛　菲	女	口腔临床医学	王金玉	新疆维吾尔族美貌女青年面部测量的美学分析
	阿不都克力木江·买买提	男	口腔临床医学	阿达来提	神经节苷脂 GM_1 对兔损伤面神经再生的影响
	买买提吐逊·吐尔地	男	口腔临床医学	阿达来提	3D-CT 成像技术在颌面部囊肿及肿瘤定量定性分析中的应用
	刘　慧	女	口腔临床医学	阿达来提	唾液腺肿瘤患者外周血淋巴细胞及其亚群分析
山西医科大学					
	廉成众	女	口腔临床医学	张秀清	雌激素缺乏状态及雌激素治疗对大鼠实验性牙周炎骨吸收的影响
	韩剑星	女	口腔临床医学	李　瑛	复合溶菌酶对小儿口腔白色念珠菌病的实验及临床研究
	管翠强	女	口腔临床医学	焦艳军	灼口综合征患者心理健康状况及血清 IL-6、TNF-α、性激素水平的研究
	刘志东	女	口腔临床医学	任吉芳	纳米材料根管封闭剂的实验室研究
	段春红	女	口腔临床医学	武云霞	太原市省直机关保健干部龋病流行病学调查分析
	夏志卿	女	口腔临床医学	冯云霞	自酸蚀粘接技术对牙釉质脱矿影响的实验研究
	潘福勤	女	口腔临床医学	焦艳军	钛及钛合金种值体的两种表面处理对细菌黏附能力的影响
	王　俐	女	口腔临床医学	焦艳军	镍铬合金、含钛镍铬合金及其表面处理后材料的耐腐蚀性研究
	张　楠	女	口腔临床医学	李卫星	可拆卸式 PFM 固定桥对基牙牙周 4 种细菌的影响
	高文华	女	口腔临床医学	甘晓榕	上颌骨和牙齿在颌间牵引力作用下受力的三维有限元分析
	王学玲	女	口腔临床医学	甘晓榕	下颌骨和牙齿在颌间牵引力作用下受力的三维有限元分析

续表 9

硕士学位授予单位	姓 名	性别	所授专业学位	指导教师	毕业论文题目
	李 慧	男	口腔临床医学	南欣荣	选区激光烧结技术在复杂颌面骨骨折中的临床应用研究
	陈富民	男	口腔临床医学	南欣荣	山羊颌骨牵引成骨的组织学特点及 bFGF 的表达
	黄春英	女	口腔临床医学	南欣荣	氟化钠液、矿化液对脱矿牙釉质再矿化作用的体外研究
	彭 燕	女	口腔临床医学	杨连平	颈椎骨龄对青春期女性下颌骨生长发育的预测研究
	李志宏	男	口腔临床医学	李卫星	FHIT、*p*27、c-*myc* 及 Ki-67 在口腔颌面鳞状细胞癌中表达的临术床意义及相关性分析
	王 林	男	口腔临床医学	张秀清	Cox-2,IL-8,P73 蛋白在舌鳞状细胞癌中的表达及相关性研究
	赵国虎	男	口腔临床医学	南欣荣	环氧合酶 2 在涎腺腺样囊性癌组织中的表达
	李晓征	女	口腔临床医学	武云霞	Cox-2 抑制剂影响人舌鳞癌 Tca8113 细胞血管生成素(Angs)蛋白的表达研究
	赵 玮	女	口腔临床医学	武云霞	尼美舒利对人舌鳞癌 Tca8113 细胞 PGE_2 释放和 Survivin 蛋白表达的影响
军医进修学院	肖 瑞	女	口腔临床医学	刘洪臣	老年人咀嚼运动前后脑血流变化的对比研究
	徐明志	男	口腔临床医学	王燕一	不同角度的倾斜基牙以及桥体的不同程度颊舌减径对固定修复后基牙牙周受力影响的三维有限元研究
第二军医大学					
	王国栋	男	口腔临床医学	姜晓钟	咬合力改变对大鼠牙周膜成纤维细胞 Bcl-2、Bax 的表达及其与细胞凋亡和增殖关系的研究
	郭 静	女	口腔临床医学	汪大林	低牙槽骨高度患者托槽龈向黏贴牙齿移动的生物力学研究
第三军医大学					
	段延华	男	口腔临床医学	刘鲁川	奥硝唑联用培氟沙星对牙周致病菌的抑制作用的最佳配比研究
	蒋 艳	女	口腔临床医学	刘鲁川	复方奥硝唑培氟沙星缓释牙栓的制备的质量评价
	侯延华	男	口腔临床医学	谭颖徽	人牙髓干细胞体外三维培养扩增的实验研究
	胡 静	女	口腔临床医学	谭颖徽	IGF-1 和 bFGF 对人牙髓干细胞增殖及分化影响的实验研究
	马 龙	男	口腔临床医学	杨 军	腺病毒介导 CTLA4Ig 治疗小鼠舍格伦综合征的实验研究

2006 年度国家精品课程名单

摘自教育部关于公布 2006 年度国家精品课程名单的通知［教高函(2006)26 号］。

表 10　2006 年度国家精品课程名单(以学科专业为序)

序号	学　科	课程名称	学　校	课程负责人	课程层次	省(区、市)
211	口腔医学类	口腔颌面外科学	上海交通大学	张志愿	本科	上海市
212	口腔医学类	口腔内科学	四川大学	周学东	本科	四川省
213	口腔医学类	口腔生物学	武汉大学	边　专	本科	湖北省
214	口腔医学类	口腔正畸学	北京大学	周彦恒	本科	北京市

2005～2006 年度经教育部备案或批准设置的高等学校本科和医学类专科专业名单

资料来源：①教育部教高［2006］1 号文件"教育部关于公布 2005 年度教育部备案或批准设置的高等学校本专科专业结果的通知"；②教育部关于公布 2006 年度高等学校专业设置备案或审批结果的通知。

表 11　2005 年度经教育部备案或批准设置的高等学校本科专业名单

学校名称	专业代码	专业名称	修业年限(年)	学科授予门类	主管部门
西北民族大学	100401	口腔医学	5	医学	国家民族事务委员会
湖州师范学院	100401	口腔医学	5	医学	湖北省
泰山医学院	100401	口腔医学	5	医学	山东省
长沙医学院	100401	口腔医学	5	医学	湖南省
石河子大学	100401	口腔医学	5	医学	新疆生产建设兵团

表 12　2006 年度经教育部备案或批准设置的高等学校本科专业名单

学校名称	专业代码	专业名称	修业年限(年)	学科授予门类	主管部门
大连医科大学中山学院※	100402W	口腔修复工艺学	4	理学	山东省
徐州医学院	100401	口腔医学	5	医学	江苏省
杭州师范学院	100401	口腔医学	5	医学	浙江省
皖南医学院	100402W	口腔修复工艺学	4	理学	安徽省
西安医学院	100401	口腔医学	5	医学	陕西省

注：专业代码加有"W"者为目录外专业；学校名称加有"※"者为经教育部批准和确认的独立学院

表 13　2006 年度经教育部审批同意设置的高等学校医学类专科专业名单

主管部门	学校名称	专业代码	专业名称	修业年限
湖南省	邵阳医学高等专科学校	630102	口腔医学	3 年

(薛玉萍)

人 物

于海洋

于海洋，男，1968年12月生，黑龙江齐齐哈尔人。1992年毕业于华西医科大学口腔医学院，1997年获该校医学博士学位。现任四川大学华西口腔医学院教授，口腔修复工艺学教研室主任，四川华西义齿修复制作中心主任。兼任《口腔设备及材料》杂志编委，《华西口腔医学杂志》和《国际口腔医学杂志》审稿专家。

近年来在教学方面，策划和实施了口腔修复工艺学本科教育各项建设内容，组建了目前国内最大的口腔修复工艺学本科教学实验室。作为主要执笔人起草了口腔修复工2006国家职业标准。科研方向主要从事生物摩擦学方面的基础研究，近年在国际知名期刊发表论文近20篇，其中10篇被SCI收录。主编专著《口腔固定修复工艺学》和教学辅导书籍《口腔修复学》、《口腔修复工艺学》。参编专著《中华口腔科学》、《中国口腔医学年鉴》和《口腔设备学》。主持国家自然科学基金2项、中国博士后科学基金1项、省部级科研项目3项，主研国家自然科学基金2项、自然科学基金重点项目1项。其科技成果获四川省科学技术进步二、三等奖各1项。作为第1设计人获得4项专利授权。2003～2005年连续3年获得“四川大学青年骨干教师”荣誉称号。2006年入选教育部新世纪优秀人才支持计划，获“四川省优秀博士后”和四川大学创新人才指导教师奖。

（四川大学华西口腔医学院供稿）

毛 靖

毛靖，女，1962年12月生，湖北武汉人。1983年毕业于湖北医学院口腔医学系，至武汉医学院（1985年更名为同济医科大学）工作。1994～1995年在北京医科大学口腔医学院进修。2001年获德国弗赖堡大学医学博士学位。历任同济医科大学/同济医院口腔医学中心主治医师、副主任医师、主任医师、副教授、教授，硕士研究生导师。现任华中科技大学同济医学院教授，博士研究生导师，口腔医学系副主任，同济医院口腔医学中心副主任。兼任中华口腔医学会口腔正畸专业委员会委员，武汉市口腔正畸专业委员会副主任委员，湖北省口腔医学会常务理事，武汉市口腔医学会常务理事，中国医师协会湖北分会委员，国家自然科学基金和国家博士后留学基金评审专家，湖北省医疗事故鉴定专家等职。

从事口腔临床、教学、科研工作23年，主要研究方向为儿童牙颌畸形的矫治。采用国外先进的矫治理念，开展了许多新项目、新业务，对成人和儿童的牙颌畸形矫治摸索出一套独到的方法，并研制了一种功能性颌骨矫形器，在我国早期进行预防性和阻断性矫治儿童各类错𬌗畸形方面有了创新和突破。主编《口腔临床医师诊疗丛书》、《口腔正畸早期治疗学》和《口腔医学》等专著5部，发表相关论文35篇。主持部、省、市级科研课题14项，获省、市科委科技进步三等奖各1项，华中科技大学优秀研究生指导教师奖和优秀教学质量三等奖，《松牙固定术》教学VCD获华中科技大学二等奖，并获得2项国家专利。

（华中科技大学同济医学院供稿）

王景云

王景云，女，1957年9月生，吉林松原人。1980年毕业于白求恩医科大学口腔医学系，留校任教。1995年获白求恩医科大学口腔医学硕士学位，2006年获吉林大学口腔医学博士学位。历任白求恩医科大学口腔修复学讲师、副教授。现任吉林大学口腔医学院教授、主任医师，硕士研究生导师，口腔修复学教研室和口腔修复科主任。兼任中华口腔医学会口腔修复学专业委员会常委，中华口腔医学会颞下颌关节病学与殆学专业委员会委员，中国医师协会美容与整形医师分会委员，吉林省医学会口腔医学专科分会常务委员，吉林省医师协会口腔专科分会委员，吉林省科学技术协会委员，吉林省医疗事故鉴定委员会委员，《口腔颌面修复学杂志》编委。

长期从事口腔修复学教学、医疗、科研工作。擅长固定义齿、铸造局部义齿、全口义齿的修复。科研方向为固定义齿修复、牙槽嵴吸收的预防和治疗、颞下颌关节紊乱病的诊断和治疗。近年发表相关学术论文30余篇，主编卫生部医学视听教材《口腔取印模技术》1部，获部、省、市科研基金资助课题5项，获吉林省医学科技进步二等奖1项、吉林省科技厅科学进步三等奖2项、吉林省教育成果一等奖1项，吉林大学医疗成果二等奖3项、教学成果三等奖1项。已培养硕士研究生20名，正指导研究生4名。

（吉林大学口腔医学院供稿）

孙沫逸

孙沫逸，男，1957年9月生，黑龙江哈尔滨人。1983年毕业于哈尔滨医科大学口腔医学系。1988年和1994年分别获第四军医大学口腔医学院医学硕士学位和医学博士学位。1998年获国家留学基金资助赴美国哈佛大学牙医学院进行博士后研究1年。历任黑龙江省医院口腔颌面外科住院医师，第四军医大学口腔医院口腔颌面外科主治医师、讲师、副主任医师、副教授。现任第四军医大学口腔医院头颈肿瘤外科副主任，教授、主任医师，博士研究生导师。兼任中国抗癌协会头颈肿瘤专业委员会委员，陕西省抗癌协会副秘书长、常务理事，陕西省头颈肿瘤专业委员会副主任委员，陕西省肿瘤学会常委，中华口腔医学会口腔颌面外科专业委员会涎腺疾病学组副组长、脉管性疾病学组副组长，解放军医学科学委员会肿瘤专业委员会委员，*Asian Journal of Oral and Maxillofacial Surgery*、《实用口腔医学杂志》、《北京口腔医学》、《现代肿瘤学杂志》、《中国耳鼻咽喉-头颈外科杂志》、《中国美容医学杂志》编委。

从事骨移植、组织工程、涎腺疾病与颌面脉管瘤诊治、口腔颌面肿瘤基础与临床研究、肿瘤术后功能修复与重建等工作。在国内外期刊发表论文70余篇，参编专著4部。主持科研项目5项，其中国家自然科学基金2项、省部级基金3项。指导研究生13人。

（第四军医大学口腔医学院供稿）

朱也森

朱也森，男，1946年3月生，上海人。1969年毕业于上海第二医学院并留校工作。1990～1992年在法国斯特拉斯堡第一大学附属医院麻醉科进修。历任上海第二医科大学教授、主任医师，麻醉学博士研究生导师，附属第九人民医院副院长、麻醉科主任，上海第二医科大学口腔医学院、临床医学院麻醉学

教研室主任。兼任中华口腔医学会麻醉学组组长，上海市麻醉学会副主任委员，上海市医学会急诊和危重病专科分会副主任委员，美国麻醉医师学会、欧洲麻醉医师学会会员，《口腔颌面外科杂志》、《临床麻醉学杂志》、《中华医学研究杂志》、《中华实用医药杂志》编委，《中华麻醉学杂志》、《武汉大学学报》特邀审稿专家等职。

从事临床麻醉工作30余年，擅长口腔颌面和整形外科麻醉、围术期循环功能维持和血液保护、危重病人脑保护和营养治疗。主持国家、市、局级等科研项目6项，主攻围术期困难气道的研究，并为该研究的第一完成人。“围术期困难气道的研究”2006年获得中华医学科技奖三等奖、上海市科技进步二等奖和上海市医学奖三等奖。设计、研制的“盲探气管插管装置”填补了国内困难气管插管领域的一大空白，该技术获得上海市卫生局医学科技成果重点推广项目、中国实用新型专利、上海市优秀发明奖，并进入卫生部“十年百项”计划，在国内20余省市的近百家医院中推广应用。已培养博士研究生6名，硕士生10余名。

（上海交通大学附属第九人民医院供稿）

朱亚琴

朱亚琴，女，1966年1月生，浙江宁海人。1987年毕业于浙江医科大学口腔医学系，1993年和2003年分别获上海第二医科大学医学硕士和医学博士学位。2005年5月～2006年11月为美国密歇根大学牙医学院访问学者。历任浙江宁海县人民医院住院医师，上海第二医科大学附属第九人民医院主治医师、副教授、副主任医师，硕士研究生导师。

现任上海交通大学医学院附属第九人民医院口腔内科副主任，主任医师、教授，博士研究生导师。兼任中华口腔医学会牙体牙髓病学专业委员会委员，中华医学会医学美学与美容学分会青年委员和《上海口腔医学》杂志编委。

主要从事牙体牙髓病学的临床、教学和研究工作。科研方向为根管治疗的基础和临床研究、牙齿发育与修复的机制。先后参加上海市卫生局、上海市科委、国家科技部等课题13项，其中主持6项。参加完成的“根尖周病诊治的系列研究”、“根管治疗－桩核冠系列工程治疗牙体严重缺损的研究”课题，分别获上海市科技进步二等奖，获国家教委科技成果推广三等奖1项。发表学术论文40余篇，参加编写《现代根管治疗学》、《老年口腔医学》、《保存牙科学》等专著，为《现代根管治疗学》第2版的第2主编。指导了11名硕士研究生，已毕业8名。曾多次参加国际性学术会议，论文在大会上交流。2000年被评为上海市“医苑新星”，2001年列入上海市科委“启明星”培养计划。

（上海交通大学附属第九人民医院供稿）

朱声荣

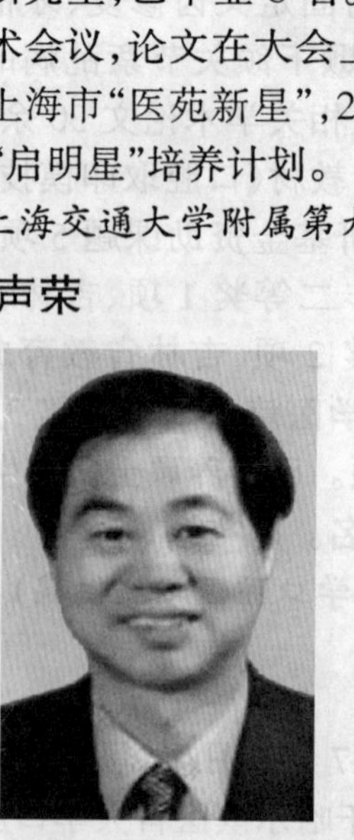

朱声荣，男，1952年4月生，湖北武汉人。1979年毕业于湖北医学院，1989年获湖北医科大学医学硕士学位，2004年赴德国做访问学者。历任同济医院主治医师、讲师、副教授、副主任医师，硕士研究生导师。

现任华中科技大学同济医学院教授、主任医师，博士研究生导师，同济医院口腔医学中心副主任、口腔颌面外科主任。兼任湖北省口腔医学会理事。

主要研究方向为口腔颌面肿瘤和涎腺肿瘤。开展口腔颌面和口腔内科范围内的诊治工作，全面开展口腔颌面外科手术，其中新业务、新技术达 30 余项，如各种口腔癌的根治术及各种组织瓣的修复重建、涎腺肿瘤的系列治疗、先天性唇腭裂的治疗等。发表学术论文 90 余篇，主编《口腔科学》教材和《口腔疾病诊疗指南》，任《英汉医学词汇》常务编委，参编其他著作 6 部。主持和参加科研课题 8 项。《下齿槽神经缺损神经移植后牙龈组织学实验研究》获第 6 届湖北省自然科学优秀论文三等奖，《腮腺肿瘤及瘤旁腺泡 P16、P21 和 DNA 定量研究》获 2001 年武汉市科技进步三等奖，《我国高等医学院校非口腔医学专业口腔科学教学研究》获 1997 年湖北省优秀教学成果三等奖。

（华中科技大学同济医学院供稿）

朱智敏

朱智敏，女，1959 年 5 月生，四川成都人。1982 年毕业于四川医学院口腔医学系，1992 年毕业于华西医科大学口腔修复学专业，获医学博士学位，留校工作至今。1996 年至 1997 年赴美国华盛顿大学牙学院研修一年，主要研究方向为口腔生物力学。历任华西医科大学口腔医学院讲师、副教授，硕士研究生导师。现任四川大学华西口腔医学院教授、博士研究生导师，口腔修复学教研室和华西口腔医院修复科主任。兼任中华口腔医学会口腔修复学专业委员会副主任委员，四川省口腔医学会委员，四川省医学会医学美容专业委员会委员，四川省医疗美容主诊医师资格认定专家委员会委员及命题专家，四川省和成都市两级医学会医疗事故鉴定专家，《华西口腔医学杂志》和《国际口腔医学杂志》编委。

主要从事口腔修复专业的医疗、教学和科研工作。研究内容涉及口腔固定修复基础与临床研究、口腔生物力学、口腔修复材料等方面。发表专业学术论文 40 余篇，参编专著 6 部。先后负责及参加国家级、省部级科研项目 7 项，获四川省科技进步三等奖 1 项。培养硕士研究生 21 名、博士研究生 3 名。

（四川大学华西口腔医学院供稿）

毕良佳

毕良佳，男，1961 年 7 月生，黑龙江哈尔滨人。1984 年 7 月毕业于哈尔滨医科大学口腔医学系并留校任教。1990 年 7 月任日本北海道大学齿学部牙周学讲座研究员，1997 年 3 月获北海道大学大学院齿学研究科博士学位，1999 年 6 月在北海道大学完成博士后研究工作后归国，组建了哈尔滨医科大学口腔医学院牙周病学科。历任哈尔滨医科大学附属第一医院口腔内科医师、主任医师、教授，哈尔滨医科大学口腔医学院院长助理、第四附属医院副院长、五官医学部部长、口腔医疗保健中心主任。现任哈尔滨医科大学第四附属医院副院长、五官医学部主任、口腔科主任，口腔内科学教授，博士研究生导师。兼任中华口腔医学会牙周病学专业委员会委员，黑龙江省口腔医学会会员，黑龙江省科学技术奖医疗卫生行业评审组评审委员，黑龙江省干部医疗保健会诊专家组专家，黑龙江省司法鉴定委员会司法医学专家组成员，哈尔滨市医学会医疗事故技术鉴定专家库成员，哈尔滨医科大学学位委员会委员，《哈尔滨医科大学学报》和《中华医药杂志》编委。

科研方向为牙周炎与咬合性外伤的关系。参加了日本国的科研项目“牙周病患者的磨牙症的明解和咬合性外伤引起的牙周组织的破坏”、“磨牙症新的诊断装置的开发和牙周组织破坏机制的明解”等研究，掌握了牙周病学和牙周病治疗学方面的先进技术。发表论文 50 余篇。在第 6 届世界牙周病学年会上，以“猴子牙周组织炎症和咬合性外伤合并时牙周组织的变化”为题，夺得优秀论文银奖。主持国家教委和省市科研项目多项。现为哈尔滨医科大学口腔医学学科带头人。

（哈尔滨医科大学第四附属医院供稿）

吴红崑

吴红崑，女，1967 年 12 月生，云南昆明人。1987 年毕业于昆明医学院口腔医学系并留校任教。历任昆明医学院讲师、副教授。1996 年 9 月～2001 年 7 月在华西医科大学攻读研究生学位，2001 年 7 月获该校医学博士学位，同年进入武汉大学口腔医学博士后科研流动站进行博士后研究工作，2003 年 7 月博士后出站，至四川大学华西口腔医学院任教。2005 年赴澳大利亚维多利亚大学学习。现任四川大学华西口腔医学院教授，博士研究生导师，口腔内科学教研室主任，口腔医院院办副主任。兼任《华西口腔医学杂志》和《国际口腔医学杂志》编委。

主要从事牙体牙髓病学教学、临床医疗和科研工作，特别在龋病的病因、发病机制和龋病的预防工作方面进行了大量的研究。多次参加国际学术会议，在国内外发表学术论文 40 余篇，SCI 收录论文 8 篇，参加编写专著 3 部。主持国家级科研项目 1 项、省部级科研项目 5 项，获省科技进步三等奖、四川大学优秀博士学位论文二等奖各 1 项，获教育部提名国家科学技术进步一等奖 2 项。2005 年获武汉大学首届“优秀博士后”称号。指导博士、硕士研究生 11 名。

（四川大学华西口腔医学院供稿）

张 扬

张扬，女，1958 年 12 月生，辽宁沈阳人。1984 年毕业于中国医科大学口腔医学系，同年留校任教至今。现任中国医科大学口腔医学院党委副书记、口腔正畸科主任，教授、主任医师，硕士研究生导师。兼任中华口腔医学会口腔正畸专业委员会委员，辽宁省口腔医学会常务理事，辽宁省口腔医学会正畸专业委员会主任委员，《现代口腔医学杂志》编委。

从事口腔正畸学临床、教学、科研工作 20 余年，主要研究方向为错𬌗畸形矫治的基础与临床研究。对临床各类疑难病例的诊断和治疗有独到的见解。擅长各类儿童与成人错𬌗畸形矫治，特别擅长对乳牙𬌗、替牙𬌗期骨性错𬌗的生长改良，恒牙𬌗期的综合矫治。注重与正颌外科、牙周科、口腔修复科医师的交流与合作，联合治疗各类复杂病例。主持和参与辽宁省科研课题 5 项，在专业期刊上发表学术论文 20 余篇，主编著作 1 部，参与编写著作 3 部。培养硕士研究生 26 名，其中 1 名研究生 2005 年被评为校优秀毕业生，其论文获校优秀毕业论文。

（中国医科大学口腔医学院供稿）

张引成

张引成，男，1950 年 3 月生，陕西周至人。1986 年获西安医科大学医学硕士学位。历任西安医科大学附属口腔医院副主任医师、主任医师，口腔颌面外科和口腔颌面外科学研究室主任。现任西安交通大学口腔医学院教授，博士研究生导师，口腔颌面外科系主任。曾任中华医学会陕西省口腔学会主任委员。现任中华医学会陕西省口腔学会名誉主任委员，中华医学会陕西分会常务委员，中华口腔医学会口腔颌面外科专业委员会涎腺疾病学组成员，《实用口腔医学杂志》、《西安交通大学学报》、《中华口腔医学研究杂志电子版》编委。

对口腔颌面外科疾病特别是涎腺肿瘤、面部神经疾患、颞下颌关节疾病等诊断治疗造诣颇深。能独立完成诸多疑难杂症的治疗，积极开展新技术新疗法，如阿霉素神经干注射治疗三叉神经痛，面神经移植治疗面瘫和腮腺恶性肿瘤的根治与化疗等。发表学术论文 50 余篇，其中被 SCI 收录 2 篇。承担国家级、卫生部、省市级科研课题多项，获卫生部、省级、市级科技进步奖多项。被评为西安医科大学首批跨世纪学科和技术带头人。1999 年被陕西省政府命名为“陕西省有突出贡献的专家”。

（西安交通大学口腔医学院供稿）

李祖兵

李祖兵，男，1954 年 8 月生，湖北松滋人。1976 年毕业于湖北医学院口腔医学系并留校工作。1985 年获该校医学硕士学位，2005 年获武汉大学医学博士学位。1994 年 1 月至 1995 年 1 月在美国纽约大学 Brookdale 医疗中心口腔颌面外科研修，2002 年在美国密苏里堪萨斯城市大学牙学院进行颌骨发育基因调控和口腔生物学的课题研究。历任湖北医学院口腔医院住院医师、主治医师、副主任医师、副教授，湖北医科大学口腔医院口腔颌面外科副主任医师，武汉大学口腔医学院教授，硕士研究生导师，口腔颌面外科学教研室主任、口腔颌面外科主任。现任武汉大学口腔医学院主任医师、教授，博士研究生导师，第一口腔颌面外科主任、口腔颌面外科学教研室主任。兼任中华口腔医学会口腔颌面外科专业委员会正颌外科学组、创伤学组副组长，湖北省口腔医学会常务理事等职，为武汉大学学术委员会委员，担任多种学术刊物编委。

业务专长为颌骨肿瘤手术和颌骨缺损的修复重建，颌骨骨折错位的解剖复位，颌骨畸形的正颌手术矫治，牙种植等。主要科研方向为口腔颌面外科颌骨生物学。发表论文 100 余篇，主编或参编专著 12 部。获省部级科技进步二等奖 3 项、三等奖 4 项。承担国家自然科学基金项目 2 项，省部级项目 2 项。指导硕士研究生 20 余名、博士研究生 2 名。

（武汉大学口腔医学院供稿）

苏剑生

苏剑生，男，1967 年 9 月生，福建仙游人。1990 年 6 月毕业于上海铁道医学院口腔医学系并留校工作。2006 年获同济大学材料学（医用生物材料）博士学位。历任上海铁道医学院/上海铁道大学助教、住院医师、讲师、主治医师，同济大学副教授、副主任医师，硕士研究生导师。现任同济大学教授、主任医师，博士研究生导师，同济大学医学本科教育指导委员会副主任委员，口腔修复学教研室副主任。兼任中华医学会医学美学与美容学会口腔学组副组长，全国牙病防治指导组成员，全国高等医药院校规划教材编委，上海医学会医学美学与美容分会委员。

长期从事口腔修复学医疗、教学、科研工作，主要研究方向为口腔修复学和口腔生物材料。在国内外学术期刊上发表学术论文 50 多篇，主编、参编专著与教材 16 部。近年来主持上海市科委重点课题、科技攻关课题等科研项目 6 项。曾获国家教学成果奖一等奖、上海市教学成果奖一等奖、上海市第 8 届教育科学研究成果奖二等奖、霍英东教育基金会第 9 届高等院校青年教师奖、上海市科技成果奖，获国家发明专利 1 项。培养硕士研究生 24 名。

（同济大学口腔医学院供稿）

陈莉丽

陈莉丽，女，1957 年 3 月生，浙江杭州人。1982 年毕业于浙江医科大学口腔医学系，1988 年获该校医学硕士学位。历任浙江省诸暨市人民医院口腔科住院医师，浙江医科大学附属二院口腔科主治医师、副主任医师。现任浙江大学医学院主任医师，博士研究生导师，医学院二系口腔科学教研室副主任和附属二院口腔科副主任。兼任中华口腔医学会牙周病学专业委员会委员，浙江省口腔医学会口腔内科专业委员会副主任委员，国家自然科学基金同行评议专家，亚太牙周病协会会员，《口腔医学》杂志编委，《中华口腔医学杂志》特约审稿专家。

长期从事牙周病发病机制、口腔微生态及牙周病中药治疗的研究。尤其在牙周病可疑致病菌牙龈卟啉单胞菌化学结构和致牙周组织细胞毒作用及诱导细胞因子促牙周骨吸收方面进行了较为系统而又深入的研究，其研究成果“牙龈卟啉菌的分子毒力结构和牙周组织发病机理的研究”1996 年获浙江省政府科技进步二等奖。作为项目负责人主持 10 项科研课题，其中国家自然科学基金 2 项、浙江省自然科学基金 2 项、浙江省科技厅重点项目 1 项和一般项目 2 项、卫生部优秀青年人才专项基金 1 项等。发表相关科研论文 40 余篇，其中被 SCI 收录论文 5 篇。主编专著《口腔厌氧菌与牙周病》。1998 年获国务院政府特殊津贴，2005 年获浙江省“151”（浙江省跨世纪学术和技术带头人）人才证书。

（浙江大学医学院供稿）

陈德敏

陈德敏，男，1952 年 11 月生，上海人。1981 年毕业于上海科技大学材料科学系并留校任教。1988 年和 1990 年分别赴日本大阪齿科大学和日本东京医科齿科大学研修、留学，2002 年曾为香港大学客座教授。现任上海交通大学医学院附属第九人民医院口腔医学院口腔材料学教授，博士研究生导师，《口腔材料器械杂志》编辑部主任。兼任中华口腔医学会口腔材料专业委员会委员，上海生物医学工程学会生物材料专业委员会委员，中国生物材料学会会员，《功能材料》、《上海口腔医学》杂志编委。

长期从事口腔生物材料的应用基础研究，特别在无机生物材料、复合材料的化学组成、孔隙结构与骨融合性、生物活性间的相关性方面开展了卓有成效的研究。曾负责多项国家自然科学基金资助课题和部、局级课题。发表研究论文 70 多篇，参编专著《口腔应用材料学》和《口腔生物材料学》。获国家教委科技进步三等奖和上海市科技进步三等奖各 1 项。培养硕士研究生 3 名，指导博士研究生 1 名。

（上海交通大学附属第九人民医院供稿）

周　洪

周洪，男，1957 年 5 月生，陕西西安人。1983 年毕业于西安医学院口腔医学系并留校任教。历任西安医科大学口腔医学院讲师、主治医师，口腔正畸科副主任、主任。现任西安交通大学口腔医学院院长，教授，硕士研究生导师。兼任中华口腔医学会常务理事，中华口腔医学会口腔正畸专业委员会常委，陕西省医学会口腔专业委员会副主任委员等职。1992 年 10 月至 1994 年 1 月在美国哈佛大学口腔医学院进修学习，其间进行了骨融合性种植体为支抗正畸力影响鼻额缝生长发育的动物实验研究、颅面形态的三维测量研究。2000 年3～6 月获国家留学基金会资助在美国伊利偌依大学口腔医学院组织工程研究室进行访问学习。

回国后一直进行口腔正畸学医疗、教学和科研工作，在牙颌畸形矫治、颅面形态测量和牙齿移动的生物学机制方面研究成果较为显著。主持编写《生物力学在正畸学中的应用》、《口腔正畸治疗难点问答》等著作，发表论文 30 余篇。目前承担国家自然科学基金、陕西省科技攻关和西安市科技攻关等科研项目数项，获陕西省科学技术进步三等奖 1 项，陕西省现代教育技术一等奖，卫生部优秀视听教材及 CAI 课件二等奖。1998 年被评为西安医科大学跨世纪学科带头人。指导硕士研究生 12 名。

（西安交通大学口腔医学院供稿）

周红梅

周红梅，女，1967年 7 月生，四川成都人。1991 年毕业于华西医科大学口腔医学院，同年于该校攻读研究生学位（临床转博），1996 年获华西医科大学医学博士学位并留校任教。2000 年 10 月至 2001 年 10 月在日本齿科大学新潟齿学部任客座助教授。历任华西医科大学口腔医学院助教、讲师、副教授，硕士研究生导师。现任四川大学华西口腔医学院教授，博士研究生导师，华西口腔医院口腔黏膜科主任。兼任中华口腔医学会口腔黏膜病学专业委员会委员，《华西口腔医学杂志》、《国际口腔医学杂志》编委。

以口腔黏膜癌变的发生发展机制和中医药防治为主研方向，在口腔癌相关成纤维细胞（CAF）的生物学特性及其对上皮-宿主界面微环境的双向调控作用方面进行了创新性的研究（被 SCI 收录）。发表学术论文 50 余篇。主编专著 1 部，获四川省优秀科技图书一等奖和校优秀青年教材奖；参编的卫生部规划教材《口腔临床药物学》获全国高等学校医药优秀教材三等奖，参编专著 6 部。主持国家自然科学基金 1 项、部省级基金 3 项，参研国家“十五”攻关课题 1 项；获部省级科技进步一等奖 1 项、三等奖 2 项。先后培养研究生近 20 名。曾获四川省“有突出贡献的中国博士”称号，3 次获四川大学青年骨干教师奖励计划资助。

（四川大学华西口腔医学院供稿）

林焕彩

林焕彩，男，1963年10月生，广东汕尾人。1984年毕业于中山医学院口腔医学系，1989年获该校医学硕士学位，1999年香港大学牙医学院口腔公共卫生专业博士研究生毕业，获哲学博士学位。曾任中山医科大学口腔医疗中心口腔内科医师、主治医师、讲师，口腔内科副主任，中山医科大学光华口腔医院预防科主任，副主任医师。2004年2～5月为美国华盛顿大学访问学者。现任中山大学光华口腔医学院·附属口腔医院主任医师，博士研究生导师，院长助理，预防口腔医学教研组主任，香港大学牙医学院荣誉副教授。兼任中华口腔医学会预防口腔医学专业委员会常务委员，全国牙防组氟防龋专业委员会副组长，中华口腔医学会老年口腔医学专业委员会委员，中国牙病防治基金会理事，广东省牙病防治指导组成员兼牙防办副主任，国际牙科研究会(IADR)会员，*Chinese Journal of Dental Research* 杂志编委，《中华口腔医学杂志》审稿专家。

长期从事口腔预防医学工作。在 *Journal of Dental Research* 期刊上发表论著9篇，其中第一作者4篇。主编专著《口腔流行病学》，参编《氟与口腔医学》等专著。承担省部级科研项目和多项国际合作项目。指导毕业硕士研究生3名、在读硕士生5名。

（中山大学光华口腔医学院·附属口腔医院供稿）

姚隆浩

姚隆浩，男，1945年3月生，上海人。1968年毕业于上海第二医学院口腔医学系，至陕西省汉中市口腔医院工作。1979年考入上海第二医学院攻读口腔颌面外科学硕士学位，1982年获该校医学硕士学位，随后至西安医科大学附属口腔医院口腔颌面外科工作，1986年调入上海第二医科大学附属第九人民医院口腔颌面外科工作至今。历任该校主治医师、副主任医师、主任医师。现任上海交通大学附属第九人民医院主任医师、口腔医学院教授，硕士研究生导师。曾兼任中华口腔医学会口腔颌面外科专业委员会口腔颌面创伤学组副组长，现兼任《上海口腔医学》杂志、《中国口腔颌面外科杂志》编委，《中华耳鼻咽喉-头颈外科杂志》常务编委。

长期从事口腔颌面外科临床、教学和科研工作，有扎实的理论基础和丰富的临床经验。业务专长为口腔颌面外科，科研方向为口腔颌面部损伤和先天性颌面畸形。发表论文十多篇，参编专著4部。主持或参研的课题获上海市科技进步二等奖1项，国家教委二等奖1项，上海市教委三等奖1项。指导硕士研究生多名。

（上海交通大学附属第九人民医院供稿）

胡 涛

胡涛，男，1967年7月生，四川成都人。1991年毕业于华西医科大学口腔医学院并留校任教。1997年获华西医科大学口腔医学院医学硕士学位，2005年获四川大学医学博士学位。历任华西医科大学口腔医学院口腔内科学助教，四川大学华西口腔医学院口腔内科学讲师、副教授，硕士研究生导师，现任该院博士研究生导师，科研管理办公室主任。

以牙体牙髓疾病的病因及其防治为主研方向，在牙菌斑生物膜和牙髓干细胞的分化调控方面做出了有意义的工作。发表学术论文 50 余篇，其中 SCI 收录 8 篇；参编专著 6 部；主持国家自然科学基金课题 1 项、教育部高校博士学科点基金 1 项、省级基金 1 项，参研国家“十五”和“十一五”科技攻关课题各 1 项；获部省级科技进步一等奖 3 项。2005 年入选教育部新世纪优秀人才支持计划，入选四川省卫生厅学术和技术带头人后备人选。先后培养硕士研究生 10 余名。

（四川大学华西口腔医学院供稿）

徐　欣

徐欣，女，1960 年 11 月生，江苏苏州人。1982 年毕业于山东医学院口腔医学系并留校任教。1998 年和 2004 年分别获该校医学硕士和医学博士学位。历任山东大学口腔医学院讲师、副教授、教授，硕士研究生导师，山东大学口腔颌面外科教研室副主任、口腔种植中心主任、口腔医学院副院长。现任山东大学口腔医学院副院长、口腔种植中心主任，教授，博士研究生导师。兼任中华口腔医学会口腔种植专业委员会常务委员，山东省修复与重建专业委员会副主任委员，中华口腔医学会山东分会口腔颌面外科委员，《口腔医学》杂志编委，《发现》杂志副理事长，《上海口腔医学》特邀通讯员。

一直从事口腔医学临床、教学和科研工作，业务专长和科研方向为口腔种植技术、口腔颌面外科整形与修复及显微外科（面神经修复）。曾主编卫生部视听教材《种植义齿》和参编学术著作 5 部，发表医学论文 35 篇。科研成果获奖 14 项（其中国家级 3 项、省级 11 项），已鉴定项目 5 项；获国家专利 2 项；承担研究课题 13 项（其中国家级 3 项、省级 9 项）；横向联合研究 2 项。指导硕士研究生 27 名，毕业 12 名。2001 年获山东省青年学术骨干称号。

（山东大学口腔医学院供稿）

焦晓辉

焦晓辉，男，1958 年 12 月生，黑龙江哈尔滨人。1983 年毕业于佳木斯医学院口腔医学系，1989 年获哈尔滨医科大学医学硕士学位。1991 年被公派赴日本新潟大学齿学部口腔颌面外科学教研室学习，同时开展了唇腭裂的综合治疗工作，1996 年获该校口腔医学博士学位后回国。2001 年在哈尔滨医科大学神经外科博士后科研流动站出站。历任哈尔滨医科大学附二院口腔颌面外科副主任，副教授、教授、主任医师，硕士研究生导师，哈尔滨医科大学附三院副院长，教授，博士研究生导师。现任哈尔滨医科大学口腔医学院副院长、口腔颌面外科主任，教授，博士研究生导师；日本唇腭裂协会国际医疗援助委员，中国博士后注册专家，卫生部、教育部、国家自然科学基金委员会注册专家。

主要从事唇腭裂和肿瘤的临床与基础研究，组建了我国东北地区首家腭裂语音治疗室，开展了患儿佩戴哺乳托诱导颌骨发育新技术。近几年在国内外杂志上发表学术论文 10余篇，主编卫生部统编教材 1 部，参编专著、教材 3 部。承担省级课题 3 项，“关于腭咽闭合功能调控机制的神经生理学研究”获黑龙江省教育厅科技成果一等奖、黑龙江省人民政府科技进步二等奖各 1 项。已培养硕士研究生 3 名、博士研究生 1 名，正指导硕士生 1 名、博士生 5 名。为黑龙江省重点学科带头人。

（哈尔滨医科大学口腔医学院供稿）

谭颖徽

谭颖徽，男，1962 年 10 月生，安徽阜阳人。1983 年毕业于第四军医大学，至第三军医大学新桥医院口腔科工作。1992 年和 1997 年分别获第四军医大学医学硕士和医学博士学位。2001 年在美国得克萨斯大学达拉斯西南医学中心口腔颌面外科做访问学者。历任第三军医大学新桥医院口腔科主治医师、副教授、教授。现任第三军医大学新桥医院口腔科主任，教授、主任医师，博士研究生导师。兼任中华口腔医学会理事，中华口腔医学会口腔颌面外科专业委员会颌面创伤学组成员和口腔颌面修复重建外科协作组成员，军队口腔医学专业委员会副主任委员，全军牙病防治专家组成员，重庆市口腔医学专业委员会副主任委员，重庆抗癌协会头颈肿瘤专业委员会主任委员，《第三军医大学学报》、《重庆医学》编委，《中华创伤杂志》特约审稿人等职。

主要从事口腔颌面部创伤、整形修复和颅颌面肿瘤治疗的临床及科研工作。承担国家自然科学基金、军队、重庆市和学校科研课题 20 余项，获国家科技进步三等奖 1 项，军队科技进步二等奖 2 项、三等奖 4 项。发表学术论文 80 余篇，其中 SCI 收录期刊论著 5 篇。荣立军队三等功 2 次，2000 年获第三军医大学中青年学习成才科技标兵称号，同年获重庆市青年科技奖，2002 年入选重庆市首批学术技术带头人，2006 年获军队院校育才奖银奖。培养硕士研究生 12 名、博士研究生 3 名。1993 年起享受国务院政府特殊津贴。

（第三军医大学新桥医院供稿）

逝世人物

林国础（1938～2006）

我国著名口腔颌面外科专家，上海交通大学医学院附属第九人民医院口腔颌面外科主任林国础教授，于 2006 年 3 月 11 日在上海不幸逝世，享年 68 岁。

林国础教授 1938 年 4 月 8 日生于福建省福州市，1962 年毕业于上海第二医学院口腔医学系。毕业后一直在该校附属第九人民医院从事口腔颌面外科医疗、教学和科研工作。历任口腔颌面外科教授、主任医师，硕士研究生导师，口腔颌面外科及其教研室主任，中国抗癌协会头颈肿瘤外科专业委员会涎腺肿瘤协作组副组长，中华口腔医学会口腔颌面外科专业委员会涎腺疾病学组顾问，《上海口腔医学》、《口腔颌面外科杂志》编委。

林国础教授在口腔颌面外科疾病的诊断和治疗方面积累了十分丰富的经验，擅长口腔颌面部肿瘤，尤其是涎腺肿瘤的诊断和治疗。先后参与完成卫生部、国家教委、上海市科委等科研项目近 10 项，获部级成果奖 4 项、市级成果奖 3 项。1993 年获得国家教委科技进步三等奖。先后发表论文 40 余篇，参编专著 10 部。协助指导博士、硕士研究生 30 余名，培养临床硕士研究生 8 名。

林国础教授医德高尚，技艺精湛，他的爱岗敬业精神、严谨的治学精神值得人们学习。

（摘自中国口腔颌面外科网）

胡北平（1932～2006）

国内外著名口腔颌面外科专家，原上海第二医科大学附属第九人民医院口腔颌面外科胡北平教授，于 2006 年 10 月 13 日因病医治无效，在上海不幸逝世，享年 75 岁。

胡北平教授 1932 年 2 月生于上海，1953 年毕业于上海第二医学院口腔医学系。1982 年在美国加州大学洛杉矶分校口腔颌面外科进修。曾任上海第二医科大学口腔医学院教授，附属第九人民医院口腔颌面外科主任医师，兼任《上海口腔医学》常务副主编和编辑部主任，中华口腔医学会口腔颌面外科专业委员会涎腺疾病学组顾问。

长期从事中西医结合治疗涎腺疾病的基础和临床研究，积累了丰富的临床经验。共发表相关论文 40 余篇，参加编写专著 5 部。先后主持和参与卫生部、国家教委、上海市科委等科研项目多项，多次荣获国家各类医疗及科技成果奖。

胡北平教授一生不为名，不为利，工作勤勤恳恳，兢兢业业，为中国口腔颌面外科事业的发展和上海第二医科大学附属第九人民医院口腔颌面外科的建设贡献了毕生的精力和心血。

（摘自中国口腔颌面外科网）

杨连举（1945～2006）

国内知名的口腔疾病防治专家，天津市口腔预防医学学科带头人杨连举主任医师，因病医治无效，于 2006 年 12 月 19 日在天津逝世，享年 61 岁。

杨连举主任医师，1945 年 8 月生于天津市。1969 年毕业于第四军医大学口腔医学系。历任天津市口腔医院院长、主任医师，天津市口腔医学会会长，亚洲牙外伤学会、中国医师协会口腔医师分会常务理事，天津市预防医学会口腔预防分会副主任委员，中华口腔医学会理事，中国医院管理学会口腔医院管理分会、中华口腔医学会医院管理专业委员会常委，天津医学会、天津市医师协会、天津市医药专家协会常务理事，《现代口腔医学杂志》常务编委，《中国口腔医学年鉴》第 11 届编委会编委，《口腔颌面修复学杂志》、《广东牙病防治》杂志特邀编委。

长期从事口腔医学临床、教学、科研工作，主持 2 项科研项目，参与 8 项科研课题的立项和研究，其中 3 项获天津市卫生科技成果三等奖。发表学术论文近 20 篇和医院管理论文 10 余篇。

杨连举主任医师几十年来爱岗敬业、乐于奉献、吃苦耐劳，在口腔疾病治疗、预防、科研、教学等方面做出了突出的贡献。曾获第 2 届中国医师奖，"七五"立功奖章，天津市干部保健工作先进个人等荣誉称号。享受国务院政府特殊津贴。

（中国口腔医学年鉴编辑部整理）

口腔医学组织机构

中华口腔医学会

中华口腔医学会成立于1996年11月7日,1996年11月17日在北京召开中华口腔医学会成立大会,经民主选举,产生第1届理事会,张震康教授为首届会长。2001年10月26至29日在武汉召开中华口腔医学会第2次全国会员代表大会,大会选出第2届理事会,张震康教授连任会长。2006年9月26日,中华口腔医学会第3次全国会员代表大会选举了以王兴教授为会长的第3届理事会,第3届理事会成员名单如下。

◆中华口腔医学会第3届理事会成员名单

名誉会长 张震康 邱蔚六 樊明文 王大章

顾 问 颜景芳 傅民魁 戚道一 马轩祥

会 长 王 兴

副 会 长(以姓氏笔画为序)

石四箴 边 专 孙 正
张志愿 周学东 俞光岩
赵铱民 栾文民 黄洪章

秘 书 长 王 渤

副秘书长 刘洪臣 姜 婷 周彦恒 韩 亮

常务理事(以姓氏笔画为序)

马卫东 马绪臣 牛忠英
王 兴 王 林 王 渤
王邦康 王佐林 王建国
王松灵 邓 锋 叶茂昌
石四箴 边 专 刘泓虎
刘洪臣 孙 正 张 立
张 斌 张志愿 张连云
张富强 李 东 李铁军
杨连举 谷志远 陈 智
陈扬熙 周 军 周 洪
周学东 周曾同 林久祥
俞光岩 胡勤刚 赵士芳
赵铱民 赵怡芳 凌均棨
栾文民 高文信 巢永烈
章锦才 闫福华 黄洪章
董福生 路振富 魏奉才

理 事(以姓氏笔画为序)

丁仲鹃 马 莲 马卫东
马国武 马绪臣 孔庆仁
毛立民 牛百平 牛忠英
王 云 王 兴 王 林
王 洁 王 渤 王玉新
王邦康 王佐林 王国民
王建国 王松灵 王美青
王贻宁 王健平 王稚英
王慧明 邓 锋 邓汉龙
冯海兰 包柏成 卢海平
台保军 叶茂昌 叶钟泰
平飞云 甘宝霞 田卫东
石 冰 石四箴 边 专
龙 星 刘兰忠 刘亚娟
刘建国 刘泓虎 刘彦普
刘洪臣 刘静明 华咏梅
吕培军 孙 正 孙宏晨
朱洪水 许天民 佘小明
余占海 吴亚菲 吴燕平
宋宇峰 张 立 张 佐
张 斌 张并生 张志愿
张连云 张国志 张建中
张英怀 张洪杰 张振庭
张桂荣 张富强 李 东
李 松 李宁毅 李武修
李晓红 李祥庆 李铁军
杨小民 杨丕山 杨四维

杨连举	沈国芳	谷志远
邱彬彬	邱嘉旋	陈　宁
陈　智	陈卫民	陈吉华
陈扬熙	周　军	周　洪
周　健	周　诺	周　敏
周　嫣	周中华	周先略
周学东	周彦恒	周曾同
屈志国	林　野	林久祥
林李嵩	林新平	欧子民
范　群	郑光勇	金　岩
俞光岩	姚江武	姜　婷
宫　苹	柳江太	段瑞平
胡　敏	胡勤刚	胡德渝
赵士芳	赵铱民	赵怡芳
郝　梅	钟红阳	钟良军
骆小平	倪龙兴	凌均棨
唐　亮	唐瞻贵	徐　芸
徐　普	徐孔礼	徐旭光
徐宝华	徐勇忠	栗震亚
栾文民	莫三心	郭金陵
顾晓明	高　平	高　军
高　岩	高文信	高东华
高学军	巢永烈	梁景平
章锦才	闫福华	黄洪章
傅其宏	储冰峰	塔　娜
葛立宏	董福生	谢敦祥
詹柏华	路振富	鲍　莉
廖天安	管泽民	谭颖徽
蒯新春	颜雨春	颜培德
冀新江	薛　毅	魏奉才

中华口腔医学会口腔医学专业委员会及专业学组

2006 年 9 月 27～28 日，第 5 次全国口腔修复学学术会议在深圳召开，会议期间，进行了中华口腔医学会口腔修复学专业委员会换届选举，产生了第 3 届口腔修复学专业委员会；2006 年 10 月 13～15 日第 7 届全国口腔病理学学术会议在沈阳召开，会上选举产生了第 3 届口腔病理学专业委员会；中华口腔医学会口腔种植专业委员会、中华口腔医学会口腔颌面外科专业委员会口腔颌面创伤学组、涎腺疾病学组、口腔颌面-头颈肿瘤外科学组（原口腔颌面肿瘤学组）均于 2006 年进行换届。以上各专业委员会及专业学组名单如下。

◆中华口腔医学会第 3 届口腔修复学专业委员会委员名单

名誉主任委员　巢永烈

顾　　问　马轩祥　程祥荣

主任委员　冯海兰

副主任委员　张富强　赵铱民　王贻宁　刘洪臣　朱智敏

（以下以姓氏笔画为序）

常务委员　王景云　王贻宁　冯海兰　刘洪臣　陈吉华　朱智敏　梁　星　李　彦　郑元俐　张振庭　张富强　赵铱民　徐　军　殷新民　盛祖立　李四群　程　辉　谭建国

委　　员　丁仲鹃　段蔚泓　牟月照　王　永　王贻宁　王景云　王　璐　王新知　冯云枝　冯海兰　白乐康　艾红军　刘洪臣　刘学恒　朱国威　朱洪水　朱智敏　吕广辉　李四群　李玉玲　李　彦　汲　平　张少锋　张振庭　张富强　张慧兰　张修银　余占海　陈小冬　陈吉华　郭长军　陈新民　汪大林　郑立舸　郑元俐　郑东翔　赵铱民　施生根　骆小平　姚江武　徐　军　徐　普　徐培成　高　平　贾安琦

莫三心 原双斌 唐旭炎
迪丽努尔 殷新民 梁 星
黄 翠 黄元瑾 章捍东
麻健丰 盛祖立 韩栋伟
程 辉 谢伟丽 谭建国
秘书长 谭建国

◆中华口腔医学会第 3 届口腔病理学专业委员会委员名单

名誉主任委员 于世凤
顾 问 欧阳喈 杨连甲 凌涤生
孙开华 王兆元
主任委员 高 岩
副主任委员 李 江 孙宏晨 金 岩
常务委员(以姓氏笔画为序)
王 洁 孙宏晨 李 江
李铁军 陈 宇 陈小华
陈新明 胡济安 金 岩
钟 鸣 高 岩 蒋 勇
委 员(以姓氏笔画为序)
马卫东 王丽京 王 洁
田 臻 刘进忠 刘荣森
刘晓勇 孙宏晨 孙善珍
朱恩新 陈小华 陈 宇
陈乔尔 陈瑞扬 陈新明
何志秀 李 江 李铁军
李翠英 齐 红 张玉茹
宋晓陵 金 岩 罗海燕
杨亦萍 卓夏阳 胡济安
姚丽艳 钟 滨 钟 鸣
赵尔飏 高 岩 黄晓峰
蒋 勇

◆中华口腔医学会第 2 届口腔种植专业委员会委员名单

顾 问 张震康 邱蔚六 刘宝林
王模堂
名誉主任委员 王 兴
主任委员 林 野
副主任委员 张志勇 李德华 宫 苹
吴大怡 施 斌
常务委员(以姓氏笔画为序)
王慧明 邓飞龙 吴大怡
宋应亮 张志勇 李德华
邱立新 陈 宁 周延民
周 磊 林 野 宫 苹
施 斌 徐 欣 梁 星
委 员(以姓氏笔画为序)
丁仲鹃 马建民 马泉生
王佐林 王勤涛 王新平
王慧明 邓飞龙 邓春富
叶 平 齐 翊 何家才
吴大怡 宋应亮 张志勇
张国志 张 斌 李晓红
李健慧 李德华 杨小东
沈庆平 谷志远 邱立新
陈 江 陈 宁 陈卓凡
周延民 周 磊 林松杉
林 野 宫 苹 施 斌
柳忠豪 贺 平 唐志辉
夏海斌 徐 欣 郭平川
宿玉成 康 博 梁 星
黄远亮 黄 萍 焦艳军
董福生 赖红昌 谭包生
潘在兴
秘 书 陈 波 邸 萍 胡秀莲

◆中华口腔医学会口腔颌面外科专业委员会第 3 届口腔颌面创伤学组成员名单

顾 问 顾晓明
组 长 张 益
副组长 田卫东 刘彦普 李祖兵
徐 兵
成 员(按姓名汉语拼音顺序排列)
何冬梅 何黎升 胡 敏
刘 磊 刘少华 卢 利
谭颖徽 王慧明 吴汉江
吴衍昌 杨小平 余世斌

张志光　郑　杰　周中华
朱国雄
秘　书　何冬梅

◆中华口腔医学会口腔颌面外科专业委员会第 2 届涎腺疾病学组成员名单

顾　问　俞光岩　王中和　吴军正
组　长　王松灵
副组长　孙沫逸　李龙江　俞创奇
彭　歆　程　勇
成　员（按姓名汉语拼音顺序排列）
廖贵清　刘　斌[1]　刘　斌[2]
李　健　李　江　李　均
祁森荣　孙长伏　孙宏晨
王　洁　王晓毅　杨雯君
张　雷　张福胤　张引成
张祖燕　赵洪伟
秘　书　祁森荣　张　雷

注：1. 刘斌（第四军医大学口腔医学院），
2. 刘斌（武汉大学口腔医学院）

◆中华口腔医学会口腔颌面外科专业委员会口腔颌面-头颈肿瘤外科学组

顾　问　温玉明
组　长　张陈平
副组长　李龙江　郭传瑸　张文峰
雷德林
成　员（按姓名汉语拼音顺序排列）
步荣发　曹选平　陈　江
陈林林　何三纲　何三虎
胡勤刚　华成舸　李宁毅
刘　流　吕春堂　毛　驰
潘朝斌　潘巨利　宋宇峰
孙长伏　孙　坚　唐休发
唐瞻贵　王慧明　王升志
杨　凯　叶茂昌　张建国
张　圃　郑光勇　周　诺
竺函光
秘　书　潘　剑　季　彤

中华口腔医学会口腔颌面外科专业委员会协作组

2005 年 10 月，经中华口腔医学会口腔颌面外科专业委员会第 3 届第 1 次全体委员会议审议通过，同意成立口腔颌面修复重建协作组和睡眠呼吸障碍协作组。两个协作组成员名单如下。

◆中华口腔医学会口腔颌面外科专业委员会第 1 届口腔颌面修复重建协作组成员名单

组　长　田卫东
副组长　孙　坚　何黎升　蔡志刚
李祖兵
成　员（按姓名汉语拼音顺序排列）
薄　斌　陈伟辉　蔡志刚
曹选平　顾晓明　胡　敏
何黎升　黄盛兴　蒯新春
廖天安　李祖兵　刘　流
刘少华　毛　驰　木合塔尔·霍加
邱嘉旋　孙　坚　孙　健
谭颖徽　汤　炜　田卫东
唐休发　王慧明　王绪凯
王升志　王志勇　邢树忠
徐　兵　张建设　张志光
赵吉宏
秘　书　汤　炜（兼）

◆中华口腔医学会口腔颌面外科专业委员会第 1 届睡眠呼吸障碍协作组成员名单

顾　问　邱蔚六　张震康　王大章
组　长　卢晓峰
副组长　伊　彪　于　擎　杨学文
木合塔尔·霍加　朱　敏
成　员（按姓名汉语拼音顺序排列）
贺　红　梁　成　刘　强
刘中寅　欧阳奇明　邵现红
温伟生　吴煜农　张　彬
张银凯　朱彤好

中华口腔医学会地方口腔医学会

◆山西省口腔医学会第 1 届理事会成员名单(2006 年 4 月 15 日成立)

会　　长　郝光亮
常务副会长　谢敦祥
副 会 长　张汉伟　张并生　郝　梅
　　　　　焦艳军　李　瑛　冀新江
　　　　　吴建斌　原双斌
秘 书 长　郝　梅(兼)
副秘书长　崔吉民
常务理事(以姓氏笔画为序)
　　　　　马　兰　牛云平　王明源
　　　　　冯云霞　孙克勤　齐鸿亮
　　　　　任吉芳　李兴元　李耀峰
　　　　　吴占英　杨　路　杨连平
　　　　　杨立新　宋　芳　张俊生
　　　　　张会田　范永峰　罗晓晋
　　　　　柳新华　郑　强　南欣荣
　　　　　南志坚　赵世英　姚启明
　　　　　郭　峰　郭春梅　秦晓中
　　　　　黄改英　谌儒生
理　　事　42 名,名单略
医学会地址　山西省太原市双塔寺街 99 号
　　　　　山西省人民医院
邮政编码　030012
联系电话　0351-4960365,4960106
联 系 人　谢敦祥

◆内蒙古自治区口腔医学会第 1 届理事会成员名单(2006 年 12 月 29 日成立)

会　　长　屈志国
副 会 长　塔　娜　孟秀英　李　利
　　　　　李志杰　马占才　李艳茹
　　　　　李桂春　曹　利
秘 书 长　陈丽春
常务理事(以姓氏笔画为序)
　　　　　马占才　王俊海　王海山
　　　　　王　熙　吕广辉　毕力格图
　　　　　江世平　池　众　张丽莺
　　　　　李　利　李云华　李志杰
　　　　　李春元　李桂春　李艳茹
　　　　　李　蔚　周振杰　孟秀英
　　　　　屈志国　侯晨光　赵连英
　　　　　袁桂梅　郭开源　郭　锐
　　　　　曹　利　塔　娜　韩再恩
理　　事　100 名,名单略
医学会地址　内蒙古自治区呼和浩特市
　　　　　内蒙古自治区医院三楼
邮政编码　010017
联系电话　0471-6620264,6620760

◆广东省口腔医学会第 2 届理事会名单

会　　长　黄洪章
副 会 长　凌均棨　唐　亮　章锦才
　　　　　张国志
常务理事(按姓名汉语拼音顺序排列)
　　　　　包柏成　陈小华　陈仲伟
　　　　　程　斌　段建民　黄洪章
　　　　　梁焕友　凌均棨　张志光
　　　　　欧　尧　潘　宣　彭国光
　　　　　阮　毅　唐　亮　王洪涛
　　　　　吴纪楠　谢佐理　辛少群
　　　　　姚小武　张国志　章锦才
　　　　　张伟雄　1 人待定
秘 书 长　陈小华
副秘书长　欧　尧　程　斌
办公室主任　程　斌(兼)
理　　事　44 名,名单略

◆辽宁省口腔医学会第 3 届理事会成员名单

会　　长　路振富
副 会 长　王玉新　卢　利　马卫东
　　　　　马国武　张桂荣　潘亚萍

王稚英　刘永权

秘书长　卢　利

常务理事(按姓名汉语拼音顺序排列)

艾红军　陈小冬　邓春富
黄克强　李振春　宋九余
孙晓菊　王　如　王绪凯
谢　洪　战志刚　张　丽
张力平　张　扬　钟　鸣

理　事　42 名,名单略

其他

◆全国牙病防治组幼儿口腔保健专业委员会成员名单

组　长　葛立宏

副组长　李少敏　林居红

成　员　周　萍　汪　俊　朱维建
郑树国　黄　华　欧晓艳
朱　玲　江　汉

◆北京口腔工作者协会第 2 届理事会成员名单

名誉会长　金大鹏

会　长　王邦康

副会长　闫梦兰(常务)　孙　正
李铁军　林　野　刘洪臣
吕　鹏　刘静明

秘书长　李建英

副秘书长　卢道良　沙雪雁

监事长　张振庭

副监事长　马绪臣　过家骥

常务理事(以姓氏笔画为序)

马绪臣　王邦康　王晓敏
冯　进　卢家桢　卢道良
刘洪臣　刘静明　吕亚林
吕　鹏　孙　正　过家骥
闫梦兰　张振庭　张海钟
张皑峰　李凤元　李伟力
李佳瑜　李建英　李昀生
李铁军　李燕明　沈曙铭
沙雪雁　陈世璋　林　野
罗冬青　郑东翔　金大鹏
段　杰　胡晓文　赵文峰
赵继志　顾晓明　高承志
富建明　戴永雨

理　事　92 名,名单略

◆中国医师协会美容与整形医师分会第 2 届委员会委员名单

名誉会会　张涤生　彭庆星　高景恒

会　长　李世荣

副会长(以姓氏笔画为序)

王志军　刘　玮　刘洪臣
江　华　易光华　高建华
曹谊林　曹孟君

(以下以姓氏笔画为序)

顾　问　王　兴　王　炜　王玉新
冯光珍　冯信忠　孙广慈
张其亮　李健宁　杨佩英
陈言汤　陈宗基　陈晓慧
林子豪　郭天文　赵永耀

常务委员　马小兵　王志军　王学民
王　林　王冀耕　刘　宁
刘　伟　刘　玮　刘洪臣
江　华　祁佐良　邢　新
余占海　张怀亮　张振庭
张海钟　张澜成　李世荣
李　东　李清峰　杨蓉娅
易光华　范志宏　郑孝勤
金宝玉　柳大烈　赵小忠
顾汉卿　高天文　高建华
曹孟君　曹谊林　章庆国
彭勤建　程　健　董　帆
韩　岩　赖　维　蔡景龙

委　员　200 名,名单略

记　事

2006 年中国口腔医学大事记

●世界牙科联盟 2006 年年会在深圳隆重召开

2006 年 9 月 22～25 日，世界牙科联盟(FDI) 2006 年年会在广东省深圳市隆重召开。这是具有百年历史的 FDI 首次在中国举办年会，来自世界 96 个国家和地区 10 690 名口腔专业人员、企业界人士参加了大会。大会的开幕式盛典、学术讲演、口腔器材展览均取得了巨大成功。

大会由 FDI 主办，中国为 FDI 的成员国，同时为本次年会的主办国，中华口腔医学会和卫生部国际交流与合作中心承办。会议全程在深圳会展中心进行，9 月 22 日晚举行了隆重、精彩的开幕式。该届大会名誉主席国务院副总理吴仪、卫生部副部长黄洁夫、深圳市市长许宗衡、FDI 主席 Michèle Aerden 女士和中华口腔医学会会长张震康教授出席了开幕式并分别讲话。吴仪副总理指出，世界牙科联盟年会在中国举行，必将对中国口腔卫生事业的发展产生积极的推动作用。这次年会的举办，是中国口腔医学界学习世界发达国家的经验和技术，加快发展的良好机遇。广大口腔医学工作者要抓住机会，充分沟通交流，取长补短，不断促进中国口腔医学水平的提高。张震康会长在致辞中指出，该届 FDI 年会在我国举办，实现了中国口腔界同仁长期以来的一个共同梦想。在开幕式上，600 多位中国艺术家演出了一场展现中国文化、具有浓郁中华民族特色的精彩晚会。

9 月 22～25 日全天，分别在 7 个报告厅同时举行大会学术报告。大会特邀 75 位专家做报告，中国有 11 位特邀代表进行大会演讲。来自美国、德国、法国、瑞士、新加坡等国家以及中国内地和香港地区的专家，就牙体牙髓、口腔颌面外科、口腔修复、口腔预防、口腔种植、口腔材料、口腔法医学、私人牙医执业问题等不同的专题在会展中心各大展厅及演讲厅同时进行演讲。另外还组织了自由投稿发言和墙报展示，为来自世界各地的牙科医生和研究者提供了一个交流的平台，也为中国各阶层的牙科医生接触世界前沿技术提供了最佳的机会。本次年会还于 9 月 19 日在西安举办了世界军事齿科大会(另报道)。

该届大会还举办了口腔器材展览，来自 36 个国家和地区的 316 家世界著名口腔器材厂商参展，展出了近期生产的口腔器材新产品、新设备和新技术。

●中华口腔医学会举行第 3 次全国会员代表大会暨成立 10 周年庆典

2006 年 9 月 26 日，中华口腔医学会第 3 次全国会员代表大会暨成立 10 周年庆典在广东省深圳市举行。卫生部陈啸宏副部长、中国医师协会杨镜常务副会长、深圳市黄国强副秘书长、口腔医学界著名老专家以及中华口腔医学会会员代表、特邀代表，国外和中国港、澳、台地区有关学会同道近 700 人出席了会议。

中华口腔医学会张震康会长致开幕词，陈啸宏副部长代表国家卫生部向中华口腔医学会和全国口腔医学科研人员及医务工作者表示祝贺和慰问。深圳市黄国强副秘书长代表会议主办地方政府对会议表示支持和祝贺。会议审议了中华口腔医学会第 2 届理事会工作报告，修订了《中华口腔医学会章程》，选举产生了中华口腔医学会第 3 届理事会、常务理事会，选举会长、副会长、秘书长，推举了名誉会长。

中华口腔医学会秘书长颜景芳在大会上做了题为“团结协作,开拓创新,继续开创学会工作新局面”的工作报告,报告回顾了中华口腔医学会第 2 届理事会的工作。

中华口腔医学会第 3 次全国会员代表大会选举王兴教授为新一届理事会会长,石四箴、边专、孙正、张志愿、周学东、俞光岩、赵铱民、栾文民、黄洪章为副会长,理事会名单见本卷“口腔医学组织机构”栏目。该次会议还表彰了在学会工作和学会发展中做出突出贡献的单位、团体以及个人。

全国人大副委员长、中国科协主席韩启德、原全国人大副委员长彭佩云、原国务院副总理田纪云、卫生部部长高强以及卫生部副部长陈啸宏为大会题词祝贺。中华医学会钟南山会长和中国医院协会曹荣桂会长给大会寄去了贺信。

●卫生部职业技能鉴定指导中心认定口腔修复国家职业技能培训工作指导站

据卫生部职业技能鉴定指导中心关于认定口腔修复国家职业技能培训工作指导站通知(卫职鉴字[2006]27 号文),经中华口腔医学会推荐,卫生部职业技能鉴定指导中心组织口腔修复工艺有关专家对申报口腔修复国家职业技能培训工作指导站的机构进行了资质审核,决定认定北京大学口腔医学院、首都医科大学口腔医学院、解放军总医院口腔医疗中心、四川大学华西口腔医学院、第四军医大学口腔医学院、上海交通大学口腔医学院 7 家单位为口腔修复国家职业技能培训工作指导站。各工作指导站开展的相应工作包括:推荐并初审下一级工作站申报机构、组织考评员和培训师培训、组织口腔修复工高级及以上级别的培训鉴定工作等。

卫生部职业技能鉴定指导中心另决定在四川大学华西口腔医学院设立口腔修复国家职业专家委员会秘书处,以推进口腔修复职业技能培训鉴定工作,促进工作指导站与专家委员会之间的沟通和联系。秘书处作为专家委员会日常办事机构,主要职责是:①承担口腔修复国家职业技能培训和鉴定专业方面的咨询指导工作;②参与口腔修复培训教材、试题和辅导材料的编制开发工作;③承担部分口腔修复国家职业技能培训师和考评员的培训工作;④完成卫生部职业技能鉴定指导中心和口腔修复专家委员会交办的其他工作。

●中国正式启动新一轮全国口腔健康教育五年计划

2006 年 7 月 25 日,中国教育部、中国教育发展基金会与广州高露洁棕榄有限公司在北京签署协议,正式启动新一轮全国口腔健康教育五年计划。

在未来 5 年内,该项目将累计投入价值约一亿元人民币的教材、教具和儿童口腔护理用品,在全国小学开展口腔健康教育和健康促进活动。预计到 2010 年,口腔健康教育将覆盖全国 65%的城乡小学。

北京大学儿童青少年卫生研究所所长季成叶介绍,世界卫生组织把肿瘤、高血压和龋齿并列为危害人类健康的三大常见病,与前两者相比,龋齿往往被人们忽视,尤其是在中国,人们的口腔保健意识还处于较低的水平。季成叶指出,与 10 年前相比,中国城市儿童的龋齿患病率明显降低,但农村儿童的龋齿患病率降幅微弱,部分年龄段甚至还有所上升,农村地区的龋病防治工作没有得到根本改善。

在过去 10 年当中,中国教育部先后开展了两个“全国口腔健康教育五年计划”,覆盖了全国 31 个省、市、自治区的 400 多个城市,累计超过一亿名儿童受益于这一项目。季成叶呼吁,这一计划今后应该向农村地区倾斜。

●2006 年全国口腔健康活动项目在北京正式启动

2006 年 8 月 24 日,全国口腔健康活动项目在北京正式启动,卫生部国际交流与合作中心主任李洪山、中华口腔医学会秘书长颜景芳、广州高露洁棕榄有限公司总经理兼副总裁安康施先生共同出席了项目的启动仪式。李洪山在启动仪式上表示:"解决口腔健康问题的根本出路在于预防,健康教育则是开展预防工作的重要手段。"另据中华口腔医学会颜景芳秘书长介绍,根据最新的口腔流行病调查报告显示,近年来我国全民的口腔健康状况虽然得到逐步改善,但蛀牙、牙周疾病等高发疾病的防治形势仍十分严峻,口腔病患病率高达 97.6%。希望通过此次活动引导更多的群众参与到正确防止蛀牙的体验活动中,从而提高自己的口腔健康水平。安康施先生也表示:"我们的愿望是让每一个中国人都没有蛀牙,拥有更加灿烂的微笑。今年的活动覆盖了广泛的中小城市,扩大了人群受益面,让更多的人接受到专业的口腔健康教育。"

"零蛀牙,一起来!"2006 年口腔健康活动月将从 8 月 24 日起持续到 9 月底,为期一个月。活动包括 3 个部分:①在北京、上海、成都和广州进行的"零蛀空间"全国口腔巡展宣传;②4 辆"零蛀空间"宣传车在全国 15 个省(自治区、直辖市)的 40 个大中小城市进行巡回宣传;③参与深圳 2006 年世界牙科联盟大会。在这一个月里,高露洁公司将邀请专业口腔医师为市民免费提供口腔咨询,让群众亲身体验口腔健康保健的重要性,掌握正确的口腔护理方法;同时还会将沿途收集的支持本次活动的群众签名,在第 18 个"9·20"全国爱牙日到来之际,献给 2006 年世界牙科联盟大会。

●2006 年世界军事齿科大会在西安召开

2006 年 9 月 19 日上午,经胡锦涛主席批准,由中国人民解放军总后勤部卫生部主办、第四军医大学口腔医院承办的 2006 年世界军事齿科大会在西安隆重开幕。总后勤部副部长王谦中将出席会议。世界国防力量齿科勤务分会(SDFDS)执委会主席冯·瑞斯博格准将、解放军总后勤部卫生部部长李建华少将、陕西省副省长罗振江、中国医师协会口腔医师分会栾文民会长分别在开幕式上讲话。李建华少将代表中国人民解放军总后勤部卫生部,并以 2006 世界军事齿科大会组委会主席的名义,对来自世界各国的卫生勤务领导和齿科专家表示热烈的欢迎。

来自美、英、德、意、法、日等 25 个国家的 240 名齿科卫生勤务指挥官和口腔医学专家参加了大会,其中国外代表 78 人。有 17 个国家的齿科勤务和医疗勤务的最高负责人出席了会议,其中将军 17 人。

开幕式后,各国与会专家进行了学术交流,大会报告 36 篇,其中国外 19 篇、国内 17 篇。会议期间举办军事口腔医学学术报告 35 场,紧紧围绕军事齿科勤务与技术这一主题,进行了广泛交流与深入探讨。交流内容涉及军队口腔流行病学调查、战时口腔卫生勤务保障、颌面部战创伤救治、口腔卫生勤务装备的改良和研制以及口腔卫生勤务发展趋势等诸多领域。国外军队代表交流的关于口腔卫生勤务体系建设和战地口腔疾病防治经验,对我国军事口腔医学的发展具有重要的参考意义。国内军队代表的报告集中展示了我军在口腔卫生勤务体系建设、常见口腔疾病防治、颌面战创伤救治中所取得的成果,受到外军代表的热烈欢迎和高度评价。与会者们一致认为,中国军队口腔医学工作者为国际军事口腔医学的发展做出了重要贡献。

大会于 9 月 20 日下午在西安落下帷幕,冯·瑞斯博格准将、李建华少将出席闭幕式并讲话。会上,李建华代表该次大会组委会向世界军事齿科大会下届主办国阿拉伯联合酋长国代表奥萨玛·穆哈瑞准将移交会旗。

●中华口腔医学会口腔颌面外科专业委员会成立 20 周年庆典在杭州举行

2006 年 6 月 1 日,中华口腔医学会口腔颌面外科专业委员会成立 20 周年庆典在浙江省杭州市隆重举行,来自全国各地的口腔颌面外科专业委员会历届新老委员、学组正副组长、顾问、老一辈专家等 54 人欢聚一堂,共同庆祝口腔颌面外科专业委员会成立 20 周年，探讨 21 世纪中国口腔颌面外科发展之路。

会上，口腔颌面外科专业委员会主任委员张志愿教授向大会做了题为“中华口腔医学会口腔颌面外科专业委员会 20 周年华诞及学科发展回顾”专题报告，邱蔚六院士做了题为“持续发展，与时俱进——我国口腔颌面外科发展之前瞻”的报告，浙江大学谷志远教授和南昌大学张永福教授分别做了“浙江省口腔颌面外科的现状与发展趋势”、“我国口腔颌面外科面临的挑战及应对浅见”的报告。大会报告后，与会人员进行了热烈讨论，多位专家结合自己的实际对口腔颌面外科的发展提出了自己的观点，王大章教授阐述了中国口腔颌面外科的特色和在国际上所处的地位。随后进行了颁奖仪式，大会表彰了为创建口腔颌面外科专业委员会做出突出贡献的老一辈专家丁鸿才、王翰章、周树夏、张震康、邱蔚六、王大章、李金荣、刘宝林等教授，并向他们颁发了“中国口腔颌面外科建设与发展杰出贡献奖”奖牌和奖品。

●世界首例“坑面”修复再造手术初获成功

据中新网记者报道，2006 年 9 月 5 日，世界上首例“先天性双侧颧骨上颌骨缺失”即“坑面”修复再造手术在西安第四军医大学口腔医院进行了第一阶段手术，获得成功。

备受社会关注的陕西省合阳县“坑面”少女王娜面部修复再造一期手术历时 4 个多小时后，在解放军第四军医大学口腔医院取得圆满成功。少女王娜成为世界首例“先天性双侧颧骨上颌骨缺失”修复再造手术第一人。据了解，该手术技术复杂性和综合性堪称世界首例。“坑面”少女王娜面部修复再造手术将分为颧骨牵引、骨移植重建面中部骨骼、种植牙齿恢复咀嚼功能 3 个阶段，目前开展的是第一期手术治疗。之后将通过计算机辅助设计为王娜进行面部再造，预计整个治疗过程需要近 1 年时间。

有关专家称，该手术涉正颌外科、牵张成骨、显微外科、颌面赝复、种植技术、计算机辅助设计及制造等医学技术，其复杂性和危险性非常罕见。

据悉，第四军医大学口腔医院已组织了中国顶级口腔医学专家，精心策划修复方案，力争让“坑面女”修复再造后的面部与常人无异。

●第 3 届中国医师奖颁奖大会在北京召开

2006 年 11 月 7 日，中国医疗行业最高奖——中国医师奖在北京颁发，64 位中国医师的优秀代表荣获第 3 届中国医师协会扬子江杯“中国医师奖”。“中国医师奖”2003 年设立，旨在通过表彰医师队伍的优秀代表，展示当代医师救死扶伤、爱岗敬业、乐于奉献和文明行医的精神风貌，促进我国医师队伍的行业建设和卫生事业的健康发展。

全国政协张克辉副主席、中国医师协会殷大奎会长、国家卫生部蒋作君副部长、解放军总后勤部卫生部袁永林副部长、民政部民间组织管理局杨岳副局长以及中国医师协会领导、各地方医师协会代表、获奖医师、各医院代表近 300 人参加了大会。

颁奖大会由中国医师协会常务副会长杨镜主持，中国医师协会殷大奎会长致开幕词，中国医师协会刘海林副会长介绍获奖情况并宣布获奖医师名单。获得该届中国医师奖的医师有 64 名，其中口腔医师 2 名，口腔医学领域张震康教授和樊明文教授获此殊荣。

卫生部蒋作君副部长代表国家卫生部向获奖的医师表示祝贺，鼓励广大医务工作者加强医德医风建设，不断提高专业技术水平，更好地为构建社会主义和谐社会再立新功。总后卫生部袁永林副部长代表解放军卫生部、民政部民间组织管理局杨岳副局长代表国家民间组织管理局、扬子江药业集团总裁代表组织支持单位向获奖的医师表示祝贺。会议最后，中国医师协会王德炳副会长宣读了中国医师协会关于开展学“医学大家”、做

"人文医师"活动的意见。

中华口腔医学会王兴会长、栾文民副会长以及北京大学口腔医院代表、中华口腔医学会代表参加了颁奖大会。

●李铁军教授荣获国家杰出青年科学基金资助

2006 年 10 月 16～17 日,2006 年度国家杰出青年科学基金评审会议在北京召开。会议评定了 2006 年度国家杰出青年科学基金、国家杰出青年科学基金(外籍)、海外以及香港、澳门青年学者合作研究基金的资助人选。2006 年度国家杰出青年科学基金共受理申请 1 588 项。经同行评议、专业评审组评审、国家杰出青年科学基金评审委员会评定,2006 年度共有 158 人获得国家杰出青年科学基金资助。北京大学口腔医学院李铁军教授获此资助。

国家杰出青年科学基金是我国最高层次的人才培养计划,旨在培养一批进入世界科技前沿的优秀学术带头人。李铁军教授为北京大学口腔医学院口腔病理学科教授、主任医师,博士研究生导师。主攻研究方向为颌骨牙源性囊肿和肿瘤的生长特征与临床行为,在病理性牙源性上皮的细胞动力学研究、牙源性囊肿的动物模型建立、牙源性肿瘤的临床病理学研究、侵袭性牙源性病损的体外骨吸收实验研究以及牙源性角化囊肿的分子发病机制研究等方面取得初步成果。

2006 年在中国召开的口腔医学学术会议

2006 年 1～12 月在中国内地、香港特别行政区召开的口腔医学学术会议共 24 次,其中国际暨全国性学术会议 18 次,地方性会议 6 次,按国际以及全国性会议、地方性会议召开时间的先后排序。

●第 2 次全国口腔颌面-头颈肿瘤内科综合治疗研讨会

时间:2006 年 4 月 24～26 日

地点:安徽省黄山市

主办、承办单位:中华口腔医学会口腔颌面外科专业委员会口腔颌面-头颈肿瘤内科协作组(筹)主办,安徽省口腔医学会和安徽省省立医院承办

会议代表人数:50 余人

会议内容提要:经中华口腔医学会口腔颌面外科专业委员会和全国医学继续教育委员会批准,第 2 次全国口腔颌面-头颈肿瘤内科综合治疗研讨会在黄山市召开。该次会议特别邀请了中国工程院邱蔚六院士、四川大学华西口腔医学院王大章教授、第四军医大学口腔医学院刘宝林教授、北京大学口腔医学院俞光岩教授等国内著名的口腔颌面外科专家莅会。来自全国各地 50 余名口腔颌面外科界的同仁参加了该次研讨会。

开幕式上,郭伟教授代表协作组发起人阐述了口腔颌面肿瘤内科协作组成立的必要性和紧迫性;邱蔚六院士阐述了现代肿瘤内科学的概念,提出了口腔颌面-头颈肿瘤内科的范畴和发展方向;王大章教授以"发挥优势,规范协作,进一步提高口腔颌面癌瘤的治疗效果"为题回顾了我国口腔颌面外科发展壮大的历程和所取得的令人瞩目的成就。

与会代表达成一致共识:成立肿瘤内科协作组是学科发展的必然趋势,是巩固和开拓口腔颌面-头颈肿瘤外科学术领域的必然途径,也是肿瘤相关学科交叉融合的必然结果。筹备组将按学会相关章程规定,申请成立口腔颌面-头颈肿瘤内科协作组。大会决定第 3 次研讨会拟于 2007 年 4 月在江苏省徐州市召开。

●首届唇腭裂新理论与新技术研讨会

时间:2006 年 6 月 23～25 日

地点:辽宁省大连市

主办、承办单位:中华口腔医学会口腔颌面外科专业委员会唇腭裂学组主办,大连医

科大学附属第一医院承办

会议代表人数:学组成员28人,其他代表50余人

会议内容提要:该次研讨会是新一届唇腭裂学组成立后的首次全国性学术交流活动,会上参会代表展示了各自在唇腭裂基础研究与临床工作中的成果。

大会特邀了法国颅面外科医师协会前秘书长 Phillipe Pellerin 教授和日本 Fukuoka Kyushu 大学的铃木杨教授。Phillipe 教授介绍了法国唇腭裂序列治疗的基本情况,报告了其所在的里尔大学对395例双侧完全性唇腭裂使用同一外科规程治疗追踪观察16年的长期效果以及罕见的眼眶间面裂。铃木杨教授介绍了日本唇腭裂正畸治疗以及牙槽突裂骨移植的新技术和新成果。两位专家的报告引起了与会学者的广泛关注,进一步了解了国外先进的治疗理念和技术。

在研讨会上,唇腭裂学组组长、四川大学石冰教授做"唇腭裂序列治疗的本土化"的专题报告;上海交通大学王国民教授的"唇腭裂语音序列治疗模式的建立与应用"、武汉大学傅豫川教授的"用国际化视野审视唇腭裂的序列治疗"、北京大学马莲教授的"牙槽突的序列治疗方案设计"、中南大学蒯新春教授的"唇腭裂继发畸形序列治疗的研究"等专题报告分别阐述了各自在探索适合中国国情唇腭裂序列治疗中的研究进展。与会代表就制定符合我国国情的唇腭裂序列治疗原则进行了热烈讨论,达成了一定的共识。

会上国内知名唇腭裂专家介绍了唇腭裂治疗的新理论和新技术。如单侧唇裂初期整复的理论与技术,双侧唇裂的整复方法进展、腭咽闭合不全的临床诊断、分类与治疗,腭裂患儿的中耳功能检查与治疗等。研讨会特别安排了手术示教内容,石冰教授做了单侧唇裂术后鼻唇畸形二期整复的现场手术演示,郑谦教授现场讲解,取得了良好的教学效果。

该次研讨会达到预定目标,会议取得圆满成功。

●全国第11届口腔医学学术研讨会

时间:2006年7月12~18日

地点:青海省西宁市

主办单位:北京医学会、北京口腔医学会

会议代表人数:67人

会议内容提要:来自全国17个省市的67位口腔医学专家和口腔专业医师出席了会议。莅会专家有来自北京大学口腔医学院、首都医科大学口腔医学院和北京同仁医院、北京协和医院的王邦康、马绪臣、林久祥、许天民、刘静明、杜德顺教授。参会代表个体牙医逐年增加,是今后会议不可忽视的群体。边远山区和西部地区代表有所增加。

大会期间,5位专家做专题报告,内容包括无托槽隐形矫治技术的研制与开发,颞下颌关节紊乱病双轴诊断标准和规范化治疗程序,骨性Ⅲ类牙颌畸形非手术矫治最佳时机的探讨,正畸治疗中的力能考虑,与眼科、耳鼻咽喉科相关的口腔疾病的诊断和治疗。21位代表在口腔基础研究、临床研究、口腔医学教育、新技术开发和口腔医学美学等方面进行大会发言,与会代表展开热烈讨论。

此次会议征集论文质量有所提高,涉及面广,侧重于临床和基础研究、基层临床经验总结以及新技术研发等,如纳米技术在生物医学领域中的应用,是近年我国处于研究和开发的项目,引起全体代表的兴趣。会议采用多媒体展示,所介绍的内容生动活泼,很受代表欢迎。会议代表对口腔门诊信息化管理问题非常重视,认为这是今后口腔科管理不可缺少的现代化管理手段和医院管理模式的补充。

●2006年口腔颌面肿瘤基础研究学术研讨会

时间:2006年8月9~11日

地点:上海市

主办、承办单位:上海交通大学医学院附属第九人民医院主办,上海交通大学细胞生物学教研室承办

会议代表人数:国内专家、代表 81 人,国外专家 8 人

收到论文篇数:58 篇

会议内容提要:大会特别报告 7 人,主题发言 25 人,教育专场讲座 2 人。专家和与会代表就口腔颌面部肿瘤的细胞及分子生物学发病机制、肿瘤模型的建立、肿瘤转移机制、化学治疗、生物治疗、中医中药治疗、放疗、基因治疗等做了精彩的报告,并进行了深入、广泛、热烈的讨论。

会议内容反映了近年来口腔颌面肿瘤基础研究的热点和创新性成果,具体表现在:①口腔颌面肿瘤的分子发病机制研究是其诊断和治疗新方法产生的最直接的基础;②口腔颌面部肿瘤细胞和动物肿瘤模型的建立仍是国内研究的重点内容,已建立多个具有不同特征的口腔癌细胞系和动物模型;③病毒与口腔癌关系的研究有新的成果,如 HPV 和 EBV 与口腔癌发生分子机制已有深入的研究,并取得了多项研究成果;④口腔颌面部恶性肿瘤的化疗、放疗、生物治疗、基因治疗的临床前基础研究也是热点之一,对肿瘤耐药机制、化疗与放疗敏感性分子机制也有较深入的研究并取得阶段性成果。

国内外参会专家对会议报告内容的深度和广度给予了高度评价,报告的研究成果反映了当今口腔颌面部肿瘤基础研究的先进水平。会议达到了交流成果、建立平台、促进合作、加强口腔颌面外科生物学尤其是肿瘤生物学研究的目的。

与会专家一致认为,成立口腔颌面外科生物学学组的时机已经成熟。通过参会专家们的充分讨论和协商,作出如下倡议:①建议成立“口腔颌面外科生物学学组”,学组学术范围为口腔颌面外科生物学领域的基础研究;②成立“口腔颌面外科生物学学组”筹备组;③会议商定上海交通大学医学院附属第九人民医院口腔颌面外科肿瘤生物学实验室陈万涛教授为“口腔颌面外科生物学学组”筹备组负责人。

●ISO/TC 106 国际标准化组织牙科学技术委员会第 42 届年会

时间:2006 年 9 月 10~16 日

地点:北京市

主办、承办单位:国家标准化管理委员会(SAC)主办,全国口腔材料、器械和设备标准化技术委员会(SAC/TC99)承办

会议代表人数:294 人,其中国外代表 252 人,中国代表 42 人

会议内容提要:国际标准化组织(ISO)牙科学技术委员会(TC 106 Dentistry)第 42 届年会在北京友谊宾馆成功召开。该次会议是继 1990 年我国成功举办第 26 届年会之后,在中国举行的又一次国际性盛会。

ISO/TC 106 Dentistry 年会是全球从事口腔材料和器械设备的产品质量控制和检测方法标准化工作的专家们制定和修订国际标准的工作会议。该次会议参会人员分别来自中国、日本、美国、德国、英国、法国、加拿大、澳大利亚、意大利、瑞典、瑞士、荷兰、比利时、泰国、韩国、挪威、奥地利、芬兰 18 个国家。

在开幕式上,国家食品药品监督管理局医疗器械司常永亨副司长首先代表中国标准化管理委员会和国家食品药品监督管理局向前来北京参会的国际标准化组织牙科学技术委员会主席 Jones 教授和各位代表表示热烈欢迎,并分别从中国的历史、发展以及标准的重要性和会议的必要性作了精彩的演讲。俞光岩院长代表北京大学口腔医学院致辞。

会议分为口腔充填材料、修复材料、正畸材料、口腔器械和设备、口腔种植材料、口腔预防保健产品、口腔材料生物学评价、名词术语 8 个技术委员会分会,下设 38 个工作组。会议期间各国技术专家、教授、学者、企业代表针对口腔材料、器械和设备的国际标准草案及相关技术问题,进行了说明、讨论和表决。

大会主席 Jones 教授代表各国参会者感

谢国家食品药品监督管理局、国家标准化管理委员会和北京大学口腔医学院给予的大力支持。为期一周的会议得到了大会主席和与会代表的肯定，Jones 教授认为此次会议是ISO/TC 106 年会史中办得最成功的一次，为今后 ISO 年会的召开树立了榜样。

●2006 年世界军事齿科大会

时间：2006 年 9 月 17～20 日

地点：陕西省西安市

主办、承办单位：中国人民解放军总后勤部卫生部主办，第四军医大学承办

会议代表人数：242 人

收到论文篇数：98 篇

会议内容提要：见本栏目“2006 年中国口腔医学大事记”。

●世界牙科联盟 2006 年年会

时间：2006 年 9 月 22～25 日

地点：广东省深圳市

主办、承办单位：世界牙科联盟（FDI）主办，中华口腔医学会、卫生部国际交流与合作中心承办

会议代表人数：1 0690 人

会议内容提要：见本栏目“2006 年中国口腔医学大事记”。

●第 5 次全国口腔修复学学术会议

时间：2006 年 9 月 27～28 日

地点：广东省深圳市

主办、承办单位：中华口腔医学会口腔修复学专业委员会主办，北京大学口腔医学院、北京大学深圳医院承办

会议代表人数：450 余人

收到论文篇数：380 余篇

会议内容提要：来自全国各省市的 450 余名口腔修复学专家和专业医师出席了大会，中华口腔医学会王兴会长莅会并致辞。

大会收到的论文反映了目前口腔修复学的基础研究和临床研究的最新进展。大会学术活动包括专题学术讲座、大会论文宣读和论文壁报展示等。在学术讲座中，北京大学口腔医学院冯海兰教授、上海交通大学口腔医学院张富强教授、第四军医大学口腔医学院赵铱民教授、四川大学华西口腔医学院朱智敏教授、解放军总医院口腔医学中心刘洪臣教授、武汉大学口腔医学院王贻宁教授和北京大学口腔医学院吕培军教授分别做了题为“先天缺牙的临床及分子遗传学研究”、“附着体义齿临床应用的注意事项”、“颌面部缺损的赝复治疗”、“纤维桩的研究与临床应用”、“保留残根的冠上修复与人工种植牙的冠上修复的应用比较”、“牙漂白现状和发展趋势”和“先进制造技术在口腔修复中的应用与展望”的专题学术报告。在学术报告后，大会分固定修复、活动修复和修复基础研究 3 个专题进行了论文宣读和论文壁报展示，口头交流论文 48 篇，展板展示论文 180 篇。

大会专家组对宣读论文进行了优秀论文的评选，设立一等奖 1 名、二等奖 2 名、三等奖 4 名。北京大学口腔医学院谭建国获一等奖，北京大学口腔医学院周永胜和中山大学口腔医学院林雪峰获二等奖，北京大学口腔医学院佟岱、第四军医大学口腔医学院张少峰和张玉梅、哈尔滨医科大学口腔医学院谢伟丽获三等奖。

会议期间，进行了中华口腔医学会口腔修复学专业委员会换届选举，第 3 届口腔修复学专业委员会正式成立。新一届口腔修复学专业委员会由来自全国各省、市、自治区的 60 名口腔修复学专家组成，冯海兰教授当选为第 3 届口腔修复学专业委员会主任委员，张富强、赵铱民、王贻宁、刘洪臣、朱智敏教授为副主任委员。

大会自始至终得到了中华口腔医学会领导的关心和指导，在承办该次会议的北京大学口腔医学院修复科和北京大学深圳医院口腔科的全体会务组人员的辛勤工作以及全体参会代表的共同努力下，第 5 次全国口腔修复学学术会议获得圆满成功。

●第 7 届全国口腔病理学学术会议

时间:2006 年 10 月 13～15 日

地点:辽宁省沈阳市

主办、承办单位和主持人:中华口腔医学会口腔病理学专业委员会主办,中国医科大学口腔医学院承办,高岩教授主持

会议代表人数:127 人

收到论文篇数:158 篇

会议内容提要:该次会议是近几届口腔病理学学术会议中参会人数和论文数量最多的一次。参会人员除国内的口腔病理学工作者之外,还有口腔医学其他专业的代表。

大会专题发言 12 篇。会上,国内的口腔病理学专家结合自己的工作,就口腔组织病理学的不同领域的研究进展进行了综述,代表们普遍反映收获很大。大会还安排了 25 位论文作者进行了大会发言,发言内容反映了近年来我国口腔组织病理学方面所取得的研究进展,可以看出我国口腔组织病理学的科研水平有了长足的提高。会议还邀请日本和我国台湾地区的学者进行了专题发言,使与会者开阔了视野。会议还在晚间安排了口腔病理疑难病例的读片,与会者积极参与,讨论热烈,显示出大家对提高我国临床口腔病理的诊断水平的渴望。大家普遍认为,在目前口腔病理临床诊断工作风险较高的情况下,国内的口腔病理工作者应该加强交流,不断提高诊断水平,今后国内应多开展临床口腔病理的读片活动。

会议选举产生了第 3 届口腔病理学专业委员会。

该次会议是对我国近年来口腔病理学界科学研究工作的一次检阅,同时促进了口腔病理学工作者之间以及与其他专业的同道之间的交流,增进了友谊,加强了团结,将更有力地促进我国口腔病理学事业的发展。

●海峡两岸口腔黏膜下纤维性变专题研讨会

时间:2006 年 10 月 14～15 日

地点:湖南省长沙市

主办、承办单位和主持人:中华口腔医学会口腔黏膜病专业委员会主办,中南大学口腔医学院承办,周曾同、翦新春教授主持

会议代表人数:111 人

收到论文篇数:21 篇

会议内容提要:该次专题研讨会邀请了我国台湾高雄医学大学口腔医学院谢天渝教授、杨奕馨副教授和台湾大学医学院牙医学系江俊斌教授等国际知名的口腔黏膜病专家出席会议。

会上,台湾专家分别就我国台湾省口腔黏膜下纤维性变(OSF)的研究进展、恶变潜能和流行病学等方面内容向我国内地同行做主题报告。中南大学湘雅医院翦新春教授、彭解英教授,湘雅二医院凌天牖教授,湖南中医药大学李元聪教授,湘潭市口腔医院唐杰清院长等内地学者也就内地 OSF 诊断和治疗的研究进展向与会者作了汇报。双方就 OSF 的致病机制、临床检验和治疗等多方面的研究状况及进展充分交换了意见,交流了经验。

●第 3 次全国涎腺疾病学术会议

时间:2006 年 10 月 17～19 日

地点:陕西省西安市

主办、承办单位:中华口腔医学会口腔颌面外科专业委员会涎腺疾病学组主办,中国抗癌协会头颈肿瘤外科专业委员会涎腺肿瘤协作组协办,第四军医大学口腔医学院承办

收到论文篇数:93 篇

会议代表人数:80 余人

会议内容提要:该次会议交流论文 60 篇,7 名涎腺疾病专家做了专题报告。会议交流论文内容涉及涎腺肿瘤临床、涎腺肿瘤基础、非肿瘤性涎腺疾病、涎腺生理、颌下腺移植治疗重症角结膜干燥症、面神经损伤的诊断和处理等较多领域,集中反映了我国涎腺疾病研究的最新进展。大会还对涎腺内镜临床应用进行专题讨论,新老专家和年轻医师充分表达了自己的观点,展开了认真的讨论。大会特邀北京大学人民医院风湿免疫科栗占

国教授就舍格伦综合征的诊断与治疗做专题报告，报告内容反映了这一全身性疾病的研究现状。

在涎腺非肿瘤疾病研究方面，涎腺内镜在慢性阻塞性涎腺炎诊断和治疗中的应用得到了进一步推广，积累了不少经验，显示了良好的应用前景。与会代表还对其临床应用技巧等展开了热烈讨论。会议对唾液硝酸盐、亚硝酸盐代谢、功能和分泌机制的研究、正常人腮腺颌下腺的基因表达、涎腺基因转导、唾液蛋白质组学研究以及涎腺的发育组织学研究进行了交流，显示了涎腺生理研究领域的新进展。近年来，随着对血管化自身颌下腺移植治疗重症干燥性角结膜炎研究的进一步深入，有关颌下腺分泌功能的调控、颌下腺动静脉和导管的解剖学研究、肉毒毒素对颌下腺的作用、辣椒素霜剂对颌下腺分泌功能的影响和颌下腺移植术后腺体减量的临床研究表明，在这一领域的临床和基础研究有了进一步的深入和提高。大会还对舍格伦综合征的临床治疗、藻酸盐诱发舍格伦综合征的实验研究、NOD 小鼠自发性涎腺炎和涎腺干细胞的相关研究进行了交流。

在涎腺肿瘤的临床研究方面，该次会议针对世界卫生组织 2005 年涎腺肿瘤组织学新分类进行了交流和讨论。手术联合放射性粒子组织间植入治疗腮腺恶性肿瘤和术后配合组织内高剂量放射治疗取得了良好的临床效果，反映了近年来涎腺肿瘤治疗的新进展。此外，三维适形调强放射治疗（IMRT）减少放疗后口干症和颌下腺转位预防放疗导致的口干症引起了与会代表的关注。大会还对与腮腺密切相关的面神经外科有关问题进行了讨论，基础与临床研究相结合，显示出我国在这一领域研究水平的提高。

在涎腺肿瘤基础研究方面，报告和讨论内容涉及涎腺肿瘤组织发生、基因调控、基因治疗以及蛋白磷酸酶、趋化因子和细胞黏附分子等因素与涎腺肿瘤生物学行为的关系。涎腺肿瘤基础研究的主要对象仍然是腺样囊性癌和黏液表皮样癌等最常见的恶性肿瘤，有关神经膜细胞分化在涎腺腺样囊性癌嗜神经侵袭中的意义和涎腺腺样囊性癌远处转移机制的实验研究是各位代表讨论的热点。

总之，该次大会反映出我国涎腺疾病的研究近年来取得的明显进展，国内的涎腺疾病研究队伍已具相当规模。会议还进行了涎腺疾病学组换届改选，新一届涎腺疾病学组组长由王松灵教授担任。通过该次会议的召开和新一届学组的产生，相信在新一届学组领导下，广大专业工作者团结一心，共同努力，我国涎腺疾病研究将会有更快的发展。

●第 22 届亚洲口腔种植学术会议

时间：2006 年 10 月 18～19 日

地点：北京市

主办承办单位：亚洲口腔种植学会主办，中华口腔医学会口腔种植专业委员会承办

会议代表人数：国内代表 219 人，国外代表 46 人

会议内容提要：亚洲口腔种植学会于 1983 年创建，是亚洲地区规模最大的种植学术团体之一，每年举办一次学术年会，此次学术年会是该学会第一次在中国召开。

该次大会发言人共 46 位。大会第一天上午，18 位来自国内 6 个不同省市、16 家医院的医师进行了发言，内容涵盖了口腔种植基础研究和临床研究的各个方面。特邀发言人共 28 人，分别来自德国、美国、日本、印度、澳大利亚、韩国、马来西亚等 11 个国家和地区，他们的演讲内容几乎涵盖了当代口腔种植学的所有方面：各种植骨技术、即刻种植和即刻负重技术、PRP 技术、上颌窦提升技术、种植的美学修复、Platform Switching 概念、全瓷修复等。

●第 4 届北京国际种植学术会议

时间：2006 年 10 月 20～21 日

地点：北京市

主办单位和主持人：中华口腔医学会口

腔种植学专业委员会、北京大学口腔医学院、精粹国际牙科出版集团，主持人 Daniel Buser 教授(瑞士)，王兴教授(中国)

会议代表人数：国内代表 219 人，国外代表 46 人

会议内容提要：北京国际口腔种植会议是由中华口腔医学会口腔种植专业委员会主办，高水平的口腔种植专业学术会议，自 2000 年始，每两年 1 次，已成功举办了 3 届。

此次会议邀请了 9 位著名的口腔种植学专家，包括 George Zarb 教授、Daniel Buser 教授、Georg Watzek 教授、Jimenez Lopez 教授、Gaetano Calesini 教授、Gerhard Neuendorff 主任技师、林野教授、吴大怡教授和李德华教授。讲演的内容包括种植美学修复技术、GBR 技术、即刻负重技术、种植外科并发症、种植体周围软组织的重建、种植体失败的因素、CAD-CAM 技术和牙槽突增宽术等。

与会国外代表 46 人，来自德国、美国、日本、韩国、新加坡、马来西亚、印度等国家。国内代表 219 人，来自国内 32 个省、市、自治区和香港、澳门特区及台湾省。

会议为国际国内同行们提供了一个了解国内外种植学领域最新动态的机会，对种植领域的新技术、新概念等加深了了解，对进一步促进国内乃至亚洲地区的种植学科发展起到了积极作用。国内外与会者进行了很好的学术交流，从中学到了新知识，收获很大。

●第 7 届亚洲口腔颌面外科学术会议

时间：2006 年 11 月 5～9 日

地点：中国香港特别行政区

主办单位：香港口腔颌面外科医师协会

会议代表人数：700 余人

收到论文篇数：368 篇

会议内容提要：该次会议在香港会展中心举行，来自世界 48 个国家和地区的代表参加了会议。中国内地邱蔚六院士、张志愿、俞光岩、赵怡芳等 30 余名专家教授出席了会议，他们分别做特邀演讲、大会报告、分会场报告及进行壁报交流。

会议特邀原国际口腔颌面外科医师协会主席 Paul Stoelinga、现任主席 John Willims、执行主席 John Helfrick 等 70 余位世界知名专家做专题演讲。内容包括牙槽外科、口腔肿瘤、口腔颌面创伤、颌面缺损修复重建、颞下颌关节疾病、涎腺疾病、牵张成骨、正颌外科、唇腭裂与颅面畸形、口腔种植、生物材料、计算机辅助手术、美容外科、组织工程、口腔病理以及其他相关基础研究，反映了口腔颌面外科学的最新研究成果和进展情况。

会议期间，进行了亚洲口腔颌面外科医师协会的换届改选，新一届主席为泰国的 Natthareeonsook 女士。会议闭幕式上，宣布了最佳发言奖和最佳壁报奖的获奖名单。会议内容丰富多彩，与会者感到受益匪浅。通过参会学习，达到了相互交流、增进友谊、共同提高的目的。经商定，第 8 届亚洲口腔颌面外科会议将于 2008 年 11 月 3～7 日在曼谷召开。

●第 2 届两岸四地口腔正畸学术会议

时间：2006 年 11 月 19～21 日

地点：江苏省南京市

主办、承办单位和主持人：中华口腔医学会口腔正畸专业委员会主办，南京医科大学口腔医学院承办，王林教授主持

会议代表人数：700 余人

会议内容提要：会议邀请了我国台湾地区校正齿科学会会长苏志鹏先生、香港地区校正齿科学会会长邓天康先生、澳门地区校正齿科学会会长林巍先生。在为期 3 天的会议中，来自两岸四地的专家学者就口腔正畸基础和临床研究等方面的问题进行了深入和广泛的探讨，提出了许多具有建设性的意见。各地代表通过大会发言、壁报和病例展示等形式进行了学术交流。会议内容涉及近年来国际口腔正畸学界的最新进展情况，新的治疗方法和矫治器系统，如 Tweed-Merrifield 矫治技术、种植支抗的应用、自锁托槽系统、传

动直丝矫治系统、三维软组织影像和三维牙颌模型、正畸与正颌外科的联合、正畸方法治疗阻塞性睡眠呼吸暂停综合征等。

此次大会为两岸四地进一步的学术交流提供了良好的平台，为今后的交流积累了许多宝贵经验，增进了与会者彼此的友谊，在两岸四地间架起了沟通的桥梁。

●第 2 届全国口腔颌面修复重建外科学术会议

时间：2006 年 11 月 22～25 日

地点：江苏省南京市

主办、承办单位：中华口腔医学会口腔颌面外科专业委员会修复重建协作组主办，南京医科大学口腔医学院承办

会议代表人数：150 人

收到论文篇数：242 篇

会议内容提要：来自全国各地的 150 余名代表参加了该次盛会。中国工程院院士邱蔚六教授，中华口腔医学会口腔颌面外科专业委员会主任委员张志愿教授、副主任委员田卫东教授出席会议并做了主题演讲，演讲题目分别是：口腔颌面修复重建外科的历史、现状和未来，口腔颌面部肿瘤根治术后缺损的功能性修复，现代再生医学在组织修复重建的机遇与挑战。大会还邀请了德国 Ralf Jochen Gutwald 教授做主题演讲，题目是：Navigation in CMF Reconstruction。

该次大会期间，张志愿主任委员代表中华口腔医学会口腔颌面外科专业委员会宣布口腔颌面修复重建外科协作组成立，宣读了协作组人员名单，并向组长和副组长颁发了证书。

该次会议全面展示了自 2004 年第 1 届口腔颌面修复重建外科学术会议（成都会议）以来口腔颌面修复重建领域取得的新进展，会议内容涉及颌骨缺损修复重建、口腔颌面软组织缺损修复重建、颅颌面畸形与创伤缺损修复重建、微创外科、牵张成骨、计算机辅助设计、组织工程与再生医学等各个领域，反映了口腔颌面修复重建的最新理念和进展。内容丰富多彩，代表们根据各自单位的实际工作情况，踊跃发言，热烈讨论，达到了相互学习、共同提高的目的。经商定，第 3 届口腔颌面修复重建外科会议将于 2008 年在新疆乌鲁木齐市召开。

●第 1 届 ITI 亚太口腔种植大会

时间：2006 年 12 月 2～3 日

地点：上海市

主办单位：国际牙科种植组织（ITI）、中华口腔医学会口腔种植专业委员会

会议代表人数：800 余人

会议内容提要：为了满足迅速增长的口腔种植领域的教育和培训需求，国际牙科种植组织（ITI）在上海国际会议中心举办了这次规模最大、技术最新、有众多知名专业人士参加的亚洲大陆的历史性盛会。大会主题为“牙科种植学——临床牙科学又一次革命”，围绕这个主题，大会科学委员会主席——来自瑞士的伯尔尼大学的尼古劳斯·郎教授安排了非常有吸引力的学术活动。

来自 20 个不同国家和地区的代表共襄盛举。25 位来自亚洲、澳大利亚和欧洲的著名临床医生和研究人员做学术报告，内容包括种植学的基础和牙种植的术前设计，创新的外科和修复过程以及术后种植体的维护，生物学问题的处理和种植并发症等。

大会展示了口腔种植的良好效果以及口腔种植的广阔前景，也展示了口腔种植领域的最新科研成果。

●第 5 次全国口腔颌面-头颈肿瘤学术研讨会

时间：2006 年 12 月 15～17 日

地点：湖北省武汉市

主办、承办单位和主持人：中华口腔医学会口腔颌面外科专业委员会口腔颌面-头颈肿瘤外科学组主办，武汉大学口腔医学院承办，赵怡芳教授主持

会议代表人数：155 人

收到论文篇数：160 篇

会议内容提要：开幕式上，中国工程院院士、武汉大学校长刘经南教授莅临并致辞祝贺，中国工程院院士、中华口腔医学会口腔颌面外科专业委员会名誉主任委员邱蔚六教授代表中华口腔医学会口腔颌面外科专业委员会向大会表示祝贺。武汉大学口腔医学院院长边专教授到会并致欢迎词，赵怡芳教授主持开幕式。同时出席会议的还有 155 名来自全国各地的从事口腔颌面-头颈肿瘤工作的专家学者。

大会主题发言 10 篇、专题发言 23 篇、大会发言 28 篇。论文内容广泛，较全面地反映了近年来我国口腔颌面部肿瘤学临床和基础研究的进展。会议就口腔颌面部软硬组织的缺损尤其是颌骨缺损的修复重建、口腔癌颈淋巴转移和治疗对策、颌骨角化囊肿的保守治疗、头颈部恶性肿瘤的基因治疗和组织内放射等非手术治疗以及口腔癌发病机制和防治的基础研究进行了较为集中的讨论。总结了我国在口腔颌面部肿瘤的基础研究和临床工作方面所取得的成就。

该次研讨会上，经中华口腔医学会口腔颌面外科专业委员会讨论和审批，原口腔颌面肿瘤学组更名为口腔颌面-头颈肿瘤学组。将“头颈”概念引入是为了更准确地反映目前我国口腔颌面外科的业务范围，有利于专业发展和对外交流。

在研讨会期间，还进行了口腔颌面-头颈肿瘤学组改选、换届，上海交通大学医学院附属第九人民医院张陈平教授当选为新一届口腔颌面-头颈肿瘤学组组长，武汉大学口腔医学院张文峰教授当选为副组长。

●广东省口腔医学会第 2 次会员代表大会暨第 9 次学术会议

时间：2006 年 3 月 9 日

地点：广东省广州市

主办、承办单位和主持人：广东省口腔医学会主办，中山大学光华口腔医学院承办，凌均棨、唐亮教授主持

会议代表人数：200 余人

收到论文篇数：402 篇

会议内容提要：大会在中山大学光华口腔医学院会议中心隆重召开。来自全省各地的 200 多位专家代表出席了这次盛会，广东省卫生厅副厅长廖新波、中山大学副校长汪建平、广东省医学会会长黄庆道、广东省医师协会会长张衍浩等出席了开幕典礼。广东省口腔医学会副会长凌均棨教授致开幕词，广东省口腔医学会会长黄洪章做“广东省口腔医学会工作总结”报告。

总结中谈到，广东省口腔医学会成立 5 年来，在各级领导的大力支持和关心下，在组织建设、学术活动、科普宣传等工作中取得了长足进展，并相继成立了口腔颌面外科等 5 个专业委员会，会员队伍逐年壮大，每年定期召开各类学术讲座、专题研讨会，为提高广东省口腔医学事业的发展做出了令人瞩目的成绩。全省学术会议的定期召开是广东省口腔医学会学术交流的优良传统。

学术会议上，大会报告 12 篇，各专业委员会分组报告 52 篇，论文的学术性很强，质量均有明显提高。与会代表在大会上进行了形式多样、内容丰富的学术交流，大家畅所欲言，向国内外同行汇报了广东省口腔医学事业发展的成果。该次大会还选举产生了广东省口腔医学会第 2 届理事会。

●第 5 届沂蒙国际口腔颌面部整形与重建学术会议暨第 7 届山东省口腔颌面外科学术会议

时间：2006 年 4 月 9～12 日

地点：山东省临沂市

主办、承办单位和主持人：山东省口腔医学会、山东省医学会口腔科分会和口腔颌面外科专业委员会主办，临沂市人民医院承办，张书平主任医师主持

会议代表人数：168 人

收到论文篇数：147 篇

会议内容提要：会议邀请数名美国颌面

整形和口腔颌面外科专家莅会并做专题学术报告。在收到的论文中，基础研究 34 篇、有关颌面肿瘤方面 27 篇、唇腭裂 25 篇、口腔颌面创伤 30 篇，其他 31 篇。

会上，首先由山东省口腔颌面外科专业委员会主任委员李宁毅教授做学会工作报告和汇报大会筹备情况，随后与会专家进行专题讲座。上海交通大学第九人民医院院长张志愿教授进行“口腔颌面部肿瘤术后缺损的功能重建：现状与发展趋势”专题演讲，北京大学口腔医学院马莲教授演讲题目为“腭裂语音与腭咽成型”，临沂市肿瘤医院秦中平主任医师进行“脉管畸形的硬化治疗”演讲。

美国田纳西医疗中心的 John M. Hodges 博士率领的代表团也进行 4 个专题演讲，分别是“颌面部发育畸形的早期干预”、“下颌骨畸形外科矫治的回顾和展望”、“唇腭裂二期修复”、“肉毒毒素在面部美容中的应用”。来自山东各地的 30 名医师作了大会发言。

该次口腔颌面外科会议的参会人数和论文数量均创新高，特别是论文水平有了较大提高。会议得到了当地政府，特别是临沂市人民医院的大力支持和协助，会议取得圆满成功。

●辽宁省第 18 次口腔医学学术会议

时间：2006 年 4 月 22～23 日

地点：辽宁省鞍山市

主办、承办单位和主持人：辽宁省口腔医学会主办，中国医科大学口腔医学院承办，路振富教授主持

会议代表人数：134 人

收到论文篇数：179 篇

会议内容提要：辽宁省科协、鞍山市卫生局、医学会和中国医科大学副校长等领导出席了开幕式，10 名专家举办了口腔内科、口腔外科、口腔预防及流行病、口腔修复、口腔正畸、口腔种植等方面的专题讲座。

大会发言 51 篇，分为 3 个分会进行报告。会议交流论文展现了辽宁省口腔医学学术发展的水平。在中国医科大学口腔医学院潘亚萍教授“牙周病诊断及治疗新技术”的报告中，应用 Florida 探针和计算机系统直观形象地显示了牙周感染及客观状态，国内首先在牙周内镜直视下进行牙周根面的治疗。中国医科大学口腔医学院詹福良副教授报道了在根管显微镜下根管中下部异物的取出和侧穿根管修补术。大连医科大学、大连市口腔医院分别介绍了应用镍钛合金根管锉进行弯曲根管制备和全麻下儿童牙病的治疗，提出了辽宁省儿童牙病治疗新模式。中国医科大学口腔颌面外科王玉新教授介绍了改进和完善鼻眶筛骨折，保证治疗效果的同期手术整体修复的重要性。李瑞武教授介绍了我国口腔恶性肿瘤治疗需要个体化的综合治疗问题。卢利教授介绍了下颌骨髁突骨折诊治的现状。大连医科大学张奎启教授介绍了耳颞神经综合征的基础研究以及预防治疗的方法。邓春富教授介绍了引导骨再生在牙种植术中的应用。大连市口腔医院陈小冬主任医师对非贵金属烤瓷修复体的问题以及完善全瓷修复适应证和禁忌证提出了新见解。大连市口腔医院介绍了纤维桩的临床应用。中国医科大学口腔医院和大连医科大学附一院介绍了 MK1 附着体义齿在颌骨牙列缺损的应用和微型种植体支抗的应用。

基础研究和临床应用也取得了一定的成绩。中国医科大学口腔医学院报道了应用抑制性消减杂交技术筛选牙龈卟啉单胞菌差异基因和青春期牙龈炎的关系。大连医科大学附一院报道的 Wnt5a 信号通路相关因子在胚胎颅面部发育的调节作用，是面裂畸形分子生物学研究的一种新探索。

该次会议完成了第 3 届辽宁省口腔医学会会长、副会长、常务理事、理事的换届选举工作。

●浙江省第 25 届口腔医学年会

时间：2006 年 5 月 31 日～6 月 2 日

地点：浙江省杭州市

主办、承办单位和主持人：浙江省口腔医学会主办，浙江大学口腔医学院承办，赵士芳教授主持

会议代表人数：500 人

收到论文篇数：300 篇

会议内容提要：会议期间，亚汀教授报告的题目为：牙本质黏接剂的最新进展，前牙和后牙复合树脂修复体，牙齿美白的新观念；舒尔茨-莫斯高教授报告的题目为：牙槽骨的量与质不足时进行种植修复的技巧，即刻负荷种植概念的临床注意点，部分牙齿缺失和无牙颌的种植体设计和要求；贝格勒博士报告的题目为：计算机辅助设计在牙科修复中的最新应用，套筒冠的设计和制作，电镀及金沉积技术；妮美奇女士报告题目为“高质量的沟通与视觉化水平——衡量技工室的新标准”，“牙科诊所的市场营销——病人对诊所的评价至关重要”。

●吉林省口腔医院感染会议

时间：2006 年 9 月 19～21 日

地点：吉林省长春市

主办、承办单位和主持人：吉林大学口腔医学院主办，吉林省医学会承办，高文信教授、卢爱工主任护师主持

会议代表人数：120 人

收到论文篇数：50 篇

会议内容提要：为贯彻执行卫生部《医疗机构口腔诊疗器械消毒技术操作规范》，加强口腔医疗器械消毒灭菌工作，确保医疗质量和医疗安全，举办了此次会议。参会人员来自吉林省各地区。会议采用专题讲座、讨论、现场操作、观摩相结合的形式。多位专家做有关预防医院感染的专题报告。

专题讲座主要围绕口腔治疗与无菌技术的主要议题，回顾了医源性感染造成的危害，重温口腔医院感染管理与法律法规，明晰口腔器械消毒的关键流程，强调医院感染管理与废气物处理有关条例，展望口腔医院感染防护新举措。代表踊跃提问，热烈讨论，展现了良好的研讨氛围。会后代表们参观了吉林大学口腔医院中心供应室和口腔器械消毒流程。

该次大会使吉林省与会代表全面了解了目前我国口腔医院感染的现状和发展趋势，将有效地促进吉林省口腔医学事业的发展。

●第 19 届华东及部分西南地区口腔医学院教学研讨会

时间：2006 年 9 月 27～30 日

地点：四川省泸州市

承办单位和主持人：泸州医学院口腔医学院，张志愿教授主持

会议代表人数：41 人

收到论文篇数：21 篇

会议内容提要：上海交通大学、同济大学、山东大学、南京大学、兰州大学、南京医科大学、福建医科大学、安徽医科大学、广西医科大学、温州医学院、昆明医学院、遵义医学院等 14 所高等院校的口腔医学院（系）代表出席了会议。

该次会议的主题是：口腔专业本科生临床技能培训与考核办法；加强临床技能培训，提高教学质量。上海交通大学张志愿教授在开幕式上发言，并祝大会成功召开。上海交通大学张建中教授、同济大学苏剑生教授、山东大学徐欣副院长、南京医科大学王林院长、福建医科大学闫福华院长、安徽医科大学周健院长、广西医科大学周诺院长、温州医学院林新平院长和泸州医学院聂敏海副院长等分别就口腔医学院技能培训实验室的设置、口腔医学教学实践环节、口腔专业本科生临床技能培训与考核的办法、5 年制口腔医学教育模式、综合临床实习模式等方面的问题进行了交流与讨论。

与会者一致认为，口腔专业学生的技能培训应从实验室开始，运用临床仿真模型，完全模拟临床实际进行操作，使学生的操作从一开始就得到正规的训练，将有效提高学生的临床实际操作能力以及综合分析问题、解

决问题的能力。与会者还认为,要提高教学质量,确定主讲教师是关键。同时,开展以学评教、同行评教与教学督导相结合,严格监督教师的教学工作。在临床实习过程中,采用综合实习模式,即实习不分科,遇到病人时需综合分析进行诊断,从而确定治疗方案并进行处理。各院校在口腔医学教育领域中应加强合作、互相促进、共同发展。会议自始至终在热烈、轻松、自由的学术氛围中进行,如期完成了各项议程,取得圆满成功。

经大会与会者表决,第 20 届华东和部分西南地区口腔医学院教学研讨会将于 2007 年 9 月在上海举行。

短　讯

▲《全国口腔医院评审护理标准》修订会议在北京召开

2006 年 3 月 2~3 日,中国医院协会口腔医院管理分会、中华口腔医学会医院管理专业委员会护理管理学组在北京召开了《全国口腔医院评审护理标准》修订会议。北京大学、四川大学、吉林大学、第四军医大学、武汉大学、山东大学口腔医学院,广东省口腔医院等单位的 11 名护理管理学组成员参加了会议。会议由护理管理学组李文秀组长主持。

会议讨论了全国口腔医院评审标准中的护理考核与评价标准,医院感染管理考核与评价标准。重点修订了护理专业质量管理与持续改进中的有关考核标准,确定了口腔专科医院门诊护理"三基"训练内容。会议同时讨论了口腔医院评审工作中护理部门应重点开展和加强的主要工作:①尽快制定门诊护理"三基"训练的具体标准,其中材料的调拌技术和四手操作技术标准分别由北京大学口腔医学院和上海交通大学口腔医学院承担;②各医疗机构护理部应当尽快制定与本单位相适应的护理工作应急预案并要有演练记录;③继续加强院内交叉感染控制工作,重点落实在主要有印模材的消毒方法及操作流程、门诊诊室空气消毒、小器械消毒灭菌等方面,此部分工作主要由中山大学光华口腔医学院和四川大学华西口腔医学院承担;④逐步开展和推行四手操作技术,各口腔医院应当结合自身条件对开展此项工作及程度制定操作标准,有条件时形成全国统一标准;⑤加强护理部信息系统建设;⑥加强口腔医院门诊消毒室工作人员专业知识的培训,确保持证上岗。

▲第 18 次全国牙病防治指导组工作扩大会议在广州召开

2006 年 3 月 8~10 日,第 18 次全国牙病防治指导组工作扩大会议在广州召开,全国牙病防治指导组副组长俞光岩、赵铱民教授分别主持了会议。卫生部疾控司张立助理巡视员莅临会议并作重要讲话,世界卫生组织口腔卫生官员 P. E. Petersen 教授做了题为"口腔保健的公共卫生策略"的专题报告。大会邀请了首任全国牙防组组长、卫生部医政司原司长张自宽出席会议并讲话。

出席会议的代表还有全国牙防组成员、全国牙防组专业委员会成员,各省、自治区、直辖市、解放军、铁路、新疆生产建设兵团牙病防治指导组办公室主任,全国第 2 期社区口腔卫生服务示范点代表,第 3 次全国口腔健康流行病学抽样调查先进个人,港澳代表、企业代表等共 300 余人。

会上,全国牙防组卞金有副组长、广东省卫生厅何兆福助理巡视员、广东省对外科技交流中心吴汉荣主任分别讲话。全国牙防组张博学副组长做了"2005 年全国牙防组工作总结"报告。全国牙防组对 2004~2005 年"促进口腔健康,提高生命质量'大讲堂'"活动先进单位、第 3 次全国口腔流行病学调查先进个人进行表彰并颁发证书和奖牌。

会上确定了 2006 年全国爱牙日主题、中心口号和宣传提纲。

在分组讨论中,与会代表进行了热烈的

讨论，提出了很多中肯的意见。张博学副组长对大会进行了总结并布置了 2006 年的全国牙防工作。

3 月 10 日代表们参加了 2006 年第 11 届华南国际口腔医疗器材、第 4 届中国国际口腔保健品展览会暨技术研讨会的有关活动。

▲2006 年第 18 届全国爱牙日主题、中心口号与宣传提纲

第 18 届全国爱牙日主题：婴幼儿口腔保健；中心口号：关爱婴幼儿口腔健康。

宣传提纲(摘录)：

1. 延缓“感染窗口期”

延缓“感染窗口期”的措施如下：①阻断变链的母子传播途径；②降低母子之间变链的传播。

2. 重视对初萌牙的保护，做好婴幼儿家庭口腔护理

3. 重视科学喂养，预防乳牙早期龋

4. 预防错𬌗畸形，促进婴幼儿颌面部健康发育

5. 预防牙颌面部外伤

6. 远离烟草，避免被动吸烟

7. 要在医生指导下服用药物，避免药物对正在形成和钙化的恒牙造成损害

8. 婴幼儿口腔保健要纳入到整个儿童保健系统。

▲2006 年中国口腔医院院长论坛在广州举办

2006 年 3 月 10 日～11 日，2006 年中国口腔医院院长论坛在广州东方宾馆举办，来自全国各省市、自治区的 100 多位口腔医院院长参加了会议。中华口腔医学会副会长颜景芳、王大章，中国医院协会副会长、广东省医院协会会长张衍浩、广东省卫生厅副厅长廖新波出席了会议。开幕式上，张衍浩会长致贺辞，随后廖新波副厅长做“我国医疗体制改革中政府责任及职能定位”的专题演讲。会上，北京大学口腔医院俞光岩院长进行“标准化管理在医院全面质量管理中的应用”发言，介绍了北京大学口腔医院的管理经验，提出了在口腔医院管理中引入标准化管理的概念。杭州口腔医院傅其宏院长做“五大力量打造专业口腔医院”专题发言，香港大学牙医学院周德华副院长和徐君逸医师介绍了香港特区牙科医院的运作管理模式，中华口腔医学会医院管理专业委员会主任、第四军医大学口腔医院赵铱民院长传达了中国医院协会成立大会的会议精神。

院长们的发言通过实例说明口腔医院的发展模式，为与会院长提供了很好的范例和互相借鉴学习的机会。各口腔医院院长结合自己医院的实际情况，对中国口腔医院的未来发展畅所欲言，进行了广泛深入的交流。

▲山西省口腔医学会成立大会暨第 6 届口腔医学学术交流会

2006 年 4 月 15～16 日，山西省口腔医学会成立大会暨第 6 届口腔医学学术交流会在太原市隆重召开。此次会议由山西省口腔医学会主办，山西医科大口腔医院承办。300 多名来自山西省各地和北京、上海等地的口腔医学专家汇聚太原，共同庆祝山西省口腔医学会的成立。会议期间举办了 5 场专题报告会、4 场学术研讨会，同时举办了口腔医疗器械展销会，十多家经销公司参展，展出了近 500 件口腔医疗器械和新材料。

▲江苏省口腔医院第 4 届科技周暨口腔医学研究前沿论坛

2006 年 4 月 20 日，为期 3 天的“江苏省口腔医院第 4 届科技周暨口腔医学研究前沿论坛”顺利落下帷幕。

该次活动由南京医科大学口腔医学院主办、国际教育学院协办，会议特邀在国内外口腔医学界享有盛誉的口腔临床和基础等方面的专家教授进行了专题演讲，共同探讨当今口腔医学研究的前沿问题和发展趋势。该次论坛的主讲人分别是美国密西根大学终身教授王存玉，香港大学牙医学院牙周病学金力坚教授，首都医科大学王松灵教授，南京医科大学特聘教授苗登顺。共有来自香港大学、

北京大学、中国医科大学、哈尔滨医科大学、上海交通大学、第四军医大学、南京医科大学口腔医学院等知名院校的近百名科研人员参加了此次论坛。

大会分 5 场专题报告，共 11 个部分，专家们分别介绍了他们各自研究领域的最新研究成果及新的研究计划。会上师生互动、气氛活跃，专家针对场下提出的问题讲述了一些新的看法和思路，与会师生均表示受益匪浅。

▲北京口腔工作者协会第 2 届会员代表大会在京召开

2006 年 4 月 21 日，北京口腔工作者协会在首都医科大学附属北京口腔医院召开第 2 届会员代表大会暨北京口腔工作者协会理事会换届选举大会。

大会由协会副会长、中国人民解放军总医院刘洪臣教授主持，参会代表 85 人。到会代表听取并审议通过了王邦康会长代表第 1 届理事会做的工作报告，李建英副秘书长宣读的修改后的协会章程，沙雪雁副秘书长宣读的单位会员会费收取办法；选举产生了新一届协会领导：金大鹏为名誉会长，王邦康任会长，闫梦兰、孙正、李铁军、林野、刘洪臣、吕鹏、刘静明任副会长，选举产生了由 92 人组成的第 2 届理事会，37 人组成的常务理事会。当选的理事会成员来自北京市各级医疗机构，北京地区卫生部所属、高等院校所属、厂矿企业所属、军队及武警所属医疗机构等单位推荐的负责人、口腔医学专家或管理干部。北京市卫生局郭积勇副局长代表协会业务主管部门到会祝贺并进行了重要讲话。

▲全国口腔医疗纠纷管理高级研修班在福州举办

2006 年 5 月 17～19 日，中华口腔医学会医院管理专业委员会、中国医师协会口腔医师分会在福州举办了第 3 届全国口腔医疗纠纷管理高级研修班。研修班到会正式代表 120 余人，参加互动交流 180 余人，分别来自全国 20 个省、市、自治区的 76 所医疗机构，学员大多是院领导、医务处(科)长、护理部主任、质控办主任、口腔科主任以及民营口腔医疗机构负责人。中华口腔医学会副会长、中国医师协会口腔医师分会主任委员栾文民教授，福建医科大学口腔医学院闫福华院长以及福建省卫生厅、福建医科大学有关领导出席开幕式并致词，中华口腔医学会会长张震康教授、副会长邱蔚六教授等为大会发去贺信。

该届研修班邀请了中华口腔医学会副会长栾文民教授、北京大学法学院孙东东教授、北京市医院管理研究所王凯戎研究员、北京大学口腔医学院沈曙铭副研究员做专题报告，报告题目分别为“口腔诊所的风险管理”、“《医疗事故处理条例》实施三年现状分析”、“医疗纠纷处理中的新情况与新问题”、“国外医疗纠纷处理概要”等。同时由深圳市人民医院张国志教授、武汉大学口腔医学院彭友俭主任、北京大学口腔医学院龚斌主治医师等就口腔颌面外科专业、口腔正畸专业、牙体牙髓专业发生的纠纷情况进行报告与分析。会议专门安排时间进行代表与专家、代表与报告人之间的互动交流和讨论，与会代表与报告人针对口腔专业与法律之间的交叉问题进行了积极热烈的互动交流，气氛热烈，受到全体代表的极大欢迎和一致好评。研修班收到预期效果，代表们一致希望此类研修班能够经常举办，以提高口腔医务工作者防范和处理医疗纠纷的能力及水平。

▲2006 年全国优秀博士学位论文评选结果

2006 年全国优秀博士学位论文评选专家审定会于 2006 年 4 月在北京召开，国务院学位委员会学科评议组召集人和部分学科评议组成员共 120 多位专家参加了会议。与会专家本着客观公正、保证质量的原则，在通讯评议的基础上进行了认真的讨论和审定，共评选出 2006 年全国优秀博士学位论文 99 篇，入选名单已于 2006 年 5 月 18 日由教育部学位与研究生教育司公布。首都医科大学口腔医学院单兆臣博士的毕业论文“小型猪腮腺放射损伤模型建立及其结构功能变化和水通道基因治疗研究”被评为2006年全国优秀博士学位论文。

▲北京大学口腔医学中心成立

2006年5月22日下午,北京大学口腔医学中心举行了隆重的成立仪式。北京大学医学部姜保国副主任,北京大学口腔医学院院长俞光岩、副院长李铁军、林野、郭传瑸等院领导,北大医院、人民医院、北大第三医院、首钢医院等各附属医院院领导、口腔科主任,北京大学口腔医学中心相关人员以及口腔医学院部分临床、基础科研科室及医教研、人事等职能处室负责人出席了在北大口腔医学院举行的成立仪式。

成立仪式由院办公室主任胡文杰主持。北京大学口腔医学院院长、北京大学口腔医学中心主任俞光岩教授致词,随后他宣读了“中心”组织机构人员名单。口腔医学中心的组织机构由中心领导小组、中心主任、中心办公室三个层次组成,组长和中心主任由北京大学口腔医学院院长俞光岩教授担任,领导小组成员包括北大医院、人民医院、第三医院和首钢医院及口腔医学院相关院领导。中心办公室由口腔医学院院办、医务处、教育处、科研处、人事处负责人及4所综合医院口腔科主任组成。

北大医学部姜保国副主任在成立仪式上发表了热情洋溢的讲话,并对口腔医学中心提出几点希望。在成立仪式上,中心副主任李铁军副院长宣读了“中心”近期即将启动的工作计划。最后,姜保国副主任与俞光岩院长一同为北京大学口腔医学中心揭牌,与会全体人员合影留念,在热烈的掌声中,成立仪式圆满结束。

▲中华口腔医学会口腔颌面外科专业委员会第3届第2次常委会在杭州召开

2006年5月31日,中华口腔医学会口腔颌面外科专业委员会第3届第2次常委会在杭州召开,现任名誉主任委员、顾问、正副主任委员、常委19人出席会议,颜景芳秘书长应邀出席会议,温玉明、顾晓明、张陈平、郑家伟教授列席会议。会议由专业委员会副主任委员赵怡芳教授主持,副主任委员俞光岩教授致开幕词。主任委员张志愿教授就第3届专业委员会成立以来(2005年10月~2006年5月)在发展新会员、机构建设(包括学组换届、改选)、组织和开展学术活动、专科医师资格认证等方面的情况进行了简要通报。邱蔚六院士汇报了口腔颌面外科专科医师培训计划的制定和基地审核情况,7个培训基地获准通过。副主任委员田卫东教授就《中华口腔医学会口腔颌面外科专业委员会工作条例》的修订作了说明。秘书组简要汇报了新会标的修改情况以及2007年学术会议申报事宜,王大章教授、王兴教授等针对会标提出了进一步修改、完善的建议。主任委员张志愿教授主持讨论专业委员会学组换届、改选,各学组组长分别汇报涎腺疾病学组、口腔颌面创伤学组、唇腭裂学组和口腔颌面肿瘤学组换届、改选情况和新一届学组组成情况;讨论通过涎腺疾病学组、创伤学组和唇腭裂学组新一届学组(含调整)成员名单。通过将口腔颌面肿瘤学组改称口腔颌面-头颈肿瘤外科学组,并尽快进行换届、改选;讨论通过了成立的口腔颌面-头颈肿瘤内科治疗协作组、睡眠呼吸障碍诊疗协作组、口腔颌面修复重建外科协作组。副主任委员刘彦普教授主持讨论2007年全委会事宜,决定2007年在广西召开会议,具体时间待定。

该次会议是新一届专业委员会成立以来举行的第2次常委会,会议的成功召开,将对中国口腔颌面外科事业的发展起到积极的推动和指导作用。

▲第12届全国口腔医学院(系)院长(系主任)会议在杭州举行

2006年6月1日上午,全国第12届口腔医学院(系)院长(系主任)会议在浙江大学顺利召开。来自香港大学、北京大学、上海交通大学、四川大学、武汉大学等口腔医学院校 40 余位院长、系主任集聚在浙江大学紫金港校区,对当前口腔医学教学中的一些问题进行了探讨,讨论了教育部对全国口腔医学教学调查报告的反馈情况,口腔医学长学制课程体系的设计,口腔医学本科教学的评估,更改设置口腔医学二级学科的建议,加强素质教育、培养创新人才,口腔医学生全面素质培养,研究型大学学生科研素质培养,口腔医学实验培训基地建设等问题。浙江大学来茂德副校长到会讲话,并详细介绍了学校和紫金港校区建设情况。

▲卫生部规划教材口腔医学专业教材编写工作会议在成都举行

2006 年 7 月 6 日,第 6 轮卫生部规划教材口腔医学专业教材编写工作会议首次会议在四川大学华西口腔医学院召开,4 种教材的正副主编、编委参加了会议。这 4 种口腔医学专业教材为《口腔材料学》、《口腔黏膜病学》、《口腔临床药物学》、《殆 学》。人民卫生出版社第 5 编辑室刘红霞主任首先向各位编委详细传达了卫生部规划教材会议的精神。随后,各位编委对 4 种教材的编写进行了分组讨论。

▲四川大学华西口腔医学院举行台湾籍硕士研究生授位典礼

2006 年 7 月 7 日,四川大学华西口腔医学院举行台湾籍硕士研究生授位典礼,华西口腔医学院院长、学位分委会主席周学东教授为 15 名台湾籍口腔医学研究生授予了学位。这 15 名学生于 2003 年考取了四川大学华西口腔医学院口腔医学硕士研究生,为帮助他们顺利完成学业,华西口腔医学院配备了雄厚的师资力量并安排他们与内地研究生同堂上课,同时实习,增进彼此间的了解。经过 3 年的紧张学习,他们完成了全部学位课程并通过了学位论文答辩。

授位典礼由华西口腔医学院副院长宫苹教授主持,教授委员会主任陈扬熙教授宣读授位名单。院长周学东教授和导师代表易新竹教授先后致辞,对 15 名第 2 期台湾籍口腔医学研究生顺利毕业表示热烈祝贺,同时期望以此为契机架起海峡两岸沟通的桥梁,促成口腔学术界更多更深层次交往。授位典礼后,师生们合影留念。

▲第 6 届"贺利氏"杯金属铸造冠桥制作技术展评活动决赛结果

第 6 届"贺利氏"杯金属铸造冠桥制作技术和蜡牙雕刻技术展评活动的初评工作已于 2006 年 6 月 22 日在上海结束,评委们本着"公正、公平、公开"的原则从众多的参赛作品中精心挑选出 30 副作品入围。随后从中精选出 12 位选手参加 2006 年 9 月 28 日在深圳举办的全国第 5 届口腔修复学年会,现场角逐一、二、三等奖。

9 月 28 日上午,12 名决赛选手随机抽签分为两组,经过激烈角逐,来自成都口口齿科技术有限公司的张永清获得一等奖,上海第九人民医院王宇霞、徐祈荣获二等奖,大连口腔医院关昌俊、深圳家鸿义齿昆明分公司胡昆坤、上海第九人民医院顾军莲荣获三等奖。

▲中日口腔修复学会合作协议签字仪式在华西口腔医学院举行

2006 年 8 月 25 日,日本口腔修复学会会长赤川安正教授和夫人前往四川大学华西口腔医学院访问讲学,华西口腔医学院周学东院长、宫苹副院长等亲切接见了赤川安正教授和夫人,双方共同探讨了在口腔修复学发展上的合作前景。赤川安正教授一直致力于推动中日口腔修复学界的学术交流和友谊发展。为表彰赤川安正教授长期以来为促进华西口腔医学院和日本口腔界的学术交流而做出的贡献,华西口腔医学院向赤川安正授予名誉教授,院长周学东教授向赤川安正颁发了名誉教授聘书。

随后,举行了中日两国口腔修复学会合

作协议隆重的签字仪式。中华口腔医学会口腔修复学专业委员会首任主任委员马轩祥教授和第3届口腔修复学专委会主任委员冯海兰教授出席签字仪式，口腔修复学会第2届主任委员巢永烈教授代表中华口腔医学会口腔修复学专业委员会，赤川安正会长代表日本口腔修复学会，分别在合作意向协议书上签字。两国口腔修复学会的紧密合作，将进一步推动双方口腔修复学的学术交流和学科发展。

▲华西口腔杰出校友学术报告会在华西口腔医学院举行

2006年8月26日上午，在四川大学110周年校庆之际，华西口腔医学院邀请了来自海内外的华西口腔医学院毕业的知名校友在华西口腔医学院学术报告厅举办了"校庆论坛——华西口腔杰出校友学术报告会"。

学术报告会由吴亚菲教授主持，华西口腔医学院院长周学东教授向来自海内外的校友们致欢迎词，她代表母校向四川大学的华西校友表示热烈的欢迎，向长期关心支持母校发展的校友们表示衷心的感谢。

随后，上海交通大学邱蔚六院士做了"持续发展、与时俱进——我国口腔颌面外科前瞻"的报告；武汉大学樊明文教授做了"龋病研究进展"报告，第四军医大学马轩祥教授做了"对当前我国口腔修复中存在问题的思考"报告。来自台北牙医师公会的葛建埔医师展示了自己将激光技术应用口腔临床的学术成果。

▲首都医科大学口腔医学院与东京医科齿科大学齿学部合作协议签字仪式在北京举行

2006年9月1日，首都医科大学口腔医学院与东京医科齿科大学齿学部合作协议签字仪式在北京举行。出席签字仪式的有首都医科大学吕兆丰校长、王松灵副校长，口腔医学院孙正院长、白玉兴副院长，东京医科齿科大学齿学部长田上顺次教授，日本齿科医师协会会长、东京医科齿科大学齿学部原学部长江藤一洋教授，东京医科齿科大学齿学部口腔病理学科山口朗教授。协议签字仪式在友好、热烈的气氛中进行，同时参加仪式的还有双方相关的部分专家以及首都医科大学曾在东京医科齿科大学留学的部分医师。

根据此次合作协议，首都医科大学口腔医学院与东京医科齿科大学齿学部将在基础与临床研究、研究生教育与继续教育、学生交流发展项目等方面进行交流与合作，协议有效期为5年。

▲口腔修复工、健康管理师国家职业标准终审会圆满举行

2006年9月2日，为进一步促进口腔修复、健康管理职业的发展，规范口腔修复工和健康管理师职业技能培训与鉴定工作，受劳动和社会保障部职业技能鉴定中心委托，卫生部职业技能鉴定指导中心在北京召开了上述两个职业的国家职业标准终审会。

来自口腔修复和健康管理领域的17位全国知名专家出席了此次会议。卫生部职业技能鉴定指导中心廖海涛主任介绍了口腔修复工和健康管理师国家职业标准的修订历程，劳动和社会保障部职业技能鉴定中心标准处陈蕾处长对国家职业标准的编写规则进行了详细的说明。之后，与会专家分为两个会场分别就两个职业标准展开了热烈的讨论，在逐条评议的基础上，一致认为标准终审稿符合国家职业标准的制定原则，符合当前及未来一段时间两个职业的发展要求，有非常高的科学性、可操作性和指导性。与会专家还提出了很多有价值的修改意见，最终形成了《口腔修复工国家职业标准终审意见》和《健康管理师国家职业标准终审意见》。

此次终审会的意义不仅仅在于完善了国家职业标准，更在于将对规范与发展这两个职业的培训以及技能鉴定工作起到积极的指导作用。伴随着新标准的出台，相应的考核题库和培训教材的编写工作也将完成。

▲全瓷修复体的设计及前牙的美学修复会议

在南京召开

2006 年 9 月 4～6 日，由南京大学医学院附属口腔医院主办的全瓷修复体的设计及前牙的美学修复会议在江苏南京召开，南京大学附属口腔医院骆小平主持会议，出席会议代表 45 人，会议收到论文 34 篇。

该次会议主要围绕牙科陶瓷修复材料，牙科陶瓷的性能检测与评价，牙科陶瓷的临床制作技术，牙体牙列缺损的瓷修复技术，牙科瓷修复体边缘设计，全瓷贴面，全瓷冠修复，牙科陶瓷树脂粘接研究进展，纤维树脂桩核系统，美容牙周外科在前牙修复中的运用，色彩与牙齿，改良式烤瓷粘接桥的设计与制作等内容，详细介绍了全瓷修复体的设计及前牙的美学修复。主办方荣幸地邀请到了曼彻斯特大学牙科学院教授、国际牙科材料杂志主编 David Watts 教授莅临讲学。

通过该次会议江苏省同行对全瓷修复体的设计及前牙的美学修复有了具体的了解，有利于全瓷修复体的设计及前牙的美学修复规范开展。

▲北京市口腔医疗质量控制和改进中心举办口腔医疗质量培训班

2006 年 9 月 6～7 日，受北京市卫生局委托，北京市口腔医疗质量控制和改进中心(以下简称质控中心)在北京市委党校举办了口腔医疗质量管理培训班，共有 251 人接受了培训。该次培训是为了规范口腔医疗机构，特别是口腔门诊部和口腔诊所基本设施及执业行为，落实口腔医疗机构消毒技术规范，保证口腔医疗质量和服务质量，防范和妥善处理医疗纠纷争议，增强处理医疗突发意外能力，保证医疗安全而举办的。

培训班由质控中心主任、首都医科大学附属北京口腔医院副院长郑东翔主持。培训班上，郑东翔介绍了质控中心成立背景、工作性质和近期主要任务。培训期间，质控中心副主任、首都医科大学附属北京口腔医院李建英讲解了“口腔诊所、口腔门诊部开诊基本设备条件”，质控中心副主任、北京大学口腔医院沈曙铭介绍了“口腔诊所医疗纠纷防范与处理”，质控中心办公室主任、首都医科大学附属北京口腔医院苏静讲解了“口腔医疗机构预防医院感染必备设备、工作流程管理制度”，北京急救中心贾大成医师介绍了“门诊病人突发意外、急症的预防和处理”。

此次培训班的内容针对基层口腔医疗机构实际工作特点以及经常出现的问题进行分析并提出改进措施，讲解具体翔实，有可操作性，听课人员反响强烈、评价良好。

▲阳光宝贝，精彩一生——婴幼儿口腔保健阳光行动启动仪式在北京举行

2006 年 9 月 20 日，由卫生部疾病预防控制局主办，全国牙防组、中国牙病防治基金会、北京人民广播电台协办的 2006 全国爱牙日主题发布会暨“阳光宝贝，精彩一生——婴幼儿口腔保健阳光行动”在北京市第 5 幼儿园举行启动仪式。参加该次活动的有卫生部疾病预防控制局、全国牙防组、中国牙病防治基金会、北京市牙防组、北京大学口腔医学院、全国牙防组各专业委员以及中央电视台等 18 家新闻媒体。

活动以卫生部疾病预防控制局齐小秋局长的讲话拉开了序幕，公布了北京地区婴幼儿口腔保健状况调查结果，介绍了 2006 年全国爱牙日主题、中心口号以及宣传要点。

为了配合 2006 年全国爱牙日主题“婴幼儿口腔保健”，启动仪式的当天，组织了 100 名婴幼儿的母亲进行了培训和指导，并现场开展了百对母子刷牙互动活动，同时为其他家长提供咨询。此项活动将持续 1 年，到 2007 年 9 月 20 日结束。该活动覆盖全国 10 个省市，在 100 家幼儿园和 100 个社区开展深入持久的宣传教育活动，目的是唤起全社会特别是母亲对婴幼儿口腔健康的重视。

▲预防口腔医学最新进展学术报告会暨中华口腔医学会预防口腔医学专业委员会换届选举大会在深圳召开

2006 年 9 月 21 日，中华口腔医学会预防口腔医学专业委员会主办的预防口腔医学最新进展学术报告会暨中华口腔医学会预防口腔医学专业委员会换届选举大会在深圳召开。预防口腔医学专业委员会部分委员、第 2 届预防口腔医学专业委员会提名委员以及全国牙防办主任培训班的成员共 80 余人参加了会议。卞金有主任委员主持会议，北京大学口腔医学院张博学教授、香港大学牙医学院卢展民教授、上海交通大学口腔医学院冯希平教授、武汉大学口腔医学院台保军教授和四川大学华西口腔医学院胡德渝教授在大会上分别就全国口腔流行病学调查、根龋的最新研究进展、口气的诊断与治疗、酸蚀症的研究进展以及早期龋诊断、预防、治疗进展方面进行了演讲。演讲内容得到与会代表的一致好评。

参加中华口腔医学会第 2 届预防口腔医学专业委员会换届选举大会的人员有第 1 届预防口腔医学专业委员会 5 名委员、第 2 届预防口腔医学专业委员会提名委员 40 人。大会由卞金有主任委员主持，卞金有主任委员对第 1 届预防口腔医学专业委员会 1997～2006 年的工作进行了总结。随后，宣布了中华口腔医学会关于第 2 届预防口腔医学专业委员会组成候选人名单的批复和候选人名单。经过选举，胡德渝教授当选为第 2 届预防口腔医学专业委员会主任委员，冯希平、台保军、张博学、李刚教授当选为第 2 届预防口腔医学专业委员会副主任委员。选举的结果将上报至中华口腔医学会，待批复后，第 2 届预防口腔医学专业委员会择日召开成立大会。

▲中华口腔医学会口腔黏膜病专业委员会第 3 届第 3 次全委会在长沙召开

2006 年 10 月 13～16 日，中华口腔医学会口腔黏膜病专业委员会第 3 届第 3 次全委会会议在湖南长沙召开。

参加该次会议的口腔黏膜病专业委员会委员 29 人，主任委员周曾同教授主持会议。委员们认真讨论并初步通过了“口腔白斑病的定义与分期标准”，初步讨论了“口腔黏膜下纤维性变临床诊断标准(草案)”，提出了修改意见，并委托湖南省口腔黏膜病专业委员会委员组织专家修改，交第 3 届第 4 次全委会会议再次讨论。

会上，主任委员周曾同教授传达了“中华口腔医学会第 3 次全国代表大会”精神，专业委员会常务委员孙正教授通报第 3 次全国口腔流行病调查中口腔黏膜病疾病负荷的调查情况。副主任委员陈谦明教授汇报专委会主要委员单位联合参与的“十五”攻关课题进展以及《口腔黏膜病学》第 3 版教材的编写情况。会议集体讨论并通过了中华口腔医学会口腔黏膜病专委会第 3 届第 4 次全委会会议地点、时间、主题等事项：第 3 届第 4 次全委会将于 2007 年 7 月 25 日左右在新疆召开，讨论专题为“口腔癌前病变”，并邀请中西医结合学组参加。会议确定第 7 次全国口腔黏膜病会议于 2008 年 10 月在北京召开。

▲第 2 届国际木糖醇研讨会在北京召开

2006 年 10 月 14～15 日，第 2 届国际木糖醇研讨会在北京召开。该次会议由全国牙防组和国际口腔研究所主办，来自 9 个国家和地区的 300 多名代表参加了会议。

在开幕式上，卫生部疾病预防控制局张立副局级巡视员，全国牙防组副组长张博学教授以及国际口腔研究所的负责人 Kauko K. Makinen 教授分别致辞，卫生部副部长张凤楼先生也到会祝贺。来自美国、芬兰、日本和中国的专家报告了木糖醇防龋机制的研究和应用的最新进展，报告内容引起了与会者的浓厚兴趣。演讲专家和与会代表进行了充分的讨论，会场气氛非常热烈。

该次大会对于推动我国和世界其他国家龋病防治工作的发展将产生积极的影响。

▲第 3 届湄公河流域国际牙科协作组织大会在昆明举办

2006 年 10 月 17～19 日，由昆明医学院口腔医学院主办的第 3 届湄公河流域国际牙科协作组织大会在云南省图书馆举行。来自湄公河流域内的泰国、越南、老挝、柬埔寨等国家的 200 多名海内外口腔医学专家学者集聚一堂，围绕 2006 年会议主题——“人人享有口腔健康保健”，共同探讨湄公河流域国家口腔医学教育、科研和医疗保健。昆明医学院杨达宽副院长出席了开幕式并致欢迎词，泰王国驻昆明领事馆总领事克西·查派文先生（Mr Kosit Chatpaiboon）应邀参加了开幕式。

▲昆明医学院附属口腔医院成立暨揭牌庆典隆重举行

2006 年 10 月 18 日上午，昆明医学院附属口腔医院举行了隆重的成立暨揭牌庆典。来自海内外的 300 多位嘉宾出席了庆典。云南省委副书记丹增，省委常委、省委秘书长杨应楠，省政协副主席陈勋儒，省政府副秘书长钱恒义出席了庆典并为医院揭牌。庆典由昆明医学院党委书记王灿平主持，院长姜润生代表昆明医学院发表了讲话。

昆明医学院附属口腔医院由原昆明医学院第一、第二附属医院口腔科组建而成，坐落于昆明医学院北大门口，是目前云南省规模最大、设备最先进、技术力量最雄厚、环境最优雅的现代化省级公立口腔医院，医院建筑面积 8 825 m^2，拥有 100 张牙科治疗椅和 50 张病床，同时作为集医疗、教学、科研为一体的西南地区大型口腔专科医院之一，承担着口腔医学教育、临床医疗、科研与学术交流、大众口腔健康维护的任务。

附属口腔医院的建成，将对云南省口腔医学学科的发展、口腔医疗水平的提高，起到积极的推动作用。

▲新型选择性抗菌光敏剂的合成及在牙周炎治疗中的应用通过成果评审

据中国科学院网报道，2006 年 10 月 18 日，福建省科技厅组织专家组对中国科学院福建物质结构研究所承担的福建省自然科学基金重点项目“新型选择性抗菌光敏剂的合成及在牙周炎治疗中的应用”进行成果评审。评审委员会认为，该项目合成的光敏剂具有良好的临床应用前景，并有望开发成为市场潜力巨大的口腔牙周保健用品，成果达到国际先进水平。

在项目研发的 3 年中，项目组首次合成了一种具有靶向作用的抗菌光敏剂，从化合物制备到细胞水平的体外抗菌活性和细胞毒性实验，再到动物模型的体内实验，均表明了该光敏剂有良好的杀菌效果，同时不损伤正常的上皮细胞。此项目成果已发表研究论文 3 篇，并申请国家发明专利 1 项。

▲第 17 届全国口腔护理学术交流暨专题讲座在黄山举行

2006 年 10 月 29 日～11 月 4 日，第 17 届全国口腔护理学术交流会议暨专题讲座在黄山屯溪隆重举行。此次会议由全国口腔护理专业委员会、护理管理和医院感染专业委员会联合召开。出席该次会议开幕式的有中华护理学会的主要领导人，还有各学科的专业委员。大会共收到来自全国各地的论文 160 多篇，大会发言 20 篇。

会议交流和研讨的热点是：口腔医院门诊护士的工作压力、口腔医院感染管理、口腔科医护患沟通的重要性以及口腔护理专业人员的培养。北京大学口腔医院付云霞、杜立分别以“放射性粒子植入组织间治疗颌面部恶性肿瘤的护理”和“关于畸形患者面像拍照质量的几个问题”进行大会交流，中山大学附属口腔医院陈佩珠以“口腔门诊取消保持式持物钳必要性的探讨”为题在大会上发言。

▲江苏省医院协会口腔医院管理分会成立

2006 年 11 月 1 日，江苏省医院协会口腔医院管理分会成立大会在江苏省口腔医院召开，全省近 150 位口腔医疗机构管理工作者汇聚省口腔医院，隆重庆祝江苏省医院协会口腔医院管理分会的成立。中华口腔医学会口腔医院管理专业委员会主任委员、第四军医大学口腔医学院院长赵铱民教授，南京医科大学校长陈琪教授，江苏省医学会副会长、省医院协会副会长黄峻教授，省医院协会副会长、秘书长卢晓玲女士等出席了会议。大会同时举办了"现代口腔医院管理论坛"，赵铱民、黄峻和王林教授分别就如何赢得患者、医疗纠纷防范和口腔医疗服务新理念等做了专题演讲。

成立大会上，卢晓玲秘书长代表省医院协会宣读了江苏省口腔医院管理分会委员名单。江苏省口腔医院院长王林任口腔医院管理分会主任委员，南京市口腔医院院长胡勤刚院长任副主任委员。

口腔医院管理分会的成立为各级口腔医疗机构搭建了一个相互学习、交流、培训、指导、调研和促进的平台。必将为促进江苏省各级口腔医疗机构的科学管理、提高江苏省口腔医疗卫生事业水平发挥极大的作用。

▲全国口腔医院文化建设与人力资源管理学术研讨会在杭州召开

2006 年 11 月 4～8 日，由中国医院协会、中华口腔医学会医院管理分会主办，杭州市口腔医院承办的全国口腔医院文化建设与人力资源管理学术研讨会在杭州隆重召开。北京大学口腔医院、上海交通大学第九人民医院以及来自西安、武汉、沈阳、安徽等地各高等学校附属口腔医院的院长、系主任和其他管理干部等 120 余人出席了这次盛会。第四军医大学口腔医院副政委刘满虎大校主持开幕式并致辞，中华口腔医学会医院管理专业委员会主任委员王兴教授出席会议并讲话。

大会分人力和文化学两组分别进行交流，从不同角度对医院文化建设与人力资源管理进行探讨。交流会上，与会代表踊跃发言，就医院的文化建设、人力资源的整合、如何建立科学的人才评价制度、确立公正的薪酬体系等方面进行畅谈。这次大会是一次相互学习，取长补短，共同提高的机会。

▲口腔矫治器治疗 OSAHS 研究协作组在南京成立

2006 年 11 月 19 日，在南京召开两岸四地口腔正畸学术会议期间，来自全国 21 个口腔医学院校和临床医院，从事口腔矫治和研究阻塞性睡眠呼吸暂停低通气综合征(OSAHS)的医生抓住会议的契机，成立了口腔矫治器治疗 OSAHS 研究协作组。OSAHS 是一种内科疾病，口腔矫治器治疗方法，具备效果稳定、舒适简便、适应证广泛的特色，是学术界认可的 4 种治疗方法之一。但是口腔矫治器在推广应用方面明显不足，为此，OSAHS 研究协作组发起人傅民魁教授指出，国内在此方面有能力、有兴趣的医生应联合起来，互相促进，共同做一些事情。协作组的性质为民间学术交流组织，小组的发展方向为多中心研究和进行推广工作。口腔矫治器治疗 OSAHS 研究协作组首届组长由曾祥龙教授担任，目前的运作与联系委托北京大学口腔医学院睡眠呼吸障碍口腔诊疗中心负责。

▲《华西口腔医学杂志》和《国际口腔医学杂志》荣获首届中国高校科技期刊奖

教育部科技司组织的 2006 年"首届中国高校精品·优秀·特色科技期刊"及"2006 年高校科技期刊优秀编辑工作者、优秀编辑学论著"评比活动于 2006 年 9 月下旬在北京举行，评比于 2006 年 11 月结束，11 月 21 日在江西省南昌市召开了颁奖大会。会上，教育部科技司综合处张建华副处长宣读了教育部"关于公布'首届中国高校精品·优秀·特色科技期刊'及'2006 年高校科技期刊优秀编辑工作者、优秀编辑学论著'的通知"[教技司(2006)290 号]，这次活动评出精品科技期刊 52 种，优秀科技期刊 98 种，特色科技期刊 100 种。教育部、国家新闻出版总署的有关领导及 300 多位高校科技期刊编辑界同仁出席了大会。会上对部分获奖代表隆重颁奖，对获奖科技期刊进行了表彰。

此次科技期刊奖评比结果，《华西口腔医学杂志》荣获"首届中国高校优秀科技期刊奖”,《国际口腔医学杂志》荣获“首届中国高校特色科技期刊奖”。

▲《中华口腔医学杂志》获中国科协精品科技期刊工程项目资助

为促使中国科协及其所属全国学会主办的科技期刊更好地服务科技自主创新,加强学术交流功能,推进实施精品科技期刊战略,提高科技期刊核心竞争力,提高全国学会为实施科教兴国战略、人才强国战略服务的能力,中国科协组织开展了2006年精品科技期刊工程资助项目的申报和评审工作。根据该项目专家评审委员会初审和终审结果,决定对106种科技期刊给予项目资助,资助项目数量和额度分别为:A类5项,每项资助25万元;B类40项,每项资助15万元;C类61项,每项资助5万元。中华医学会系列杂志19种期刊喜获该项目资助,共获资助金额185万元。其中《中华口腔医学杂志》获B类项目资助。

▲2006年广西口腔临床技术研讨会在南宁举行

2006年11月25日,由广西医科大学附属口腔医院、广西口腔医学会主办,广西医科大学附属口腔医院齿科技术中心和科技开发公司承办的2006年广西口腔临床技术研讨会在南宁隆重举行。为期两天的研讨会分别由广西口腔医学会会长欧子民教授和广西医科大学附属口腔医院齿科技术中心主任许胜主持,来自全区和云南省的200多名代表参加了会议。

广西医科大学附属口腔医院副院长何克新教授和广西口腔医学会会长欧子民教授分别向大会致辞,预祝大会取得圆满成功。四川大学华西口腔医学院孟玉坤博士、莫安春博士和四川省人民医院的牟雁东博士应邀参加大会并做专题讲演,广西医科大学附属口腔医院莫水学博士、康娜博士、冯青、曾启新等也在会上做学术报告。报告后,学员们带着临床上的问题,共同探讨疑难病例和临床上的疑难问题,会议学术气氛浓厚而热烈。大家认为参加这次会议有很大收获,希望依托广西医科大学的技术优势,经常举行这样的研讨会,促进全区口腔医学事业的共同发展。

▲2006年度中华口腔医学会口腔医学教育专业委员会常委扩大会议在北京召开

2006年12月8~9日,由中华口腔医学会口腔医学教育专业委员会、全国高等医学教育学会口腔分会、中华医学会口腔医学教育学组主办,首都医科大学口腔医学院承办的2006年度口腔医学教育专业委员会常委扩大会议在首都医科大学口腔医学院召开。会议由王邦康、王松灵教授主持,出席会议代表17名。会上,口腔医学教育专业委员会常委兼秘书王松灵教授对上届口腔医学教育委员会的工作做总结报告。

会议决定于2007年在广州召开第6届全国口腔医学教育会议,并确定了会议主题:口腔医学教育教学的现状及对策。届时还将举行口腔医学教育专业委员会和常务委员会的换届选举。

▲中华口腔医学会牙体牙髓病学专业委员会第2届委员会在赤壁市召开

2006年12月14~16日,中华口腔医学会牙体牙髓病学专业委员会第2届委员会在湖北赤壁召开。会议由武汉大学口腔医学院承办,边专教授主持。来自全国各地的50多位专业委员会委员出席了会议。

会议审议了第2届专业委员会工作报告,进行了牙体牙髓病学专业委员会换届选举,并通报了第7次全国牙体牙髓病学学术会议筹备情况。会议确定第3届委员会由梁景平教授任主任委员,边专、周学东、高学军、凌均棨和倪龙兴教授为副主任委员。

▲《口腔生物学》第3版定稿会在赤壁市召开

2006年12月15日,《口腔生物学》第3版教材定稿会在湖北赤壁市召开。会议由武汉大学口腔医学院承办,刘正教授主持,该书编写人员11人出席了会议。

会议讨论了《口腔生物学》第 3 版教材的主要内容，对第 2 版内容作了大幅修改，更新了某些生物学概念，增加了最新科技动态，第 3 版教材将提供给口腔 8 年制学生使用。

▲内蒙古自治区口腔医学会成立大会在呼和浩特市召开

2006 年 12 月 29 日，内蒙古自治区口腔医学会成立大会在呼和浩特市胜利召开。内蒙古自治区人大副主任陈瑞清，内蒙古自治区卫生厅厅长杨成旺、副厅长乌兰，内蒙古医学院副院长牛广明，内蒙古自治区医院院长张文挺、党委书记李建以及内蒙古自治区科协和民政厅的领导到会祝贺。中华口腔医学会会长王兴，天津市口腔医学会秘书长陈瑞扬、办公室主任李成功出席了会议。来自内蒙古自治区 12 个盟市的口腔医学专家和代表共 160 人参加了会议。

经过民主选举，会议选举产生了内蒙古自治区口腔医学会的第 1 届理事会会长、副会长、秘书长、常务理事和理事，内蒙古自治区医院副院长屈志国当选为会长。会上，杭州市口腔医院院长付其宏教授、内蒙古一机医院副院长李利教授先后做了"做一个有品位的口腔科医生"和"口腔医疗工作中存在的问题及对策"的报告，与会代表受益匪浅。屈志国会长做了工作报告，并对学会今后的工作作了展望。屈志国会长强调，自治区口腔医学会一定要坚持学会的宗旨，做好政府和医疗机构间的桥梁和纽带，为提高自治区口腔医疗水平，促进口腔学术繁荣，为内蒙古自治区人民的健康做出贡献。

▲张富强和赵怡芳教授荣获 2005～2006 年度"卫生部有突出贡献中青年专家"称号

2007 年 1 月 9 日下午，在 2007 年全国卫生工作会议上，卫生部表彰了 2005～2006 年度卫生部有突出贡献中青年专家，全国卫生系统有 79 位专家当选。上海交通大学医学院附属第九人民医院张富强教授和武汉大学口腔医学院赵怡芳教授获此殊荣。

据悉，从 2001 年起，卫生部在全国卫生系统公开选拔有突出贡献的中青年专家给予表彰，两年一次，目前已有 230 多名专家当选。此前，我国口腔界已有周学东、王兴、马绪臣、张志愿、边专、王松灵教授荣获"卫生部有突出贡献中青年专家"称号。

▲第四军医大学徐礼鲜教授荣立二等功

据西安晚报记者报道，中国人民解放军总后勤部部长廖锡龙、政治委员孙大发签署通令，给第四军医大学口腔医院麻醉科主任徐礼鲜同志记二等功一次。

徐礼鲜教授长期从事药理学特别是麻醉药理和液体给氧的基础和临床研究，以勇于创新的工作精神，在麻醉学领域取得了系列重要成果。先后获各种科研基金资助项目 9 项，其中国家自然科学基金 4 项，军队"十一五"科技攻关项目、长江学者骨干教师基金和全军重大医学成果推广项目各 1 项；发表学术论文 135 篇；获各种科技进步奖 8 项，其中以第一作者获陕西省科技进步一等奖和军队医疗成果二等奖各 1 项；获国家专利 3 项，其中发明专利 2 项。他研究的液体静脉和口服给氧治疗方式，被称为人体给氧治疗的第二和第三条通道，被中华医学会和解放军总后勤部卫生部批准为医学成果重大推广项目。目前，全国已有 1 000 多家医疗单位应用该方法治疗各类低氧病人达 300 多万例。多年来他共培养硕士和博士研究生 24 名。

▲上海交通大学附属第九人民医院胥春获国际修复学奖

上海交通大学医学院附属第九人民医院口腔修复科博士后胥春，在澳大利亚布里斯班第 84 届国际牙科研究会（IADR）年会上，获得了国际牙科研究会修复学奖（IADR Arthur R. Frchette Research Award in Prosthodontics Competition），成为国际上获此殊荣的首位中国青年学者。

国际牙科研究会修复学奖由国际牙科研究会修复学组设立，是颁给全世界最优秀的青年口腔修复学研究者的奖项，具有极高的荣誉和影响。2006 年共有 6 位来自世界各地的选手进入了决赛，分别参加口腔修复材料学和生物工程研究组以及口腔修复生物学和组织工程研究组的比赛。由历届国际牙科研究会修复学组主席组成裁判委员会，对参赛选手递交的论文全文和口头发言及回答问题情况进行评分后决出两组的第一名。胥春的研究课题“静磁场影响牙周膜细胞 F-actin 细胞骨架”以其创新的研究成果和参赛时流利的口头发言击败了同组的美国和日本选手，以第一名的优异成绩荣获了该项大奖。

▲李宁毅教授等研制成功人下颌骨三维数字化可视模型

在下颌骨三维重建领域，MRI、CT 等均可用于获得人体下颌骨三维模型，但由于其层距较大，故所建模型较为粗糙。随着计算机三维重建技术的发展和数字化可视人体数据采集的完成，关于人体各解剖结构的三维重建和可视化研究已有报道，为影像学诊断和外科手术提供了直观的解剖学资料。

在山东省科学技术厅的资助下，青岛大学医学院附属医院口腔颌面外科李宁毅教授等克服诸多困难和技术难题，利用数字化人体数据，对下颌骨、牙及其周围组织器官进行解剖学观察，研制成功人下颌骨三维数字化可视模型。该模型可在三维方向上真实地再现下颌骨、下颌牙的解剖学形态，准确地显示下颌神经管的位置，为下颌骨的影像诊断、正颌手术和下颌牙的种植等提供了解剖学依据。

▲上海医疗器械行业协会口腔工艺专业委员会成立

2006 年 1 月 17 日，上海医疗器械行业协会在上海科学会堂召开了口腔工艺专业委员会成立大会，42 个相关会员单位约 60 名代表出席了会议。参加会议的有上海市食品药品监督管理局医疗器械安全监管处副处长林森勇，上海市医疗器械检测所包良所长和药监局相关处室代表，上海交通大学口腔医学院常务副院长张建中、口腔修复科技术中心主任徐侃，同济大学附属口腔医院口腔修复科主任韩栋伟，上海民营医疗机构口腔联合会副会长单伟文，德国贺利氏古莎公司总裁里希特博士等。

会上通过了《上海医疗器械行业协会口腔工艺专业委员会章程》、《上海医疗器械行业协会对口腔工艺专业委员会管理规定》、《上海医疗器械行业协会口腔工艺专业委员会工作条例》等重要文件。大会选举产生了 6 家理事单位。

林森勇副处长在会作了发言。他代表局领导对口腔工艺专业委员会立成表示祝贺，希望口腔工艺专业委员会在行业自律、规范市场、促进产业的发展方面发挥积极的作用。张建中副院长、德国贺利氏古莎公司总裁里希特博士、单伟文副会长也在会上作了热情洋溢的讲话。他们真诚地祝贺口腔工艺专业委员会成立，希望在行业自律、规范市场的同时，加强产、学、研的合作，加强生产企业和医院及医生的合作，积极使用新工艺、新材料、新技术，不断研发新产品，共同发展，做大市场，造福病人。

▲第 11 届华南国际口腔医疗器材展览会暨技术研讨会

2006 年 3 月 9～12 日，第 11 届华南国际口腔医疗器材展览会暨技术研讨会在广州中国出口商品交易会展馆举办。该次会议由广东省科技厅主办，全国牙病防治指导组协办，广东省牙病防治指导组、广东省口腔医学会、广东省对外科技交流中心承办。

该届展会规模宏大，展览面积 18 000 m^2，展位近 1 000 个，来自德国、日本、韩国、意大利、美国、法国、中国等 16 个国家的 400 余家牙科工业厂商参展，其中有十几家国外知名厂家参展，展示了各种新器械、新材料、新技术。展销会期间，还邀请了国内外著名专家举办了 46 场高水平的国际口腔学术交流讲座。

该次研讨会内容新颖、丰富，来自国内外数千名医师参加了研讨会，加强了国内外口腔医学界同行的交流与合作，促进了口腔医疗技术的进步和提高。

▲第 4 届德国口腔医疗研讨会暨展览会

2006 年 5 月 31 日～6 月 2 日，第 4 届德国口腔医疗研讨会暨展览会在杭州举办。该届研讨会暨展览会由德国联邦经济技术部、德国展览工业协会和德国牙科工业协会共同主办，浙江省口腔医学会和浙江大学口腔医学院协办。

来自德国的口腔医学专家和技师，通过大量的临床实例和现场演示，向中国广大口腔工作者介绍德国口腔医学和技工领域的最新进展。德国牙科企业在展览会上展示德国牙科工业的新设备和新材料。此外，全国口腔医学院（系）院长（主任）年会、浙江省口腔医学会年会及浙江大学口腔医学院 30 周年庆典等一系列重要活动同期在杭州举行。专家们欢聚一堂，共同探讨口腔医学与技工领域的热门话题。这次活动为中德两国口腔专业人士提供了一次合作与交流的机会。

▲第 11 届中国国际口腔设备材料展览会暨技术交流会

2006 年 6 月 7～10 日，由中国卫生部国际交流与合作中心和中华口腔医学会联合主办的第 11 届中国国际口腔设备材料展览会暨技术交流会（SINO-DENTAL）在北京展览馆举行。

来自世界 20 多个国家和地区的 500 多家企业参展，展品涵盖口腔器械、设备、材料、保健品等。展会期间举办的“新产品、新技术交流会”为国内外口腔器械、设备、材料生产、经销企业提供展示企业形象、了解市场信息、学习先进技术、开发新型产品的平台。该次参展的牙科数字化成像系统，引起了业内人士的高度关注。每年一届的“口腔医学新进展学习班”邀请口腔各专业知名专家举办学术讲座 30 余场，数以万计的专业人士到会进行学习、交流。

▲第 3 届河北省口腔器械展览暨学术研讨会

2006 年 7 月 26～28 日，由河北省口腔医学会、河北医科大学口腔医学院主办的第 3 届河北省口腔器械展览暨学术研讨会在河北省石家庄市举办。参加展览会暨学术会议的人数为 260 人次。会议邀请了北京大学口腔医学院副教授赵奇讲授“精细根管治疗”，首都医科大学口腔医院副院长、副教授郑东翔讲授“金属烤瓷冠修复设计与临床制备”。

▲第 6 届中国西部国际口腔设备及材料展览会暨中国西部口腔医学学术会议

2006 年 8 月 23～25 日，由四川大学华西口腔医学院和医讯医学科技发展中心主办，西部地区 12 省、自治区、直辖市的口腔医学院（系）、口腔医院协办的第 6 届中国西部国际口腔设备及材料展览会暨中国西部口腔医学学术会议在四川省成都市锦江大礼堂举办，60 余家厂商参展。展览会组织口腔修复、口腔内科、口腔正畸、口腔修复技工、口腔基础 5 个专业口腔设备及材料进行展示交流。

此外，展会期间同时举办了“第 6 届中国西部口腔医学学术会议”。该届学术会共有 300 余人参加，会议分成口腔修复、口腔内科、口腔正畸、口腔诊所管理、口腔技工修复发展论坛 5 个学术专题会场。主要采用专家报告与参会代表互动相结合的形式，突出对临床疑难病例专家会诊、疑难病案解析点评、问题答疑。共进行了 6 场学术报告、36 个专题演讲。这是中国口腔行业的一次盛会，它展示了国内外最新的口腔临床实用技术，同时也对 2006 年西部地区的新的临床技术成果进行了展示和交流。

▲2006 第 3 届河北国际口腔设备及材料展览会暨学术研讨会

2006 年 9 月 6～7 日，河北省卫生厅、河北省口腔医学会、河北医科大学口腔医学院主办的 2006 第 3 届河北国际口腔设备及材料展览会暨学术研讨会在河北省石家庄市国际博览中心举办。展览会展出口腔医疗器械、耳鼻咽喉科以及其他医疗新设备。

参观展览、出席会议代表人数为 900 人次。学术研讨会上，北京大学口腔医学院副教授赵奇讲授“光固化树脂——38 项技术要点”；首都医科大学口腔医学院教授邢汝东和副教授白保晶分别讲授“口腔颌面部肿瘤的诊断与治疗”及“牙列重度磨耗的咬合重建”。

▲第 10 届中国国际口腔器材展览会暨学术研讨会

2006 年 11 月 1 日，由中国国际科技会议中心、上海交通大学医学院附属第九人民医院主办，上海交通大学口腔医学院和上海展星展览服务有限公司承办的 Dentech China 2006 中国国际口腔器材展览会暨学术研讨会在上海光大会展中心隆重开幕，这是 Dentech 举办的第 10 届展会。组委会副主席沈国芳教授主持了开幕式，组委会副主席何健为大会致开幕词，出席开幕式的还有组委会主席张志愿，中华口腔医学会会长王兴，中华口腔医学会名誉会长张震康以及栾文民教授等。

该届口腔器材展览会是历届口腔器材展览会中层次最高、规模空前的一届。展览会场馆面积达 20 000 m^2，共有参展厂商 500 家，设展台 900 多个。来自德国、法国、美国、瑞士、瑞典、意大利、日本以及中国香港、台湾等近 20 个国家和地区的著名口腔器材制造商，在展会上展出了世界最先进的口腔医疗设备、器械和材料。为进一步推广新技术和新成果，多家知名参展商专设分会场，进行成果展示和技术交流。据统计，展览会总参观人数约 43 500 人次，技术洽谈非常踊跃，该次展览会取得了圆满成功。

在展览会期间举办了“第 10 届中国国际口腔医学学术研讨会”。此次研讨会共邀请著名国内外口腔医学专家 39 人，分为综合报告、口腔修复、口腔内科和预防儿童科、口腔正畸、口腔外科等 5 个专场进行。同时，举办了口腔修复、种植、儿童口腔、技能培训班。此外，有近 140 位口腔医务工作者的论文在 Dentech China 2006 现场以壁报形式交流。

▲2006 中国国际口腔护理技术及设备展览会

2006 年 12 月 4～6 日，由中国口腔清洁护理用品工业协会、中国轻工业展览中心、上海国际展览中心有限公司主办的首届中国国际口腔护理技术及设备展览会在上海国际展览中心举办。该次展览会得到了中华口腔医学会、全国牙病防治指导组的大力支持。

该届展会展示范围涉及口腔清洁护理用品及原辅材料，包装材料与生产设备及包装设备，口腔医疗设备及材料等。展览会期间，组委会举办了大型行业论坛、产业链接技术交流会、口腔专家现场咨询等多种活动。

中国口腔医学院(系)和口腔医院科技成果获奖及获科研基金资助简况

本栏目收录范围为中华人民共和国各部委、省(自治区)、直辖市和中国人民解放军军级以上单位授予的口腔医学科技成果奖(表 1)和资助的科研基金项目(表 2)，收录时限为 2006 年。

表 1　2006 年度我国口腔医学院系和口腔医院科技成果获奖简表

获奖项目名称	获奖单位	获奖人员	奖励名称与等级	授奖单位
口腔感染性疾病病因及防治研究	四川大学华西口腔医学院	周学东　肖晓蓉　胡　涛　叶　玲　郝玉庆　吴亚菲　陈谦明等	高等学校科学技术进步奖一等奖	中国教育部
口腔黏膜癌变的关键分子标志研究	四川大学华西口腔医学院	陈谦明　李秉琦　林　梅　周红梅　曾　昕　周　敏　夏　娟等	高等学校科学技术进步奖一等奖	中国教育部
上颌骨大型缺损个体化功能性重建的临床研究	上海交通大学医学院附属第九人民医院	孙　坚　李　军　张志愿　马宏涛　翁雁秋　黄　伟　王成焘	高等学校科学技术进步奖一等奖	中国教育部
高氧液对战创伤救治及缺氧治疗的基础和应用研究	第四军医大学口腔医院	徐礼鲜　柴　伟　张　惠　孙绪德　贾赤宇　高昌俊　魏树国等	军队科学技术进步奖一等奖	中国人民解放军总后勤部
S2004 口腔诊疗车	解放军 306 医院全军口腔疾病诊治中心	牛忠英　施生根　师天鹏　包　博	军队科学技术进步奖二等奖	中国人民解放军总后勤部
快速神经延长即刻端端缝合修复面神经缺损及术后穴位针刺促进神经再生的基础研究	第三军医大学新桥医院	牙祖蒙　谭颖徽　张　纲　王建华　李忠禹	军队科学技术进步奖三等奖	中国人民解放军总后勤部
OPG 和 RANKL 在大鼠正畸牙骨改建中的作用	第三军医大学新桥医院	杨　健　谭颖徽　裘松波	武警总队后勤部科学技术进步奖三等奖	武警总队后勤部
全口义齿殆托的临床研究	第二军医大学第一附属医院	李笑梅	全军医疗成果二等奖	中国人民解放军总后勤部
下颌骨缺损功能重建的系列研究	上海交通大学医学院附属第九人民医院	张陈平　张志愿　胡永杰　季　彤　韩正学　徐立群　李思毅等	中华医学科技奖二等奖	中华医学会
双侧唇裂或唇腭裂术后继发畸形Ⅱ期治疗的基础与临床研究	中南大学湘雅医院	蓢新春　黄　立　尹　乒　雷荣昌　蒋灿华　刘志敏　粟红兵等	中华医学科技奖三等奖	中华医学会
口腔颌面部肿瘤根治术后缺损的功能性修复	上海交通大学医学院附属第九人民医院	张志愿　邱蔚六　张陈平　孙　坚　竺涵光　张志勇　郑家伟等	上海市科学技术进步奖一等奖	上海市人民政府
新型防龋疫苗——变形链球菌基因疫苗防龋的应用基础研究	四川大学华西口腔医学院	刘天佳　杨锦波　李继遥　刘建国　杨德琴等	四川省科学技术进步奖二等奖	四川省人民政府
齿科激光焊接技术实验与应用研究	天津医科大学口腔医学院	张连云　崔振铎　刘亚林　胡　欣　梁锐英　高　平　杨贤金	天津市科学技术进步奖二等奖	天津市人民政府

续表 1

获奖项目名称	获奖单位	获奖人员	奖励名称与等级	授奖单位
组织工程化颌下腺移植治疗干眼症的实验及临床应用研究	中国医科大学口腔医学院	周　青　王玉新 张桂荣　邓春富 谭学新　黄绍辉 朱耀旻等	辽宁省科学技术进步奖二等奖	辽宁省人民政府
TGF-betal 等多细胞生长因子在下颌骨牵张成骨中的表达研究	广西医科大学口腔医院	周　诺　蒙　宁 梁飞新　韦山良 宋少华　麦华明 赵　亮等	广西壮族自治区科学技术进步奖二等奖	广西壮族自治区人民政府
生物可降解聚合物中间体-聚乳酸基聚合物研制及其在骨组织工程中的应用	同济大学口腔医学院	潘可风	上海市科学技术进步二等奖(2005 年)	上海市人民政府
口腔颌面部癌靶向生物治疗和化疗的基础及临床研究	上海交通大学医学院附属第九人民医院	陈万涛　何荣根 张志愿　刘兴坤 孙春晓　周晓健 张　萍等	上海市科学技术进步奖三等奖	上海市人民政府
种植体上部构造在功能性咬合状态下的三维有限元分析	天津医科大学口腔医学院	高　平　周　晖 李长义　运新跃 张连云	天津市科学技术进步奖三等奖	天津市人民政府
微生物纤维-甲硝唑促进拔牙创愈合的基础与临床研究	天津医科大学口腔医学院	李彦秋　刘长兰 杜咏梅　马恒香 嵇希敏	天津市科学技术进步奖三等奖	天津市人民政府
下颌牵张对血管神经和颞下颌关节影响的研究	四川大学华西口腔医学院	胡　静　李继华 邹淑娟　王大章 唐正龙等	四川省科学技术进步奖三等奖	四川省人民政府
唇腭裂手术对上颌骨生长发育影响的基础及临床研究	四川大学华西口腔医学院	石　冰　郑　谦 王　奕　宋庆高 黄　旭等	四川省科学技术进步奖三等奖	四川省人民政府
Er,Cr:YSGG 激光在口腔内科领域的应用研究	中国医科大学口腔医学院	于静涛　包穆蓉 贾兴亚　闫　露 王雪梅　王笑朵 黄守立	辽宁省科学技术进步奖三等奖	辽宁省人民政府
颧骨的应用解剖与颧骨复合体骨折的临床研究	武汉大学口腔医学院	东耀峻　李祖兵 张清彬　赵吉宏 杜昌连　何三纲 魏民宪　王世平	湖北省科学技术进步奖三等奖	湖北省人民政府
复合生物膜的研制与开发	吉林大学口腔医学院 中国科学院长春应用化学研究所	林崇韬　梁奇志 宋　昂　张颖丽 陈学思　杨立新 李　博等	吉林省科学技术进步奖三等奖	吉林省科技厅
电化学方法提高金瓷结合强度	吉林大学口腔医学院	朱　松　王景云 孙宏晨　刘　红 徐　影　单义斌 邱晓明等	吉林省科学技术进步奖三等奖	吉林省科技厅
热压铸造玻璃陶瓷临床应用的基础研究	南京市口腔医院	骆小平　王　宁 David Watt 胡勤刚	江苏省科学技术进步奖三等奖	江苏省科技厅

续表 1

获奖项目名称	获奖单位	获奖人员	奖励名称与等级	授奖单位
血管化预成组织工程肌骨瓣修复下颌复合缺损的实验研究	浙江大学口腔医学院	王慧明 徐靖宏 朱慧勇 林 军 魏 栋	浙江省高校科技成果奖一等奖	浙江省教育厅
牙科合金在龈沟微环境中的腐蚀及对牙周组织影响的研究	浙江大学口腔医学院	刘 丽 陈志红 孙 平 李松英 毛英杰	浙江省高校科技成果奖二等奖	浙江省教育厅
herbst 矫治器治疗早期骨性安氏Ⅱ类错牙合的临床应用	南昌大学口腔医学院	伍 军	江西省教育厅科技成果二等奖	江西省教育厅
全口义齿适应性研究	兰州大学口腔医学院	何祥一	甘肃省高校科学技术进步奖三等奖	甘肃省教育厅
含生长因子缓释系统的组织工程化骨构建的实验研究	浙江大学口腔医学院	朱慧勇 吴求亮 王慧明 蒋宏亮 申屠建中 刘建华 胡应乾等	浙江省医药卫生科技创新奖二等奖	浙江省卫生厅
碳纤维树脂根管桩的开发研究	浙江大学口腔医学院	刘 丽 何福明 陈志红 张卫东 胡 军 赵 鹏 张烈焚等	浙江省医药卫生科技创新奖二等奖	浙江省卫生厅
基因 MAGE-A1、A3 与舌癌和涎腺癌的关系研究	浙江大学口腔医学院	汪国华 刘建华 陈 智 王慧明 姚 华 吴求亮	浙江省医药卫生科技创新奖三等奖	浙江省卫生厅
正颌外科联合正畸治疗骨性牙颌面畸形	南京医科大学附属口腔医院	陈 宁 陈文静 胡遒生	江苏省医疗新技术引进奖一等奖	江苏省卫生厅
功能性腮腺切除术的临床应用	南京医科大学附属口腔医院	吴煜农 陶震江 武和明	江苏省医疗新技术引进奖二等奖	江苏省卫生厅
激光龋齿探测技术	南京医科大学附属口腔医院	朱 玲 杨 婕	江苏省医疗新技术引进奖二等奖	江苏省卫生厅
转染 *bax* 基因提高 BcaCD885 颊癌细胞热敏感性的研究	昆明医学院口腔医学院	何永文等	云南省卫生厅科技成果二等奖	云南省卫生厅
大鼠实验性牙髓炎组织中内皮素的 mRNA 表达	哈尔滨医科大学口腔医学院	刘英群	黑龙江省卫生厅三等奖	黑龙江省卫生厅
颈动脉切除、重建术的实验与临床研究	上海交通大学医学院附属第九人民医院	张志愿 郑家伟 竺涵光 孙 坚 张陈平 范新东 叶为民等	第 4 届上海医学科技奖一等奖	上海市医学会
双侧唇裂或唇腭裂术后继发畸形Ⅱ期治疗的基础与临床研究	中南大学湘雅医院	蓢新春 黄立勋 尹 乒 雷荣昌 蒋灿华 刘志敏 粟红兵等	第 4 届湖南医学科技奖一等奖	湖南省医学会

续表1

获奖项目名称	获奖单位	获奖人员	奖励名称与等级	授奖单位
下颌骨缺损功能重建的系列研究	上海交通大学医学院附属第九人民医院	张陈平　张志愿　胡永杰　季　彤　韩正学　徐立群　李思毅等	第4届上海医学科技奖二等奖	上海市医学会
TGF-betal等多细胞生长因子在下颌骨牵张成骨中的表达研究	广西医科大学口腔医院	周　诺　蒙　宁　梁飞新　韦山良　宋少华　麦华明　黄素华等	广西医药卫生适宜技术推广奖一等奖	广西卫生科教管理学会
牙周组织及龈沟液中炎症相关蛋白的检测及定义	遵义医学院附属口腔医院	刘　琪	贵州省医学会科学技术进步奖一等奖	贵州省医学会

表2　2006年度我国口腔医学院系和口腔医院获科研基金资助简表

项目名称	项目负责人	单位	基金来源及名称	批准号或编号	资助金额（万元）
类牙质光学效应全瓷冠桥修复材料的研究	李　伟	四川大学	国家科技部"863"科技攻关计划	2006AA03-2440	100.00
脂肪干细胞多向分化调控机制关键问题研究	田卫东	四川大学	国家科技部"973"前期研究专项	2006CB70-8505	70.00
人类重大牙颌面疾病发病机制与防治关键技术的研究	陈谦明	四川大学	国家教育部"创新团队发展计划"	IRT0639	300.00
基于激光加工的钛合金口腔修复体的关键技术研究	吕培军	北京大学	国家科技部"863"科技攻关计划	2006AA032-Z446	100.00
口腔医学	李铁军	北京大学	国家自然科学基金委国家杰出青年科学基金	30625044	200.00
口腔鳞癌分子发病机制与免疫治疗实验研究	张志愿	上海交通大学	国家自然科学基金重点项目	30630065	150.00
颌面组织器官缺损个性化快速仿真修复的研究	赵铱民	第四军医大学	国家自然科学基金重点项目	30630066	120.00
下颌角截骨整形对口颌系统结构与功能影响的实验研究	胡　静	四川大学	国家自然科学基金面上项目	30672187	29.00
免疫毒素靶向清除异常活化T细胞治疗口腔扁平苔藓的动物实验研究	陈谦明	四川大学	国家自然科学基金面上项目	30672323	28.00
急性期蛋白在牙周炎与冠心病相关机制中作用的研究	吴亚菲	四川大学	国家自然科学基金面上项目	30672324	28.00

续表 2

项目名称	项目负责人	单位	基金来源及名称	批准号或编号	资助金额(万元)
体内骨组织工程相关间充质干细胞来源的探索研究	包崇云	四川大学	国家自然科学基金面上项目	30672337	28.00
破骨细胞酸脱矿机制的研究	梁 星	四川大学	国家自然科学基金面上项目	30672345	28.00
中药缓释水凝胶用于牙周体内组织工程的实验研究	丁 一	四川大学	国家自然科学基金科学部主任基金	30640077	10.00
含新型膨胀单体与基体树脂的牙体复合材料的研究	刘小青	四川大学	国家自然科学基金面上项目	50673065	26.00
特殊离子注入及用于改善牙种植体生物相容性的研究	王 虎	四川大学	国家自然科学基金面上项目	10675087	36.00
骨髓间充质干细胞在牙周微环境中定向分化及其促进牙周再生的研究	谭 震	四川大学	国家自然科学基金青年科学基金	30600657	21.00
Bulge 干细胞牙向分化研究	叶 玲	四川大学	国家自然科学基金青年科学基金	30600706	21.00
天然药物有效成分(APS、TGP)预防 NOD 小鼠自发性涎腺炎的实验研究	华 红	北京大学	国家自然科学基金自由申请项目	30672320	25.00
破骨细胞在乳牙牙根生理性及病理性吸收中的作用	葛立宏	北京大学	国家自然科学基金自由申请项目	30672321	28.00
变形链球菌密度感应系统反应调控蛋白 ComE 调控机制的初步研究	郭丽宏	北京大学	国家自然科学基金自由申请项目	30672322	26.00
骨结合种植体骨感知现象的初步研究	林 野	北京大学	国家自然科学基金自由申请项目	30672336	28.00
唇腭裂患者正畸结合上颌前部骨牵张成骨的基础研究	贾绮林	北京大学	国家自然科学基金自由申请项目	30672349	8.00
参数化唇面部立体数字模型及其形变规律的研究	许天民	北京大学	国家自然科学基金自由申请项目	30672350	30.00
LPR6 激活口腔鳞状细胞癌 β-catenin 信号传导通路的研究	高 岩	北京大学	国家自然科学基金科学部主任基金	30640090	10.00
正常及移植颌下腺分泌功能的调控研究	俞光岩	北京大学	国家自然科学基金科学部主任基金	30640093	20.00

续表 2

项目名称	项目负责人	单位	基金来源及名称	批准号或编号	资助金额（万元）
小鼠胚胎干细胞 $EMSP_1$ 基因打靶及嵌合体构建	邓旭亮	北京大学	国家自然科学基金"两个基地"项目	30640420466	25.00
成牙骨质细胞的生物学特性及其组织工程学研究	侯建霞	北京大学	国家自然科学基金青年科学基金	30600705	21.00
血管内皮细胞中破骨细胞相关因子的表达及其对肿瘤性颌骨破坏的影响	崔念晖	北京大学	国家自然科学基金青年科学基金	30600711	22.00
树枝状分子模拟成釉蛋白生物矿化的研究	王　磊	北京大学	国家自然科学基金青年科学基金	30600717	22.00
结合上皮损伤再生的细胞生物学和分子生物学研究	李德懿	上海交通大学	国家自然科学基金面上项目	30672314	28.00
anelogenin 基因修饰骨髓基质细胞促进牙周再生的实验研究	束　蓉	上海交通大学	国家自然科学基金面上项目	30672315	28.00
涎腺腺样囊性癌组蛋白修饰与基因沉默	田　臻	上海交通大学	国家自然科学基金面上项目	30672328	24.00
RASAI 突变与 Sturge-Weber 综合征的关系研究	郑家伟	上海交通大学	国家自然科学基金面上项目	30672329	28.00
釉原蛋白修饰纯钛表面仿生矿化的实验研究	黄　慧	上海交通大学	国家自然科学基金面上项目	30670555	28.00
肿瘤转移相关基因 ADAM9、ADAM10 的功能验证及转移机制研究	徐　骎	上海交通大学	国家自然科学基金青年科学基金	30600715	22.00
应用成体干细胞可塑性治疗颌骨放射性骨坏死的机制研究	何　悦	上海交通大学	国家自然科学基金青年科学基金	30600714	22.00
黏结对不同全瓷材料微裂纹产生、演变影响的机理研究	张修银	上海交通大学	国家自然科学基金面上项目	30672348	28.00
低熔点高韧性可延性切削牙科云母微晶玻璃陶瓷的应用基础研究	陈吉华	第四军医大学	国家自然科学基金面上项目	50672127	30.00
压力和雌激素在髁状突软骨的生物学整合效应及其机制的研究	张　旻	第四军医大学	国家自然科学基金面上项目	30670518	28.00

续表 2

项目名称	项目负责人	单位	基金来源及名称	批准号或编号	资助金额(万元)
长期应激状态致口颌面肌结构和功能改变的机理研究	陈永进	第四军医大学	国家自然科学基金面上项目	30672326	28.00
c-di-GMP 信号通路在变形链球菌致龋过程中作用的研究	吴补领	第四军医大学	国家自然科学基金面上项目	30672327	28.00
神经生长因子应用于下颌骨牵张成骨的基础研究	雷德林	第四军医大学	国家自然科学基金面上项目	30672342	28.00
RNAi 技术逆转黏液表皮样癌 MEC-1/5-FU 细胞多药耐药性	吴军正	第四军医大学	国家自然科学基金面上项目	30672343	28.00
钛表面构建功能性氧化膜改善钛瓷结合的应用基础研究	张玉梅	第四军医大学	国家自然科学基金面上项目	30672347	28.00
Notch 信号对小鼠牙乳头细胞分化的调控作用和机制研究	王胜朝	第四军医大学	国家自然科学基金青年科学基金	30600708	21.00
颈环干细胞启动牙根发育的蛋白质组学分析及其定向诱导分化的实验研究	轩　昆	第四军医大学	国家自然科学基金青年科学基金	30600709	21.00
变形链球菌致龋因子蛋白分泌机制及其在生物膜形成中的作用	边　专	武汉大学	国家自然科学基金面上项目	30670115	25.00
变形链球菌、远缘链球菌复合防龋 DNA 疫苗的研究	樊明文	武汉大学	国家自然科学基金面上项目	30672325	28.00
甲状旁腺激素在下颌骨髁突生长发育中的双重效应研究	李祖兵	武汉大学	国家自然科学基金面上项目	30672341	28.00
控释纳米囊增强牙本质黏结树脂耐久性的研究	黄　翠	武汉大学	国家自然科学基金面上项目	30672346	28.00
CX3CL1/CCL21 在防龋 DNA 疫苗黏膜免疫中的双靶向协同增强效应及机制	李宇红	武汉大学	国家自然科学基金青年科学基金	30600707	21.00
转录调节因子 LMO_2 对血管瘤内皮细胞的调控作用	孙志军	武汉大学	国家自然科学基金青年科学基金	30600712	22.00

续表 2

项目名称	项目负责人	单位	基金来源及名称	批准号或编号	资助金额(万元)
β-catenin 调控颌骨发育的分子及信号转导机制	余世斌	武汉大学	国家自然科学基金青年科学基金	30600713	22.00
骨细胞凋亡及相关因素在正畸牙移动中对破骨细胞的趋化作用	熊　晖	武汉大学	国家自然科学基金青年科学基金	30600719	21.00
正畸牙根吸收的生物力学机制及 Micro CT-三维形态学实验研究	白玉兴	首都医科大学	国家自然科学基金面上项目	10672109	29.00
Barx1 基因在牙齿形态发育中的作用研究	杨　凯	首都医科大学	国家自然科学基金青年科学基金	30600718	21.00
$CD4^+CD25^+$ Treg 细胞与 OLP 免疫机制关系的应用基础研究	程　斌	中山大学	国家自然科学基金面上项目	30672317	28.00
牙囊细胞分泌蛋白对牙萌出作用的蛋白质组学研究	凌均棨	中山大学	国家自然科学基金面上项目	30672318	20.00
hTERT 靶向可调控 RNAi 系统治疗舌鳞癌的实验研究	黄洪章	中山大学	国家自然科学基金面上项目	30672333	28.00
口腔角质细胞间隙连接通讯与口腔黏膜癌变	夏　娟	中山大学	国家自然科学基金青年科学基金	30600710	21.00
一氧化氮与实验性正畸牙齿移动的关系	吴丽萍	同济大学	国家自然科学基金面上项目	30672351	28.00
肢体咬痕三维重建和可操作平台的研究	吴珺华	同济大学	国家自然科学基金青年科学基金	30600720	20.00
生物钛材料表面改性对口腔细菌黏附的影响研究	韩栋伟	同济大学	国家自然科学基金面上项目	30670570	8.00
CCR7 及其下游信号通路影响头颈部鳞癌淋巴结转移的研究	孙长伏	中国医科大学	国家自然科学基金面上项目	30672331	25.00
细胞周期蛋白 G2 和成釉细胞瘤侵袭性生物学行为关系研究	钟　鸣	中国医科大学	国家自然科学基金面上项目	30672332	23.00
PHEX 酶在牙本质矿化过程中的作用及机制研究	张　斌	哈尔滨医科大学	国家自然科学基金面上项目	30672334	28.00
沈默 Id-1 基因抑制头颈癌淋巴转移及其机理研究	刘少华	山东大学	国家自然科学基因面上项目	30672339	25.00

续表 2

项目名称	项目负责人	单位	基金来源及名称	批准号或编号	资助金额（万元）
国人巨颌症候选基因 SH3BP2 突变的筛查及其对病变中多核巨细胞功能的影响	孟雪梅	天津医科大学	国家自然科学基金青年科学基金	30600716	22.00
电脉冲介导的 pIRES-hBMP2-hVEGF 165 转染对下颌骨牵引成骨影响的实验研究	吴国平	泸州医学院	国家自然科学基金青年科学基金	30600653	22.00
艾滋病毒感染病者口腔疣状肿块的细胞生物学特性	马三成	新疆医科大学	国家自然科学基金面上项目	30660199	20.00
口腔癌间质中单核巨噬细胞异质性的研究	宋宇峰	贵阳医学院	国家自然科学基金面上项目	30660200	20.00
利用半导体量子点对口腔鳞癌活细胞特定蛋白进行实时空间示踪平台的研究	赵建江	南方医科大学	国家自然科学基金面上项目	30672340	20.00
趋化因子 $CXCL_{12}$ 及其受体 $CXCR_4$ 在涎腺腺样囊性癌嗜神经侵袭中的作用	徐晓刚	第二军医大学	国家自然科学基金面上项目	30672330	28.00
中国汉族健康成人牙龈及牙槽黏膜颜色测量分析及比色系统的建立	汪大林	第二军医大学	国家自然科学基金面上项目	30672344	28.00
牙周膜成纤维细胞在模拟微重力环境中生物学响应的基础研究	牛忠英	解放军 306 医院	国家自然科学基金面上项目	30672319	28.00
宁夏回族人群先天性唇腭裂与 IRF_6，MSX_1 基因 SNP 相关性研究	黄永清	宁夏医学院	国家自然科学基金面上项目	30660198	20.00
唾液检测方法及研究平台的建立	施文元	北京大学	教育部“教育振兴计划”长江学者讲座教授	—	60.00
口腔重要遗传性疾病的分子遗传学与代谢特征研究	李　伟	四川大学 武汉大学	教育部科学技术研究重大项目	307022	50.00
牙胚形成及牙再生重要科学问题研究	田卫东	四川大学	教育部科学技术研究重点项目	106134	10.00
体内骨组织工程与颌面骨修复重建	包崇云	四川大学	教育部新世纪优秀人才支持计划	NCET-06-0782	50.00

续表 2

项目名称	项目负责人	单位	基金来源及名称	批准号或编号	资助金额（万元）
邻面龋单一因素与食物嵌塞发病起始过程的关系研究	于海洋	四川大学	教育部新世纪优秀人才支持计划	NCET-06-0794	50.00
中枢胶质细胞参与慢性疼痛作用机制的研究	傅开元	北京大学	教育部新世纪优秀人才支持计划	教技函[2006]6 号	50.00
咬肌辐射损伤的分子机制研究	马绪臣	北京大学	教育部高校博士学科点专项科研基金	20060001102	6.00
维生素 D 受体、雌激素受体基因多态性对人牙周膜成纤维细胞 OPG 和 RANKL 表达的影响	孟焕新	北京大学	教育部高校博士学科点专项科研基金	20060001103	6.00
自锁托槽矫治系统的临床应用与实验研究	周彦恒	北京大学	教育部高校博士学科点专项科研基金	20060001106	6.00
$foxC_2$ 基因在腭裂发生过程中作用机理的研究	郑　谦	四川大学	教育部高校博士学科点专项科研基金	20060610081	6.00
利用抑制消减杂交技术研究人成骨细胞对机械应力刺激早期应答机制	赵志河	四川大学	教育部高校博士学科点专项科研基金	20060610083	6.00
应用 EMD 再生后牙周支持组织对正畸力的应答及其机理的研究	陈扬熙	四川大学	教育部高校博士学科点专项科研基金	20060610085	6.00
牙齿发育中切牙与磨牙早期决定的实验研究	陈　智	武汉大学	教育部高校博士学科点专项科研基金	20060486038	6.00
口腔变形链球菌感染密度感应作用机制的研究	凌均棨	中山大学	教育部高校博士学科点专项科研基金	20060558007	6.00
hTERT 靶向可调控 RNAi 治疗舌鳞癌的实验研究	黄洪章	中山大学	教育部高校博士学科点专项科研基金	20060558026	6.00
BMP_2 在牙胚发育过程中的基因调控研究	朱　奇	武汉大学	教育部留学回国人员科研启动基金	教外司留[2006]331 号	3.00
磷酸酯与牙体硬组织的化学粘接研究	傅柏平	浙江大学	教育部留学回国人员科研启动基金	教外司留[2006]331 号	3.00
慢性关节炎青少年的颌面生长发育及其正畸治疗研究	张兴中	北京大学	教育部留学回国人员科研启动基金	教外司留[2006]331 号	4.00

续表 2

项目名称	项目负责人	单位	基金来源及名称	批准号或编号	资助金额（万元）
肿瘤抑制基因 *pten* 启动子的研究	甘业华	北京大学	教育部留学回国人员科研启动基金	教外司留[2006]331号	3.00
乳牙牙髓干细胞分化和矿化过程的研究	刘　鹤	北京大学	教育部留学回国人员科研启动基金	教外司留[2006]331号	3.00
唾液与血浆 Ghrelin 水平的平行关系及其与儿童单纯性肥胖的关系	李博淳	北京大学	教育部留学回国人员科研启动基金	教外司留[2005]546号	3.00
Er-Glass 激光在软骨重塑型及促软骨组织增生作用的初步研究	王　涛	重庆医科大学	教育部留学回国人员科研启动基金	教外司留[2006]331号	3.00
军队官兵重症牙周炎防治的基础与临床研究	施生根	解放军 306 医院	全军科学技术研究“十一五”计划专项课题	06Z003	20.00
微重力因素对人牙周膜成纤维细胞功能代谢影响	牛忠英	解放军 306 医院	全军科学技术研究“十一五”面上项目	06MA004	7.00
老年龋病微创治疗的基础和临床应用研究	储冰峰	解放军总医院	全军科学技术研究“十一五”计划科研课题	06MB302	3.00
高原高寒条件下官兵口腔疾病特点和防治对策、方法研究	谭颖徽	第三军医大学新桥医院	全军医药卫生科研基金	06MA184	7.00
高原军队牙周疾病的防治	刘鲁川	第三军医大学第三附属医院	全军医药卫生科研基金	06MB252	5.00
老年顽固性根尖周炎的微生物学病因及临床治疗方法研究	林琼光	北京大学	卫生部保健委中央保健专项资金科研课题	128	7.00
自固化磷酸钙经根管治疗重度牙周炎的机理研究	刘　丽	浙江大学	卫生部科学研究基金（省部共建项目）	WKJ2006-2-003	15.0
人类重大口腔疾病防治关键技术平台建设	周学东	四川大学	四川省科技厅科技基础条件平台建设	06PT-06	50.00
天然药物用于防治口腔感染性疾病的应用基础研究	周学东	四川大学	四川省科技攻关重点项目	2006Z02-047	25.00
牙科新型纳米陶瓷及纳米生物材料的开发	李　伟	四川大学	四川省科技攻关重点项目	2006Z08-089	25.00
雌激素对咀嚼肌功能状态影响的研究	王艳民	四川大学	四川省科技攻关项目	2006Z08-005	5.00

续表 2

项目名称	项目负责人	单位	基金来源及名称	批准号或编号	资助金额（万元）
敏感基因预测种植体植入后稳定性的研究	黄　萍	四川大学	四川省科技攻关项目	2006Z09-003	5.00
基因修饰技术促进骨缝牵张成骨的研究	邹淑娟	四川大学	四川省科技攻关项目	2006Z09-013	5.00
脂肪组织再生的应用研究	汤　炜	四川大学	四川省科技攻关项目	2006Z09-022	20.00
氟化天然药物防治老年人根龋的研究	郭　斌	四川大学	四川省科技攻关项目	2006Z09-025	5.00
牙种植体周微生态病理性演替的研究	梁　星	四川大学	四川省科技攻关项目	2006Z09-028	5.00
新型种植义齿修复专用冠桥黏接剂的基础与应用研究	张杰魁	四川大学	四川省科技攻关项目	2006Z09-036	5.00
液晶高分子口腔纳米复合树脂材料的研制	莫安春	四川大学	四川省科技攻关项目	2006Z02-043	5.00
口腔医用新型加成硅橡胶	巢永烈	四川大学	四川省科技攻关项目	2006X09-023	5.00
TOLL 样受体与内毒诱发的牙髓根尖周炎	苏　勤	四川大学	四川省科技攻关项目	2006Z09-038	5.00
国人牙齿根管系统的影像学研究	郑广宁	四川大学	四川省科技攻关项目	2006Z09-039	5.00
老年人口腔疾病调查及健康指导	郭　斌	四川大学	四川省科技攻关项目	2006Z09-040	5.00
口腔种植体表面特殊离子注入改性及改善生物相容性的研究	王　虎	四川大学	四川省科技攻关项目	2006Z09-042	5.00
雌激素与一氧化氮对咀嚼肌功影响的研究	李晓箐	四川大学	四川省科技攻关项目	2006Z09-043	5.00
组织工程技术利用骨髓间充质干细胞重建颞下颌关节髁突软骨的研究	李晓箐	四川大学	四川省科技攻关项目	07kjj-02	5.00
人类常见疾病的发病机制研究	田卫东	四川大学	四川省应用基础研究项目	2006J13-008	7.00
骨髓间充质干细胞分化中细胞膜窖的研究	何永红	四川大学	四川省应用基础研究项目	2006J13-085	3.00
口腔颌面部组织发育再生机制的研究	汤　炜	四川大学	四川省应用基础研究项目	2006J13-09	6.00
创新人才文化心理因素研究	唐　洁	四川大学	四川省软科学项目	2006R16-037	1.00

续表 2

项目名称	项目负责人	单位	基金来源及名称	批准号或编号	资助金额（万元）
天然药物防治儿童牙病的应用基础研究	李继遥	四川大学	四川省杰出青年基金	07ZQ-026-020	10.00
干预肌成纤维细胞的基因突变对口腔鳞癌细胞的抑制作用	周红梅	四川大学	四川省杰出青年基金	070ZQ26-125	3.00
不同调拌方法影响磷酸锌水门汀材料性能的研究	李灏来	四川大学	四川省卫生厅	60031	1.00
影响老年人牙髓感觉功能时间生物学的多因素分析	郭　斌	四川大学	四川省卫生厅	60032	1.00
口腔修复 CAD/CAM 用复合树脂材料的研究	吕培军	北京大学	北京市科委北京市科技计划	Z0005190-043011	40.00
颌骨个性化修复重建研究	俞光岩	北京大学	北京市科委北京市科技计划	D09060070-4029-1	80.00
阻塞性睡眠呼吸暂停综合征的鼾声机制研究	贾培增	北京大学	北京市科委科技新星计划(A类)	2006A08	8.00
调控涎腺腺样囊性癌转移相关基因的研究	俞光岩	北京大学	北京市自然科学基金委面上项目	7062069	12.00
牙齿发育异常的分子调控机制研究	冯海兰	北京大学	北京市自然科学基金委预探索项目	7063099	4.00
放射性粒子^{125}I 组织间植入保存面神经治疗腮腺恶性肿瘤	张建国	北京大学	北京市卫生局首都医学发展科研基金	2005-2006	10.00
富血小板血浆在牙周组织再生中的临床和实验研究	欧阳翔英	北京大学	北京市卫生局首都医学发展科研基金	2005-2007	10.00
根管治疗牙受力后根吸收的相关因素研究	张　丁	北京大学	北京市卫生局首都医学发展科研基金	2005-2008	10.00
失神经支配移植颌下腺分泌功能的调控	俞光岩	北京大学	北京市卫生局首都医学发展科研基金	2005-2009	30.00
婴幼儿龋病的母婴变链传播规律和早期干预措施的研究	葛立宏	北京大学	北京市卫生局首都医学发展科研基金	2005-3020	5.00
糖尿病与口腔黏膜病的相关性研究	刘宏伟	北京大学	北京市卫生局首都医学发展科研基金	2005-3021	5.00
口腔扁平苔藓 T 细胞受体 Vβ 基因优势表达 CDR3 序列分析	唐国瑶	上海交通大学	上海市自然科学基金	06ZR14060	8.00

续表 2

项目名称	项目负责人	单位	基金来源及名称	批准号或编号	资助金额（万元）
牵引成骨结合组织工程化骨重建山羊颞下颌关节的实验研究	沈国芳	上海交通大学	上海市科委上海市青年科技启明星(后)计划	06QH14009	15.00
IHH 在上颌骨缝牵引成骨中的作用研究	唐国华	上海交通大学	上海市青年科技启明星计划	06QA14031	10.00
根管显微镜在疑难根管治疗中的应用	梁景平	上海交通大学	上海市科委	064119541	30.00
中国人群口腔鳞癌发病、治疗和预防的多中心研究	张志愿	上海交通大学	上海市科委	06DZ22026	60.00
晶须增强牙用复合树脂及 PMMA 的基础研究	张修银	上海交通大学	上海市科委	06JC14048	20.00
钛种植体表面塑性变形纳米化影响成骨细胞生物学效应与安全性研究	陈万涛	上海交通大学	上海市科委	0652nm018	50.00
活血化淤类中药活性成分防治上皮源性口腔肿瘤的系统生物学机理	周曾同	上海交通大学	上海市科委	06JC14049	20.00
OLP 体外模型建立及与核因子 κB 相关性的研究	孙红英	复旦大学附属华山医院	上海市科委	06ZR14018	8.00
基于三维视觉测量的颜面缺损修复 CAD 系统的开发及其应用推广	张富强	上海交通大学	上海市信息委员会	[2006]189	60.00
腺样囊性癌转移相关基因 $ADAM_9$、$ADAM_10$ 的功能验证及转移机制研究	徐　骎	上海交通大学	上海市浦江人才计划	-	15.00
反向结晶胶原－羟基磷灰石材料修复节段性颌骨缺损研究	胡　敏	解放军总医院	北京市自然科学基金	7072074	13.00
面中部骨骼缝牵引对颅面骨缝和颅面形态发育影响的研究	柳春明	解放军总医院	北京市自然科学基金	7072075	13.00
激光快速成型技术制备全口义齿钛基托	高　勃	第四军医大学	陕西省科技攻关项目	2006k05G4	6.00
医用生物钛合金 Ti-6Al-7Nb 在口腔修复的临床应用研究	何惠明	第四军医大学	陕西省科技攻关项目	2006k06G8	6.00

续表 2

项目名称	项目负责人	单位	基金来源及名称	批准号或编号	资助金额(万元)
口腔黏膜白斑癌变危险度的临床研究	周 威	第四军医大学	陕西省科技攻关项目	2006k09-G2(9)	3.00
组织工程方法构建人工牙根及修复应用	轩 昆	第四军医大学	陕西省科技攻关项目	2006k11-G1(2)	2.00
新型根管外科手术技术基础与临床研究	苏凌云	第四军医大学	陕西省科技攻关项目	2006k11-G2(1)	3.00
促进牙周组织再生的局部缓控释系统开发	王勤涛	第四军医大学	陕西省科技攻关项目	2006k14-G3(1)	2.00
混合充填技术在根管治疗术中的实验和应用研究	王胜朝	第四军医大学	陕西省科技攻关项目	2006k14-G3(2)	2.00
下颌骨向缺损仿生修复的应用基础研究	赵晋龙	第四军医大学	陕西省科技攻关项目	2006k14-G7(2)	2.00
使用根管显微镜最大限度保存患牙的应用基础研究	沙鑫家	第四军医大学	陕西省自然科学基金	2006$C_2$38	3.00
颅颌面立体三维测量分析方法及相关测量标准值的建立	顾泽旭	第四军医大学	陕西省自然科学基金	2006$C_2$49	3.00
提高牙本质粘接耐久性的实验研究	赵信义	第四军医大学	陕西省自然科学基金	2006$C_2$511	2.00
孤立残根修复的生物力学研究	张少锋	第四军医大学	陕西省自然科学基金	2006$C_2$512	2.00
低熔点高韧性可延性切削云母微晶玻璃陶瓷材料的应用基础研究	陈吉华	第四军医大学	陕西省自然科学基金	2006$E_1$02	6.00
同轴电纺法制备胶原-载银聚乙烯醇超细纤维	段娉娉	第四军医大学	陕西省自然科学基金	2006$E_1$24	4.00
黄芩苷调控 MMP/EMMPRIN 信号通路防治牙周炎	李成章	武汉大学	湖北省科技攻关计划	2006AA301-B60-1	2.00
异体骨-聚乙烯乙二醇-多种生长因子缓释型组织工程骨支架材料的研制及其修复颌骨缺损的研究	李祖兵	武汉大学	湖北省科技攻关计划	2006AA301-B60-2	2.00
口腔种植体正常生理性愈合的实用性研究	程祥荣	武汉大学	湖北省科技攻关计划	2006AA301-B60-3	2.00
正颌手术后肌功能训练方法的设计及张口训练器的研制	杨学文	武汉大学	湖北省科技攻关计划	2006AA301-B60-4	2.00

续表 2

项目名称	项目负责人	单位	基金来源及名称	批准号或编号	资助金额（万元）
口腔高性能硅橡胶印模材料的研制	李志安	武汉大学	湖北省科技攻关计划	2006AA301-B60-5	2.00
微移动对种植体骨整合作用影响的动物实验与临床应用研究	李四群	武汉大学	湖北省自然科学基金	2006ABA224	2.00
口腔颌面部微循环与肿瘤转移机理的研究	张　壁	武汉大学	湖北省自然科学基金	2006ABA249	2.00
K_2O-Al_2O_3-SiO_2 系统牙科玻璃陶瓷的制备与应用基础研究	张　飙	武汉大学	湖北省自然科学基金	2006ABA250	2.00
CXCR4 与口腔鳞癌转移和血管生成关系的研究	陈新明	武汉大学	湖北省自然科学基金	2006ABA259	2.00
龈沟液成分分析用于早期诊断种植体周围炎的实验研究	高少怀	武汉大学	湖北省自然科学基金	2006ABA260	2.00
基因治疗引导牙周组织再生的应用基础研究	尚姝环	武汉大学	湖北省自然科学基金	2006ABA261	2.00
硫酸铁（Ferric Sulfate）乳牙活髓切断术的基础研究及应用	宋光泰	武汉大学	湖北省自然科学基金	2006ABA262	2.00
组织工程支架联合 MTA 修补根管穿孔的相关研究	王　茜	武汉大学	湖北省卫生厅年度计划	NX200613	1.00
微移动对种植体骨整合作用影响的研究	李四群	武汉大学	湖北省卫生厅年度计划	NX200611	1.00
牙周维护治疗中牙间隙菌斑控制措施的临床护理效果评价	李中琴	武汉大学	湖北省卫生厅年度计划	NX200612	1.00
干细胞与组织工程研究平台建设	王松灵	首都医科大学	北京市教育委员会	2006-2008	300.00
牙齿及其支持组织修复再生研究	王松灵	首都医科大学	北京市科技计划	D090600704010191	400.00
机械牵张对干细胞表面抗原-1 阳性肌肉干细胞的作用	车晓霞	首都医科大学	北京市自然科学基金	7072029	13.00
Barx1 基因在牙齿形态发育中的作用研究	杨　凯	首都医科大学	北京市自然科学基金	7072028	13.00
应用骨融合种植体口内抑制上颌骨发育的研究	吴　晶	首都医科大学	首都医学发展基金	2005-2017	10.00
新型超弹性镍钛矫正技术的研究开发与临床应用	王红梅	首都医科大学	首都医学发展基金	2005-2018	10.00

续表 2

项目名称	项目负责人	单位	基金来源及名称	批准号或编号	资助金额(万元)
根管内器械折断的处理方法研究	侯本祥	首都医科大学	首都医学发展基金	2005-3046	5.00
四种标志物用于口腔癌诊断和预后判断的临床研究	邢汝东	首都医科大学	首都医学发展基金	2005-3047	5.00
牙科复合树脂材料的应用基础研究	王成坤	吉林大学	吉林省科技厅	20060510	12.00
胞外基质自组装在种植体颈部的应用研究	杨晓峰	浙江大学	浙江省科技厅	G20060254	10.0
可控降解、生物矿化CS/HA/BMP复合骨诱导膜的研究	张　凯	浙江大学	浙江省科技厅	G20060270	5.00
钛表面胞外基质仿生对人牙龈上皮细胞和成纤维细胞在其表面黏附的影响及机制研究	赵士芳	浙江大学	浙江省自然科学基金	Y205183	5.50
纤维桩根管内黏结强度及黏结机理研究	顾新华	浙江大学	浙江省自然科学基金	Y205702	5.00
成骨细胞在BMP-2梯度浓度下趋化运动的BMPR Ⅱ-F-actin信号转导机制的研究	谷志远	浙江大学	对外合作项目(与瑞士，政府间合作)(Switzerland)	CH-405	15.62
颌骨肿瘤骨破坏中C-FOS、OPG、OPGL分子机理的研究	葛巍立	浙江大学	浙江省教育厅	G20060333	1.00
颌骨肿瘤骨破坏分子机理的研究	葛巍立	浙江大学	医药卫生优秀青年科技人才专项基金	2006QN019	3.00
RhoC与涎腺肿瘤转移关系的研究	胡济安	浙江大学	浙江省卫生厅	2006A076	2.00
羧酸和含羧酸或磷酸酯的自蚀黏接剂与羟基磷灰石之间化学吸附的研究	傅柏平	浙江大学	浙江省卫生厅	2006A030	2.00
口腔质量控制中心在医院感染控制管理中的作用研究	俞雪芬	浙江大学	浙江省医院管理学会	G20060517	1.00
茶色素抗口腔黏膜癌变及其机制的研究	金光盛	浙江大学	浙江省中医药管理局	2006C074	2.00
川嗪注射液提高自体脂肪移植存活率的研究	吴慧玲	浙江大学	浙江省中医药管理局	2006C077	2.00
牙列缺损模型三维数字观测方法的研究	吴　琳	中国医科大学	辽宁省科学技术计划项目	20052250135	5.00

续表 2

项目名称	项目负责人	单位	基金来源及名称	批准号或编号	资助金额（万元）
DICOM 数据法建立埋伏牙动态三维有限元模型及生物力学分析	张　君	山东大学	山东省科技攻关计划	2006GG22-02031	10.00
光学实测和数字虚拟技术确定人体牙周膜弹性模量的实验研究	刘东旭	山东大学	山东省科技攻关计划	2006GG32-0200-6	12.00
膜引导结合 Ad*v-bmp*-2 局部基因治疗老年牙槽骨缺损的实验研究	王旭霞	山东大学	山东省自然科学基金	Y2006C26	5.00
Ad-*bmp*-2 基因转染肌源性干细胞成骨分化研究	张风河	山东大学	山东省自然科学基金	Y2006C33	5.00
基因转移技术用于牙髓牙本质复合体再生的实验研究	王　燕	山东大学	山东省自然科学基金	Y2006C47	4.50
牙髓中血管内皮生长因子的研究及其在牙髓修复中的作用	王　青	山东大学	山东省自然科学基金	Y2006C48	5.00
DC 源与癌细胞源的 exosome 融合口腔癌疫苗的研究	孙善珍	山东大学	山东省自然科学基金	Y2006C122	5.00
Eaf_2 基因在牙齿发育机制中的基础研究	李　鑫	山东大学	山东省自然科学基金	Y2006C123	5.00
远处黏膜免疫接种对涎腺相关功能影响的实验研究	姜广水	山东大学	山东省自然科学基金	Y2006C124	5.00
超声微泡促进骨形成蛋白 2 基因转染人牙周膜细胞和诱导成骨的研究	孙钦峰	山东大学	山东省自然科学基金	Y2006C125	5.00
咬合创伤时咀嚼肌能量代谢及蛋白质表达的改变	汲　平	山东大学	山东省自然科学基金	Y2006C126	5.00
三维重构和快速成型技术构建唇腭裂骨缺损组织工程修复体实验研究	郭　杰	山东大学	山东省中青年科学家基金	2006BS03031	5.00
独立分量分析基因芯片对破骨细胞信号通路的研究	孙惠强	山东大学	山东省中青年科学家基金	2006BS03033	5.00
计算机三维重建及 RP 技术辅助口腔颌面外科手术的技术研究与临床应用	郭　冰	中山大学	广东省科技计划	2006B1250-1001	10.00

续表 2

项目名称	项目负责人	单位	基金来源及名称	批准号或编号	资助金额（万元）
含钛的镍铬牙科合金关键技术研究开发	叶剑涛	中山大学	广东省科技计划	2006B3580-1006	5.00
新型纳米仿生骨组织材料复合改性可降解聚羟基烷酸酯膜的骨再生研究	梁焕友	中山大学	广东省科技计划	2006B3580-2006	5.00
癌周毛细胞淋巴管内皮细胞特异基因的筛选和功能分析	李劲松	中山大学	广东省科技计划	2006B3600-1002	5.00
下颌切牙自然调整机制的研究	蔡　斌	中山大学	广东省科技计划	2006B3600-6009	5.00
鼻咽癌放射治疗并发急慢性口腔损伤的临床基础研究	陈小华	中山大学	广东省科技计划	2006B3600-6010	5.00
口腔黏膜炎的标记保持细胞损伤与修复研究	黎炽彬	中山大学	广东省科技计划	2006B3600-6012	5.00
含钛的镍铬牙科合金关键技术研究开发	叶剑涛	中山大学	广东省科技计划	2006B3600-6016	15.00
EIF4E 在口腔鳞癌中表达的相关实验研究	陈　宇	中山大学	广东省科技计划	2006B3603-0027	8.00
用 DNA 复印起始蛋白基因检测口腔癌与预后判别研究	冯崇锦	中山大学	广东省科技计划	2006B6050-1019	3.00
口腔变形链球菌感染密度感应作用机制的研究	凌均棨	中山大学	广东省自然科学基金	06021263	5.00
细胞外基质磷酸化糖蛋白在牙胚发育中的表达与调控	韦　曦	中山大学	广东省自然科学基金	06021264	5.00
肿瘤干细胞与宿主细胞融合机制及实时蛋白组学研究	李卫国	中山大学	广东省自然科学基金	06021267	3.00
C-*myc* 基因沉默和 RECK 上调对 AM 侵袭抑制研究	张　彬	中山大学	广东省自然科学基金	06021272	5.00
htert 基因沉默靶向治疗口腔鳞癌的应用基础研究	黄洪章	中山大学	广东省自然科学基金	06104607	5.00
sVEGFR-3 壳聚糖磁性微球靶向抑制舌鳞癌淋巴管生成的研究	唐海阔	中山大学	广东省自然科学基金博士启动项目	06300659	3.00

续表 2

项目名称	项目负责人	单位	基金来源及名称	批准号或编号	资助金额（万元）
抗 hTERT 可调控 RNAi 诱导舌癌细胞凋亡的实验研究	刘习强	中山大学	广东省自然科学基金博士启动项目	06300660	3.00
新型非金属桩核系统在瓷全冠修复中的应用研究	张新春	中山大学	广东省医学科学基金	A2006068	1.00
CSF-1、IL-1α 对大鼠牙囊细胞分泌蛋白质的影响	谷海晶	中山大学	广东省医学科学基金	A2006236	0.50
口腔鳞状细胞癌肿瘤干细胞的分离与基因分析	杨朝晖	中山大学	广东省医学科学基金	A2006207	0.50
顺铂联合 ^{32}P 玻璃微球对舌癌移植瘤的细胞毒作用	李卫国	中山大学	广东省医学科学基金	B2006047	0.50
组蛋白去乙酰化酶抑制口腔鳞状细胞癌形成的实验研究	毛立民	哈尔滨医科大学	黑龙江省科技攻关	GB06C40207	5.00
PGE_2 及其受体对 PDL 中 MMPs 表达调节作用的研究	史金娜	哈尔滨医科大学	黑龙江省青年基金	QC06C078	3.00
组织蛋白酶 K 在大鼠牙再植术后根吸收组织中的表达	金星爱	哈尔滨医科大学	黑龙江省青年基金	QC06C077	3.00
口腔颌面正常牙合三维 CT 测量项目和参考值范围的研究	王培军	哈尔滨医科大学	黑龙江省自然科学基金	D200652	3.00
美洛昔康对舌癌细胞系 Tca8113 的生长抑制作用	郭福林	哈尔滨医科大学	黑龙江省教育厅	11511168	1.00
牙周病与冠心病相关性的动物实验研究	林　江	哈尔滨医科大学	黑龙江省教育厅	11511230	0.60
丹参对药物性牙龈增生组织细胞凋亡的影响	马　肃	哈尔滨医科大学	黑龙江省卫生厅	2006-009	0.50
恒牙开放根尖再成形的实验研究	陈　力	哈尔滨医科大学	黑龙江省卫生厅	2006-069	0.50
骨髓基质干细胞介导多孔去蛋白小牛骨修复牙槽骨缺损的实验研究	牛玉梅	哈尔滨医科大学	黑龙江省卫生厅	–	0.50
哈尔滨地区正常牙合人群 Mc-Namara 分析法的确定	张　晔	哈尔滨医科大学	黑龙江省卫生厅	2006-003	0.30

续表 2

项目名称	项目负责人	单位	基金来源及名称	批准号或编号	资助金额（万元）
乳牙殆头影测量分析的研究	薛　欣	哈尔滨医科大学	黑龙江省卫生厅	2006-043	0.30
流式细胞术 DNA 倍体分析在头颈部肿瘤性质诊断中作用的研究	尹晓东	哈尔滨医科大学	黑龙江省卫生厅	2006-045	0.30
OPA-K 直丝弓矫治技术治疗中国人安氏Ⅲ类错殆的临床研究	安晶涛	哈尔滨医科大学	黑龙江省卫生厅	2006-048	0.30
超声根管治疗术后根管壁应力变化的分析研究	仪　虹	哈尔滨医科大学	黑龙江省卫生厅	2006-081	0.30
口腔黏膜癌浸润前沿细胞增殖的研究	赵尔飏	哈尔滨医科大学	黑龙江省卫生厅	2006-085	0.30
新型树脂改性玻璃离子体水门汀的研制	曹立群 苏剑生	同济大学	上海市科委科技攻关项目	064119602	8.00
舌鳞状细胞癌肿瘤干细胞的分离及鉴定	康非吾	同济大学	上海市自然科学基金	06ZR14084	8.00
改良 NTi-tss 治疗磨牙症多导睡眠监测研究	刘伟才	同济大学	上海市卫生局科研项目	064689	2.00
牙龈卟啉单胞菌对动脉粥样硬化血管内皮细胞 NO 信号的影响	孙卫斌	南京医科大学	江苏省自然科学基金	BK2006172	7.50
颅神经嵴干细胞定向诱导分化成牙复合组织的研究	江宏兵	南京医科大学	江苏省自然科学基金	BK2006173	7.50
纳米硅涂层增强牙科全瓷修复体的机理	章非敏	南京医科大学	江苏省自然科学基金	BK2006174	7.50
牙菌斑生物膜的形成和干预	陈　武	南京医科大学	江苏省教育厅	06KJB320073	3.00
自体牙移植修复牙列缺损的动物实验研究	陈亚明	南京医科大学	江苏省教育厅	06KJD320124	3.00
等离子对基托材料表面元素润湿性和黏结性的作用	张怀勤	南京医科大学	江苏省教育厅	06KJD320125	4.00
一种新发现的 TGF-β 家族Ⅰ型受体 ALK8 在牙发育过程中的作用及其意义	李　谨	南京医科大学	江苏省教育厅	06KJD320126	4.00
口腔癌前沿区成纤维细胞生物学状态及其临床意义的研究	江宏兵	南京医科大学	江苏省卫生厅	H200636	4.00
rbBMP-2 在骨质疏松症种植体骨愈合中的作用研究	万林忠	南京医科大学	江苏省卫生厅指导性计划	Z200615	自筹

续表 2

项目名称	项目负责人	单位	基金来源及名称	批准号或编号	资助金额（万元）
钛网成型骨移植同期牙种植重建咬合功能的临床研究	陈　宁	南京医科大学	江苏省社会发展基金	BS2006062	7.00
氧化苦参碱防治慢性牙周炎及其机理研究	骆　凯	福建医科大学	福建省科技厅青年人才项目	2006F3051	4.00
极固宁TM脱敏药物对活髓牙全冠牙体预备后牙髓组织的影响	程　辉	福建医科大学	福建省自然科学基金	2006J0093	5.00
可摘局部义齿卡环疲劳的研究	郑　明	福建医科大学	福建省自然科学基金	2006J0340	1.00
托槽定位与支抗保护的关系研究	钟萍萍	福建医科大学	福建省自然科学基金	2006J0341	1.00
汉族瘢痕疙瘩家系候选基因突变的筛查和基因检测试剂盒的构建	陈　阳	福建医科大学	福建省科技厅青年人才项目	2006F3052	4.00
牙周致病菌及其产物与牙周炎症的相关性研究	郑瑜谦	福建医科大学	福建省科技厅青年人才项目	2006F3053	4.00
纳米二氧化钛/PMMA复合材料的结构和性能研究	郭永锦	福建医科大学	福建省卫生厅青年基金	2006-1-27	1.00
成人腭中部种植体支抗生物力学的三维有限元分析	杨　进	福建医科大学	福建省卫生厅青年基金	2006-2-33	0.50
胶原海绵促进颌骨缺损修复的动物实验研究	吴　烨	福建医科大学	福建省卫生厅青年基金	2006-2-43	0.50
颧骨复合体肥大的三维 CT 测量诊断及形态学基础研究	杜晓岩	佳木斯大学	黑龙江省自然科学基金	–	4.00
神经端侧吻合技术修复面神经损伤的研究	魏良富	佳木斯大学	黑龙江省教育厅	11511397	1.20
利用 siRNA 技术诱导鳞癌细胞系 osc5 细胞凋亡的研究	李德超	佳木斯大学	黑龙江省青年骨干资助项目	1151G051	2.00
内源性生长因子在牵张骨修复颌骨缺损中作用机制的研究	关　键	佳木斯大学	黑龙江省青年基金	QC05C47	3.00
FORSUS 矫治力学仿真分析及临床矫治	宋锦璘	重庆医科大学	重庆市教委	KJ060316	2.00
变形链球菌遗传多态性研究	周　智	重庆医科大学	重庆市教委	KJ060317	2.00
重组 $hBMP_2$ 对牙髓干细胞分化的影响	向学熔	重庆医科大学	重庆市卫生局	06-2-201	2.00

续表 2

项目名称	项目负责人	单位	基金来源及名称	批准号或编号	资助金额(万元)
重庆市口腔健康流行病学抽样调查及口腔卫生需求评估	林居红	重庆医科大学	重庆市卫生局	02-2-212	3.00
安氏 2 分类错殆畸形下颌运动轨迹和下颌位置的相关分析	秦　朴	重庆医科大学	重庆市卫生局	02-2-214	2.00
三黄补凝胶对牙周骨缺损再生疗效的实验研究	刘国良	重庆医科大学	重庆市中医药局	2006-B-47	1.00
RNA 干扰技术阻断 NMCs 分泌对涎腺肿瘤增殖的抑制	王　洁	河北医科大学	河北省自然科学基金	C2006000796	5.00
口腔扁平苔藓癌变机制的研究	王　洁	河北医科大学	河北省科技领军人才资金项目	06547009D-9	3.00
补肾健骨中药对山羊下颌骨牵张骨形成的影响	董福生	河北医科大学	河北省科技厅指令计划项目	06276102D-111	1.00
石家庄正常殆及各类错殆畸形患者上气道 X 线头影测量研究	卢海燕	河北医科大学	河北省科技厅指令计划项目	06276102D-14	1.00
Cox-2 与 Survivin 在涎腺多形性腺瘤中表达的定量研究	王　旭	河北医科大学	河北省科技厅指令计划项目	06276102D-22	1.00
不同窝沟封闭方法对封闭剂渗透性及密合性的影响	刘红英	河北医科大学	河北省科学技术研究与发展指导计划	062761373	自筹
脉冲 Nd:YAG 激光照射牙本质后对光固化树脂充填体黏结力影响的研究	马　哲	河北医科大学	河北省科学技术研究与发展指导计划	062761375	自筹
制作因素对烤瓷冠强度影响的临床实验研究	李雅娟	河北医科大学	河北省科学技术研究与发展指导计划	062761377	自筹
前方牵引、FR-3 和"2×4"技术矫治功能性前牙反殆临床效果的研究	马文盛	河北医科大学	河北省科学技术研究与发展指导计划	0627611011	自筹
Ω 桩在修复乳前牙重度缺损中的临床应用研究	刘冬梅	河北医科大学	河北省卫生厅医学科学研究重点课题计划	06059	0.50
种植修复常用金属不同粗糙度对口腔微生物的影响	李雅娟	河北医科大学	河北省卫生厅医学科学研究重点课题计划	06060	1.00

续表 2

项目名称	项目负责人	单位	基金来源及名称	批准号或编号	资助金额（万元）
应用数学模型评价下颌后缩功能矫治后软组织侧貌的改变	左艳萍	河北医科大学	河北省卫生厅医学科学研究重点课题计划	06105	1.00
冠根斜折牙体重塑桩核修复的实验研究	沈文静	河北医科大学	河北省卫生厅医学科学研究重点课题计划	06143	1.00
大黄素对实验性牙周炎的治疗作用	杨冬茹	河北医科大学	河北省卫生厅中医、中西医结合科研计划	2006055	0.60
复方中药口腔溃疡药膜的研制	徐秀娟	河北医科大学	河北省卫生厅中医、中西医结合科研指导计划	2006199	自筹
CAD/CAM 加工用氧化锆的临床应用研究	骆小平	南京市口腔医院	江苏省“六大人才高峰”	D	3.00
应用牵张成骨效应构建组织工程化骨功能重建颌骨的实验研究	童　昕	南京市口腔医院	江苏省卫生厅	H200643	4.00
牵张成骨术在矫治双颌畸形中的应用研究	唐恩溢	南京市口腔医院	专项项目	ZKX06023	12.00
隐形矫治系统的关键技术研究	陆　苇	南京市口腔医院	专项项目	ZKX06024	16.00
种植义齿结构的生物力学优化设计	汤春波	南京市口腔医院	面上项目	ZKM06057	8.00
齿科用钨极氩弧微焊接设备的研发	章锦才	广东省口腔医院	广东省经贸委系统科技三项费用项目	2006740019	40.00
IL-1 基因多态性与种植体周围炎的相关性研究	黄建生	广东省口腔医院	广东省科技厅科学事业费计划项目	2006B3600-6008	5.00
体外诱导牙釉质生物矿化的研究	赵红宇	广东省口腔医院	广东省科技厅科技三项费用项目	2006B1300-1008	8.00
牙周组织缺损修复的组织工程学研究	章锦才	广东省口腔医院	广东省科技厅科技三项费用项目	2006B3580-1010	5.00
骨髓基质干细胞组织工程化人工骨的研究	周　磊	广东省口腔医院	广东省科技厅科技三项费用项目	2006B1990-1006	8.00
汉族侵袭性牙周炎易感性基因的多态性研究	曾雄群	广东省口腔医院	广东省自然科学基金	06022942	5.00
牙周膜成体干细胞修复牙周组织缺损的组织工程研究	范卫华	广东省口腔医院	广东省自然科学基金	06022938	3.00
牙用烤瓷支架钴铬钼合金的应用基础研究	刘长虹	广东省口腔医院	广东省卫生厅医学科学技术研究基金	B2006017	1.00
口内超声扫描术前测量早期舌癌浸润深度的临床研究	栾修文	广东省口腔医院	广东省卫生厅医学科学技术研究基金	B2006018	1.00

续表 2

项目名称	项目负责人	单位	基金来源及名称	批准号或编号	资助金额（万元）
种植体界面细胞力学效应的应用基础研究	杨晓喻	广东省口腔医院	广东省卫生厅医学科学技术研究基金	A2006110	1.00
头颈部恶性黑色素瘤肿瘤干细胞的筛选与鉴定	郑俊发	广东省口腔医院	广东省卫生厅医学科学技术研究基金	A2006115	1.00
Damon 矫治系统临床应用研究	钟　惠	广东省口腔医院	广东省卫生厅医学科学技术研究基金	A2006116	1.00
Sander(R) Ⅱ矫治器治疗儿童下颌后缩畸形的临床研究	张君孝	广东省口腔医院	广东省卫生厅医学科学技术研究基金	A2006111	自筹
牙槽骨牵张成骨术快速移动前牙的动物实验和临床试验研究	刘从华	广东省口腔医院	广东省卫生厅医学科学技术研究基金	A2006103	自筹
半导体量子点用于口腔鳞癌细胞蛋白组学的研究	王治平	广东省口腔医院	广东省卫生厅医学科学技术研究基金	A2006106	自筹
TNF-α 抑制剂 PTX 与 TLD 治疗种植体周围炎骨吸收的实验研究	徐淑兰	广东省口腔医院	广东省卫生厅医学科学技术研究基金	A2006107	自筹
龋病活跃性试验在龋病监测中的应用研究	徐学良	广东省口腔医院	广东省卫生厅医学科学技术研究基金	A2006108P	自筹
牙周炎晚期缺失牙修复和松牙固定的疗效评估	张　雄	广东省口腔医院	广东省卫生厅医学科学技术研究基金	A2006112	自筹
基因工程技术表达纯化人釉原蛋白	张雪洋	广东省口腔医院	广东省卫生厅医学科学技术研究基金	A2006113	自筹
侵袭性牙周炎牙龈组织中 $TIMP_1$ 基因表达多态性研究	赵红宇	广东省口腔医院	广东省卫生厅医学科学技术研究基金	A2006114	自筹
不同咬合类型肌位咬合板作用机理的研究	朱松槐	广东省口腔医院	广东省卫生厅医学科学技术研究基金	A2006117	自筹
颞下颌关节骨关节炎中滑膜细胞凋亡及其信号传导及调控	肖　进	温州医学院	浙江省教育厅	20061820	1.00
流体剪切力对成骨细胞凋亡及其相关基因表达的影响	麻健丰	温州医学院	浙江省教育厅	20061823	1.00
构建社区医疗服务体系及模式的研究	蒋　勇	安徽医科大学	安徽省科技厅	06035041	1.00
甲壳质引导牙周组织再生的临床应用基础研究	蒋　勇	安徽医科大学	安徽省教育厅	2006kj310b	1.00

续表 2

项目名称	项目负责人	单位	基金来源及名称	批准号或编号	资助金额（万元）
艾滋病感染和病人口腔感染状况调查和宣传干预	蒋　勇	安徽医科大学	安徽省全球基金(艾滋病项目,多部门和社会参与)	–	3.00
微种植体支抗在口腔正畸中的临床应用研究	李志华	南昌大学	江西省教育厅	赣教技字[2006]82 号	1.00
江西省口腔健康流行病学抽样调查及口腔卫生需求评估	欧晓艳	南昌大学	江西省教育厅	赣教技字[2006]96 号	0.50
颈阔肌肌皮瓣血供解剖及临床应用	陈林林	南昌大学	江西省教育厅	赣教技字[2006]99 号	0.50
提高新型农村合作医疗县乡经办机构服务能力研究	陈尚文	南昌大学	江西省卫生厅	赣合医办字[2006]16 号	0.40
郑州市 12 岁青少年口腔病流行病学调查与干预	刘学军	郑州大学	河南省卫生厅	–	3.00
低强度脉冲超声波对下颌骨牵张成骨的干预研究	彭利伟	郑州大学	河南省卫生厅	–	1.00
聚乙烯纤维复合桩修复残根残冠的临床应用研究	张　晓	郑州大学	河南省卫生厅	–	2.00
丹参诱导 OSF 患者颊黏膜成纤维细胞凋亡的实验研究	阙国鹰	中南大学	湖南省科技厅	06SK3004	3.00
西帕依固龈液根管消毒的疗效和细菌学研究	李奉华	中南大学	湖南省科技厅	06SK3027	2.00
NKG2D 及其配体评价口腔鳞癌免疫逃逸中的作用	蒋灿华	中南大学	湖南省科技厅	06SK3026	2.00
直丝弓技术治疗开殆畸形的矫治力学研究	卢燕勤	中南大学	湖南省科技厅	06SK30293	1.00
黄芪-壳聚糖/聚乳酸支架引导牙周骨再生的实验研究	许春姣	中南大学	湖南省自然科学基金	06JJ4016	1.00
建立唇腭裂患者上颌骨三维有限元模型的研究	雷勇华	中南大学	湖南省自然科学基金	06JJ4103	0.50

续表 2

项目名称	项目负责人	单位	基金来源及名称	批准号或编号	资助金额（万元）
骨齿用高强韧可切削生物玻璃陶瓷的制备和生物学评价	冯云枝	中南大学	湖南省自然科学基金	06JJ4125	0.50
大蒜素对根尖周病未获培养微生物 *T. denticola*、*T. socranskii* 影响的研究	谢晓莉	中南大学	湖南省卫生厅	B2006-041	0.80
唇腭裂上颌前牵引三维有限元应力分析	雷勇华	中南大学	湖南省卫生厅	B2006-013	0.80
唇腭裂患者正颌手术术前正畸临床研究项目	雷勇华	中南大学	湖南省发展改革委员会	湘发改高技［2006］773 号	5.00
口腔生态环境中的纳米细菌与口腔疾病的关系	陈文霞	广西医科大学	广西壮族自治区自然科学基金	（桂科自 0640105）	3.00
口腔扁平苔藓中的端粒酶活性(TA)、端粒酶逆转录酶(hTERT)表达情况研究	何克新	广西医科大学	广西壮族自治区自然科学基金	（桂科自 0640098）	2.00
RNA 干扰技术逆转口腔癌耐药性表型的实验研究	王代友	广西医科大学	广西壮族自治区自然科学基金	（桂科自 0640095）	2.00
人骨髓间充质干细胞成骨定向分化移植修复腭裂骨缺损	孙晋虎	广西医科大学	广西科学研究与技术开发计划留学回国人员科学基金	（桂科回 0639017）	3.00
唾液抗菌肽与口腔念珠菌病相互关系研究	陶人川	广西医科大学	广西科学研究与技术开计划留学回国人发科学基金	（桂科回 0639019）	3.00
年轻无髓恒牙牙髓重建的临床研究	陈文霞	广西医科大学	广西卫生厅医疗卫生重点课题	（桂卫重 200637）	2.00
DNA 损伤修复基因多态性与舌鳞癌风险性和预后关系的研究	杨亦萍	广西医科大学	广西壮族自治区卫生厅	（桂卫 Z2006-082）	自筹
牙胶充盈率测定与热牙胶连续波法根充技术的改良研究	谢方方	广西医科大学	广西壮族自治区卫生厅	（桂卫 Z2006-083）	自筹
新型口腔医护配合模式的效绩分析研究	朱瑞珠	广西医科大学	广西壮族自治区卫生厅	（桂卫 Z2006-6084）	自筹
安氏Ⅲ类错𬌗患者矫治前后髁突位置的比较研究	袁小平	泸州医学院	四川省卫生厅	060050	1.00
人牙髓干细胞增殖和分化能力的实验研究	刘兴容	泸州医学院	四川省卫生厅	060051	1.00

续表2

项目名称	项目负责人	单位	基金来源及名称	批准号或编号	资助金额(万元)
滇蓝尾蝾螈下颌骨及晶状体再生生物学研究	陈希哲	昆明医学院	云南省应用基础研究面上项目	2006C0043M	5.00
热诱导肿瘤细胞凋亡中心磷酯移位事件及调控机制研究	何永文	昆明医学院	云南省应用基础研究青年基金	2006C0038Q	5.00
生长因子复合膜对种植体周骨整合影响的研究	丁仲鹃	昆明医学院	云南省应用基础研究主任基金	–	5.00
纤维桩和金属铸造桩对牙体抗折性能影响的研究	谢志刚	昆明医学院	云南省教育厅	06Y010C	0.70
模拟磁力对大鼠面颌肌细胞影响的实验研究	许艳华	昆明医学院	云南省教育厅	06Y009C	0.70
口腔癌中不同微环境下巨噬细胞促瘤及抑瘤作用的对比研究	宋宇峰	贵阳医学院	贵州省人民政府	S2006160	10.00
牙列缺失种植修复后磁性基台固位技术的研究	王　永	贵阳医学院	贵州省省长专项基金	S2006020	7.00
新技术应用研究(11)——生物可吸收内固定系统治疗颌骨骨折的研究	侯成群	西安交通大学	陕西省科技计划项目	2006k12-G3(11)	3.00
牙病防治研究(1)——白介素-1家族基因多态性与慢性牙周炎关系的研究	苟建重	西安交通大学	陕西省科技计划项目	2006k14-G10(1)	3.00
小儿疾病研究(3)——唇腭裂婴幼儿术前鼻-牙槽塑性及同期唇-鼻-牙槽整复术的临床研究	李锦峰	西安交通大学	陕西省科技计划项目	2006k14-G12(2)	2.00
牙病防治研究(3)——RVVA介导BMP-2修复牙槽骨缺损的实验研究	程　政	西安交通大学	陕西省科技计划项目	2006k14-G3(3)	2.00
口腔颌面疾病研究(1)——RP技术制作βTCP复合自体松质骨修复犬下颌骨缺损	何三虎	西安交通大学	陕西省科技计划项目	2006k14-G13(1)	2.00

续表 2

项目名称	项目负责人	单位	基金来源及名称	批准号或编号	资助金额（万元）
口腔颌面疾病研究(4)——口腔致病菌与牙周病、种植体周病相关性的研究	李晓红	西安交通大学	陕西省科技计划项目	2006k14-G7(4)	2.00
口腔颌面疾病研究(5)——牙齿磨耗的中枢分子与细胞机理研究	逯 宜	西安交通大学	陕西省科技计划项目	2006k14-G7(5)	2.00
肿瘤的机理研究(5)——树突状细胞介导 CTL 对舌癌细胞的体外杀伤效应	郅克谦	西安交通大学	陕西省科技计划项目	2006k14-G7(5)	2.00
神经系统疾病研究(3)——GDNF 与三叉神经痛 TN 的关系及其镇痛机制的研究	张引成	西安交通大学	陕西省科技计划项目	2006k15-G3(3)	3.00
人群信息普查(2)——龋病患儿气质特征的调查研究	乔 红	西安交通大学	陕西省科技计划项目	2006k08-G9(2)	3.00
药物新剂型制备工艺的研发(5)——生物活性盖髓剂的研制与应用基础研究	蒋月桂	西安交通大学	陕西省科技计划项目	2006k10-G3(5)	3.00
医疗器械研究(2)——功能矫形前伸下颌后大鼠咀嚼肌 TIMPS 及 IV 胶原表达变化研究	孙慧玲	西安交通大学	陕西省科技计划项目	2006k11-G6(2)	2.00
用蛋白质组学方法和反向疫苗学策略筛选牙周病疫苗候选 *p. gingivalis* 抗原	李 昂	西安交通大学	陕西省自然科学基础研究计划	2006C242	1.50
口腔医用镍钛合金材料的生物改性研究	余占海	兰州大学	甘肃省自然科学基金	3ZS061A25-103	3.00
中医药治疗牙周病的疗效、机理及新药开发研究	余占海	兰州大学	甘肃省科技攻关项目	2GS064A43-020-34	1.00
相关牙种植术后并发症的临床解剖学研究	金光春	滨州医学院	山东省自然科学基金计划(重点项目)	Z2006C01	9.00
异体牙移植免疫抑制功能的实验研究	金光春	滨州医学院	山东省教育厅科技计划项目	J06L53	6.00
2006 年省级特色专业	杨佑成	滨州医学院	山东省教育厅	–	6.00
可注射可降解的口腔治疗和修复的研制	毛 靖	华中科技大学	国家科技部“863”科技攻关计划(合作项目)	–	4.00

续表 2

项目名称	项目负责人	单位	基金来源及名称	批准号或编号	资助金额（万元）
牙周膜牵张成骨中应力对牙周组织核心结合因子 Cbf-α_1 mRNA 表达及骨愈合的影响	毛　靖	华中科技大学	湖北省自然科学基金	2006ABA122	4.00
多学科理念在口腔临床教学中的应用研究	毛　靖	华中科技大学	湖北省教育委员会	–	0.50
CGRP、TNF 和 IL-1 基因多态性与牙周炎发病的关系	曹志中	第二军医大学	上海市自然科学基金（联合基金）	062R14123	4.00
降钙素基因相关肽基因多态性与牙周炎发病的关系	曹志中	第二军医大学	全军“十一五”面上项目	06MB212	7.00
SP 信号在失神经下颌骨骨折愈合中的调控作用	何海涛	第三军医大学新桥医院	重庆市自然科学基金	2006BB5053	2.00

2005～2006 年度我国口腔医学院校科技成果奖简介

一、2006 年度教育部高等学校科学术进步奖一等奖

1. 口腔感染性疾病病因及防治研究

该课题由四川大学华西口腔医学院周学东教授主持，肖晓蓉、胡涛、叶玲、郝玉庆等参加完成。课题组在国内最早开始进行口腔微生物的系列研究，从 1985 年开始在口腔微生物的分离鉴定技术、物质代谢特征、微生物间相互作用、在口腔感染性疾病发生发展中的作用机制、口腔疾病防治的微生物学评价等方面进行了全面和系统的研究。在 4 项国家自然科学基金、1 项“十五”国家科技攻关计划项目和国际合作项目基金的资助下，经过长达 20 多年的研究，对口腔微生物的起源、演替过程、代谢特点、遗传多态性以及在口腔感染性疾病发病中的作用机制进行了研究。

主要研究内容：①口腔正常菌群的研究　口腔微生物的早期定植、组成和演替，阐明生理性和病理性口腔微生态系之间相互转化的条件及其特点；②口腔微生物在口腔感染性疾病发生中的条件致病机制研究　口腔感染性疾病发生发展过程中条件致病菌的分布、生长、代谢以及毒性因子等的特点及其作用，为研究口腔感染性疾病的病因学和防治学提供坚实的理论基础；③口腔感染性疾病防治方法筛选和疗效评价方法的研究　从口腔微生物条件致病性的不同环节入手，探索不同口腔感染性疾病多靶点防治新方法及其相应的疗效评价方法，为口腔感染性疾病的有效防治奠定理论和实验基础；④建立了口腔微生物研究方法　结合微生物学和分析化学新进展，建立了适合口腔微生物检测和分析的研究方法，具有取样方便、微量、快速和准确的特点，使口腔微生物的分类定量研究成为可能。

通过多次举办全国性学习班，在国内普及推广口腔微生物的系列研究方法，推动了我国微生物研究和口腔感染性疾病发病机制及有效防治的研究。研究成果不仅被编入全国高

校统编教材和专著内,还在全国知名口腔医学院的教学、科研和临床工作中得到推广和普及,产生了明显的社会和经济效益,促进了我国口腔微生物学学科的发展。该成果多次在国际学术会议上交流,并编写专著 5 部,发表论文 42 篇,其中 SCI 收录 8 篇,Medline 收录 15 篇,引用 23 次。培养博士研究生 19 人,硕士研究生 36 人,博士后 3 人。

2. 口腔黏膜癌变的关键分子标志研究

该课题由四川大学华西口腔医学院陈谦明教授主持,李秉琦、林梅、周红梅、曾昕等参加完成。此课题获得科技部科技攻关计划、国家自然科学基金、教育部博士点基金、卫生部科学研究基金等基金资助,研究人员利用先进的分子生物学、分子病理学和细胞生物学技术,对口腔黏膜癌变中的关键分子标志和相关因素进行了近 20 年的研究,提出了新的理论,相关成果在培养学生、引领学科发展、丰富口腔癌前病变与口腔癌研究的理论、指导临床诊治等方面均产生了积极作用,并获得了良好的社会效益。

主要研究内容:①促进口腔黏膜癌变的因素研究 系统研究了细胞间黏附分子 E-钙粘素对口腔角质细胞生长的调节作用,发现 E-钙粘素细胞黏附分子通过 $erk_{1/2}$ 分子信号系统,传导细胞生存信号,调节口腔癌细胞的生长;其基因启动子 CpG 岛的甲基化能够调节细胞钙粘素的表达类型转换,从而在鳞状细胞的生存、移行、增殖与浸润中发挥作用。②黏膜癌变分子机制与分子标志物的研究 $p53$ 抑癌基因及其产物的研究,$TAOS_1$($ORAOV_1$)与口腔黏膜癌变的研究,EMS_1、$CCND_1$ 与口腔黏膜癌变的研究,染色体不稳定性的研究,中心体与口腔黏膜癌变的研究,细胞增殖标志及其他细胞周期蛋白的研究,细胞角蛋白的研究,细胞自杀分子系统的研究;③新型的口腔癌前损害与口腔癌模型。

研究结果已发表论文近百篇,十余篇被 SCI 收录,论文 40 次被 SCI 收录期刊发表论文引用,引用的 SCI 收录的国际期刊种数达 30 种,其中单篇论文的国际期刊的最高引用率超过 13 次。此外,论文 48 次被国内核心期刊发表的论文引用。

3. 上颌骨大型缺损个体化功能性重建的临床研究

由上海交通大学附属第九人民医院孙坚教授主持,李军、张志愿、马洪涛等参加完成的上海市教委课题、"上颌骨大型缺损个体化功能性重建的临床研究",获 2006 年度中国教育部高等学校科学技术进步一等奖。

该课题对 22 例上颌骨大型缺损患者进行的即刻重建临床系列研究,运用现代计算机数字技术(CAD-CAM),构筑了上颌骨大型缺损的个体化解剖形态,设计出符合患者外形的钛网支架;首次提出并建立了钛网-前臂游离皮瓣折叠/串联腓骨骨肌(皮)瓣加种植体或修复体修复的全新术式。并采用咀嚼力器、语音工作站、美国华盛顿大学头颈问卷等方法对患者术后的咀嚼、语音功能和生存质量进行评价。结果显示,上颌骨大型缺损个体化功能性重建较传统赝复体在咀嚼和语音功能恢复方面具有明显的优势;在患者的生存质量和外形上也有明显提高。研究提出的新支架、新术式、新评价具有较大的临床推广价值和应用前景。

二、2005 年度教育部提名国家科学技术进步奖一等奖

龋病牙髓病的基础与临床研究

由武汉大学樊明文教授负责的"龋病牙髓病的基础与临床研究"课题获 2005 年度中国教育部高等学校科学技术进步提名奖一等奖。

该项目从变异链球菌临床流行病学、免疫防龋、牙髓炎症与修复机制和牙髓病系统治疗等方面对龋病牙髓病进行了系统研究,揭示了变异链球菌在各类人群口腔自然菌丛的传播与稳定定植的特点。基于龋病感染性

特点，最先提出 DNA 免疫技术防龋的学术观点，构建抗变异链球菌防龋 DNA 质粒 pCIA-P、融合防龋 DNA 质粒 pGLUA-P 和靶向融合防龋 DNA 质粒 pCIA-P，实验证实可显著降低龋损发病率和严重程度。建立了牙髓炎症和牙髓修复模型，观察了牙髓炎症和修复状态下多种调控因子的表达特征，探讨了根尖周组织损伤特点。对牙髓干细胞的体外诱导分化及其特点进行了深入研究，开展了现代根管治疗技术相关研究和临床应用，建立了一整套现代根管治疗的规范与质量控制标准。率先提出了 C 型根管分类法，并对疑难复杂根管包括弯曲根管的诊治进行了深入研究。

该课题在樊明文教授带领下，边专、彭彬、范兵、陈智 4 位博士研究生导师以及 10 余位研究生参与，历时 20 余年的研究，取得了大量的第一手资料，为我国龋病牙髓病的研究做出了积极贡献。

三、2006 年度军队科学技术进步奖一等奖

高氧液对战创伤救治及缺氧治疗的基础和应用研究

由第四军医大学和解放军总医院第一附属医院共同承担、徐礼鲜教授主持，柴伟、张惠、孙绪德、贾赤宇等参加完成的“高氧液对战创伤救治及缺氧治疗的基础和应用研究”获 2006 年度军队科技进步一等奖。

该课题经费来源于国家科技部、教育部、军队和陕西省等 11 项科研基金（135 万）资助，属于氧医学急救领域。该成果提供一种可供静脉输注或口服的高氧液，主要用于各类缺氧治疗的液体辅助供氧。结果表明高氧液内含有（106 ± 7.8）kPa 的溶解氧和对机体无害的微量 O_3，经大量基础研究和 350 多万例各类低氧治疗的临床验证，高氧液对心肺脑复苏、危重病人救治、创伤失血性休克、大面积烧伤、高原缺氧、窒息性毒气中毒（光气）、重要脏器缺血、CO 中毒和 SARS 等总有效率达 90％以上，并能有效地缓解战士运动性疲劳，无不良反应。其机制与提高 PaO_2、改善微循环、清除自由基和降低血液黏度有关。

主要创新点为：①利用光化学原理，首次将临床常用液体制备成高氧液，提出了液体辅助供氧新概念；②首次发现和验证了高氧液对各类低氧患者均有良好的治疗效果；③首次开创了不经过呼吸道，不依赖血红蛋白功能的从静脉输注或口服高氧液辅助供氧新途径。

该成果共获国家专利 4 项，已生产符合国家器（准）字“高氧仪”1 870 台，产品遍及全国 30 个省市 863 家医院，收入达5 680万元。课题组出版《静脉液体供氧新方法》专著 1 部，中华医学会继续医学教育光盘 1 套，在国内外共发表学术论文 47 篇，被 SCI 和 CA 收录 7 篇，被引用 233 次，其中他引 194 次；应用单位发表高氧液临床应用效果和研究论文 155 篇；全国共发表高氧液相关学术论文 202 篇。8 年来共培养硕士和博士研究生 23 名。目前，该项目被总后卫生部和中华医学会继续教育委员会批准为全军和全国重大医学成果推广项目。近年来已在全国成功举办专题学术讲座 38 期，学员达 3 500 多人。

四、2006 年度上海市科学技术进步奖一等奖

口腔颌面部肿瘤根治术后缺损的功能性修复

由上海交通大学附属第九人民医院张志愿教授主持完成的“口腔颌面部肿瘤根治术后缺损的功能性修复”研究项目荣获 2006 年度上海市科技进步奖一等奖。

口腔颌面部肿瘤根治术后往往造成软硬组织大量缺失，继发畸形和功能障碍，严重影响患者的生存质量。研究者在系列动物实验的基础上，将显微外科技术、CAD-CAM 技术、

牙种植体和颧种植体、牵引成骨技术、颈动脉重建和喉再造技术成功用于临床，并开发出一系列手术新技术，提高了手术成功率和患者的生存率，最大限度地恢复了患者的口腔生理功能。该项目创新点在于：①在口腔颌面外科领域内率先将显微外科用于口腔颌面部缺损修复，开展血管化游离组织瓣移植 2 514例，成功率达 98.7%；②在国内该领域内率先将 CAD-CAM 技术、牙种植体及颧种植体技术、计算机辅助导航技术用于颌骨的功能性重建，恢复患者的外形、咀嚼、吞咽和语音功能；③在国际上率先开发出拥有自主知识产权的腓骨肌瓣牙种植牵引技术，成功用于下颌骨的功能性重建；④在国内率先成功开展高位颈动脉重建术；⑤在国内该领域率先开展颅颌面联合根治术治疗晚期口腔颌面部恶性肿瘤；⑥在国内最早开展全舌、口底和全喉切除与重建术。相关研究成果已在国内外核心期刊发表论文 120 篇，在各类学习班交流 20 次。通过举办学习班和培训班，该成果已推广到全国数十家医院，产生了显著的社会效益。

五、2006 年度第 4 届上海医学科技奖一等奖

颈动脉切除重建术的实验和临床研究

上海交通大学附属第九人民医院张志愿教授主持，郑家伟、竺涵光、孙坚教授等参加完成的上海市科委、卫生部重点项目“颈动脉切除重建术的实验和临床研究”，获 2006 年度第 4 届上海医学科技奖一等奖。

该课题对血管移植材料重建颈动脉后的组织病理学变化，以及对累及颈动脉的口腔颌面恶性肿瘤和颈动脉体瘤的外科治疗进行了系列研究。实验研究初步明确了自身颈外静脉、Gore-Tex 人造血管和冻干-辐照异体颈动脉重建颈总动脉的通畅率和组织病理学变化，证实颈外静脉可用于颈动脉重建。在国内率先利用球囊暂时阻断试验结合单光子发射计算机断层扫描对颈动脉切除患者进行术前评价，发现该方法不仅具有诊断价值，而且对治疗方案的制定具有直接的指导意义。成功开展颈动脉重建术 11 例，建立了一整套颈段颈动脉重建、高位颈动脉重建、颅内外动脉搭桥的方法和颈动脉内外分流技术。通过 4～48个月随访发现，近期能够耐受颈动脉结扎或切除的患者，远期仍有较高的并发症发生率。因此，提出对该类患者应该选择颈动脉重建。该研究对于规范累及颈动脉的口腔颌面部恶性肿瘤或颈动脉体瘤的治疗，具有重要的临床价值和指导意义。

出版动态

本栏目收录的图书目录为我国（不含港、澳、台）口腔医学或相关学科教师、医师所编（著、译）并公开出版发行的口腔医学专业图书和视听教材，时限自 2006 年 1 月至 12 月。分别按书名和视听教材的首字汉语拼音字母顺序排序。

◆2006 耳鼻咽喉头颈外科新进展

主　编　韩德民
出　版　人民卫生出版社
出版日期　2006 年 8 月
开　本　32 开
字　数　392 千字
定　价　28.00 元

◆2006 国家执业医师资格考试口腔医师考试全真模拟及精解（第 2 版）

主　编　《口腔医师考试全真模拟及精解》专家组
出　版　北京大学医学出版社
出版日期　2006 年 1 月
开　本　16 开

字　　数　590 千字
定　　价　39.00 元

◆**2006 国家执业医师资格考试口腔助理医师复习试题集**(第 2 版)
主　　编　《口腔助理医师复习试题集》专家组
出　　版　北京大学医学出版社
出版日期　2006 年 1 月
开　　本　16 开
字　　数　505 千字
定　　价　33.50 元

◆**2006 国家执业医师资格考试口腔助理医师考试全真模拟及精解**(第 2 版)
主　　编　《口腔助理医师考试全真模拟及精解》专家组
出　　版　北京大学医学出版社
出版日期　2006 年 2 月
开　　本　16 开
字　　数　294 千字
定　　价　23.00 元

◆**2006 国家执业医师资格考试口腔助理医师应试指导**(第 2 版,修订)
主　　编　《国家执业医师资格考试应试指导》专家组
出　　版　北京大学医学出版社
出版日期　2006 年 2 月
开　　本　16 开
字　　数　1 265 千字
定　　价　79.90 元

◆**2006 口腔医师实践技能应试指导(含助理口腔医师)**(第 3 版)
主　　编　《口腔医师实践技能应试指导》专家组
出　　版　中国协和医科大学出版社
出版日期　2006 年 1 月
开　　本　16 开
页　　数　86 页
定　　价　10.00 元

◆**2006 年国家执业医师资格考试口腔医师应试习题集**(第 3 版)
主　　编　《口腔医师应试习题集》专家组
出　　版　中国协和医科大学出版社
出版日期　2006 年 1 月
开　　本　16 开
字　　数　650 千字
定　　价　46.00 元

◆**2006 年国家执业医师资格考试口腔医师应试指导**(上下册)
主　　编　《国家执业医师资格考试应试指导》专家组
出　　版　中国协和医科大学出版社
出版日期　2006 年 1 月
开　　本　16 开
定　　价　124.00 元

◆**2006 年国家执业医师资格考试口腔助理医师应试习题集**(第 3 版)
主　　编　《口腔助理医师应试习题集》专家组
出　　版　中国协和医科大学出版社
出版日期　2006 年 1 月
开　　本　16 开
字　　数　620 千字
定　　价　40.00 元

◆**SPSS 在口腔医学统计中的应用**(英汉对照)
主　　编　杜民权　宇传华
出　　版　武汉大学出版社
出版日期　2006 年 2 月
开　　本　大 16 开
字　　数　557 千字
定　　价　32.00 元

◆**TIP-Edge 正畸矫治技术**
原　　著　(美)Richard Parkhouse
主　　译　李永明
出　　版　世界图书出版公司
出版日期　2006 年 10 月
开　　本　32 开
页　　数　117 页
定　　价　95.00 元

◆**Tweed-Merrifield 定向力矫治技术图谱(1)**
编　　著　(韩)金一奉等
主　　译　王　林
出　　版　东南大学出版社
出版日期　2006 年 11 月
开　　本　16 开
页　　数　185 页
定　　价　150.00 元

◆**保存牙科学**(口腔医学精粹丛书)
主　　编　刘　正
出　　版　世界图书出版公司
出版日期　2006 年 9 月
开　　本　16 开
字　　数　272 千字
定　　价　90.00 元

◆**齿科医院流程管理**
主　　编　徐培成等
出　　版　上海科技教育出版社
出版日期　2006 年 12 月
开　　本　大 32 开
页　　数　225 页
定　　价　22.00 元

◆**儿童龋病学**(口腔临床要点快速掌握系列)
原　　著　(英)Chris Deery
主　　译　秦　满等
出　　版　人民军医出版社
出版日期　2006 年 9 月
开　　本　889 mm×1 194 mm　1/32
字　　数　245 千字
定　　价　68.00 元

◆**固定义齿工艺技术**
主　　编　韩栋伟
出　　版　人民卫生出版社
出版日期　2006 年 11 月
开　　本　16 开
字　　数　345 千字
定　　价　32.00 元

◆**颌面口腔应用解剖彩色图谱**
主　　编　段坤昌　李庆生
出　　版　辽宁科学技术出版社
出版日期　2006 年 1 月
开　　本　大 16 开
字　　数　200 千字
定　　价　120.00 元

◆**可摘局部义齿**(口腔临床要点快速掌握系列)
原　　著　(英)Nicholas JA Jepson
主　　译　王家伟等
出　　版　人民军医出版社
出版日期　2006 年 4 月
开　　本　889 mm×1 194 mm　1/32
字　　数　253 千字
定　　价　68.00 元

◆**口齿类要喉科秘诀**(中医临床必读丛书)
主　　编　(明)薛己　(清)破头黄真人
出　　版　人民卫生出版社
出版时间　2006 年 8 月
开　　本　32 开
页　　数　104 页
定　　价　10.00 元

◆**口腔保健与牙病防治**
主　　编　施生根
出　　版　人民军医出版社
出版日期　2006 年 9 月
开　　本　32 开
页　　数　440 页
定　　价　24.00 元

◆**口腔病症——知名专家进社区谈医说病**
主　　编　彭　楠　王　兴
出　　版　化学工业出版社
出版日期　2006 年 1 月
开　　本　32 开
定　　价　18.00 元

◆**口腔固定修复的临床设计**
主　　编　徐　军
出　　版　人民卫生出版社
出版日期　2006 年 12 月
开　　本　16 开
字　　数　387 千字

定　　价　188.00 元

◆口腔固定修复工艺学

主　　编　于海洋
出　　版　人民卫生出版社
出版日期　2006 年 12 月
开　　本　大 16 开
字　　数　585 千字
定　　价　198.00 元

◆口腔颌面疾病临床 X 线表现及其病理学基础

主　　编　王松灵
出　　版　科技文献出版社
出版日期　2006 年 10 月
开　　本　16 开
字　　数　560 千字
定　　价　128.00 元

◆口腔颌面外科学(卫生专业技术资格考试指导)

主　　编　全国卫生专业技术资格考试专家委员会
出　　版　人民卫生出版社
出版日期　2006 年 1 月
开　　本　16 开
字　　数　744 千字
定　　价　58.00 元

◆口腔颌面外科手术操作技巧与并发症处理及图谱详解(全三卷)

编　　著　本书编委会
出　　版　军事医学出版社
出版日期　2006 年 6 月
开　　本　16 开
定　　价　800.00 元

◆口腔颌面医学影像学("十一五"国家规划教材)

主　　编　马绪臣
出　　版　北京大学医学出版社
出版日期　2006 年 6 月
开　　本　16 开
字　　数　554 千字
定　　价　44.50 元

◆口腔疾病 1 000 问

主　　编　台保军
出　　版　湖北科学技术出版社
出版日期　2006 年 8 月
开　　本　32 开
页　　数　275 页
定　　价　17.00 元

◆口腔技工工艺学

主　　编　姚江武
出　　版　北京科学技术出版社
出版日期　2006 年 7 月
开　　本　16 开
页　　数　520 页
定　　价　65.00 元

◆口腔科学(全国高等学校教材)

主　　编　焦晓辉
出　　版　人民卫生出版社
出版日期　2006 年 5 月
开　　本　16 开
字　　数　369 千字
定　　价　29.00 元

◆口腔科诊断治疗手册

主　　编　敬　佩
出　　版　黑龙江科学技术出版社
出版日期　2006 年 9 月
开　　本　16 开
定　　价　198.00 元

◆口腔科诊疗常规(北京协和医院医疗诊疗常规)

主　　编　宿玉成
出　　版　人民卫生出版社
出版日期　2006 年 10 月
开　　本　32 开
页　　数　609 页
定　　价　39.00 元

◆口腔科助理手册

主　　编　欧　尧
出　　版　广东科学技术出版社
出版日期　2006 年 3 月
开　　本　787 mm ×1 092 mm　1/16

字　　数　360 千字
定　　价　48.00 元

◆**口腔内科学**(卫生专业技术资格考试指导)
主　　编　全国卫生专业技术资格考试专家委员会
出　　版　人民卫生出版社
出版日期　2006 年 1 月
开　　本　16 开
字　　数　688 千字
定　　价　54.00 元

◆**口腔黏膜病学**
主　　编　魏克立
出　　版　科学出版社
出版日期　2006 年 3 月
开　　本　16 开
字　　数　1 272 千字
定　　价　380.00 元

◆**口腔生物材料学**(口腔医学精粹丛书)
主　　编　薛　淼
出　　版　世界图书出版公司
出版日期　2006 年 9 月
开　　本　16 开
字　　数　725 千字
定　　价　180.00 元

◆**口腔生物化学**(北京市精品教材建设立项项目)
主　　编　李玉晶
出　　版　北京大学医学出版社
出版日期　2006 年 2 月
开　　本　16 开
字　　数　213 千字
定　　价　15.00 元

◆**口腔数码摄影**
主　　编　刘　峰
出　　版　人民卫生出版社
出版日期　2006 年 5 月
开　　本　16 开
字　　数　283 千字
定　　价　108.00 元

◆**口腔数字化技术学**
主　　编　陈卫民　胡军武　陶学金
出　　版　中国医药科技出版社
出版日期　2006 年 1 月
开　　本　787 mm ×1 092 mm　1/16
字　　数　519 千字
定　　价　65.00 元

◆**口腔修复工艺技术**
主　　编　姚江武
出　　版　北京科学技术出版社
出版日期　2006 年 8 月
开　　本　889 mm×1 194 mm　1/16
定　　价　68.80 元

◆**口腔修复学**(供口腔医学专业用)(全国高等学校教材)
主　　编　巢永烈
出　　版　人民卫生出版社
出版日期　2006 年 6 月
开　　本　大 16 开
字　　数　838 千字
定　　价　42.00 元

◆**口腔修复学**(卫生专业技术资格考试指导)
主　　编　全国卫生专业技术资格考试专家委员会
出　　版　人民卫生出版社
出版日期　2006 年 1 月
开　　本　16 开
字　　数　440 千字
定　　价　52.00.元

◆**口腔医疗安全管理**(口腔诊所开业管理丛书)
主　　编　李　刚
出　　版　人民卫生出版社
出版日期　2006 年 12 月
开　　本　大 32 开
字　　数　213 千字
定　　价　22.00 元

◆**口腔医疗国外现状**(口腔诊所开业管理丛书)
主　　编　李　刚
出　　版　人民卫生出版社
出版日期　2006 年 12 月

开　　本　大32开
字　　数　191千字
定　　价　22.00元

◆**口腔医疗人力资源**(口腔诊所开业管理丛书)
主　　编　李　刚
出　　版　人民卫生出版社
出版日期　2006年12月
开　　本　大32开
字　　数　206千字
定　　价　22.00元

◆**口腔医疗市场拓展**(口腔诊所开业管理丛书)
主　　编　李　刚
出　　版　人民卫生出版社
出版日期　2006年12月
开　　本　大32开
字　　数　196千字
定　　价　22.00元

◆**口腔医疗质量管理**(口腔诊所开业管理丛书)
主　　编　李　刚　郭平川
出　　版　人民卫生出版社
出版日期　2006年12月
字　　数　203千字
开　　本　大32开
定　　价　22.00元

◆**口腔医师执业资格考试一本通**
主　　编　毛　钊　石　平
出　　版　化学工业出版社
出版日期　2006年12月
开　　本　16开
页　　数　899页
定　　价　96.00元

◆**口腔医学(综合)**(卫生专业技术资格考试指导)
主　　编　全国卫生专业技术资格考试专家委员会
出　　版　人民卫生出版社
出版日期　2006年1月
开　　本　16开
字　　数　682千字
定　　价　54.00元

◆**口腔医学技术**(卫生专业技术资格考试指导)
主　　编　全国卫生专业技术资格考试专家委员会
出　　版　人民卫生出版社
出版日期　2006年1月
开　　本　16开
字　　数　1 304千字
定　　价　94.00元

◆**口腔医学技术(主管技师)全真模拟试卷**(主治医师考试冲关捷径丛书)
主　　编　全国卫生专业技术资格考试专家委员会
出　　版　人民卫生出版社
出版日期　2006年2月
开　　本　16开
字　　数　352千字
定　　价　38.00元

◆**口腔医学美学**
主　　编　王伯钧
出　　版　高等教育出版社
出版日期　2006年1月
开　　本　大16开
页　　数　181页
定　　价　21.70元

◆**口腔医学专业英语**(系列专业英语)
主　　编　边　专
出　　版　武汉大学出版社
出版日期　2006年8月
开　　本　32开
定　　价　29.00元

◆**口腔诊所病人管理**(口腔诊所开业管理丛书)
主　　编　李　刚
出　　版　人民卫生出版社
出版日期　2006年12月
开　　本　大32开
字　　数　186千字
定　　价　22.00元

◆**口腔诊所感染控制**(口腔诊所开业管理丛书)
主　　编　李　刚

出　　版　人民卫生出版社
出版日期　2006 年 12 月
开　　本　大 32 开
页　　数　226 页
定　　价　22.00 元

◆**口腔诊所开设和经营管理**(第 2 版)
主　　编　于秦曦　张震康
出　　版　人民卫生出版社
出版日期　2006 年 2 月
开　　本　16 开
字　　数　1 011 千字
定　　价　80.00 元

◆**口腔诊所开业法规**(口腔诊所开业管理丛书)
主　　编　李　刚
出　　版　人民卫生出版社
出版日期　2006 年 12 月
开　　本　大 32 开
字　　数　264 千字
定　　价　22.00 元

◆**口腔诊所开业准备**(口腔诊所开业管理丛书)
主　　编　李　刚
出　　版　人民卫生出版社
出版日期　2006 年 12 月
开　　本　大 32 开
字　　数　216 千字
定　　价　22.00 元

◆**口腔诊所空间设计**(口腔诊所开业管理丛书)
主　　编　李　刚
出　　版　人民卫生出版社
出版日期　2006 年 12 月
开　　本　大 32 开
字　　数　210 千字
定　　价　22.00 元

◆**口腔正畸技工学**(21 世纪口腔正畸学系列丛书)
主　　编　兰泽栋
出　　版　世界图书出版公司
出版日期　2006 年 11 月
开　　本　16 开
页　　数　338 页
定　　价　180.00 元

◆**口腔正畸生物渐进技术**
主　　编　曹　军
出　　版　第四军医大学出版社
出版日期　2006 年 8 月
开　　本　16 开
字　　数　220 千字
定　　价　28.00 元

◆**口腔正畸微种植支抗(MIA)技术——技术原理与临床应用**
主　　编　朴孝尚
出　　版　中国医药科技出版社
出版日期　2006 年 11 月
开　　本　16 开
定　　价　180.00 元

◆**口腔正畸学**(卫生专业技术资格考试指导)
主　　编　全国卫生专业技术资格考试专家委员会
出　　版　人民卫生出版社
出版日期　2006 年 1 月
开　　本　16 开
字　　数　652 千字
定　　价　51.00 元

◆**口腔执业医师——医师资格考试大纲**(2007 年版)
编　　写　卫生部医师资格考试委员会
　　　　　国家医学考试中心
出　　版　人民卫生出版社
出版日期　2006 年 12 月
开　　本　16 开
字　　数　110 千字
定　　价　12.00 元

◆**口腔执业助理医师——医师资格考试大纲**(2007 年版)
编　　写　卫生部医师资格考试委员会
　　　　　国家医学考试中心
出　　版　人民卫生出版社
出版日期　2006 年 12 月

开　　本　16开
字　　数　72千字
定　　价　10.00元

◆口腔种植图谱——手术与修复
原　　著　(英)Richard M Palmer等
主　　译　陈　江
出　　版　福建科学技术出版社
出版日期　2006年4月
开　　本　16开
字　　数　237千字
定　　价　138.00元

◆口腔专科护理操作流程
主　　编　陈佩珠
出　　版　广东科学技术出版社
出版日期　2006年12月
开　　本　16开
页　　数　184页
定　　价　29.00元

◆口腔组织学图谱
主　　编　钟　滨　钟　伟
出　　版　上海教育出版社
出版日期　2006年4月
开　　本　16开
页　　数　139页
定　　价　60.00元

◆临床口腔颌面外科麻醉学
主　　编　宋德富
出　　版　科学技术文献出版社
出版日期　2006年7月
开　　本　32开
字　　数　358千字
定　　价　25.00元

◆临床牙周病学(“十一五”国家规划教材)
主　　编　曹采方　孟焕新
出　　版　北京大学医学出版社
出版日期　2006年3月
开　　本　16开
字　　数　688千字
定　　价　45.80元

◆牛津临床口腔科手册(第4版)
原　　著　(英)David A Mitchell
　　　　　Laura Mitchell等
主　　译　刘宏伟
出　　版　人民卫生出版社
出版日期　2006年3月
开　　本　长32开
字　　数　556千字
定　　价　49.00元

◆龋病学:疾病及其临床处理(翻译版)
主　　译　樊明文　边　专
出　　版　人民卫生出版社
出版日期　2006年4月
开　　本　大16开
字　　数　612千字
定　　价　74.00元

◆全牙列漂白(口腔临床要点快速掌握系列)
原　　著　(德)Ronald E. Goldstein
主　　译　倪龙兴　林　媛
出　　版　人民军医出版社
出版日期　2006年10月
开　　本　889 mm×1 194 mm　1/32
字　　数　229千字
定　　价　130.00元

◆如何让儿童配合口腔治疗(口腔临床要点快速掌握系列)
原　　著　(英)Barbara L Chadwich等
主　　译　秦　满等
出　　版　人民军医出版社
出版日期　2006年4月
开　　本　889 mm×1 194 mm　1/32
字　　数　228千字
定　　价　68.00元

◆实践技能考试辅导及综合笔试题解——口腔分册(国家执业医师资格考试)(2006年版)
主　　编　毛　钊　石　平
出　　版　人民军医出版社
出版日期　2006年4月
开　　本　16开

字　　数　320 千字
定　　价　36.00 元

◆**实用根管治疗学**(口腔临床要点快速掌握系列)
原　　著　(英)John M Whitworth
主　　译　吕红兵　闫福华
出　　版　人民军医出版社
出版日期　2006 年 9 月
开　　本　889 mm×1 194 mm　1/32
字　　数　219 千字
定　　价　68.00 元

◆**实用口腔局部麻醉学**(口腔临床要点快速掌握系列)
编　　著　(英)John G Meechan
主　　译　王　奖等
出　　版　人民军医出版社
出版日期　2006 年 4 月
开　　本　889 mm×1 194 mm　1/32
字　　数　238 千字
定　　价　68.00 元

◆**实用口腔药物学**
主　　编　尹　音
出　　版　人民卫生出版社
出版日期　2006 年 8 月
开　　本　16 开
字　　数　787 千字
定　　价　70.00 元

◆**实用口腔种植技术**(口腔临床要点快速掌握系列)
原　　著　(英)Lloyd J Searson 等
主　　译　陈　波
出　　版　人民军医出版社
出版日期　2006 年 4 月
开　　本　889 mm×1 194 mm　1/32
字　　数　172 千字
定　　价　68.00 元

◆**头颈部肿瘤病理学和遗传学——世界卫生组织肿瘤学分类**
原　　著　(美)巴尼斯
主　　译　刘红刚　高　岩
出　　版　人民卫生出版社
出版日期　2006 年 4 月
开　　本　16 开
字　　数　905 千字
定　　价　255.00 元

◆**外科手术规范化操作与配合——口腔颌面外科分册**
主　　编　毛立民　郭福林　田素宝
出　　版　人民军医出版社
出版日期　2006 年 1 月
开　　本　16 开
字　　数　871 千字
定　　价　110.00 元

◆**无牙颌患者的治疗**
原　　著　(英)J Faster McCord 等
主　　译　王新知等
出　　版　人民卫生出版社
出版日期　2006 年 8 月
开　　本　16 开
字　　数　180 千字
定　　价　48.00 元

◆**现代根管治疗学**(第 2 版)
主　　编　王晓仪　朱亚琴
出　　版　人民卫生出版社
出版日期　2006 年 7 月
开　　本　787 mm×1 092 mm　1/16
字　　数　341 千字
定　　价　30.00 元

◆**现代临床医学妇儿及五官科进展:口腔分册**
主　　编　樊明文
出　　版　科学技术文献出版社
出版日期　2006 年 10 月
开　　本　16 开
字　　数　241 千字
定　　价　25.00 元

◆**现代殆学**
主　　编　王美青
出　　版　人民卫生出版社

出版日期　2006 年 2 月
开　　本　787 mm ×1 092 mm　1/16
字　　数　317 千字
定　　价　57.00 元

◆现代牙颌面畸形治疗学

原　　著　(英)W. R. Proffit 等
主　　译　林　珠等
出　　版　世界图书出版北京公司
开　　本　16 开
字　　数　1 100 千字
定　　价　390.00 元

◆现代牙科诊所指南

主　　编　蒋泽先
出　　版　世界图书出版西安公司
出版日期　2006 年 7 月
开　　本　850 mm×1 168 mm　1/16
字　　数　730 千字
定　　价　68.80 元

◆牙齿外伤手册(第 2 版)

原　　著　JO Andreasen
　　　　　FM Andreasen 等
主　　译　葛立宏
出　　版　人民卫生出版社
出版日期　2006 年 2 月
开　　本　大 16 开
字　　数　163 千字
定　　价　38.00 元

◆牙科修复材料学(第 11 版)

原　　著　(美)Robert G. Graig
　　　　　John M. Powers
主　　译　赵信义等
出　　版　世界图书出版西安公司
出版日期　2006 年 1 月
开　　本　16 开
字　　数　600 千字
定　　价　140.00 元

◆牙科修复学

原　　著　(英)A. Danien Walmsley
　　　　　Trevor F. Walsh 等
主　　译　陈吉华
出　　版　世界图书出版西安公司
出版日期　2006 年 2 月
开　　本　16 开
字　　数　300 千字
定　　价　118.00 元

◆牙科诊所开业管理

主　　编　李　刚
出　　版　第四军医大学出版社
出版日期　2006 年 1 月
开　　本　大 16 开
字　　数　760 千字
定　　价　86.00 元

◆牙髓生物学

主　　编　史俊南
出　　版　世界图书出版西安公司
出版日期　2006 年 2 月
开　　本　787 mm ×1 092 mm　1/16
字　　数　375 千字
定　　价　69.00 元

◆牙髓治疗失败的临床对策(口腔临床要点快速掌握系列)

原　　著　(英)Bun San Chong
主　　译　刘　原
出　　版　人民军医出版社
出版日期　2006 年 10 月
开　　本　889 mm×1 194 mm　1/32
字　　数　255 千字
定　　价　68.00 元

◆牙体牙髓病学(长学制教材)

主　　编　王嘉德　高学军
出　　版　北京大学医学出版社
出版日期　2006 年 1 月
开　　本　16 开
字　　数　810 千字
定　　价　45.00 元

◆牙周治疗团队工作原则(口腔临床要点快速掌握系列)

原　　著　(英)Suzanne Noble 等

主 译 阎福华
出 版 人民军医出版社
出版日期 2006 年 9 月
开 本 889 mm×1 194 mm 1/32
字 数 228 千字
定 价 68.00 元

◆**眼耳鼻喉口腔科学学习指导**(卫生部规划教材,供临床医学专业用)
主 编 王斌全
出 版 人民卫生出版社
出版日期 2006 年 5 月
开 本 16 开
字 数 412 千字
定 价 24.00 元

◆**眼耳鼻喉口腔科学应试向导**(医学专科版)
主 编 张古泉 王 勇
出 版 同济大学出版社
出版日期 2006 年 12 月
开 本 16 开
定 价 23.40 元

◆**眼耳鼻咽喉口腔科护理学**(供高职高专护理专业用)
主 编 陈燕燕
出 版 人民卫生出版社
出版日期 2006 年 1 月
开 本 16 开
字 数 230 千字
定 价 20.00 元

◆**眼耳鼻咽喉口腔科护理学学习指导及习题集**
主 编 陈燕燕
出 版 人民卫生出版社
出版日期 2006 年 2 月
开 本 16 开
字 数 230 千字
定 价 20.00 元

◆**一次性根管治疗学**
主 编 徐学良 张 梅
出 版 广东科学技术出版社
出版日期 2006 年 3 月
开 本 16 开
字 数 170 千字
定 价 35.00 元

◆**一口好牙 DIY**
主 编 俞未一 于金华
出 版 科学技术出版社
出版日期 2006 年 6 月
开 本 16 开
字 数 220 千字
定 价 38.00 元

◆**医疗机构医务人员三基训练习题集:口腔科**
主 编 胡勤刚
出 版 东南大学出版社
出版日期 2006 年 8 月
开 本 16 开
字 数 106 千字
定 价 10.00 元

◆**医院口腔科诊疗常规推广应用与检查诊断标准及科室工作制度规范实用手册**(全三册)
编 著 本书编委会
出 版 中国医学出版社
出版日期 2006 年 9 月
开 本 16 开
定 价 798.00 元

◆**婴儿、儿童和母亲口腔保健手册**
主 编 姜 萍
出 版 人民卫生出版社
出版日期 2006 年 10 月
开 本 16 开
字 数 60 千字
定 价 27.00 元

◆**预防口腔医学**(长学制教材)
主 编 卞金有
出 版 北京大学医学出版社
出版日期 2006 年 3 月
开 本 16 开

字　　数　1 123 千字
定　　价　69.90 元

◆**正颌外科**
主　　编　胡　静　王大章
出　　版　人民卫生出版社
出版日期　2006 年 4 月
开　　本　16 开
字　　数　640 千字
定　　价　120.00 元

◆**正畸学荟萃——与正畸相关的口腔其他学科问题的处理**
原　　著　(美) Cozzani G　Spezia L
主　　译　柯　杰
出　　版　人民军医出版社
出版日期　2006 年 4 月
开　　本　大 16 开
字　　数　612 千字
定　　价　380.00 元

◆**专家谈口腔四大疾病与口腔医学美学**
主　　编　林培炎
出　　版　中国社会出版社
出版日期　2006 年 9 月
开　　本　32 开
页　　数　151 页
定　　价　10.00 元

◆**阻生第三磨牙拔除临床指南**(口腔开业医师临床指导丛书)
原　　著　JM Korendau
主　　译　陈　江
出　　版　人民军医出版社
出版日期　2006 年 9 月
开　　本　大 16 开
字　　数　162 千字
定　　价　68.00 元

◆**中国口腔医学年鉴**(2005 年卷)
主　　编　周学东
出　　版　四川科学技术出版社
出版日期　2006 年 10 月
开　　本　16 开
字　　数　480 千字
定　　价　52.00 元

◆**种植义齿 背景·选择·计划·操作**(口腔科临床精品系列)
主　　编　韩　科
出　　版　人民军医出版社
出版日期　2006 年 12 月
开　　本　16 开
字　　数　564 千字
定　　价　199.00 元

◆**常见错𬌗畸形的矫治——牙列拥挤**(VCD)(卫生部医学视听教材)
制作单位　河北医科大学
出　　版　人民卫生电子音像出版社
出版日期　2006 年 1 月
定　　价　48.00 元

◆**错𬌗畸形的早期生长控制和颌骨矫治**(VCD)
制作单位　西安交通大学医学院
出　　版　人民卫生电子音像出版社
出版日期　2006 年 1 月
定　　价　48.00 元

◆**方丝弓矫治器**(VCD)
制作单位　西安交通大学医学院
出　　版　人民卫生电子音像出版社
出版日期　2006 年 1 月
定　　价　48.00 元

◆**颌面部骨折手术复位坚强内固定术**(VCD)
制作单位　哈尔滨医科大学
出　　版　人民卫生电子音像出版社
出版日期　2006 年 1 月
定　　价　38.00 元

◆**活动矫治器**(VCD)
制作单位　哈尔滨医科大学
出　　版　人民卫生电子音像出版社
出版日期　2006 年 1 月
定　　价　100.00 元

◆**固定桥**(CD-ROM)(卫生部医学视听教材)
制作单位　西安交通大学医学院

出 版 人民卫生电子音像出版社
出版日期 2006 年 9 月
定 价 160.00 元

◆**口腔颌面医学影像诊断学**(CD-ROM)
制作单位 北京大学口腔医学院
出 版 人民卫生电子音像出版社
出版日期 2006 年 9 月
定 价 160.00 元

◆**口腔黏膜病组织病理**(CD-ROM)
制作单位 暨南大学
出 版 人民卫生电子音像出版社
出版日期 2006 年 2 月
定 价 100.00 元

◆**口腔面颈颅部局部解剖**(CD-ROM)
制作单位 第四军医大学口腔医学院
出 版 人民卫生电子音像出版社
出版日期 2006 年 1 月
定 价 160.00 元

◆**口腔正畸技工教学多媒体**(CD-ROM)
制 作 者 刘 岚 刘 鑫
出 版 解放军卫生音像出版社
出版日期 2006 年 6 月
定 价 45.00 元

◆**口腔正畸诊疗新技术操作规范与彩图详解**(CD-ROM)(3 卷)
主 编 梁永明
出 版 中华医学电子出版社
出版日期 2006 年 10 月
定 价 398.00 元

◆**口腔专科护理操作技术(一)**(DVD)
制作单位 四川大学华西口腔医院
出 版 人民卫生电子音像出版社
出版日期 2006 年 12 月
定 价 48.00 元

◆**全口义齿**(上、下)(卫生部医学 CAI 课件)
制作单位 天津医科大学
出 版 中国中医药出版社
出版日期 2006 年 10 月
定 价 96.00 元

◆**乳牙和年轻恒牙的拔除**(DVD)(卫生部医学视听教材)
制作单位 哈尔滨医科大学
出 版 人民卫生电子音像出版社
出版日期 2006 年 9 月
定 价 100.00 元

◆**牙急性损伤**(DVD)(卫生部医学视听教材)
制作单位 哈尔滨医科大学
出 版 人民卫生电子音像出版社
出版日期 2006 年 7 月
定 价 48.00 元

◆**牙髓病的临床表现及诊断**(DVD)(卫生部医学视听教材)
制作单位 南京医科大学
出 版 人民卫生电子音像出版社
出版日期 2006 年 1 月
定 价 55.70 元

◆**牙体解剖多媒体教学课件**(CD-ROM)
制作单位 上海交通大学口腔医学院
出 版 人民卫生电子音像出版社
出版日期 2006 年 9 月
定 价 160.00 元

◆**牙周病的检查和诊断**(VCD)
制作单位 西安交通大学医学院
出 版 人民卫生电子音像出版社
出版日期 2006 年 1 月
定 价 48.00 元

◆**牙周炎**(DVD)(卫生部医学视听教材)
制作单位 河北医科大学
出 版 人民卫生电子音像出版社
出版日期 2006 年 12 月
定 价 48.00 元

◆**桩冠的设计与制作**
制作单位 西安交通大学医学院
出 版 人民卫生电子音像出版社
出版日期 2006 年 1 月
定 价 48.00 元

(薛玉萍)

文献法规

本栏目收录了 2006 年中华人民共和国卫生部颁布的有关医院管理、医院感染管理、医疗机构临床实验室管理、口腔保健用品认证管理等方面的法规和标准等。资料来源于卫生部网。

关于继续深入开展“以病人为中心，以提高医疗服务质量为主题”的医院管理年活动的通知

卫医发[2006]169 号

各省、自治区、直辖市卫生厅局，中医药管理局，新疆生产建设兵团卫生局，卫生部直属有关单位，卫生部部属部管医院，国际中医药管理局直属(管)医院：

2005 年在全国开展的医院管理年活动，对于促进医院端正办院方向，牢记服务宗旨，树立“以病人为中心”的理念，规范医疗行为，改善服务态度，提高医疗质量，降低医疗费用，发挥了重要作用。加强医院管理，提高服务质量，是一项长期的任务，需要总结经验，巩固成果，完善措施，继续推进。为此，卫生部和国家中医药管理局决定，2006 年要在全国继续深入开展“以病人为中心，以提高医疗服务质量为主题”的医院管理年活动。现将有关工作通知如下：

一、指导思想

坚持以科学发展观为指导，以病人为中心，以提高医疗服务质量为主题，把追求社会效益，维护群众利益，保证医疗质量和医疗安全，构建和谐医患关系作为主要内容。针对医院管理中存在的问题，落实院长责任、规范执业行为、严格收费管理、加强评价监督，探索建立医院规范管理和医院绩效评价的长效机制。通过管理年活动，进一步提高医疗服务质量，降低不合理医疗费用，使群众亲身感受到加强医院管理带来的实际效果。

二、活动范围

2006 年医院管理年活动范围为全国各级各类医院，重点是公立医院。

三、工作目标和重点要求

(一)提高医疗质量，保障医疗安全，巩固基础医疗和护理质量，保证医疗服务的安全性和有效性。

重点要求：

1. 严格贯彻执行医疗卫生管理法律、法规、规章和诊疗护理规范、常规，做到依法执业，行为规范。

2. 建立医院及其医务人员违法违规行为公示制度。依法查处违反《执业医师法》、《医疗机构管理条例》、《医师外出会诊管理暂行规定》的行为并予以公示。

3. 健全医院规章制度和人员岗位责任制度，严格落实医疗质量和医疗安全的核心制度，包括首诊负责制度、三级医师查房制度、分级护理制度、疑难病例讨论制度、会诊制度、危重患者抢救制度、术前讨论制度、死亡病例讨论制度、查对制度、病历书写基本规范与管理制度、交接班制度、技术准入制度等。其中，对病历管理要重点加强运行病历的实

时监控与管理。

4. 加强基础医疗和护理质量管理，强化“三基三严”训练。

5. 合理检查、合理用药、因病施治。根据患者病情需要实施检查，控制不必要的大型医疗设备检查，实行三级医院同类医学检验、医学影像检查互认；按照安全、有效、经济的原则选择用药，尽量为患者选择同类低价药品。

6. 执行《处方管理办法(试行)》，加强处方规范化管理，逐步实行按药品通用名处方，探索开展处方点评工作，登记并通报不合理处方。

7. 执行《抗菌药物临床应用指导原则》，提高抗菌药物临床合理应用水平。制定和完善医院抗菌药物临床应用实施细则，坚持抗菌药物分级使用。开展临床用药监控，实施抗菌药物用量动态监测及超常预警，对过度使用抗菌药物的行为及时予以干预。

8. 落实护士配备标准，规范护士执业行为，加强护理管理，提高护理服务意识、水平、质量和专业技术能力。

9. 加强对急危重症患者的管理，提高急危重症患者抢救成功率。提高急诊科(室)能力，做到专业设置、人员配备合理，抢救设备设施齐备、完好；医务人员相对固定，值班医师胜任急诊抢救工作；急诊会诊迅速到位；急诊科(室)、入院、手术“绿色通道”畅通。加强对重症监护病房(ICU)的管理，人员、设备、设施配备与其功能、任务相适应，科学、合理、规范救治。

10. 落实《医疗机构临床实验室管理办法》，强化医院临床实验室管理，认真开展临床实验室室内质量控制，参加临床实验室室间质量评价，提高临床检验水平。

11. 加强临床科学合理用血，杜绝非法自采自供血液。

12. 规范消毒、灭菌、隔离与医疗废物管理工作，严格执行无菌技术操作、消毒隔离工作制度，重点加强手术室、重症监护病房(ICU)、血液透析室、感染性疾病科、新生儿室等部门的医院感染管理工作，提高医院感染诊断水平，有效预防和控制医院感染。

13. 医院领导定期专题研究提高医疗质量、保证医疗安全的工作，确立质量与安全工作的重点目标，组织开展经常性监督检查，针对存在问题落实持续改进措施。

(二)改进服务流程，改善就诊环境，方便病人就医。

重点要求：

14. 优化流程，简化环节，科室布局合理，提高挂号、收费、取药等窗口人员工作效率，缩短患者等候时间。

15. 加强挂号管理，创新挂号便民方式，提高预约挂号比例，开展就诊流程指导，增加专家门诊数量。

16. 采取措施缩短各项检查预约、报告等的等候时间。

17. 科室、服务标识规范、清楚、醒目、易懂。

18. 为患者提供清洁、舒适、温馨、私密性良好的诊疗环境和便民服务措施，门诊提供导诊咨询服务，有候诊椅、饮水、轮椅、电话等设施。

(三)提高服务意识，改善服务态度，转变服务作风，注重诚信服务，增进医患沟通，构建和谐的医患关系。

重点要求：

19. 维护患者合法权益，充分尊重患者知情同意权和选择权。

20. 服务态度良好，语言文明礼貌，杜绝生、冷、硬、顶、推现象。

21. 建立医患沟通制度，增强医患感情交流。规范医患沟通内容、形式，交流用语通俗、易懂，增强沟通效果。

22. 完善患者投诉处理制度，公布投诉电话、信箱，及时受理、处置患者投诉。

23. 采取多种方式，收集患者意见，及时改进工作。

24.利用多种形式公示医疗服务相关信息,如医疗服务项目、服务流程、医疗质量、医疗费用、服务绩效、投诉及处理等。

(四)加强财务管理,规范收支活动,完善分配办法,控制医药费用。

重点要求:

25.坚持"统一领导、集中管理"的财务管理原则,医院一切财务收支必须纳入财务部门统一管理,严禁医院、部门、科室设立账外账和"小金库"。

26.建立科学决策机制,实行重大经济事项领导负责制和责任追究制,重大项目必须经集体讨论并按规定程序报批。实行分级负责,责任到人。

27.加强药品、材料、设备等物资的管理,严格实行医院成本核算制度。加强管理、堵塞漏洞,降低医疗服务成本和药品、材料消耗。

28.建立按岗取酬、按工作量取酬、按服务质量和工作绩效取酬的分配机制。严禁科室承包,严禁医务人员收入分配与医疗服务收入直接挂钩。

29.提高医院经济管理水平,加强财务监督分析,建立患者医药费用控制指标。

(五)严格医药费用管理,杜绝不合理收费。

重点要求:

30.严格执行国家有关药品集中招标采购的制度和规定,将应招标药品全部纳入集中招标采购,做到公开、透明、公正。严禁擅自采购应招标药品。

31.严格执行国家药品价格政策和医疗服务项目价格。禁止在国家规定之外擅自设立收费项目,严禁分解项目、比照项目收费和重复收费。

32.向社会公开收费项目和标准。在显著位置通过多种方式,如电子触摸屏、电子显示屏、公示栏、价目表等,公示医疗服务价格、常用药品和主要医用耗材的价格。

33.严格执行住院患者费用每日清制度,将药品、医用耗材和医疗服务名称、数量、单价、金额等通过适当方式告知患者。患者出院时,提供详细的总费用清单。

34.接受患者价格咨询和费用查询,如实提供价格或费用信息,及时处理患者对违规收费的投诉。

35.完善医疗服务项目的病历记录和费用核查制度,定期对患者费用进行核查,病历没有记录的医疗服务项目不得收取费用。

(六)加强思想道德教育,树立社会主义荣辱观,推进精神文明建设,纠正损害群众利益的不正之风。

重点要求:

36.认真组织开展以"八荣八耻"为主要内容的社会主义荣辱观教育,坚持全心全意为人民健康服务的宗旨,努力构建和谐医患关系。

37.认真开展精神文明创建活动,宣传先进典型事迹,弘扬正气,树立新风,共建和谐医院。

38.坚决贯彻落实中央和卫生部关于治理医药购销领域商业贿赂的工作部署,认真扎实做好自查自纠、查处案件和健全制度等项工作。

39.加强医德医风教育、纪律教育和法制教育,把医德医风作为医务人员考核、评优、评先的重要内容,与执业医师考核、护士再次注册相结合。

40.严禁医务人员索要患者及其家属的财务,严禁医务人员接受医疗设备、医疗器械、药品、试剂等生产、销售企业或个人给予的回扣、提成和其他不正当利益。

41.严禁药品处方、检验检查等"开单提成",严禁医院向科室或个人下达创收指标。

42.严禁医院利用回扣、提成及其他不正当手段从其他医疗机构招揽患者。

43.严禁发布违法医疗广告误导患者,欺

骗群众。

44. 认真处理群众投诉、举报，严肃查处损害群众利益的行为。

45. 加强纠风工作，落实纠风工作责任制，强化医院院长管理责任。

四、实施步骤

(一)准备和部署(2006 年 5 月)

1. 下发通知，对 2006 年医院管理年活动进行全面部署。

2. 召开医院管理年工作会议，总结 2005 年医院管理年活动，明确 2006 年工作目标和任务。

3. 各地根据本通知部署本辖区医院管理年活动。

(二)组织实施(2006 年 6 月～2007 年 3 月)

1. 贯彻落实。针对 2005 年自查和督导中发现的问题认真整改；按照 2006 年医院管理年工作目标和重点要求，制定实施方案和工作措施，自查自纠，狠抓落实。

2. 加强督导。卫生行政、中医药管理部门按照职能，进行督查、评价、检查和指导，确保实施效果。

3. 组织巡查。卫生部、国家中医药管理局围绕医院管理年活动工作目标和重点要求，重点对三级医院开展巡视检查，并通报巡查结果。

(三)总结交流(2007 年 4 月)

认真总结各地开展管理年活动的经验及成效，召开会议。交流各地加强医院制度建设，提高医疗质量，改进医疗服务的有效措施，表扬、宣传管理好、服务好、社会反映好的先进典型。同时，分析存在的问题，研究部署下一年度开展医院管理年活动的有关工作。

五、工作要求

(一)统一思想，提高认识。在全国开展医院管理年活动，是医疗卫生系统贯彻科学发展观，促进医疗卫生事业健康发展，解决群众反映突出问题的一项重大举措。各级卫生行政、中医药管理部门和各类医院要提高对加强医院管理重要性、紧迫性的认识，把思想统一到端正办院方向、促进医院发展和维护群众利益上来，采取有效措施，确保医院管理年活动各项目标的实现。

(二)突出重点，整体推进。2006 年医院管理年活动，突出了医院管理的重点要求，提出了具体明确的目标。各级卫生行政、中医药管理部门和各类医院要结合实际，对照重点要求，结合《医院管理评价指南(试行)》和《中医医院管理评价指南(试行)》，抓住重点医院和薄弱环节，制定切实有效的整改措施，既突出重点，又以点带面，全面改进医院管理。

(三)加强领导，落实责任。各级各类医院要在 2005 年医院管理年活动的基础上，健全领导机构，落实人员职责，加强组织领导。院长是医院管理年活动的第一责任人，必须把强化医院管理作为首要任务，认真部署，严格要求，明确责任，狠抓落实。对管理混乱，医疗质量和医疗安全存在重大缺陷，严重损害群众利益，造成不良社会影响的，要坚决撤换院长。

(四)加强监督，依法管理。各级卫生行政、中医药管理部门要加强对医院和医务人员的监督管理，对发现的违法违纪行为，要及时严肃处理；对管理混乱、医疗质量和医疗安全存在重大缺陷、严重损害群众利益、造成不良社会影响的医院，要黄牌警告、限期整改直至降低医院评审等次，并予以通报。

(五)加强交流，深入宣传。各地要及时发现和总结医院管理年活动中好的做法和经验，采取多种方式组织交流。要继续做好宣传工作，营造良好舆论氛围，推动医院管理年活动深入开展。

(六)立足长远，建立长效机制。加强和改善医院管理，是一项长期任务，要探索建立医院管理评价制度和长效机制，体现长期效果，实现持续改进。各级卫生行政、中医药管理部门和各类医院要针对医院管理存在的问题，分清轻重缓急，制定工作规划。2006年度医院管理年活动结束后，各地要对照目标、任务和要求，开展评价，为下一年度开展医院管理年活动提供目标和依据。

附有关指标：

1.医疗纠纷、重大医疗过失行为和医疗事故报告率

2.医疗事故发生件数、等级、责任程度、赔偿金额

3.院内急会诊到位时间

4.急诊留观时间

5.急救物品完好率

6.急危重症抢救成功率

7.危重症病人护理合格率

8.成分输血率、合理用血率

9.临床检验室内质量控制、室间质量评价项目及结果

10.医疗器械消毒灭菌合格率

11.预约挂号占挂号总量比例

12.挂号、划价、收费、取药、采血等服务窗口等候时间

13.辅助检查自预约到出具检查结果时间

14.检验、心电图、超声、影像常规检验检查项目自开始检查到出具结果时间

15.术中冰冻病理自送检到出具结果时间

16.平均住院日

17.门诊病人人均医疗费用中药费所占比例

18.出院病人人均医疗费用中药费所占比例

19.药品毛收入、纯收入分别占总收入比例

20.每100张处方中使用抗菌药物的处方比例

21.患者和社会对医疗服务满意度

中华人民共和国卫生部
国家中医药管理局
二〇〇六年五月九日

医院感染管理办法

中华人民共和国卫生部令第48号

《医院感染管理办法》已于2006年6月15日经卫生部部务会议讨论通过，现予以发布，自2006年9月1日起施行。

部长　高　强
二〇〇六年七月六日

医院感染管理办法

第一章　总　则

第一条　为加强医院感染管理，有效预防和控制医院感染，提高医疗质量，保证医疗安全，根据《传染病防治法》、《医疗机构管理条例》和《突发公共卫生事件应急条例》等法

律、行政法规的规定，制定本办法。

第二条　医院感染管理是各级卫生行政部门、医疗机构及医务人员针对诊疗活动中存在的医院感染、医源性感染及相关的危险因素进行的预防、诊断和控制活动。

第三条　各级各类医疗机构应当严格按照本办法的规定实施医院感染管理工作。医务人员的职业卫生防护，按照《职业病防治法》及其配套规章和标准的有关规定执行。

第四条　卫生部负责全国医院感染管理的监督管理工作。

县级以上地方人民政府卫生行政部门负责本行政区域内医院感染管理的监督管理工作。

第二章　组织管理

第五条　各级各类医疗机构应当建立医院感染管理责任制，制定并落实医院感染管理的规章制度和工作规范，严格执行有关技术操作规范和工作标准，有效预防和控制医院感染，防止传染病病原体、耐药菌、条件致病菌及其他病原微生物的传播。

第六条　住院床位总数在 100 张以上的医院应当设立医院感染管理委员会和独立的医院感染管理部门。住院床位总数在 100 张以下的医院应当指定分管医院感染管理工作的部门。

其他医疗机构应当有医院感染管理专（兼）职人员。

第七条　医院感染管理委员会由医院感染管理部门、医务部门、护理部门、临床科室、消毒供应室、手术室、临床检验部门、药事管理部门、设备管理部门、后勤管理部门及其他有关部门的主要负责人组成，主任委员由医院院长或者主管医疗工作的副院长担任。

医院感染管理委员会的职责是：

（一）认真贯彻医院感染管理方面的法律法规及技术规范、标准，制定本医院预防和控制医院感染的规章制度、医院感染诊断标准并监督实施；

（二）根据预防医院感染和卫生学要求，对本医院的建筑设计、重点科室建设的基本标准、基本设施和工作流程进行审查并提出意见；

（三）研究并确定本医院的医院感染管理工作计划，并对计划的实施进行考核和评价；

（四）研究并确定本医院的医院感染重点部门、重点环节、重点流程、危险因素以及采取的干预措施，明确各有关部门、人员在预防和控制医院感染工作中的责任；

（五）研究并制定本医院发生医院感染暴发及出现不明原因传染性疾病或者特殊病原体感染病例等事件时的控制预案；

（六）建立会议制度，定期研究、协调和解决有关医院感染管理方面的问题；

（七）根据本医院病原体特点和耐药现状，配合药事管理委员会提出合理使用抗菌药物的指导意见；

（八）其他有关医院感染管理的重要事宜。

第八条　医院感染管理部门、分管部门及医院感染管理专（兼）职人员具体负责医院感染预防与控制方面的管理和业务工作。主要职责是：

（一）对有关预防和控制医院感染管理规章制度的落实情况进行检查和指导；

（二）对医院感染及其相关危险因素进行监测、分析和反馈，针对问题提出控制措施并指导实施；

（三）对医院感染发生状况进行调查、统计分析，并向医院感染管理委员会或者医疗机构负责人报告；

（四）对医院的清洁、消毒灭菌与隔离、无菌操作技术、医疗废物管理等工作提供指导；

（五）对传染病的医院感染控制工作提供指导；

（六）对医务人员有关预防医院感染的职业卫生安全防护工作提供指导；

（七）对医院感染暴发事件进行报告和调

查分析，提出控制措施并协调、组织有关部门进行处理；

（八）对医务人员进行预防和控制医院感染的培训工作；

（九）参与抗菌药物临床应用的管理工作；

（十）对消毒药械和一次性使用医疗器械、器具的相关证明进行审核；

（十一）组织开展医院感染预防与控制方面的科研工作；

（十二）完成医院感染管理委员会或者医疗机构负责人交办的其他工作。

第九条　卫生部成立医院感染预防与控制专家组，成员由医院感染管理、疾病控制、传染病学、临床检验、流行病学、消毒学、临床药学、护理学等专业的专家组成。主要职责是：

（一）研究起草有关医院感染预防与控制、医院感染诊断的技术性标准和规范；

（二）对全国医院感染预防与控制工作进行业务指导；

（三）对全国医院感染发生状况及危险因素进行调查、分析；

（四）对全国重大医院感染事件进行调查和业务指导；

（五）完成卫生部交办的其他工作。

第十条　省级人民政府卫生行政部门成立医院感染预防与控制专家组，负责指导本地区医院感染预防与控制的技术性工作。

第三章　预防与控制

第十一条　医疗机构应当按照有关医院感染管理的规章制度和技术规范，加强医院感染的预防与控制工作。

第十二条　医疗机构应当按照《消毒管理办法》，严格执行医疗器械、器具的消毒工作技术规范，并达到以下要求：

（一）进入人体组织、无菌器官的医疗器械、器具和物品必须达到灭菌水平；

（二）接触皮肤、黏膜的医疗器械、器具和物品必须达到消毒水平；

（三）各种用于注射、穿刺、采血等有创操作的医疗器具必须一用一灭菌。

医疗机构使用的消毒药械、一次性医疗器械和器具应当符合国家有关规定。一次性使用的医疗器械、器具不得重复使用。

第十三条　医疗机构应当制定具体措施，保证医务人员的手卫生、诊疗环境条件、无菌操作技术和职业卫生防护工作符合规定要求，对医院感染的危险因素进行控制。

第十四条　医疗机构应当严格执行隔离技术规范，根据病原体传播途径，采取相应的隔离措施。

第十五条　医疗机构应当制定医务人员职业卫生防护工作的具体措施，提供必要的防护物品，保障医人员的职业健康。

第十六条　医疗机构应当严格按照《抗菌药物临床应用指导原则》，加强抗菌药物临床使用和耐药菌监测管理。

第十七条　医疗机构应当按照医院感染诊断标准及时诊断医院感染病例，建立有效的医院感染监测制度，分析医院感染的危险因素，并针对导致医院感染的危险因素，实施预防与控制措施。

医疗机构应当及时发现医院感染病例和医院感染的暴发，分析感染源、感染途径，采取有效的处理和控制措施，积极救治患者。

第十八条　医疗机构经调查证实发生以下情形时，应当于 12 小时内向所在地的县级地方人民政府卫生行政部门报告，并同时向所在地疾病预防控制机构报告。所在地的县级地方人民政府卫生行政部门确认后，应当于 24 小时内逐级上报至省级人民政府卫生行政部门。省级人民政府卫生行政部门审核后，应当在 24 小时内上报至卫生部：

（一）5 例以上医院感染暴发；

（二）由于医院感染暴发直接导致患者死亡；

（三）由于医院感染暴发导致 3 人以上人

身损害后果。

第十九条 医疗机构发生以下情形时，应当按照《国家突发公共卫生事件相关信息报告管理工作规范(试行)》的要求进行报告：

(一)10 例以上的医院感染暴发事件；

(二)发生特殊病原体或者新发病原体的医院感染；

(三)可能造成重大公共影响或者严重后果的医院感染。

第二十条 医疗机构发生的医院感染属于法定传染病的，应当按照《中华人民共和国传染病防治法》和《国家突发公共卫生事件应急预案》的规定进行报告和处理。

第二十一条 医疗机构发生医院感染暴发时，所在地的疾病预防控制机构应当及时进行流行病学调查，查找感染源、感染途径、感染因素，采取控制措施，防止感染源的传播和感染范围的扩大。

第二十二条 卫生行政部门接到报告，应当根据情况指导医疗机构进行医院感染的调查和控制工作，并可以组织提供相应的技术支持。

第四章 人员培训

第二十三条 各级卫生行政部门和医疗机构应当重视医院感染管理的学科建设，建立专业人才培养制度，充分发挥医院感染专业技术人员在预防和控制医院感染工作中的作用。

第二十四条 省级人民政府卫生行政部门应当建立医院感染专业人员岗位规范化培训和考核制度，加强继续教育，提高医院感染专业人员的业务技术水平。

第二十五条 医疗机构应当制定对本机构工作人员的培训计划，对全体工作人员进行医院感染相关法律法规、医院感染管理相关工作规范和标准、专业技术知识的培训。

第二十六条 医院感染专业人员应当具备医院感染预防与控制工作的专业知识，并能够承担医院感染管理和业务技术工作。

第二十七条 医务人员应当掌握与本职工作相关的医院感染预防与控制方面的知识，落实医院感染管理规章制度、工作规范和要求。工勤人员应当掌握有关预防和控制医院感染的基础卫生学和消毒隔离知识，并在工作中正确运用。

第五章 监督管理

第二十八条 县级以上地方人民政府卫生行政部门应当按照有关法律法规和本办法的规定，对所辖区域的医疗机构进行监督检查。

第二十九条 对医疗机构监督检查的主要内容是：

(一)医院感染管理的规章制度及落实情况；

(二)针对医院感染危险因素的各项工作和控制措施；

(三)消毒灭菌与隔离、医疗废物管理及医务人员职业卫生防护工作状况；

(四)医院感染病例和医院感染暴发的监测工作情况；

(五)现场检查。

第三十条 卫生行政部门在检查中发现医疗机构存在医院感染隐患时，应当责令限期整改或者暂时关闭相关科室或者暂停相关诊疗科目。

第三十一条 医疗机构对卫生行政部门的检查、调查取证等工作，应当予以配合，不得拒绝和阻碍，不得提供虚假材料。

第六章 罚 则

第三十二条 县级以上地方人民政府卫生行政部门未按照本办法的规定履行监督管理和对医院感染暴发事件的报告、调查处理职责，造成严重后果的，对卫生行政主管部门主要负责人、直接责任人和相关责任人予以降级或者撤职的行政处分。

第三十三条 医疗机构违反本办法，有下列行为之一的，由县级以上地方人民政府卫生行政部门责令改正，逾期不改的，给予警告并通报批评；情节严重的，对主要负责人和直接责任人给予降级或者撤职的行政处分：

（一）未建立或者未落实医院感染管理的规章制度、工作规范；

（二）未设立医院感染管理部门、分管部门以及指定专（兼）职人员负责医院感染预防与控制工作；

（三）违反对医疗器械、器具的消毒工作技术规范；

（四）违反无菌操作技术规范和隔离技术规范；

（五）未对消毒药械和一次性医疗器械、器具的相关证明进行审核；

（六）未对医务人员职业暴露提供职业卫生防护。

第三十四条　医疗机构违反本办法规定，未采取预防和控制措施或者发生医院感染未及时采取控制措施，造成医院感染暴发、传染病传播或者其他严重后果的，对负有责任的主管人员和直接责任人员给予降级、撤职、开除的行政处分；情节严重的，依照《传染病防治法》第六十九条规定，可以依法吊销有关责任人员的执业证书；构成犯罪的，依法追究刑事责任。

第三十五条　医疗机构发生医院感染暴发事件未按本办法规定报告的，由县级以上地方人民政府卫生行政部门通报批评；造成严重后果的，对负有责任的主管人员和其他直接责任人员给予降级、撤职、开除的处分。

第七章　附　则

第三十六条　本办法中下列用语的含义：

（一）医院感染：指住院病人在医院内获得的感染，包括在住院期间发生的感染和在医院内获得出院后发生的感染，但不包括入院前已开始或者入院时已处于潜伏期的感染。医院工作人员在医院内获得的感染也属医院感染。

（二）医源性感染：指在医学服务中，因病原体传播引起的感染。

（三）医院感染暴发：是指在医疗机构或其科室的患者中，短时间内发生 3 例以上同种同源感染病例的现象。

（四）消毒：指用化学、物理、生物的方法杀灭或者消除环境中的病原微生物。

（五）灭菌：杀灭或者消除传播媒介上的一切微生物，包括致病微生物和非致病微生物，也包括细菌芽孢和真菌孢子。

第三十七条　中国人民解放军医疗机构的医院感染管理工作，由中国人民解放军卫生部门归口管理。

第三十八条　采供血机构与疾病预防控制机构的医源性感染预防与控制管理参照本办法。

第三十九条　本办法自 2006 年 9 月 1 日起施行，原 2000 年 11 月 30 日颁布的《医院感染管理规范（试行）》同时废止。

卫生部关于印发《医疗机构临床实验室管理办法》的通知

（卫医发〔2006〕73 号）

各省、自治区、直辖市卫生厅局，新疆生产建设兵团卫生局：

为加强医疗机构临床实验室管理，提高临床检验水平，保证医疗质量和医疗安全，我部组织制定了《医疗机构临床实验室管理办法》。现印发给你们，请遵照执行。

二〇〇六年二月二十七日

医疗机构临床实验室管理办法

第一章 总 则

第一条 为加强对医疗机构临床实验室的管理，提高临床检验水平，保证医疗质量和医疗安全，根据《执业医师法》、《医疗机构管理条例》和《病原微生物实验室生物安全管理条例》等有关法律、法规制定本办法。

第二条 本办法所称医疗机构临床实验室是指对取自人体的各种标本进行生物学、微生物学、免疫学、化学、血液免疫学、血液学、生物物理学、细胞学等检验，并为临床提供医学检验服务的实验室。

第三条 开展临床检验工作的医疗机构适用本办法。

第四条 卫生部负责全国医疗机构临床实验室的监督管理工作。

县级以上地方卫生行政部门负责辖区内医疗机构临床实验室的监督管理工作。

第五条 医疗机构应当加强临床实验室建设和管理，规范临床实验室执业行为，保证临床实验室按照安全、准确、及时、有效、经济、便民和保护患者隐私的原则开展临床检验工作。

第二章 医疗机构临床实验室管理的一般规定

第六条 卫生行政部门在核准医疗机构的医学检验科诊疗科目登记时，应当明确医学检验科下设专业。

医疗机构应当按照卫生行政部门核准登记的医学检验科下设专业诊疗科目设定临床检验项目，提供临床检验服务。新增医学检验科下设专业或超出已登记的专业范围开展临床检验项目，应当按照《医疗机构管理条例》的有关规定办理变更登记手续。

第七条 医疗机构临床实验室提供的临床检验服务应当满足临床工作的需要。

第八条 医疗机构应当保证临床检验工作客观、公正，不受任何部门、经济利益等影响。

第九条 医疗机构临床实验室应当集中设置，统一管理，资源共享。

第十条 医疗机构应当保证临床实验室具备与其临床检验工作相适应的专业技术人员、场所、设施、设备等条件。

第十一条 医疗机构临床实验室应当建立健全并严格执行各项规章制度，严格遵守相关技术规范和标准，保证临床检验质量。

第十二条 医疗机构临床实验室专业技术人员应当具有相应的专业学历，并取得相应专业技术职务任职资格。

二级以上医疗机构临床实验室负责人应当经过省级以上卫生行政部门组织的相关培训。

第十三条 医疗机构临床实验室应当有专(兼)职人员负责临床检验质量和临床实验室安全管理。

第十四条 医疗机构临床实验室应当按照卫生部规定的临床检验项目和临床检验方法开展临床检验工作。

医疗机构不得使用卫生部公布的停止临床应用的临床检验项目和临床检验方法开展临床检验工作。

临床检验项目和停止临床应用的临床检验项目由卫生部另行公布。

卫生部定期发布新的临床检验项目和临床检验方法。

第十五条 医疗机构临床实验室应当有分析前质量保证措施，制定患者准备、标本采集、标本储存、标本运送、标本接收等标准操作规程，并由医疗机构组织实施。

第十六条 医疗机构临床实验室应当建

立临床检验报告发放制度，保证临床检验报告的准确、及时和信息完整，保护患者隐私。

第十七条　临床检验报告内容应当包括：

（一）实验室名称、患者姓名、性别、年龄、住院病历或者门诊病历号；

（二）检验项目、检验结果和单位、参考范围、异常结果提示；

（三）操作者姓名、审核者姓名、标本接收时间、报告时间；

（四）其他需要报告的内容。

第十八条　临床检验报告应当使用中文或者国际通用的、规范的缩写。保存期限按照有关规定执行。

第十九条　诊断性临床检验报告应当由执业医师出具。

乡、民族乡、镇的医疗机构临床实验室诊断性临床检验报告可以由执业助理医师出具。

第二十条　医疗机构临床实验室应当提供临床检验结果的解释和咨询服务。

第二十一条　非临床实验室不得向临床出具临床检验报告，不得收取相应检验费用。

第三章　医疗机构临床实验室质量管理

第二十二条　医疗机构应当加强临床实验室质量控制和管理。

医疗机构临床实验室应当制定并严格执行临床检验项目标准操作规程和检验仪器的标准操作、维护规程。

第二十三条　医疗机构临床实验室使用的仪器、试剂和耗材应当符合国家有关规定。

第二十四条　医疗机构临床实验室应当保证检测系统的完整性和有效性，对需要校准的检验仪器、检验项目和对临床检验结果有影响的辅助设备定期进行校准。

第二十五条　医疗机构临床实验室应当对开展的临床检验项目进行室内质量控制，绘制质量控制图。出现质量失控现象时，应当及时查找原因，采取纠正措施，并详细记录。

第二十六条　医疗机构临床实验室室内质量控制主要包括质控品的选择，质控品的数量，质控频度，质控方法，失控的判断规则，失控时原因分析及处理措施，质控数据管理要求等。

第二十七条　医疗机构临床实验室定量测定项目的室内质量控制标准按照《临床实验室定量测定室内质量控制指南》（GB/20032302-T-361）执行。

第二十八条　医疗机构临床实验室应当参加经卫生部认定的室间质量评价机构组织的临床检验室间质量评价。

第二十九条　医疗机构临床实验室参加室间质量评价应当按照常规临床检验方法与临床检验标本同时进行，不得另选检测系统，保证检验结果的真实性。医疗机构临床实验室对于室间质量评价不合格的项目，应当及时查找原因，采取纠正措施。

医疗机构应当对床旁临床检验项目与临床实验室相同临床检验项目常规临床检验方法进行比对。

第三十条　医疗机构临床实验室应当将尚未开展室间质量评价的临床检验项目与其他临床实验室的同类项目进行比对，或者用其他方法验证其结果的可靠性。临床检验项目比对有困难时，医疗机构临床实验室应当对方法学进行评价，包括准确性、精密度、特异性、线性范围、稳定性、抗干扰性、参考范围等，并有质量保证措施。

第三十一条　医疗机构临床实验室室间质量评价标准按照《临床实验室室间质量评价要求》（GB/ 20032301-T-361）执行。

第三十二条　医疗机构临床实验室应当建立质量管理记录，包括标本接收、标本储存、标本处理、仪器和试剂及耗材使用情况、校准、室内质控、室间质评、检验结果、报告发放等内容。质量管理记录保存期限至少为 2 年。

第四章　医疗机构临床实验室安全管理

第三十三条　医疗机构应当加强临床实验室生物安全管理。

医疗机构临床实验室生物安全管理要严格执行《病原微生物实验室生物安全管理条例》等有关规定。

第三十四条　医疗机构临床实验室应当建立并严格遵守生物安全管理制度与安全操作规程。

第三十五条　医疗机构应当对临床实验室工作人员进行上岗前安全教育，并每年进行生物安全防护知识培训。

第三十六条　医疗机构临床实验室应当按照有关规定，根据生物危害风险，保证生物安全防护水平达到相应的生物安全防护级别。

第三十七条　医疗机构临床实验室的建筑设计应当符合有关标准，并与其生物安全防护级别相适应。

第三十八条　医疗机构临床实验室应当按照生物防护级别配备必要的安全设备和个人防护用品，保证实验室工作人员能够正确使用。

第三十九条　医疗机构病原微生物样本的采集、运输、储存严格按照《病原微生物实验室生物安全管理条例》等有关规定执行。

第四十条　医疗机构临床实验室应当严格管理实验标本及实验所需的菌（毒）种，对于高致病性病原微生物，应当按照《病原微生物实验室生物安全管理条例》规定，送至相应级别的生物安全实验室进行检验。

第四十一条　医疗机构临床实验室应当按照卫生部有关规定加强医院感染预防与控制工作。

第四十二条　医疗机构临床实验室应当按照《医疗废物管理条例》和《医疗卫生机构医疗废物管理办法》相关规定妥善处理医疗废物。

第四十三条　医疗机构临床实验室应当制定生物安全事故和危险品、危险设施等意外事故的预防措施和应急预案。

第五章　监督管理

第四十四条　医疗机构应当加强对临床实验室的日常管理。

第四十五条　医疗机构有下列情形之一的，由县级以上地方卫生行政部门按照《医疗机构管理条例》相关规定予以处罚：

（一）未按照核准登记的医学检验科下设专业诊疗科目开展临床检验工作；

（二）未按照相关规定擅自新增医学检验科下设专业；

（三）超出已登记的专业范围开展临床检验工作。

第四十六条　县级以上卫生行政部门应当对辖区内医疗机构临床实验室的管理、质量与安全等情况进行监督检查，发现存在质量问题或者安全隐患时，应当责令医疗机构立即整改。

第四十七条　县级以上卫生行政部门接到对医疗机构临床实验室的举报、投诉后，应当及时核查并依法处理。

第四十八条　县级以上卫生行政部门履行监督检查职责时，有权采取下列措施：

（一）对医疗机构临床实验室进行现场检查，了解情况，调查取证；

（二）查阅或者复制临床实验室质量和安全管理的有关资料，采集、封存样品；

（三）责令违反本办法及有关规定的医疗机构临床实验室及其人员停止违法违规行为；

（四）对违反本办法及有关规定的行为进行查处。

第四十九条　卫生部可以委托卫生部临

床检验中心等有关组织对医疗机构临床实验室的检验质量和安全管理进行检查与指导。省级卫生行政部门可以委托具有室间质量评价能力的省级临床检验中心或者有关其他组织对辖区内医疗机构临床实验室的检验质量和安全管理进行检查与指导。

受卫生行政部门委托的临床检验中心或者有关其他组织，在检查和指导中发现医疗机构临床实验室存在检验质量和安全管理问题时，应当及时向委托的卫生行政部门报告，并提出改进意见。

第五十条　医疗机构应当对卫生行政部门及其委托的临床检验中心或者其他组织开展的对临床实验室的检查和指导予以配合，不得拒绝和阻挠，不得提供虚假材料。

第五十一条　省级以上卫生行政部门应当及时将医疗机构临床实验室的质量、安全管理等情况进行通报或公告。

省级卫生行政部门应当将上一年度对辖区内医疗机构临床实验室的质量、安全管理通报或公告情况，于每年3月31日前报卫生部。

第五十二条　室间质量评价机构应当定期将医疗机构临床实验室室间质量评价情况，向卫生部和为该医疗机构核发《医疗机构执业许可证》的卫生行政部门报告。

第六章　附　则

第五十三条　本办法中下列用语的含义：

室间质量评价　利用实验室间的比对确定实验室的检测能力。

实验室间比对　按照预先规定的条件，由两个或多个实验室对相同或类似检测物品进行检测的组织、实施和评价。

室内质量控制　实验室为了监测和评价本室工作质量，决定常规检验报告能否发出所采取的一系列检查、控制手段，旨在检测和控制本室常规工作的精密度，并检测其准确度的改变，提高本室常规工作中批间和日间标本检测的一致性。

质量控制图　对过程质量加以测定、记录，从而进行评估并监察过程是否处于控制状态的一种统计方法设计的图，图上有中心线、上控制界限和下控制界限，并有按时间顺序抽取的样本统计量值的描点序列。

第五十四条　特殊临床检验项目的管理由卫生部另行规定。

第五十五条　本办法由卫生部负责解释。

第五十六条　本办法自2006年6月1日起施行。

病原微生物实验室生物安全管理条例

(2004年11月12日)

第一章　总　则

第一条　为了加强病原微生物实验室(以下称实验室)生物安全管理，保护实验室工作人员和公众的健康，制定本条例。

第二条　对中华人民共和国境内的实验室及其从事实验活动的生物安全管理，适用本条例。

本条例所称病原微生物，是指能够使人或者动物致病的微生物。

本条例所称实验活动，是指实验室从事与病原微生物菌(毒)种、样本有关的研究、教学、检测、诊断等活动。

第三条　国务院卫生主管部门主管与人

体健康有关的实验室及其实验活动的生物安全监督工作。

国务院兽医主管部门主管与动物有关的实验室及其实验活动的生物安全监督工作。

国务院其他有关部门在各自职责范围负责实验室及其实验活动的生物安全管理工作。

县级以上地方人民政府及其有关部门在各自职责范围内负责实验室及其实验活动的生物安全管理工作。

第四条 国家对病原微生物实行分类管理,对实验室实行分级管理。

第五条 国家实行统一的实验室生物安全标准。实验室应当符合国家标准和要求。

第六条 实验室的设立单位及其主管部门负责实验室日常活动的管理,承担建立健全安全管理制度,检查、维护实验设施、设备,控制实验室感染的职责。

第二章 病原微生物的分类和管理

第七条 国家根据病原微生物的传染性、感染后对个体或者群体的危害程度,将病原微生物分为四类:

第一类病原微生物,是指能够引起人类或者动物非常严重疾病的微生物,以及我国尚未发现或者已经宣布消灭的微生物。

第二类病原微生物,是指能够引起人类或者动物严重疾病,比较容易直接或者间接在人与人、动物与人、动物与动物间传播的微生物。

第三类病原微生物,是指能够引起人类或者动物疾病,但一般情况下对人、动物或者环境不构成严重危害,传播风险有限,实验室感染后很少引起严重疾病,并且具备有效治疗和预防措施的微生物。

第四类病原微生物,是指在通常情况下不会引起人类或者动物疾病的微生物。

第一类、第二类病原微生物统称为高致病性病原微生物。

第八条 人间传染的病原微生物名录由国务院卫生主管部门商国务院有关部门后制定、调整并予以公布;动物间传染的病原微生物名录由国务院兽医主管部门商国务院有关部门后制定、调整并予以公布。

第九条 采集病原微生物样本应当具备下列条件:

(一)具有与采集病原微生物样本所需要的生物安全防护水平相适应的设备;

(二)具有掌握相关专业知识和操作技能的工作人员;

(三)具有有效的防止病原微生物扩散和感染的措施;

(四)具有保证病原微生物样本质量的技术方法和手段。

采集高致病性病原微生物样本的工作人员在采集过程中应当防止病原微生物扩散和感染,并对样本的来源、采集过程和方法等作详细记录。

第十条 运输高致病性病原微生物菌(毒)种或者样本,应当通过陆路运输;没有陆路通道,必须经水路运输的,可以通过水路运输;紧急情况下或者需要将高致病性病原微生物菌(毒)种或者样本运往国外的,可以通过民用航空运输。

第十一条 运输高致病性病原微生物菌(毒)种或者样本,应当具备下列条件:

(一)运输目的、高致病性病原微生物的用途和接收单位符合国务院卫生主管部门或者兽医主管部门的规定;

(二)高致病性病原微生物菌(毒)种或者样本的容器应当密封,容器或者包装材料还应当符合防水、防破损、防外泄、耐高(低)温、耐高压的要求;

(三)容器或者包装材料上应当印有国务院卫生主管部门或者兽医主管部门规定的生物危险标识、警告用语和提示用语。

运输高致病性病原微生物菌(毒)种或者样本,应当经省级以上人民政府卫生主管部门或者兽医主管部门批准。在省、自治区、直辖市行政区域内运输的，由省、自治区、直辖市人民政府卫生主管部门或者兽医主管部门批准；需要跨省、自治区、直辖市运输或者运往国外的，由出发地的省、自治区、直辖市人民政府卫生主管部门或者兽医主管部门进行初审后，分别报国务院卫生主管部门或者兽医主管部门批准。

出入境检验检疫机构在检验检疫过程中需要运输病原微生物样本的，由国务院出入境检验检疫部门批准，并同时向国务院卫生主管部门或者兽医主管部门通报。

通过民用航空运输高致病性病原微生物菌（毒）种或者样本的，除依照本条第二款、第三款规定取得批准外，还应当经国务院民用航空主管部门批准。

有关主管部门应当对申请人提交的关于运输高致病性病原微生物菌（毒）种或者样本的申请材料进行审查，对符合本条第一款规定条件的，应当即时批准。

第十二条　运输高致病性病原微生物菌（毒）种或者样本，应当由不少于 2 人的专人护送，并采取相应的防护措施。

有关单位或者个人不得通过公共电（汽）车和城市铁路运输病原微生物菌（毒）种或者样本。

第十三条　需要通过铁路、公路、民用航空等公共交通工具运输高致病性病原微生物菌（毒）种或者样本的，承运单位应当凭本条例第十一条规定的批准文件予以运输。

承运单位应当与护送人共同采取措施，确保所运输的高致病性病原微生物菌（毒）种或者样本的安全，严防发生被盗、被抢、丢失、泄漏事件。

第十四条　国务院卫生主管部门或者兽医主管部门指定的菌（毒）种保藏中心或者专业实验室（以下称保藏机构），承担集中储存病原微生物菌（毒）种和样本的任务。

保藏机构应当依照国务院卫生主管部门或者兽医主管部门的规定，储存实验室送交的病原微生物菌（毒）种和样本，并向实验室提供病原微生物菌（毒）种和样本。

保藏机构应当制定严格的安全保管制度，作好病原微生物菌（毒）种和样本进出和储存的记录，建立档案制度，并指定专人负责。对高致病性病原微生物菌（毒）种和样本应当设专库或者专柜单独储存。

保藏机构储存、提供病原微生物菌（毒）种和样本，不得收取任何费用，其经费由同级财政在单位预算中予以保障。

保藏机构的管理办法由国务院卫生主管部门会同国务院兽医主管部门制定。

第十五条　保藏机构应当凭实验室依照本条例的规定取得的从事高致病性病原微生物相关实验活动的批准文件，向实验室提供高致病性病原微生物菌（毒）种和样本，并予以登记。

第十六条　实验室在相关实验活动结束后，应当依照国务院卫生主管部门或者兽医主管部门的规定，及时将病原微生物菌（毒）种和样本就地销毁或者送交保藏机构保管。

保藏机构接受实验室送交的病原微生物菌（毒）种和样本，应当予以登记，并开具接收证明。

第十七条　高致病性病原微生物菌（毒）种或者样本在运输、储存中被盗、被抢、丢失、泄漏的，承运单位、护送人、保藏机构应当采取必要的控制措施，并在 2 小时内分别向承运单位的主管部门、护送人所在单位和保藏机构的主管部门报告，同时向所在地的县级人民政府卫生主管部门或者兽医主管部门报告，发生被盗、被抢、丢失的，还应当向公安机关报告；接到报告的卫生主管部门或者兽医主管部门应当在 2 小时内向本级人民政府报告，并同时向上级人民政府卫生主管部门或者兽医主管部门和国务院卫生主管部门或者兽医主管部门报告。

县级人民政府应当在接到报告后 2 小时

内向设区的市级人民政府或者上一级人民政府报告;设区的市级人民政府应当在接到报告后 2 小时内向省、自治区、直辖市人民政府报告。省、自治区、直辖市人民政府应当在接到报告后 1 小时内,向国务院卫生主管部门或者兽医主管部门报告。

任何单位和个人发现高致病性病原微生物菌(毒)种或者样本的容器或者包装材料,应当及时向附近的卫生主管部门或者兽医主管部门报告;接到报告的卫生主管部门或者兽医主管部门应当及时组织调查核实,并依法采取必要的控制措施。

第三章　实验室的设立与管理

第十八条　国家根据实验室对病原微生物的生物安全防护水平,并依照实验室生物安全国家标准的规定,将实验室分为一级、二级、三级、四级。

第十九条　新建、改建、扩建三级、四级实验室或者生产、进口移动式三级、四级实验室应当遵守下列规定:

(一)符合国家生物安全实验室体系规划并依法履行有关审批手续;

(二)经国务院科技主管部门审查同意;

(三)符合国家生物安全实验室建筑技术规范;

(四)依照《中华人民共和国环境影响评价法》的规定进行环境影响评价并经环境保护主管部门审查批准;

(五)生物安全防护级别与其拟从事的实验活动相适应。

前款规定所称国家生物安全实验室体系规划,由国务院投资主管部门会同国务院有关部门制定。制定国家生物安全实验室体系规划应当遵循总量控制、合理布局、资源共享的原则,并应当召开听证会或者论证会,听取公共卫生、环境保护、投资管理和实验室管理等方面专家的意见。

第二十条　三级、四级实验室应当通过实验室国家认可。

国务院认证认可监督管理部门确定的认可机构应当依照实验室生物安全国家标准以及本条例的有关规定,对三级、四级实验室进行认可;实验室通过认可的,颁发相应级别的生物安全实验室证书。证书有效期为 5 年。

第二十一条　一级、二级实验室不得从事高致病性病原微生物实验活动。三级、四级实验室从事高致病性病原微生物实验活动,应当具备下列条件:

(一)实验目的和拟从事的实验活动符合国务院卫生主管部门或者兽医主管部门的规定;

(二)通过实验室国家认可;

(三)具有与拟从事的实验活动相适应的工作人员;

(四)工程质量经建筑主管部门依法检测验收合格。

国务院卫生主管部门或者兽医主管部门依照各自职责对三级、四级实验室是否符合上述条件进行审查;对符合条件的,发给从事高致病性病原微生物实验活动的资格证书。

第二十二条　取得从事高致病性病原微生物实验活动资格证书的实验室,需要从事某种高致病性病原微生物或者疑似高致病性病原微生物实验活动的,应当依照国务院卫生主管部门或者兽医主管部门的规定报省级以上人民政府卫生主管部门或者兽医主管部门批准。实验活动结果以及工作情况应当向原批准部门报告。

实验室申报或者接受与高致病性病原微生物有关的科研项目,应当符合科研需要和生物安全要求,具有相应的生物安全防护水平,并经国务院卫生主管部门或者兽医主管部门同意。

第二十三条　出入境检验检疫机构、医疗卫生机构、动物防疫机构在实验室开展检测、诊断工作时,发现高致病性病原微生物或者疑似高致病性病原微生物,需要进一步从事这类高致病性病原微生物相关实验活动的，应当依照本条例的规定经批准同意，并在取得相应资格证书的实验室中进行。

专门从事检测、诊断的实验室应当严格依照国务院卫生主管部门或者兽医主管部门的规定，建立健全规章制度，保证实验室生物安全。

第二十四条　省级以上人民政府卫生主管部门或者兽医主管部门应当自收到需要从事高致病性病原微生物相关实验活动的申请之日起 15 日内作出是否批准的决定。

对出入境检验检疫机构为了检验检疫工作的紧急需要，申请在实验室对高致病性病原微生物或者疑似高致病性病原微生物开展进一步实验活动的，省级以上人民政府卫生主管部门或者兽医主管部门应当自收到申请之时起 2 小时内作出是否批准的决定；2 小时内未作出决定的，实验室可以从事相应的实验活动。

省级以上人民政府卫生主管部门或者兽医主管部门应当为申请人通过电报、电传、传真、电子数据交换和电子邮件等方式提出申请提供方便。

第二十五条　新建、改建或者扩建一级、二级实验室，应当向设区的市级人民政府卫生主管部门或者兽医主管部门备案。设区的市级人民政府卫生主管部门或者兽医主管部门应当每年将备案情况汇总后报省、自治区、直辖市人民政府卫生主管部门或者兽医主管部门。

第二十六条　国务院卫生主管部门和兽医主管部门应当定期汇总并互相通报实验室数量和实验室设立、分布情况，以及取得从事高致病性病原微生物实验活动资格证书的三级、四级实验室及其从事相关实验活动的情况。

第二十七条　已经建成并通过实验室国家认可的三级、四级实验室应当向所在地的县级人民政府环境保护主管部门备案。环境保护主管部门依照法律、行政法规的规定对实验室排放的废水、废气和其他废物处置情况进行监督检查。

第二十八条　对我国尚未发现或者已经宣布消灭的病原微生物，任何单位和个人未经批准不得从事相关实验活动。

为了预防、控制传染病，需要从事前款所指病原微生物相关实验活动的，应当经国务院卫生主管部门或者兽医主管部门批准，并在批准部门指定的专业实验室中进行。

第二十九条　实验室使用新技术、新方法从事高致病性病原微生物相关实验活动的，应当符合防止高致病性病原微生物扩散、保证生物安全和操作者人身安全的要求，并经国家病原微生物实验室生物安全专家委员会论证；经论证可行的，方可使用。

第三十条　需要在动物体上从事高致病性病原微生物相关实验活动的，应当在符合动物实验室生物安全国家标准的三级以上实验室进行。

第三十一条　实验室的设立单位负责实验室的生物安全管理。

实验室的设立单位应当依照本条例的规定制定科学、严格的管理制度，并定期对有关生物安全规定的落实情况进行检查，定期对实验室设施、设备、材料等进行检查、维护和更新，以确保其符合国家标准。

实验室的设立单位及其主管部门应当加强对实验室日常活动的管理。

第三十二条　实验室负责人为实验室生物安全的第一责任人。

实验室从事实验活动应当严格遵守有关国家标准和实验室技术规范、操作规程。实验室负责人应当指定专人监督检查实验室技术规范和操作规程的落实情况。

第三十三条　从事高致病性病原微生物相关实验活动的实验室的设立单位，应当建立健全安全保卫制度，采取安全保卫措施，严防高致病性病原微生物被盗、被抢、丢失、泄漏,保障实验室及其病原微生物的安全。实验室发生高致病性病原微生物被盗、被抢、丢失、泄漏的,实验室的设立单位应当依照本条例第十七条的规定进行报告。

从事高致病性病原微生物相关实验活动的实验室应当向当地公安机关备案,并接受公安机关有关实验室安全保卫工作的监督指导。

第三十四条 实验室或者实验室的设立单位应当每年定期对工作人员进行培训,保证其掌握实验室技术规范、操作规程、生物安全防护知识和实际操作技能,并进行考核。工作人员经考核合格的,方可上岗。

从事高致病性病原微生物相关实验活动的实验室,应当每半年将培训、考核其工作人员的情况和实验室运行情况向省、自治区、直辖市人民政府卫生主管部门或者兽医主管部门报告。

第三十五条 从事高致病性病原微生物相关实验活动应当有 2 名以上的工作人员共同进行。

进入从事高致病性病原微生物相关实验活动的实验室的工作人员或者其他有关人员,应当经实验室负责人批准。实验室应当为其提供符合防护要求的防护用品并采取其他职业防护措施。从事高致病性病原微生物相关实验活动的实验室,还应当对实验室工作人员进行健康监测,每年组织对其进行体检,并建立健康档案;必要时,应当对实验室工作人员进行预防接种。

第三十六条 在同一个实验室的同一个独立安全区域内,只能同时从事一种高致病性病原微生物的相关实验活动。

第三十七条 实验室应当建立实验档案,记录实验室使用情况和安全监督情况。实验室从事高致病性病原微生物相关实验活动的实验档案保存期,不得少于 20 年。

第三十八条 实验室应当依照环境保护的有关法律、行政法规和国务院有关部门的规定,对废水、废气以及其他废物进行处置,并制定相应的环境保护措施,防止环境污染。

第三十九条 三级、四级实验室应当在明显位置标示国务院卫生主管部门和兽医主管部门规定的生物危险标识和生物安全实验室级别标志。

第四十条 从事高致病性病原微生物相关实验活动的实验室应当制定实验室感染应急处置预案,并向该实验室所在地的省、自治区、直辖市人民政府卫生主管部门或者兽医主管部门备案。

第四十一条 国务院卫生主管部门和兽医主管部门会同国务院有关部门组织病原学、免疫学、检验医学、流行病学、预防兽医学、环境保护和实验室管理等方面的专家,组成国家病原微生物实验室生物安全专家委员会。该委员会承担从事高致病性病原微生物相关实验活动的实验室的设立与运行的生物安全评估和技术咨询、论证工作。

省、自治区、直辖市人民政府卫生主管部门和兽医主管部门会同同级人民政府有关部门组织病原学、免疫学、检验医学、流行病学、预防兽医学、环境保护和实验室管理等方面的专家,组成本地区病原微生物实验室生物安全专家委员会。该委员会承担本地区实验室设立和运行的技术咨询工作。

第四章 实验室感染控制

第四十二条 实验室的设立单位应当指定专门的机构或者人员承担实验室感染控制工作,定期检查实验室的生物安全防护、病原微生物菌(毒)种和样本保存与使用、安全操作、实验室排放的废水和废气以及其他废物处置等规章制度的实施情况。

负责实验室感染控制工作的机构或者人员应当具有与该实验室中的病原微生物有关的传染病防治知识,并定期调查、了解实验室工作人员的健康状况。

第四十三条 实验室工作人员出现与本

实验室从事的高致病性病原微生物相关实验活动有关的感染临床症状或者体征时，实验室负责人应当向负责实验室感染控制工作的机构或者人员报告，同时派专人陪同及时就诊；实验室工作人员应当将近期所接触的病原微生物的种类和危险程度如实告知诊治医疗机构。接诊的医疗机构应当及时救治；不具备相应救治条件的，应当依照规定将感染的实验室工作人员转诊至具备相应传染病救治条件的医疗机构；具备相应传染病救治条件的医疗机构应当接诊治疗，不得拒绝救治。

第四十四条　实验发生高致病性病原微生物泄漏时，实验室工作人员应当立即采取控制措施，防止高致病性病原微生物扩散，并同时向负责实验室感染控制工作的机构或者人员报告。

第四十五条　负责实验室感染控制工作的机构或者人员接到本条例第四十三条、第四十四条规定的报告后，应当立即启动实验室感染应急处置预案，并组织人员对该实验室生物安全状况等情况进行调查；确认发生实验室感染或者高致病性病原微生物泄漏的，应当依照本条例第十七条的规定进行报告，并同时采取控制措施，对有关人员进行医学观察或者隔离治疗，封闭实验室，防止扩散。

第四十六条　卫生主管部门或者兽医主管部门接到关于实验室发生工作人员感染事故或者病原微生物泄漏事件的报告，或者发现实验室从事病原微生物相关实验活动造成实验室感染事故的，应当立即组织疾病预防控制机构、动物防疫监督机构和医疗机构以及其他有关机构依法采取下列预防、控制措施：

(一)封闭被病原微生物污染的实验室或者可能造成病原微生物扩散的场所；

(二)开展流行病学调查；

(三)对病人进行隔离治疗，对相关人员进行医学检查；

(四)对密切接触者进行医学观察；

(五)进行现场消毒；

(六)对染疫或者疑似染疫的动物采取隔离、扑杀等措施；

(七)其他需要采取的预防、控制措施。

第四十七条　医疗机构或者兽医医疗机构及其执行职务的医务人员发现由于实验室感染而引起的与高致病性病原微生物相关的传染病病人、疑似传染病病人或者患有疫病、疑似患有疫病的动物，诊治的医疗机构或者兽医医疗机构应当在 2 小时内报告所在地的县级人民政府卫生主管部门或者兽医主管部门；接到报告的卫生主管部门或者兽医主管部门应当在 2 小时内通报实验室所在地的县级人民政府卫生主管部门或者兽医主管部门。接到通报的卫生主管部门或者兽医主管部门应当依照本条例第四十六条的规定采取预防、控制措施。

第四十八条　发生病原微生物扩散，有可能造成传染病暴发、流行时，县级以上人民政府卫生主管部门或者兽医主管部门应当依照有关法律、行政法规的规定以及实验室感染应急处置预案进行处理。

第五章　监督管理

第四十九条　县级以上地方人民政府卫生主管部门、兽医主管部门依照各自分工，履行下列职责：

(一)对病原微生物菌(毒)种、样本的采集、运输、储存进行监督检查；

(二)对从事高致病性病原微生物相关实验活动的实验室是否符合本条例规定的条件进行监督检查；

(三)对实验室或者实验室的设立单位培训、考核其工作人员以及上岗人员的情况进行监督检查；

(四)对实验室是否按照有关国家标准、技术规范和操作规程从事病原微生物相关实验活动进行监督检查。

县级以上地方人民政府卫生主管部门、兽医主管部门，应当主要通过检查反映实验室执行国家有关法律、行政法规以及国家标准和要求的记录、档案、报告，切实履行监督管理职责。

第五十条 县级以上人民政府卫生主管部门、兽医主管部门、环境保护主管部门在履行监督检查职责时，有权进入被检查单位和病原微生物泄漏或者扩散现场调查取证、采集样品，查阅复制有关资料。需要进入从事高致病性病原微生物相关实验活动的实验室调查取证、采集样品的，应当指定或者委托专业机构实施。被检查单位应当予以配合，不得拒绝、阻挠。

第五十一条 国务院认证认可监督管理部门依照《中华人民共和国认证认可条例》的规定对实验室认可活动进行监督检查。

第五十二条 卫生主管部门、兽医主管部门、环境保护主管部门应当依据法定的职权和程序履行职责，做到公正、公平、公开、文明、高效。

第五十三条 卫生主管部门、兽医主管部门、环境保护主管部门的执法人员执行职务时，应当有 2 名以上执法人员参加，出示执法证件，并依照规定填写执法文书。

现场检查笔录、采样记录等文书经核对无误后，应当由执法人员和被检查人、被采样人签名。被检查人、被采样人拒绝签名的，执法人员应当在自己签名后注明情况。

第五十四条 卫生主管部门、兽医主管部门、环境保护主管部门及其执法人员执行职务，应当自觉接受社会和公民的监督。公民、法人和其他组织有权向上级人民政府及其卫生主管部门、兽医主管部门、环境保护主管部门举报地方人民政府及其有关主管部门不依照规定履行职责的情况。接到举报的有关人民政府或者其卫生主管部门、兽医主管部门、环境保护主管部门，应当及时调查处理。

第五十五条 上级人民政府卫生主管部门、兽医主管部门、环境保护主管部门发现属于下级人民政府卫生主管部门、兽医主管部门、环境保护主管部门职责范围内需要处理的事项的，应当及时告知该部门处理；下级人民政府卫生主管部门、兽医主管部门、环境保护主管部门不及时处理或者不积极履行本部门职责的，上级人民政府卫生主管部门、兽医主管部门、环境保护主管部门应当责令其限期改正；逾期不改正的，上级人民政府卫生主管部门、兽医主管部门、环境保护主管部门有权直接予以处理。

第六章 法律责任

第五十六条 三级、四级实验室未依照本条例的规定取得从事高致病性病原微生物实验活动的资格证书，或者已经取得相关资格证书但是未经批准从事某种高致病性病原微生物或者疑似高致病性病原微生物实验活动的，由县级以上地方人民政府卫生主管部门、兽医主管部门依照各自职责，责令停止有关活动，监督其将用于实验活动的病原微生物销毁或者送交保藏机构，并给予警告；造成传染病传播、流行或者其他严重后果的，由实验室的设立单位对主要负责人、直接负责的主管人员和其他直接责任人员，依法给予撤职、开除的处分；有资格证书的，应当吊销其资格证书；构成犯罪的，依法追究刑事责任。

第五十七条 卫生主管部门或者兽医主管部门违反本条例的规定，准予不符合本条例规定条件的实验室从事高致病性病原微生物相关实验活动的，由作出批准决定的卫生主管部门或者兽医主管部门撤销原批准决定，责令有关实验室立即停止有关活动，并监督其将用于实验活动的病原微生物销毁或者送交保藏机构，对直接负责的主管人员和其他直接责任人员依法给予行政处分；构成犯罪的，依法追究刑事责任。

因违法作出批准决定给当事人的合法权

益造成损害的，作出批准决定的卫生主管部门或者兽医主管部门应当依法承担赔偿责任。

第五十八条　卫生主管部门或者兽医主管部门对符合法定条件的实验室不颁发从事高致病性病原微生物实验活动的资格证书，或者对出入境检验检疫机构为了检验检疫工作的紧急需要，申请在实验室对高致病性病原微生物或者疑似高致病性病原微生物开展进一步检测活动，不在法定期限内作出是否批准决定的，由其上级行政机关或者监察机关责令改正，给予警告；造成传染病传播、流行或者其他严重后果的，对直接负责的主管人员和其他直接责任人员依法给予撤职、开除的行政处分；构成犯罪的，依法追究刑事责任。

第五十九条　违反本条例规定，在不符合相应生物安全要求的实验室从事病原微生物相关实验活动的，由县级以上地方人民政府卫生主管部门、兽医主管部门依照各自职责，责令停止有关活动，监督其将用于实验活动的病原微生物销毁或者送交保藏机构，并给予警告；造成传染病传播、流行或者其他严重后果的，由实验室的设立单位对主要负责人、直接负责的主管人员和其他直接责任人员，依法给予撤职、开除的处分；构成犯罪的，依法追究刑事责任。

第六十条　实验室有下列行为之一的，由县级以上地方人民政府卫生主管部门、兽医主管部门依照各自职责，责令限期改正，给予警告；逾期不改正的，由实验室的设立单位对主要负责人、直接负责的主管人员和其他直接责任人员，依法给予撤职、开除的处分；有许可证件的，并由原发证部门吊销有关许可证件：

(一)未依照规定在明显位置标示国务院卫生主管部门和兽医主管部门规定的生物危险标识和生物安全实验室级别标志的；

(三)未依照规定采集病原微生物样本，或者对所采集样本的来源、采集过程和方法等未作详细记录的；

(四)新建、改建或者扩建一级、二级实验室未向设区的市级人民政府卫生主管部门或者兽医主管部门备案的；

(五)未依照规定定期对工作人员进行培训，或者工作人员考核不合格允许其上岗，或者批准未采取防护措施的人员进入实验室的；

(六)实验室工作人员未遵守实验室生物安全技术规范和操作规程的；

(七)未依照规定建立或者保存实验档案的；

(八)未依照规定制定实验室感染应急处置预案并备案的。

第六十一条　经依法批准从事高致病性病原微生物相关实验活动的实验室的设立单位未建立健全安全保卫制度，或者未采取安全保卫措施的，由县级以上地方人民政府卫生主管部门、兽医主管部门依照各自职责，责令限期改正；逾期不改正，导致高致病性病原微生物菌(毒)种、样本被盗、被抢或者造成其他严重后果的，由原发证部门吊销该实验室从事高致病性病原微生物相关实验活动的资格证书；造成传染病传播、流行的，该实验室设立单位的主管部门还应当对该实验室的设立单位的直接负责的主管人员和其他直接责任人员，依法给予降级、撤职、开除的处分；构成犯罪的，依法追究刑事责任。

第六十二条　未经批准运输高致病性病原微生物菌(毒)种或者样本，或者承运单位经批准运输高致病性病原微生物菌(毒)种或者样本未履行保护义务，导致高致病性病原微生物菌(毒)种或者样本被盗、被抢、丢失、泄漏的，由县级以上地方人民政府卫生主管部门、兽医主管部门依照各自职责，责令采取措施，消除隐患，给予警告；造成传染病传播、流行或者其他严重后果的，由托运单位和承运单位的主管部门对主要负责人、直接负责的主管人员和其他直接责任人员，依法给予撤职、开除的处分；构成犯罪的，依法追究刑事责任。

第六十三条 有下列行为之一的，由实验室所在地的设区的市级以上地方人民政府卫生主管部门、兽医主管部门依照各自职责，责令有关单位立即停止违法活动，监督其将病原微生物销毁或者送交保藏机构；造成传染病传播、流行或者其他严重后果的，由其所在单位或者其上级主管部门对主要负责人、直接负责的主管人员和其他直接责任人员，依法给予撤职、开除的处分；有许可证件的，并由原发证部门吊销有关许可证件；构成犯罪的，依法追究刑事责任：

(一)实验室在相关实验活动结束后，未依照规定及时将病原微生物菌(毒)种和样本就地销毁或者送交保藏机构保管的；

(二)实验室使用新技术、新方法从事高致病性病原微生物相关实验活动未经国家病原微生物实验室生物安全专家委员会论证的；

(三)未经批准擅自从事在我国尚未发现或者已经宣布消灭的病原微生物相关实验活动的；

(四)在未经指定的专业实验室从事在我国尚未发现或者已经宣布消灭的病原微生物相关实验活动的；

(五)在同一个实验室的同一个独立安全区域内同时从事两种或者两种以上高致病性病原微生物的相关实验活动的。

第六十四条 认可机构对不符合实验室生物安全国家标准以及本条例规定条件的实验室予以认可，或者对符合实验室生物安全国家标准以及本条例规定条件的实验室不予认可的，由国务院认证认可监督管理部门责令限期改正，给予警告；造成传染病传播、流行或者其他严重后果的，由国务院认证认可监督管理部门撤销其认可资格，有上级主管部门的，由其上级主管部门对主要负责人、直接负责的主管人员和其他直接责任人员依法给予撤职、开除的处分；构成犯罪的，依法追究刑事责任。

第六十五条 实验室工作人员出现该实验室从事的病原微生物相关实验活动有关的感染临床症状或者体征，以及实验室发生高致病性病原微生物泄漏时，实验室负责人、实验室工作人员、负责实验室感染控制的专门机构或者人员未依照规定报告，或者未依照规定采取控制措施的，由县级以上地方人民政府卫生主管部门、兽医主管部门依照各自职责，责令限期改正，给予警告；造成传染病传播、流行或者其他严重后果的，由其设立单位对实验室主要负责人、直接负责的主管人员和其他直接责任人员，依法给予撤职、开除的处分；有许可证件的，并由原发证部门吊销有关许可证件；构成犯罪的，依法追究刑事责任。

第六十六条 拒绝接受卫生主管部门、兽医主管部门依法开展有关高致病性病原微生物扩散的调查取证、采集样品等活动或者依照本条例规定采取有关预防、控制措施的，由县级以上人民政府卫生主管部门、兽医主管部门依照各自职责，责令改正，给予警告；造成传染病传播、流行以及其他严重后果的，由实验室的设立单位对实验室主要负责人、直接负责的主管人员和其他直接责任人员，依法给予降级、撤职、开除的处分；有许可证件的，并由原发证部门吊销有关许可证件；构成犯罪的，依法追究刑事责任。

第六十七条 发生病原微生物被盗、被抢、丢失、泄漏，承运单位、护送人、保藏机构和实验室的设立单位未依照本条例的规定报告的，由所在地的县级人民政府卫生主管部门或者兽医主管部门给予警告；造成传染病传播、流行或者其他严重后果的，由实验室的设立单位或者承运单位、保藏机构的上级主管部门对主要负责人、直接负责的主管人员和其他直接责任人员，依法给予撤职、开除的处分;构成犯罪的,依法追究刑事责任。

第六十八条　保藏机构未依照规定储存实验室送交的菌(毒)种和样本,或者未依照规定提供菌(毒)种和样本的,由其指定部门责令限期改正,收回违法提供的菌(毒)种和样本,并给予警告;造成传染病传播、流行或者其他严重后果的,由其所在单位或者其上级主管部门对主要负责人、直接负责的主管人员和其他直接责任人员,依法给予撤职、开除的处分;构成犯罪的,依法追究刑事责任。

第六十九条　县级以上人民政府有关主管部门,未依照本条例的规定履行实验室及其实验活动监督检查职责的,由有关人民政府在各自职责范围内责令改正,通报批评;造成传染病传播、流行或者其他严重后果的,对直接负责的主管人员,依法给予行政处分;构成犯罪的,依法追究刑事责任。

第七章　附　则

第七十条　军队实验室由中国人民解放军卫生主管部门参照本条例负责监督管理。

第七十一条　本条例施行前设立的实验室,应当自本条例施行之日起6个月内,依照本条例的规定,办理有关手续。

第七十二条　本条例自公布之日起施行。

卫生部关于修订口腔类别医师执业范围的通知

卫医发[2006]24号

各省、自治区、直辖市卫生厅局,新疆生产建设兵团卫生局:

为了做好医师执业注册工作,我部印发了《关于医师执业注册中执业范围的暂行规定》(卫医发[2001]169号)。经研究,对口腔类别医师执业范围修订如下:

(二)口腔类别医师执业范围

1. 口腔专业

2. 口腔麻醉专业

3. 口腔病理专业

4. 口腔影像专业

5. 省级以上卫生行政部门规定的其他专业。

本通知自印发之日起执行。

二〇〇六年一月二十日

口腔保健用品认证管理办法

(征求意见稿)

第一条　为了促进口腔疾病防治,提高我国口腔保健用品的质量、安全和卫生,引导科学消费,保障人民身体健康,根据《中华人民共和国认证认可条例》(以下简称《认证认可条例》)和国家有关卫生法律法规的规定,制定本办法。

第二条　本办法所称口腔保健用品,是指以预防、控制口腔疾病和维护口腔健康为目的,供消费者个人使用或者在口腔医学专业人员指导下使用的口腔用品。属于食品、药品和医疗器械的口腔用品,不适用本办法。

实施口腔保健用品认证的产品目录由国家认监委、卫生部门共同确定、调整。

第三条　口腔保健用品认证,是指认证机构根据口腔保健用品相关国家标准、行业标准和技术规范的规定,对口腔保健用品安全、卫生、质量和保健功效进行合格评定的活动。

第四条　口腔保健用品认证采用统一的

认证标准、技术规范、合格评定程序，标注统一的口腔保健用品认证标志。

国家认证认可监督管理委员会（以下简称国家认监委）会同卫生部制定口腔保健用品认证规则。

第五条　设立口腔保健用品认证机构（以下简称认证机构）应当符合《认证认可条例》规定的条件，并具备从事口腔保健用品功效实验室检测和临床验证的技术能力。

第六条　国家认监委依法对申请设立认证机构的申请人进行审批，公布批准设立的认证机构名录。

在审批时涉及卫生部职责的，征求卫生部意见。

第七条　从事口腔保健用品认证的人员应当具备医学专业及相关工作经历，并按照《认证认可条例》及《认证及认证培训、咨询人员管理办法》的有关规定取得执业注册资格，方可从事相应的认证活动。

第八条　列入目录的口腔保健用品的生产者（以下简称认证委托人）可以自行委托认证机构进行认证。

第九条　认证机构受理认证委托人的认证委托，应当依照口腔保健用品认证规则规定的认证模式和认证程序，在规定的时间内做出认证结论。

认证结论符合认证要求的，认证机构向认证委托人出具认证证书，允许认证委托人在获得认证的产品及其包装上标注口腔保健用品认证标志（以下简称认证标志）。

第十条　认证标志基本图案和颜色（兰色）如下图：

认证标志下应当标注认证机构名称、机构标识和认证证书号，并符合《认证证书和认证标志管理办法》的要求。

第十一条　获得认证的口腔保健用品生产者应当在广告、产品介绍等宣传材料中正确使用认证证书、认证标志和有关信息，不得进行夸大宣传，误导消费者。

第十二条　国家认监委对口腔保健用品认证活动实施统一的监督、管理和综合协调。必要时，会同卫生部对口腔保健用品认证活动实施专项监督检查。

第十三条　卫生部、国家认监委应当对口腔保健用品认证的科学研究、推广给予必要的支持，并在行政管理活动中积极采用认证结果。

第十四条　认证委托人对认证机构的认证结论有异议的，可以向做出结论的认证机构提出申诉。对认证机构处理结果仍有异议的，可以向国家认监委申诉。

认证委托人认为认证机构行为严重侵害了自身合法权益的，可以向国家认监委投诉。

第十五条　对违反国家有关法律、行政法规规定的，依照法律、行政法规规定处罚。

第十六条　口腔保健用品认证及检测按照国务院价格主管部门批准的认证、检测收费标准收取相关费用。

第十七条　本办法由国家认监委、卫生部负责解释。

第十八条　本办法自　　年　月　日起施行。

中华人民共和国卫生部

二〇〇六年五月九日

特　载

中国现代口腔医学之父林则博士

四川大学华西口腔医学院　王翰章

林则,(Ashley Wood-ward Lindesay,1884～1968),加拿大人,牙医学博士、法学博士、理学硕士。他于 1884 年 2 月 24 日出生在加拿大魁北克省。1900 年,16 岁高中毕业后便离开家乡进入多伦多大学皇家牙医学院学习。当时加拿大正掀起宗教复兴运动,大学也兴起学生志愿海外传教运动。多伦多大学牙医学院的中国西部华西传教会也在大学校园里开展活动,吸引在校大学生毕业后到中国参加海外传教。通过传教会开展的活动,他了解到在地球的另一头有一个东方帝国——中国。但他对传教不感兴趣,只想到中国西部做牙医,帮助那里的民众解除口腔疾病,创建他的理想事业。1906 年秋,林则向传教会委员会递交申请,要求在传教会的支持下去中国西部做牙医。同年,他在多伦多大学牙医学院毕业,获得了牙医学博士学位。接着,他到多伦多的西方医院进修了全身麻醉学,因此他对麻醉学也很有研究,造诣很深。然后,与传教会签订了誓约卡后,新婚燕尔的他便于 1907 年来到成都。

林则的目标非常清楚,就是力图将现代高等牙医学教育在中国传播。最初很多传教士对开办牙医学并不热心,他很难开展工作。恰巧,一个传教士安装的假牙坏了,林则成功地为他修复,从而改变了传教士们的看法。随后,他得到早已来到中国兴办医学教育的启尔德博士的支持,先在成都基督教会开设的四圣祠街仁济男医院内设立了牙科,为成都的老百姓看病。开诊不久,一位妇女患了牙周脓肿,脸部红肿,异常痛苦,便勇敢地来诊所求治,林则很快地为她治好。林则的名声逐渐传开,来就诊者日渐增多。1911 年他在仁济医院斜对面修建起牙症医院,与唐茂森博士(Dr. John E. Thompon)合作,逐渐地将牙科的业务扩大。1912 年他招收了邓真明和刘仲儒两名中国人在牙症医院学习牙科修复工艺学,作为他的助手。到 1914 年华西协合大学医科开办后,他和唐茂森开始为医科学生讲授牙科课程。1917 年吉士道博士(Dr. Harrison J. Mullett)又与他们合作,在华西协合大学赫斐院建立了牙科系,林则任主任。1919 年扩建成了与医科并列的牙学院,他担任院长,直至 1950 年离开中国。

林则知道,要在中国开创口腔医学专业,不是自己一个人能完成的事,他一方面担任口腔生理解剖学、口腔外科学、麻醉学、全口义齿等课程的教学;另一方面他还努力争取教会继续动员志愿者来参加。陆续参与林则博士开拓中国口腔医学的医师,也是国际上著名的牙医学专家。

林则的教育理念是"选英才,高起点,严要求,淘汰制"。他反复强调"保证学术质量,而不是数量,造就合格毕业生,要求学生真正适用于社会。"他曾经在 20 世纪 40 年代写过一篇文章,专门阐述他办牙医学教育的指导思想。他认为,中国牙医学所制定的教育方针和设置的课程要走在西方牙医学校的前面,要求学生学习与医科学生相等的基础生物学和医学课程，使学生认识口腔卫生的重要及与全身的关系。培养出来的学生首先是医学家，然后才是专科医生，而不是匠人。他说，这项工作，提示了一个新的教育计划，奠定了一个高的标准：以第一流牙医学教育为目的，成为一个示范的中心。意思是说用这个示范可以推广到全中国，甚至于推广到国际上。他认为华西协合大学的毕业生，完全可以和美国、加拿大以及其他国家牙医学院毕业生相媲美。哪些方面能证明培养的学生的水平呢？在国外进修的学生学术水平上，由华西协合大学出去进修的学生跟国外同等文化的学生业务上的互相竞争就可以证实这一点。

1919 年他首先从医科三年级学生中说服了黄天启改学牙科专业，1921 年黄天启作为华西协合大学牙学院第一届毕业生，留校任教。此后他还于 1926 年、1937 年两次让黄赴加拿大进修，之后黄天启获多伦多大学牙医学理学士、牙医学博士学位。1928 年黄天启任华西协合大学牙学院教授，1938 年任中央大学医学院牙科主任、教授，1941 年任华西、齐鲁联合大学牙症医院院长、教授。

牙医学吸引了华西协合大学中优秀的学生，申请入学者不仅有中国各省的，还有来自朝鲜、印尼以及欧洲和其他东南亚国家的，女生也逐渐增多。1936 年张琼仙、黄端芳成为华西协合大学培养的第一批牙医女博士毕业生。华西协合大学牙学院的毕业生在成都、中国其他地方以及远东的重要中心城市供不应求。1931 年华西协合大学在给美国的托事部的报告中为牙学院的成就感到自豪。报告中写道："我们牙学院正在为全国范围服务。一年前，北京协和医学院要求我们一名毕业生到那里去行医及教授牙科学，另一位毕业生应邀到山东齐鲁大学，目前还在要另一位毕业生。与此同时，南京国民政府已经要了一名毕业生到国家卫生委员会工作。"1939 年中央大学筹建牙科时也请求华西协合大学给予帮助。

林则博士从口腔疾病与全身疾病的关系出发，要求学生具备坚实的基础和熟练的技术。他在 1928 年建立新的专科医院时就将医院取名为口腔病院，英文名字用的是 Stomatological Clinic。在安排教学计划时，特别重视基础广厚、扎实，技术训练严格、细致。牙学院刚成立时招收的头两届学生，前三年学习的课程与医科基本相同，后三年专业课有口腔解剖学、比较解剖学、口腔组织学与胚胎学、牙科修复学、手术学、齿冠与齿桥学、特殊麻醉学、矫形学、口腔外科学、特殊病理学等十多门。1920 年起口腔医学改为 7 年制，第 5 至第 7 年为临床实习，并穿插一些课程，1923 年进一步规定了各门课程的时数。为了保障广泛而扎实的医学基础和临床基础，林则博士要求学无机化学要与化学系的学生在一起，学内科学要与医学专业的一样，课时相同，考试亦相同。其他各科也按这个原则执行。

严格要求常常联系到淘汰制。严要求是按照课程，每年有一定数目的重点学科，按学分制分为重点学分和一般学分，重点学分不及格的升级就会受影响；还有学生的综合表现和专业能力表现也很重要。从学科上，从考试上，常常采取画曲线的淘汰。从我亲身的体会来说，每年都会用画线来(我们叫做"Curve")选留学生。成绩是按照 A、B、C、D 记分，到年终时这门课程给你评一个 A 或者一个 B，里面有很多的涵义。大概都是由于课程的原因或其他问题，画曲线的时候就给划下去了。到了临床前期课程、临床课程，曲线淘汰多从学生各方面的表现，看你是否能达到做一位口腔医生的要求。学口腔专业有很多的技术问题，需要会做模型、画专业图、雕刻等许多相关专业知识和技能，将来你要做专科医生，必须要具备这些能力。因此需要考查学生能不能做，有无悟性。如果一门课最低分是 65 分，有许多人能考 90 分，那 70 分以下可能就会算不及格。我的班上原有 20

多人，毕业时就只剩 9 人，其中两人是上一届留下来的。

为使华西口腔医学事业有更大的发展，他特别重视造就中国医生、教师。自选留黄天启并两次送出国学习后，每年又陆续从毕业生中选拔优秀学生留校，并把他们陆续送到国外去进修提高，成为各个专业或中国各地区口腔医学的带头人。如 1939 年毕业生宋儒耀博士被送到美国宾夕法尼亚大学进修学院学习，那所学院是国际上著名的整形外科泰斗艾伟博士(Robert Henry Ivy)所主持的进修学院。宋儒耀出色的学习表现，使他在 5 年以后得到了美国医学上最高的学位：医学科学博士学位(Doctor of Medical Sciences)。他回国以后，开创了中国口腔颌面外科和整形外科，成为中国整形外科的开拓者。1988 年 6 月 9 日"China Daily"报道了他的业绩，国际上称他为"中国整形外科之父"。1930 年毕业的毛燮均博士，1936 年、1947 年两次赴美国进修口腔正畸学，后来他成为现北京大学口腔医学院的创建人。1930 年毕业的席应忠博士，1940 年和 1946 年在美国进修后，回国参与创建上海第二学院口腔医学系。1930 年毕业的陈华教授，1945 年到美国深造，其后领导创建了第四军医大学口腔医学院，还曾任该校副校长。1937 年毕业的夏良才教授，1944 年赴美国进修，其后曾任四川医学院口腔医学系主任，后来又领导创建了湖北医学院口腔医学系。1937 年毕业的邹海帆博士，1948 至 1949 年赴美国和加拿大研修，专门和国际上的牙周病泰斗们一起学习并得到他们的赏识。他用钢丝录音机把上课时所有的讲演录了音，回国后，创建了我国牙周病学研究室。这个 Research Department 就是口腔医学的研究部，是中国牙周病学开拓者。1938 年毕业的魏治统教授，1946 至 1950 年在美国哈佛大学专门进修冠桥学与烤瓷学，回国后一直从事牙体修复学教学工作。1940 年毕业的王巧璋博士，1946、1947 年先后在美国波士顿佛尔塞斯小儿科研究所、纽约故根汉儿童牙医研究所进修，1948 年回国，创建我国儿童口腔科。此外廖韫玉教授，被派往密歇根大学进修修复学。徐乐全教授去加拿大进修修复学。罗宗赉和邓述高、周少吾曾在美国学正畸学，他们后来都是正畸学的先驱者。还有的留在国外任教，如在哈佛大学正畸学任教的严开仁教授，哥伦比亚大学口腔外科的胡永承教授。

"以预防为主"是林则博士医疗思想的重要方面，他很重视牙病的预防。所以他选送 1934 年毕业的戴述古博士，到美国专门学习牙科公共卫生学，就是现在的口腔预防医学。戴教授学识渊博，英语讲得好，回国以后专门从事口腔预防、口腔公共卫生工作，是我国开展口腔预防牙医的创建者。

林则所造就的、如此众多的人才大大推进了中国口腔医学事业的发展。

林则博士学识渊博，技术精湛。在主持口腔医学教育、推动华西协合大学牙学院发展中，他在自己的医学学术领域中也取得不少成就，前后发表了 70 多篇文章。1929 年，他在美国牙医学杂志(JADA)发表了"下齿槽神经阻滞麻醉直接注射法"的文章，至今，这种注射法仍是国际上普遍采用的方法。

林则博士不仅学术造诣深，而且有很好的管理才能。他长期担任当时华西协合大学最高管理机构校务委员会的委员，1941～1950 年他担任校务委员会的主席，也就是副校务长和最后一届的校务长，对整个大学的发展做出了卓越的贡献。1945 年华西协合大学校庆 35 周年时，他在成都市广播电台以题为"保护学术自由，以利交流传播"的讲演中，说到"给学生搞科学研究提供场地和设施，科研成果献给学校或者社会所有"等功能时指出，"开学以来，我们在行动中一直试图将所有这些功能做得积极生动，所以学校有了现在的成功。"

即使在担任最繁重的学校工作时，他对

牙学院的管理也深入细致，对医院了如指掌。除了上课外，他每天早上 8 点一定准时到牙学院，到每个科室了解情况，或者说上几句幽默的话，拉近与职工的距离，然后到挂号室、财务室、各诊断室走一走，再到大学办公楼。记得 1948 年秋，我才进医院实习，一天早晨他路过儿科诊断室门前，见我正在处理一患坏死性口炎的儿童，由于病孩哭闹，口腔涂擦的药液喷满了我的前襟，他走进诊断室，对我摇摇头说："你的体位不对。"随后他给我作了示范，又说："将工作服换了，交到浆洗房去。告诉他们要特别消毒，不能与其他衣物放在一起洗。"虽已近 60 年，每回忆起来，仍历历在目。我牢记了处理病人时，医生所站的位置的重要性。

他在中国创建高等牙医学教育并培养出很多高级人才的突出成就，深受当时中国政府的重视和广泛的赞誉。他曾在 1949 年以前，担任了当时中国政府的教育委员会卫生委员会的特邀委员。为表彰他对中国高等牙医学教育的贡献，当时政府给予他很高的荣誉，给他颁发了一级荣誉勋章和金星勋章。世界和平理事会副主席、加拿大理事会主席文幼章（Dr. James Endicott）博士长期在华西协合大学加拿大监理会担任差会书记，在换届前他写道："或许，我认为在评价华西协合大学牙学院的建立和活动是一项杰出贡献的意见上，我的认识是同有能力的国际著名评论家的看法一致。近半世纪以来，华大牙学院为中国的社会福利事业已经做出贡献。说它不仅在国内、而且在国际上享有极高的声望不为过分。虽然，林则把这些取得的成就归功于他亲密的同事们，但是真实地客观地讲，由于林则在这项纯科学的发展及基督教为中国民众服务方面的创见性上有着杰出的、坚定的领导能力，我们应该将这项荣誉归功于他本人。他的名字作为科学的牙医学之父受到占世界人口四分之一民众们的尊敬。"

1950 年秋的一天上午，我在成都小天竺街见到林则博士，那时，天气已渐寒冷，他穿着灰色的西装，将两手插在裤兜内。我走向他，问他来此做什么，他说去办离境手续。这是我第一次知道他将要离开学校回国。不久，一个星期天下午，牙学院全体职工在口腔医院楼上的大教室内举行欢送他夫妇的离校午宴，在就餐之前，他进行了长篇讲话，讲述了他为中国发展口腔医学教育的过程，希望这项事业仍不停地发展，以培养更多的专业人才，为受口腔疾病困扰的人们解除痛苦。他的讲话用钢丝录音机录了下来。

在一个深秋的早晨，我和刘臣恒教授等人将他们夫妇二人送到成都华兴街的民航局大楼，办理完出境手续后，我们目送他们渐渐地消失在长长的小街尽头……

回到加拿大后，林则博士就任安大略州牙医学杂志主编，多伦多大学评议委员会成员，一直到 1968 年 12 月 8 日去世，享年 84 岁。

1968 年加拿大安大略牙医学会授予林则博士终身会员资格，并在致辞中说："此人不宣扬自己做过什么，要做什么，能做什么，但只要需要或责任召唤，他就会以勇气、决心和罕见的睿智担起责任，然后退居起来，安宁而享受，因为他的工作为人所需。他没有为自己工作，他为事业工作，为同仁工作，为职业工作，为所生活的世界工作。"

总括起来，在林则博士身上集中了学者的特质，思考问题、好学、精力充沛，不空谈，脚踏实地干事。

1999 年，华西口腔医学院在新落成的口腔医学院科教楼庭院内，特为他铸造了一尊铜像，以纪念他创办华西口腔、为中国现代口腔医学的建立与发展所做出的杰出贡献。

索　引

G

H

J

K

L

M

N

Y

Z